사상으로 읽는 전통문화

이 책은 2016년도 한국전통문화대학교 정신문화융합센터의 저술비 지원을
받아 출판되었습니다.

# 사상으로 읽는 전통문화

최영성 지음

이른아침

序

선사(先師) 류승국(柳承國) 선생은 국량(局量)이 큰 철학자이
셨다. 철학자답게 늘 문제의 본질을 명확하게 꿰뚫으면서도 그
것의 응용을 함께 말씀하시었다. 내가 학자의 모양을 어느 정도
갖춘 것은 순전히 선생님의 가르침 때문이라고 생각한다.

이 책은 우리나라의 전통문화를 한국 사상으로 읽어내려는
작업의 일환으로 엮은 것이다. 남다른 저술 목적을 가지고 나선
것은 아니다. 세칭 '문화재대학'에서 봉직하면서 자연스럽게 이
일을 하게 되었고, 지난 16년 동안 원고가 쌓이다보니 한 권을
묶을 정도가 된 것 뿐이다.

이 책은 범위가 매우 넓다. 전통문화 가운데 특정한 것을 대
상으로 한 것이 아니다. 마음 가는대로 붓 가는대로 쓴 것이다.
또 중요한 자료를 역주(譯註)하여 강의를 해온 것도 들어 있다.
글의 형식도 다양하다. 엄밀한 의미에서 '학술성'의 조건을 갖춘
것은 아니다. 다만 읽다보면 나름대로 '눈동자'는 박혀 있을 것
으로 자허(自許)한다.

책으로 엮기 위해 묵은 원고를 다듬고 기웠다. 일부는 새로
끼워 넣었다. 이 중에는 내 스스로 자부하는 것이 없지 않다. 경
주 월지궁(月池宮)의 성격, 즉 태자궁이 아니라 동쪽에 있었던

별궁이라는 점을 밝힌 것이라든지, 서울 북악산의 백사실 별서 주인이 김정희(金正喜)였다는 점을 고증한 것, 한재(寒齋) 이목 (李穆: 1471~1498)의 『다부(茶賦)』의 정신사적 배경을 밝히고 한 국다도철학사에서의 위상을 정립한 것, 풍류사상으로 전주의 정 신을 풀어낸 것 등은 나름대로 성의를 다하였다고 생각한다.

학부시절, 주역(周易)의 원리와 사상을 가지고 한국의 다양한 문화현상을 해석한 류승국 선생의 글을 읽고 진한 감명을 받은 적이 있다. 그로부터 30년이 훨씬 넘어 변변치 못한 글로 세상 에 묻게 되었다. 부끄럽다. 그러나 나는 철학 전공자로서, 전통 문화라든지 문화재와 가까이서 접할 수 있게 된 것을 다시없는 행운이라고 생각한다. 앞으로 정년퇴임 때까지 정진하여 묵직 한 책을 펴낼 계획이다. 독자들께서는 지켜보아 주시기 바란다.

2016년 9월 5일
백마강변 인후장(麟厚莊)에서 저자 씀

차 례

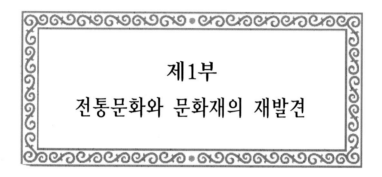

# 제1부
## 전통문화와 문화재의 재발견

# 제1장 전통과 전통문화의 본질

## Ⅰ. 머리말

　'전통(傳統)' 또는 '전통문화'란 말은 한·중·일 삼국에서 공통어(공용어)가 된 지 오래되었다. 영어의 'tradition'을 이제는 관습, 관례보다도 전통이라 번역하는 경우가 많다. 그러고 보면 '전통'이란 말은 범세계적인 용어가 되었다고 해도 과언이 아니다. 그러나 사전적(辭典的) 의미가 아닌 다른 의미로 사용하는 예가 아직도 있고, 또 '전통문화'라고 할 때 그 범위가 너무 넓어, 어디까지 전통이고 전통문화인지 불분명한 경우가 많다. 이처럼 '전통'의 어원과 개념이 불분명하므로 '전통'에 대한 정의가 어려웠다. 또 개념이 불분명한 '전통'과 개념의 폭이 넓은 '문화'가 하나로 합쳐져 사용되고 있기 때문에 '전통문화'에 대한 개념 정의가 다양할 수밖에 없었다. 그러나 '전통문화'를 내건 대학이나 학교에서도 전통과 전통문화의 개념에 대해 진지하게 탐구한 적이 없고, 또 저명한 대학 교수들이 고정 필진으로 활약하는 '전통과 현대'라는 잡지에서도 전통에 대한 개념 정의는 없는 형편이다.

　이 글에서는 전통문화 교육에서 가장 먼저 해결되어야 할 전통이란 말의 시원과 개념, 범위 등에 대해 고찰하려 한다. 아울러 전통이나 전통문화에 대한 논의의 공동광장이 마련되기를 기대하여 마지않는다. 한 가지 미리 일러둘 것은 관련 자료가 너무 적어 고찰하고자 하는 소기의 목적을 제대로 달성할 수 없었다는 점이다. 이해를 바란다. 이 글을 작성하는 과정에서 뒤에 소개할 고 조지훈(趙之薰: 1920~1968) 선생의 '전통의 현대적 의의'라는 논고에서 많은 시사를 받았음을 밝혀둔다.

## II. '전통'의 시원(始原)과 개념

현재 우리가 사용하는 '전통'이란 말이 언제부터 어떠한 경로로 사용되기 시작하였을까. 그 유래를 정확히 알기는 어렵다. 종래 중국에서 말하는 전통이란 왕업이나 학설의 계통을 대대로 전한다는 의미였다.[1] 현재 사용하는 전통의 의미와는 상당히 다르다. 현재 사용하는 의미의 전거(典據)는 찾을 수 없는데, 수많은 사서(辭書)에서도 그 전거를 밝힌 예는 찾아보기 어렵다. 필자의 생각으로는 아마도 20세기 이래 서양의 학술용어가 동양에서 번역되면서, 특히 일본에서 처음으로 'でんとう'란 말로 사용되기 시작하였고, 이후 한국이나 중국에도 알려져 보편적인 용어로 사용된 것 같다.[2] 일종의 신조어임에는 분명하다. 일본

---

1 『후한서』권105, 「동이전」, 〈倭〉 "自武帝滅朝鮮, 使驛通於漢者三十許國, 國皆稱王, 世世傳統."
2 '문화유산'이라는 말과도 병용되었던 것 같다.

에서는 1910년대부터 20년대에 걸쳐 야나기 무네요시(柳宗悅: 1889~1961) 같은 학자가 자신의 논저에서 자주 사용하였고, 우리나라에서는 1909년 9월 6일 자 ≪독립신문≫을 보면 이미 '전통'이라는 용어가 사용되었다.[3] 이를 미루어 보면 대체로 1910년대부터 한·일 양국에서 사용되기 시작하였던 것 같다. 이후 1937년 ≪매일신보≫에 연재되었던 최남선(崔南善)의 『조선상식문답』을 보면 전통이란 말이 보편적으로 사용되고 있다.[4] 이미 훨씬 이전부터 용어가 정착되었던 것 같다. 전통이란 용어는 초기에는 '국수(國粹)'라는 용어와 비슷한 개념으로 사용되다가 이후에는 오늘날의 개념과 비슷한 것으로 점차 변해간 듯하다. 다만 계통적으로 정제되게 사용된 흔적이 없는 것은 유감이라 할 것이다.

전통의 개념은 쉽게 정의하기 어렵다. 다만 전통은 단순하게 옛 것의 인습이나 모방이 아님은 말할 것도 없다. 더욱이 옛 것을 묵수(墨守)하는 것을 전통이라 할 수는 없다. 전통은 ① 역사적 지속성, ② 문화적 정체성, ③ 현실적 가치가 있어야 한다고 본다. 여기서 문화적 정체성이란 문화적 순수성을 의미하는 것이 아니고, 문화적으로 다른 것과 구별되는 것을 말한다. 전통

---

[3] 일한동화론을 비판하는 논설 「韓日兩族의 합하지 못할 이유(二)」: "만일 일본인이 철면피하게 自稱함과 같이 日皇이 韓民族을 일본민족과 같이 愛하고 일본인이 韓人은 동포와 같이 한다 함으로써 동화의 조건이 된다 하면 일본민족은 犬馬와 같이 자기에 이익을 주는 이민족에게 동화될 것을 자백함이오, 민족적 의식과 민족적 긍지와 신성한 역사의 전통을 무시하는 者라."

[4] 최남선, 『조선상식문답』〈역사〉조에서 조선역사의 特點을 들면서, "첫째 사회의 전통이 줄기찬 점이니" 운운하여 '전통'이란 말을 사용하고 있다. 『육당 최남선 전집』 제3권, 현암사, 1974, 47쪽 참조.

은 가치적 개념이다. 그렇기 때문에 단순히 옛 것, 인습을 전통
이라고 하지 않는다. 한 때 없어지다시피 했던 것이 후세에 재
평가를 받아 전통으로 되살아나는 것은 후세 사람들의 가치판
단이 있기 때문이다. 그러나 역사성 지속성과 문화적 고유성이
있다고 해서 전통이라 할 수 없고, 현대적 가치만 있다고 해서
전통이라 할 수 없다. 이 세 가지 조건이 함께 충족되어야 하는
것이다. 또 이 조건을 추구하는 과정에서 간직하여 보존해야 할
것과 거부해야 할 것이 가려지게 된다. 이런 맥락에서 미국의
시인 T.S 엘리엇(1888~1965)은 "지성 없는 전통은 간직할 가치
가 없다"[5]고 한 바 있다.

 '전(傳)'이라는 말에는 '전승(傳承)'이라는 의미가 담겼고
'통'이란 '계통'이란 의미이다. 전통은 시간과 공간을 통해 계
통적으로 전승되는데, 불변의 요소[因]와 가변의 요소[革]가
병존하면서 현재적으로 계승되고 재창조된다. 불변의 요소
는 정신적 측면에 해당되며 가변적 요소는 양식(형식)이나
양태(樣態) 등에 해당된다고 할 수 있다. 불변의 요소는 시대
가 달라져도 변하지 않지만, 가변의 요소는 시대의 필요에
따라 따를 것은 따르면서도[因] 고칠 것은 고치는[革] 인혁(因
革)의 모습으로 나타난다. 일찍이 공자는 하(夏)나라 문화가
은나라로 전해지고 은나라의 문화가 주나라로 전해졌지만,
변하지 않은 것이 아니고 시대에 따라 손익(損益)을 거듭하며
변모해 왔다고 하였다.[6] 이것은 전통문화를 이해하고 정의하

5 조요한, 『한국미의 조명』, 열화당, 2010, 260쪽 참조.
6 『論語』, 「爲政」23章 "子曰 殷因於夏禮, 所損益, 可知也; 周因於殷禮, 所損

(좌) 도포 (우) 두루마기

는 데 중요한 논점이 되는 것이라 하겠다.

　　하나의 예를 들겠다. 한복의 경우, 중세기의 도포(道袍)가 근
세에 들어 보다 간편한 두루마기로 변하고, 또 청나라 복색의
영향을 받아 마고자가 생겨나고, 서양 양복의 영향을 받아 조끼
가 유행한 것 등이 좋은 예라고 하겠다. 오늘날 두루마기, 마고
자, 조끼는 정통 한복에서 빠뜨릴 수 없는 것이고, 이것을 우리
의 전통 복식이 아니라고 하는 사람은 없다. 또 후세에 좋은 본
보기가 될 만한 것으로, 1980년대에 개발되어 많은 인기를 끌었
던 '사물놀이'를 꼽을 수 있겠다. 전통적인 풍물놀이의 가락과
맛을 살리면서도 현대적 감각을 불어넣어 오늘의 것으로 되살
린 것은 전통의 창조적 계승에서 성공한 예라 할 수 있겠다. 원
형 그대로의 순수한 전통이라는 것은 있을 수 없다. 그러기에
'전통의 창조적 계승'이란 말을 하는 것이다. 15세기에 훈민정음
이 창제되었지만 오늘의 한글은 15세기 훈민정음 반포 당시의

---

　益, 可知也. 其或繼周者, 雖百世, 可知也.”

그대로가 아니다. 수백 년에 걸쳐 허다한 변천과 진화가 있었
다. 그렇지만 우리는 15세기의 훈민정음과 오늘의 한글을 별개
의 것이라고 여기지 않는다. 한글은 수많은 장점을 지니고 있음
에도 세계화 시대에 로마자 표기와 관련하여 더 많은 변화와 진
화를 필요로 하고 있다. 어느 경제학자의 말을 들어 보자.

> 일부 한글 예찬론자들은 한글이 어떤 언어라도 소리 나는 대로 옮겨 적
> 을 수 있는 표음문자라고 주장한다. 한글의 과학적인 조합 덕분에 이 점
> 은 영어도 감히 흉내 낼 수 없다고 한다. 과연 그럴까? 적어도 로마자를
> 옮겨 표기함에 있어서 한글은 낙제 점수다. 에프[f] 발음을 표기하는 글
> 자가 없어서 에프가 들어가는 모든 영어 어휘를 엉뚱한 말로 만들기 때
> 문이다. 한글에서는 모든 에프를 피[p]로 표기한다. …… 양식기 포크
> [fork]를 돼지고기 포크[pork]로, 열광하는 팬[fan]을 요리기구 팬[pan]
> 으로 쓴다. 이런 억지 표기 사례가 너무 많아 다른 표음의 장점이 아무
> 리 크다 해도 한글은 국제소통 언어로서나 국내 소통의 말로나 절름발
> 이 신세를 면할 수 없다.[7]

한글이 더욱 발전하여 외국어 표기를 자유자재로 할 때, 전통
의 창조적 계승에 대한 우리의 노력은 더욱 빛을 발하게 될 것
이다.

---

[7] 김영봉, 「다산칼럼」, ≪한국경제신문≫, 2006년 2월 20일자.

## Ⅲ. 전통문화의 창조적 계승

전통문화는 과거에서 현재까지 지속되는 일상적인 생활 속에서 의식적 또는 무의식적으로 한 민족의 문화적 정체성을 바탕으로 형성된 정신적(무형), 물질적(유형) 유산이다.[8] 전통은 역사적, 가치적 개념이다. '역사적' 개념이라는 말은 '가치적' 개념이라는 말과 다른 것이 아니다. 늘 시대가 요구하는 가치에 따라 창조적으로 변모해왔기 때문에, 단절되지 않고 오랜 역사성을 지닐 수 있는 것이다. 여기서 말하는 현재적 가치나 의미, 효용 등은 전통문화의 창조적 계승과 관련하여 중요한 기준이 된다.

전통은 전대로부터 내려온 양질의 공통인자(共通因子)로서 새로운 창조의 모태가 된다. 따라서 단순한 전승이라든지 문화유산과는 구별된다. 전통은 옛 것에 근거를 두거나 기반으로 하면서도 시대적 요구에 따라 새로운 양상으로 변화할 때 단절되지 않고 지속적으로 이어지는 것이다. 일찍이 공자는 옛 것을 익히면서 새 것을 알아야 한다고 하는 '온고이지신(溫故而知新)'을 말하였다. 이것은 전통문화의 창조적 계승을 말할 때 가장 먼저 거론되는 명구다. 또한 전통의 개념을 정의할 때 빠짐없이 거론되는 것이 바로 조선 후기의 북학파(北學派) 실학자 연암(燕巖) 박지원(朴趾源: 1737~1805)의 이른바 '법고이창신(法古而刱新)'이란 말이다.

---

[8] 전통이란 '전통문화'다. '문화'라는 말을 따로 붙일 필요가 없을 만큼 본래부터 문화적인 개념이다.

연암 박지원

> 옛 것을 본받으면서도 변통할 줄 알고 새 것을 창안해 내면서도 근거가
> 있다면, 지금의 글이 옛날의 글과 같은 것이다.[9]

　여기서 '이(而)'는 '고(古)'와 '신(新)'을 하나로 연결시키는 매
개적 구실을 한다. 그 이면에 옛 것과 새 것의 조화를 도모하는
중용정신(中庸精神)이 자리 잡고 있다. 한 마디로 전통문화는 현
대문화와 상충되거나 괴리된 것이 아니다. 또한 단절된 것이 아
니라 연속성, 적합성을 갖는다. 옛 것이 있기 때문에 새것이 있
을 수 있다. 전통은 역사적으로 생성된 살아 있는 과거이지만,
그것은 과거를 위해서가 아니라 현실의 가치관과 미래의 전망
을 위해서만 의의가 있는 것이다. 새로운 창조를 위한 아무런
탐구도 없이 한갓 복고 취미나 보수주의에 멈추어 있는 한 전통
은 계승될 수도 존재할 수도 없다.[10] 따라서 전통은 새로운 문화

---

9 『연암집』 권1, 3a, 「楚亭集序」 "苟能法古而知變, 刱新而能典, 今之文猶古
　之文也."

창조의 주체요 가치이며, 또 재료요 방법이다. 다시 말해서 현대사회와 미래사회에 적합한 문화의 발전방향을 정립하는 기초라 할 수 있다.

한편, 역사적 측면에서 볼 때 전통 또는 전통문화란 각 시대의 문화적 한계성을 극복하는 과정에서 성립되는 것이라 할 수 있다. 역사의 진행이란 그 한계성을 극복하는 과정을 통해서 전통문화의 양과 질을 개선하고 확대하여 나가는 것을 의미한다. 문화의 발전이라고 하는 것은 지난 시대에 얻은 생활능력이나 경험에다가 이후로 부단히 노력하여 얻은 것들을 보태서 늘려가는 과정이다. 그러므로 시대가 흐름에 따라 그 문화의 양과 질이 달라질 수밖에 없다. 문화가치관의 변동은 필연적인 것이다. 고정된 상태의 전통문화란 있을 수 없고, 있다 하더라도 의미가 없다. 전통문화의 한계성 인식은 곧 새로운 전통문화의 창조를 위한 새로운 역사적 과제를 인식하는 것이기도 하다. 이러한 문화적 전통이 역사의 참모습이며, 여기에 역사의 바른 의미가 있다고 하겠다.[11]

## Ⅳ. 전통문화 영역 분류

오늘날 전통문화를 남발하다시피 사용하고 있지만, 대부분 유형적(물질적)인 측면을 중심으로 말하고 있다. '사고와 행위양

---

[10] 조지훈, 『한국문화사 서설』, 탐구당, 1982, 215쪽.

[11] 김철준, 「전통과 史觀」, 『한국사학사 연구』, 서울대학교출판부, 1990, 34-35쪽 참조.

식' 같은 무형적(정신적) 측면에 대해서는 소홀히 하는 경향이
많다. 이것은 '가시적'이고 '감각적'인 것만을 선호하고 경제성,
현실적 효용성만을 따지는 '철학부재'의 시대적 조류와도 무관
하지 않다. 그러나 시대가 바뀜에 따라 선·후(先後)와 완·급(緩
急)과 경·중(輕重)을 달리 할 수는 있지만 본·말(本末)을 뒤바
꿀 수는 없다고 본다. 이런 까닭에, 전통문화의 영역을 분류함
에, 비가시적이면서 불변적 성격이 강한 정신문화 분야를 먼저
꼽고 이어 가시적이고 가변적 성격이 있는 생활문화 등의 순으
로 분류하기로 한다. 다만, 엄격하게 특정 영역에 포함시킬 수
없거나, 세시풍속과 민속놀이의 경우처럼 양쪽에 다 해당되는
경우, 또 보는 측면에 따라 영역의 소재를 달리할 수 있는 것
(예: 놀이와 운동)도 있지만, 특정 영역에 넣어서 다룰 수밖에
없음을 이해하기 바란다.

　영역은 크게 무형과 유형, 정신과 물질 등으로 양분할 수 있
지만, 세부적으로 보면 양분하기 어려운 점도 있고 또 지나치게
이분법적이라는 비판의 소지가 있어 정신문화, 생활문화, 예술
문화 등으로 삼분하여 보았다. 물론 이 삼분법에 대해서도 이론
이 적지 않을 것이다. 그러나 넓은 영역의 전통문화를 범주화하
고 체계화, 계통화하려면 다소의 무리를 범하지 않을 수 없었다.
본 영역 분류는 각급 학교 교과목을 염두에 두고 거기에 맞추어
작성되었음을 밝혀둔다.[12]

---

[12] 내용 분류와 구성에서 같은 학교에 재직하는 최공호, 진경환 교수의 도
　움이 있었음을 밝혀둔다.

## 가. 가치관과 정신세계

1.1 전통적 가치관
    1.1.1 한국인의 심성과 의식구조
        1.1.1.1 유박(柔樸)한 성품13
        1.1.1.2 모나지 않는 심성과 끈끈한 정
        1.1.1.3 은근함과 강인한 저력
        1.1.1.4 조화를 이루는 삶: 자연, 다른 사람과의 조화
        1.1.1.5 현세중시적 사고
        1.1.1.6 공동체 의식: 협동과 유대, 나눔과 베풂
    1.1.2 한국인의 전통적 가치관
        1.1.2.1 생명 존중의 정신
        1.1.2.2 평화 애호의 정신
        1.1.2.3 이상과 현실의 조화
        1.1.2.4 전통적 가치관과 현대
    1.1.3 가치관의 시대별 변화와 기능
        1.1.3.1 상고시대
        1.1.3.2 삼국시대
        1.1.3.3 고려시대
        1.1.3.4 조선시대
        1.1.3.5 현대
1.2 사상과 종교
    1.2.1 전통사상의 원류
        1.2.1.1 天人合一思想: 敬天愛人, 天符思想14
        1.2.1.2 神人相和: 신본주의나 인본주의와 구별
        1.2.1.3 中庸(中道)思想: 음양의 조화, 靈肉雙全思想,
              中和的 사고방식15
        1.2.1.4 風流思想16
        1.2.1.5 인간존중의 사상: 인간주체의 각성,
              자아의 완성
    1.2.2 전통종교
        1.2.2.1 원시신앙: 天神信仰, 산악신앙, 巫敎 등
        1.2.2.2 불교
        1.2.2.3 유교
        1.2.2.4 근대민족종교 (동학·대종교·원불교·증산교)
1.3 윤리와 도덕
    1.3.1 윤리와 전통의식
    1.3.2 유기체적, 관계적 인간관계
    1.3.3 절제와 아량: 자기에게는 절제, 남에게는 아량17
    1.3.3 개인윤리의 사회적 확대
        1.3.3.1 충서사상(忠恕思想)
        1.3.3.2 정명사상(正名思想)
1.4 예절과 의례

---

13 『山海經』에서 말한 우리 민족의 유순하고 순박한 성품. 그런 백성을 '柔樸民'이라 하였다. 같은 책에서는 또 '互讓不爭'을 말하였다.

14 하늘의 뜻에 부합되는 정치를 해야 한다는 사상.

15 주관과 객관, 이상과 현실, 개체와 전체, 본과 末을 妙融하는 사고방식.

16 최치원의 「鸞郎碑序」에서 "國有玄妙之道曰 風流"라 하였다.

17 유교에서의 忠恕(충서), 나아가 仁이 바로 그것이다.

18 1. 足容重: 발을 옮겨 걸을 때는 신중하게 한다. 그러나 어른의 앞을 지날 때와 어른의 명령으로 일을 할 때는 민첩하게 한다.
2. 手容恭: 손의 모습은 공손하게 한다. 일이 없을 때는 두 손을 모아 공손하게 한다.
3. 目容端: 눈은 단정하고 곱게 뜬다. 치켜뜨거나 곁눈질을 하지 않는다.
4. 口容止: 입은 조용히 다물어야 한다. 말 하지 않을 때는 입을 벌리거나 어른 앞에서 껌 같은 것을 씹으면 안 된다.
5. 聲容靜: 목소리는 나직하고 조용하게 해야 하며 시끄럽거나 수선스럽게 하지 않는다.
6. 頭容直: 머리를 곧고 바르게 가져 의젓한 자세를 지킨다.
7. 氣容肅: 호흡을 조용하고 고르게 하며 안색을 평온하게 해서 기상을 엄숙하게 갖는다.
8. 立容德: 서 있는 모습은 그윽하고 덕성이 있어야 한다. 기대거나 비뚤어진 자세는 천박하게 보인다.
9. 色容莊: 얼굴 표정은 항상 명랑하고 씩씩하게 갖는다.

19 1. 視思明: 볼 때는 밝게 볼 것을 생각한다.
2. 聽思聰: 들을 때는 밝게 들을 것을 생각한다.
3. 色思溫: 얼굴빛은 온화하게 할 것을 생각한다.
4. 貌思恭: 용모는 공손할 것을 생각한다.
5. 言思忠: 말은 성실하게 할 것을 생각한다.

## 나. 교육과 수신

2.1 전통교육의 이념과 교과
    2.1.1 '사람됨'에 대한 교육: 태교(胎敎)부터 시작됨
    2.1.2 경쟁, 투쟁이 아닌 화해와 협력을 중시하는 교육
    2.1.2 문무겸전: 육예(六藝: 禮·樂·射·御·書·數)의 겸비
    2.1.3 통합적, 전인적 교과과정: 문·사·철의 통합적(종합적) 이해
2.2 전통교육의 종류
    2.2.1 가정교육
    2.2.2 제도교육: 성균관·서원·향교·서당 등
    2.2.3 사회교육: 경로효친(敬老孝親), 충(忠)·효(孝)·열(烈)에 대한 권장과 징치(懲治)[20]

## 다. 생활(일상생활)

3.1 집
    3.1.1 집의 종류
        3.1.1.1 민가(귀틀집, 너와집, 초가)
        3.1.1.2 반가(班家)
        3.1.1.3 궁궐과 사찰
        3.1.1.4 서원과 향교
    3.1.2 한옥의 구성
        3.1.2.1 구성 원리(양택법, 추녀곡, 배흘림)
        3.1.2.2 결구(結構)와 짜임
        3.1.2.3 지붕과 구들
        3.1.2.4 정원과 담장
    3.1.3 한옥의 양식
        2.1.3.1 구조(ㅡ자, ㄱ자, ㄴ자, ㅁ자)
        2.1.3.2 지붕형태(맞배, 우진각, 팔작 등)
        2.1.3.3 공간배치와 실내구조
        2.1.3.4 사랑채와 안채
    3.1.4 한옥의 재료
        3.1.4.1 나무: 기둥, 서까래, 대청, 문, 창틀
        3.1.4.2 흙과 짚: 벽

---

6. 事思敬: 일은 경건하게 할 것을 생각한다.
7. 疑思問: 의심나는 것은 물을 것을 생각한다.
8. 忿思難: 분할 때에는 患難을 생각한다.
9. 見得思義: 남에게 얻을 때에는 의로운 것인지를 생각한다.
[20] 이와 관련한 것으로 『삼강(오륜)행실도』를 들 수 있다.

　　　　3.4.2 가족생활
　　　　　　3.4.2.1 대가족제도
　　　　　　3.4.2.2 육아와 훈육
　　　　　　3.4.2.3 봉제사(奉祭祀), 접빈객(接賓客)
　　　　3.4.3 여가생활
　　　　　　3.4.3.1 지식인의 여가생활: 독서와 명상, 저술활동, 투호(投
　　　　　　　　　　壺), 격구(擊毬), 다례(茶禮), 시작(詩作)
　　　　　　3.4.3.2 선비의 문방생활(文房生活): 사방탁자와 문갑류의
　　　　　　　　　　전통적 목가구와 공간배치
　　　　　　3.4.3.3 기타 취미생활(濯足, 花柳, 探梅, 川獵, 활쏘기 등)
　　3.5 세시풍속과 민속놀이
　　　　3.5.1 세시풍속
　　　　　　3.5.1.1 설과 대보름(歲拜, 德談, 踏橋, 달맞이 등)
　　　　　　3.5.1.2 봄(立春帖, 花煎, 花柳, 燃燈 등)
　　　　　　3.5.1.3 여름(端午扇, 流頭놀이, 濯足 등)
　　　　　　3.5.1.4 가을(秋夕, 登高 등)
　　　　　　3.5.1.5 겨울(冬至, 守歲, 眉白 등)
　　　　3.5.2 민속놀이
　　　　　　3.5.2.1 개인놀이 (그네뛰기, 줄타기, 줄넘기, 제기차기, 소꿉
　　　　　　　　　　놀이, 풀각시놀이, 장기, 바둑, 화투, 골패 등)
　　　　　　3.5.2.2 집단놀이(자치기, 비석치기, 숨바꼭질, 줄다리기, 횃
　　　　　　　　　　불싸움, 고싸움, 편싸움, 지신밟기, 달집태우기, 기
　　　　　　　　　　세배, 연등놀이, 풍물놀이 등)

# 라. 예술

　　4.1 춤
　　　　4.1.1 민속춤(살풀이춤, 승무, 태평무, 부채춤, 장구춤 등)
　　　　4.1.2 궁중무
　　　　　　4.1.2.1 향악정재: 봉래의(鳳來儀), 아박(牙拍), 향발무(響
　　　　　　　　　　鈸舞), 학무(鶴舞), 학연화대처용무합설(鶴蓮花臺
　　　　　　　　　　處容舞合設), 춘앵전(春鶯囀), 향령무(響鈴舞),
　　　　　　　　　　보상무(寶相舞), 선유락(船遊樂), 헌천화(獻天花)
　　　　　　4.1.2.2 당악정재: 답사행가무(踏沙行歌舞), 포구락(抛毬
　　　　　　　　　　樂), 구장기별기(九張機別伎), 헌선도(獻仙桃),
　　　　　　　　　　수연장(壽延長), 오양선(五羊仙), 연화대(蓮花
　　　　　　　　　　臺), 장생보연지무(長生寶宴之舞), 연백복지무(演
　　　　　　　　　　百福之舞) 등
　　4.2 음악
　　　　4.2.1 성악
　　　　　　4.2.1.1 정악(시조, 가곡, 가사 등)
　　　　　　4.2.1.2 민속악
　　　　　　＊ 민요
　　　　　　　1. 창자(唱者)
　　　　　　　　토속민요: 김매기, 모내기, 상여소리 등

## V. 전통문화 담론

전통과 전통문화에 대한 논의는 1930년대 조선학운동의 흐름을 타고 우리 문화에 대한 자각의 기운이 일면서 지식인들 사이에서 일어났다. 식민지시기에 전통과 전통문화는 우리 민족의 존망과 직결되는 민감한 문제였다. 따라서 민족적 색채가 매우 강하였으며, 제국주의 공격에 대항하는 저항적 성격이 강하였다.[21] 그러나, 이때의 논의는 크게 보아 '민족문화 전승'의 차원에서 말할 수 있는 것으로서 '전통' 그 자체에 대한 논의나 담론이라고 보기는 어렵다.

광복 이후 1960년대까지, 아니 1970년대까지도 전통문화에 대한 담론은 활성화되지 못하였다. 정치·사회적인 격동기였고 주변의 여건 역시 호전되지 않았다. 이 시기에도 인문학자가 중심이 되어 주로 문화유산, 문화전통의 중요성을 강조하는 데 머물렀다. 그러다보니 전통문화의 실체는 놓친 채 허상을 붙들고 그 중요성만 강조하는 측면이 없지 않았다. 이에 대해 어느 역사학자의 일갈(一喝)을 들어볼 필요가 있다.

> 우리 전통문화의 귀함과 그 계승의 중요성을 강조하면서도 오늘날 같이 전통문화의 내용을 잘 모르고 그 계승의 바른 방법을 모르는 때는 없는 것 같다. 전통문화의 내용을 모르면서 그 계승의 중요성을 강조한다면 그 결과는 어찌될 것인가. 옛날의 가족 윤리를 오늘날에 그대로 재생시키려 한다든지 옛날에도 가족집단 내에서만 주장하던 가치관을 오늘

21 임형택, 「한국 근대가 세운 전통 표상」, 『전통담론 구성의 역사』, 한국전통문화학교 전통문화연구소, 2009, 8쪽. 참조

날에 와서 정치윤리, 사회윤리로 적용하려 한다면 어찌될 것인가.
실상을 잘 모르면서 허상을 붙잡고 전통이라 하여 없는 가치를 부여하
면서 오늘날에 와서 그대로 구현하려고 한다면, 성공할 수 없을 뿐만 아
니라, 오늘날의 역사의 방향이나 국민생활의 진전 방향을 크게 오도(誤
導)할 위험성이 있는 것이다.[22]

위 인용문은 1980년대 초에 발표된 글의 일부이다. 당시 전통
에 대한 논의가 어떻게 이루어지고 있었으며, 그 내용이 어떠하
였는지를 짐작할 수 있게 한다.

1950년대 말부터 1970년대까지, 전통 담론과 관련하여 논의를
이끌었던 학자는 많지 않다. 선구적인 학자로 철학자 박종홍(朴
鍾鴻: 1903~1976), 시인 조지훈, 역사학자 김철준(金哲埈: 1923~
1989) 등을 꼽을 수 있다. 박종홍은 「문화의 전승·섭취·창조」
(1958)[23] 등의 논고를 통해 주로 정신문화와 관련한 전통문화의
계승을 논하였으며, 조지훈과 김철준 역시 각자 자신의 전공 영
역과 관련하여 전통문화에 대한 논의를 진행시켜 나갔다. 특히
김철준은 우리의 문화전통과 사관(史觀)의 문제를 주요 주제로
하여 『한국문화사론』(지식산업사, 1976), 『한국문화전통론』(세종
대왕기념사업회, 1983) 등 빼어난 저술을 발표하면서 비교적 활
발하게 논의를 전개하였다. 이 가운데 1960년대에 나온 조지훈
의 「전통의 현대적 의의」[24]란 글은 그 현대적 의의를 논한 것이
지만, 아울러 그동안 전통에 대한 논의가 어떻게 이루어져 왔는

---

[22] 김철준, 「전통과 사관」, 앞의 책, 1990, 33-34쪽.
[23] 『사상계』 통권 제63호, 1958.
[24] 『한국문화사서설』, 탐구당, 1982, 213-221 참조.

가를 엿볼 수 있는 것으로서 가치가 있다. 조지훈은 이 글에서 당시까지 논의된 전통에 대한 관점과 태도는 크게 부정적인 것과 긍정적인 것으로 나눠진다고 하면서 "그 부정이나 긍정은 모두 다 논거가 지극히 피상적일 뿐만 아니라 대개의 경우 전통이란 용어를 임의의 일면만 추출 확대하는 오해에서 비롯된 것임을 알 수 있다"고 하였다. 이어서 그는 전통 부정론자들은 "낙후된 전통사회를 하루 바삐 탈각(脫殼)하고" 운운하는 데서 볼 수 있는 것처럼 인습이란 말의 동의어쯤으로 사용하고 있으며, 전통 긍정론자들의 경우 복고의 취미와 보수주의 일색의 맹목적인 전통 긍정론과 순수 한국적인 것만을 모색하는 태도로 대별된다고 하였다. 지금이야 맹목적 긍정론자와 부정론자가 말을 붙일 틈이 없지만, 당시만 하더라도 '전통의 창조적 계승'에 대해서는 학계, 나아가 사회의 공감대가 형성되지 않았던 것은 사실인 듯하다.

　근자에 들어 이화여자대학교 한국문화연구원에서 『전통문화 연구 50년사』(혜안, 2007)를 펴냈다. 이것은 광복 이후 50년간의 전통문화 연구사를 되짚어 보고 21세기 전통문화 연구의 전망을 제시하려는 목적에서 간행한 것이라 한다. 모두 11편의 논고로 구성되어 있다. ① 한국 전통문화 연구 50년, ② 세시풍속 연구 50년, ③ 한국 민간신앙 연구사, ④ 한국복식사 연구 50년, ⑤ 음식생활에 대한 연구 50년, ⑥ 해방 이후의 전통건축 연구사, ⑦ 민속극 연구의 현황과 전망, ⑧ 판소리 연구의 성과와 전망, ⑨ 한국전통공예 연구 50년사, ⑩ 한국도자기 연구 50년—연구현황과 과제, ⑪ 한국회화사 연구동향의 변화와 쟁점 등 그 목차를 통해 엿볼 수 있듯이 우리의 전통문화 전반에 걸쳐 지난 50여 년간의 연구사가 체계적으로 정리되어, 각 분야에서의 전통담론 의 역사를 돌이켜 볼 수 있다. 특히 이 가운데 인권환의 『한국 전통문화 연구 50년』은 거시적인 안목으로 전체를 통괄하고 있 어, 이 방면의 연구에 많은 도움이 된다.

한편, 1980년대부터 90년대에는 '전통에 대한 담론' 또는 '담 론화한 전통문화'에 대한 연구가 상당한 세를 이루었다. 이것은 지난날 미국과 유럽을 중심으로 전개되었던 인문학 담론에서 파생된 것이라고 할 수 있다. 동양권에도 영향을 끼쳐 민족주의, 탈식민지, 탈근대 등이 한 때 학계에서 보편적인 화두의 하나가 되기도 하였다. 그러나 이것은 우리 학계에서 자생한 것이 아니 고 서양의 영향을 받은 것인 만큼, 1970년대까지의 우리의 전통 담론과는 현격한 차이를 보였다. 1970년대까지의 전통담론이 소 박한 수준에서 이루어져 왔고, 또 이것이 당시의 학계 수준을 반영한 것이라면, 내적 토대가 제대로 구축되기도 전에 이 땅에 뿌리를 내린 서양식 전통담론은 전통담론에 대한 우리 학계의 수준을 한 단계 끌어올린 것이면서도 동시에 많은 혼란을 야기 한 것이 사실이다. 아직도 전통과 전통문화에 대한 개념과 실체 가 제대로 정립되지 않은 상태에서 '전통담론의 해체'까지 거론 되고 있는 것을 보면, 정상적인 궤도를 밟지 않고 남의 덕에 공 중에 부양된 결과가 어떻게 드러나는지를 잘 보여준 예라고 생 각한다.

현재 우리나라에서 우리의 전통이나 전통문화를 정면에서 다 루는 담론들은 사실상 없다고 할 수 있다. 있다 하더라도 지난

날 19세기 말엽에 나왔던 동도서기(東道西器)를 비롯하여 동도
동기(東道東器)[25]와 같은 문제들이 아직도 주요 화두가 되고 있
다. 또 '중세문화에 대한 향수'의 측면과 관련하여 국사학계를
중심으로 학술활동을 하고 있는 정도에 머물고 있다. 크게 보아
19세기 말, 서구문명에 대한 대응양상의 하나로 제기되었던 동
도서기류의 논의에서 크게 벗어나지 못하고 있다는 사실은 우
리 학계와 사회에서 아직도 전통과 전통문화에 대한 심도 있는
이해가 이루어지지 못하고 있음을 보여주는 것이라 하겠다.

현재 학계에 소개되어 논의되었거나 논의되고 있는 서구 중
심의 전통담론의 양상은 다음의 몇 가지로 나누어 볼 수 있다.

  1. 민족적 민주주의와 지배담론으로서의 전통론: 국수주의
     와 국가주의적 장치
  2. 전통의 호명(呼名)과 발명: 민족사관 정립, 민족예술 창
     조, 전통문화(윤리)의 생활화, 문화예술의 국제 교류 등
     (1) 레이먼드 윌리엄스(R. Williams)의 '선택적 전통'[26]
     (2) 에릭 홉스봄(E. Hobsbawm)의 '만들어진 전통'[27]

---

[25] 1998년에 나온 우실하, 『전통문화의 구성 원리』(소나무)에서는 우리의
   전통문화 계승 발전과 관련하여 '동도동기'를 말하고 있다.
[26] '선택적 전통'이란 지배적 전통이란 의미다. 모더니즘의 특성의 하나는
   예술을 고급과 저급으로 나눈다는 것이다. 모더니즘은 위계질서에 따
   라 고급한 문화의 형식과 실천에 특권을 부여했다. 회화를 일차적으로
   조각은 이차적으로 보았으며 그래픽디자인, 상업적·산업적 사진 및
   영화는 저급한 것으로 인식하였다. 레이먼드 윌리엄스는 이러한 현상
   을 '선택적 전통의 기제'로 정의했다. 결국 지배적인 모더니즘 전통은
   지속적으로 '전문화'와 '순수성'을 주장했으며 회화가 '자신의 경쟁력
   있는 영역'에 뿌리내릴 것을 요구했다.

3. 미국(서구)의 영향 증대와 오리엔탈리즘(Orientalism)[28]의 내면화

4. 저항적 민족주의와 옥시덴탈리즘(Occidentalism)[29]

5. 포스트주의의 물결과 중세문화에의 향수

6. 전통문화 환원론(還元論)

7. 전통문화와 상업주의

8. 탈담론과 디아스포라(diaspora)[30]

---

[27] 에릭 홉스봄 외 6인,『만들어진 전통』, 박지향 외 옮김, 휴머니스트, 2004 참조. 이 책은 우리가 피상적으로 알고 있던 '오랜 전통'의 허상을 폭로하며, 국가와 민족을 둘러싼 '전통 창조'의 거대 담론을 보여준다. 19세기 말에서 20세기 초, 유럽 전통의 창조가 '현재'의 필요를 위해 과거의 이미지를 만들어낸 것임을 밝히면서 그 예들을 추적하였다. 이 책에서는 만들어진 전통이 어떻게 역사적 사실로 자리 잡았는지, 그리고 그것이 어떻게 국민국가의 권위와 특권을 부추기기 위해 사용되었는지를 날카롭게 파헤쳤다. 나아가 집단적 기념 행위가 국민 정체성을 형성하기 위한 '전략'이었으며, 신화와 의례가 사람들에게 만들어진 '공식 기억'을 믿도록 하는 데 의도적으로 사용되었다는 사실을 고발하였다.

[28] 오리엔탈리즘은 서양인들이 동양을 바라볼 때 선입견을 가지고 본다는 에드워드 사이드(E. Said)의 주장이자 책이다. 또한 동양 문화에 대한 서양인들의 태도, 관념, 이미지라는 뜻도 포함된다. 에드워드 사이드는 오리엔탈리즘이 서양인의 정체성을 확립해 주는 대상으로 여겼다. 열등한 동양이 존재하기 때문에 우월한 서양이 존재한다고 생각하는 것이 그의 주장이다. 1978년에 펴낸『오리엔탈리즘』이 국내에서 번역되었다.『오리엔탈리즘』, 박홍규 역, 교보문고, 2007 참조.

[29] 서양을 바라보는 적대적인 편견과 행동양식을 말한다. '반서양주의'라고도 할 수 있다. 이언 바루마, 아비샤이 마갤릿,『옥시덴탈리즘-반서양주의의 기원을 찾아서』, 송충기 옮김, 민음사, 2007 참조.

[30] 디아스포라(그리스어: διασπορά, '播種'을 뜻함)란 특정 인족(ethnic) 집단이 기존에 살던 땅을 (자의건 타의건 간에) 떠나 외부로 이동하는 현상을 의미하므로, 離散이라고도 한다. 유목과는 다르다. 난민 집단 형성과는 관련이 있으나, 본토를 떠나 항구적으로 나라밖에 자리 잡은 집단에만 쓴다. 디아스포라 문화는 원주지역 사람들의 문화와는 다른 방식으로 전개된다. 여기에는 문화나 전통, 혹은 원집단과 디아스포라 집단 사이의 차이점에 따라 다른 양상을 보인다. 디아스포라 집단에서 문화적 결속은 흔히 이들 집단이 언어 변화에 대해 집단적으로 저항한다거

## 9. 최근의 한류(韓流) 열풍과 그에 대한 진단

일찍이 프랑스 철학자 미셸 푸코(Michel Paul Foucault: 1926~
1984)는 전통담론을 "과거의 유산이나 개념에 대한 지식을 생성
시킴으로써 현실에 관한 설명을 산출하는 언표(言表)들의 집합
체"라고 이해하였다. 푸코는 애초에 담론이 말하고자 하는 대상
과 이후의 담론에서 제기되는 대상이 따로 노는 과정에 주목하
였다. 한 가지 예로, 지동설이 제기되면서 동일한 천체 현상에
대한 담론이 바뀐 것을 들었다. 그리고 담론은 그 내용이 지니
는 의미도 중요하지만 항상 권력에 의해 이용, 왜곡되는 측면이
더 중요함을 말하였다. 담론을 왜곡시키는 권력은 바로 권력에
담긴 지식에서 나온다. 지식은 권력을 낳으며, 권력이 행사되기
위해서는 반드시 지식이 필요하다는 것이다. 같은 대상을 두고
도 하나의 담론이 다른 담론으로 바뀌는 과정은 곧 권력의 주체
와 행사 방식이 달라지는 것과 무관치 않다고 하였다.

위에서 푸코의 말을 소개한 것은 현재 진행되고 있는 서구 중
심의 전통담론이 주로 정치·사회적인 측면에 초점이 맞추어져
있다는 사실을 지적하기 위한 것이다. 문화 중심으로 이루어져
왔던 우리의 순수한 전통담론과는 차이가 있다는 점을 지적하
려는 것이다. 이제 다시 우리의 전통과 전통문화에 대한 논의의
장이 마련되기를 기대한다. 그리고 종래 미국과 유럽 중심의 인
문학 담론에서 벗어나 아시아 인문학의 전통에도 눈을 돌렸으

---

나 고유의 종교 의식을 계속 유지하는 등에서 그 흔적을 찾을 수 있다.

면 하는 것이 필자의 생각이다. 그런 의미에서 1990년대 한창 논의가 활발하다가 이제는 주춤해진 '유교민주주의', '아시아적 가치'와 같은 담론들이 지속적으로 이어지기를 바란다.

# 제2장 백제금동대향로의 상징체계와 한국사상

## Ⅰ. 머리말

1993년 12월 12일, 부여군 부여읍 능산리(陵山里) 백제 제26대 성왕(聖王)의 능사(陵寺)가 있었던 옛터에서 백제금동대향로(국보 제287호)가 발굴되었다. 능사는 위덕왕(威德王)이 부왕인 성왕의 명복을 빌기 위해 세운 것으로 추정된다.[1] 향로가 발굴된 곳이 능사의 옛터라는 점에 주목하여, 성왕에 대한 제사용으로 만들었을 것이라고 짐작하는 이들이 많다. 그러나 조형물에 담긴 상징체계로 미루어 볼 때 이 향로는 예사 물건은 아닌 것 같다. 제작 목적을 자세히 알 수는 없지만, 성왕 16년(538)에 웅진에서 사비로 천도(遷都)를 단행한 성왕의 정치 행위 정도는 결부시켜야 제대로 이해할 수 있으리라고 본다. 사비성으로 도읍을 옮기고 국호마저 일시 '남부여'로 바꾼 성왕의 정치 행위는 백제사의 일대 사건임에 분명하다. 이런 중대 사건이 단순하게 국면 전환

---

[1] 1995년 능사터 발굴 당시 "百濟昌王十三季太歲在丁亥, 妹兄公主供養舍利"라는 명문이 적힌 '百濟昌王銘石造舍利龕'이 발견되었다. 이로써 능사가 성왕의 명복을 빌기 위해 세워진 절임을 추정할 수 있게 되었다.

용으로 이루어졌을 것 같지는 않다. 향로를 통해 미루어본다면, 북부여로부터 남부여에까지 이어지는 백제의 문화적 전통을 더욱 충실히 계승하겠다는 다짐, 그리고 백제의 통치 이념을 대내외에 확고하게 표방할 필요가 있었을 법하다.[2] 이 향로를 성왕과 관련시켜 보는 것은 이런 이유에서다. 필자는 이 향로에 대해, 백제의 문화 전통과 통치 이념을 담은 '융합체'라고 정의하고 싶다.

'유물은 스스로 말하지 않는다'는 책이 있다. 유물에 대한 해석은 후세인의 몫이다. 주체적 관점에서 백제대향로에 대해 높이 평가하는 것은 어쩌면 당연하다고 본다. 자신의 관점에서 해석하는 것 역시 당연하다. 다만 사리와 논리를 떠난 비합리적인 해석은 곤란하다. 한 예로, 해외교류 면에서 고구려나 신라를 능가했던 백제의 위상을 높이 평가하는 것은 좋지만, 이를 향로와 결부시켜 무리하게 해석하는 것은 바람직하지 않다. 당시 백제에 없었던 코끼리나 악어 등이 향로에 등장한다고 하여 이를 당장 직접적인 해외교류와 연관시키는 것은 문제가 없지 않다. 또 오악사가 연주하는 악기 가운데 완함(阮咸)이 중앙아시아 지역에서 널리 쓰이던 악기이고, 또 8세기에 가서야 그 이름이 중국 역사서에 나온다고 해서, 이를 중앙아시아 지역과의 직접 교류로 연결시키는 것 역시 넌센스다. 완함은 본디 월금(月琴)이었다. 월금으로 더 많이 알려졌다. 중국 송나라 때 진양(陳暘)이

---

[2] 성왕의 재위 기간 내에, 중국의 梁朝와 빈번하게 교류하면서 毛詩博士·工匠·화공 등을 초빙하고 『열반경』 등의 經義를 수입해 백제 문화의 질적 수준을 향상시키는 데 크게 힘썼던 것도 그 일환이라 하겠다.

월금을 연주하는 악사

지은 『악서(樂書)』를 보면, 월금은 진(晉)나라 때 비파 연주가로 유명한 완함이 만들었다고도 한다.[3] 중국 집안(集安)에 있는 5세기 무렵의 무용총 고분 벽화를 보라! 월금을 연주하는 여인의 모습이 보인다. 완함이란 한참 후대에 붙여진 이름이다.

백제대향로의 의미체계와 상징체계는 '중층적(重層的)'이다. 어느 한 쪽으로 편향되게 해석하는 것은 바람직하지 않다. 한 예로, 이 향로가 능사터에서 출토되었다는 사실에 기초하여, 향로의 모든 것을 불교문화학적 관점에서 보아야 한다는 설이 있는데,[4] 이에 대해 긍정할 연구자가 얼마나 될 것인가?

---

3  陳陽, 『樂書』 "月琴, 形圓項長, 上按四弦十三品柱, 象琴之徽, 轉軫應律, 晉阮咸造也."

4  사재동, 「백제금동대향로의 불교문화학적 고찰」, 『국학연구논총』 6, 충남대학교, 2010 참조.

무용총 벽화

백제대향로의 제작 시기, 제작 목적, 당시의 정치적 상황, 향
로에 담긴 사상 등에 대해서는 현재까지 설왕설래 말이 많다.
앞으로도 다각적인 연구가 요청된다. 이 글에서는 사상적 배경,
상징체계 등 몇 가지를 논하고자 한다. 다만 신선사상과 불교사
상, 샤머니즘의 영향 등 별로 이의가 없는 것에 대해서는 굳이
재론하지 않겠다.


## Ⅱ. '삼교합일, 접화군생'의 종합모형도[5]

필자는 평소 한국사상의 원형에 대해 탐구하면서, 그를 설명
할 수 있는 자료로 「난랑비서(鸞郎碑序)」와 백제금동대향로[6]를

---

5  최영성, 『한국유학통사』 상권, 심산출판사, 2006, 112-114쪽 참조.
6  이 향로는 출토 직후 '金銅龍鳳蓬萊山香爐'로 명명된 적이 있었다. 정상

꼽아 왔다. 「난랑비서」가 문자로 된 자료라면, 향로는 조형물의
상징체계를 통해 이를 확인할 수 있는 자료라고 본다. 나아가
최치원(崔致遠)이 「난랑비서」에서 말한 '포함삼교 접화군생'의
의미가 이미 6세기에 나온 이 향로에 형상화되었다고 생각한다.
이 짧은 글에서 백제대향로를 한국사상의 원형 연구와 연결시
킨 것은 이러한 이유에서다.

　백제대향로는 조형미와 예술성, 상징체계 등 여러 면에서 찬
사를 받는다. 백제 금속공예 예술의 진수(眞髓)라는 찬사가 지나
치지 않다. 그에 담긴 우주관·자연관·종교관 등 조형적 배경
은 실로 백제 인문정신의 총화(叢花)라 할 수 있다. 길이 64㎝ 가
량인 이 대향로는 크게 뚜껑 부분과 몸통 부분, 받침부분으로
나뉜다. 뚜껑 위에는 힘차게 날갯짓하는 천계(天雞)-아니 천계의
형상을 한 봉황을, 몸통 아래 받침 부분에는 바다를 상징하는
역동적인 모습의 용틀임을 만들어 음양의 세계를 표현하였다.
뚜껑에는 수십 개의 산봉우리가 열 지어 있고 심산유곡(深山幽
谷)이 펼쳐져 있다. 삼산형(三山形)은 중국 한대(漢代) 박산향로
(博山香爐)의 영향이다. 그러나 많은 산봉우리 모습은 백제 산수
문전(山水文塼)에 보이는 산들을 입체화하여 옮겨놓은 듯하다.
박산향로의 그것과는 상당히 다른 느낌이다.

　또 뚜껑 부분에는 산과 폭포와 시냇물 사이에서 유유자적(悠
悠自適)하는 신선들이 악기를 연주하거나 명상에 잠기기도 하고,

---

　부분의 새를 봉황 또는 朱雀으로, 深山을 봉래산으로 본 것이다. 그러나
이후 봉황이 아니라 천계(天雞: 장닭)이고, 봉래산이 아니라 博山이라는
논란이 제기되면서 '백제금동대향로'로 바꾸었다.

백제대향로

낚시 또는 수렵을 하거나 머리를 감기도 한다. 이밖에도 인면조신상(人面鳥身像), 인면수신상(人面獸身像) 등 여러 길짐승과 날짐승, 현실세계에 존재하는 호랑이·사슴·원숭이·멧돼지, 그리고 당시 백제에서 볼 수 없었던 코끼리·악어 등 모두 42마리의 동물들이 '각득기소(各得其所)'의 삶을 만끽하는 형상이다. 한 마디로 백제의 도선사상(道仙思想)을 엿보는 데 중요한 시사가 된다.

중간의 몸통 부분에는 활짝 핀 연꽃이 장식되어 있다. 연꽃잎에는 신선, 그리고 날개 달린 물고기를 비롯한 수중생물들, 물가에서 많이 볼 수 있는 사슴과 학 등을 새겨 놓았다. 연꽃을 통해 화생만물(化生萬物)의 이치를 형상화한 것으로 보인다. '연화화생(蓮花化生)'이라는 불교의 생성관(生成觀)을 엿볼 수 있다. 불교에서 중시하는 연꽃은 예부터 광명과 생명 탄생의 의미를 담은 것으로 여겨져 왔다. 그것이 상징하는 '광명'과 '생명'은 실로 한국 고유사상과 불가분의 관계가 있다.

이 향로는 유학사상과도 연관시켜 볼 수 있다. 천계 바로 아래에서 다섯 명의 악사가 음악을 연주하고, 범·사슴·멧돼지 등 수많은 짐승이 즐겁게 춤을 추며, 물 속에서도 물고기가 재미있게 놀고 있다. '연비어약(鳶飛魚躍)'의 경지라고나 할까? 이 모습은 곧 『서경』에서 이른바 "팔음의 악기가 잘 어울려 서로 차례를 빼앗음이 없어야 신과 사람이 화합할 것이다"[7]고 한 것이라든지 "석경(石磬)을 치고 어루만지자 온갖 짐승이 따라서 춤을 추었다"[8]고 한 것을 연상하게 한다. 이것은 바로 유교의 정치

---

[7] 『서경』, 「舜典」 "八音克諧, 無相奪倫, 神人相和."
[8] 『서경』, 「益稷」 "夔曰, 於! 予擊石拊石, 百獸率舞."

백제봉황문전

산경봉황문전

이념을 형상화한 것으로 '신인상화(神人相和)'라는 이상적인 경지를 지향한다.[9]

이 향로는 실로 유·불·선 삼교-나아가 샤머니즘까지 포괄하는 종합 모형도라 하겠다. 이를 통해 백제에서 추구하는 '삼교합일'의 경지와, 삼교 각각의 사상적·종교적 지향점을 엿볼 수 있다. 최치원이 말한 '포함삼교'의 의미를 조형물을 통해 느낄 수 있는 것이다. 특히 백수솔무(百獸率舞)하고 동락동열(同樂同悅)하는 형상은 궁극적으로는 『주역』 중부괘(中孚卦)에 '믿음이 돼지와 물고기에까지 미친다'는 신급돈어(信及豚魚)의 경지를 지향한 것으로 보인다. 상하의 믿음이 지극하면 무지한 사물까지도 감통시킬 수 있다는 이상적인 정치이념의 제시인 것이다. 초목군생이나 동물에까지도 덕화와 감화를 베풀어 자혜(慈惠)로운 삶을 살도록 하는 '접화군생'의 의미를 다시금 되새기게 된다.


## III. 봉황·주작의 이미지에 수탉의 형상

백제대향로에서 눈길을 많이 끄는 것은 뚜껑 부분 정상에 있는 새일 성 싶다. 몸통 부분에서 앙련(仰蓮)을 입에 물어 받들고 있는 짐승을 '용'으로 보는 데는 이의가 없는 것 같다. 정상부에 새가 있는 것은 한대(漢代) 청동신인주작박산로(靑銅神人朱雀博山爐) 등의 선례가 있어 새삼스럽지 않다. 다만 '어떤 새'인가에

---

[9] 권영원, 「백제의 崇文精神으로 본 扶餘世家와 유·불·선 삼교사상」, 『백제의 종교와 사상』, 충청남도, 1994, 63-67쪽 참조.

정상 부분의 새

대한 해석은 크게 세 가지로 나뉜다. 봉황으로 보는 견해, 주작으로 보는 견해, 천계(天雞: 우리나라 토종닭인 장닭)로 보는 견해가 그것이다.[10] 필자는 우리나라 토종의 수탉 모습에다 봉황과 주작의 상징성을 곁들였다는 점을 미리 말해두고 아래에서 설명하려 한다.

봉황·주작·삼족오(三足烏)는 동이문화권에서 나왔다는 것이 정설이다. 이들은 모두 상상의 새이다. 또 유·불·도 삼교에서 공히 신조(神鳥)로 받든다는 공통점이 있다. 그런데, 벽화나 조형물만으로는 이들이 어떻게 같고 다른지를 가려내기가 어렵다. 다른 점에 주안을 두면 서로 다른 새 같이 보이고, 같은 점에 착안하면 같은 새처럼 인식되기도 한다. 다만 발이 셋인 삼족오가

---

10 '극락조'로 보는 견해도 있다. 그러나 용의 상대로 극락조가 등장하는 전례가 없고, 또 용이 상상의 동물임에 비해 극락조는 현실의 동물이라는 데서 위격이 맞지 않다. 얼핏보면 극락조와 비슷하지만 극락조는 볏이 없다. 이런 까닭에 하나의 설로 성립하기에는 어렵다고 생각한다.

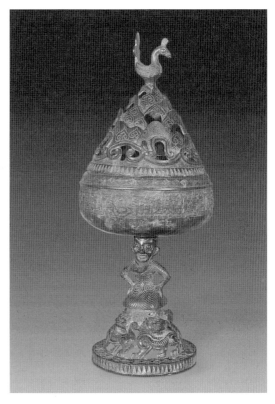

청동신인주작박산로

봉황·주작과 쉽게 구별되는데 비해 봉황과 주작은 구별하기가 쉽지 않다. 어떤 사람은 '봉'은 수컷이고 '황'은 암컷이라는 점을 들어 주작과 구별하기도 하지만, 벽화에 따라 주작 역시 암컷과 수컷으로 나누어 그려지기도 한다. 이밖에 봉황과 용은 여의주를 물고 있다는 점에 착안, 주작과 구별하려는 사람도 있다. 그러나 평양 부근에 있는 강서중묘(江西中墓)의 '주작도'(四神圖의 하나)를 보면 주작이 여의주를 물고 있다. 이밖에 '며느리발톱'(距: 싸움발톱)이 튀어나온 것에 주목해야 한다고도 하지만,

긴꼬리 장닭

강서중묘의 주작 그림

며느리발톱은 수탉 뿐만 아니라 주작과 봉황 그림에도 그려
져 있다.

그렇다면 봉황과 주작의 구별은 불가능한가? 아니다. 다른 것
은 그만두고 상징체계만으로도 구분이 가능하다. 봉황은 태평
성대에만 나타난다고 한다. 성스럽고 신령스러운 새의 대명사
요, 새 가운데 우두머리다. 주작은 남방을 수호하고 붉은 색을
다스리며,[11] 오행 가운데 불[火]의 속성을 지닌다.[12] 흔히 닭의 형
상을 취하기도 한다. 여기서 특별히 관장하는 것이 있느냐, 없
느냐 하는 점은 황제와 제후에 비하면 쉽게 이해된다. 한 마디
로 봉황이 중앙의 황제라면 주작은 남방의 제후에 불과하다. 봉
황과 주작은 같은 새일 수 없는 것이다.

어떤 학자는 백제의 국호가 남부여로 개칭된 것에 주목하여,
남방을 상징하는 주작으로 보아야 한다고 주장하기도 한다. 일
단 수긍할 만하다. 다만 백제가 주작의 이미지에 만족하여 남방
의 제후국 정도로 자처했을지는 의문이다.[13] 주작의 상징적 의
미가 많다고 해도 남방의 수호신에 '국한'된다는 점은, 주작이
아닌 봉황으로 보는 쪽에 힘을 실어준다고 하겠다. 이제 봉황이
냐 천계냐 하는 쪽으로 논의를 옮겨보자.

현재 학계에서는 봉황 쪽에 무게가 실린 가운데, 천계로 보아
야 한다는 주장이 만만치 않은 형세다. 논의가 양쪽으로 나뉘는
가운데 서로 자기 쪽에 유리한 해석과 설명을 내놓고 있다. "봉

---

[11] 주작을 붉은 봉황이라고 생각하는 것은 이런 이유에서다.
[12] 불을 관장하는 元素神이기도 하다.
[13] 사실상 '제국'을 표방한 백제이기에 더욱 그렇다.

황이 부리와 목 사이에 여의주를 품고 날개를 편 채 힘 있게 서 있는 모습이다." 이것은 봉황으로 보는 측의 설명을 요약한 것이다. 이 주장의 문제점을 짚어보자.

봉황 그림에 보이는 공통적 특징으로는 '꼬리가 길고 가늘며 꼬리 깃털이 아름답다'는 점을 꼽을 수 있다. 그림에 따라 꼬리가 몸통 길이의 10배 이상 되는 경우가 있다. 게다가 머리 위에 안테나와 같은 두 가닥의 깃털이 있음도 간과할 수 없다. 이에 비추어 볼 때 닭벼슬 모양을 취한 데다 가늘고 긴 여러 가닥의 꼬리깃털이 없는 이 새는 외형상 봉황과는 거리가 있다. 아무래도 '긴 꼬리 수탉'이라는 주장이 더 설득력이 있을 것 같다.

현재 전하는 봉황 그림을 종합하여 보면, 봉황은 두루미처럼 다리가 긴 새로 그려져 있는 것이 대부분이다. 이에 비해 백제대향로의 새는 다리가 짧은 편이다. 닭의 다리에 가깝다. 뜯어볼수록 장닭을 닮았다는 느낌이다. 사비백제 시기 같은 백제인이 남긴 봉황문전(鳳凰文塼)과 비교해 볼 때 더욱 그렇다. 작가에 따라 봉황 모습에 얼마간의 차이가 있음을 감안한다 하더라도 분명 봉황의 모습과는 다르다. 닭이 지닌 특징에 초점을 두고 보면, 일단 봉황보다는 주작에 가깝다는 것이 필자의 소견이다.

그렇다면 봉황이라고 주장하는 유력한 근거는 무엇일까? 필자는 '여의주' 때문이라고 판단한다. 백제대향로를 보면 새가 부리와 턱 사이에 여의주로 추정되는 구슬을 괴고(?) 있다. 봉황이나 주작이라면 여의주를 입에 물고 있는 것이 조금도 이상하지 않다. 그런데 향로의 새는 봉황이라 하기 어렵고 주작과도 차이

백제봉황문전

가 있는데 여의주를 괴고 있다. 여의주가 아닌 닭의 고기수염〔肉
髥〕, 즉 닭의 턱 아래 난 살수염으로 볼 수도 있을 것이다. 그렇
지만 살수염이라 하기엔 무리다. 여의주가 틀림없어 보인다. 문
제는 왜 입에 물지 않고 턱 밑에 괴는 모양을 취했냐는 점이다.
과문(寡聞)한 탓인지는 모르겠지만, 이 향로 이전이나 이후에 이
런 모습을 취한 것은 없었던 것 같다. 여의주를 입에 문 형상을
만들기 어려웠기 때문일까? 아닐 것이다.[14] 그 모습에 담긴 의미
를 생각해 볼 때 혹여 '이사여의(頤使如意)'[15], 즉 "턱으로 부려도
뜻과 같이 잘 된다"[16]는 것은 아니었을까? 해상대국인 백제가 동

---

[14] 밀랍을 사용하여 정교하고 섬세한 표현을 한 백제인이 여의주를 처리
하기 어려워 그런 모양을 취했다고 보기는 어렵다.

[15] 『漢書』 권48, 「賈誼列傳」 "今陛下力制天下, 頤使如意."

[16] 여기서 말하는 '이사'는 굳이 말을 하지 않고도 사람을 자유롭게 부린

기러기로 추정되는 새

방의 대제국이라는 자부심을 그런 모습에 담은 것은 아닐까? 생각할수록 의미가 간단하지 않다.

한편, 향로 정상 부분의 새와 서로 조응하는 것으로 오악사 주변에 다섯 마리의 새가 있다. 오악사의 연주에 맞추어 춤이라도 추듯 가무상(歌舞像)으로 그려졌다. 비상하려는 듯 날개를 활짝 편 모습, 날개를 접은 모습 등 다섯 마리가 제각기 다른 모습이다. 학계에서는 대개 '기러기'로 본다. 이는 육안으로도 감별

---

다는 의미다. 건방지고 오만한 모습을 말할 때 쓰는 '이사'의 의미는 아니다.

이 가능하다. 오악사와 다섯 마리 새가 등장한 것은 백제에서 성행했던 오행사상[17]을 반영한 것이다.

그렇다면 다섯 마리의 '기러기'는 무엇을 상징하는 것일까? 식물과 동물 가운데 대표적인 '태양바라기'로는 해바라기꽃(向日花)과 기러기를 들 수 있다. 기러기는 태양을 따르는 새다. 태양을 좇아 겨울철에는 남쪽으로, 여름철에는 북쪽으로 옮겨간다. '수양조(隨陽鳥)'라 일컫는 것은 이 때문이다. 예부터 태양은 임금에, 기러기는 백성에 비유되었다. 『삼국사기』 백제본기, 온조왕 43년(A.D 25) 9월조를 보면 "큰 기러기 1백여 마리가 왕궁에 날아들었다. 일관(日官)이 '기러기는 백성의 상징이니 장차 먼 곳에 사는 백성이 귀의해 올 것입니다'고 하였다"는 기록이 있다.[18] 이를 볼 때 향로에 보이는 다섯 마리의 기러기는 각양각색의 백성이 한 임금에게 향화(嚮化)함을 상징하는 것으로 보아도 좋다.

필자는 향로 정상부의 새는 우리나라 토종 장닭의 모습에다 봉황·주작의 상징체계를 합친 것으로 판단한다. 태평성대를 희구하고 만사여의를 기원한다는 의미에서는 봉황의 이미지가 짙고, 당시 백제가 국호를 남부여라 할 정도로 한반도 남부의 제국임을 드러내려 한 점에 비추어보면 주작이 함의하는 바를 간과하기 어렵다. 게다가 동방이 닭을 신성시하여 천계(天雞)와 불가분의 관계를 지닐 정도로 그 사상적 관념이 뿌리깊게 내려왔

---

17 최영성, 『한국유학통사』 상권, 심산출판사, 2006, 103쪽 참조.

18 과연 그해 10월에 남옥저의 仇頗解 등 20여 가구가 釜壤(강원도 평강)에 이르러 귀의하니, 왕이 이를 받아들여 漢山 서쪽에 거주하게 하였다 한다. 『삼국사기』 권23, 백제본기, 온조왕 43년 10월조 참조.

다는 점을 감안한다면 우리 토종 수탉의 모습을 취하게 된 배경
을 짐작할 수 있겠다. 이런 예는 실로 찾아보기 어렵다. 아래에
서는 '천계'에 초점을 두고 그 함의를 좀더 논해보려 한다.

## Ⅳ. 天雞와 동방[19]

앞서 정상부의 새와 관련하여 '우리나라 토종 장닭'을 말하였
고, 그것을 '천계'와 연결시켜 보았다. 연구자 가운데 '천계'로
보아야 한다고 주장한 사람이 더러 있지만, 믿을 만한 문헌적
근거를 분명하게 밝힌 경우는 드물었다. 필자의 관점으로 보면,
천계는 한국사상의 원형과도 연결시켜 설명할 수 있다. 그 정점
에 고운 최치원이 있다.

최치원은 중국 고대 역사서를 근거로 우리나라를 '도야(桃野)'
라고 표현하였다. 이것은 「대낭혜화상비문(大朗慧和尙碑文)」과
「대숭복사비문(大崇福寺碑文)」 등에 보인다. 최치원이 인용했을
곽박(郭璞)의 『현중기(玄中記)』, 조충지(祖沖之)의 『술이기(述異
記)』 등을 보면 다음과 같은 내용이 있다.

> 동방에 도도산(桃都山)이 있다. 그 산 위에 '도도'라고 하는 큰 나무가

---

[19] 본절은 필자의 평소 생각을 적은 것이다. 활자화한 적은 없었다. 다만
2015년에 鄭然守 박사에게 관련 자료를 전해준 적이 있는데, 근자에 정
박사가 백제대향로와 관련된 자신의 논문에서 필자의 견해를 인용, 소
개하였다고 한다. 독자들의 혼란이 있을까 염려하여 이를 밝혀둔다. 정
연수, 「백제금동대향로 계룡 장식의 상징성과 역학사상」, 『한국철학논
집』 49, 한국철학사연구회, 2016 참조.

있는데, 가지가 '삼천리'에 뻗었다. 해가 처음 떠올라 이 나무를 비추면
천계가 곧 울고, 이어서 천하의 모든 닭이 다 따라서 운다.[20]

위에서 '동방'이나 '삼천리'는 보기에 따라 우리 한국 또는 한
반도를 상징하는 것으로 해석할 수 있을 것 같다. 그 때문인지
선학들 중에는 우리나라를 도도산과 관련시켜 말하는 사람이
적지 않았다. 천계라는 닭도 동방과 관련이 있다. 『이아(爾雅)』
등 중국 고대 역사서를 보면 '천계'는 깃이 붉고 살진 닭으로,[21]
동방의 특산물이다. 이 닭이 울어 천하 사람들의 잠을 깨운다고
한다. 그렇다면 이 닭은 '광명'을 부르는 '하늘의 메신저'인 셈이
다. 또 이 닭의 본을 받아 천하의 모든 닭이 따라서 운다고 함
은, 동방이 천하의 문명을 주도한다는 의미를 담은 것으로도 볼
수 있다.

중국 사람들은 이 신화를 자기 나라와 관련시켜 말하기도 한
다. 그러나 최치원을 비롯한 우리 선학들은 이 고사를 우리와
관련된 것으로 확고하게 인식하였다. '천계'에 대한 고사 인용은
조선시대 학자들의 시에도 보인다. 이 점은 백제대향로 정상 부
분의 새를 천계로 보는데 중요한 논점을 제공한다.

몸통을 받치고 있는 용은, 『주역』 건괘(乾卦)로 설명하자면[22]
잠룡(潛龍)의 단계를 거쳐 현룡(見龍)의 단계에 있다. 장차 비상

---

20  郭璞, 『玄中記』 "東方有桃都山, 山上有一大樹, 名曰桃都. 枝相去三千里,
    上有天雞, 日初出時照此木; 天雞卽鳴, 天下雞皆隨之."

21  『爾雅』, 「釋鳥」 "鶾, 天雞."; 郭註 "鶾雞, 赤羽."; 『博古辨』 "鶾, 古玉多刻
    天雞紋, 其尾翅輪如鴛鴦, 卽錦雞. 又  雞肥貌, 今爲翰."

22  건괘에서는 潛龍→ 見龍→ 飛龍→ 亢龍의 네 단계로 나누었다.

(飛翔)하여 하늘로 오르려고 하는 형상을 취하고 있다. 이에 비해 정상부의 천계는 날개는 있지만 높이 날 수는 없다. 여의주를 턱에 고인 채 고개를 숙이고 있다. 고개를 들래야 들 수 없는 형상이다.[23] 이 천계가 지향하는 곳은 하늘이 아닌 바로 인간세계이기 때문이다. 용은 위를 향하고 천계는 아래를 바라보는 구조를 보면서 '화생만물', '접화군생'을 상징하는 조형물이 이 향로라는 생각을 다시 한 번 해본다.

## V. 鷄龍의 정신을 통해 본 백제의 통치 이념

계룡산은 역사서에 따라 명칭이 다르게 기록되어 있다. 『삼국사기』에서는 계룡산, 『괄지지(括地志)』 등에서는 '계람산(鷄藍山)'이라 하였다.[24] 고려 때부터는 대개 계룡산으로 통일되었던 것 같다. 『한원(翰苑)』에서 약칭을 '계산(鷄山)'이라 한 것을 보면, 용보다 '닭'에 더 무게를 두었던 것 같기도 하다. 계룡산은 옛 백제 땅에 있는 산이다. 백제를 상징하는 성산(聖山)이요 신산(神山)이다. 우리나라 '산신신앙(山神信仰)의 메카'라 할 수 있다. 신라 때부터 오악(五嶽)[25]의 하나로 받들어 국가에서 제사를 지

---

23 고개를 숙이고 고민하는 모습으로 비치기도 한다. 반가사유상의 一貌가 엿보인다.

24 중국의 역사서 『翰苑』 蕃夷部, '백제' 조에서는 『괄지지』를 인용, '계람산'을 백제를 대표하는 산으로 기록하였다. '鷄山東峙, 貫四序以同華'로 제목을 뽑은 것이 인상적이다. 최치원의 「智證大師碑」에서도 '계람산'이라 하였다.

25 오악은 동악인 토함산, 남악인 지리산, 서악인 계룡산, 북악인 태백산, 중

내왔다.

　백제에서는 『주역』을 중시하였다. 역박사(易博士)를 둘 정도로 학문적 전문성을 추구하였다. 이점을 감안할 때, 『주역』의 논리를 가지고 '계룡'의 의미를 이끌어냈을 가능성이 충분하다고 본다.[26] 『주역』 설괘전(說卦傳)을 보면

풍뢰익괘

"손(巽)은 닭이 되고(巽爲鷄) 진(震)은 용이 된다(震爲龍)"고 하였다. 즉 손괘를 동물로 설명하면 닭에 해당하며, 진괘는 용이 된다. 또 손괘는 바람이요 진괘는 우레다. 두 괘가 합쳐진 것이 풍뢰익괘(風雷益卦)다.

　익괘는 일차적으로 바람과 우레가 서로 만나 비를 내려 만물을 윤택하게 한다는 의미를 담고 있다. 바람과 우레는 서로 도와 세(勢)를 더하는 성질이 있다.

　익괘의 괘사(卦辭)를 보면 "위를 덜어서 아래에 더해주니 백성들이 기뻐서 어쩔 줄을 모른다"(損上益下, 民說无疆), "그 유익함이 날로 진전하여 끝없이 나아간다"(日進无疆), "하늘은 베풀고 땅은 생산하니 그 유익함이 방소(方所)가 없다"(天施地生, 其益无方), "군자는 이 풍뢰의 형상을 본받아, 선을 보면 우레처럼 빠르게 실천하고, 허물이 있으면 바람처럼 잘못을 고친다"(風雷益, 君子以, 見善則遷, 有過則改) 등등, 군자의 도리, 치자(治者)의

---

　악인 父岳(팔공산)을 가리킨다. 『삼국사기』 권32, 祭祀志, 〈中祀〉 참조.

[26] 익괘로 향로의 의미체계를 설명하는 것 역시 정연수 박사와 피차 많은 교감이 있었다. 논문으로 발표한 것은 정박사가 먼저이므로, 오해가 있을까 저어하여 저간의 사정을 간략히 덧붙여둔다.

도리와 연결시킬 만한 내용이 많다. 이점을 놓칠 백제인이 아니
라고 본다. 필자는 이 '익괘'의 괘사를 음미하면서 "인간을 널리
이롭게 한다"는 홍익인간(弘益人間)의 이념을 떠올려본다.

　　『주역』「설괘전」에서는 '제출호진(帝出乎震), 제호손(齊乎巽)'
이라고도 하였다. 제왕이 진방에서 출현하고 손방에서 위용을
정제(整齊)한다는 말이다. 이 '진'은 동방이요 용이다. 용은 황제
의 권위를 상징한다. 또한 동방은 만물을 생성하는 생문(生門)이
므로 만백성을 알뜰살뜰 보살피는 황제에 비유된다. 이 '제출호
진'이란 말은 역대로 많은 사람들이 동방에서 상제(上帝)로 받들
어지는 성왕(聖王)이 나올 것이라는 의미로 이해하여 왔다.[27] 물
론『주역』에서 말하는 계룡은 철학적인 내용을 원론적으로 말한
것이다. 계룡산 같은 특정한 산을 상징적으로 말한 것은 아니
다. 그렇지만 백제인들이라든지 후대 사람들이『주역』에서 말하
는 계룡을 계룡산과 연결지어 이해하는 것은 별개의 문제다. 이
것은 한국의 특수성 차원에서 이해할 수 있다. 이런 의미에서
필자는 백제대향로가 계룡의 정신을 하나의 모형도에 담은 것
으로 해석한다.

---

[27] 가장 두드러진 예가 근세 민족종교이다. 증산교 등에서는 '帝出乎震'
　　구절을 동방에 상제가 강림할 것이라는 예언으로 풀이한다. 성리학자
　　들은 우리나라가 동방문화의 시발지이자 종착점이라는 의미로 해석하
　　기도 한다. 이항로,『華西集』권17,「鳳岡疾書」"帝出乎震, 震東方也.
　　……天地之東爲三方之長, 而托始托終可知也. 周末, 禮樂在東魯. 皇明末,
　　名節道學在東邦, 亦一理也."

## VI. 맺음말

위에서 논술한 내용을 간략히 정리한다.

1. 백제대향로는 박산향로와 떼려야 뗄 수 없는 관계에 있다. 그러나 박산향로와의 관계만으로는 설명해낼 수 없는 독특한 면이 있다. '박산향로를 배워 박산향로에서 벗어났다'는 역설이 가능하다.

2. 제사용으로 제작되었다고 보는 것은 단순한 해석이다. 향로에 담긴 상징체계, 의미체계를 분석해보면 국가적 조형물이자 상징물이라는 해석이 더 설득력이 있을 것이다.

3. 사상성(이념성)이 매우 강한 향로다. 유·불·선 삼교는 물론 샤머니즘과 주역사상까지 한 데 잘 융합시켰다. 한 마디로 백제의 문화 전통과 통치 이념을 여러가지 상징체계와 의미체계를 통해 담아냈다고 본다.

4. 백제대향로는 동북아시아 향로가 지닌 보편성과 함께 백제의 특수성이 잘 어우러져 있다. 중국의 향로가 신선사상에 치우친 것과는 큰 차이를 보인다. 특수성 쪽에 비중을 두어 조명하는 것이 바람직하다고 생각한다.

5. 한 사람의 성천자(聖天子)가 출현하여 뭇생명체가 제자리를 얻어 행복하게 살아가는 것을 형상화한 이 향로는 이른바 '포함삼교(包含三敎), 접화군생(接化群生)'의 풍류도 정신과 상통한다고 본다.

6. 대백제의 원대한 이상을 국가적 상징물에 담은 것이라는 결론을 얻었을 때, 향로를 만든 주체와 계기에 대한 탐색이 뒤

따라야 한다. 대향로가 발견된 곳이 성왕(聖王)의 능사가 있었던 옛터라는 점에 구속될 필요는 없다. 다만 '성왕'이라는 묘호(廟號)에 담긴 복합적인 의미는 잘 새겨보아야 할 듯하다. 성왕 정도의 인물이라야 국가적 상징물을 구상하고 실천에 옮길 수 있었을 것이라는 추론은 무리가 아니다. 이 가설이 성립된다면, 538년에 있었던 사비로의 천도가 제작의 계기가 되었을 것이라는 추정은 매우 자연스럽다.

7. 향로 정상부의 새는 우리나라 토종의 수탉 형상에다 봉황과 주작의 이미지가 오버랩되도록 하였다. 백제인 특유의 사유체계가 반영된 것으로 본다.

# 제3장 월지궁(月池宮)은 태자궁인가
### -'동궁'은 동쪽 별궁이다 -

## I. 머리말

  1975년 3월부터 1976년 12월까지 계속된 안압지 발굴에서 건물터 31개소가 확인되었다. 유물 3만여 점이 출토되었다. 당시 출토된 유물 중에는 '동궁아일(東宮衙鎰)'이란 명문이 새겨진 자물쇠와 '調露二年 漢只伐部君若小舍…」三月三日作□…」'명문이 새겨진 전돌(塼石)이 있다. '조로 2년'은 당나라 고종 2년(680)이다. 신라 문무왕 20년에 해당한다. 이는 문무왕 19년(679)에 처음으로 동궁을 세웠다고 하는 『삼국사기』의 기록을 뒷받침하는 것으로,[1] 안압지 일대가 7세기 말 이래 '동궁'이었음을 짐작하게 한다. 이후 1980년에 '월지(月池)' 명문이 새겨진 토기 파편이 발굴됨으로써 이곳이 『삼국사기』 등에 나오는 월지궁[2]이었음이 사실상 확인되었다. 오늘날 학계에서는 동궁이 곧 월지궁이라는 사

---

[1] 『삼국사기』 권7, 신라본기, 문무왕 19년 추8월조 "創造東宮, 始定內外諸門額號."

[2] 『삼국사기』 권10, 신라본기, 헌덕왕 14년(822) 춘정월 "以母弟秀宗爲副君, 入月池宮."

실이 통설로 인정되는 추세다.[3] 사전(史傳)이 미비하여 별개의 궁궐로 오인될 법한 것이 고고학적 발굴에 힘입어 바로잡힌 대표적인 사례라 하겠다.

필자는 '동궁이 곧 월지궁'이라는 사실에 대해 동의한다. 부정할 만한 논거가 현재로선 없어 보인다. 다만 동궁이 태자궁의 별칭이라는 이유만으로, 이를 태자궁이라고 단정하는 것은 수긍하기 어렵다. 태자궁이라 함은 단순하게 태자가 사는 곳을 의미하지는 않는다. 독립된 '전용 공간'으로서의 위격(位格)이 명칭 속에 담겨 있다. 그럼에도 역사학계, 건축·조경학계의 많은 학자들이 문무왕 19년에 창건된 동궁을 태자궁이라고 보아 왔다.[4] 의심의 흔적은 찾아보기 어렵다. 이런 추정에는 헌덕왕이 동복 아우 수종(秀宗)을 태자로 삼아 월지궁에 들어오도록 했다는 『삼국사기』의 기록이 결정적 구실을 한 것 같다. 이 기록 때문인지 현재 동궁이 월지궁이고 월지궁이 태자궁이라는 인식이 학계에 폭넓게 자리잡고 있다.

그러나 동궁이 세워진 679년 이후 수많은 태자가 책봉되었지만 수종을 제외한 다른 태자들이 월지궁에 들어갔다는 기록은 없다. 독립된 '전용 공간'으로서의 태자궁이 있었다는 기록이 없음은 물론이다. 학계 일각에서 '동쪽에 있는 궁궐'로 해석하는

---

3 사실 동궁이 곧 월지궁이었음은 동궁에 속한 官署에 月池典, 月池嶽典이 있었다는 기록을 통해서도 추정할 수 있었다(『삼국사기』 권39, 〈직관지 상〉 참조). 그것을 看破하지 못했기 때문에 별개의 것인 양 여겼던 것이다.

4 이병도 역주, 『삼국사기』 상권, 을유문화사, 1985, 143쪽; 김봉렬, 『김봉렬의 한국건축 이야기(1)』, 돌베개, 2006, 74쪽; 홍광표(외), 『한국의 전통조경』, 동국대학교출판부, 2001, 18쪽 참조.

학자도 더러 있기는 하지만 아직은 문제 제기 정도다. 그것도 소수에 머물고 있다.[5] 그들의 주장에는 자료적 뒷받침이 부족하다.

동궁이 태자궁이라는 추정은 정설로 인정되기 어렵다. 이것이 필자의 판단이다. 이제 이 문제를 정면으로 다루어볼까 한다. 논의는 '동궁은 곧 월지궁이다'라는 전제 아래 시작하겠다. 『삼국사기』에 나오는 동궁 및 월지궁 관련 기록과 최치원이 찬한 지증대사비문(智證大師碑文)에 보이는 월지궁 관련 기록을 정밀하게 검토한 뒤 합리적인 해석을 도출하려 한다. 필자의 이 글이 월지궁(동궁) 연구에 일조가 되기를 바라는 바다.


## II. 동궁은 '동쪽에 세운 궁궐'이다

신라 왕궁의 본거지인 월성을 중심으로 사방을 살피면 월지궁이 있었던 안압지는 약간 북쪽으로 치우치긴 했지만 대체로 동쪽에 위치한다고 할 수 있다. '동궁'이라고 일컫는데 문제가 없었을 것으로 판단한다.

동궁의 창건 기점은 『삼국사기』에서 밝힌 대로 문무왕 19년(679) 8월이다.

創造東宮, 始定內外諸門額號

---

5  윤무병, 「新羅王宮考」, 『학술원논문집』(인문·사회과학편), 49-1, 대한민국학술원, 2010, 7쪽 참조.

하나의 기사에서 '창조(創造)'와 '시정(始定)'이란 말이 잇달아
나오는 것은 무슨 이유일까? 앞서 '창조'란 말을 사용한 만큼 뒤에
'비로소'(처음으로)라는 군말을 붙일 필요가 없다. 그럼에도 이 말
들이 주목되는 것은 '창조'란 말이 창건의 기점을 의미하는 것이
고, '시정'이란 말이 궁문(宮門)의 액호를 명명(命名)한 뒤 창건에
들어갔음을 함의하는 것이기 때문이다. 전돌에 '조로 2년(調露二
年: 680)'이란 명문이 새겨진 것으로 미루어, 679년에 공사가 시작
되어 1년 이상 계속되었을 것으로 짐작된다. 또 '내외제문(內外諸
門)'이라는 말로 보아, 동궁의 규모가 컸음을 짐작할 수 있다.

안압지의 본 이름은 '월지'다. 월지궁이란 이름은 월지에서 연
유한다. 월지의 조성은 거의 국가적인 대규모 공사다. 동궁 건
설 계획에서 큰 사업의 하나로 포함되었을 것이다. 학계에서는
월지의 조성 시기를 『삼국사기』 문무왕 14년(674) 2월조에서 "궁
안에 연못을 파고 가산(假山)을 만들었다. 꽃을 심고 진귀한 새
와 기이한 짐승을 길렀다"[6]고 한 기사와 결부시키고 있다. 월지
와 연결시키기에 딱 좋은 기사다. 이를 인정한다면 동궁(월지
궁)이 건설되기 전에 월지가 조성된 셈이다. 그러나 위 기사에
서 말하는 '궁'은 월지궁일 수 없다. 월성에 있는 궁임에 분명하
다. 『삼국사기』 신라본기 등에서 '궁'이라 일컫는 것이 월성의
정궁(正宮: 法宮)을 전제한 것임은 상식에 속하는 문제다.[7]

---

[6] 『삼국사기』 권7, 신라본기, 문무왕 14년 2월조 "宮內穿池造山. 種花草, 養
珍禽奇獸."
[7] 『삼국사기』 권9, 신라본기, 경덕왕 19년(760) 2월조 "宮中穿大池"라 한 데
나오는 '宮中' 역시 월성의 궁임은 물론이다. 2003년 11월부터 이듬해 5
월까지 국립경주문화재연구소에서 실시한 발굴 조사 결과, 경주 월성

월지(안압지)

　월지의 조성 시기를 674년으로 본 것은 어디서 연유한 것일
까? 현재 전하는 문헌에 따르면, 15세기에 나온 『동국여지승람』
의 기록이 첫손에 꼽힌다.

> 안압지는 천주사(天柱寺) 북쪽에 있다. 문무왕이 궁궐 안에 못을 파고
> 돌을 쌓아 산을 만들었는데 무산십이봉(巫山十二峯)을 본떴다. 화초를
> 심고 진기한 새들을 길렀다. 그 서쪽에 임해전(臨海殿) 터가 있다. 주춧
> 돌과 섬돌이 아직도 밭이랑 사이에 남아 있다.[8]

(사적 제16호) 안에서 지름 50m 이상을 헤아리는 거의 똑같은 평면 구조
의 대규모 연못 흔적이 동서 두 군데서 확인됐다고 한다(동 연구소 편,
『발굴조사보고서』 참조). 이 가운데 하나가 앞서 소개했던 '大池'일 가
능성이 있다.
8　『신증동국여지승람』 권21, 경상도 경주부, 〈古蹟〉조 참조.

『삼국사기』674년조 기사에다 '무산십이봉을 모방했다'는 사
실을 보태 하나로 연결시킴으로써 그럴듯하게 꾸몄다. 그 뒤
1669년에 편찬된 『동경잡기』에서도 『여지승람』의 기록을 거의
그대로 따랐다.[9] 안정복(安鼎福) 같은 저명한 역사학자 역시 이
를 무비판적으로 수용하였다.[10] 『여지승람』에서의 확대 해석이
후대에 미친 파급 효과가 컸다.

문무왕은 668년 삼국을 통일한 뒤 토목공사를 벌였다. 통일국
가로서의 위상과 왕실의 위엄을 높이는데 목적이 있었다. 문무
왕 16년(676) 8월에는 양궁(壤宮)[11]을 건설하였고, 동 19년(679)
에는 궁궐을 중수(重修)하여 웅장하고 화려하게 꾸몄다. 그 이듬
해 건설을 시작한 동궁은 이런 움직임 속에서 기획, 착공되었을
것이다. 또 동궁을 건설 중이던 동 21년(681)에는 궁성(宮城)을
새로 축조하려고 하다가 고승 의상(義湘)의 만류로 중지하였다
고 한다.[12] 이런 일련의 흐름을 보면 문무왕은 정궁 이외에도 양
궁 등 별궁(別宮)을 짓고 궁성까지 새로 쌓으려고 했음을 알 수

---

[9] 閔周冕, 『東京雜記』 권2, 「고적」 "雁鴨池, 在天柱寺北. 文武王於宮內爲池,
積石爲山, 象巫山十二峯. 種花卉, 養珍禽. 其西有臨海殿, 不知創於何時,
而哀莊王五年甲申重修. 基礎砌猶在田畝間."

[10] 안정복, 『東史綱目』 제4하, 문무왕 14년(甲戌, 674) 2월조 참조.

[11] 양궁의 위치는 정확하게 알기 어렵다. 남천우 교수는 壤宮의 위치를 壤
井丘와 관련시켜 추정하였다. 즉, 壤井丘에 있던 탈해왕의 능원을 다른
곳으로 옮긴 뒤 그곳에다 양궁을 지었을 것으로 추정했다(남천우, 『유
물의 재발견』, 학고재, 1997, 98쪽 참조). 탈해왕은 죽은 뒤 壤井丘에 묻
혔다(『삼국사기』). 『삼국유사』에서는 묻힌 장소를 '疏川丘'라 하였다.
壤川丘나 疏川丘는 같은 지명일 것이다. 표기만 다른 것으로 보인다.

[12] 『삼국사기』 권7, 신라본기, 문무왕 21년 6월조 "王欲新京城, 問浮屠義湘,
對曰: 雖在草野茅屋, 行正道卽福業長. 苟爲不然, 雖勞人作城, 亦無所益.
王乃止役."

있다. 필자는 문무왕 때 지은 동궁이 정궁의 동쪽에 지은 이궁
(離宮)이라고 추단한다.


## Ⅲ. 동궁은 '태자 전용'의 궁이 아니다

발굴된 유물을 통해 동궁의 건축물 이름 일부가 밝혀졌다. '사
정당(思正堂)', '북의문(北宜門)' 등이 그것이다.[13] 오늘날까지 그 이
름이 오래 전하는 임해전은 전통 건축물 위계상 '궁'의 아래 단계
로 분류된다. 월지궁에 속한 전각의 하나임에 틀림없을 것이다.
월지궁과 임해전은 구분해서 말해야 한다. 또 『삼국사기』에 나오
는 임해문(臨海門)은 임해전의 출입문으로 짐작된다.[14] '임해'란 명
칭으로 보아 전각은 월지에서 가까운 거리에 있었을 것이다. 거리
가 떨어져 있다면 '임'자 대신 '망(望)'자를 썼을 것이다.[15] 월지궁
에 임해전을 비롯한 다수의 전각이 있었을 것임은 1975년 발굴 당
시 건물터가 30개소를 넘었던 데서 엿볼 수 있다.

임해전이 왕실의 연회 장소, 나아가 외국 사신을 접대하는 곳
이었음은 이미 잘 알려진 바다. 임해전은 월지궁에서 손꼽히는
전각이었을 것이다. 『삼국사기』에는 군신(群臣)들과의 연회 5
건,[16] 중수 3건[17] 등의 기사가 실려 있다. 이것은 임해전의 중요

---

13 허흥식, 『한국금석전문』 고대편, 99쪽 참조.
14 『삼국사기』 권10, 신라본기, 소성왕 2년(800) 4월조 "暴風, …… 臨海仁化
   二門壞."
15 이것은 백제 宮南의 池와 望海亭의 관계에 비추어 짐작할 수 있다.
16 697년 9월조, 769년 3월조, 860년 9월조, 881년 3월조, 931년 2월조.

도를 시사하는 것이라 하겠다. 월성의 정궁에 마땅한 연회 장소
가 없었던 점이 월지를 조성하게 된 원인의 하나였을 것이다.

그런데, 여기서 풀어야 할 의문점이 제기된다. 동궁이 태자궁
이라면, 그 태자궁에서 매번 국가적인 대행사를 치를 수 있는
것일까? 태자의 전용 공간에서 임금이 통치 행위를 한다는 것이
과연 사리에 맞는 일일까? 명분과 사리에 어긋나는 일을 왕실에
서 먼저 행한다는 것은 실로 어려운 일이다. 신라 하대로 갈수
록 유교사상이 상류층에 뿌리를 내렸음에 비추어보더라도 이해
하기 어렵다. 태자궁의 규모로 보더라도 의문이 없을 수 없다.
정궁에 못지않은 규모를 지닌 동궁을 태자궁이라 하는 것은 상
식을 벗어난다.[18] 고려나 조선의 경우를 보면 태자궁의 규모는
크지 않았다. 전각 몇 채 정도에 불과하였다.[19] 이것이 필자가
동궁을 태자궁으로 보지 않는 첫 번째 이유다. 이제 좀 더 급수
를 높여서 동궁이 태자궁일 수 없음을 살피기로 한다.

『삼국사기』 애장왕 5년(804)조를 보면 '새로 동궁 만수방을 지
었다'(新作東宮萬壽房)는 기사가 있다. 만수방에 대해 자세히 알
수는 없다. 다만 '방(房)'이란 명칭으로 보아 임금과 관련된 물건
을 만들거나 제공하는 곳인 것 같다. 전근대시기에 '만수' 또는
'만세'는 천자에게나 사용할 수 있는 말이었다. 태자에게는 사용
할 수 없다.

다음, 『삼국사기』 권39, 직관지에 나오는 '동궁관(東宮官)'을

---

17 804년 7월조, 847년 2월조, 867년 1월조.
18 발굴 결과 드러난 안압지의 면적만 하더라도 5,800여 평 규모다.
19 규모가 작아서 다른 곳으로 옮기거나 새로 짓는 경우가 종종 있었다.

보자. '관'이라는 명칭만 보아서는 조선시대의 세자보양관(世子輔養官), 서연관(書筵官) 정도로 생각하기 쉽다. 그러나 엄연히 동궁에 소속된 중요한 관부(官府)들이다. 소속된 9개의 관부 및 관원은 다음과 같다.

東宮官
東宮衙: 景德王十一年置 上大舍一人 次大舍一人
御龍省: 大舍二人 稚省六人
洗宅: 大舍四人 從舍知二人
給帳典(一云口典): 典四人 稚四人
月池典: 闕
僧房典: 大舍二人 從舍知二人
庖典: 大舍二人 史二人 從舍知二人
月池嶽典: 大舍二人 水主一人
龍王典: 大舍二人 史二人

먼저 소속 관부의 규모가 크다는 점을 인정하지 않을 수 없다. 각 관부가 맡은 직무에 대해서는 자세히 알기는 어렵지만 대강 짐작할 수는 있겠다. 동궁아는 동궁에 대한 전반적인 관리를 맡은 것 같다. 월지전은 월지의 관리, 월지악전은 월지의 조경을 담당하였을 것으로 짐작된다.[20] 급장전과 포전은 연회와 관련이있는 듯하니, 전자는 차일(遮日)과 휘장 등을, 후자는 음식 공궤(供饋)에 관한 일을 맡았을 것이다. 각종 대소 연회와 관련 있는 관부였음을 알 수 있다. 승방전은 왕실의 불교 관련 행

---

[20] 嶽典과 별도로 月池嶽典을 둔 것을 보면 월지의 조경을 어느 정도 중시했는지를 짐작할 수 있겠다.

세택 명문이 있는 접시

2012년 발굴된 동궁아 항아리 및 명문

사를 총괄하고 나아가 승정(僧政)까지 담당했던 관아로 추정된다. 용왕전은 용왕에게 제사지내는 일을 관장한 듯하다. 동궁의 용왕전에서 사용된 것으로 추정되는 '용왕신심(龍王辛審)', '신심용왕(辛審龍王)' 등의 명문이 새겨진 토기(제기)들이 안압지에서 출토된 바 있다. 신라에서 용왕에 대한 제사는 국가적 행사였다. 고려 때의 팔관회를 연상케 하는 것이다.

어룡성은 국왕의 근시(近侍) 조직을 통할하는 업무를 담당했을 것으로 추정된다.[21] 본디 독립적 기구로 있다가 동궁이 정비되면서 분리 독립하여 그에 소속되었다.[22] 이 때 내성(內省: 후대의 宮內府) 관하의 여러 관부가 어룡성 예하로 소속이 변경되었던 것 같다.[23]

세택은 어룡성 예하 근시(近侍) 기구의 하나다. 학계에서는 국왕을 지근거리에서 보좌하면서 시종(侍從), 문필(文筆), 비서 업무를 담당하던 기구로 보고 있다. 경덕왕 때 중사성(中事省)으로 개칭되었다가 다시 세택으로 복구되고 9세기 중엽에 재차 중사성으로 바뀌었다. 신라 하대의 금석문을 보면 중사성 또는 동궁내양(東宮內養)과 관련된 내용이 나온다. 「황룡사찰주본기(皇龍寺刹柱本記)」를 보면 말미에 서자(書者)와 관련하여 다음과 같은 내용이 있다.

---

[21] 이인철, 『신라정치제도사』, 일지사, 1993 ; 三池賢一, 「新羅內廷官制考 上」, 『朝鮮學報』 61, 1971 참조.

[22] 『삼국사기』 권39, 「직관지 上」 "御龍省, 私臣一人, 哀莊王二年置. 御伯郎二人, 景德王九年改爲奉御, 宣德王元年又改爲卿, 尋改爲監. 稚省十四人."

[23] 관리의 祿俸을 관장하는 廩典, 직물을 관장하는 綺典 등이 어룡성 예하 관부라 한다.

咸通十三年 歲次壬辰 十一月 廿五日記」
崇文臺郎 兼春宮中事省臣 姚克一 奉敎書」

위에서 말한 춘궁(春宮)은 동궁의 별칭이다. 중사성은 세택의
새 이름이다. 동궁은 '봄' 또는 '청(靑)'을 의미하므로 춘궁 또는
청궁(靑宮)이라고도 한다. 그러나 춘궁이 태자궁의 별칭이기는
하지만,[24] 신라에서 춘궁이 태자궁이란 의미로 사용된 분명한
사례는 아직 보고되지 않고 있다.[25] 여기서는 단순하게 동궁의
별칭으로 사용한 것으로 보아야 할 듯하다. 본래 명칭보다 별칭
을 즐겨 사용하는 것은 재래로 문인들의 기습(氣習)이었다.
　영월에 있는 「흥녕사징효대사탑비(興寧寺澄曉大師塔碑)」와 창
원에 있는 「봉림사진경대사보월능공탑비(鳳林寺眞鏡大師寶月凌
空塔碑)」에도 각각 다음과 같은 대목이 있다.

　　진성대왕이 즉위한 지 2년(888)에 특별히 명주(溟州)의 삼석(三釋)·
　　포도(浦道) 두 스님과 동궁내양(東宮內養) 안처현(安處玄) 등을 보내
　　윤언(綸言)을 전달하면서 국태민안을 위해 법력(法力)을 빌고, ……[26]

---

[24] 『삼국사기』에는 '春宮'이라 기록된 사례가 없다. 『삼국유사』에는 1회
　　나온다. 『삼국유사』, 권3, 〈元宗興法, 厭髑滅身〉조에서 "春宮連鑣之侶,
　　泣血相顧, 月庭交袖之朋, 斷腸惜別"이라 한 것이다. 여러 연구자와 『삼
　　국유사』 역주자들이 여기 나오는 '춘궁'을 태자궁이라고 보았다. 그러
　　나 이는 어불성설이다. 위 문장은 이차돈이 순교한 뒤 그와 친한 벗들
　　이 슬퍼하는 모습을 對句로 세련되게 읊은 것이다. 이를 번역하면 "봄
　　날 궁 안에서 나란히 말 타던 동무들은 피눈물을 흘리며 물끄러미 바라
　　보고, 달 밝은 정원에서 손잡던 친구들은 애끊는 석별을 하였다"가 되
　　어야 할 것이다. 춘궁을 명사로 해석해야 할 이유가 없다. 이차돈은 태
　　자궁과 아무런 관련이 없다.
[25] 춘궁은 '태자'의 별칭으로도 사용된다.

흥륜사(興輪寺) 상좌(上座)인 언림(彦琳) 스님과 중사성의 내양 김문식(金文式)을 보내 겸손한 말과 두터운 예로 간절히 초청하였다.[27]

여기 나오는 '동궁내양', '중사성 내양'은 동궁 소속 중사성의 사인(舍人) 벼슬을 말한다.[28] 신라 하대의 근시기구이자 문한기구인 중사성의 관원이 국왕과 당대의 대선사(大禪師)들 사이에서 가교(架橋) 구실을 한 사실은 중사성이 승정(僧政)에 직, 간접으로 깊숙이 간여했음을 의미한다. 더욱이 헌강왕이 흥녕사를 중사성에 예속시켜 보호 겸 관리를 하도록 했다는 비문 기록으로 미루어,[29] 중사성이 구산선문(九山禪門)과 같은 선종계 사찰과 밀접한 관련을 가진 것으로 추정할 수 있겠다. 뒤에서 다시 말하겠지만, 헌강왕이 지증대사를 월지궁으로 불러 선문답(禪問答)을 한 것도 위 중사성의 역할과 무관하지 않다고 본다.

신라 하대에 매우 비중 있는 어룡성과 중사성 같은 근시기구가 동궁에 소속된 것은 동궁의 위상이 어느 정도인지를 시사한다.[30]

---

26 허흥식, 『한국금석전문』 중세상, 340쪽 "眞聖大王御字之二年也, 特遣溟州僧三釋浦道, 東宮內養安處玄等, 遠降綸言, 遙祈法力, ……"

27 『한국금석전문』 고대편, 259쪽 "興輪寺上座釋彦琳, 中事省內養金文式, 卑辭厚禮, 至切嘉招."

28 李基東, 「나말려초 近侍機構와 文翰機構의 확장」, 『新羅骨品制社會와 花郎徒』, 一潮閣, 1984, 233-246쪽 참조.

29 『한국금석전문』 중세상, 340쪽 "獻康大王, 遽飛鳳筆, 徵赴龍庭, 仍以師子山興寧禪院, 隷于中使省屬之."
〔참고〕 장흥에 있는 寶林寺를 宣敎省에 예속시켰다는 기록도 있다. 선교성 역시 동궁에 속한 官府였을 것으로 추측된다. 『한국금석전문』 고대, 200쪽, 「寶林寺普照禪師彰聖塔碑」 "敎下……, 寺隷宣敎省."

30 현재 학계에서는 동궁 소속 등 9개 관부가 모두 태자궁 소속이라고 보고 있다. 국왕의 行幸을 담당하는 어룡성과 같은 이름의 어룡성이 동궁

국가 차원의 종교 행사를 담당하는 용왕전이라든지, 대규모 연회를 담당하는 관서가 동궁에 소속되었다는 점도 간과할 수 없다. 이런 것들은 동궁이 태자궁일 수 없음을 시사한다고 본다.

정권은 부자간에도 나누지 않는 것이 전제군주제 하의 불문율이다. 국가의 핵심 기구를 태자에게 예속시키는 것은 임금과 태자가 정권을 나누어 행사하는 경우가 아니라면 실로 어려운 일이다. 분권(分權)은 그만두더라도, 태자궁에서 임금이 머물면서 통치 행위를 한다는 것 자체가 명분과 사리에서 어긋난다. 필자는 이런 점들을 들어 동궁이 태자궁일 수 없다고 본다. 정궁에 못지않은 이궁(離宮)의 하나라고 본다. 월지와 그에 조성된 조경시설 등은 금원(禁苑)과 금지(禁池) 구실을 했을 것으로 판단한다.

동궁은 진성여왕이 말년을 보내다가 세상을 떠난 북궁(北宮)[31]과 마찬가지로 궁궐의 위치를 가지고 일컬은 것이라고 생각한다. 2000년과 2007년에 경주 동천동에서 '남궁지인(南宮之印)'이라고 새겨진 명문 기와편이 출토되었다. 남궁은 동궁과 명칭상으로 비슷한 일면이 있다. 그런데 '남궁'은 예부(禮部)의 별칭으로 사용되는 경우가 있다.[32] 궁궐로서의 남궁, 그리고 교육과 의

---

에 있는 것은 어떻게 설명할 것인가? 임금을 모시는 어룡성과 태자를 모시는 어룡성이 따로 있다(노중국·정구복 외, 『역주 삼국사기 4』 주석편, 하, 한국학중앙연구원, 538쪽)는 말이 과연 성립될 수 있다고 보는가? 같은 이름의 관청을 양쪽에 두는 것은 유교문화권에서는 임금에 대한 불경으로 인식된다. 한 예로 성격이 비슷하면서도 '경연'과 '서연'이 등급을 달리하는 것을 참조할 필요가 있다.

31 『삼국사기』권11, 진성왕 11년조 "冬十二月乙巳, 王薨於北宮. 諡曰眞聖, 葬于黃山."북궁『삼국유사』권2, 「紀異第二」에도 보인다. "惠恭王二十丁未, …… 是年七月, 北宮庭中先有二星墜地, 又一星墜, 三星皆沒入地. 先時宮北厠圈中二莖蓮生."

南宮之印

례를 맡은 국가 기구로서의 남궁은 별개의 것이었을까? 필자는
하나일 것이라고 생각한다. 동궁에 여러 관부가 소속되었듯이,
남궁에 예부가 소속되어 있었을 가능성이 높기 때문이다. 서궁
을 뺀 나머지 동궁·남궁·북궁의 존재가 확인되었다. 이들 세
궁은 월성 가까이에 있었던, 월궁을 위요(圍繞)하는 별궁으로 보
는 것이 온당하다고 생각한다.

　이제 헌덕왕이 동복 아우 수종을 태자로 삼아 월지궁에 들도
록 했다는 기사에 대해 해명을 해야 하겠다. 이 기사는 동궁을
태자궁으로 인식하게 한 가장 큰 단서다. 『삼국사기』「녹진전(祿
眞傳)」을 보면 헌덕왕이 후사가 없어 아우 수종을 부군(副君: 태
자)으로 삼아 월지궁에 들도록 했다고 한다.[33] 헌덕왕에게는 본

---

32　최영성, 『교주 사산비명』 101쪽, 「大朗慧和尙碑銘」 "太傅王覽, 謂介弟南
宮相曰: 「三畏比三歸, 五常均五戒. 能踐王道, 是符佛心. 大師之言, 至矣
哉, 吾與汝宜惓惓!」"

시 아들이 있었다. 그러나 그는 조카 애장왕을 죽이고 왕위에
오른 부왕의 예를 감계(鑑戒) 삼아 출가하여 승려가 되었다. 그
가 바로 심지조사(心地祖師)다. 헌덕왕은 자신이 즉위하는데 힘
써준 동복 아우 수종을 왕위 계승권자로 삼았다. 당시 정치적
실세였던 수종은 헌덕왕 11년(819)에 이찬(伊飡)으로 상대등(上
大等)이 되었고, 다시 3년 뒤인 822년에는 태자가 되어 월지궁에
들어갔다. 공교롭게도 태자가 된 뒤 동궁에 들어갔기 때문에 월
지궁이 곧 태자궁이라는 인식을 심어준 것이다.

　궁성 밖에 살던 수종이 태자가 된 만큼 궁궐로 들어가야 함은
더 말할 나위 없다. 다만 그 궁이 우연히 동궁이었을 뿐이다. 당
시 월지궁은 임금이 국가 대사를 논하고 기무(機務)를 처리하던
국정의 중심부였으므로, 함께 국정을 논의하기 위해 수종을 월
지궁에 상주토록 했을 것이다. '월지궁에 들어와 살도록 한' 것
과 '월지궁이 곧 태자궁'이라는 것은 별개의 문제다.


## IV. 동궁에 온실전이 있었다

　최치원이 남긴 『사산비명(四山碑銘)』 가운데 '지증대사비문'이
있다. 전고(典故)가 많은 변려문(騈儷文)이지만 독해하는데 큰
어려움은 없다. 이 비문에 '월지궁'이 나온다.

---

33 『삼국사기』 권45, 「祿眞傳」 "十四年, 國王無嗣子, 以母弟秀宗爲儲貳, 入
　月池宮."

…… 선원사(禪院寺)에서 휴식하게 되자, 편안히 이틀 동안을 묵게[信宿] 하고는 인도하여 월지궁에서 '심(心)'에 대해 질문하였다. 그 때로 말하면 가느다란 담쟁이덩굴[萬蘿]도 흔들리지 않을 만큼 바람이 불지 않았고, 온실수(溫室樹)에 바야흐로 밤이 될 무렵이었다. 때 마침 달[金波] 그림자가 맑은 못 가운데 똑바로 비친 것을 보고는, 대사가 고개를 숙여 유심히 살피다가 다시 하늘을 우러러보고 말하기를 "이것(水月)이 곧 이것(心)이니 더 이상 할 말이 없습니다"고 하였다. 임금께서 상쾌한 듯 흔연히 계합(契合)하고 말씀하시기를 "부처[金仙]가 연꽃[華目]을 들어 뜻을 전했던 풍류(風流: 流風과 그 전통)가 진실로 이에 합치되는구려!"라고 하였다. 드디어 제배(除拜)하여 망언사(忘言師: 말을 잊은 宗師)로 삼았다.

至憩足于禪院寺, 錫安信宿, 引問心于月池宮. 時屬纖蘿不風, 溫樹方夜; 適覩金波之影, 端臨玉沼之心. 大師俯而覗, 仰而告曰: 「是卽是, 餘無言」 上洗然忻契曰: 「金仙[34]花目[35], 所傳風流, 固協於此」, 遂拜爲忘言師.

지증대사가 헌강왕의 어지(御旨)를 받고 월지궁에 들어가 선문답을 하기까지의 과정을 서술한 것이다. 만남의 장소를 동궁으로 정한 것은 사전에 기획되었을 것이다.[36] 막 밤이 시작될 무렵[方夜]에 만난 데에는 월지의 야경을 보여주려는 헌강왕의 의중이 반영되었을 것이다. 그러나 지증대사에게는 이것이 우연이었다. '우연히 보았다'[適覩]는 표현이 이를 뒷받침한다. 월지

---

[34]  大覺金仙의 준말로 석가모니를 이름. 당나라 武宗이 佛號를 도교식으로 고쳐 불렀던 데서 비롯되었다.

[35]  靑蓮華目의 준말. 佛家에서는 부처의 目相을 푸른 연꽃에 비유한다. 이것이 부처님의 三十二相 가운데 스물 아홉 번째의 相이다. 『維摩經』, 「佛國品」 "目淨修廣如靑蓮."; 同注 "肇曰, 天竺有靑蓮華, 其葉修而廣, 靑白分明, 有大人目相, 故以爲喩也."

[36]  중사성에서 기획하고 승방전에서 의전을 당당하였을 가능성이 크다.

에 비친 달을 가지고 심법을 말하면서 '마음은 물에 비친 달과 같다'고 한 뒤 입을 닫은 지증대사의 설선(說禪)의 경지가 어떤 지를 엿보게 한다.

선원사는 동궁 안에 있는 내불당이거나 동궁 가까이에 있는 왕실 사찰일 가능성이 있다. '안락함을 하사했다'(錫安)[37]는 말로 미루어 왕실과 관련 있는 절인 듯하다. 또 '담쟁이덩굴'이 등장하는 것으로 보아, 월성의 정궁과 경계를 가르는 담장(울타리)이 있었던 것 같다.

위에서 주목되는 것은 '온수(溫樹)'라는 두 글자다. 이는 중국 전한(前漢) 성제(成帝) 때 박사(博士)를 지낸 공광(孔光)의 '온실수(溫室樹)' 고사에 근거를 둔 말이다. 온실수는 온실전 앞에 심은 조경수를 말한다. 온실전은 전한 무제(武帝) 때 지은 전각으로 장락궁(長樂宮) 안에 있었다. 겨울나기에 적합하도록 온방 장치를 잘 갖추었기 때문에 '온실'이란 이름이 붙여졌다고 한다.

공광은 온실전에서 있었던 중요 회의에 참석할 정도로 비중 있는 정치가요 학자였다. 그런데 그는 공사(公私)가 분명하여, 가족들이 "온실전 앞에 어떤 나무들이 심어져 있느냐"고 물어도 늘 화제를 돌려 다른 이야기만 할 뿐 온실수에 대해서는 말하지 않았다고 한다.[38] 이 고사는 후일 조정의 정사나 궁중의 비밀을 외부에 누설하지 않음을 일컫는 말, 또는 '임금이 거처하는 대전(大殿)에 가까운 곳'이란 의미로 사용되었다. 위 비문에서는 후

---

[37] 錫(賜)는 임금이 벼슬 또는 자기가 지닌 물건 등을 남에게 주는 것이다.
[38] 『漢書』권81,「孔光傳」"…… 兄弟妻子燕語, 終不及朝省政事. 或問光, 溫室省中樹皆何木也? 光嘿不應, 更答以它語, 其不泄如是."

자로 쓰였다.

온실수 고사를 최소한 전자의 의미, 즉 '보안 유지가 필요한 곳'이라는 의미로만 해석해도 월지궁이 태자궁 이상의 궁궐임을 짐작하게 한다. 그런데 비문에 인용된 '온수'는 '지밀지소(至密之所)' 이상의 의미를 지닌다. 위에 소개한 「공광열전」을 보면 온실성(溫室省)이 나온다. 온실전 안에 있는 중서성(中書省)을 온실성이라고도 했다 한다. 또 『한서』에는 공경조신(公卿朝臣)들이 온실에서 회의를 하였다는 기록이 보인다.[39] '비밀스러운 곳'이상의 의미가 담겨 있는 것이다.

9세기 중엽 경문왕 때가 되면 중국 당나라의 삼성(三省)을 본떠 만든 국가 기구가 등장한다. 중사성에 이어 등장한 선교성(宣教省)이 그것이다. 중사성과 선교성은 국왕 직속의 근시기구다. 전자가 공봉(供奉) 및 시종(侍從), 문한(文翰) 등의 기능을 갖는 반면 선교성은 왕명의 선포·출납을 관장하였던 것 같다. 당나라의 문하성(門下省)에 견줄 만하다.[40] 최치원은 동궁에 있는 중사성(세택)을 중서성(中書省)에 견주어, 중서성의 별칭인 온실성의 고사를 인용했을 가능성이 있다. 아니면, 한대의 온실전에 비할 수있는 지밀(至密) 공간이 있었음을 암시하기 위함일 수도 있다. 필자는 후자로 본다. 다만 전자냐 후자냐에 관계 없이, '온수' 고사를 인용하여 월지궁의 위상이 대단함을 내비친 것은 분명하다고

39 『한서』 권75, 「京房傳」 "房奏考功課吏法, 上令公卿朝臣與房會議溫室, 皆以房言煩碎, 令上下相司, 不可許. 上意鄉之."
40 이기동, 「나말여초 近侍機構와 文翰機構의 확장」, 『역사학보』 77, 1978 참조.

하겠다. 태자궁이라 하기 어려운 점은 여기서도 찾을 수 있다.

최치원의 문장은 수식이 화려하고 전고가 많다. 그 때문일까? 중요한 시사를 던지는 서술임에도 단순한 수식 정도로 치부하는 학자가 많다. 그러나 필자가 보기에는 '실 없는 수식', 즉 실제 있었던 일과 무관한 수식은 거의 없다고 생각한다. 한 가지만 예를 들겠다. 원성왕이 죽은 뒤 임금을 모실 길지(吉地)로 곡사(鵠寺)가 꼽혀 절을 옮길 수밖에 없었다. 옮겨 짓는 광경을 「대숭복사비문」에서는 다음과 같이 묘사하였다.

> 인연 있는 사부대중이 서로 (사람을) 거느리고 왔다. 옷소매가 이어져 바람이 일지 않았고, 송곳 꽂을 땅도 없을 정도였다. 무시(霧市)가 오리(五里)에 급히 내닫는 듯했고, 설산(雪山)까지 이어진 사람들이 일시(一時)에 잘 어울려 만나는 것 같았다.
> 有緣之衆, 相率而來, 張袂不風, 植錐無地, 霧市奔趨於五里, 雪山和會於一時.

여기서 장해(張楷)의 '오리무(五里霧)' 고사는 별 의미 없이 인용된 것이 아니다. 곡사의 옛터〔舊基〕, 즉 원성왕릉이 조성된 곳으로부터 이건(移建)되는 곡사와의 거리가 '5리'임을 간접적으로 나타낸 것이다.[41] 필자는 최치원이 인용한 '온수' 고사가 한갓 수식을 위해 동원된 것이라고 보지 않는다. 최치원의 문집을 역주하고 그의 문장을 다년간 연구한 필자의 판단이다.

---

[41] 실제 곡사의 후신인 대숭복사 터에서 원성왕릉으로 추정되는 괘릉까지의 거리가 2km 정도다. 괘릉이 원성왕릉일 가능성은 매우 높다.

## V. 맺음말

이상의 논의를 바탕으로 다음과 같이 매듭을 짓는다.

1. 오늘날 안압지 일대에 신라 월지궁이 있었고, 월지궁을 동궁이라고 불렀다는 학계의 연구 결과를 수용한다. 동궁의 본이름은 월지궁이다. 오늘날까지 이름이 전하는 임해전은 월지궁에 있었던 전각의 하나다. 명칭으로 보아 임해전의 위치는 월지 근처였을 것이다.

2. 월지궁 건립 공사는 679년에 처음 시작되었다. 674년으로 앞당겨 보는 것은 사료를 잘못 원용한 것이다.

3. '동궁'은 예부터 태자궁 또는 태자의 별칭으로 사용되어 왔다. 이런 이유 때문인지 신라의 동궁을 태자궁으로 보는 데 의심하는 연구자가 드문 것 같다. 동궁이 독립된 '전용 공간'으로서의 태자궁이라는 뚜렷한 근거는 찾을 수 없다. 『삼국사기』 등에 태자궁과 관련한 분명한 기록이 없을 뿐만 아니라, 태자궁이라고 보기에는 지나칠 정도로 동궁의 규모가 크다. 또 국왕과 태자 사이에 명분이 엄격함에도 국왕이 태자의 전용 공간에서 국가의 기무(機務)를 관장하고 국가적인 행사를 치르며, 각종 연회를 주관한다는 것은 이해하기 어렵다.

4. 동궁 소속 관부(官府)가 많다. 국정의 핵인 문한기구, 근시기구까지 소속되어 있다. 사실상 동궁에 권부(權府)가 자리 잡았음을 시사한다.[42] 신라 당시 태자와 관련된 관직으로는 태자시

---

[42] 동궁 소속 官府 관원들의 官階가 어떤지, 다른 관부 소속 관원과 비교하면 東宮官의 기능과 위상이 보다 구체적으로 드러날 수 있을 것이다.

서학사(太子侍書學士), 태자사의랑(太子司議郞) 등이 드물게 보일
뿐이다.[43] "이들은 태자를 보도(輔導)하는 관속(官屬)으로 추정될
뿐 독립된 태자궁 소속의 관원은 아니었다.

　5. 동궁 말고도 남궁·북궁이 있었음이 밝혀졌다. 이는 동궁
이 '동쪽에 있는 별궁'이란 의미임을 말해주는 유의미한 방증 자
료의 하나다.

　6. 헌덕왕이 아우 수종을 태자로 삼아 월지궁에 들도록 했다
는『삼국사기』기사가 동궁이 태자궁임을 증명하는 결정적 단서
가 될 수는 없다. 당시 궁외(宮外)에 살던 수종을 월지궁에 들도
록 한 것은 월지궁이 태자궁이라서 그런 것은 아니다. 신라 하
대 국정의 중심부였던 월지궁에서, 정치적 실세였던 태자와 함
께 국정을 논의하기 위함이었다고 본다. '월지궁에 들어와 살도
록 했다'는 것이 곧 '월지궁은 태자궁이다'로 비약될 수는 없다.
엄연히 별개의 문제다.

　7. 최치원은 「지증대사비문」에서 동궁에 온실전이 있었음을
시사하였다. 중국 전한 때 세워진 온실전은 국가의 기무를 다루
는 곳이었다. 이곳에 중서성이 있어서 중서성을 온실성이라고
도 불렀다. 온실성은 신라의 동궁에 속했던 중사성(中事省)과 성
격이 비슷하였다. 중사성이 동궁에 소속된 것은 동궁이 예사 별
궁이 아니었음을 시사한다.

───────────────

　후속 연구를 기대한다.

[43] 『삼국사기』, 雜志第九, 職官下, 〈外官〉조 "其官銜見於雜傳記, 而未祥其
　　設官之始, 及位之高下者, 書之於後. 葛文王, 檢校, 尙書左僕射, 上柱國,
　　知元鳳省事, 興文監卿, 太子侍書學士, ……."
　　「聖德大王神鍾銘」, "朝散大夫 前太子司議郞 翰林郞 金弼奧.

8. 신라 하대 동궁(월지궁)의 위상과 성격에 대한 학계의 심도 있는 논의가 요청된다. 필자는 '동쪽 별궁'이었을 가능성에 무게를 두지만, 이 궁궐 안에 태자가 기거하는 부속 건물이 있었을 것에 대해서도 그 가능성을 열어둔다. '이중적' 의미를 지닌 동궁이었을 수도 있기 때문이다.

# 제4장 신라 무장사비(鍪藏寺碑)와
# 서자(書者)

## I. 머리말

　필자는 2009년 경주시에서 연구를 의뢰한 '무장사 아미타불 (阿彌陀佛) 조상사적비(造像事蹟碑) 정비 연구'에 책임연구원으로 연구를 주도한 바 있다.[1] 이 때 필자가 맡은 연구 분야는 무장사 비(이하 '무장사비'라 한다)의 비문 고석(考釋)과 비 복원에 필요한 기본 문제를 폭넓게 살피는 것이었다. 현재 남아 있는 세 덩이의 비편(碑片)을 상하 좌우로 맞추어 글자를 판독하고 이를 문리(文理)가 통하도록 번역하는 일과 글자 하나하나의 가로 세로 크기를 고려하여 비의 전체 크기를 추정함으로써 복원 또는 재현이 가능하도록 하는 일이었다.

　오늘에 전하는 비편은 작은 조각이 아니고 3개의 큰 덩이이다. 이 세 덩이를 서로 맞물려 깨진 부위를 맞추면 부절(符節)이 맞듯이 잘 들어맞고, 또 내용이 서로 연결된다. 다행스런 일이

---

[1] 『무장사 아미타불 조상사적비 정비 연구 보고서』, 경주시, 2009 참조. 2010년 10월 8일에는 경주시의 지원을 받아 '신라 무장사비 국제학술회의'를 개최한 바도 있다.

다. 이에 비의 실물과 탁본을 대조해 가면서 비문을 철저하게 고증, 약 450여 자를 판독할 수 있었고, 비문 내용의 윤곽도 그려낼 수 있었다. 또 비신(碑身)의 탁본을 참조하여, 글자 한 자의 가로 세로 크기와 자간(字間)을 헤아리고, 신라 하대에 비문을 작성하는 용례(用例)를 고려하여 비문의 전체 규모가 28행×51자 가량임을 추정해냈다. 비의 나비는 이수(螭首)와 귀부(龜趺)가 전하는 까닭에 파악하는 데 문제가 되지 않았다. 또 비문의 행수는 모두 28행임이 드러났다. 게다가 정간선(井間線)에 맞추어 넣은 글자 한 자의 평균 크기가 3.2cm로 밝혀진 만큼, 1행에 몇 자 가량이 들어간다는 결과만 도출하면 비의 전체 크기는 파악이 되는 것이다.

이수와 귀부도 중요하다. 통일 신라 전기에 만들어진 태종무열왕릉비(국보 제25호)를 제외하고는 그 이후의 것으로 머릿돌(이수)이 남아 있는 예가 드문 상황에서, 당시 머릿돌의 변화 과정을 살필 수 있는 귀중한 유물이요 작품이다. 현재 전체 모습은 갖추어져 있지만 마모가 심한 편이다. 이수와 귀부의 조형기법을 철저하게 분석 연구하여 복원에 대비할 필요가 있다. 이미 깨진 무장사비 모형을 새로 만들어 세우는 것은 후세를 위해서도 필요한 일이다.

무장사비는 조선 후기, 금석학에 대한 관심과 열기가 고조되면서 국내외로 널리 알려졌다. 중국의 상감가(賞鑑家)들은 이 비가 왕희지(王羲之) 서체의 진수(眞髓)를 깊이 얻은 것이라고 평가하였다. 옹방강(翁方綱: 1733~1818)을 비롯한 청나라 학자들은 무장사비의 탁본을 조선 학자들에게 요구하였다. 이는 방간(坊間)

에 드물게 전하는 왕희지의 글씨를 얻어 습서(習書)에 이용하기 위함이었다. 이러한 분위기에 영향을 받아 조선의 금석학자, 서예가들은 이 비의 탁본을 소장하는 것을 큰 자랑거리로 여길 정도였다고 한다. 이 비의 명성이 어느 정도였는지를 짐작케 한다.

일찍이 우리나라 금석학을 대표했던 이계(耳溪) 홍양호(洪良浩: 1724~1802)와 추사 김정희는 무장사비에 대해 다음과 같이 평한 바 있다.

(A) 내가 보건대 무장사비는 왕희지의 서풍(書風)이 있고 각간(角干) 김유신(金庾信)의 비는 구양순(歐陽詢)의 서법과 흡사하다. 모두 서가(書家)의 진품(珍品)으로 우리나라의 고적(古蹟) 가운데 이 보다 앞선 것이 없다. 중국에 있었다면 구루비(岣嶁碑)와 석고문(石鼓文)에 버금가는 물건이 되었을 것이다.[2]

(B) 이 비석의 서품(書品)은 마땅히 (金生의 글씨인) 「백월서운탑비(白月栖雲塔碑)」 위에 있어야 한다. 「난정서(蘭亭敍)」에 나오는 '숭(崇)'자 세 점이 이 비에서만 특별히 완전하다는 것을 담계(覃溪: 옹방강) 선생이 이 비를 가지고 고증하였다. 동방의 문헌이 중국에서 칭찬을 받은 것으로는 이 비석 만한 것이 없다.

이 무장사비는 종래 '김육진(金陸珍)[3]의 찬병서(撰幷書)'로 보는

<hr>

[2] 『이계집』 권16, 42a, 「題金角干墓碑」 "余觀鍪藏碑, 有右軍之風, 角干碑, 似率更之法, 皆爲書家珍品. 而東方古蹟, 莫先於此者, 在中國, 則其岣嶁石鼓之亞乎.

[3] 김육진에 관한 기록으로는 『삼국사기』 권10, 애장왕 10년(809)조에 "秋七月, 遣大阿飡金陸珍入唐, 謝恩兼進奉方物"이라 한 것이 있고, 또 『구당서』에 "元和 4년(809)에 신라가 사신 김육진 등을 파견하여 와서 조회하였다"고 한 것이 있다. 이를 보면 김육진은 외교관으로서 문장에도 능했던

측과 왕희지 글씨를 집자한 것으로 보는 측의 견해가 팽팽하게 대립하여 왔다. 한국의 선학들은 대체로 김육진의 글씨로 보았다. 왕희지 글씨를 집자한 것이라고 본 사람은 청나라 금석학자 옹방강이 처음이었다. 옹방강의 견해는 이후 식민지 시기 일본 관학자들에게 계승되었다.[4] 또 광복 이후 일본 학자들의 주장이 인습적으로 우리 학계에서 통용되면서 오늘날까지 집자비란 인식이 널리 퍼져 있다. 이에 대해 근자에 이종문(李鍾文) 교수가 반성적 성격의 논문을 발표하고 집자비가 아님을 강조하였지만,[5] 학계의 분위기를 되돌리려면 아직 시간이 더 필요할 듯하다.

이 교수는 위 논문에서 여러 사리(事理)를 들어 김육진의 글씨임을 논증하였다. 논증 내용 대부분이 설득력 있는 것들이다. 다만 사리를 들어 논증하는 것에 그쳤을 뿐, 자체(字體: 字型)를 과학적으로 분석하고 이를 왕희지의 서체와 비교 고찰하는 데까지는 미치지 못함으로써 '육안(肉眼)'에 의지한 한계를 보였다. 더욱이 그는 선유(先儒)들의 견해를 좇아 서자(書者)가 김육진이라는 점을 강조하는 데 애를 쓰다보니, 서자를 밝히는 데 매우 중요한 '황룡사(皇龍寺)' 운운하는 대목을 간과함으로써 큰 아쉬움을 남겼다.

'□□□金陸珍奉 敎□' 아래 있는 '皇龍寺⋯⋯' 운운한 대목은 1914년에 발견된 비편에 희미하게 보인다. 홍양호나 김정희 당시에는 이 비편을 볼 수 없어 서자를 고증하는데 활용되지 못하

---

것 같다.

[4] 葛城末治, 『朝鮮金石攷』, 京城: 大阪屋號書店, 1935 참조.

[5] 이종문, 「무장사비를 쓴 서예가에 관한 고찰」, 『남명학연구』 13, 경상대학교 남명학연구소, 2004 참조.

였다. 필자는 위의 대목이야말로 글씨를 쓴 사람을 밝히는 데 결정적 근거가 된다고 본다. 본고의 논지는 사실상 이것에 기초한다고 해도 과언이 아니다.

필자는 1980년대 후반부터 한국 금석학에 관심을 가지고 연구를 지속하여 왔다. 무장사비에 대한 연구 계획은 오래 전부터 있었으나 좀처럼 그 기회를 얻지 못하다가 2009년 경주시에서 의뢰한 연구 용역을 계기로 착수할 수 있게 되었다.

필자는 관심의 초점을 무장사비의 글씨를 쓴 서예가에 맞추었다. 왕희지 글씨를 집자한 것이 아니라는 확신을 가지고, 동호(同好) 이은혁(李銀赫) 씨와 누차에 걸쳐 토론을 하였고, 보다 나은 연구를 위해 역할을 분담하기로 하였다. 필자가 비문의 판독 및 심정(審定), 비문의 전체 크기, 비문의 서자 등을 연구하기로 하였고, 서예가인 이은혁 씨는 무장사비 탁본과 왕희지 서체로 된 「성교서비(聖敎序碑)」와 「난정서(蘭亭敍)」 등을 컴퓨터에 입력, 글자꼴을 하나하나 과학적으로 분석하여 대조함으로써, 무장사비가 집자비인지 여부를 확증하기로 하였다.

연구 과정에서 필자는 한결같이 집자비가 아니라 신라 황룡사 스님이 쓴 것이라고 주장하였고, 이은혁 씨는 자형(字型) 분석을 통해, 단순하게 집자한 것이 아니고 왕희지 서체와 비교할 때 많은 변화가 있음을 다각도로 증명함으로써, 결과적으로 집자비가 아니라는 데 견해를 같이 하였다. 본고에서 자체(字體)의 과학적 분석을 이은혁 씨에게 미룬 것은 이런 연유에서임을 밝혀둔다.[6]

지금까지 한국 서예사에서 무장사비 글씨는 그 명성에 비해 많이 다루어지지 못했다. 또 높이 평가 받지도 못했다. 이제 필자에 의해 이 비문의 글씨가 왕희지 서체를 집자한 것이 아닌, 신라 사람의 빼어난 글씨라는 주장이 제기됨에 따라 한국 서예사에 획기적인 선을 긋게 되었다. 당시 신라 사람의 글씨 수준이 국제적인 것이었음은 이 비의 글씨를 통해 증명될 것이다. 이 연구를 계기로, 주체적 관점에서의 한국 서예사 연구가 이루어지기를 바라마지 않는다.

## II. 무장사와 무장사비

무장사는 현 경상북도 경주시 암곡동(暗谷洞) 산 1-1번지에 있다. '무장'이란 본디 신라 태종무열왕이 삼국을 통일한 뒤 병기(兵器)를 이 골짜기에 감추었다고 해서 붙여진 이름이라 한다.[7] 『삼국유사』에 의하면 무장사는 신라 제38대 원성왕(재위 785~798)의 부친 대아간(大阿干) 효양(孝讓: 후일 明德大王에 추봉됨)이 자신의 숙부 파진찬(波珍湌: 이름 미상)을 추모하기 위해 지은 절이라고 한다. 또 절 위에 미타전(彌陀殿)이 있었는데, 전내(殿內)에는 아미타불상 1구와 신중(神衆)을 모셨다고 한다. 현재 3층 석탑 및 아미타불 조상비 귀부와 이수가 비교적 괜찮은 상

---

6 이은혁, 「무장사비와 왕희지체의 비교 고찰」, 『신라 무장사비 국제학술회의 논문집』, 경주시, 2010 참조.

7 閔周冕의 『東京雜記』에서는, 고려 태조가 삼국을 통일한 뒤 병기를 이 골짜기에 감추었으며, 이로 말미암아 무장사란 이름이 생겨나게 되었다고 한다(朝鮮光文會本, 권2, 3쪽). 『삼국유사』에서는 고려 태조가 아니라 무열왕이라 하였다.

태로 남아 있다.

무장사가 언제 폐사(廢寺) 되었는지는 분명하지 않다. 일연(一然)은 『삼국유사』에서 당시에 절이 건재함을 밝혔다. 이후 조선 중기 정규양(鄭葵陽: 1667~1732)의 「경순왕묘전기(敬順王廟殿記)」(1732)에 의하면, 무장사는 당시 경주 동천동(東川洞)에 있었던 경순왕 영당(影堂)에 노동력을 제공하는 사찰로 지정되었으며,[8] 영조 38년(1760)에는 경주부윤이었던 이계 홍양호가 아전들에게 무장사를 찾도록 하였을 때 암자와 같은 건물에 스님이 머물고 있었다고 한다.[9] 또 순조 17년(1817) 추사 김정희가 홍양호에 이어 무장사비 잔편(殘片) 1개를 더 발견한 뒤 방각(傍刻)을 하면서 "…… 두 조각을 한데 합쳐 묶고는 절 뒤쪽 회랑(廻廊)으로 옮겨 비바람을 면하게 하였다"고 한 것으로 보아, 어떤 형태로든 김정희 당시까지 명맥을 이어왔음을 짐작할 수 있다.

문제의 미타전의 경우, 일연은 『삼국유사』에서 "그리 오래지 않은 옛적에 무너졌다"(寺之上方, 有彌陁古殿, …… 近古來殿則壞圮)고 하였다. '미타전의 터만 남았다'고 하지 않은 것으로 미루어, 비록 폐허 상태이긴 하지만 일연 당시까지 미타전이 잔존하였음을 추측하게 한다. 다만 미타전이 없어진 것을 계기로 불상이 다른 곳으로 옮겨지거나 없어지고, 비석 역시 훼손되었을 가능성이 있다.

세칭 무장사비는 신라 제39대 소성왕(재위: 798~800)이 즉위

---

8  『塤篪兩先生文集』 권23, 「敬順王殿事實記」"於是乎, 易于之禮得矣. …… 另賜鍪藏菴, 以供役, ……."
9  위의 「경순왕묘전기」에서 '鍪藏庵'이라 한 것은 이런 이유 때문인 듯하다.

1년 여만에 세상을 떠나자 그의 비(妃) 계화왕후(桂花王后)가 부
군의 명복을 빌기 위해 세운 아미타불상의 조상(造像) 내력을
적은 것이다. 일종의 사적비(事蹟碑)다. 1963년 문화재 지정 당
시의 공식 명칭이 '무장사 아미타불 조상사적비'다. 이것은 1919
년 조선총독부가 편찬한 『조선금석총람』에서 명명한 것을 그대
로 따른 것이다.[10] 본래의 정확한 명칭은 알기 어렵다. 비문의
내용 일부가 『삼국유사』 권3, 탑상편(塔像篇), 「무장사 미타전」조
의 내용과 합치되는 것으로 보아, 『삼국유사』를 편찬할 때 무장
사 비문을 참조했을 가능성이 높다. 비를 세운 연도는 학계에서
애장왕 2년(801, 辛巳)으로 추정하지만 단언하기는 어렵다.

 이 비가 언제 훼손되었으며 그 이유가 무엇인지는 정확히 알
수 없다. 다만 무장사가 폐사되고 미타전이 없어질 때 함께 훼손
되었을 것으로 짐작된다. 그 뒤 조선 영조 때 경주부윤으로 재직
하였던 홍양호가 절터 부근에서 깨진 빗덩이 하나를 처음 발견
하였고, 순조 때 김정희가 빗덩이 하나를 추가로 발견하였다. 또
한 일제강점기인 1914년 5월 9일, 조선총독부 출장원(出張員) 김
한목(金漢睦)과 나카자토 니쥬로(中里二十郎)가 사지(寺址)에서 1
리쯤 떨어진 '지연(止淵)'이라는 계류(溪流) 중에서 깨진 빗돌 하
나를 더 발견함으로써[11] 모두 3개의 비편이 수습되었다. 이 비편
들은 조선총독부 박물관으로 옮겨졌고 경복궁 근정전 회랑에 진
열되기도 하였다. 현재 모두 국립중앙박물관에 소장되어 있다.

---

10 『조선금석총람』 상권, 44쪽에 '무장사 아미타여래 조상사적비'라고 되
   어 있다.
11 이것은 조선총독부 간부 오다 간지로(小田幹治郎)의 지도에 의한 것으
   로 짐작된다. 葛城末治, 『朝鮮金石攷』, 226쪽.

수습된 3개의 비편을 편의상 제일석(第一石), 제이석, 제삼석이라 일컫는다.[12] 이는 발견 순서에 따른 것은 아니다. 세 개의 비편을 위 아래로 맞추어 놓은 뒤 상하 문맥을 고려하여 명명한 것이다. 홍양호가 발견한 제일석은 도입부, 즉 찬자(撰者) 김육진 운운하는 대목이 나오는 단석(斷石)이다. 제이석은 1914년에 발견된 것으로 제일석 밑에 붙이면 꼭 들어맞아 문맥이 잘 통한다. 크기는 가장 작다. 김정희에 의해 발견된 제삼석은 옆으로 넓게 잘린 것이다. 제일석과 제삼석에는 김정희의 방각(傍刻)이 있다.

깨진 빗덩이 3개에 실린 내용을 가지고 상하 좌우 내용을 따져보니 맥락이 서로 잘 통하였다. 파괴 당시 연결 부분에서 각각 두 자 정도씩 글자가 떨어져 나가기는 했지만, 상하 문맥으로 미루어 추정이 가능하다. 또한 비편 3개가 연결됨으로써 비문이 모두 28행이라는 점이 드러났다. 귀부와 이수에 비신을 세우거나 덮는 홈이 남아 있어 비의 나비를 추정할 수 있는 데다가 구체적으로 28행이라는 사실이 밝혀짐으로써 이 비의 전체 크기를 파악하는 데 큰 도움이 된다.

비의 길이는 현재로서는 정확히 알 수 없다. 세로로만 줄을 긋고 글씨를 썼으나 기실 정간선을 그은 것처럼 종횡으로 글자를 맞추어 방형(方形)의 칸 안에 썼다. 한 글자 크기가 어느 정도인지, 또 한 줄에 몇 글자가 들어갔는지를 미루어 짐작하면 전체 길이를 추정할 수 있을 것이다.[13]

---

[12] 『해동금석원』에는 제일석과 제삼석만 실려 있고, 『조선금석총람』에는 제삼석까지 모두 실려 있다.

[13] 글씨는 가로와 세로 각각 3.2㎝ 정방형 안에 앉혔다. 도입 부분의 경우 정간선에서 약간 벗어나기도 하였지만, 대부분 선내에 자리를 잡고 있다.

이 비는 대개 첫 줄에서 비의 명칭만 쓰고 다음 줄에서 찬자(撰者)와 서자(書者)를 쓰는 것과는 달리, 첫줄에서 비의 명칭과 찬자, 서자를 함께 썼다. 유례가 드물다. 아마도 비의 규모가 크지 않기 때문에 부득이 취한 예일 것이다. 당시의 일반적인 용례와 현재 남아 있는 비신의 내용을 미루어 첫행을 다음과 같이 추정할 수 있을 듯하다.

| 1 | 2 | 3 | 4 | 5 | 6 | 7 | 8 | 9 | 10 | 11 | 12 | 13 | 14 | 15 | 16 | 17 |
|---|---|---|---|---|---|---|---|---|---|---|---|---|---|---|---|---|
| | | 海 | 東 | 新 | 羅 | 國 | 鍪 | 藏 | 寺 | 阿 | 彌 | 陁 | 如 | 來 | 造 | 像 |
| 碑 | 銘 | 并 | 序 | | | △ | △ | △ | 守 | 大 | 奈 | 麻 | 臣 | 金 | 陸 | 珍 |
| 奉 | | 敎 | 撰 | | | | | 皇 | 龍 | 寺 | 釋 | △ | △ | 書 | | |

이것으로 보면 1행에 대강 51자가 들어가는 것으로 추정된다. 그렇다면 비의 전체 글자수는 '28행×51자'이니 모두 1,428자 가량이 될 것이다. 이 가운데 남아 판독된 글자는 450여 자로 전문(全文)의 약 30% 정도로 파악된다. 일찍이 홍양호는 "들으니 어떤 장서가(藏書家)가 일찍부터 무장사비 전본(全本)을 갖고 있었는데 앞뒤 면이 모두 갖추어진 것이라 하였다. 지금 내가 가지고 있는 탑본은 반 동강 난 앞면 뿐이요, 뒷면은 콩을 가느라고 망가져 버렸다. 매우 애석한 일이다"[14]고 하여, 양면비(兩面碑)인 것처럼 증언하였다. 이것은 전문(傳聞)의 착오라고 본다. 고대로 올라갈수록 양면비는 거의 없다. 또 현재 전하는 무장사비 비편 역시 이면을 보면 양면비 흔적이 없다. 양면비라면 홍양호가 발견한 제일석 말고도 제이석, 제삼석에서 양면비의 흔

---

14 『이계집』 권16, 42b, 「題鍪藏寺碑」 "後聞藏書家, 曾有鍪藏碑全本, 具前後面. 今與所搨, 卽前面之半, 而後面則爲磨豆所滅, 重可惜也."

무장사비편(『문자로 본 신라』, 국립경주박물관 2002, 202쪽)

무장사 쌍귀부

적이 발견되어야 한다. 게다가 실제 비의 전면 제24행에 나오는
'……유물혼성(有物混成)' 운운하는 대목 이하는 명(銘)으로 추정
되는데, 명을 전면에 실은 이상 뒷면에 내용을 추가할 리는 없
을 것이다.[15]

　이제 이수와 귀부에 대하여 살펴보기로 한다. 본디 존재 여부
를 알 수 없었던 이수와 귀부는 1914년 김한목 등에 의해 발견
되어 현재의 자리에 옮겨졌다. 현재 귀부가 놓인 자리의 좌향을
재보니 '묘좌유향(卯坐酉向)'이다. 이것은 이유가 있다고 본다.
무장사를 세울 당시부터 자리 이동이 없었을 것으로 추정되는

---

[15] 전면에 銘을 새기고 序文을 뒤에 실은 경우가 있다. 聞慶 鳳巖寺 智證
大師碑가 그것이다. 이것은 이유가 있다. 碑身이 작아 비문의 내용을
전면에 다 실을 수 없게 되자, 序文 일부를 裏面으로 돌리고 비문의 얼
굴인 銘을 앞으로 끌어온 것이다. 이것은 특별한 예이며 이후 유사한
예는 발견하기 어렵다.

守大奈麻臣金陸珎奉　敎

測記子若存者敎上善叔歸于九

物手掌試論之佛道之

是澄塵之刹沙戱之匜競禪滂言牟宗

而芟檣齋大空而門

廟立淨心者久而

能興於此乎鑒藏寺者

迴统果以削成所寄寘與白生虛白碧澗千尋

中宮奉為

塵芳西傈蕩寒

皇龍寺

明業維新龕切案御辯逮邃而照寓德合天心掘金鏡永

何番天道將宴書物告凶享國不永一朝晏篤　中宮

身囡抴而喪禮也制度存焉必誠必信勿之肯悔送終之事

府之凈財名近名有司就於此寺奉造阿弥陁佛像一鋪

竊藏醫陶研精寤寐求之思所以幽贊眞體先主福者西方

見眞人於石塔東南崗上之樹下西面而坐為大眾証法既覺

崖嶸峙溪澗激迅維石巖巖山有杉壤近去不顧誡謂不祥及

之固正當殿立有若天扶于時見者怖然而驚莫不

百憲多岐一致于滅誠也動天地

既得亞綵其欸子柔成之其傲則

法殊之巧

更

粲抄

무장사비 복원도(반전, 이은혁)

무장사 3층 석탑이 묘좌유향이다. 정동쪽에서 정서쪽을 바라보고 있다. 이는 무장사비에서 "꿈에 진인(眞人)을 보았는데, 석탑 동남쪽 산봉우리 위의 나무 아래에서 서쪽을 바라보고 앉아 대중을 위해 설법하였다"고 한 바와 같이, 아미타불이 서방정토의 부처님이시기 때문에, 그에 귀의한다는 의미에서 이 좌향을 택한 것이라고 본다. 이후 1914년 이수와 귀부가 놓일 자리를 정할 당시, 총독부 및 경주군 관계자들이 주위의 지세를 감안하여 3층 석탑의 예에 따라 묘좌유향으로 자리를 잡은 것 같다.

이수와 귀부의 일부가 파손되고, 십이지신상(十二支神像)의 조각 등은 풍화작용으로 마모가 심한 편이지만, 전체의 윤곽을 파악하는 데 큰 지장이 없다. 귀부는 쌍귀부다. 쌍귀부 형식으로는 현재 남아 있는 것 가운데 시기가 가장 앞선다.[16] 귀부는 기실 용도 아니고 거북도 아닌, 과도기의 절충형이다. 쌍귀부 머리 부분이 다 떨어져 나갔지만, 2008년 11월 20일 현재 이수와 귀부가 있는 부근 남쪽 계곡에서 왼쪽 귀부의 두부(頭部)가 발견되어 복원에 큰 도움을 주게 되었다.

귀부 부분의 십이지신상은 모습이 뚜렷하지 않아 제대로 알기는 어렵다. 2009년 8월, 최공호(崔公鎬) 교수 등과 함께 몇 차례 답사 끝에, 십이지신상 가운데 비교적 윤곽이 뚜렷하여 확실하다고 판단되는 것을 기초로, 다음과 같이 배열되었을 것으로 진단하였다.

여기서 이 비의 좌향에 관계없이 후면을 자(子), 앞면을 오(午)

---

[16] 이밖에 쌍귀부로는 金生의 글씨를 집자한 昌林寺碑, 崔致遠의 撰幷書인 大崇福寺碑를 꼽을 수 있다.

후면

| 亥 | 子 | 丑 | 寅 |
| 戌 | | | 卯 |
| 酉 | | | 辰 |
| 申 | 未 | 午 | 巳 |

전면

로 한 것은 이유가 있어 보인다. 임금 또는 왕실과 관련된 비이므로, 제왕은 '남면(南面)'이라는 원칙을 상징적으로나마 지키기 위함인 듯하다.[17]

　다음, 전액(篆額)을 보기로 한다. 이수에 제액(題額: 篆額)이 앞뒷면으로 쓰였다. 앞뒤 모두 두 줄로 석자씩 여섯 자를 새겼다. 이수 앞면의 여섯 자는 마모가 심하여 전혀 판독할 수 없으나, 뒤의 여섯 자는 좌로 '阿彌陀', 우로 '佛□□'임을 확인할 수 있다.[18] 현재 학계에서는 이 비를 '무장사아미타여래조상비' 또는 '무장사아미타여래조상사적비' 등으로 일컫는다. 이는 대개 비문의 내용이 아미타불을 조성(造成)한 내력을 적은 것이라고 보기 때문이다. 『삼국유사』 권3, 「탑상편」, 〈무장사미타전(鍪藏寺彌陀殿)〉조에 근거, 아미타불을 모신 전각에 세운 비라는 점을 감안한다면 위에서 말한 '佛□□' 3자는 '불전비(佛殿碑)'일 가능

17　게다가 이 비를 세운 해가 辛巳年이므로 '巳' 자가 자연스럽게 전면에 드러날 수 있도록 배려한 인상이 짙다.

18　2009년 8월 12일 답사를 통해 확인하였다.

성이 높다.


## Ⅲ. 3개 비편의 발견과 조·청(朝淸) 학계의 관심

이 무장사비는 이계 홍양호, 추사 김정희와 관련이 깊다. 무장사비는 이들을 통해 고찰하는 것이 정확하고 빠를 수 있다. 잘 알려진 바와 같이 조선 후기 손꼽히는 금석학자 홍양호는 『이계집』 권18에서, 「제신라문무왕릉비(題新羅文武王陵碑)」, 「제신라태종왕릉비(題新羅太宗王陵碑)」, 「제신라진흥왕북순비(題新羅眞興王北巡碑)」, 「제무장사비(題鍪藏寺碑)」 등 역대로 유명한 우리나라 금석문 10개에 제발(題跋)을 붙여 그 중요성을 부각시킨 바 있다. 그는 영조 36년(1760) 경주부윤으로 부임하였다. 평소 무장사비에 관심이 많았던 그는 부임 직후 말로만 전해오던 무장사비 깨진 빗돌 한 덩이를 발견하였다.

이 무장사비와 관련하여, 홍양호의 선배이자 김정희의 외가쪽 어른인 금석학자 지수재(知守齋) 유척기(俞拓基: 1691~1761)는 "내가 『금석록』 수백 권을 모았으나 아직 이 비를 보지 못하였다. 두 번 영남관찰사로 부임하여 부지런히 찾아보았으나 경상도 지방에서 (이 비에 대해) 아는 사람이 없었다"[19]고 하였다. 유척기 이전에 낭선군(朗善君) 이우(李俁: 1637~1693)가 편찬한 『대동금석서(大東金石書)』에 무장사비 탁본 일부가 실려 있지만

---

19 『이계집』 권16, 41a, 「題鍪藏寺碑」 "老夫平生, 聚金石錄數百卷, 猶未得是碑, 再按嶺節, 求之非不勤矣, 閫境無知者."

그 실물은 볼 수 없었다. 사정이 이러하였던 만큼 무장사비 깨진 빗돌(제일석)을 발견하고 탁본까지 한 홍양호의 기쁨은 실로 컸을 것이다.

홍양호는 무장사비 글씨를 보고는 "왕우군의 풍도가 있다"[20]고 평하였으며, 글씨를 쓴 사람을 김육진으로 보았다.[21] 또 김육진에 대해 당대의 명필로 단정하고, 「단속사 신행선사비(斷俗寺神行禪師碑)」의 글씨를 쓴 영업(靈業) 스님과 함께 왕희지의 홍복사비(弘福寺碑)를 배운 경우라고 주장하였다.[22] '홍복사비'란 당나라 고종 함형(咸亨) 3년(672)에 홍복사의 사문(沙門) 회인(懷仁)이 칙명(勅命)으로 왕희지의 글씨를 집자하여 세운 「대당삼장성교서비(大唐三藏聖教序碑)」를 가리킨다. 홍양호의 이러한 견해는 무장사비 글씨가 김육진의 것이라고 알려지는 데 단초를 연 것이라 하겠다.

그 뒤 순조 17년(1817), 홍양호에 이어 김정희가 다시 깨진 빗돌 한 덩이를 더 발견하였다(제삼석). 김정희는 일찍이 24세 때인 순조 9년(1809) 동지 겸 사은부사(冬至兼謝恩副使)인 생부 김노경(金魯敬)을 따라 연경(燕京)에 들어가 당대의 경학자요 금석학자인 담계 옹방강, 연경재(研經齋) 완원(阮元: 1764~1849)과 교유하면서 학문적으로 많은 감화를 받은 뒤 돌아왔다. 김정희의 금석학에 대한 조예는 그 자신의 노력도 컸지만 옹방강 등의

<hr/>

20 『이계집』 권16, 42a, 「題金角干墓碑」 "余觀鍪藏碑, 有右軍之風."
21 『이계집』 권16, 41a, 「題鍪藏寺碑」 "考其文, 卽新羅翰林金陸珍書也."
22 『이계집』 권16, 46b, 「題尹白下書軸」 "東方之書, 祖於新羅之金生. …… 其後在羅, 則有金陸珍釋靈業, 學弘福碑."

영향이 지대하였다고 할 수 있다. 당시 조(朝)·청(淸) 금석학자
들 사이에서 무장사비는 특히 관심이 높았다. 하나같이 무장사
비가 왕희지 글씨의 정수를 깊이 얻은 것으로 평가하였다.

김정희는 귀국한 뒤 청나라 학자들까지도 큰 관심을 보였던
우리나라 명비(名碑)의 실물을 찾으려고 노력하였다. 그는 31세
되던 순조 16년(1816) 7월, 금석문자 1천권을 읽었다는 동호(同
好)의 벗 김경연(金敬淵)[23]과 함께 북한산 진흥왕순수비를 수방
(搜訪)하였고 이듬해(1817) 6월, 조인영(趙寅永)과 함께 북한산에
가서 다시 심정(審定)하였다. 순조 17년 4월에는 경주 암곡동 계
곡에서 무장사비 잔편 하나를 더 발견하였다. 또 그 이듬해
(1818)에는 문무왕릉비 일부를 재발견함으로써 금석학자로서의
위치를 드높였다.

순조 16년(1816) 11월, 김정희의 부친 김노경이 경상도관찰사
로 임명[24]된 것을 기화로 경주를 방문하여 이듬해 4월 무장사비
의 잔편 한 개를 더 발견하고 128자를 심정하였다.[25] 김정희가
발견한 비편과 그가 방각(傍刻)한 제지(題識)는 모두 탁본으로
만들어졌고, 옹방강의 아들 옹수곤(翁樹崑: 1786~1815)을 대신
하여 유희해(劉喜海: 1793~1853)에게 전해졌다.[26]

옹방강의 아들 옹수곤은 조선의 금석자료 수집에 열성이었다.
특히 무장사비에 관심이 많아 제일석의 탁본을 본떠 '신라무장

---

23  藤塚鄰, 「阮堂集及び阮堂先生全集の檢討」, 『靑丘學叢』 21, 1934, 140쪽.
24  1816년 11월 8일 임명. 『순조실록』 16년 11월 8일 癸丑條.
25  『해동금석원』, 영인본 하권, 1007-1008쪽, 「第二石」 참조.
26  나중에 『해동금석원』에 부록으로 실렸다.

사비도(新羅鍪藏寺碑圖)'라는 것을 그려서 김정희에게 주기도 하
였는데, 1815년에 이미 세상을 떠난 터였다. 옹방강 부자는 평
소 이 무장사비 하단을 보지 못한 것을 몹시 안타까워했다고 한
다. 이 하단의 일부는 1914년에 가서야 발견된다.

  김정희는 탁본을 뜬 뒤 잔편에 발견 경위를 다음과 같
이 새겼다.

> 이 비석은 옛날에 단지 한 덩이뿐이었다. 내가 여기 와서 샅샅이 뒤져
> 또 동강난 돌 한 덩이를 거친 수풀 속에서 찾아냈다. 너무 좋은 나머지
> 소리를 질렀다. 그리고 두 조각을 한데 합쳐 묶어서 절 뒤쪽 회랑으로
> 옮겨 비바람을 면하게 하였다. 이 비석의 서품은 마땅히 백월비(白月
> 碑) 위에 있어야 한다. 「난정서」에 나오는 '숭(崇)'자 세 점이 이 비석에
> 서만 특별히 완전하다는 것을 담계(옹방강) 선생이 이 비석을 가지고
> 고증하였다. 동방의 문헌이 중국에서 칭찬을 받는 것으로는 이 비석 만
> 한 것이 없다. 내가 세 차례를 반복해서 문질러 닦으며, 성원(星原: 옹수
> 곤)이 하단을 보지 못한 것을 매우 안타까워하였다. 정축년(1817) 4월
> 29일에 김정희 적다.[27]

  또 홍양호가 발견한 제일석에다 방각을 하였는데 "무슨 수로 구

---

27 原碑旁刻 "此碑舊只一段而已, 余來此窮搜, 又得斷石一段於荒莽中, 不勝
驚喜叫絶也. 仍使兩石壁合珠聯, 移置寺之後廊, 俾免風雨. 此石書品, 當
在白月碑上. 蘭亭之崇字三點, 唯此石特全, 翁覃溪先生, 以此碑爲證, 東
方文獻之見稱於中國, 無如此碑. 余摩挲三復, 重有感於星原之無以見下段
也. 丁丑四月二十九日 金正喜題識."(『해동금석원』 상권, 1009쪽)
옹방강의 「蘇米齋蘭亭考」에 의하면 "'崇'자는 세 점이 다 나타난 定武本
이 가장 으뜸이다. 舊本에도 '숭'자가 실려 있는데, '山'자 아래에 세 작
은 점이 온전한 경우로는, 이를테면 趙文敏(趙孟頫)이 얻은 獨孤本, 趙子
固의 落水本, 越州石氏本, 天目山房本과 같은 것이 바로 그것이다"고 하
였다.

원(九原)에서 성원(옹수곤)을 일으켜 이 금석연(金石緣)을 함께 할
까. 돌을 얻은 날에 정희가 또 쓰고 탁본하여 가다"[28]라고 적었다.
다른 서한에서도 무장사비에 대해서 다음과 같이 말하였다.

　　…… 또한 「무장사비」의 석문(釋文)도 받았는데, 아마도 (서자의) 안목
　이 달처럼 밝아 (그 필법이) 팔에 나타난 듯합니다. 게다가 괘선(罫線)
　에 맞추어 써 내려간 솜씨가 아주 정밀하고, 필획(筆劃)의 구성도 세밀
　하여 빈틈이 없습니다. 멀리 있는 사람들(淸朝文人들)에게 자랑할 만
　합니다. 참으로 다행입니다.[29]

　옹방강의 『복초재전집(復初齋全集)』을 보면, 문집편 35권 대부
분이 금석 및 서화에 대한 제발(題跋)이라든지 고(考) · 설(說) ·
논(論) · 기(記)로 되어 있다. 옹방강이 조선의 고비(古碑)에 대해
고증하고 발을 붙인 것도 있다.

　　「跋平百濟碑」(『復初齋文集』, 권24)
　　「跋新羅鍪藏寺碑殘本」(同上)
　　「跋新羅雙谿寺碑」(同上)
　　「跋高麗靈通寺大覺國師碑」(同 권25)
　　「跋高麗重修文殊院記」(同上)
　　「跋朝鮮靈通寺大覺國師碑」(『復初齋集 外文』권3)[30]

---

28　「鍪藏寺碑殘片」附記 "此石當係左段, 何由起星原於九原, 共此金石之緣.
　　得石之日, 正喜又題, 手拓而去."(『조선금석총람』 상권, 47-48쪽)

29　예술의전당, 『秋史金正喜名作展』, 1992, 78-79쪽 "夕陰猶洼, 無以破悶, 更
　　從兄文武殘字釋文, 研朱點校, 擬再就訂, 又承鍪石之釋, 殆是眼如月, 腕有
　　見也. 且絲格精好, 筆劃密緻, 足以誇耀遠人也. 幸甚幸甚. 文武釋文, 玆又
　　寄上."

30　藤塚鄰, 앞의 책, 121쪽. 이 가운데 「跋新羅鍪藏寺碑殘本」은 유희해의 『해

　　옹방강은 김정희가 무장사비 잔편을 제2차로 발견하기 이전
에 무장사비 제일석 탁본을 입수하여 고증을 마쳤다. 탁본을 입
수한 경로는 알 수 없지만, 김정희 이전에 입연(入燕)한 사절단,
특히 옹방강과 친교가 있었던 초정(楚亭) 박제가(朴齊家: 1750~
1805?)가 전해주었을 가능성이 없지 않다.[31]

## Ⅳ. 집자비 여부와 서자(書者) 문제

　　낭선군 이우가 『대동금석서』・『대동금석서목』에서 무장사비
의 서자를 김육진으로 본 이래 근세 오세창(吳世昌: 1864~1953)
의 『근역서화징(槿域書畫徵)』에 이르기까지 우리나라 학자들 사
이에서 이 설은 거의 통설이나 다름 없이 내려왔다.

　　집자비설을 처음으로 주장한 사람은 청유(淸儒) 옹방강이었
다. 그는 무장사비의 비문은 대나마(大奈麻) 김육진이 찬하였고,
글씨는 왕희지의 행서(行書)를 집자한 것이라고 주장하였다. 특
히 글씨에 대하여, 왕희지의 「난정서」와 회인(懷仁)이 왕희지의
글씨를 집자한 「집왕서삼장성교서비(集王書三藏聖敎序碑)」, 대아
(大雅)가 집자한 「흥복사단비(興福寺斷碑)」[32]의 행서를 뒤섞어 사

　　동금석원』에 전재되었다. 『해동금석원』(영인본) 하권, 1009-1011쪽 참조.
[31] 이은혁, 「추사 금석학의 성과와 의의」, 양광석 정년기념 논총, 2007 참
　　조. 유홍준 교수는 김정희가 入燕 당시 이를 옹방강에게 주었을 것이라
　　고 추정하였으나(유홍준, 『완당평전』 1, 학고재, 2002, 133쪽), 사실 김정
　　희는 입연 당시 무장사비에 대한 관심이나 사전 지식이 그다지 높았던
　　것 같지 않다. 그가 무장사비에 높은 관심을 보이게 된 것은 옹방강의
　　교시가 있은 뒤라고 생각한다.
[32] 이 단비의 내용 역시 「성교서비」와 같다.

용한 집자비로 단정하고는 "함통(咸通)·개원(開元) 이래 당나라 사람들이 왕희지의 글씨를 집자했는데 다른 나라에서도 복습(服習)할 줄 알았다. 집자에 사용한 「난정서」의 글자가 모두 정무본(定武本)과 합치된다"고 하였다.[33] 그의 아들 옹수곤 또한 "신라의 잔비에서 왕희지의 좋은 글씨 283자와 반(半)을 얻었다"고 평가하였다.[34]

김정희는 이 무장사비에 대해 "과시 홍복사비(弘福寺碑)의 서체이지만 인각사비처럼 집자한 것은 아니다. 김육진은 신라 말엽의 사람인데 비의 연대는 지금 상고할 수 없다"[35]고 하였다. 비의 글씨를 말하는 가운데 김육진을 언급하였지만, 문맥으로 보아 이 비의 연대를 추정하기 위해 언급한 것이며, 서자(書者)를 못박지는 않았다. 다만 분명한 것은 '인각사비와 같이 집자한 것이 아니다'고 한 점이다. 여기서 중요한 것은 '인각사비처

---

[33] 『해동금석원』附錄 卷上, 「唐鍪藏寺碑」, 「翁方綱跋」 "碑行書雜用右軍蘭亭及懷仁大雅所集字, 蓋自咸亨·開元以來, 唐人集右軍書, 外國皆知服習, 而所用蘭亭字, 皆與定武本合, 乃知定武本實是唐時所刻, 因流播於當時耳."(영인본 하권, 1010-1011쪽)
난정첩의 眞本은 당태종의 무덤에 부장품으로 묻혔고, 뒤에 神龍本·定武本 등 摹本이 전해졌다. 명나라 때 宗室 益王이 새긴 정무본 蘭亭眞蹟은 당나라 때 石本蘭亭序를 번각한 것으로, 이후 왕희지의 진적 가운데 제일로 쳤다.

[34] 유홍준, 『완당평전』 1, 133쪽.

[35] 『완당전집』 권4, 35b-36a, 「與金東籬(其一)」 "鍪藏碑果是弘福字體, 非集字如麟角碑矣. 金陸珍是新羅末葉之人, 而碑之年代, 今不可考矣."
최완수는 '弘福寺碑'를 '興福寺碑'의 잘못이라 하였다(「김추사의 금석학」). 李匡師는 「圓嶠筆訣」에서 "二王帖字古而畫緩, 弘福興福碑畫勁而字俗, 不可曉也."(『貝嶠集』 권10, 46a, 「筆訣」(문집총간 221, 557쪽) 운운하여 弘福碑와 興福碑가 다른 것으로 보았다. 그러나 같은 사찰의 다른 이름이다.

럼' 운운한 대목이다. 이것은 보기에 따라서 집자를 인정하면서
도 완전 집자가 아닌 부분 집자라는 의미가 될 것이요, 다른 한
편으로는 글씨를 쓴 사람이 홍복사비를 본받아 썼다고 볼 수도
있다. 어찌 되었든지 왕희지 서체를 집자한 것이 분명한 인각사
비와는 같지 않다는 것이 김정희의 판단인 것 같다. 여기서 「성
교서비」와 「난정서」를 뒤섞어 집자한 것이라고 한 옹방강과 견
해 차이를 보인다. 필자는 김정희의 감식안을 존신(尊信)한다.
김정희가 옹방강을 큰 스승으로 받들면서도 집자비라는 주장에
대해 부정적 견해를 보인 것은, 그의 공정한 안목과 구도정신을
엿보게 하는 것이라 하겠다.

옹방강이 집자비설을 제기한 뒤 우리나라 학자들 가운데 그의
설을 따르는 경우가 없지 않았다. 대표적인 경우로 김정희의 문
인 이상적(李尙迪: 1804~1865) 같은 이가 옹방강의 주장을 좇아
'집자비'라고 하였다.[36] 그러다가 1910년 경술국치 이후로 집자비
설이 본격적으로 일본인 학자들을 중심으로 대두되기 시작했다.
이것은 한국문화의 예속성을 강조하려는 저들의 정치적 목적과
도 무관하지 않은 듯하다. 1919년에 나온 『조선금석총람』에서는
"행서로 진나라 왕희지의 글씨를 모아 새겼다"(行書晉王羲之ノ字
ヲ集刻ス)고 하였다. 그 뒤 1930년대에 들어 일본인 금석학자 가
츠라기 스에지(葛城末治)는 『조선금석고(朝鮮金石攷)』(1935)에서
"비문의 찬자는 대나마 김육진이다. 어떤 책에는 글씨를 쓴 사람

---

36 李惠吉, 「海東金石苑題辭」(『海東金石苑』, 아세아문화사, 1976, 12쪽), "鍪
藏麟角, 碎金, 集右軍之書."; 同注 "新羅鍪藏寺碑高麗麟角寺碑, 俱集王右
軍行書, 頗具典型."

도 김육진이라고 한다. 그러나 이 비는 집자비이기 때문에 김육
진이 서자(書者)일 수 없는 것은 서체를 보아도 명백하다"[37]고 하
여, 자세한 고증이나 근거 없이 집자비로 단정하고, 집각(集刻)에
는 「성교서비」와 「난정서」를 채집한 것으로 생각된다고 하였다.
반면에 민족주의 사학자 호암(湖巖) 문일평(文一平: 1888~1939)은
「신라 명필 김육진」이라는 글에서, 선유(先儒)의 설을 따라 집자
비설을 부정하고 김육진의 '찬병서(撰竝書)'라고 주장하였다.

> 동방 서도(書道)의 연원이 김생에게서 발하였으므로, 명필을 말할 때
> 반드시 김생을 먼저 조술(祖述)하게 되나, 그러면 김생 다음 가는 명필
> 은 누구냐고 물을 때는 대답이 구구할 것이다. 그러나 연대의 오랜 것으
> 로나 성가(聲價)의 높은 것으로나 신라에 있어서 김생 다음에 김육진
> 을 꼽지 않을 수 없다. …… 오늘날 남아 있는 그의 수적(手蹟)으로 거의
> 유일(唯一)이요 가장 유명한 것은 경주 무장사비이니, 이 무장사비로
> 말하면 김육진의 찬병서이다. 이것을 세상에서는 혹은 김생의 글씨라
> 고 한다. 그러나 그 비에 적혀 있는 사실에 의하여 그것이 분명히 김생
> 의 비라고 하는 것은 오전(誤傳)이다.[38]

그러나 문일평 역시 글씨를 쓴 사람이 김육진이라는 주장을
뒷받침할 만한 확증은 제시하지 않아 아쉬움을 남겼다.
광복 이후에도 무장사비의 글씨를 언급한 학자들은 전공을
불문하고 거의 대부분 집자비로 규정하였다. 근자에 와서는 집
자비란 설, 즉 왕희지 글씨를 집자한 것이라는 주장이 통설로

---

37  葛城末治, 『조선금석고』, 1935, 230쪽.
38  『호암전집』 2, 조선일보사, 1939; 『한국의 문화』, 을유총서 1, 을유문화
사, 1969, 85쪽.

정착되어 가는 추세를 보여왔다.[39] 철저한 연구를 통해서 내린
결과가 아니라 일인 학자들의 설을 답습한 경향이 농후하다는
점에서 아쉬움이 크다.

　글씨 쓴 사람을 밝히는 데는 우선 사리에 비추어 접근하는 것
이 좋을 성 싶다. 잘 알려진 바와 같이 통삼(統三) 이전부터 신
라에서 각종 비가 세워졌고 나중에는 선승(禪僧)의 탑비가 주를
이루었다. 비문들을 보면 대체로 비의 표제(標題)가 먼저 나오
고, 비문의 찬자(撰者)라든지 서자(書者)의 직함과 이름이 이어
진다. 본문이 시작되는 것은 그 다음이다. 표제와 찬자·서자는
각각 행을 바꾸어 쓰며,[40] 찬자와 서자가 같은 사람일 경우는 한
줄로 '…… ○○○찬병서(撰幷書)'라고 쓰는 것이 통상적인 관례다.

　이 무장사비는 찬자와 서자를 밝히는 도입 부분이 '□守大奈麻
臣金陸珍奉敎'로 되어 있다. '奉 敎' 이하가 떨어져 나가 정확히
알 수는 없으나, 한 줄로 되어 있는 것으로 보아 '봉교찬병서(奉
敎撰幷書)'일 가능성이 없지는 않다. 글씨 쓴 이를 비문 끝 마지
막 부분에 쓰는 경우도 있기는 하지만,[41] 이 무장사비의 경우 말
미 부분에서 찾을 수 없다.

　이 점은 김정희가 서자를 고증하는 데 참고 사항이 되었을 것
이다. 또 여기에 글씨에 대한 감식이 병행되어 '집자한 것이 아
니다'라고 말한 듯하다. 결국 김정희는 부분 집자의 가능성을

---

[39] 이종문, 앞의 논문 참조,
[40] 刻手(刻者)까지 기록하는 경우가 있다.
[41] 문무왕릉비가 대표적이다. 말미에 건립 연대를 쓰고 이어 '大舍臣韓訥
儒奉□□'이라 하였다. '奉□□'는 '奉敎書'일 것이다.

완전히 배제하지 않으면서도 김육진이 왕희지 서체를 본떠서
쓴 것으로 결론을 내린 것 같다. 유희해(劉喜海)의 『해동금석원』
에서 김육진의 '찬병서'라고 한 것은 김정희의 견해를 대신한 것
이라고 볼 수 있다.[42] 김정희의 견해는 위에서 말한 홍양호의 견
해와 부합한다. 단언하기는 어렵지만 홍양호가 사계(斯界)의 선
배인 만큼 그의 견해를 가볍게 여기지 않았을 것으로 짐작된다.

무장사비가 집자비로 인식되었던 것은 이 비의 글씨가 왕희
지의 글씨와 닮아도 너무 닮았다는 점 때문이었다. 그러나 왕희
지 글씨와 정밀하게 대조하였을 때 글씨꼴이 핍진(逼眞)한 것이
사실이지만 꼭 같지는 않다. 육안으로 볼 때 비슷해 보이지만
나름대로 변화를 도모한 것이 대다수다. 그리고 글씨가 처음부
터 끝까지 고르다. 어른 손톱만한 작은 글씨가 정간선 안에 들
어 있는데 그처럼 고를 수 없다. 집자비라면 실로 어려운 일이
다. 「성교서비」의 예에서 보듯이, 집자비는 우선 글씨의 크기와
굵기가 고르지 않다. 이것을 참치미(參差美)라 하기도 하지만,
전체 조화의 면에서 완성도가 떨어지는 것이 사실이다. 이것은
집자비에 나타나는 공통적인 현상이다.

또 무장사비에는 왕희지가 남긴 글씨에서 찾을 수 없는 글
자[43]가 많다. 이는 일부 변이나 획을 따서 글자를 만들거나 비슷
하게 써서 넣어야 할 부분이다. 그런데 왕희지 서첩(書帖)에 없
는 글자를 임의로 만들어 넣은 흔적이나 왕희지 서체를 억지로

---

[42] 추사학단의 한 사람인 李祖默의 『羅麗琳瑯攷』에서도 "新羅鍪藏寺碑, 守
南大令金陸珍撰幷書, 碑文行書, 鸞飄鳳泊, 煊赫動人." 운운하였다.
[43] 이종문은 107자, 이은혁은 104자라고 한다.

본뜬 듯한 어색한 티가 거의 나지 않는다. 집자를 할 때 흔히 사용하는 방법으로 글자의 윤곽을 본뜨는 쌍구법(雙鉤法)이 있는데, 쌍구를 뜨면 글자의 필획(筆劃)이 무뎌져서 원 글씨의 모습이 제대로 살아나지 않는다. 무장사비는 쌍구를 뜬 것이 아닌, 직접 쓴 글씨라는 인상이 짙다.

물론 전면 집자가 아닌 부분 집자일 가능성이 없지는 않다. 그렇지만 그 대본으로 쓰였을 「성교서비」나 「난정서」와는 글자 크기가 같지 않다. 글씨 모양이 아무리 비슷하다 해도 원본의 글씨를 키우거나 줄이는 것은 엄밀한 의미에서 집자가 아니라고 본다. 이 무장사비는 가로 세로 3.2㎝ 가량의 칸 안에 작은 글씨로 쓴 것이다. 필세(筆勢)가 날카롭고 살아 움직이는 듯하다. 쌍구를 떠서 집자한 것과는 이둔(利鈍)의 차이가 크다. 게다가 무(鍪)·울(鬱)·오(鼇)·참(巉)·응(鷹) 등 여러 벽자(僻字)들은 집자가 애초부터 불가능하다. 서자가 직접 쓰지 않으면 곤란한 글자들이다. 무장사비가 집자비라면 그처럼 벽자를 천의무봉(天衣無縫)하게 완벽할 정도로 처리할 수 있을까?

가장 상식적인 것 하나 더 언급하기로 한다. 「집자성교서비」의 경우 회인 스님이 무려 25년에 걸쳐 집자를 완성하였다고 한다. 그에 비해 무장사비는 소성왕이 죽은 지 1년 만에 세운 것으로 추정된다. 이 추정이 맞다고 할 때, 1년가량의 단시일에 이처럼 품격 높게 집자를 해서 비를 세운다는 것은 거의 불가능에 가깝다고 보아야 할 것이다.

필자는 이상에서 말한 여러 이유를 들어 무장사비가 집자비가 아니라고 판단한다. 이 비는 추사 김정희가 '사격(絲格: 罫線)

은 아주 정밀하고 필획은 치밀하다'고 한 것처럼 실로 왕희지 글씨를 능가하는 '상품(上品)' 글씨라고 할 만하다. 빗돌이 화강 암으로 재질이 좋지 않은데도 그처럼 살아서 움직이듯이 치밀 하게 새길 수 있었던 것은, 일차로 서자의 글씨가 좋은 데다가 각수(刻手)의 새기는 솜씨가 일류였기 때문이라고 하겠다.

요컨대, 이 무장사비의 글씨는 청나라 금석학의 대가 옹방강 도 부러워할 정도로 잘 쓴 글씨임에 분명하다. 그럼에도 이를 집자비라고 강변하는 이면에는 신라 사람의 글씨로 인정하지 않고 은근히 문화적 예속성을 드러내려는 자들의 오만함이 도 사리고 있다고 할 것이다.

이제 서자와 관련하여 중요한 사실을 말할 차례다. 필자는 비 문 첫 줄에 나오는 "……□守大柰麻臣金陸珍奉 教□□ …… 皇龍……"이 라 한 대목을 눈여겨 보아야 한다고 생각한다. 이는 글씨 쓴 사 람을 알 수 있는 열쇠라고 본다. 우리 선학들이 인식하였던 것처 럼 김육진이 임금의 명령을 받들어 글을 짓고 글씨까지 썼다면 "奉 敎撰幷書"가 되어야 할 것이다. 그러나 결락(缺落)된 '□□' 두 칸에는 '찬병서(撰幷書)' 석 자가 들어갈 수는 없다. '봉교찬'은 누 가 보아도 인정할 수 있지만 '병서'까지 넣어서 생각할 수는 없 다. 또 그렇다고 어색하게 '봉교찬서(奉敎撰書)'라고 썼을 리도 없 다. 이 점은 김육진이 서자가 아니라는 분명한 방증이 된다. 다 시 말해서 김육진은 비문만 지었다는 결론에 이르게 된다.

종래 선학들은 이 '황룡' 운운한 것에 대해 한 마디의 언급이 없었다. 왜냐하면 이 대목은 1914년에 발견된 가장 작은 비편에 실려 있기 때문이다. 홍양호나 김정희 당시에 이 비편이 발견되었다면, 그들의 감식안으로 보아 그냥 보아넘기지는 않았을 것이다. 그 뒤 1919년에 『조선금석총람』이 나오고 1935년 『조선금석고』 등이 뒤를 이었지만, '황룡' 운운한 대목에 대해서는 전혀 논급이 없었다. 단순히 간과(看過)한 것인지, 아니면 당시 조선의 금석학 연구를 선도하던 일본인 학자들이 정치적 목적 때문에 애써 무시한 것인지는 알기 어렵다. 광복 이후에도 이에 착목(着目)한 학자가 아예 없었으니 의아하기 이를 데 없는 일이다.

중국이나 우리나라 할 것 없이 글씨에 뛰어난 스님이 비의 글씨를 쓰거나 집자를 한 예는 적지 않다. 「성교서비」를 집자한 회인 스님의 예는 유명하여 더 말할 나위 없지만, 신라의 경우만 하더라도 단속사비(斷俗寺碑)를 쓴 영업(靈業)이라든지 지증대사비(智證大師碑)를 쓴 혜강(慧江) 같은 승려 출신의 대표적 서가(書家)가 있다. 또 김생(金生)의 글씨를 취하여 태자사낭공대사백월서운탑비(太子寺朗空大師白月栖雲塔碑)를 집자한 석단목(釋端目)이라든지, 왕희지 글씨를 가지고 인각사보각국사정조탑비(麟角寺普覺國師靜照塔碑)를 집자한 사문 죽허(沙門竹虛) 같은 서예에 감식 있는 승려들이 적지 않았다.

필자의 단견으로는 위에서 말한 '황룡사' 운운하는 대목은 찬자에 이어 서자를 밝히는 내용임에 분명하다고 본다. 그 내용은 전례와 사리에 비추어 '皇龍寺僧(沙門)○○書'이거나 '皇龍寺釋○○奉敎書'일 가능성이 높다. 물론 '皇龍寺沙門○○集王右軍書'일 수도 있을 것이다.[44] 이것은 사문 회인이 집자한 「성교서비」와 사

---

44 「太子寺朗空大師白月栖雲塔碑」에서는 撰者 崔仁滾에 이어 "金生書 釋端目集"이라 하여 집자한 사람을 밝혔다.

김생의 글씨(석단목 집자)

문 죽허가 집자한 「인각사보각국사정조탑비」의 체례(體例)를 통해 추정한 것이다.

(A) 太宗文皇帝御製」
　　　弘福寺沙門懷仁集晉右軍將軍王義之書」
(B) 門人沙門竹虛奉 勅集晉右軍王義之書

　그러나 앞에서 논한 바와 같이 무장사비는 여러 가지 이유로 집자비라고 보기 어렵다. 그렇다면 자연스럽게 황룡사 스님이 서자라는 결론에 도달하게 될 것이다. 이 서자에 대한 추정은 종래 집자비니, 김육진의 글씨니 하는 논란을 종식시킬 수 있는 유력한 근거가 된다고 본다. 이 점을 부각시킨 것은 본고의 눈동자에 해당한다고 할 수 있겠다.

　여기서 황룡사의 스님이 누구인지 구체적으로 알 수는 없다. 『맹자』 「만장 하(萬章下)」를 보면 "그 시를 외우고 그 글을 읽으면서 그 사람을 알지 못한다면 되겠는가"(誦其詩, 讀其書, 不知其人可乎)라는 말이 나온다. 무장사비 글씨를 보고 감상하면서도 서자인 황룡사 스님에 대해 일말의 정보도 갖지 못함을 애석하게 생각한다. 다만 그가 한국 서예사에 특필될 정도로 서예에 능했으며, 특히 왕희지 서체에 정통했던 것만은 분명하다. 이후라도 그에 대한 자료가 발굴되기를 바라는 마음 간절하다.[45]

---

[45] '황룡사 스님'이 누구일까? 이에 대한 추정이 요구될 수 있다. 다만 섣부른 추정은 금물이므로, 상당한 근거가 확보되고 나름의 확신이 섰을 때 말하더라도 늦지 않다고 본다.

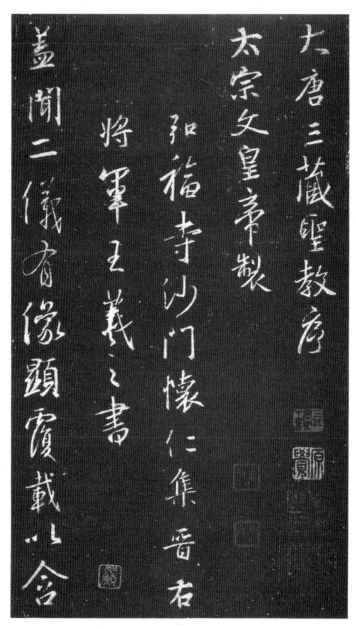

집자성교서(왕희지 글씨, 회인 집자)

## V. 맺음말

이 논고는 무장사비의 서자를 밝혀 신라 서예의 위상을 드높이려는 목적으로 작성되었다. 여러 차례의 답사 및 고증, 그리고 과학적인 연구 방법을 통해 450여 자의 글씨를 판독하고 자형(字型)을 분석하였다. 이 과정에서 이은혁 씨의 자형 분석에 힘입었음을 밝혀둔다. 연구 결과, 무장사비가 왕희지의 글씨와 흡사한 것은 사실이지만, 대다수의 글자에 미묘한 변화가 있었고, 왕희지가 남긴 글씨에 없는 글자가 많았으며, 집자비와는 달리 글씨가 너무도 고르고 조화를 이루었다. 이에 집자비가 아니라는 결론에 이르렀다.

다음으로는 글씨를 쓴 사람이 비문을 찬한 김육진이 아니라 당시 왕희지 행서체에 능했던 황룡사 스님임을 밝혔다. 이것은 1914년에 발견된 제3의 비편에 '황룡사' 운운하는 대목에 근거한다. 이 대목은 '수대나마 김육진 봉교찬' 운운하는 부분에 이어지는 것으로서, 찬자에 이어 서자를 밝히는 부분에 해당된다. 홍양호·김정희가 서자를 김육진으로 본 것은 이 제3의 비편을 보지 못하였기 때문이다. 발견 이후로 일본인 학자들은 그냥 보아 넘기거나 애써 부각시키지 않으려 하였고, 광복 이후 학계에서는 일인 학자들의 주장을 답습하기에 바빠 주목한 학자가 없었다. 이러한 분위기 속에서 필자가 이를 주목하여 서자를 신라 사람, 특히 황룡사 스님이라 규정하게 된 것은 의미 있는 수확이라고 생각한다.

마지막으로 금후(今後)에는 이 무장사비의 서예 수준과 서예사

적 위상을 연구할 차례라고 생각한다. 신라 사람이 손수 쓴 글씨
이고, 그것도 왕희지를 본받으면서 그를 능가하는 상품(上品)의
작품이고 보면, 여러 가지로 연구 분석이 가능하다. 평가 또한 뒤
따라야 할 것이다. 이에 대한 연구는 신라 서예의 국제적 위상을
드높이는 데 크게 기여할 것으로 생각한다. 서예 전공자들의 분
발을 기대하여 마지않는다.

# 제5장 최치원의 두 화상찬(畫像讚) 검토
### -문명대(文明大) 교수의 소론(所論)에 대한 반론-

## Ⅰ. 머리말

필자는 우리나라 미술사를 전공하는 학인이 아니다. 한국철학 전공자로서 한국유학사를 주전공으로 하는 가운데 신라 말의 사상가 고운 최치원에 많은 관심을 가지고 연구를 진행해 온바 있다. 이 글에서 논술하는 바는 문헌학의 범위에 국한된 것이며 미술사에 관계된 것은 필자의 역량 밖에 있다.

필자가 이 글을 초한 것은 유명한 미술사학자인 문명대(文明大: 1940~ ) 교수가 1976년에 발표한 「불국사 금동여래좌상 이구(二軀)와 그 조상찬문(造像讚文: 碑銘)의 연구」[1]라는 논문에서 주장한 내용을 묵과할 수 없었기 때문이다. 문교수는 이 글에서 현재 불국사에 안치되어 있는 '금동비로자나여래좌상(金銅毘盧遮那如來坐像: 국보 제96호)'과 '금동아미타여래좌상(金銅阿彌陀如來坐像: 국보 제97호)'의 현상과 기법·양식 등을 문제 삼으면서, 이를 면밀히 분석할 때 9세기 말엽(875~900)에 조성되었을

---

[1] 『美術資料』 제19호, 국립중앙박물관, 1976.

것이라고 추정하였다. 그리고 최치원이 찬한 「대화엄종불국사
비로자나문수보현상찬병서(大華嚴宗佛國寺毘盧遮那文殊普賢像讚
幷序)」와 「대화엄종불국사아미타불상찬병서(大華嚴宗佛國寺阿彌
陀佛像讚幷序)」가 위 두 불상의 조성 사실과 연대를 뒷받침해 주
는 결정적인 문헌 자료라고 주장하였다.

　문교수의 글은 발표된 지 30년이 되었지만, 그 주된 내용은
지금까지 학계의 통설처럼 내려오고 있다고 들었다. 그러나 다
른 것은 차치하더라도 문교수가 최치원이 찬한 위 두 찬문(讚文)
을 근거로 이끌어 낸 주장에 대해서는, 최치원의 저술을 전문적
으로 다루어 『역주 최치원 전집』(1·2)을 펴낸 필자로서는 동의
할 수 없다. 원전 자료를 잘못 이해한 나머지 이를 토대로 전개
한 논리에 문제가 많기 때문이다. 필자는 위 논문을 읽은 뒤 그
동안 '내 전공 영역 밖의 일'이라는 이유로 반론 펴는 것을 주저
하였다. 또한 원전자료를 잘못 이해한 데서 비롯된 일이니 만큼,
한문에 밝은 이에 의해 사실이 바로잡히겠거니 기대하였다. 그
러나 잘못된 주장이 학계에서 통용되는 현실을 감안하여 문외
(門外)의 학도임에도 반론을 펴지 않을 수 없었다. 독자들은 필
자의 '직도무은(直道無隱)'의 심정을 이해하여 줄 것으로 믿는다.

## Ⅱ. 최치원의 불교 관계 저술 검토

위에서 소개한 두 찬문은 최치원의 불교 관계 저술 가운데 잘 알려진 것이다. 참고로 최치원 불교 관계 저술을 살펴보면 현재 학계에 널리 알려진『사산비명』과『법장화상전』이외에도 상당수가 있다. 이를 분석해 보면 크게 두 가지로 나눌 수 있다. 하나는 화엄 사상과 화엄종에 관계된 글이고, 다른 하나는 삼선 사(三禪師)의 비명(碑銘)으로 대표되는 선종계 글이다. 선종에 관계된 글은 최치원이 은거하기 이전에 지은 것으로, 필자가 1998년에 펴낸『역주 최치원 전집』제1권(사산비명)의 「해제(解題)」에서 소개하였으므로[2] 여기서는 생략하겠다. 본장과 관련하여 『원종문류(圓宗文類)』·『불국사사적(佛國寺事蹟)』·『화엄사사 적(華嚴寺事蹟)』·『불국사고금창기(佛國寺古今創記)』 등을 통해 현재까지 수집된 화엄 관계 자료를 소개하면 대략 다음과 같다.

① 大華嚴宗佛國寺毘盧遮那文殊普賢像讚幷序
② 大華嚴宗佛國寺阿彌陀佛像讚幷序
③ 華嚴佛國寺繡釋迦如來像幡讚幷序
④ 終南山至相寺智儼尊者眞讚
⑤ 華嚴經社會願文
⑥ 王妃金氏奉爲先考及亡兄追福施穀願文
⑦ 王妃金氏爲亡弟追福施穀願文
⑧ 故翻經證義大德圓測和尙諱日文
⑨ 故終南山儼和尙報恩社會願文

---

2  「대숭복사비문」은 본시 화엄종에 관계된 글이지만『사산비명』이라는 책에 다른 세 禪師의 비문과 함께 묶였으므로 여기서는 이를 제외한다.

⑩ 海東華嚴初祖忌晨願文
⑪ 華嚴社會願文

　그리고 해인사 및 호국 불교 사상과 관계된 글로는 다음과 같
은 것이 있다.

① 新羅迦耶山海印寺善安住院壁記
② 新羅迦耶山海印寺結界場記
③ 海印寺妙吉祥塔記
④ 順應和尙讚
⑤ 利貞和尙讚
⑥ 新羅護國城八角燈樓記

　이러한 글을 보면 당시 불가(佛家)에서도 대문장가인 최치원
의 글 한 편을 얻는 것을 크나큰 소원이자 영광으로 생각했던
듯하니, 유학자로서 위치는 더 말할 것도 없고 불교계에서 어느
정도로 비중 있는 인물이었는지 짐작할 수 있다. 이와 함께 이
들 자료를 분석해 보면 그가 불교의 교종과 선종에 대하여 각각
어떠한 관점을 가졌으며, 시기적으로 그것에 어떤 차이와 변화
를 보이게 되는지 대강 짐작할 수 있다.
　한편, 우리는 화엄 관계 자료를 보다가 이맛살을 찌푸리게 하
는 것과도 접하게 된다. 그것은 다름이 아니라, 찬자 최치원의
명성을 이용하려는 불순한 의도 아래, 불국사와 화엄사 측에서
그의 화엄종 관계 저술을 자신들의 사찰에 연계시키고자 엉뚱
하게도 일부 대목을 임의로 개찬(改竄)한 점이다. 이것은 한때
찬문 자체의 모순으로 이해되기도 하였다. 또 본래 있지도 않은

연기(年紀)와 최치원의 직함(職銜) 등을 찬문의 말미에 마구 적어 넣음으로써 후세인들의 혼란을 불러일으킨 사례도 있다. 게다가 최치원의 글이 어려운 변려문이다 보니 간혹 후인들이 붙인 주석이 들어 있기도 한데, 이들 주석은 한 사람에 의해 붙여진 것이 아니고 오랜 세월 여러 사람에 의해 이루어져 왔기 때문에 역시 혼란이 없지 않다. 개중에는 최치원의 글을 제대로 이해하지 못하여 본문에 실린 사실과 다른 엉뚱한 주석을 붙인 경우도 있다. 이러한 일은 굳이 눈 밝은 학자[具眼之士]의 판별을 기다릴 필요가 없다. 세인의 조소와 빈축을 살 일이다.

　이뿐만이 아니다. 『동문선』을 보면, 화엄종에 관계된 최치원의 글로 「화엄불국사수석가여래상번찬(華嚴佛國寺繡釋迦如來像幡讚)」이 유일하게 실려 있다. 그런데 엉뚱하게도 『불국사사적』에 나오는 「대화엄종불국사아미타불상찬병서」와 뒤섞음으로써 두 개의 글을 하나로 만들어 버렸다. 조선 초기 『동문선』의 편찬이라는 국가적 사업을 수행하면서도 이와 같은 잘못을 범하였으니 산사(山寺)의 책 상자 속에 사사롭게 전해 오는 문헌의 오류야 더 말할 나위 없다.

　이러한 이유에서인지는 모르겠으나, 일찍이 고 우현(又玄) 고유섭(高裕燮: 1905~1944)은 『불국사고금창기』・『불국사사적』・『화엄사사적』 등에 실려 전하는 여러 글을 신빙성 있다고 보지 않았다. 그는 일찍이 「김대성(金大城)」이란 글에서 다음과 같이 말한 바 있다.

　이 김대성의 세계(世系)에 관하여 다시 문제 삼으려면 『불국사고금창기』에 실린「大華嚴宗佛國寺毘盧遮那文殊普賢菩薩讚幷序」·「大華嚴宗佛國寺阿彌陀佛讚幷序」·「王妃金氏爲考繡釋迦如來像幡讚幷序」·「羅朝上宰國戚大臣等奉爲獻康大王結華嚴社願文」·「王妃金氏奉爲先考及亡兄追福施穀願文」 등 소위 최치원의 찬문이란 제문(諸文)에서 다소 맥락을 설명할 수 있을 듯하나, 이 찬문 자체가 여러 가지 모순이 있어 신빙할 수 없는 것이므로 해서, 들어 문제 삼지 않을까 한다.[3]

물론 고유섭의 지적과 같이 이들 찬문에 문제가 전혀 없는 것은 아니다. 그러나 문체라든지 최치원 특유의 용전(用典: 故事 사용) 등 어느 면으로 보더라도 최치원의 글이 분명함은 다시 말할 필요가 없다. 결코 위작이 아니다. 그의 문체는 당시 당나라와 신라에서 크게 유행했던 변려문이긴 하지만, 다른 사람이 쉽게 흉내 내기 어려울 정도로 개성이 강하다. 이것은 최치원의 사상과 문학을 전문적으로 연구한 학자들의 공통된 평이다.

후인들이 고의적으로 가필(加筆)하거나 뜯어고친 대목은 여러 측면에서 검토와 고증을 거치면 원문대로 복원이 가능하다. 고유섭 같은 고명박흡(高明博洽)한 학자가 몇 가지 문제점에 구애되어 자료 자체를 인정하지 않으려 한 것은 아쉬운 일이다. 필자는 이러한 점을 안타깝게 여긴 나머지 『역주 최치원 전집』 두 번째 권을 펴내면서 『불국사고금창기』·『불국사사적』·『화엄사사적』 등에 실린 것을 엄밀히 대조하고 교감하여 오자·탈자·연자(衍字) 등을 바로잡고, 또 사실 관계의 구명(究明)이 필요한 것은 고증을 가하여 원문의 복원을 시도하여 독자들이 고람(考覽)하는 데 이바지하고자 하였다.

---

3 고유섭, 『韓國美術文化史論叢』(고유섭전집 2), 동방문화사, 1993, 199쪽.

## III. 화상찬(畫像讚)과 '주불(鑄佛)'의 관계

문명대 교수는 문제의 논문에서 현재 불국사에 모셔진 금동여래좌상 두 구의 현상(現狀)에 대해 먼저 살핀 뒤 기법과 양식을 통해 조성 연대를 추정하였다. 그 결과 현재 불국사에 전해오는 두 금동여래좌상의 조성 연대는 종래 학계에서 통용되었던 '8세기 중엽'이 아닌, 9세기 말엽이라고 주장하였다. 그리고 이는 양식과 기법뿐 아니라 문헌 자료로도 증명된다고 하면서, 최치원이 찬한 두 불상찬(佛像讚)을 들었다. 두 불상찬의 말미에 '광계정미(光啓丁未)'라는 찬술 연대의 표기가 있는 만큼, 조성 연대는 신라 진성여왕 1년(887)이 정확하다고 하였다.

그러나 결론을 미리 말하자면 문명대 교수의 이 주장은 학계의 공감을 얻기 어렵다고 본다. 두 불상의 조성 기법과 양식을 통해 조성 연대를 추정하는 것에 대해서는 미술사에 문외인 필자가 주제넘게 용훼(容喙)할 일이 아니고 또 그럴 의사도 없다. 다만, 조성 연대를 추정하는 과정에서 최치원의 두 찬문을 통해 문헌상으로 '조성 사실'과 '조성 연대'를 증명하려 한 것은 의욕이 앞선 나머지 사실상 역사적 사실을 왜곡하는 결과를 가져왔다.

문교수는 최치원의 두 찬문에 대해 제2장 '조상찬문(造像讚文:碑銘)' 첫머리에서

　　여기에서 소개하고자 하는 명문(銘文)은 불국사의 '철조비로사나삼존불(鐵造毘盧舍那三尊佛)'과 '아미타불'을 조성한 기록을 비(碑)에 새

불국사금동비로자나불좌상

긴 것이다. 원래는 『동조비문(東祖碑文)』에 새겨 있는 것이라고 하는
데 『불국사사적』과 『불국사고금역대기』에 옮겨다 놓은 것을 여기에 다
시 ……[4]

라 하고, 또 제5장 '조상찬문과 두 금동여래좌상과의 관계' 첫

---

[4] 문명대, 「불국사 금동여래좌상 二軀와 그 造像讚文(碑銘)의 연구」, 1쪽
하단.

불국사아미타여래불좌상

머리에서, "제2장에서 언급한 두 조상비문은 불국사의 철조 아
미타·비로자나 두 불상을 만들고 그 경과를 기록한 것임은 의
심할 필요가 없을 것 같다"[5]고 하였다. 그런데 사실 관계가 여기
서부터 틀어져 있다. 이제 논의를 풀어 나가도록 한다.

---

[5]  문명대, 앞의 논문, 11쪽 하단.

## 1. 두 찬문은 '화상찬'이다

맨 먼저 문제 삼아야 할 것은 두 찬문이 '화상찬'이라는 점이다.[6] 불상을 조성하는 것을 조상(造像)이라고 하는데, 조상에는 석상(石像)·동상(銅像)·철상(鐵像)·목상(木像)·화상(畫像) 등이 포함된다. 문교수의 논문에서 '철조 불상'이라고 하였는데 이것은 무엇을 근거로 한 것인지 모르겠다.

이 두 찬문은 불상을 조성한 내력을 적었다는 점에서는 종래의 조상기(造像記)와 성격이 같다. 다만 부처님을 기리는 찬(讚)을 붙인 점이 다르다. 조상기의 백미로는 통일신라 때 석학 설총(薛聰)이 성덕왕 18년(719)에 찬한 「감산사아미타여래조상기(甘山寺阿彌陀如來造像記)」와 「감산사미륵보살조상기(甘山寺彌勒菩薩造像記)」[7]를 들 수 있다. 이때까지만 하더라도 운문으로 된 '찬'이 보편화되지 않았던 것 같다. 그런데 최치원의 이 두 찬문에서는 통일신라 후기부터 선사들의 비문에서 흔히 볼 수 있는 '비명병서(碑銘并序)'의 형식과 마찬가지로, 운문으로 된 '찬'에나 그 내력을 적은 '병서'를 붙여 '찬병서(讚并序)'의 형식을 갖추었다.

---

[6] 義天의 『원종문류』 권22에 실린 최치원 찬 「아미타불상찬」은 제목이 '華嚴佛國寺阿彌陀佛畫像讚'이라 하여 '화상찬'임을 분명히 밝혔다. 『한국불교전서』 제4책, 647쪽 참조.

[7] 「造像記」의 後記에 '開元七年歲在己未二月十五日奈麻聰撰'이라고 되어 있다. 여기서 '奈麻聰'은 설총임에 분명하다. 부친 원효를 따라 俗姓을 사용하지 않은 것으로 보인다. 金敏洙, 「奈麻 薛聰의 吏讀文에 대하여」, 『延岩 玄平孝 회갑기념논총』, 1980 ; 최영성, 『한국유학통사』 상권, 심산출판사, 2006, 177쪽 참조.

이처럼 두 찬문이 '비명병서'의 형식과 같은 까닭에 문교수가 '비명'이라고 하였는지 모르겠다. 그러나 '찬병서'와 '비명병서'는 성격이 다르다. 『불국사고금창기』에서 이 두 글이 『동조비문』[8]이란 책에 실린 것이라고 하여서 의심 없이 비문으로 보았고 또 일찍이 비에 새겨졌을 것으로 추정하였으나, 비문과 찬문은 분명 다르다. 한문학의 장르에 대한 이해가 부족한 점이 아쉽다.

다음 두 찬문에 보이는 조성연기(造成緣起)를 살펴보기로 하자.

(A) 불국사 광학장(光學藏)[9]의 강실(講室) 왼쪽 벽에 그린 불상(毘盧遮那佛)은 태부(太傅)에 추증된 헌강대왕의 수원권씨(脩媛權氏)[10] 법호 수원(秀圓)이 존령(尊靈)의 명복을 추봉(追奉)하기 위해 모신 것이다. …… 원비(媛妃)는 …… 이에 고개지(顧愷之: 虎頭)[11]와 같은 묘수(妙手)[12]를 불러 부처님의 모습[螺髻晬容]을 그렸다. 보살이 이미 좌우로 단엄(端嚴)하게 늘어섰고[13] 가람(伽藍)은 동서로 빛났다.

---

[8] 『동조비문』은 현재 전하지 않는다. 따라서 어떤 성격의 책인지 정확히 알 수는 없다. 다만, 책이름으로 보아 우리나라 불교 祖師들의 비문을 모아 엮은 책, 즉 통일신라 때부터 성행하였던 선사들의 탑비를 모은 책일 가능성이 높다. 한편으로는 최치원의 『사산비명』을 달리 일컫는 것 같기도 하다. 그렇다면 『사산비명』의 부록으로 실렸을 가능성이 없지 않다.

[9] 『화엄사사적』에서 '華嚴寺光學藏'이라고 改竄한 것은 망발이라 하겠다.

[10] 『불국사사적』과 『佛國寺古今歷代記』에 "媛妃權氏, 落采爲尼, 法號秀圓, 亦名光學"이라는 注(後人의 注인 듯)가 있어 이해를 돕지만, 신빙성에는 의문이 있다.

[11] 중국 東晉 때의 문인화가. 자는 長康, 小字는 虎頭. 특히 인물화에 뛰어났다.

[12] 『불국사고금창기』에 의하면, 경문왕 때 사람으로 그림에 뛰어났던 圓海比丘尼가 그렸다고 한다.

[13] 문수보살과 보현보살은 서로 짝이 되어 석가모니 부처님을 좌우에서 모시는 脇士(脇侍菩薩)이자 補處佛로 유명하다. 문수보살은 如來를 왼쪽에서 모시면서 諸佛의 智德·慧德을 맡는데, 오른손에는 지혜의 칼을

佛國寺光學藏講室, 左壁畫像者, 贈太傅獻康大王脩媛權氏, 法號秀圓, 追
奉尊靈玄福之所有爲也. …… 於是求虎頭妙手, 寫螺髻睟容; 薩埵旣左端
右嚴, 伽藍能東照西曜.

(B) 옛적에 요오상인(姚塢上人)[14] 지둔(支遁)은 "마음이 게으름에는 한
이 없는지라 늘 부처님[所天]께 맹세한다"는 말을 하였으며, 광잠대사
(匡岑大士)[15] 혜원(慧遠)은 "우러러 제도(濟度)하기를 생각하고 모두
서방극락(西方極樂: 西境)에 마음을 두었다"는 말을 하였다. 이는 다
법문(法門)에 두텁게 들어가 돌아갈 길을 미리 닦음으로써 유비무환
(有備無患)을 중생과 함께 하려는 것이었다. 그러므로 여러 절의 사문
(沙門)이 장차 위대한 인물을 계승[繼藺]하려 하되 섬산(剡山)[16]에서
와 같이 하였고, (東林高會와 같은) 이름 있는 모임을 발원하되 여산(盧
山)에서처럼 하였는데, (부처님의) 신성한 모습을 미묘하게 그려 모시
고 세상인심[物情]을 널리 이끌었던 것이다. 이에 (불국사) 강사(譚舍:
講室)의 서쪽 벽에 무량수불(無量壽佛: 아미타불)의 상을 경건히 그려
모시게 되었다. 성상(聖像)을 그리는 일이 이룩되고 나서는 이 부유(腐
儒)에게 전후 사실을 기록해 주기를 청하였다.
昔姚塢上人, 有「心倦無垠, 以質所天」[17]之說, 匡岑大士, 有心[18]「仰思攸

들고 왼손에는 꽃 위에 지혜의 그림이 있는 靑蓮花를 쥐고 있다. 보현
보살은 오른쪽에서 여래를 모시면서 理德・定德・行德을 맡는다고 한
다.
14  餘姚(지금의 중국 浙江省 餘姚縣)의 塢山에 은거하였던 중국 東晉 때의 고
    승 支遁(道林: 314~366)을 가리킨다. 지둔은 만년에 오산에 자주 머물렀
    다. 그는 馬鳴菩薩을 모범으로 삼고 龍樹菩薩의 뒤를 잇고자 하였다. 저술
    로 『卽色遊玄論』・『聖不辯知論』・『道行旨歸』・『學道誡』 등이 있다.
15  盧山의 大士(菩薩). 곧 盧山 慧遠을 가리킨다. 匡岑은 중국 江蘇省 九江
    縣 남쪽에 있는 盧山을 가리키는 말로 匡山 또는 匡盧・盧阜라고도 한
    다. 이것은 옛날에 匡裕라는 隱士가 이 산에 살았던 데서 비롯되었다.
    慧遠의 저서 『匡山集』(30권)의 명칭도 여기서 따온 것이다.
16  支遁(支道林)이 은거하였던 산 이름. 지금의 浙江省 紹興府 嵊縣에 있
    다. 이곳에서 지둔이 입적하였다.
17  '心倦無垠 以質所天'은 『廣弘明集』 권15, 支道林撰, 「阿彌陀佛像讚幷序」

濟, 斂心西境」<sup>19</sup>之譚. 是皆優入法門, 預脩歸路, 有備無患, 與衆共之者也.
是故諸寺桑門<sup>20</sup>, 將繼蘭<sup>21</sup>於剡山, 願名曾<sup>22</sup>於廬阜; 妙圖神表, 廣誘物情.
乃於譚舍西墉, 敬寫無量壽像; 旣成功於畫聖, 爰請紀於腐儒.

　(A)의 「비로자나불상찬」은 신라 제49대 헌강왕의 후궁인 권씨
가 승하한 선왕을 추복(追福)하기 위하여 불국사 광학장 강당
왼쪽 벽에 비로자나불상을, 그리고 좌우로 문수·보현 보살을
그렸다는 내용을 담았다. 두 보살을 기리는 '찬'에서도 "화상이
소상(塑像)으로 조각한 것보다 훨씬 뛰어났다(畫像踰彫塑)"라 하
고, 또 "화가의 붓끝이 여러 사람의 눈을 즐겁게 하고, 화려한

---

에 나오는 말이다. 無垠은 '無限'과 같은 말이고, 質은 '맹세한다'는 뜻
이다. 所天은 하늘로 여기는 대상을 말하니, 곧 부처님을 가리킨다. 같
은 讚文에 "余有大方, 心倦無垠, 因以靜暇, 復申諸奇麗. …… 乃因匠人,
圖立神表, 仰瞻高儀, 以質所天, 詠言不足."(『大正新修大藏經』 제52권,
196쪽 중단~하단) 운운한 대목이 보인다.

18　'仰思攸濟'가 앞에 나오는 '心倦無垠'과 對偶를 이루므로 이 '心'은 衍字
　　인 듯하다.

19　'仰思攸濟 斂心西境'은 『梁高僧傳』 권6, 「釋慧遠傳」에 나오는 말이다. 「慧
　　遠傳」에 "摧交臂之潛淪, 悟無常之期切, 審三報之相催, 知險趣之難拔. 此
　　其同志諸賢, 所以夕惕宵勤, 仰思攸濟者也. …… 今幸以不謀, 而斂心西境,
　　叩篇開信, 亮情天發."(『大正新修大藏經』 제50권, 358쪽 하단~359쪽 상
　　단) 운운한 대목이 보인다.

20　'是故諸寺桑門'은 寫本에 따라 '故是寺諸桑門'으로 된 곳도 있으나(『佛
　　國寺古今創記』·『華嚴寺事蹟』 참조), 이렇게 될 때 앞뒤 문맥이 너무 긴
　　박하게 전개된다. 따라서 '是故諸寺桑門'(『佛國寺事蹟』·『佛國寺古今歷
　　代記』)으로 보는 편이 옳을 듯하다.

21　繼蘭(계린)은 큰 인물을 계승함을 이른다. 司馬相如가 蘭相如의 사람됨
　　을 사모하여 이름을 '相如'라고 고쳤다는 '慕蘭'의 故事와 같다. 『史記』
　　권117, 「司馬相如傳」 참조.

22　名曾은 名會(이름난 모임: 慧遠·劉遺民 등의 東林高會를 가리킴)의 잘
　　못인 듯하다.

채색은 이 글발(찬문)보다 낫구나"(筆端悅衆目, 彩膜勝詞札)라고
하여, 전문 화가를 불러 불·보살의 상을 그렸음을 밝혔다.

(B)의 「아미타불상찬」은 당시 불국사 주지인 종곤(宗袞)이 신
사(信士)들과 함께 왕생극락하기를 발원하고자 불국사 강당 서
쪽 벽에 무량수불의 상을 그려서 모셨다는 내용이다. 이는 일찍
이 중국 동진 때의 고승인 여산의 혜원이 그를 따르던 유유민
(劉遺民)·뇌차종(雷次宗)·주속지(周續之)·종병(宗炳) 등 123명
의 신사와 함께 동림사(東林寺) 무량수불 앞에서 재를 올리고 서
원(誓願)을 세워 모두가 서방정토에 왕생하기를 발원했다는 고
사[23]를 본뜬 것이기도 하다. 이 글의 '찬'에서도 "동국에 살면서
서방을 생각하며 부처님의 모습을 그렸네"(東居西想寫形儀)라고
하였다.

위의 두 자료를 보면, 문교수가 '철조 불상' 또는 '금동 불상'
운운한 것은 도무지 이해할 수 없다. 이 자료가 어려운 변려문
이라 하더라도 한문을 어느 정도의 이해할 수만 있었다면 사실
과 동떨어진 주장을 펴지는 않았을 것이다. 문교수는 두 찬문을
역주하면서 1976년에 나온 최준옥(崔濬玉) 편, 『국역 고운선생문
집』의 번역을 참고하였다고 밝혔다.[24] 실제 문교수의 번역과 국
역본 문집의 번역은 크게 다르지 않다. 물론 전고(典故)를 제대
로 이해하지 못한 부분이 적지는 않다. 한 예로 자료 (A)에서
"고개지와 같은 묘수를 불러 부처님의 모습을 그렸는데 ……"(求

---

23 『梁高僧傳』 권6, 「釋慧遠傳」 참조. 이때 발원문은 유유민이 지었다. 발
원문은 『大正新修大藏經』 제50권, 358쪽 하단~359쪽 상단 참조.
24 문명대, 앞의 논문, 14쪽 註2 참조.

虎頭妙手, 寫螺髻晬容) 운운한 대목을 주목해야만 했는데도 "이
에 승려가 되어 묘수로 하여금 거룩한 소라 상투의 부처님 상을
그리고 ……"25라고 하여 '호두(虎頭)'가 문인 화가인 고개지의 소
싯적 자(字)임을 이해하지 못하였다.

그러나 전반적으로 번역상의 결정적인 오류는 없다. 적어도
'부처님 상을 그렸다'고 하는 대목에서 다른 번역이 나올 수 없
기 때문이다. 그런데 중요한 대목 곳곳에서 '부처님 상을 그렸
다'고 번역을 하면서도 이를 유념하지 않고 데면데면 보아 넘긴
이유는 무엇일까? 그것은 아무래도 「비로자나불상찬」과 「아미타
불상찬」의 제목에 보이는 '진흥왕소주불(眞興王所鑄佛)'이라는
후인의 주(注)를 지나치게 신빙한 탓일 것이다.

## 2. '진흥왕소주불(眞興王所鑄佛)'이라는 주기(注記)는 잘못된 것이다

문교수가 문제 삼은 최치원의 두 찬문의 정식 제목은 「대화엄
종불국사비로자나문수보현상찬병서(大華嚴宗佛國寺毘盧遮那文殊
普賢像讚幷序)」와 「대화엄종 불국사아미타불상찬병서(大華嚴宗佛
國寺阿彌陀佛像讚幷序)」이다. 그런데 『불국사사적』을 보면 위의
제목에 나오는 '불국사 비로자나', '불국사 아미타불' 뒤에 '진흥
왕이 주조한 불상'(眞興王所鑄佛)이라는 두 줄로 된 협주(夾註)가
있다. 본문의 내용을 보지 않고 언뜻 제목만 보았을 때 마치 이
들 불상이 주조되었던 것처럼 알기 십상이다. 그러나 이 주기는

25 문명대, 앞의 논문, 2쪽 중단.

아무런 근거가 없을 뿐 아니라, 앞서 살펴보았던 본문의 내용에
전혀 합치되지 않는다. 본문의 내용과 배치되는 주는 명백히 잘
못된 것으로 그 가치를 인정할 수 없다. 물론 불상을 조성할 때
벽화와 주불(鑄佛)을 동시에 행한 경우가 있기는 하지만, 주불한
사실을 찬자 최치원이 애써 숨길 필요가 있었을까. 대개 주불은
벽화를 그려 부처를 모시는 것에 비할 수 없는 큰 불사(佛事)이
다. 주불한 사실이 있었다면 이것은 대서특필할 일이지 숨길 일
이 아니다. 그런데 두 찬문을 보면 주조했음을 밝히거나, 이에
관련된 내용은 단 한 글자도 없다.

　최치원의 글은 본시 어렵기로 정평이 있다. 그러다 보니 그의
글에는 많은 주석이 달려 있다. 『사산비명』이 그 대표적인 예요,
『법장화상전』에도 여러 군데 주석이 있다. 주석 가운데 찬자 자
신이 붙인 자주(自注)는 몇 개 되지 않고 거의 다 후인들이 붙인
것이다. 『사산비명』은 대숭복사비(大崇福寺碑)를 제외한 3기의
세 원비(原碑)가 현재 전하고 있어 주석으로 말미암은 시비가
없지만, 26개의 주가 있는 『법장화상전』만 하더라도 사정이 다
르다. 먼저 이것이 찬자 자신이 붙인 주인지 아니면 후인이 붙
인 주인지가 분명하지 않다. 용화도충(龍華道忠)의 「간오(刊誤)」
에서도 이 주를 인용한 것으로 보아 일단 찬자의 자주(自注)로
짐작할 수도 있다. 그러나 『법장화상전』과 글의 형식이 다르기
는 하지만 『사산비명』에 보이는 찬자의 자주와 비교해 보면 여
러 가지로 차이가 드러난다. 최치원 자신이 달았던 자주 양식과
거리가 먼 것이 대다수이다. 이에 대해서는 선행 논고[26]가 있으
므로 거듭해서 말할 필요는 없겠으나, 극히 일부를 제외하고는

대부분이 뒷날 후학들, 특히 송나라 때 화엄종 계통의 승려들이 이 전기를 새로 간행하면서 가필한 주임에 틀림없다. 한 예로 12번째 주에 보이는 이른바 '용경(龍經)'(화엄경의 별칭)에 대한 장황한 설명과, 13번째의 '신경음의(新經音義)'에 대한 설명은 누가 보더라도 후세 사람이 붙인 주임에 틀림이 없을 듯하다. 다만, 후인이 주를 달았다고 하더라도 명백히 오류라고 인정되는 것은 없다. 이것이 최치원의 화엄 관계 저술에 보이는 잘못된 주석들과 차이를 보이는 점이다.

잘못된 자료를 토대로 논리를 전개하다 보면 전혀 엉뚱한 방향으로 흘러, 크게 비약된 논리를 이끌어 내기도 한다. 이것은 그럴 수밖에 없는 일이다. 장황함을 무릅쓰고 문교수의 글 가운데 눈동자(?)라 할 만한 대목을 인용한다.

　최치원이 쓴 「비로자나 문수·보현보살상찬」에 의하면 진성여왕 1년(887)에 헌강왕의 후비였다고 생각되는 수원비구니(秀圓比丘尼)가 헌강대왕의 명복을 빌고 자신의 수행을 위하여 조성하였다고 말하고 있다. 여기서 보면 금동노사나삼존불(金銅盧舍那三尊佛)과 아미타불이 887년에 불국사에서 조성되었던 것은 확실하게 된다. 그것도 주조불(鑄造佛)인 것이다. 이렇게 되면 첫째로 조상비문(造像碑文)이 언급하고 있는 불상의 조성연대와 두 불상의 양식상의 조성연대가 일치하게 되며, 둘째로 다같이 금동주조불로 같은 재료를 쓴 불상에서도 일치하게 되며, 셋째로 불국사의 『사적기』나 『고금역대기』 같은 문헌에서 보아도 '금속상(金屬像)'을 조성한 주목할 만한 기록은 단지 최치원찬의 비로·미타상 밖에 없으며, 네째로 따라서 임진란 때 불타지 않았다는

---

26　김복순, 「최치원의 불교 관계 저술에 대한 검토」, 『한국사연구』 제43집, 1983, 5-10쪽 참조.

'금상(金像)'이 아마도 최치원찬이 있는 금동주조불로 간주할 수밖에 없었으므로 두 상이 역시 불타지 않은 금상에서 일치하게 되며, 다섯째로 이들 불국사 상들은 9세기 말의 불상으로서는 그 양식이나 기법이 최고의 수준에 다달은 것이어서 ······.[27]

위에서 결론 격으로 제시한 다섯 가지 사실은 논리상으로만 보면 순서에 따라 일정하게 인과관계가 있어 보인다. 그러나 문헌 자료 이용에서 근본적인 문제점이 있고 가장 기초가 되는 전제부터가 잘못되었다. 즉, '주조불'이라는 잘못된 자료에 근거하고 있어 이 인과관계는 사상누각이요 허구에 불과하다고 하겠다.

## 3. '光啓丁未 ······ 崔致遠撰' 운운의 연기(年紀)는 후인의 가필이다.

문교수는 위에서 말한 '진흥왕소주불'이라는 주석을 절대적으로 신빙하고 이를 근거로 논지를 전개하였으나, '소주불'이라는 점에만 주목하였을 뿐 '진흥왕'이 주조하였다는 것은 애써 무시하였다. 그리고 「비로자나화상찬」 말미에 나오는 '광계정미 정월인일 계원행인 최치원찬(光啓丁未正月人日桂苑行人崔致遠撰)'이라는 연기(年紀)와 '소주불'이라는 말을 연결하여 신라 제51대 진성여왕 1년(887)에 불국사의 금동불이 조성되었다고 하였다. 어찌 보면, 이 두 찬문 말미에 나온 연대와 명기(名記)에 맞추어 두 불상의 조성 연대를 9세기 말이라고 주장하지 않았나 하는

---

[27] 문명대, 앞의 논문, 12쪽.

의문이 들 정도이다. 잘못된 주석을 인용하여 결정적 오류를 범하였고, 9세기 말에 조성되었을 것이라는 자신의 논리에 꿰어맞추려다 보니 '진흥왕이 만들었다'는 사실을 애써 무시함으로써, 잘못된 자료일망정 그 인용에서 일관성마저 결여하였다. 이 점에서도 비판을 면하기 어렵다.

조선 후기 18세기에 나온 『불국사고금창기』에는, 「비로자나불상찬」 말미에 '광계정미 …… 최치원찬'이라 하고 「아미타불상찬」 말미에 '동년월일(同年月日) 자금어대(紫金魚袋) 최치원찬'이라 하는 연대 표기가 있어, 두 찬문이 동시에 찬술된 것인 양 밝히고 있다. 그러나 이것은 『불국사고금창기』에만 보이는 기록이다. 역시 조선 후기에 나온 『불국사사적』에는 「비로자나불상찬」 말미에 '도통순관치원찬(都統巡官致遠撰)'이라 되어 있고, 「아미타불상찬」 말미에 '계원행인 최치원찬'이라 되어 있을 뿐이다. 고려 때 대각국사 의천이 엮은 『원종문류』 권22에는 최치원의 「아미타불상찬」(幷序는 생략)이 전하는데 그 말미에는 연대와 명기가 없다. 『화엄사사적』에도 두 찬문이 실렸는데 역시 말미에 연대와 명기가 없다. 자료집에 따라 이처럼 찬술 연대와 명기가 일치하지 않다 보니, 이에 대한 신빙성에 의문이 있는 게 사실이다. 그럼에도 여러 자료집 가운데 『불국사고금창기』에 실린 내용만을 그대로 믿어야 하는지 지적하지 않을 수 없다.

그러나 다행히도 이에 대한 해답이 두 찬문의 본문 속에 있다. 위에서 말한 광계 3년 정미년(887)은 정강왕 2년이자 진성여왕 1년에 해당된다. 그런데 「비로자나불상찬」 병서(幷序) 말미에 '중국에서 신라로 올 때는 계원(桂苑)의 행인(行人: 使臣)이었고 중국

에 다시 갈 때는 상구(桑丘)의 사자(使者)였던' 운운하는 대목이
있다. '계원'이란 계향(桂香)이 넘치는 중국(또는 揚州)을 가리키
고, '상구'는 해뜨는 부상(扶桑)의 나라 신라를 가리킨다. '계원의
행인'이란 최치원이 884년에 당나라 황제의 조서를 받들고 사신
자격으로 신라에 들어온 것을 말하며, '상구의 사자'란 최치원이
하정사(賀正使)로 임명되어 다시 당나라에 들어갔던 것을 말한
다. 이를 보면 이 찬문은 적어도 최치원이 하정사로 다시 입당했
던 진성여왕 7년(893) 이후에 지어졌음에 분명하다.

　『삼국사기』, 「열전」에 의하면, 최치원은 시무책을 올리기 1년
전인 진성여왕 7년에 부성군(富城郡: 지금의 충청남도 서산시)
태수로 재직 중이었다. 이 해에 그는 하정사로 임명되었으나 연
년(連年)의 흉년으로 도적이 횡행하여 길이 막힘으로써 당나라
에 들어가지 못했고, 그 뒤 사신으로 당나라에 갔는데 그 시기
를 알 수 없다고 하였다.[28] 그러나 이것은 『삼국사기』를 편찬할
때 사료를 제대로 살피지 못한 탓이다. 필자의 관견(管見)으로는
최치원이 당나라에 하정사로 다녀온 것은 분명한 사실이며 그
시기는 진성여왕 7년(893)이다. 이를 뒷받침하는 근거는 다음과
같다. 첫째, 최치원이 하정사로 입당하였을 때 당나라 주현(州
縣)에서 공급(供給)이 제대로 되지 않자 그가 태사시중(太師侍中)
에게 장(狀)을 올려 시정을 청했던 사실이 『삼국사기』, 「최치원
전」에 전문과 함께 실려 있다. 둘째, 「지증대사비문」에서 최치원
이 비문을 지을 당시의 직함을 '입조하정 겸 영봉황화등사(入朝

---

28 『삼국사기』 권46, 「최치원전」 참조.

賀正兼迎奉皇花等使) 전 조청대부 수병부시랑(前朝請大夫守兵部侍郞)' 운운하여, '입조하정'이라는 직함을 분명히 밝히고 있다. 최치원은 분명히 하정사로 두 번째 입당을 하였던 것이다.

　그렇다면『삼국사기』에서 '알 수 없다'고 했던 그 시기는 언제쯤일까? 그 열쇠가 될 만한 것이 바로「지증대사비문」첫머리에 나오는 직함이다. 이「지증대사비문」은 최치원이 885년 당나라에서 귀국한 직후 헌강왕의 명을 받아 짓기 시작한 지 8년 만에 이룩되었다. 그는 이를 '영반팔동(影伴八冬)'이란 말로 표현하였다.[29] 그림자처럼 8년 동안 이 비문과 함께 했다는 말이다.『삼국사기』에 나오는 하정사 임명 기사를 기준으로 볼 때, 최치원이 '하정사'란 직함을 사용할 수 있는 기점은 적어도 진성여왕 7년(893) 이후가 된다. 그런데 일단 이 해를 기점으로 하여 8년 전으로 거슬러 올라가면, 헌강왕 12년(886, 정강왕 1), 즉 최치원이 귀국한 그 이듬해에 비문 제술(製述)의 명을 받았다는 답이 나온다. 이것은 같은 비문에서 최치원이 "헌강왕의 명을 받아 바야흐로 마음껏 재주를 부리려고〔運斧〕 생각하던 차에 갑자기 주상전하(主上殿下)께서 승하(昇遐)하셨다"고 술회한 것과 꼭 들어맞는다. 따라서 그가 하정사로 당나라에 들어갔던 때가 진성여왕 7년(893) 바로 그 해였으며, 또 이 해에「지증대사비문」을 완성하였음을 알 수 있다. 이로써『삼국사기』에서 알 수 없다고 했던 봉사(奉使) 시기가 새롭게 드러나는데, 이는 그가 시무책을 올리게 된 저간의 배경까지 엿볼 수 있게 한다.[30]

---

[29]「지증대사비문」, "有門人英爽, 來趣受辛; 金口是資, 石心彌固. 忍蹠刮骨, 求甚刻身; 影伴八冬, 言資三復."『역주 최치원 전집(1)』, 294쪽.

결국, 두 찬문의 말미에 보이는 연대는 사실과 맞지 않고, 잘
못된 것이다. 이는 단순히 887년과 893년 이후라는 연대 차이에
국한된 문제가 아니고, 자료에 대한 신빙성 차원의 문제이다. 필
시 후인이 자료의 신빙성을 높이기 위해 고의로 가필한 것이라
생각한다. 필자는 이 두 찬문에 연대와 명기가 본래부터 있었다
고 믿지 않는다. 따라서 삭제되어야 마땅하다. 『불국사고금창기』
와 『불국사사적』 등에 실린 기록이 단순한 오·탈자부터 중대한
결함까지 적지 않은 문제점을 지니고 있기에 더욱 그렇다.

이처럼 문제가 있는데도 이를 무비판적으로 믿고 따른 것은
역사를 연구하는 학자로서 고증에 철저를 기하지 못한 탓이다.
"불상들의 확실한 제작 연대를 알 수 있게 되어서 우리나라 조
각사에 하나의 기념비적 불상 조각이 될 것으로 믿는다"[31]고 한
문교수의 주장에 흠이 생긴 것이 아쉽다. 더욱이 같은 해에 함
께 불상이 조성되었다고 한 것은 더욱 믿기 어렵다. 이를 사실
로 받아들일 때는 다른 차원의 문젯거리가 발생할 수밖에 없다.
이것은 당장 문교수가 "9세기 말의 신라에서 어떻게 비로자나
불상과 아미타 불상이 농시에 만들어질 수 있었느냐"[32]라고 의
문을 표하면서, 그 이면에 깔린 사상적 배경과 나아가 불국사의
성격 등을 논한 데서도 엿볼 수 있다. 필자는 이에 대해 다시 논
급하고 싶은 생각이 없다. 잘못된 연대와 명기로 말미암은 것이
기 때문에, 이를 근거로 전개한 주장에 대해서까지 논하기는 어

---

[30] 최치원의 제2차 入唐 시기에 대한 고증, 그리고 진성여왕에게 시무책을
올린 것과의 연관성은 최영성, 『최치원의 철학사상』, 358-359쪽 참조.
[31] 문명대, 앞의 논문, 14쪽 중단.
[32] 문명대, 앞의 논문, 13쪽 중단.

렵다고 생각한다. 필자의 생각을 접고 눈 밝은 이들의 지적을 기다릴 뿐이다.

## IV. 맺음말

문명대 교수는 현재 불국사에 전하는 비로자나불·아미타불의 현상과 기법, 양식 등을 검토, 분석하고 이들 불상이 9세기 4/4분기에 조성된 것으로 추정하였다. 그의 명성과 감식(鑑識)을 믿는 우리로서는 이 추정이 설득력 있다고 생각해 왔던 것이 사실이다. 그러나 감식 차원에서 다루어야 할 문제임에도 설득력, 신빙성을 더 높이기 위해 문헌 자료와 결부하여 논의를 이끌어내는 과정에서 큰 오류를 범하였다. 이것은 그의 성명(盛名)에 일루(一累)가 되고도 남을 것이다.

문교수는 위의 두 불상이 불국사가 아닌 다른 사찰에서 옮겨왔을 것이라는 민영규(閔泳珪: 1914~2005) 교수의 이안설(移安說)[33]을 비판하면서, 최치원의 두 찬문을 근거로 신라 말 불국사에서 제작한 것이라는 주장을 전개하였다. 그러나 '확실한 조성연대'를 밝히는 데 집착한 나머지 문헌 자료를 임의로, 그것도 잘못 이용하였다. 문교수가 문헌 자료로 이용한 두 불상찬(佛像讚)은 모두 '화상찬(畫像讚)'이다. 내용을 아무리 뜯어보아도 '불상을 주조하였다'는 말은 없다. '주불'한 사실을 찬문에서 숨길

---

[33] 민영규, 「불국사와 석굴암」, 『유네스코 한국총람』, 동 간행위원회, 493쪽 참조.

이유가 있을까.

'진흥왕이 주조(鑄造)한 불상'이라고 한 후인의 잘못된 주기(注記)를 무비판적으로 받아들이면서도, 자기 주장을 관철시키려고 '진흥왕이 만들었다'는 것은 애써 무시하거나 외면함으로써, 일관성 없고 편의적인 태도를 보였다. 그는 또 두 찬문의 말미에 나오는 연대와 명기를 가지고 신라 진성여왕 1년(887)에 조성된 것이라고 하였다. 그러나 이 연대와 명기가 찬문의 신빙성을 높이기 위해 후인이 가필한 잘못된 것이므로 삭제되어야 한다는 점을 고증하였다. 한마디로 전혀 관계가 없는 최치원의 두 찬문을 불국사 두 금동 불상과 연결하고, 찬문에 나오는 불상과 불국사의 불상이 동일한 것이라 추정하는 등 무리하게 문헌적 뒷받침을 이끌어 낸 것은 명백한 잘못이요 과욕이라 하지 않을 수 없다.

문교수가 현재 불국사에 전하는 두 금동불의 현상·기법·양식 등을 분석한 뒤 9세기 말에 조성되었다고 추정한 것에 대해서는 필자가 논급할 역량이 없다. '아는 만큼 말하는 것'이 학문하는 사람이 취할 자세이기 때문이다. 다만 한 가지, 혹여 최치원의 두 찬문에 나오는 '진흥왕소주불'이라는 후인의 주석과 후인이 가필한 찬술 연대를 토대로 위의 추정을 이끌어 냈다면 문제는 적지 않다. '문헌 자료의 뒷받침' 부분에서 그 논리적 근거를 상실했기 때문에 문교수 주장의 전반적인 재검토가 불가피하다고 본다. 노자(老子)가 말한 '허실생백(虛室生白)'의 의미를 되새기며, 민영규 교수의 이안설 등 관련 학설이나 주장을 재검토해야 할 것이고, 또 양식·기법 등을 통한 조성 연대의 추정도

다시 할 필요가 있다고 생각한다.

　한국미술사를 전공하는 학자들의 후속 연구를 기대하여 마지
않는다.

# 제6장 주령구(酒令具)를 통해 본
# 신라 시대의 음주문화

## I. 주령과 주령구

　　1975년 안압지에서 출토된 유물 가운데 14면 주령구가 있다. 신라 특유의 놀이문화-음주문화를 엿볼 수 있는 중요한 자료다. 현재는 일반인들에게도 잘 알려져 있다. 주령이란, 여럿이 모여 술을 마실 때 술자리의 흥을 돋우기 위해 술을 마시고 노는 방식을 사전에 정해 놓은 약속 또는 벌칙이다. 주령을 행할 때 사용되는 도구가 주령구다.

　　이수광의 『지봉유설』에 의하면 주령은 중국 후한 때부터 시작되었고, 당나라 말기에 성행하였다고 한다.[1] 우리나라의 경우, 현재 전하는 기록으로는 고려 중기의 문인 이규보(李奎報)의 문집에 '주령'이 등장한다.[2] 당시 식자층에 주령 풍속이 있었음을

---

[1] 『芝峯類說』 권14, 文章部七, 〈對句〉 "按酒令始於東漢, 而中朝人甚尙之. 唐薛濤所謂口有似沒梁斗, 川有似三條椽. 宋楊大年所謂世上何人號最閑, 司諫拂衣歸華山, 亦酒令云. 又雜書載安雅堂酒令一篇, 可考而知也. 綱目註曰, 會飮而行酒令以佐歡, 唐末之俗也. 武宗紀, 上聞楊州娼女善爲酒令, 敕監軍選而獻之, 是也."

[2] 『東國李相國全集』 권13, 「草堂日暮, 琴客置酒」 "賴有故人彈綠綺, 時呼稚子

알려준다.

주령은 처음에는 시를 지어 풍류를 즐기는 것으로부터 시작되었다. 갑(甲)이 먼저 싯귀를 던지면 지목되거나 차례가 된 상대 을(乙)이 댓귀를 읊어 응수하는 것이었다. 예를 들면 다음과 같은 것이다.

> 甲: 看花對酒無餘事
> 　　꽃 보며 둘이 술 마시니 남은 일이 없는 듯하고
> 乙: 論史披圖有古香
> 　　역사를 논하고 도서를 펴보니 옛 향기가 있군그래.

이와 같은 형식으로 창수(唱酬)가 오래 이어졌다.

그러나 흥미를 추구하는 술자리의 특성상 이런 점잖은 방식은 식상하기 십상이어서, 변화에 변화를 거듭하였다. 마침내 놀이기구가 등장하기에 이르렀다. 안압지에서 발굴된 주령구를 통해 주령의 내용이 밝혀졌다. 댓귀를 요구하던 것에 비하면 많이 변했다고 할 수 있다. 어느 면에서는 속화(俗化)라고 말할 수도 있다.

주령이 성행하였던 것이 당나라 말기이고 그것이 신라에 영향을 끼쳤을 것으로 생각할 때, 안압지에서 발굴된 주령구는 9세기 무렵의 것으로 추정할 수 있겠다. 그동안 주령구의 해석을 놓고 설왕설래 말이 많았다. 엉뚱한 해석들이 나돌아 관심 있는 사람들을 혼란스럽게 하였다. 그 주된 원인은 주령의 문구와 관

---

酌烏程. 此時酒令吾先畫, 弄一聲來輒數觥.”; 같은 책, 후집 권1, 「七月十三日, 與全朴兩君夜飮甥壻鄭柔家, 翫月聯句」 “但勤行酒令, 不用問更籌.”

련한 문헌적 근거를 찾기가 어렵다는 데 있다. 문구 일부가 순수한 중국식 한문과 다른 양 비친 것도 해석을 어렵게 하는 점이다. 그러나 속한문을 핑계로 지나친 상상과 추리를 가하는 것은 금물이다.

필자는 한문 원의(原義)에 입각하여 표준 해석(?)을 시도하였다. 주령문구가 기본적으로 벌칙의 성격을 띤 것이라는 점, 주령 시행의 주체와 객체를 분명히 해야 한다는 점을 염두에 두고 해석한다면 저간의 의문점이 거의 해결될 것으로 판단한다. 논의의 범위는 철저하게 '합리적 해석'에 국한한다. 놀이문화·음주문화 및 민속 등에 관해서는 전문 연구가들의 연구 성과에 미룬다.

## II. 주령 문구(文句)에 대한 새로운 해석

14면 주령구는 6개면은 정사각형이고 8개면은 육각형이다. 신라 하대의 놀이문화와 관련하여 폭넓은 연구가 진행되는 가운데, 각형(角形) 속에 담긴 기하학적 비밀을 추적하는 연구까지 나왔다.[3] 그런데 많은 사람들의 관심은 역시 주령문구의 내용에 있는 것 같다. 전문 연구가의 해석에서부터 인터넷에 떠도는 해석까지 실로 다양하기도 하다.

주령구 문구를 보면 13면은 네 글자, 나머지 한 면은 다섯 글자로 되어 있다. 거기에 특별한 이유는 없는 것 같다. 문구의 내

---

[3] 14면이 같지 않은데, 주사위를 던졌을 때 각 면이 나올 확률이 거의 같다는 것이 연구 결과로 증명되었다.

용은 한결같이 술자리에서 웃고 즐길 수 있는, 악의 없는 벌칙이다. 그런데 이 주령에 대한 해석은 사람마다 제각각이다. 아주 엉뚱한 해석도 있다. 왜 이런 현상이 빚어진 것일까. 필자는 이에 대해 다음과 같이 진단한다.

1. 완전한 중국식 한문과는 거리가 있어 일부 해석을 어렵게 한다는 점
2. 해석을 뒷받침할 만한 문헌적 근거가 전무하다는 점
3. 주령구에 적힌 내용을 실행할 주체와 객체가 분명히 하지 않은 점
4. '괴래만'처럼 고사(故事)와 관련된 내용을 정확히 알 수 없다는 점

주령 문구는 세련된 것으로 보기는 어렵다. 그렇다고 신라식 한문이라고 단정하기도 어렵다. 넉자 또는 다섯자 속에 벌칙 내용을 세련되게 담기는 어려웠을 것이다. 그러나 한문의 문장 구조와 글자 쓰임에서 벗어난 것은 아니라고 본다. 합리적 해석을 이끌어내는 데 큰 문제는 없을 것 같다. 위에 제시한 문제점 ①과 ③에 유의하면서 해석해 보기로 한다.

현재 널리 인용되는 것은 고경희(高敬姬)[4]의 해석이다. 고경희의 해석은 문의(文意)에 충실한 편이다. 이전에 김택규(金宅圭: 1929~1999)나 윤경렬(尹京烈: 1916~1999) 등이 보인 오류가 그

---

[4] 「신라 월지 출토 在銘遺物에 대한 銘文 연구」, 동아대학교 대학원 석사 학위 논문, 1993; 『안압지』, 대원사, 1996 참조.

1975년 발굴 당시의 모습

14면 주령구(재현)

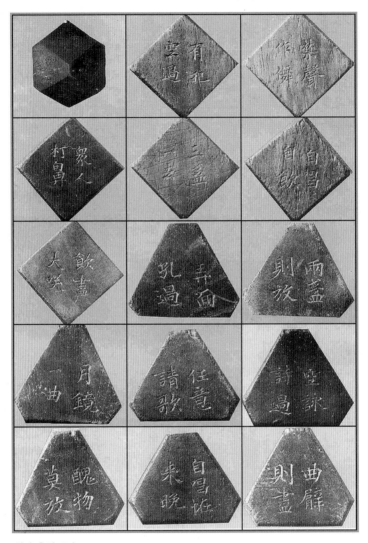

처리 후의 모습

에 의해 바로잡혔다. 이후에 나온 해석은 대개 고경희의 해석을 기본으로 하면서 약간의 차별성을 추구한 정도라고 본다. 주령 문구에 대해 독립된 논고를 발표한 연구자로는 고경희와 이정

옥(李正玉)이 있다. 먼저 이들의 해석에다 필자의 해석을 곁들여
도표를 통해 살피기로 한다.

| 주령문구 | 고 경 희 | 이 정 옥 | 최 영 성 |
|---|---|---|---|
| 自唱自飲 | 스스로 노래 부르고 스스로 술 마시기 | 혼자 노래 부르고 혼자 마시기 | 스스로 노래 부르고 스스로 술 마시기 |
| 飲盡大咲 | 술을 마시고 크게 웃기 | 주는 술 다 마시고 크게 껄껄 웃기 | 술을 다 마시고 크게 웃기 |
| 衆人打鼻 | 여러 사람이 코 때리기 | 여러 사람이 코 때리기 | 여러 사람이 코 때리기 |
| 空詠詩過 | 시 한 수 읊기 | 즉흥시 한 수 읊기 | 일 없이 시 한 수 읊고 통과하기 |
| 自唱怪來晚 | 스스로 '괴래만' 노래 부르기 | 혼자서 '괴래만가'를 부르기 | 스스로 알아서 '괴래만' 노래 부르기 |
| 月鏡一曲 | '월경' 한 곡 부르기 | 월경가 한 곡 부르기 | '월경'이라는 노래 부르기 |
| 曲臂則盡 | 팔뚝을 구부린 채 다 마시기 | 술잔을 쥐고 팔뚝을 구부린 채 다 마시기 | 팔을 구부리면 (상대가) 술을 다 마시기 |
| 任意請歌 | 누구에게나 마음대로 노래 청하기 | 누구에게나 마음대로 노래 청하기 | 임의대로 (아무에게나) 노래 청하기 |
| 兩盞則放 | 술 두 잔이면 쏟아 버리기 | 두 잔을 단숨에 들어 마시기 | 술 두 잔을 마시면 놓아주기 |
| 弄面孔過 | 얼굴을 간지려도 꼼짝않기 | 얼굴을 간지려도 그냥 넘어가기 | 얼굴에 장난을 쳐도 그냥 넘어가기 |
| 醜物莫放 | 더러운 것 버리지 않기 | 추물은 내놓지 말기 | 흉하게 생긴 물건을 (넣어도) 버리지 않기 |
| 禁聲作儛 | 노래 없이 춤추기 | 노래나 반주 없이 춤추는 흉내 내기 | 노래나 반주 없이 춤추기 |
| 有犯空過 | 덤벼들어도 가만히 있기 | 심하게 놀리지만 꾹 참고 견디기 | 건드리며 장난을 쳐도 그냥 통과하기 |
| 三盞一去 | 술 석잔을 단번에 마시기 | 석 잔 술을 단숨에 마시고 한 번 걸어보기 | 술 석잔을 한 번에 떠나 보내기 |

주령 문구에는 '즉(則)'이라는 가정사(假定詞)가 붙은 경우가 있다. '양잔즉방(兩盞則放)', '곡비즉진(曲臂則盡)'이 바로 그것이다. 종래의 해석에서는 가정형 허사(虛辭)의 기능을 제대로 살려 풀이하지 못했다. 또 문구의 내용과 관련하여 주체와 객체를 명확하게 구분하여 풀이하지 못하였다.

이제 위 도표의 순서에 따라 주령 문구를 해석하고 설명을 곁들여 이해를 돕고자 한다.

◎ 自唱自飮: 스스로 노래 부르고 스스로 술 마시기.
이른바 '알아서 부르고 알아서 마신다'는 말이다. 술과 노래는 '권하는 맛'이 있어야 한다. 남의 권함이 없으면 멋쩍다. 마시고 부르는 사람은 멋쩍고 곤혹스럽지만 그것을 보는 사람은 웃을 수 있다. 그것이 술자리 문화다.

◎ 飮盡大笑: 술 다 마시고 크게 웃기.
술을 다 마시고 미친 듯이 크게 웃어 좌중의 웃음을 이끌어낸다.

◎ 衆人打鼻: 여러 사람이 코 때리기.[5]
좌중이 돌아가며 코를 때려서 속칭 '딸기코'를 만든다. 딸기코 현상은 술을 많이 마시는 사람에게 나타나지만, 술자리에서는 일부러 딸기코를 만들어 좌중의 흥미를 유발한다.

---

[5] 打(정)을 '打(타)'로 보는 연구자가 있다. 잘못이다. 뜻은 같지만 음은 다르다.

◇ **空詠詩過**: 일 없이 시 한 수 읊고 통과하기.
대개 '시 한 수 읊기' 정도로 풀이하고 만다. '하늘을 보고 시
를 읊어라'(윤경렬)로 해석한 경우도 있다. 여기서 흥미를 유
발할 수 있는 포인트는 '공영'이란 말에 있다. '공영'은 공연히
(일없이) 시를 읊는 것이다. 별다른 이유나 실속이 없이, 그
자리에 어울리지 않는 생뚱맞는 시를 읊어 술자리 흥미를 돋
우는 것이다. '과'는 통과를 의미한다. 주령구를 한 번 던지는
것으로 자기 차례를 통과한다. 이로 미루어 주령구는 대개 삼
세번을 던졌던 것 같다.

◇ **自唱怪來晚**: 스스로 알아서 '괴래만' 노래 부르기.
'괴래만'이란 문자 그대로 "늦은 것이 이상하네"란 의미다.[6] 정
확한 출전을 알기는 어렵다. 다만 남녀가 늦게 나타난다는 의
미일 것으로 추정한다면 남녀상열지사(男女相悅之詞)일 듯하
다. 예나 지금이나 음탕한 내용의 노래는 술자리에서 부르는
것이 예사다. 때로는 술자리의 분위기를 한껏 돋우기도 한다.

◇ **月鏡一曲**: '월경'이라는 노래 한 곡 부르기.
'월경'은 '거울 속에 비친 달'이란 뜻으로, 맑은 연못이나 호수에
비친 달을 주제로 한 노래일 것이다. 내용은 연정(戀情)을 담은
것으로 추정된다.[7] 사회 지도급 인사들이 술자리에서 사랑노래
를 부름으로써 이색적인 분위기를 연출하려 한 것 같다.

---

[6] '來'는 어조사. 글자 수를 맞출 뿐 별다른 뜻은 없다.
[7] '괴래만'보다는 음란의 정도가 덜했을 것이다.

◎ **曲臂則盡**: 팔을 구부리면 술을 다 마시기.

팔을 구부리는 주체는 주령구를 던진 사람이다. 그가 잔에 술을 부은 뒤 친한 사람이나 마음에 드는 사람에게 팔을 굽혀 청음(請飮)을 하면 그 상대가 러브샷 자세로 술을 다 마시는 것이다.[8] 선행 연구에서는 '팔을 굽혀 술을 다 마시기' 정도로 풀이하고 말았다. 이 경우 '팔을 굽히는 행위'는 주목을 받지 못하고 '술 다 마시기'만 부각된다. 또 주체와 객체가 분명하지 않다. 조건을 나타내는 '則' 자의 의미를 살려야 한다.

◎ **任意請歌**: 임의대로 (아무에게나) 노래 청하기.

해석상 이견이 없는 문구다. 청하는 주체는 주령구를 던진 사람이다. 주령구를 던진 사람이 이 명령을 수행하는 것이다. 좌중에 벌칙을 가할 수 있는 특권인 셈이다. 주령구를 던지는 사람이 일방적으로 당하는 벌칙이 아니라는 점에서 색다른 흥미를 느끼게 한다.

◎ **兩盞則放**: 술 두 잔을 마시면 놓아주기.

이 벌칙은 해석이 가장 분분하다. '放'이 지닌 다의성(多義性) 때문이다. 대개 '연달아 두 잔 마시기' 정도로 해석한다. 그래도 큰 잘못은 없다. 그러나 이 넉 자가 벌칙으로 주어진 명령구라는 것을 고려한다면, '두 잔이면 쏟아버리기', '두 잔을 앞에 놓은 사람을 좌석에서 추방하기', '두 잔을 마시고 다른 이

---

8 '盡'에는 '술을 다 마신다'는 의미가 있다.

에게 돌리기'로 해석할 수는 없다. '放'을 놓아주기로 해석한다면, 주령구 던지기가 중간에 끝나는 것을 의미한다. 이는 바꾸어 말하여 주령구 던지기가 한 번으로 끝나지 않고 두 번 이상이었음을 짐작하게 한다.

◎ 弄面孔過: 얼굴에 장난을 쳐도 그냥 통과하기.
'弄'은 마음대로 다룬다는 의미다. '孔'은 '空'과 상통하는 글자다. '유범공과(有犯空過)'에서의 '空'자와 같다. '농면'을 우스꽝스러운 가면으로 해석할 수는 있다. 그러나 '공과'를 '구멍 통과'(윤경렬)로 해석하기는 어려울 듯하다. 구멍통과라면 문장 구조가 '과공(過孔)'이 되어야 한다. 또 '孔'은 일반적으로 '작고 깊은 구멍'을 뜻한다. 결국 '농면'과 '공과'를 무리 없이 연결시켜 해석하려면 '얼굴에 장난을 쳐도 그냥 통과하기'로 해석할 수밖에 없다. 붓으로 얼굴에 글씨를 쓰거나 그림을 그리는 등 얼굴에 장난을 치는 경우는 술좌석에서 볼 수 있는 일이다.[9]

◎ 醜物莫放: 흉하게 생긴 물건을 버리지 않기.[10]
징그러운 물건을 몸 속에 집어넣어도 버리지 말고 그대로 있으라는 말이다.[11] 짓궂은 장난이다. '추물을 내놓지 말라'(이정

---

[9] 예) 립스틱으로 얼굴에 장난을 치는 것.

[10] 김성혜는 '추물을 모방하기'로 해석하였다(「월지 출토 음악관련 자료에 대하여」, 『경주문화논총』 5, 경주문화원 부설 향토문화연구소, 2002, 88쪽). '莫放'을 '模倣'으로 해석한 것은 무리다.

[11] 예를 들어 개구리나 뱀 같은 것을 옷 속에 넣어도 잠자코 있으라는 말

옥)고 해석한다면 벌칙이라 하기 어렵다. 벌칙이라는 점을 염
두에 두고 해석해야 한다.

◈ **禁聲作儛**: 노래나 반주 없이 춤추기.
아무 반주 없이 춤추는 것은 쉬운 일이 아니다. 즉흥성과 순
발력이 요구되는 것이다. '금성'을 그저 '소리를 내지 않음'으
로 번역하다면 이상한 내용이 되고 만다.

◈ **有犯空過**: 건드리며 장난을 쳐도 그냥 통과하기.
'범(犯)'은 일부러 남에게 덤비거나 시비를 거는 것이다. 벌칙
임을 감안할 때 '범(犯)'의 주체는 나이가 어린 사람이거나 지
위가 낮은 사람일 것이다.[12] 오늘날의 속칭 '야자트기'[13]의 일
종일 듯하다. 말로만 덤비는 것이 아니라 신체까지 덤비는 것
일 수 있다. 신체적·언어적 놀림을 포괄하는 것이다.

◈ **三盞一去**: 술 석잔을 한 번에 떠나 보내기.
음주를 잘 하지 못하는 사람에게는 매우 곤혹스러운 벌칙일
것이다. '일거(一去)'의 해석을 놓고 의견이 분분하지만, 이를
'한 걸음 앞으로 가기'(이정옥)로 해석하는 것은 무리다. 그런
의미라면 '일보(一步)'가 되어야 할 것이다.

---

이다.
[12] 좌중이 주령구를 던진 사람을 범할 수 있고, 그와 정반대일 수도 있다.
[13] '야', '자'는 반말에 자주 들어간다. 야자트기는 나이와 지체를 완전히
무시하여 상대편을 높이지 않고 말하는 것이다.

## Ⅲ. 주령문구는 '신라적'이었다

위의 내용을 통해 신라의 음주문화, 놀이문화를 요약하기로 한다.

첫째, 신라의 주령구놀이는 술자리의 분위기를 돋우기 위한 유희(遊戲)의 하나였다. 게임처럼 승패를 가리려는 것이 아니었다. 경쟁적 유희를 하여 진 사람이 벌주를 마시는 놀이가 주를 이루었던 중국의 주령문화와는 차이가 있다.[14]

둘째, 벌주 마시는 것뿐만 아니라, 가무(歌舞)와 영시(詠詩), 신체적 놀림과 언어적 놀림 등 다양하였다. 문구의 내용에 따라 대별하면 ① 가무를 하거나 시를 읊는 것이 6가지, ② 음주와 관련한 것이 5가지, ③ 신체 등에 가하는 벌 받기가 4가지다. ①이 비교적 가벼운 벌칙이라면 ②와 ③은 무거운 벌칙이라 할 수 있다.

셋째, 주령구를 던지는 사람이 벌칙을 당하는 것을 기본으로 하였다. 다만 '임의청가'와 '곡비즉진'에서 보듯이, 일방적인 벌칙은 아니었다. 때로는 주령구를 던진 사람이 주체가 되어 좌중에게 벌칙을 가할 수 있었고, 지시 문구에 따라 주체와 객체가 행동을 함께 할 수도 있었다.

넷째, 주령구 던지는 횟수를 1회 이상으로 하되, 문구의 명령을 충족시킬 경우 한 번만으로 통과할 수 있게 하였다.

중국의 주령문화와 비교할 때, 경쟁적인 유희가 아니라는 점,

14 이정옥, 「酒令具의 酒令文句 解釋 및 羅・中 酒令文化의 비교」, 『경주문화논총』 5, 경주문화원 부설 향토문화연구소, 2002, 69쪽.

단조롭지 않게 변화를 도모했다는 점, 가무와 시를 중시했다는 점에서 신라적 음주문화를 엿볼 수 있다.

주령 문구는 고급 한문으로 된 것은 아니지만 해석상 큰 문제는 없다. 신라의 속한문과 결부시키려는 것[15]은 잘못이다.

---

[15] 이정옥의 시각이다.

# 제7장 숙모전(肅慕殿)의 정신사적 위상

## Ⅰ. 한국정신사의 특질과 의리사상(義理思想)

　우리나라는 지정학적으로 동북아시아에 있는 반도국가다. 반도국가로서의 장점이 있었지만, 반도국가이기 때문에 외부의 침략을 수없이 받았다. 외침을 막아내는 것은 민족과 국가의 생존에 직결되는 문제였다. 한 예로 고구려의 경우 "나라 사람들이 기력(氣力)이 있고 전투에 익숙하다"[1]고 한 데서 볼 수 있듯이, 일찍부터 외세의 침략에 대한 저항의식과 자주독립의 정신, 공동체의식이 고취되었다. 저들의 감투적(敢鬪的) 기질은 지정학적 배경과 관련이 크다고 본다. 또한 우리나라에서는 '내무내문(乃武乃文)'[2]하는 임금을 이상적인 제왕상(帝王像)으로 여겨왔다. 동명왕(東明王)은 그 두드러진 예라 하겠다. 이후에도 덕치(德治)와 위무(威武)를 겸비하는 것은 하나의 정치이념으로 오랫동안 끊임없이 계승되었다.

---

[1] 『삼국지』 권30, 魏書, 〈高句麗傳〉 "國人有氣力, 習戰鬪. 其人性凶急, 喜寇鈔."

[2] 『서경』, 「大禹謨」 "益曰: 都! 帝德廣運, 乃聖乃神, 乃武乃文, 皇天眷命, 奄有四海, 爲天下君."

신라 말의 석학 최치원은 「난랑비서」에서 우리 민족의 고유사상이 존재함을 증언하였다.

> 우리나라에 현묘한 도가 있다. 이를 풍류라 한다. 설교(設敎)의 근원은 선사(仙史)에 자세히 실려 있거니와, 실로 이는 삼교를 포함(包含)하며 군생(群生)을 접화(接化)한다. 이를테면, 집에 들어와 부모에게 효도하고 나아가 나라에 충성하는 것은 노사구(魯司寇: 孔子)의 주지(主旨)요, 무위(無爲)의 일에 처하고 불언(不言)의 가르침을 행하는 것은 주주사(周柱史: 老子)의 종지이며, 모든 악한 일을 하지 않고 착한 일을 받들어 행하는 것은 축건태자(竺乾太子 : 釋迦)의 교화다.[3]

이른바 '풍류'라는 사상 속에 충·효사상에 연결시킬 요소가 있음을 밝힌 것이다. 이처럼 우리 민족에게는 '충효사상'의 전통이 있었지만, 그것이 이론적으로 체계화되지는 못하였다. 이후 중국으로부터 체계화한 유교사상이 들어오면서 이 땅에 굳건하게 뿌리를 내리게 된 것이다. 상고대 우리 민족이 당시에 여러 집단으로 나누어 있으면서도, 침략자인 한(漢)에 대하여 자주정신과 저항의식으로 맞설 수 있었던 것은, 기실 중국으로부터 전래된 유교의 충의사상(忠義思想)에 힘입은 바 컸다고 본다. 비록 외래사상이라 하더라도 우리의 주체적 입장에서 받아들여 구체적으로 발휘하였던 것이다.

유교는 한국의 정신사에 지대한 영향을 끼쳤다. 특히 의리사

---

[3] 최영성, 『역주 최치원전집 2·고운문집』, 315쪽, 「鸞郎碑序」 "國有玄妙之道, 曰風流. 設敎之源, 備詳仙史, 實乃包含三敎, 接化群生. 且如入則孝於家, 出則忠於國, 魯司寇之旨也, 處無爲之事, 行不言之敎, 周柱史之宗也, 諸惡莫作, 諸善奉行, 竺乾太子之化也."

상과 절의정신의 측면에서 그 영향이 실로 컸다. 역대 왕조에서 충효정신을 국가적으로 고취하였던 것은, 그것이 민족의 존망과 직결된다고 생각하였기 때문이다. 조선 중기의 학자 우산(牛山) 안방준(安邦俊: 1573~1654)은 왜란과 호란이 중첩되던 시기에 '절의' 두 글자를 신조로 삼고 살다가 일생을 마쳤다. 그는 국가의 존망과 절의를 직결시켜 다음과 같이 말했다.

> 국가와 절의의 관계는 사람과 원기(元氣)의 관계에 비유할 수 있다. 사람에게 원기가 있으면 비록 심한 병이 들었더라도 죽음에 이르지는 않듯이, 나라에 절의가 있으면 비록 큰 변이 있더라도 망하는 데까지는 이르지 않는다. 그러므로 나라의 존망은 오직 절의의 부식(扶植) 여하에 달려 있을 따름이다.[4]

> 대저 절의는 국가의 원기이다. 사람은 원기가 없으면 죽고 나라는 원기가 없으면 망한다. 그러므로 옛날에 창업(創業)했거나 중흥을 이룩한 군주가 모두 절의를 기리고 높이는 것으로써 급선무를 삼았던 것은 진실로 이 때문이다.[5]

한국 유교의 특징 가운데 특징은 '의(義)'를 강조하여, 이것이 수백 년 동안 중요한 전통이 되어 왔다는 데서 찾을 수 있다. 중국의 유교가 '인(仁)'을 강조하여 포용적 성격이 강한 것과는 비교가 된다. 역사적으로 국가가 다사다난(多事多難)할 때는 유교의

---

[4] 『은봉전서』 권3, 5b, 「與延平李相公別紙」"節義之於國家, 猶元氣之於人也. 人有元氣, 則雖甚病, 不至於死. 國有節義, 則雖大亂, 不至於亡. 故國之存亡, 惟在於節義之扶植如何耳."

[5] 『은봉전서』 권2, 28a, 「言事疏」"夫節義國家元氣, 人無元氣則死, 國無節義則亡. 是以古之創業中興之君, 莫不以襃崇節義爲急先之務者, 良以此也."

덕목에 의하여 충효(忠孝)의 도가 강조되었던 것이 사실이다. 한 예로 1934년 경주에서 발견된 '임신서기석(壬申誓記石)'을 보자.

(A) 임신년 6월 16일에 두 사람이 함께 맹세하고 기록한다. 하느님 앞에 맹세한다. 지금으로부터 3년 이후로 충도(忠道)를 집지(執持)하여 과실이 없기를 맹세한다. 만약 이 일을 잃으면 하느님께 큰 죄를 얻을 것이라고 맹세한다. 만약 나라가 불안하고 세상이 크게 어지러우면 모름지기 (충도를) 행할 것을 맹세한다.

(B) 또 따로 앞서 신미년 7월 22일에 크게 맹세하였다. 『시경』·『상서』·『예기』를 3년에 차례로 습득할 것을 맹세하였다.[6]

당시의 시대정신을 대표할 만한 젊은이들의 의식세계를 엿볼 수 있다. '충도'라는 말은 그 용례가 드물고 생소한 느낌을 준다. 이는 효보다 충을 중시한 당시 시대상을 반영한 것이라 할 수 있다. 세속오계(世俗五戒)에서 '사군이충(事君以忠)'이라 하여 충을 제일의 덕목으로 삼은 것과 같은 경우다. 즉 '효는 백행(百行)의 근원이다'라고 하여 만사가 효에서 나온다는 유교의 근본사상을 시대에 맞게 변용시켜 충을 강조한 것이라 하겠다.

유학사상은 한 마디로 인도주의 사상이다. 그 밖의 특징들도 이 인도주의 사상과 연결되어 있다. 고대 한민족은 본디 서로 양보하고 다투지 않는[互讓不爭] 인도주의 정신이 농후하였고 평화를 애호하였다. 저들이 그리는 이상적 인간상은 유학에서

---

6 "壬申年六月十六日, 二人幷誓記, 天前誓. 今自三年以後, 忠道執持. 過失无誓. 若此事失, 天大罪得誓. 若國不安大亂世, 可容行誓之. 又別先辛未年七月卄二日, 大誓. 詩尙書禮傳倫得, 誓三年."

말하는 '군자(君子)' 바로 그것이었다. 공맹(孔孟)의 유학사상이 한반도에 들어오기 이전에 이미 군자국(君子國)이란 이름이 붙여진 것은 우연이 아니었다.

인도주의는 인간의 생명과 인권을 존중하고 평화를 사랑하는 것이다. 이 인도주의 사상은 단순한 인본주의와는 의미가 다르다. 공자가 "하늘이 나에게 덕을 부여하였다"[7]고 하였듯이, 천도(天道)가 나에게 내재한다는 의미에서의 인도이다. 천·지·인 삼재(三才) 가운데 인간을 중심으로 천도와 지도를 인도 속에 수렴하여 일원화하는 것이 유학의 본령이다. 이와 함께 현실에 발을 딛고 만물을 명석하게 합리적으로 처리하는 능력을 갖추는 것을 이상으로 한다. 다만, 중국의 유교가 합리주의를 중시한 나머지 죄의식·내세관·구제의식이 희박한 경향이 있음에 비해, 한국의 유교는 한국적 신비성과 신성성(神聖性) 고매한 영명성(靈明性)을 유교의 인도주의 사상 속에 내재시켜 중국의 유교보다 한 단계 더 높고 폭이 넓은 방향으로 학술사상을 창출하였다.

인도주의는 인간을 존중하고 사랑하는 한편으로 비인도적인 요소를 배제하려는 정의감·의리감을 수반한다. 진정한 자아를 위하여[爲己] 비본래적인 자기를 극복하는[克己] 것으로부터 정치·사회적으로 의리사상을 요구하게 된다. 중국은 다른 민족을 지배하는 처지에 있음에 반하여 한국은 정치적으로 타의 침략이나 지배를 받는 경우가 많았으므로 의리사상이 그 중핵을 이

---

[7] 『논어』, 「述而」 "子曰 天生德於予."

루었으며, 의사·열사·선비 등이 바람직한 인간상으로 여겨졌
다. 한국유교의 인간상은 인자하고 온후하면서도 날카롭고 매
운 기질을 동시에 가졌다. 일본의 무사도(武士道)와 같이 의협적
성격만 부각시킨다던지, 승부만 따지는 것이 아니라, 매사에 시
비와 의리를 따져 행동하면서도 슬픈 일에 눈물 흘릴 줄 아는,
덕성 있는 문사적 기질이 요구되었다. 한국의 근세사상사에서
외세의 침략에 대항하여 자주정신을 고취하였던 춘추의리학(春
秋義理學)과 의병정신은 이를 증명한다.

한편, 한국 유교의 중핵을 이루었던 성리학은 인간의 본성과
천리에 대한 문제(性理)가 주된 과제이지만 결국은 선악·정사
(正邪)와 같은 가치의 문제(義理)에 직결된다.[8] 조선의 성리학은
내면적 성실성을 추구하는 인성론적 측면과 함께 역사적, 사회
적 현실 속에서 인간 행위의 준칙과 규범을 실행에 옮기는 실천
적 측면을 동시에 잘 발휘하였다. 이것은 주리론적(主理論的) 사
고가 주류를 형성하여 정통으로 인식되었던 것과 맥락을 같이
한다. 강한 보수성은 조선 성리학파(의리학파)의 특성이다. 국
난의 위기가 닥쳤을 때마다 강인한 주체성과 불굴의 투지로 민
족의 자존과 정통성을 수호하는 데 앞장섰던 열사·지사가 성리
학자들 중에서 많이 배출되었던 것은 이를 증명한다.

도학과 절의의 일치는 한국정신사에서 중요한 특징 가운데
하나다. "절의란 도학의 울타리요 도학은 절의의 골자다"[9]고 한

---

8 『近思錄』권1, 제15칙 "在物爲理, 處物爲義."

9 吳熙常, 『老洲集』권23, 1a, 「雜識(一)」 "古人有云, 名節是道學之藩籬. 此
言甚好."; 任憲瓚, 『敬石集』권4, 34b, 「雜誌」 "節義者, 爲道學之藩籬, 而

옛 사람의 말이 있다. 도학과 절의는 내포(內包)와 외연(外延)의 관계라는 말이다. 조선 말기의 학자 매산(梅山) 홍직필(洪直弼: 1776~1852)이 매양 배우는 사람들에게 『맹자』 '웅어장(熊魚章)'(「告子 상」)을 읽도록 권하면서 "도학이란 절의가 머무는 당실(堂室)이요, 절의란 도학의 울타리이다. 도학·절의를 두 가지 일로 가를 수 없다"[10]고 한 것을 보면, 마치 표어와 같은 위의 말이 지닌 생명력과 추동력을 짐작하게 한다.

## II. 한국정신사의 성지(聖地): 계룡산 숙모전

충의지인(忠義之人)을 받드는 사당을 어디엔들 세우지 못할까마는 왜 하필 계룡산일까? 또 왜 유림과 불승(佛僧)이 함께 제향을 받들도록 했을까? 『숙모지(肅慕誌)』에 실린 여러 글들에서 이런 물음을 던지고 있지만 그에 대한 해답은 찾아보기 어렵다.

계룡산은 옛 백제의 땅에 있는 산이다. 백제를 상징하는 성산(聖山)이요 신산(神山)이다. 백제의 문화재 가운데 최고의 걸작으로 꼽히는 백제금동대향로는 계룡의 정신을 하나의 모형도에 담은 것으로 필자는 판단한다.[11] 이 향로는 실로 유·불·선 삼교의 종합적인 모형도다. 이를 통해 백제에서의 '삼교합일'의 경지

---

道學爲節義之骨子."

[10] 任憲晦, 『鼓山集』 권16, 21b, 「梅山先生行狀」 "每勸學者讀熊魚章, 曰: 道學者, 節義之堂室, 節義者, 道學之藩籬. 道學節義, 不可判作兩事."

[11] 이에 대해서는 본서 제1부 '백제금동대향로의 상징체계와 한국사상'에서 자세히 밝혔다.

와 삼교 각각의 사상적·종교적 수준을 엿볼 수 있다.

한편, 계룡산은 예부터 신령스러운 산으로 여겨졌다. 우리나라 '산신신앙(山神信仰)의 메카'라 할 수 있다. 신라 때부터 오악(五嶽)[12]의 하나로 꼽아 국가에서 제사를 지냈다. 제사의 격은 중사(中祀)에 해당하였다. 조선시대에는 태조 3년(1394) 이래 북쪽의 묘향산을 상악(上嶽)으로, 중앙의 계룡산을 중악, 남쪽의 지리산을 하악으로 하여 단(壇)을 세우고 산신에게 제사를 지내왔다. 현재도 계룡산에 중악단(中嶽壇)이 남아 있다.[13] 전통적으로 산신제는 유가식, 불가식, 무가식(巫家式)이 함께 이루어졌다. 유·불·도 삼교의 사상적 전통이 제의에서도 구현되었다.

계룡산은 예부터 원기(元氣)가 저장되어, '기'흐름의 요체가 되는 힘의 원천지로 유명하였다. 우주를 운행시키는 활동력 있는 이 산에서 국태민안(國泰民安)을 기원해 왔던 것은 이유가 있었다. 그런데 원기는 우주의 정기이면서 인간의 정기이기도 하다. 사람에게 원기가 없으면 결국 죽고 말듯이 나라에 원기가 없으면 망하고 만다. 국가의 원기는 절의이다. 앞서 말한 바와 같이 나라에 절의정신이 충만하면 비록 큰 변란을 당하더라도 멸망하는 데까지 가지는 않는다. 우주 대자연의 원기가 충만한 신령한 산에 국가 존립의 원동력인 절의를 숭상하는 숙모전이 세워진 것은 우연한 일이 아니다. 필연적인 일이라고 생각한다.

---

12 오악은 동악인 토함산, 남악인 지리산, 서악인 계룡산, 북악인 태백산, 중악인 부악(父岳: 팔공산)을 가리킨다(『삼국사기』 권32, 祭祀志, 〈中祀〉 참조). 서라벌을 범위로 하여 오악을 말하기도 한다. 이 경우 중악은 오늘날 경주시 건천읍에 있는 斷石山에 비정된다.

13 상악단과 하악단은 없어졌다. 효종 2년(1651)에 국가에서 공식적인 제향을 폐한 뒤 없어진 것으로 추정된다.

숙모전

## 1. 신라에서 조선을 잇는 충절의 표상

숙모전은 종래의 초혼각(招魂閣)을 확대, 승격시킨 것이다. 초혼각은 세조 2년(1456)에 매월당(梅月堂) 김시습(金時習: 1435~1493)이 계룡산 동학사 부근에 사육신초혼단(死六臣招魂壇)을 세우고 제사를 지낸 데서 비롯된다. 이듬해 세조의 유시(諭示)에 따라 배향 인물이 다수 추가되었다. 그 다음해(1458)에는 세조의 유시에 따라 '각'이 건립되고 사패지(賜牌地)가 내려졌다. 그 뒤로는 큰 변화가 없었다. 그러다가 영조 4년(1728) 이인좌(李麟佐)의 난 때 그 부장인 신천영(申天永)이 초혼각에 불을 놓아 전소되었고, 이후 적신(賊臣) 정후겸(鄭厚謙)이 위토(位土)를 몰래 팔아먹어 제향이 단절될 위기에 처하였다. 순조 18년(1818) 이래 초혼각 재건을 위한 조야(朝野)의 노력 끝에 순조 27년(1827)

동계사와 삼은각

에 일단 재건을 보기에 이르렀다. 초혼각이 불에 탄지 100년만의 일이었다. 그로부터 다시 80년이 다 되어가는 고종 광무 8년(1904) 3월, 경기도 유생들이 초혼각을 '전'으로 승격시킬 것을 상소하였고, 황제가 특명으로 '숙모전'이라 사호(賜號)하여 위격이 높아졌다.

숙모전이 오늘의 모습을 갖추게 된 것은 일제강점기부터다. 1917년 10월, 숙모전을 증축하여 정전 3간, 동·서무 각 2간으로 하고 삼은각 1간을 따로 건립하였다. 1921년에는 정전을 6간으로, 동·서무를 각 4간으로 증축하였다.

숙모전은 '전'으로서의 위격을 갖춘 사묘(祠廟)다. 그러나 전대의 동계사(東雞祠) 및 삼은각(三隱閣)의 정신사적 전통과 분리시켜 말할 수 없다. '동학삼사(東鶴三祠)'라는 일컬음이 있는 것은 이런 연유에서다. 신라의 충신 박제상(朴堤上), 여말의 삼은

(三隱)은 각각 신라와 고려를 대표하는 우리나라 정신사의 거봉
이다. 이들이 모셔진 계룡산에 조선의 정신사를 대표하는 사육
신(死六臣) 등까지 모셔진 것은 우연이 아니다. 이곳을 명실 공
히 한국정신사의 성지(聖地)로 만들고자 했던 선인들의 심사원
려(深思遠慮)가 깃들어 있다고 생각한다.[14] 이런 것들이 인정을
받은 나머지 사묘로서는 유일하게 '전'으로 일컬어지는 숙모전
이 탄생한 것이다. 숙모전의 탄생은 계룡산 동학사에 있는 세
사우가 한국정신사를 대표하는 성지로 공인을 받은 것이라 하
겠다.

   삼호재(三乎齋) 송주헌(宋柱憲: 1872~1950)이 편찬한 『동학지
(東鶴誌)』를 보면, 삼은각 곁에 '연면대(淵勉臺)'가 있었다는 사실
이 눈에 띈다. 이것은 1916년에 송주헌 등이 연재(淵齋) 송병선
(宋秉璿: 1836~1906)과 면암(勉菴) 최익현(崔益鉉: 1833~1906)의
충의를 기리기 위해 세운 단이다.[15] 그동안 이에 대해 주목한 사
람이 없었던 것은 의외다. 일제시기 숙모전의 중건과 행사에 관
여한 인사들 중에는 최익현의 장남 운재(雲齋) 최영조(崔永祚:
1859~1927)와 김상헌의 후손인 김복한(金福漢: 1860~1924), 그
리고 은진송씨 송시열·송준길의 후예가 있었다. 그들은 송병선
과 최익현까지 배향하여 한국정신사의 도미(掉尾)를 장식하고자
했던 것 같다. 비록 사림의 공론을 얻지 못해 연면단은 오늘에
이어지지 못했지만, 연면단을 배설한 의도만큼은 분명하다고 할

[14] 그 이면에 매월당 김시습이 있었음을 주목해야 할 것이다.
[15] 송주헌의 『三乎齋集』 권1, 「淵齋勉菴兩先生設壇後有感」, 「兩賢壇」 참조.
   * 송수경 역주, 『국역 삼호재집』, 고흥문화원, 2010 참조.

것이다.

## 2. 세조의 초혼각 건립과 의리사상의 현창

조선은 유교로 입국한 만큼 정교의 이념을 유교의 강상(綱常)과 명분(名分)에서 찾았다. 무엇보다 명분과 절의를 숭상하였다. 이는 단순히 유교에서 절의를 중시하기 때문만은 아니다. 절의를 부식(扶植)하는 것이 국가의 유지에 직결되었기 때문이다. 한 예로 조선왕조의 개창에 반대하다가 태종 이방원에게 죽음을 당한 정몽주의 경우, 태종 1년(1401) 영의정에 추증함과 동시에 문충(文忠)이라는 시호를 내려 명예를 회복시키고 대충신으로 받들었다. 또 정몽주는 중종 12년(1517)에 이르러 문묘(文廟)에 종사(從祀)되어 유자(儒者)로서는 최고의 영예를 얻었다. 이 뿐만 아니라, 조선시대 전 시기를 통하여 의리정신·선비정신의 표본이자 동방 도학(道學)의 연원(淵源)으로 모든 유자들에게 존중되었다. 후일 송시열은 그를 추모하면서 "선생의 태어나심은 고려의 다행이 아니다. 우리 조정의 다행이다"고 하였다.[16]

조선에서 절의를 숭상한 실효는 사육신과 생육신에 이르러 비로소 드러났다. 역사학자 문일평(文一平: 1888~1939)은 사육신의 절의에 대하여 "가족 지상주의인 한양조(漢陽朝)에서 처음 보는 일이요, 또 뒤에도 볼 수 없는 일이다. 그리하여 유교 국가의 군신강상(君臣綱常)이 확립된 것이다"[17]고 평가하였다. 대의

---

16 『宋子大全』권137, 6b, 「圃隱先生詩集序」

17 문일평, 『호암전집』제3권, 조선일보사, 1940, 483쪽.

를 위해 목숨까지 바쳐 유자의 기개를 높인 것은 여말 정몽주에
서 연원하여 사육신·생육신을 거치고, 이어 조광조 등 지치주
의(至治主義) 도학파에 의해 크게 강조된 뒤, 국난과 같은 위기
상황 속에서 살신성인(殺身成仁)하는 측면으로 발전하면서 그
가치를 발휘하게 되었다.

사육신과 생육신을 비롯한 절의파 학자들은 오래도록 신원(伸
冤), 포상되지 못했다. 중종 때 조광조 등에 의해 포상이 계청(啓
請)되기는 하였으나 기묘사화 때문에 성사되지 못하다가, 숙종
때에 시호가 내려지고 증직·제향이 실현되는 등 그들의 의리가
현창(顯彰)되기에 이르렀다.

김시습이 초혼각 제향을 시작한 뒤, 세조가 초혼각을 세우도
록 지시하였다. 동학사에 전해오는 사중(寺中) 문헌에 따르면,
세조가 즉위 초기에 노산군을 비롯하여 병자년 옥사 때 원사(冤
死)한 사육신 등 다수의 절신(節臣)들을 제향토록 하고 사패지까
지 내렸다고 한다. 비록 조정의 공론을 거치지 않은, 비공식적
처분이긴 하지만 대서특필할 만한 일이다.[18]

세조가 초혼각을 세워 제사지내도록 한 것에 대해, 원통하게
죽은 사람들의 원억(冤抑)을 풀어주기 위함이라고 보는 이들이
있다. 그러나 필자는 단순하게 생각하지 않는다. 더 큰 목적이
있었을 것이다. 더 큰 목적은 무엇이었을까? 다름 아닌 국가의
원기인 절의를 배양하기 위함일 것이다. 초혼각에 모셔진 절신
들은 '일시의 역적'이지만, '만세의 충신'이다. 만세의 충신이 많

---

[18] 이에 대해 부정하거나 의문을 제기하는 학자들이 있다.

이 나와야 국맥(國脈)이 유지되기 때문에 세조가 몸소 해원(解
冤)에 나서고, 의리사상을 현창하였을 것이다.

세조는 자신의 재위 기간 내에 이들 절신들을 신원, 복권시키
지는 못하였다. 이들을 복권시키는 것은 자신의 정통성을 스스
로 부정하는 것이 되기 때문이다. 그러나 의리사상을 현창해야
한다는 세조의 생각은 조야에 널리 알려졌던 것 같다. 일찍이
점필재(佔畢齋) 김종직(金宗直: 1431~1492)은 어전(御前)에서 성
삼문을 충신이라 했고, 혹여 임금에게 변고가 있으면 자신은 성
삼문이 될 것이라고 한 적이 있었다.[19] 세조가 왕위를 찬탈한지
30년 정도 밖에 안 되는 시점에, 세조의 손자인 성종에게 이런
말을 하고도 무사했던 것은 성종의 너그러움 때문만은 아닐 것
이다. 정몽주를 격살한 태종 이방원이 정몽주를 현창했듯이 사
육신 등의 절의를 은밀하게 현창하려 했던 세조의 의지가 조야
에서 공론으로 자리 잡아 가고 있음을 보려준 사례라 하겠다.
이런 점에서 세조가 초혼각을 건립토록 한 것은 태종이 정몽주
를 현창했던 일에 비견할 수 있다고 생각한다.

---

[19] 『율곡전서』 권29, 98a, 「경연일기(二)」

## 3. 충절 관련 사묘 가운데 가장 대규모

숙모전은 정전(正殿)과 동무(東廡), 서무(西廡)로 구성되어 있다. 이런 형식은 문묘(文廟: 성균관)와 같다. 많은 신실(神室)을 갖춘 종묘와는 다르다. 숙모전은 단종(端宗)을 정점으로 하는 사묘다. 공자를 정점을 하는 문묘의 배향 체계를 본뜰 수밖에 없었을 것으로 짐작한다.

숙모전에는 현재 단종과 정순왕후(定順王后) 및 303위의 의절신이 봉안되어 있다. 처음 동무에 48위, 서무에 48위를 모셨으나 뒷날 추배(追配)가 이어져 현재의 303위에 이르렀다. 사묘의 규모는 외적인 '크기'도 있지만 중요한 것은 봉안된 위패의 수라고 본다. 303위의 규모는 우리나라에서 그 전례가 없다.[20] 게다가 동계사와 삼은각까지 포함하면, 위격 상으로나 규모 상으로 우리나라 충절 관련 사묘를 대표한다고 할 수 있다.

모셔진 303위의 면면을 보면, 관노(官奴)와 사노(私奴), 환관(宦官), 군졸(軍卒) 등 신분이 낮은 의절신(義節臣)까지 빠짐없이 봉안되어 있다. 지위와 신분의 차별은 찾아볼 수 없다. '충'과 '의' 앞에서 신분과 지체를 따질 수 없다는 점이 완벽하게 구현된 사묘가 숙모전이다.

---

[20] 종묘의 경우, 제1실부터 제19실까지 19명의 임금과 왕후, 그리고 배향 공신 83위를 모시고 있다.

## 4. 한국유교의 팔달로(八達路)

　1963년 1월, '사단법인 숙모회'가 발족하였다. 이로써 동학삼
사(東鶴三祠)의 관리와 제향이 법적으로 보장을 받게 되었다.
2015년 12월 31일 현재, 사단법인 숙모회에는 34명의 특별회원
과 76명의 정회원이 등록되어 있다. 110명의 회원은 숙모전에
배향된 의절신의 후손들이다. 거주지를 보면 전국 경향 각지에
분포되어 있다. 이들은 한결같이 의절신의 후손이라는 자부심
이 강하다.

　해마다 춘계와 동계 두 번의 향사가 봉행되는데, 봉행 때 숙
모전은 자연스럽게 배향된 의절신의 후손들 간에 만남의 장소
가 된다. 봉행의 장소는 충청도 공주라는 지역적 한계가 있지만,
인적 교류의 면에서는 전국적인 행사. 전국 각지에서 회원 및
후손들이 참여한다. 그 점에서는 서울의 종묘나 문묘에서 행해
지는 종묘대제(宗廟大祭)와 문묘대제에 뒤지지 않는다고 본다.

　숙모전은 '충절'을 화두로 한 화합의 장소다. 충의정신이 국가
의 원기라는 점을 공감하는 소통의 장소다. 여기서는 지역·학
연·당파·이념·종교의 구분이 무의미하다. 이념적, 정신적으
로 전대로부터 현재에 이르기까지 가교(架橋)의 구실을 해왔다
는 점에서 그 의미를 과소평가할 수 없다.

　숙모전은 한국유교의 살아 있는 현장이다. 유교의 존재감의
사라지다시피한 오늘에 이런 역사의 현장이 있고, '충절'을 화두
로 유학의 사상과 정신에 공감할 수 있다는 것은 다행한 일이
다. 숙모전에 관계하는 인사들은 유교와 숙명적인 인연을 맺은

사람들이다. 사명감이나 소명의식이 거의 없는 대다수 유림과
는 차이가 있다. 현대유교의 3대 지표를 ① 유림 조직의 대중화
② 유교 이론의 현대화 ③ 선비정신의 실천화라고 할 때, 선비정
신의 실천화 측면에서 상당한 기여를 할 것으로 기대한다.


## Ⅲ. '전(殿)'의 칭호를 가진 사묘(祠廟)

### 1. '전'의 위격

'전(殿)'이란 중국 문화권에서 건축물의 위격이나 규모 면에서
가장 높은 단계에 있는 것이다. 주로 임금이 거처하는 집을 가
리킨다. '왕'의 상징물로 조선시대에 전패(殿牌)라는 것이 있었
다.[21] 다른 한편으로는 성인이나 왕자(王者)의 반열에 오른 분을
모신 집을 가리키기도 한다. 우리나라에서는 역사적으로 임금
이 사는 궁전을 비롯하여 석가모니 등 부처를 모신 불전(佛殿),
유교의 성인 공자(孔子)를 모신 대성전(大成殿: 孔子廟) 등을 '전'
이라 일컬어왔다. 궁전과 성전(聖殿) 이외에 다른 사례도 있다.
우리 민족의 개국시조인 단군을 모신 단군전(檀君殿), 우리 민족
을 문명세계로 이끈 교화의 군주 기자를 모신 숭인전(崇仁殿: 箕
子殿)이 있고, 조선의 태조 이성계의 어진(御眞)을 모신 경기전
(慶基殿) 등이 그것이다. 이밖에도 각 왕조의 시조(태조) 또는 성
군을 모신 경우로 다음과 같은 곳이 있다.

---

[21] 왕의 초상을 대신하여 '殿'자를 새겨 지방 관청의 客舍에 세운 木牌.

① 숭선전(崇善殿): 가락국의 시조 수로왕과 왕비 허황후를 모신 사당.
1878년 전호(殿號) 내려짐.
② 숭령전(崇靈殿): 단군과 고구려 시조 동명왕을 모신 사당.
③ 숭덕전(崇德殿): 신라시조 박혁거세를 모신 사당. 1429년 건립.
④ 숭혜전(崇惠殿): 신라 미추왕·문무왕·경순왕을 모신 사당. 1723년
전호 내려짐.
⑤ 숭렬전(崇烈殿): 백제의 시조인 온조왕을 모신 사당. 1638년 건립.
⑥ 숭신전(崇信殿): 신라 제4대 석탈해왕을 모신 사당. 1898년 건립.
⑦ 숭의전(崇義殿): 고려 태조·현종·문종·원종을 모신. 1399년 건립.

여기에 기자를 모신 숭인전을 합하여 '조선팔전(朝鮮八殿)'이
라 일컫기도 한다. 모두 '숭' 자가 들어가는 이름을 가졌다는 데
특징이 있다.

숙모전은 조선 숙종 때 왕으로 추복(追復)된 단종과 왕비 정
순왕후 송씨까지 함께 모셨다는 점에서, '전'이란 칭호가 붙여질
수 있음은 예견할 수 있다. 다만, 죽은 사람들을 제사하는 곳을
굳이 '전'이라고 명명한 점,[22] 더욱이 충절(忠節)과 관련된 사묘
(祠廟)를 특별히 '전'이라 했다는 점은 비슷하거나 같은 사례를
찾아보기 어렵다. 충절과 관련한 '군신합사(君臣合祀)'의 유일한
선례인 무후사(武侯祠)의 경우와도 다르다.[23] 이것은 숙모전의

---

22 '殿'이 아닌 '廟'나 '祠'라고 하는 경우가 더 많다. 중국 廣西省 桂林에
있는 虞帝廟, 절강성 회계군(會稽郡)에 있는 大禹祠 등이 대표적인 경
우다.
23 중국 촉나라의 수도였던 成都에 武侯祠가 있다. 이는 蜀相 諸葛亮의 충
의정신을 기리는 사당이다. 본디 이 자리에는 劉備를 모신 昭烈廟가 있
었고, 무후사는 다른 곳에 있었다. 이후 14세기 명나라 때 무후사를 소
열묘가 있는 곳으로 옮겨 君臣을 合祀하는 사당으로 정비하였다고 한
다. 그런데 주군과 신하를 합사하면서도 신하인 제갈량의 사당 이름인
무후사로 명칭을 고치게 된 것은 참으로 이례적이다.

위상이 그만큼 높다는 점을 보여준다고 하겠다.

## 2. 신분을 초월한 군신동사묘(君臣同祀廟)

숙모전은 '충군(忠君)'이란 대의 앞에서 신분을 따질 수 없다는 사실을 잘 보여주는 곳이다. 위로 임금으로부터 아래로 노복(奴僕)에 이르기까지 '충절'과 관련된 분들을 모셨다는 점에서 국내 유일의 사례라고 하지 않을 수 없다. 유교문화권에서는 그 예를 찾기가 쉽지 않다.

임금과 신하를 같은 사당에 모시지 않는 것은 유교문화권의 오랜 관례이자 전통이다. 보기 드물게 종묘(宗廟)에는 임금은 물론 공신의 위패도 함께 모시는데,[24] '주향(主享)'과 '종향(從享)'이라 하여 임금과 신하는 위격을 달리한다. 종묘 이외에 '군신동사(君臣同祀)'의 경우로는 숙모전이 국내에서 유일하다. 종묘와 같은 성격의 전각이 아님에도, 임금과 신하를 함께 모시고 향사를 드리기 때문에 특수성이 있는 것이다.

## 3. 유불공제(儒佛共祭)[25]를 통한 유교와 불교의 만남

매년 춘추로 행해지는 숙모전 제향은 제향의식에서 유교와

---

[24] 종묘에 종향된 공신을 '廟庭功臣'이라 한다.

[25] '儒佛共祀'라고 표현하는 경우가 있다(구중회, 「숙모전의 현존 祭儀와 儒佛共祀」 등 참조). 그러나 '共祀'는 제사 받을 대상을 한 자리에 함께 하도록 하는 것(예: 君臣共祀), '共祭'는 함께 제사를 지낸다는 의미(夫婦共祭-禮記)이다. '유불공제'라고 하는 것이 옳다고 본다.

불교가 만나는 유일한 경우다. 제의(祭儀)는 유교식으로 행하는
제례와 불교식의 축원(祝願)으로 대별된다. 제의에서 유교와 불
교가 만나는 것은 그 유래가 오래 되었다. 신라 성덕왕 23년
(724)에 상원조사(上願祖師)가 청량사(清凉寺: 동학사의 전신)라
는 작은 암자를 짓고 백제의 시조 온조왕에게 제사를 올린 것이
그 효시나. 이후 고려 태조 19년(935)에 신라의 대신 류차달(柳
車達)이 박혁거세와 박제상을 추모하기 위해 동계사(東雞祠)²⁶를
짓고, 유교와 불교식으로 초혼제를 지냈으며, 이어 조선 태조 3
년(1394)에 고려의 유신(遺臣) 길재(吉再)가 동학사의 승려와 함
께 고려의 충신 정몽주의 초혼제를 지냄으로써, 유불공제가 전
통으로 자리 잡았다. 이어 세조 4년(1458)부터는 계유정란(癸酉
靖亂: 1453) 및 단종복위운동(1456) 등과 관련하여 죽임을 당한
충의지인의 초혼제를 매년 지내면서 제의의 규모가 커지고 격
이 높아졌다. 유불공제의 전통도 더욱 굳어졌다.

우리 역사상 보기 드물게 유불공제가 이루어진 원인과 배경,
그 영향에 대해서는 다음과 같은 분석이 가능하다고 본다.

첫째, 제향을 올리는 계룡산에는 예부터 유·불·도 삼교가
하나로 만나는 전통이 있었다. 특정 종교나 사상이 독판을 치는
분위기와는 사뭇 달랐다.

둘째, 동계사에 모셔진 박제상, 삼은각에 모셔진 여말삼은, 숙
모전에 모셔진 제위에 대한 제사는 초혼제로부터 시작되었다.
초혼제의 성격상 종교적 의식이 필요하였기 때문에, 유교식 제

---

²⁶ 영조 4년(1728) 이인좌의 난 때 소실된 뒤 1956년에 중건되었다. 228년
만의 일이다.

사에 불교식 축원이 겸해진 것이다. 특히 숙모전에 모셔진 303
위는 한국정신사에서 손꼽히는 충의지인들이다. 이들은 대부분
원통함을 머금고 세상을 떠났다. 이런 까닭에 충의지인으로 기
리는 의식과 함께 불교의 해원의식(解冤儀式)이라든지 극락왕생
의 천도(薦度)와 같은 축원이 필요하였던 것이다.

셋째, 숙모전 제의는 한국정신사의 양대 지주인 유교와 불교
가 한 곳에서 만나 제의를 통해 '충'과 '의'로 대표되는 유교의
가치관을 되새기고 해원상생(解冤相生)의 실천윤리를 보여준 것
이다. 종교 간의 대립과 갈등을 지양함은 물론 우리 민족 구성
원간의 화해정신(和諧精神)을 구현하는 데 상징적인 의미가 크
다고 하겠다. 필자가 숙모전 제의를 주목하는 것은 바로 이 점
이다.


## Ⅳ. 요약 및 정리

이상의 글을 요약하여 다음과 같이 정리한다.

첫째, 한국유교의 두드러진 특징은 의리사상이고, 의리사상은
성리학과 춘추정신을 배경으로 한다. 한국정신사에서 '충절'의
전통은 연면히 이어져 왔다. 역대 조정에서는 '절의'를 국맥을
유지하는 '원기'로 인식하였고, 국가적 차원에서 절의를 부식하
려는 노력을 지속하였다.

둘째, '동학삼사'는 신라의 박제상, 고려의 삼은, 조선의 사육
신·생육신 등 의절신을 모신 곳이다. 이들은 우리나라 정신사

에서 충절을 상징하는 거봉들이다. 숙모전은 동계사와 삼은각
에 비하여 규모가 크지만, 정신사의 전통에서는 동계사·삼은각
과 분리하여 말할 수 없다. 동학삼사는 한국정신사의 표상이라
할 수 있다.

셋째, 숙모전은 공자를 정점을 하는 문묘의 배향 체계를 본떴
나. 충절과 관련하어 '전(殿)'의 칭호를 가진 사묘로는 국내에시
유일하다.

넷째, 우리나라에서 충절 관련 사우로 규모가 가장 크다. 게다
가 관노(官奴)와 사노(私奴), 환관(宦官), 군졸(軍卒) 등 신분이 낮
은 의절신까지 봉안하였다. 신분을 초월한 군신동사묘(君臣同祀
廟)라는 점은 유교문화권에서 그 예를 찾기가 쉽지 않다.

다섯째, 숙모전의 유불공제(儒佛共祭)의 전통은 우리 역사상
유례가 드물다. 한국정신사의 양대 지주인 유교와 불교가 한 곳
에서 만나 제의를 통해 '충'과 '의'로 대표되는 유교의 가치관을
되새기고 해원상생의 실천윤리를 보여준 것이다. 종교 간의 대
립과 갈등을 지양함은 물론 우리 민족 구성원간의 화해정신을
구현하는 데 상징적인 의미가 크다.

여섯째, 숙모전은 '충절'을 화두로 한 소통과 화합의 장소다.
한국유교의 살아 있는 현장이다. 1년 2회 봉행되는 향사에는 전
국의 유림이 참여한다. 인적 교류의 면에서는 전국적인 행사다.
참여하는 후손들의 경우 의절신의 후예라는 자부심이 강하다.
선비정신의 실천화 측면에서 상당한 기여를 할 것으로 기대한다.

숙모전은 여러 가지 면에서 역사적 가치가 높고 그 위상이 독특
하다. 이와 유사한 예는 찾아보기 어렵다. 국가문화재로 지정하여

항구적으로 체계 있게 보존, 관리함이 타당하다고 판단된다.

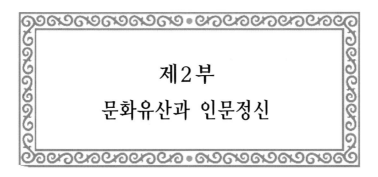

# 제2부
# 문화유산과 인문정신

# 제1장 와유(臥遊)의 즐거움
# -석가산(石假山)
## -시문을 통해 본 석가산의 사상적 배경-

## Ⅰ. 머리말

'가산(假山)'은 동양에서 정원을 설계하면서 인위적으로 조영한 산악 모양의 조경물이다. 인공의 조산(造山)이다. 대개 못[池]을 조성하거나 하천을 만들 때 파낸 흙을 처리하기 위해 산을 쌓거나, 땅 기운이 허(虛)한 곳에 지기(地氣)를 보강하기 위해 인공의 산을 만들기도 하였다. 가산은 한 마디로 자연을 집안에 끌어들이려 한 데서 비롯되었다. 이런 의미에서 이종묵(李鍾黙) 교수가 가산을 '집안으로 끌어들인 자연'[1]이라고 표현한 것은 적절하다고 할 것이다.

가산에는 석가산(石假山)과 목가산(木假山)이 있다. 석가산이란 감상 가치가 높은 괴석으로 산의 형태를 축소시켜 쌓은 것이다. 돌로 축조하기 때문에 목가산에 비해 수명이 길다는 장점이

---

[1] 이종묵, 「집안으로 끌어들인 자연 — 조선시대의 가산」, 이화여대 인문학연구소 발표문 2002;『한국한문학 연구의 새 지평』(이동환 교수 정년기념 논문집), 소명출판사, 2005 再收.

실내에 조성한 목가산

있다. 목가산은 나무뿌리가 서로 얽히고 설켜서 마치 산처럼 생긴 것을 가져다 정원 이나 실내에 설치하는 것을 말한다. 목가산을 처음 만든 사람은 중국 북송 때의 문인 소순(蘇洵: 1009~1066)이라고 한다. 당송팔대가의 한 사람인 소순은 명문 '목가산기'를 남겼다.[2] 목가산은 재료가 나무다. 썩는 것이기 때문에 돌

2 『古文眞寶』, 권7 所收.

로 쌓은 석가산에 비해 성행한 것 같지는 않다. 이밖에 옥가산
(玉假山)이 있다. 옥을 재료로 한 연적(硯滴) 등에 축소판 산을
만든 것이다. 그러나 이것은 조경물로서의 가산과는 차이가 있
다. 오히려 미술품으로서의 의미가 있다. 이런 까닭에 가산을
논할 때 제외하기도 한다.

　우리나라에서는 삼국시대에 이미 가산의 역사가 시작되었다.
고구려의 경우, 장수왕 때 세워진 안학궁(安鶴宮)의 북원에 가산
이 축조되었음이 발굴조사를 통해 밝혀졌다. 백제의 경우 조경
과 관련한 정사(正史)의 기록이 삼국 가운데 가장 많이 남아 있
는데, 진사왕 7년(391)에 궁궐 안에 못을 파고 조산(造山)을 하였
다는 것[3]이 시기적으로 가장 앞선다. 신라는 문무왕 14년(674)에
월성의 궁궐 안에 못을 파고 조산을 하였다는 기록[4]이 있으며,
삼국통일 이후 월지궁(月池宮: 동궁) 안에 조성된 '월지'(속칭 雁
鴨池)는 현존한다. 통일신라시대의 원지(苑池)의 원형을 보여 주
는 월지에는 삼신산을 상징하는 3개의 섬이 있다. 여기에 석가
산이 조영되었음은 더 말할 나위가 없다.

　오늘날 우리나라에 남아 있는 석가산은 많지 않다. 다섯 개
미만의 석가산이 비교적 양호한 상태로 보전되어 오는 정도다.
그것도 대개 조선 후기에 조영된 것으로 추정된다. 축산(築山)
유적이 많이 남아 있는 일본과는 비교가 된다. 한편, 가산과 관
련한 시문은 그 수를 헤아리기 어려울 정도로 많다. 다만 대다수

---

[3] 『삼국사기』 권25, 진사왕 7년 정월조 "重修宮室, 穿池造山."; 『삼국사기』
　　권26, 동성왕 22년조 "起臨流閣於宮東, 高五丈, 又穿池養奇禽."
[4] 『삼국사기』 권7, 문무왕 14년 2월조 "宮內穿池造山, 種花草, 養珍禽奇獸."

함안 하환정(何換亭)의 무기연당(舞沂蓮塘)

가 '시'이기 때문에 복원을 위한 자료로서의 구실은 기대하기 어렵다. 그러는 중에도 조선 중종 때의 문신 채수(蔡壽: 1449~1515)가 지은 '석가산폭포기(石假山瀑沛記)'[5]는 내용이 상세하고 구체적이어서 15세기 말의 가산을 복원하는 데 중요한 자료가 된다.

한양의 목멱산에 조영된 채수의 별서[6]는 당시 문신들 사이에 널리 알려져 유상(幽賞)의 장소로 유명하였던 것 같다. 용재(慵

---

5  『懶齋集(나재집)』, 권1 참조. 한국문집총간 제15권인 『나재집』 해제를 보면, 연산군 3년(1497), 채수의 나이 49세 때 終南別墅에 淸虛精舍를 짓고 은거하였다고 한다.

6  성현의 『虛白堂補集』 권3에 실린 '耆之軒前, 引流爲池, 池中設假山, 環奇可觀. 余與子俊(李季소), 叔强(權健)同賞'이란 긴 이름의 시를 보면, "쪽배가 흰 물결을 거슬러 올라간다"(孤舟泝素波), "강안에 기대 앉아 낚싯줄을 드리운다"(依岸坐垂釣) 등등의 구절이 있다. 목멱산에서 한강이 바다보이는 곳으로 추정할 수 있는 단서다. 채수가 만년에 은거했던 경상도 尙州의 남산으로 본 일부의 견해는 잘못이다. 또 당시의 별서 이름은 耆之軒이었던 것 같다. '청허정사'란 말은 어디에 근거한 것인지 모르겠다.

齋) 성현(成俔: 1439~1504)의 석가산 역시 유명하여 그것을 소재로 한 '석가산부'(이승소 작)가 나온 바 있다.

가산은 인공적으로 만든 것이다. 문자 그대로 조경(造景)에 해당한다. 인공의 산이기 때문에 진가론(眞假論)의 관점에서 접근하는 경우가 있다. 일본에서 진가(眞假)의 의미부여 없이 '축산'이라고 한 것과 대비가 된다. 가산은 담장 너머에 있는 산수를 빈 마당에 빌려 오는 차경(借景)[7]과도 다르다. 가산의 조영 목적은 '와유(臥遊)'에 있었고, 그 이면에 신선사상이 짙게 깔려 있다.

이 글에서는 우리나라 가산의 사상적 배경을 시문을 통해 살피고자 한다.

## Ⅱ. 신선사상, 도가사상

석가산이 생겨난 배경을 보면, 먼저 중국 남조(南朝) 송나라 때 사람 종병(宗炳: 375~443)의 '와유(臥遊)' 고사를 말하지 않을 수 없다. 그는 학문과 식견을 갖추었으나 일생토록 벼슬살이를 즐겨하지 않았다. 여러 산을 두루 유람하였으며 말년에는 집안에 온갖 산수화를 모아 놓고 '와유의 흥'을 즐긴 것으로 유명하다. 그는 자신이 한 번이라도 다녀온 곳은 반드시 그림으로 그려 집안에 붙여놓았다고 한다.[8]

이와 관련하여 조선 후기 문인 서파(西坡) 오도일(吳道一:

---

[7] 송대의 시인 황정견이 '借景亭詩序'에서 처음으로 차경을 말하였다.

[8] 『南史』 권75, 「列傳-隱逸上」, 〈宗少文〉 참조.

1645~1703)의 「석가산 주인에게 써서 주다(書與石假山主人)」라
는 제목의 시 한 수를 보기로 한다.

> 何年五嶽落中庭   어느 해에 오악(五嶽)[9]이 뜰 안으로 떨어졌는가
> 枕席尋常蒼翠生   잠자리에서도 싱싱한 푸름이 예사라네.
> 若使少文逢此境   만약 종소문(宗少文)[10]에게 이런 경지를 만나게 했다면
> 畫工應不費經營   응당 화공을 경영할 필요가 없으리라.[11]

  동양의 산수화는 대개 와유지계(臥遊之計)와 관련이 있다. 그
것도 밀접한 것이 사실이다. 그러나 그림을 통한 '와유의 흥'은
한계가 있을 수밖에 없다. 모든 것이 '마음'〔心〕에 달렸다고는 하
지만, 실경(實景)이 아닌 '그림'이라는 데서 오는 한계는 있는 것
이다. 그래서 자연을 집안으로 끌어들이려는 생각이 나오게 되었
다. 굳이 산수를 직접 편답하지 않더라도 그 축소판을 가정에서
언제나 볼 수 있기 때문이다. 강희맹(姜希孟: 1424~1483)의 「가산
찬(假山讚)」, 이승소(李承召: 1422~1488)의 「석가산시서(石假山詩
序)」, 채수의 「석가산폭포기」 일부는 이를 잘 대변한다.

  (A) 산을 오르는 사람은 반드시 높고 큰 것을 오르고자 하고, 물을 구경
  하는 사람은 반드시 깊고 넓은 것을 구경하려고 한다. 대개 온누리에다
  장관(壯觀)을 극진하게 펼쳐놓고 나의 정신을 저 물외(物外)까지 만족
  하게 하려는 것이다. 그러나 지역의 구분이 있고 다리의 힘이 빠지는 데

---

[9] 중국의 대표적인 다섯 산. '東泰山, 南衡山, 西華山, 北恒山, 中崇山'을 말
한다. 뜰 안에 있는 석가산을 비유한 것이다.

[10] 宗少文: 중국 남조 송나라 때의 문인 宗炳의 자.

[11] 『西坡集』 권6, 19b, 「書與石假山主人 二首」(문집총간 152, 123쪽)

야 어찌 하랴. 비록 장해(章亥: 상곳적 걸음을 잘 걸었다고 하는 사람)
의 건장한 걸음처럼 달리고 열어구(列禦寇)의 신기한 바람 타는 재주
를 사용하더라도 나의 장지(壯志)를 최고조에 달하도록 할 수는 없을
것이니, 호정(戶庭)을 나가지 않고 산림(山林)과 강해(江海)를 좋아하
는 취미를 거두어들이고자 하는 것은 역시 어려운 일이다. 생각건대, 그
림으로 그리는 것[繪畫] 한 가지 일로 말하더라도 거의 형사(形似)에
방불할 수는 있을지언정 진짜 형상[眞形]이 우뚝 솟아 유동(流動)하는
정취는 있지 않다. 어떻게 작은 것을 가지고 큰 것을 예로 삼으며, 가
(假)를 들어 진(眞)을 상상할 수 있겠는가.[12]

(B) 공이 말하였다. "내가 이미 노쇠하다오. 기력이 없어 사람을 붙들어
야 겨우 설 수 있으니 산을 오를 힘이나 있겠소? 그럼에도 산수에 대한
고질병은 이미 고황(膏肓)에 들어 치료할 수 없소이다. 방안의 앉은 자
리나 누운 자리에서도 창문으로 바라보고 마주하고 싶은 생각에 가산
을 만들었소. 푸른 샘물을 돌게 하고, 아름다운 풀들을 심고, 봉우리들
을 빼어난 솜씨로 찬란하게 꾸몄으니 이 아니 좋소? 시를 짓고 즐기니
경치와 마음이 어우러져, 태산만이 크고 가산이 작다는 것을 알지 못하
겠소. 못은 작고 바다만 크다는 것도 알지 못하겠소"[13]

(C) …… 만일 사방을 유람하는 사람[遊方之士]이라든지 선(仙)·석
(釋)의 무리를 만나 산수에 대하여 담소라도 나누게 되면, 청허자(淸虛
子)는 몹시 즐거워하면서 서로 더불어 꾸밈없이 논하였는데, 마냥 즐거
워 입담이 진진하게 그치지 않았다. 세상 사람들 모두가 천석고황(泉石
膏肓)을 비웃었다. 늙고 나이 들어 다리에 힘이 없어 잘 걷지 못하자 어
떻게 할 수 없어, 부득이 누워서 산수를 유람할 수 있는 계책을 냈다. 이
는 곧 고금명류(古今名流)들이 그린 산수를 모아 벽에 걸어 놓고 보는
것이었다. 그러나 유상(遊賞)하려는 생각에 조금이나마 위로가 되기는

---

12  강희맹, 『사숙재집』 권5, 25a-26a, 「假山讚」(총간 12, 70쪽)
13  이승소, 『삼탄집』 권11, 3a-3b, 「石假山詩序」(총간 11, 483쪽)

했지만, 단지 그 (산수를 그린) 필력의 정밀하고 웅건함과 경물들의 그 럴싸함만을 취할 따름이었다. 역시 생동감 있고 핍진한 형상은 보기가 어려워 늘 마음속으로 한스럽게 여겼었다.[14]

한편, 이상경(理想境)을 그리는 인간의 기본적인 사고가 석가 산의 조영에 투영되었다고 한다면, 그 사상적 배경으로는, 우선 신선사상 이나 노장사상(老莊思想), 더 나아가 종교로서의 도교 사상을 들지 않을 수 없다. 순수하게 유가적 입장에서 석가산을 만들거나 석가산을 주제로 한 문학 작품을 남긴 경우는 퍽 드물 다. 촌은(村隱) 유희경(劉希慶: 1545~1636)의 시 「지가운의 석가 산에 붙이다(題池駕雲石假山)」는 석가산과 도교사상의 관계를 엿 볼 수 있게 하는 자료다.

我見君家石假山  내가 자네 집의 석가산을 보았더니
層巒競出白雲間  층층 봉우리가 흰 구름 사이에 다투어 솟았더군.
從今若遇安期子  지금부터 안기생(安期生)[15]을 만날 것 같으면
共入烟霞學鍊丹  연하 속에 함께 들어 연단술(練丹術)을 배우리.[16]

성현의 「석가산부(石假山賦)」는 총 834자의 장문이다. 우리나 라 한문학 작품 가운데 석가산을 도교사상이나 신선사상과 관 련시켜 서술한 대표적인 작품이다. 『속동문선』 권1에 실린 것도 그런 이유에서 일 것이다. 자신이 조영한 석가산을 이처럼 웅대 한 스케일로 읊은 것이 이채롭다. 전문 가운데 일부를 보기로

---

14 蔡壽, 『懶齋集』 권2, 5a-5b, 「石假山瀑沛記」(총간 15, 372쪽)
15 중국 진시황 때의 신선. 장생불사의 신선으로 유명함.
16 『村隱集』 권1, 23b (총간 55, 18쪽)

한다.

> ......
> 한 줌의 돌은 대악(岱嶽)<sup>17</sup>의 큰 산이요
> 한 잔의 물은 하해(河海)의 큰 물결이라.
> 겨자씨만한 배가 빙글빙글 감돌다가
> 곧 용양의 배에 만곡을 싣고 장풍에 내달리고
> 붕어와 미꾸라지가 팔딱팔딱 뛰놀다
> 곧 큰 고래와 자라가 하늘을 뒤흔드는 듯하다.
> 어떤 것이 가(假)요, 어떤 것이 진(眞)이란 말인가
> 어느 것을 버리고 어느 것을 좇을까.
> 졸(拙)한 것이 꼭 졸한 것은 아니며
> 공교한 것이 반드시 공교한 것이 아니요
> 속이는 것이 꼭 속이는 것은 아니며
> 충실함이 반드시 충실함은 아니다.
> 어둡고 멍청한 것이 바보가 아니며
> 분명하고 똑똑함이 총명한 것이 아니라.
> 사람에게는 궁달(窮達)이 있고
> 도에는 성쇠가 있는 법.
> 얻었다고 어찌 기뻐만 하며
> 잃었다고 어찌 근심만 하랴.
> 진실로 소요(逍遙)나 방랑(放浪)함으로
> 마음과 정신이 화합하여 즐겁게 하며
> 난새와 봉황을 채찍질하여
> 한만한 데로 내몰아 홍몽(鴻濛)<sup>18</sup>을 초월하면 되지
> 어찌 꼭 광한전과 요지궁에 있어야만 할까.<sup>19</sup>

---

<sup>17</sup> 중국 五嶽의 하나인 泰山의 딴 이름. '岱宗'이라고도 한다.
<sup>18</sup> 하늘과 땅이 아직 갈리지 않은 상태.
<sup>19</sup> 『虛白堂集』속집 권1, 1a-3b, 「石假山賦」"拳石爲岱嶽之宗, 勺水爲河海之

『노자』제45장을 보면 "큰 솜씨는 서투른 것 같다"(大巧若拙)
고 하였다. 위의 '부'에서 말한 경지에 이르면 '인공의 산'은 문
제될 수 없다. 졸렬한 것은 더욱 더 문제될 수 없다. 마지막 부
분은 신선사상, 도교사상의 극치라 할 수 있을 것 같다.

　　삼탄(三灘) 이승소(李承召)의 「석가산부」[20]는 성현의 석가산을
읊은 것이다. 분량은 성현의 것에 미치지 못하지만(377자) 처음
부터 끝까지 신선사상이나 도교사상에 연결시켜 석가산을 읊었
다는 점에서 의미가 있다.

| | |
|---|---|
| 君不見 | 그대는 보지 못하였나? |
| 昌寧先生昔少年 | 창녕 선생(성현)께서 젊었을 때 |
| 健如鶻鷹橫秋天 | 씩씩함이 가을 하늘을 나는 물수리와 같았음을. |
| 胸吞九夢不足道 | 가슴에 구몽 삼킨 것[21]을 말로 다 할 수 없었고 |
| 眼空四海誰能肩 | 안중에 사해를 비웠으니 누가 능히 견주랴. |
| 飛上太淸謁虛皇 | 태청(太淸)[22]에 날아올라 허황(虛皇)[23]을 알현하고 |
| 玉堂金殿長周旋 | 옥당과 금전에서 오래도록 일 보았네. |
| 有時絳節分下界 | 시간 내서 붉은 깃발 잡고 하계(下界)로 내려올 때는 |
| 鞭笞鸞鳳态騰騫 | 난새와 봉황을 채찍질하여 마음껏 훨훨 날았다네. |

洪. 芥舟回潆, 卽龍驤萬斛之駕長風. 鮷鰍撥剌, 卽穹鯨巨鰲之掀天空. 然
則孰假孰眞, 何去何從. 拙不必拙, 工不必工, 詐非其詐, 忠非其忠. 悶悶昏
昏兮非春, 明明察察兮非聰. 人有窮達, 道有汚隆. 得何欣欣, 失何忡忡. 固
當逍遙放浪, 心會神融. 若將鞭笞鸞鳳, 馭汗漫而超鴻濛, 何必在廣寒之府
瑤池之宮."(총간 14, 416-417쪽)

20　『삼탄집』권9, 19b-21b, 「石假山」(총간 11, 469쪽)

21　중국의 호북성 洞庭湖 주변에 있는 雲夢澤 아홉 개를 삼켰다는 고사.
　　큰 포부를 지니고 있음을 말한다. 사마상여의 「子虛賦」에 나온다.

22　도교에서 말하는, 신선이 산다는 세 궁(三淸)의 하나. 하늘을 말한다.
　　『抱朴子』, 「雜應」참조.

23　도교의 신 이름. 元始天尊.

歷遍雄州與名都　웅주(雄州)와 명도(明都)를 편력하여

靈山福地探幽玄　영산[24]과 복지[25]에서 유현(幽玄)[26]을 탐구했네.

蔴姑仙子喜相迎　마고[27] 선녀들이 기쁘게 서로 영접하였으니

霓旌羽蓋爭後先　아름다운 깃발과 우산이 앞서거니 뒤서거니 했네.

興來揮洒步虛詞　흥이 나면 붓을 휘둘러 보허사(步虛詞)[28]를 쓰고

八角光芒動色川　여덟 빛 광선은 번쩍거려 빛깔과 윤기를 더하였네.

但恨仙山不復開　한스럽구나, 선산(仙山)이 다시 열리지 않으니

雖有石髓求無緣　석수(石髓)[29]가 있더라도 찾을 인연이 없네그려.

流光如電朱顔彫　세월은 번개 같아 붉은 얼굴 쭈그러져

倦却束帶趨朝聯　관복을 입고 날마다 뛰어다니기 피곤하여 그만 두고

歸來高臥守玄牝　임천에 돌아와 높이 누워 현빈(玄牝)[30]을 지키면서

服餌猶堪地行仙　장생불사 약을 복용하여 땅 위 가는 신선인 것 같았다네.

尙餘泉石膏肓在　아직도 천석의 병 고황 속에 남아 있어

昔年遊歷夢依然　지난날 유람한 곳 꿈속에서도 의연했네.

雲山一別難再尋　운산(雲山)[31]에서 한번 이별한 뒤 다시 찾기 어려워라.

幾回悵望心涓涓　몇 번이나 창망하게 보며 마음 서운했나

曾聞鍊石補天缺　듣자니 돌을 다듬어 하늘 갈라진 틈새를 보수하고

斷鼇挂地四裕堅　자라 다리 잘라 땅에 걸어 사방이 더욱 견고하였다네.[32]

---

[24] 신령이 산다는 산. 도교에서는 蓬萊山을 말한다.

[25] 신선이 사는 곳. 도교에서는 72개의 福地가 있다고 한다. 上帝가 眞人에게 명하여 이곳을 다스린다고 한다.

[26] 도가에서 말하는 '도'를 달리 이르는 말.

[27] 중국 신화에 나오는 여신. 마고할미. 전한 桓帝 때 姑餘山에서 도를 닦았다고 한다. 여기서는 女道士를 가리킨다.

[28] 도가의 경문을 읽어 칭송하는 것.

[29] 돌고드름. 약재로도 사용된다.

[30] 道家의 오묘한 도.

[31] 구름이 걸려 있는 높은 산. 속세에서 멀리 떨어진 곳으로 隱者와 출가한 사람들이 거처하는 곳.

[32] 중국 고대 신화에 등장하는 女媧氏가 자라의 다리를 잘라서 땅의 사방 기둥을 세웠다고 한다. 『列子』, 「湯問」 "斷鼇之足, 以立四極."

| | |
|---|---|
| 天地尙賴人力修 | 천지가 오히려 사람이 잘 고치는 데 힘입었거늘 |
| 況此山川一塵涓 | 더구나 티끌이나 물방울 같은 이 산천쯤이야. |
| 先生斸開蒼苔地 | 선생께서 푸른 이낀 땅을 개척하시고는 |
| 試作方塘引流泉 | 시험 삼아 방지(方池)를 만들어 샘물을 끌어왔네. |
| 中間疊石擬方壺 | 중간에 돌을 쌓아 방호(方壺)[33]를 본떴는데 |
| 峯巒巧秀脩眉姸 | 빼어난 기교로 만든 산봉우리는 눈썹 긴 미인같네. |
| 水匯山峙有神功 | 높은 산언덕으로 끌어올린 물은 신기하여 |
| 造物不得專其權 | 조물주가 전권(專權)을 얻을 수는 없었네. |
| 却疑夸娥氏 | 도리어 과아씨(夸娥氏)[34]가 |
| 夜負太行遷 | 밤에 태항산(太行山)[35]을 짊어지고 옮겨가 |
| 不措朔東與雍南 | 삭동과 옹남에 놓아두지 않고[36] |
| 置之先生几案前 | 선생의 책상 앞에 두었나 의심한다. |
| 太行高哉幾千仞 | 태항산의 높음이여, 몇 길이던가 |
| 層峯疊巘雲相連 | 겹겹의 봉우리 구름에 잇닿았네. |
| 一朝縮在尋丈間 | 하루아침에 축소되어 심장간(尋丈間)[37]에 있지만 |
| 宛轉玲瓏萬象全 | 구불구불 영롱하여 온갖 형상 온전하네. |
| 寒波綠淨不堪唾 | 찬 물결은 푸르고 맑아 침을 뱉을 수 없고 |
| 秀色凝翠煙非煙 | 푸름 엉긴 고운 빛은 안개인가 아니런가. |
| 夜深明月浩如海 | 깊은 밤의 밝은 달빛 바다같이 드넓은데 |
| 疑有笙鶴來翩翩 | 왕자진(王子晉)[38]이 학을 타고 생황을 불며 내려올 것 |

33 고대 전설상의 方丈山. 壺中天. 별천지, 별세계.

34 옛날 仙人의 이름. 산을 등에 지고 옮겼다는 神力의 소유자다. '愚公移山'의 고사에 나온다.

35 중국 북쪽 拒馬河 골짜기에서 시작하여 남쪽으로 黃河 연안까지 뻗어 있는 산맥. 北山愚公에 나오는 太形山을 말하는 것으로 보인다.

36 愚公이 太形山과 王屋山을 옮기려고 하자 우공의 정성에 감동한 옥황상제가 힘이 세기로 유명한 夸娥氏의 아들을 시켜 두 산을 들어 옮겨, 하나는 朔東에 두고 하나는 雍南에 두게 했다는 고사. 이 때문에 기주 남쪽에서 한수 남쪽에 이르기까지 산이 없다고 한다. 『列子』, 「湯問」 편에 나오는 '愚公移山' 고사 참조.

37 '심'은 8척, '장'은 10척.

만 같네.

灝氣襲人風泠然  대자연의 기운 엄습하여 부는 바람 싸늘한데

如與汗漫遊八埏  마치 한만(汗漫)과 더불어 팔방을 유람하는 듯.

世人紛紛眼多肉  세상 사람들 분분하여 안목 있는 이 없어

杯視此水山如拳  이 물을 한 잔 술처럼 보니 산이 주먹만 할 뿐.

那知大地瀛海環  어찌 알랴. 대지를 큰 바다가 둘러싸서

無異蛇盤鏡中圓  거울 속에 뱀 둥글게 따리 튼 것과 같다는 걸.

泰山爲小秋毫大  태산이 되레 작고 가을 터럭이 되레 크다는 사실을

此意難與兒曹傳  이 뜻을 애들에게는 전하기 어렵네.

위에서 소개한 장문의 두 부(賦)는 석가산과 신선사상, 나아가 도가사상과의 관계를 극명하게 보여주는, 석가산문학의 대표작이라고 하겠다.

이승소는 위 글에서 천연과 인공으로 나누어 인공을 천연보다 낮게 보려는 시각에 대해 비판하였다. 즉, 여와씨(女媧氏)의 보천고사(補天故事)를 인용, "천지가 오히려 사람이 잘 수리한 것에 힘입었다"고 하였다. 또 세상에 안목 있는 사람이 없어 못의 물을 창명(滄溟)으로 보지 않고 그저 한 잔의 술처럼 보니 가산이 주먹만 하게 보일 뿐이라고 하면서, 태산을 추호(秋毫)처럼, 추호를 태산 같이 볼 줄 아는 안목이 있어야 석가산을 이해할 수 있다고도 하였다. 세속적인 관점이나 시각으로 석가산을 이해하여서는 안 된다는 점을 강조한 것이다.

---

38  중국 河南省 偃師縣(언사현) 남쪽에 있는 구씨산 꼭대기에서 周나라 靈王의 태자 왕자진이 7월 7일에 가족과 작별한 뒤 흰 학을 타고 날아갔다가 30 여 년 만에 白鶴을 타고 와 緱氏山(구씨산)에 내렸다는 고사. 이 곳에서 仙人인 浮丘公과 함께 학을 타고 생황을 불며 嵩山에서 노닐었다고 한다. 『太平府志』 및 『唐書』〈藝文志〉 참조.

## III. 석가산과 진가(眞假)의 문제

석가산을 조영한 사람들이 대부분 유가의 가르침을 신봉하는 유학자였다. 그러다 보니, 진(眞)과 실(實)을 취하고 가(假)와 허(虛)를 배척하는 유자로서 진가(眞假)의 문제를 피해갈 수는 없었다. 하서(河西) 김인후(金麟厚)는 「소쇄원사십팔영」 제16영 가산초수(假山草樹)에서 "사람 힘 들이지 않고 산이 되었건만(爲山不費人), 그래도 조물인지라 '가산'이 되었네그려"(造物還爲假)라고 한 바 있다. 아무리 자연미를 살리고자 최소한의 인력을 사용했다 하더라도 천연 그대로의 산이 아니라 가산이요 조산(造山)이기 때문에, 석가산의 크기와 모양 등에 관계없이 진가의 문제가 제기될 수밖에 없다.

또한 무위자연(無爲自然)을 종지로 하는 노장사상의 가르침에 비추어 보아도 인공적인 것은 박실자연(樸實自然)한 것과는 거리가 있기 때문이다. 실학자 성호(星湖) 이익(李瀷)의 「석가산기(石假山記)」[39] 한 대목 역시 이를 말해준다.

…… 그러나 사람들은 그것을 '하늘이 만든 것'이라고 말하지 않고 '사람이 만든 것'이라고 말한다. 하늘이 만든 것은 박실(樸實)하지만 사람이 만든 것은 교묘하고, 하늘이 만든 것은 자연스럽지만 사람이 만든 것은 흔적이 있다. 교묘하다는 것은 박실함이 흩어진 것이요, 자연스러움을 깎아내 흔적이 있는 데로 내달리는 것이다. 이 가산은 수중완구(手中翫具)가 되기에는 넉넉하지만, 물건을 보고 의태(意態)를 살피는 데는 말단의 것일 뿐이다. 장자(莊子)는 "혼돈은 구멍을 뚫어주면 죽고,[40]

---

[39] 『성호전집』 권53, 「石假山記」

오리는 짧은 다리를 붙여주면 괴로워한다"[41]고 말했다. 무릎 유로 만들 수 없고 짧은 것을 길게 할 수 없다는 이치다.

그런데, 채수는 「석가산폭포기」에서 석가산을 만든 이유에 대해 "작은 것을 통해서 큰 것을 깨닫고 쉬운 것을 통해서 어려운 것을 도모한다"[42]고 하였다. 이 말은 본디 『노자』 제63장에서 나왔다.

큰 것은 작은 데서 나오고, 많은 것은 적은 데서 생긴다. 쉬운 데서부터 어려운 일을 풀어야 하고, 작은 데서부터 큰 일을 치르게 해야 한다. 천하의 난사(難事)도 반드시 쉬운 데서 일어나고, 천하의 대사(大事)도 반드시 작은 데서 일어난다. 성인은 끝내 스스로 크다고 자처하지 않는다. 그러므로 큰일을 이룩할 수가 있다. [43]

그러나 이것은 굳이 노장사상에만 국한될 말은 아니다. 작은

---

40  『莊子』, 「應帝王」: "남해의 임금을 儵(숙)이라 하고 북해의 임금을 忽(홀)이라 하며, 중앙의 임금을 渾沌(혼돈)이라 했다. 숙과 홀이 때마침 혼돈의 땅에서 만났는데, 혼돈이 매우 융숭하게 그들을 대접했으므로, 숙과 홀은 혼돈의 은혜에 보답할 의논을 했다. '사람은 누구나 눈·귀·코·입의 일곱 구멍이 있어서 그것으로 보고 듣고 먹고 숨 쉬는데 이 혼돈에게만 없다. 어디 시험 삼아 구멍을 뚫어 주자.' 그래서 날마다 한 구멍씩 뚫었는데, 7일이 지나자 혼돈은 그만 죽고 말았다."

41  『장자』, 「騈拇」: "물오리는 다리가 짧지만 길게 이어주면 괴로워하고, 학의 다리는 길지만 자르면 슬퍼한다. 때문에 본래부터 긴 것을 잘라서는 안 되며 본래부터 짧은 것을 이어 주어도 안 된다."

42  蔡壽, 『懶齋集』 권2, 6a, 「石假山瀑沛記」 "喩大於小, 圖難於易."(총간 15, 372쪽)

43  『노자』, 제63장 "圖難於其易, 爲大於其細, 天下難事, 必作於易, 天下大事, 必作於細, 是以聖人終不爲大."

것을 통해서 큰 것의 이치를 깨닫고 쉬운 것을 통해 어려운 일
을 도모하는 것은 유가에서 말하는 격물치지(格物致知)의 차원
으로도 연결시킬 수 있다. 그러나 채수는 세대(細大)와 진가(眞
假)의 문제를 철저하게 불교의 논리를 가지고 접근하였다.

> 아아! 무엇이 진(眞)이고 무엇이 가(假)란 말인가? 마침내 천지 모두가
> 가합(假合)이요 인신(人身)의 사대(四大: 四體)가 모두 가합이다. 어찌
> 꼭 그 세대진가(細大眞假)를 논해야만 한단 말인가.[44]

불교에 심취하여 불교적 세계관과 내세관을 담은 소설 『설공
찬전(薛公瓚傳)』을 지은 채수로서는, 진가 자체를 따지는 것이
부질없는 일이었는지도 모른다. 조선 숙종 때의 학자 북헌(北
軒) 김춘택(金春澤: 1670~1717) 역시 다음과 같은 시를 남긴 바
있다.

> 且置山眞假　두어라, 산이 진짜인가 가짜인가를
> 無山亦有山　산은 없기도 하고 있기도 하다.
> 願君勤學道　그대에게 바라노니 부지런히 도를 배우면
> 終透有無關　끝내는 유무의 관문을 뚫게 될 걸세.[45]

겉으로는 불가의 이론과 무관한 듯하지만, 진가와 유무의 관
문을 뛰어넘어야 한다는 논리야말로 불교의 '일체유심조(一切唯
心造)'를 연상케 하는 것이다. 이와 같이 석가산의 조영과 관련

---

44 『懶齋集』 권2, 6a, 「石假山瀑沛記」(위와 같음)
45 『북헌집』 권5, 17b, 「偶與士復訪崔睡翁石假山, 崔求詩甚勤, 不能不書贈」
　　(총간 185, 74쪽)

하여 진가의 문제를 불교의 논리로 방어한 예는 채수·김춘택의
경우가 대표적이라 할 수 있다. 그런 사례는 매우 드문 편이다.

한편, 괴애(乖崖) 김수온(金守溫), 삼탄 이승소 같은 이는 '동
중유이(同中有異), 이중유동(異中有同)' 등의 논리를 펴며 다음과
같이 말하였다.

(A) 진짜를 진짜라 여겨서 사물에 이름을 붙이는 것은 가짜를 진짜라
여겨서 그 사물에 이름 붙이는 것만큼 의취가 깊지 않다. 왜 그런가? 천
지 사이에 가득 차 있는 수많은 사물들은 모두 각자의 본성을 지니고
있다. 산은 산의 본성을, 물은 물의 본성을 지니고 있다. 산을 가리켜 산
이라 하고 물을 가리켜 물이라 한다면, 우뚝하게 높이 솟아 있는 큰 것
이 산인 줄 누가 모르겠으며, 넘실넘실 흘러가는 것이 물인 줄 누가
모르겠는가? 그러나 다른 듯 하면서도 같음이 있고 같은 듯하면서도
다름이 있어 무시로 변하는 묘함(妙)을 보지는 못할 것이다.[46]

(B)…… 이것을 보면, 무릇 천하의 만물은 기다리는 바[所待]가 있지 않
음이 없다. 기다리는 바가 있다는 것은 가(假) 아닌 것이 없다. 또 하늘
이 만들어 낸 것이 가짜가 아니라는 것을 어떻게 알 것이며, 사람이 만
들어낸 것이 진짜가 아니라는 것을 어떻게 알 것인가. 예부터 이래로 만
물과 우리는 서로 모양을 본떴고, 진짜와 가짜는 서로 비슷하여 시비
(是非)와 동이(同異)에 관한 말들로 서로 다투었지만, (그 속에) 한 가
지 이치가 감추어져 있다. 소동파(蘇東坡)는 "이 돌을 가지고 돌아오는
데, 소매 속에 동해가 있다"라고 하였다.[47] 이러한 것을 안 뒤라야 가산

---

[46] 『拭疣集』 권2, 「石假山記」(총간 9, 105쪽)
[47] 중국 북송 때의 대문장가 蘇軾이 登州의 蓬萊閣 아래 石壁에서 떨어져
나온 壽石을 얻고 지은 시 가운데 나온다. "이 수석을 지니고 돌아오는
길, 소매 속에서 동해 물결 출렁인다"(我持此石歸, 袖中有東海)고 하였
다. 『蘇東坡詩集』 권31, 「文登蓬萊閣下 …… 且作詩 遺垂慈堂老人」 참조.

(假山)의 뜻을 알 수 있다.[48]

즉, 같은 것 가운데서 다른 것을 찾아야 하고, 다른 것 가운데서 같은 것을 찾아야 한다는 것이다. 노장(老莊)에서의 논리를 연상케 한다. 또 사람이 보기에 따라서 얼마든지 다를 수 있으므로, 세속적인 생각이나 선입관으로써 논해서는 안 된다는 것이다. 소동파가 '소매 속에 동해가 들었다'고 한 말은 불교의 '일체유심조'의 논리이면서 동시에 관점을 달리 해서 보면 얼마든지 달리 보일 수 있다는 장자의 논리이기도 하다. 다음에서 '관어물지외(觀於物之外)'를 말한 것은 곧 장자의 논리로 연결된다.

> 대저 사물에는 진실로 대소(大小)가 있다. 그러나 나의 관점이 사물에 국한되지 않는다면, 큰 것이라도 처음부터 그것이 크다고 보지 않을 것이요, 작은 것이라도 처음부터 그것이 작다고 보지 않을 것이다. 사물의 대소는 정해진 것이 없으니, 사물 밖에서 보는 자가 아니라면 능히 할 수 없는 것이다.
> 지금 대저 구릉(丘陵)을 말미암아 숭산(崇山)과 화산(華山)을 바라보면, 숭산과 화산이 진실로 그 아득히 높고 큼을 보게 될 것이다. 그러나 반드시 비웃는 자가 있어 말하기를 "어찌 저 곤륜산(崑崙山)은 보지 못했는가?"라고 할 것이다. 숭산과 화산을 말미암아 곤륜산을 보게 되면, 곤륜산이 진실로 아득히 높고 크다는 것을 보게 될 것이다. 그러나 또 반드시 비웃는 자가 있어 말하기를 "어찌 저 천지는 보지 못했는가?"라고 말할 것이다. 다름이 아니라 보는 바가 사물의 안에서 벗어나지 못했기 때문이다. 그러므로 사물에 즉(卽)하여 사물을 보면 사물은 그 큰 것을 이루 다 말할 수 없을 것이지만, 진실로 사물의 밖에서 보면[觀於物之外] 천지

---

48 『三灘集』권11, 3b, 「石假山詩序」(총간 11, 483쪽)

(天地)도 때로는 무(無)일 경우가 있다. 하물며 숭산과 화산이나 곤륜산 정도이겠는가? 나는 그 숭산이나 화산과 곤륜산이 주먹만한 돌과 다름을 보지 못하였다.[49]

잘 알려진 바와 같이 『장자』에서는 가치의 상대성, 인식의 상대성을 부르짖고 있다.[50] 시비와 미추(美醜)라는 편견과 아집의 세계를 떠나 일체의 사물이 모두 동등한 가치를 지니는 만물제동(萬物齊同)의 세계를 주장하는 「제물론」이 그것을 대변한다. 『장자』「추수(秋水)」 편에서는 "도의 관점에서 보면 사물에 귀천이 없고, 사물의 관점에서 보면 스스로를 귀하게 여기고 서로 남을 천하게 여긴다"(以道觀之, 物無貴賤, 以物觀之, 自貴而相賤)고 하였다. 이는 특정한 가치기준으로 세상을 평가하는 것에 대한 비판이라 할 수 있다. 이러한 가치상대적 태도와 관점은 실학자 연암(燕巖) 박지원(朴趾源: 1737~1805)의 경우가 두드러진다.

아아! 저 까마귀를 바라보자. 그 날개보다 더 검은 색깔이 없는 것이 사실이지만 햇빛이 언뜻 흐릿하게 비치면 얕은 황금빛이 돈다. 다시 햇빛이 나면 연한 녹색이 되기도 하며, 햇빛에 비추어 보면 자줏빛으로 솟구치기도 하고, 눈이 아물아물해지면서 비취색으로 변하기도 한다. 그렇다면 푸른 까마귀라 불러도 좋고 붉은 까마귀라 불러도 좋을 것이다. 그 사물에는 애초부터 정해진 색깔이 없건만, 그것을 보는 내가 눈으로 색깔을 먼저 정해버린다. 어찌 미리 색깔을 결정하는 것뿐이랴? 심지어 보지도 않고 미리 마음속으로 정해 버리기도 한다.[51]

49 丁範朝, 『海左集』 권23, 21a-21b, 「石假山記」(총간 239, 458쪽)
50 宋榮培, 「홍대용의 상대주의적 사유와 변혁의 논리-莊子의 상대주의적 사고와의 비교」, 『한국학보』 74, 1994 ; 李海英, 「홍대용의 비판의식」, 『大東文化硏究』 29, 성균관대학교, 1994 참조.

백호(白湖) 임제(林悌)가 말을 타려는데 마부가 "나리께서 취하셨나 봅니다. 갖신과 짚신을 짝짝이로 신고 계십니다"라고 하였다. 백호가 꾸짖기를 "길 오른편에서 보는 사람은 나더러 갖신을 신었다 할 것이요, 길 왼편에서 보는 사람은 나더러 짚신을 신었다고 할 것이니, 내가 무엇을 걱정한단 말이냐"라고 하였다. 이를 논하자면, 천하에서 가장 눈으로 보기 쉬운 것은 사람의 발[足]만한 것이 없을 터인데도, 보는 방향이 다르면 갖신과 짚신도 분간하기 어렵다. 그러므로 참되고 바른 견해는 진실로 옳고 그르다는 그 가운데 있는 것이다.[52]

이와 같이 '자천시지(自天視之)'의 관점에서 상대적 가치의 중요성을 강조하고, 모든 존재의 상대적 자기중심성에 대한 인식이 북학파(北學派) 실학의 중요한 이론이 되었음은 잘 알려진 사실이다.

또한 서파 오도일은 "가짜라고 일컬어지는 모든 사물들은 거짓을 꾸며 진짜를 흉내 내고, 교묘함을 굳건히 하여 겉모습을 판다"고 전제하면서도 "가산은 이것과는 다르다. 사람들이 가짜라 말하는 것은 옳지 않다. 산이 이뤄지기 위해서는 돌을 주된 밑천으로 삼는다. 무릇 우주 간에 명산(名山)으로 걸출하게 세상에 일컬어지는 것들 중에 천태(天台)·안탕(雁蕩)·형산(衡山)·여산(廬山) 등도 그 본질을 보면 돌들이 모여 이뤄지지 않은 것이 없다. 가산 또한 돌들을 많이 모아서 그 중에 모양이 기이하고 고고(高古)한 것, 삐죽삐죽 솟은 것, 험하고 괴이한 것들을 섞어 이루어 놓은 것이다. 모두 돌을 모아 이룬 것으로, 그것을 완

---

51 『연암집』 권7, 4b, 「菱洋詩集序」 참조.
52 『연암집』 권7, 2a, 「蜋丸集序」 참조.

성한 자가 하늘과 사람이라는 구별은 있지만, 완성한 점에 미쳐
서는 매한가지다. 어찌 반드시 저것은 진짜고 이것은 가짜라고
할 수 있겠는가'라고 하였다. 그러면서 이것을 유교의 수양론과
결부시켜 다음과 같이 말하였다.

…… 다만 산뿐만 아니라 사람 또한 그러하다. 사람은 인의(仁義)로써
성(性)을 이루니, 산이 돌로써 모양을 이루는 것과 같다. 요컨대 성인
(聖人)과 우자(愚者)는 같다. 일반 사람들이 성인과 차이가 나는 것은
기에 구애되고 욕심에 가렸기 때문이다. 가령 인의를 본연(本然)으로
하는 자라도 혼란에 빠져 운수가 막히고 눈이 어두워 잠식당하게 되면,
기이하고 고고하며 삐죽삐죽 솟아 험하고 괴이한 바위가 잡초나 티끌
속에 아무렇게나 버려져 모여 산을 이루지 못하게 되는 것과 같다. 진실
로 힘써 배우고 성실히 행하여 그 성품의 본연을 회복한다면 생지(生
知)하고 안행(安行)하는[53] 성인(聖人)과 같은 데로 돌아가게 될 것이
다. 이것이 요임금과 순임금이 몸소 행하시고 탕임금과 무임금이 돌이
키신 바이니,[54] 그 귀착하는 곳은 매한가지다. 몸소 행하신 것과 돌이킨
것의 차이를 가지고 탕임금과 무임금이 참된 성인이 아니라고 말할 수
는 없다. 그러니 가산을 가짜라고 할 수 없는 것 또한 분명하다.[55]

---

[53] 태어나면서부터 도를 알고 편안한 마음으로 이를 실행하는 것. 성인의
경우를 이른다.
[54] 『맹자』, 「盡心 下」 "孟子曰: 堯舜性者也, 湯武反之也." ; 『맹자』, 「진심
하」 "孟子曰: 堯舜性之也, 湯武身之也, 五霸假之也."
[55] 『西坡集』 권17, 37b-38a, 「曹氏石假山記」 "…… 不特山, 夫人亦然. 人之有
仁義以成性, 猶山之資於石以成形. 要之聖與愚均焉. 衆人與聖人異者, 以
氣拘焉慾蔽焉. 使仁義之本然者, 汨亂否塞, 晦盲淪蝕, 如奇古崔嶙險怪磅
礴之石, 委棄散落於榛莽埃壒之中, 而不得聚而成山也. 苟力學勉行, 以復
其性之本, 則與生知安行之聖同歸焉. 此所以堯舜身之, 湯武反之, 而其歸
一而已. 不可以身之反之之異, 而謂湯武非眞聖人, 則玆山之不可指以爲假
也, 亦明矣." (총간 152, 348쪽)

가산도 잘 꾸미면 진짜 산 이상으로 훌륭한 것이 될 것이요, 진짜 산이라 하더라도 아무렇게나 내버려두면 산으로서의 구실을 하지 못하게 될 터이니, 진산이냐 가산이냐를 따지는 것이 부질없다는 생각이다.

## Ⅳ. 맺음말

이상에서 고찰한 바와 같이, 이상경(理想境)을 그리는 인간의 기본적인 사고가 석가산의 조영에 투영되었다. 다시 말하면 우리나라 석가산에는 신선사상이나 도가사상이 강하게 반영되어 있다. 신선사상과 도가사상이 팔분이라면, 그 나머지는 불교와 유가사상이라 할 수 있다. 불가에서는 일체의 유(有)는 공(空)이 되고, 일체의 '유'가 '공'이 된다는 것까지도 '공'이라고 본다. 이 것이 '필경공(畢竟空)'이다. 이런 사고 아래서 세대(細大)와 진가(眞假)를 가리는 것은 부질없는 일이다. 공자가 '종오소호(從吾所好)'라 하고 장자가 '지적지적(自適之適)'을 말한 것과 같이, 철저할 정도로 '자기만족'을 누리면 그만인 것이다. 한편 유가적 수양론의 차원에서는 천연·인공의 구분을 할 수 있지만 진가론으로는 접근할 수는 없다고 보았다.

도가나 불교에서는 사물을 바라보는 관점이 중요함을 강조하였다. 바라보기에 따라 다른 세상, 다른 사물이 될 수 있다는 것이 불교 '일체유심조(一切唯心造)'의 사상이다. 이런 사상에서 '유무의 관문을 뛰어 넘으라'는 주장이 나오는 것은 당연하다.

또 절대적 가치관을 버리고 상대적 가치관으로 접근하면 세속적 가치와는 전혀 다른 결과가 도출될 수 있다는 것이 노자와 장자의 사상이다. 본디 노장사상은 무위자연(無爲自然), 박실자연(樸實自然)을 종지로 한다. 언뜻보면 인공의 조산인 석가산과 노장사상은 잘 연결되지 않을 것 같지만, 가치상대적인 관점이 사실상 이를 상쇄하였다.

우리나라 석가산 관련 시문을 보면, 세속적인 관점이나 시각으로 석가산을 이해하여서는 안 된다는 논리를 한결같이 전개하고 있다. '소매 속에 동해가 들어 있다'(袖中有東海)는 고치(高致)와 '사물 바깥에서 사물을 본다'(觀於物之外)의 관점이 석가산을 이해하는 열쇠라고 생각한다.

# 제2장 시가 있는 정원
## - 소쇄원 사십팔영 -

## I. 해설

전라남도 담양군 남면 지곡리에 있는 소쇄원(瀟灑園: 사적 제
304호)은 조선 중종 때의 학자 양산보(梁山甫: 1503~1557)가 기
묘사화로 스승 조광조(趙光祖)가 화를 입자 벼슬을 단념하고 은
거하기 위해 지은 별서정원이다. 자연미와 구도 면에서 손꼽힌
다. '소쇄'란 깨끗하고 시원하다는 의미로, 북송 때의 문인 황정
견(黃庭堅)이 성리학의 비조(鼻祖)인 염계(濂溪) 주돈이(周敦頤)
의 인품을 '광풍제월(光風霽月)'이라 한 데서 따왔다. 광풍각과
제월당을 지은 것도 이 때문이다.

이곳은 우리나라의 대표적 별서(別墅) 가운데 하나로 유명하
다. 16세기 조선 중기 장성·담양·광주 등지를 근거로 하는 이
른바 '호남가단(湖南歌壇)'의 시인·문사들이 모여 시문을 즐겼
던 문학의 산실이기도 하다. 호남가단의 선구인 김인후(金麟厚)[1]

---

[1] 조선 인종 때의 학자(1510~1560). 자는 厚之, 호는 河西·湛齋. 본관은
울산이며 전라도 長城 출생이다. 당대의 저명한 성리학자이자 문장가·
시인으로서 湖南歌壇의 선구자였다. 정조 때 성균관의 孔子廟에 배향되
었다. 저술로 『하서전집』이 있다.

의 '소쇄원 사십팔영(四十八詠)'은 일찍부터 주목을 받아왔다. 다만 아직까지 표준이 될 만한 번역이 없는 것은 유감이다.

'48'이란 숫자에 대해서는 말들이 많지만, 이종건(李鍾建: 수원대) 교수의 논문이 나온 뒤로는 너나 없이 『주역』의 이치를 담은 것으로 알고 있다.[2] 이 교수의 설에 따르면, 『주역』의 기본 괘가 팔괘(八卦)이고, 한 괘가 육효(六爻)로 이루어져 있기 때문에, '48'에는 우주 만상의 변화와 상생(相生) 이치가 담겨 있다고 한다. 이를 뒷받침할 만한 명증(明證)은 없다. 또 '48'이란 숫자가 우연히 나왔을 가능성을 배제할 수도 없다.[3] 그러나 실로 탁견이라 할 만하다. 다만 48영의 효시가 세종의 삼남 안평대군(安平大君) 이용(李瑢)의 '비해당사십팔영(匪懈堂四十八詠)'[4]이고, 이것이 안평대군의 사저(私邸)인 비해당의 승경과 명물·명품 48가지를 그림으로 그린 뒤 그에 붙인 화제시(畵題詩)인 점을 생각

---

2 이종건, 「소쇄원 사십팔영고」, 『마산대학 논문집』 제6집, 1984, 9쪽. 이씨의 설이 나온 뒤로 많은 관계 논저에서 인용 註記 하나 없이 끌어다 쓰고 있다.

3 우리나라 각지의 名勝 가운데 曲과 景으로 명명된 곳이 적지 않은데, 여기에 나오는 숫자들을 보면 八曲·九曲, 八景·十景 등 일정하지 않고 제각각이다.

4 '비해당 사십팔영'은 안평대군이 先唱한 칠언율시에 당시 집현전 학사이던 崔恒이 次韻하였으며, 이밖에 신숙주·성삼문·李塏·金守溫·李賢老·徐居正·李承胤·任元濬 등 8명의 학사도 오언이나 칠언의 율시 또는 절구로 각각 지은 바 있다고 한다. 別印本이 있었다고 하나 오늘에는 전하지 않고, 위에 소개한 학사 9명의 48영 가운데 이개·이현로·이승윤·임원준의 것은 일실된 것으로 보인다(최항, 『太虛亭集』 권1, 29a, 「匪懈堂四十八詠」頭註 참조). 詠物 대상은 모두 같으며 제목 역시 春後牧丹·仁王暮鍾 등 48개가 같다(약간 다른 것도 있다). 읊은 순서는 작자에 따라 일정하지 않다. 근자에 劉永奉 교수에 의해 집현전 학사들의 '비해당 사십팔영'이 選譯되어 나왔다. 『다섯 사람의 집현전 학사가 안평대군에게 바친 시』, 도서출판 다운샘, 2004 참조.

할 때, 주역의 원리보다도 사십팔영의 문학 전통에서 해답을 찾는 것이 순리적이라고 생각한다.

비해당의 사방에 펼쳐진 시의 소재가 48가지라는 것은 '4방×12가지=48'이라는 등식으로 해석할 수 있다. 이것은 조선시대 왕실이나 반가(班家)에서 12폭 병풍을 사방에 둘러치고 시회(詩會) 등을 열었던 사례와 자연스럽게 연결된다. 또한 '4×12'에서 '4'는 1년 사계절, '12'는 1년 열 두 달을 의미하는 것으로도 풀이할 수 있겠다. 독자들은 이점을 참고하는 것이 좋을 듯하다.

48영의 효시에 대해서는 아직 논하는 사람이 없는 것 같다. 역주자가 과문(寡聞)한 탓인지는 모르겠으나 '비해당사십팔영'을 넘어서는, 그 이전의 것은 보지 못하였다. 이 '비해당사십팔영'은 이후 매우 유명하여 차운(次韻)이 뒤따랐으며,[5] 그러다 보니 영물(詠物) 대상이 다르더라도 '48'이란 숫자를 지키는 것이 하나의 관례가 되었던 것이다. '소쇄원사십팔영'은 이런 배경 속에서 나왔다고 하겠다.

'소쇄원사십팔영'에 대한 번역은 이미 여러 가지가 나왔다. 알려진 것은 대개 다음과 같다.

『국역 하서전집』 전3권, 신호열(역), 하서선생기념사업회, 1987.
『국역 하서전집』 전3권, 장성 筆巖書院, 1992.
이해섭(편저), 『조선조 詩·歌詞 選集: 담양·창평 관련 시문』, 담양향

---

5  이후 成宗도 '비해당 사십팔영'에 차운한 시를 읊었으며, 이를 俞好仁·金馹孫 등 湖堂의 여러 학사들에게 보이고 和答하도록 한 바 있다(성종의 原韻은 『濯纓集』 속집 권상에 실려 있으며, 김일손의 「四十八詠跋」이 있다).

토문화연구회, 1996.

소쇄원시선 편찬위원회, 『瀟灑園詩選』, 광주: 광명문화사, 1997.

정기호(외), 『소쇄원 긴 담에 걸린 노래』, 태림문화사, 1998.

박준규·최한선, 『시와 그림으로 수놓은 소쇄원 사십팔경』, 태학사, 2000.

정재훈, 『소쇄원』, 대원사, 2000.

박정욱, 『풍경을 담은 그릇·정원』, 서해문집, 2001.

양재영(외), 『긴 담장에 걸리운 맑은 노래』, 현실문화연구, 2002.

이종건, 「瀟灑園 四十八詠考」, 『마산대학 논문집』 제6집, 1984.

이 중에는 신뢰하기 어려운 번역이 더 많다. 도무지 번역이라고 볼 수 없는 것들도 있다. 잘못된 번역을 토대로 논문과 저술들이 나온다면 그 결과가 어떠할지는 미루어 짐작할 만하다. 더욱 한심한 것은 이미 나온 번역들을 검토 한 번 없이 마구 인용·전재하면서도, 이 사실을 밝히는 주기(註記) 하나 없다는 것이다.

역주자가 입수한 번역들을 일람하건대, 1984년에 이종건 교수의 논문에 실린 것이 책임 있는 번역으로 최초인 듯하다. 그러나 이 교수의 번역은 최초라는 의의는 있지만, 일일이 거론하기 어려울 정도로 오역이 많다. 그가 한시문학을 전공한 학자라는 데서, 또 학술논문에서 다루어진 번역이라는 점에서 실망이 적지 않다.[6] 이어 1987년에 한학자 우전(雨田) 신호열(辛鎬烈: 1914~1993)의 번역이 나왔다. 신호열의 번역은 그 정확도에서 있어 아직까지는 첫손에 꼽을 만하다.[7] 최근에 나온 최한선(崔漢

---

[6] 이종건의 번역은 『소쇄원시선』(1995)에 전재되었으며, 이것은 다시 『소쇄원 긴 담에 걸린 노래』(1998)의 부록에 전재되었다.

善: 전남도립대 교수)의 번역과 해설도 좋은 평가를 받을 만하
다. 다만, 신호열의 경우 『하서전집』 전체를 번역하는 과정에서
나온 것이기에, 오래 공을 들이기 어려운 한계가 있었을 듯하고,
최한선의 경우 이전의 번역과 구별되는 색다른 번역에 힘쓰다
보니 도리어 실수가 나왔던 것 같다.

이에 역주자는 기존에 나온 번역들을 참고하여 잘못된 것을
바로잡고,[8] 자세한 주석을 가하여 학계에서 인용하는 데 편리하
도록 최선을 다하였다. 선행 번역과 비교해 보면 제1영부터 제
48영까지 적지 않은 차이가 있을 것이다. 그러나 한문에는 왕도
가 없다. 보는 이에 따라서는 역주자와 생각이 다른 부분이 있
을 것이다. 이해 있기를 바란다.

끝으로 한 가지 덧붙일 것은, 어떠한 번역이라도 인용·전제
할 경우, 반드시 이를 알리는 표시가 있어야 할 것이다. 학술 발
전을 위해 경성(警省)을 촉구한다.

[7] 신호열의 번역은 1987년에 나온 뒤로, 1992년 필암서원에서 펴낸 개정판
『국역 하서전집』에 전재되었다. 또 이해섭이 엮은 『조선조 詩·歌詞 선
집: 담양·창평 관련 시문』(1996)에도 전재되었는데, '전재'라는 註記가
없음은 유감이다.
[8] 문제가 되는 대목은 기존의 번역을 서로 비교하면서 저절로 오역이 확
인되도록 하였다. 다만 이종건·신호열·최한선의 번역에 국한하였다.

## II. 번역 및 주해

### 제1영 小亭憑欄 소정9에서 난간에 기대어

| | |
|---|---|
| 瀟灑園中景 | 소쇄원10 안의 경치가 |
| 渾成瀟灑亭 | 한 데 어울어져 소쇄정을 이루었네. |
| 擡眸輪颯爽 | 눈 들어 보니 삽상11한 바람 보내오고 |
| 側耳聽瓏玲 | 귀 기울이니 영롱한 물소리 들려온다. |

  * 渾成: 모든 것을 모아 하나로 이룸.

### 제2영 枕溪文房 개울가에 있는 글방12

| | |
|---|---|
| 窓明籤軸淨 | 창 밝아 첨축13이 깨끗하기도 하다. |
| 水石暎圖書 | 물속 바위에 그림 글씨 비치네. |
| 精思隨偃仰 | 깊은 생각은 노상 따라다니고 |
| 妙契入鳶魚 | 오묘한 계합(契合)14 '연비어약(鳶飛魚躍)'의 경 |

---

9  송강 정철의 「瀟灑園題草亭」에 "我生之歲立斯亭, 人去人存四十齡, 溪水 泠泠碧梧下, 客來須醉不須醒"이라 하여 1536년에 건립되었음을 짐작케 한다. 『송강집』 속집 권1, 27a 참조.

10  조선 숙종 때의 학자 北軒 金春澤은 「次瀟灑園韻 贈梁君擇」이란 시에 서, "소쇄는 산수를 두고 한 말이 아니니(瀟灑非山水) / 모름지기 마음 을 소쇄하게 할 줄 알아야 한다(須知瀟灑心)"고 하였다. 『소쇄원시선』, 111-112쪽 참조.

11  바람이 시원하여 마음이 상쾌함.

12  光風閣을 가리킴. 광풍각은 '光風霽月'이란 말에서 따왔다.

13  책의 제목[題籤]이 적힌 書軸.

14  오묘한 계합: 천지 자연의 이치를 깨친 것을 말함.

대봉대(待鳳臺)

지에 들었네.[15]

* 偃仰(언앙): 누웠다 일어났다 함. 轉하여 일상 起居를 말함.
* 鳶魚: 솔개와 물고기. 솔개가 하늘을 날고 물고기가 연못에서 뛰는 것이 자연의 섭리라는 뜻. 즉, 상하의 이치가 밝게 드러남을 말한다. 『中庸』, 제12장 "鳶飛戾天, 魚躍于淵."

---

[15] 이 대목과 관련하여 李敏叙의 「瀟灑園梁公行狀」에서는 "……尤用力於易之剛柔・變化・消長・往來之象, 深有契焉. 河西所謂精思隨偃仰, 妙契入鳶魚者, 信矣哉"(『西河集』 권16, 42a-42b ; 한국문집총간 제144권, 306쪽)라고 하였다. 다음의 번역들과 비교해 보라.
　이종건: "한가함을 따라서 생각은 깊어지고 / 飛潛의 경지로 드는 詩句節." (「소쇄원 사십팔영고」, 9쪽)
　신호열: "정한 생각 偃仰을 따라 난다면 / 묘한 계합 鳶魚로 들어가누나." (『국역 하서전집』 상권, 648쪽)
　최한선: "정신들여 생각하고 마음대로 기거하니 / 오묘한 계합 천지 조화의 작용이라네."(『시와 그림으로 수놓은 소쇄원 사십팔경』, 18쪽)

암반 위를 흐르는 계류

오암과 오암정

## 제3영 危巖展流 가파른 바위에서 흐르는 물

溪流漱石來　계류가 모든 돌을 씻고 오는데
一石通全壑　바위 하나가 온골짝에 깔려 있구나.[16]
匹練展中間　그 가운데 한 필 비단이 펼쳐져 있는데
傾崖天所削　비스듬한 절벽은 하늘이 깎은 것일세.

* 漱(수): 씻다.

## 제4영 負山鼇巖 산을 짊어진 자라 바위[17]

背負靑山重　등에는 무거운 청산을 지고
頭回碧玉流　머리는 벽옥 같은 계류로 돌렸네.
長年安不抃　긴 세월 꿈적 않고 눌러 앉았는데[18]
臺閣勝瀛洲　대각(臺閣)[19]들은 영주산[20]에서도 빼어났다네.

---

[16] 바위 하나가 ~ : 소쇄원의 溪苑은 전체가 하나의 커다란 암반으로 이루어져 있다.

[17] 鼇山故事에서 따온 말. 五曲門 밖에 있으며 앞에 鼇巖井이 있다.
‘오산’은 자라 열 다섯 마리가 머리로 떠받치고 있다고 하는 바다 속의 산이다. 渤海의 동쪽에 있으며 神仙이 산다고 한다. 『列子』, 「湯問」 “渤海之東, 有大壑焉. 其中有五山, 而五山之根, 無所連著, 常隨波上下往遠. 帝恐流于西極, 使巨鼇十五擧首戴之, 五山始峙.”

[18] 이 대목에 대한 다음의 번역을 비교하라.
　이종건: “이 나이에 어찌 기쁜 일이 없으리”(「소쇄원 사십팔영고」, 10쪽)
　신호열: “긴 긴 세월 자리 잡혀 놀지 않으니”(필암서원, 『국역 하서전집』 상권, 649쪽)
　최한선: “오랜 세월에 어찌 기쁨이 없으리요”(『시와 그림으로 수놓은 소쇄원 사십팔경』, 26쪽)

[19] 梅臺와 光風閣을 가리킴.

[20] 三神山의 하나. 거북이 이고 있는 뒷산을 영주산에 비유하였음.

\* 抃(변): 손으로 때리면서 건드림. 轉하여 '흔들리다'의 뜻. 『楚辭』, 「天問」 "鼇戴山抃, 何以安之."; 〔注〕 "手拍曰抃."

### 제5영　石逕攀危 돌 길에 높은 곳을 오르며

| 一逕連三益 | 한 가닥 외길 삼익우[21]가 잇대었는데 |
| 攀閒不見危 | 더위잡기 일없어 위태로워 보이지 않네. |
| 塵蹤元自絕 | 세속의 발자취 원래부터 절로 끊겼으니 |
| 苔色踐還滋 | 이끼 빛깔 밟아도 되려 푸르기만 하네. |

### 제6영　小塘魚泳 작은 못에서 노는 물고기

| 方塘未一畝 | 1묘[22]도 못되는 방지 |
| 聊足貯清漪 | 그런대로 맑은 물 모을만 하네. |
| 魚戱主人影 | 물고기가 주인 그림자 놀려대니 |
| 無心垂釣絲 | 낚시줄 드리울 마음이 없어라. |

### 제7영　刳木通流 홈대에 흐르는 물

| 委曲通泉脉 | 구불구불 홈통이 샘줄기까지 이어졌는데 |

---

21　梅·竹·石을 이른다. 蘇東坡가 북송 때 대〔竹〕를 잘 그렸던 문인 화가 文與可(1019?~1079: 이름은 同, 자는 與可)의 梅竹石을 贊하되 "梅는 차 가워도 빼어나고 竹은 여위어도 壽하고 石은 醜해도 文(아름답게 빛남) 이 있다. 이것이 三益의 벗이 된다"(梅寒而秀, 竹瘦而壽, 石醜而文, 是爲 三益之友)고 하였다 한다.

22　평수로는 약 30평.

高低竹下池　　높고 낮은 대숲 아래 못이 생겼네.[23]

飛流分水碓　　나는 듯한 계류는 물방아로 나뉘어지는데

鱗甲細參差　　자잘한 인갑(鱗甲)[24] 들이 뒤섞여 노는구나.

* 刳木(고목): 나무에 홈을 팜. 여기서는 홈대를 말함.

* 委曲: 굽음.

* 參差(참치): 들쭉날쭉 가지런하지 않는 모양. 흩어진 모양.


### 제8영 春雲水碓 구름을 찧는 물방아[25]

永日潺湲力　　매일같이 졸졸 흐르는 물의 힘으로

春來自見功　　부딪치다 보니 솜씨가 절로 나타나

---

[23] 높고 낮은 ~: 「소쇄원도」에 보이는 上池와 下池를 가리키는 듯함.

[24] 魚貝類를 이르는 말. '甲'은 거북이나 가재와 같이 껍질이 단단한 것을 이른다.

[25] 곡식을 찧는 물방아가 아니고, 물이 높은 데서 낮은 곳으로 떨어지는 것을 물방아에 비유한 것이다.

天孫機上錦　직녀가 베틀에서 짠 비단인 양

舒卷潺聲中　물찧는 소리에 펴졌다 말아졌다 하네.[26]

　　* 潺湲(잔원): 물이 졸졸 흐르는 모양.
　　* 天孫: 별이름. 織女星의 별칭.
　　* 卷: 말다. '捲'자와 통용됨.


제9영 透竹危橋 대 숲을 뚫고 놓인 외나무 다리

架壑穿脩竹　구렁을 가로질러 대숲을 뚫은 채

臨危似欲浮　아슬아슬하게도 공중에 뜨려는 듯 하네.

林塘元自勝　대숲가 못의 경치 원래부터 절로 빼어난데다

得此更淸幽　다리까지 놓이니 더욱 맑고 그윽하구나.


제10영 千竿風響 대 숲에 부는 바람소리

已向空邊滅　저 하늘가로 이미 사라졌다가

還從靜處呼　도로 고요한 곳에서 불어온다.

無情風與竹　본시 무정한 바람과 대이건만

日夕奏笙竽　밤낮으로 생황과 피리를 연주하는구려.


----

26 펴졌다 ~: 落水가 물에 비친 雲影에 떨어져 마치 비단을 말았다가 폈
다가 하는 것과 같다는 말.
　　이종건: "다듬이 소리에 책장이 넘어가네."(「소쇄원 사십팔영고」, 11쪽)
　　신호열: "홍두깨 소리에 걷으락 펴락."(『국역 하서전집』 상권, 652쪽)

외나무다리

하늘로 뻗은 대나무

## 제11영 池邊納凉 못가에서 더위를 식히며

| | |
|---|---|
| 南州炎熱苦 | 남녘 고을이라 불볕 더위 괴롭기만 한데 |
| 獨此占凉秋 | 유독 이곳만은 서늘한 가을이라. |
| 風動臺邊竹 | 바람은 대(臺) 가의 대나무를 흔들어 대고 |
| 池分石上流 | 못물은 돌 위에서 갈라져 흐른다. |

## 제12영 梅臺邀月 매대에서의 달맞이

| | |
|---|---|
| 林斷臺仍豁 | 숲 끊기고 매대가 이에 활짝 트였는데 |
| 偏宜月上時 | 달 떠오를 때가 유달리 좋구나. |
| 最憐雲散盡 | 아아 어여뻐라, 구름은 다 흩어지고 |
| 寒夜映氷姿 | 찬 밤 얼음처럼 맑은 매화 자태 비치네. |

* 偏宜: 오로지(유독) 좋음.
* 氷姿: 매화의 깨끗함을 형용한 말. 氷肌玉骨.

## 제13영 廣石臥月 너럭바위에 누워 달을 보며

| | |
|---|---|
| 露臥靑天月 | 한 데 누워 푸른 하늘의 달을 바라보니 |
| 端將石作筵 | 단장석[27]이 돗자리로세. |
| 長林散淸影 | 긴 숲에 흩어지는 맑은 월영(月影) |
| 深夜未能眠 | 밤이 이슥토록 잠 못 이루네. |

* 露臥: 한데서 잠. 露宿과 같은 말.

---

[27] 단정하고 위엄 있는 바위.

매대(梅臺)

### 제14영 垣竅透流 담장 밑을 흐르는 물

| 步步看波去 | 한 걸음 한 걸음 물결 보며 가다가 |
| --- | --- |
| 行吟思轉幽 | 거닐며 읊조리니 생각이 더욱 그윽하다. |
| 眞源人未泝 | 사람들은 진원(眞源)을 거슬러 올라가지 못하고 |
| 空見透墻流 | 그저 담장 뚫고 흐르는 물만 본다네. |

  * 泝(소): 거슬러 올라감. '溯'와 같은 자. '沂'(기)와는 구별됨.

### 제15영 杏陰曲流 은행나무 그늘 아래 굽이 흐르는 물

| 咫尺潺湲地 | 지척의 물 졸졸 흐르는 곳 |
| --- | --- |
| 分明五曲流 | 오곡류[28]가 분명하구나. |
| 當年川上意 | 그 당시 시냇가에서 말씀하시던 뜻[29]을 |

담장 밑을 흐르는 물


今日杏邊求        오늘엔 은행나무[30] 가에서 찾는구나.


제16영  假山草樹  가산[31]의  초목


爲山不費人        사람 힘 들이지 않고 산이 되었건만[32]

---

28  계곡 이름.

29  시냇가에서 ~: 공자가 시냇가에서 흐르는 물을 보며 쉼이 없이 흐르는
    것을 감탄하였다는 고사. 『논어』, 「子罕」 "子在川上曰, 逝者如斯夫, 不舍
    晝夜."

30  '杏'을 살구로 보는 경우도 있으나, 우리나라에서는 일반적으로 '文杏'
    (은행)으로 인식되어 왔다. 【참고】 공자가 은행나무 아래(杏壇)에서
    講學했다는 故事 참조. 『莊子』, 「漁父」 "孔子遊於緇帷之林, 休坐乎杏壇
    之上. 弟子讀書, 孔子絃歌鼓琴."

31  梁千運의 「瀟灑園溪堂重修上樑文」에는 "石假有山, 面面題詩, 字字寓意"
    라 되어 있다.

32  사람 힘 들이지 않고 ~: 자연미를 살리고자 최소한의 인력을 사용했다
    는 말.

造物還爲假　　그래도 조물인지라 '가산'이 되었네그려.
隨勢起叢林　　형세 따라 총림[33]을 일으켰는데
依然是山野　　어엿히 산야를 이루었구나.


## 제17영　松石天成　천연의 소나무와 바윗돌

片石來崇岡　　높은 뫼서 굴러온 듯한 바위돌에
結根松數尺　　여러 자 솔이 뿌리를 내렸네.
萬年花滿身　　만년토록 온 몸에 꽃(松花)이 가득한데
勢縮參天碧　　기세 곧으니 푸른 하늘까지 닿겠네.

　　* 縮: 곧게 나가다. 쭉쭉 뻗다.


## 제18영　遍石蒼蘚　돌에 널린 푸른 이끼

石老雲烟濕　　늙은 돌에 구름 안개 자주 스미니
蒼蒼蘚作花　　푸르디 푸른 이끼가 꽃과 같구나.
一般丘壑性　　구학의 성(性)[34]과 매한가지이니
絕意向繁華　　번화한 것에는 생각조차 끊었다네.

---

[33] 잡목이 우거진 숲.
[34] 隱者들의 본성. '구학'은 은자가 사는 곳을 비유한 말.

제19영 榻巖靜坐 걸상 바위에 조용히 앉아

| 懸崖虛坐久 | 벼랑 아래 생각 없이 오래 앉았더니 |
| 淨掃有溪風 | 계풍이 말끔하게 씻어주는구나. |
| 不怕穿當膝 | 무릎까지 파고 드는 것도 두렵지 않으니 |
| 偏宜觀物翁 | 관물(觀物)하는 늙은이에게는 꼭 알맞다네. |

　* 穿膝: (바람이) 무릎까지 파고 듦.


제20영 玉湫橫琴 옥추[35]에서 거문고를 탐

| 瑤琴不易彈 | 요금[36]을 쉽게 타지 않으니 |
| 擧世無鍾子 | 세상에 종자기(鍾子期)[37]가 없어서라. |
| 一曲響泓澄 | 깊고 맑은 물에 한 곡조 울려 퍼지니 |
| 相知心與耳 | 서로 알아주는 건 마음과 귀[38] 일레라. |


제21영 洑流傳盃 빙 돌아 흐르는 물에 잔을 돌리며

| 列坐石渦邊 | 물살 소용돌이 치는 돌가에 둘러 앉았으니 |
| 盤蔬隨意足 | 소반의 채소라도 마음먹기에 따라 풍족하네. |
| 洄波自去來 | 돌아드는 물결은 절로 오가는데 |

---

[35] 옥같이 맑은 못.
[36] 옥돌로 장식한 거문고.
[37] 중국 춘추시대 楚나라 사람. 일찍이 거문고의 명인 伯牙와 사귀었는데, 백아가 타는 거문고 소리를 알아주던 유일한 사람이었다. 종자기가 죽자 백아는 세상에 知音이 없다 하여 다시는 거문고를 타지 않았다고 한다.
[38] 양처사의 마음과 김인후의 귀를 말함.

盞斝閒相屬　　띄운 술잔이 한가롭게 서로 권한다.

* 洑流(복류): 빙 돌아 흐름.
* 盞斝(잔가): 술잔.
* 屬(촉): 권하다.

### 제22영 床巖對棋39 평상 바위에서 바둑을 두다

石岸稍寬平　　돌 언덕배기가 조금 넓고 평평한데

竹林居一半　　대 숲이 그 절반을 차지했네.40

賓來一局碁　　손이 와서 바둑 한 판을 두는데

亂雹空中散　　우박41이 어지럽게 공중에서 흩어진다.

* 亂雹(난박): 어지럽게 쏟아지는 우박.

### 제23영 脩階散步 긴 섬돌을 거닐며

澹蕩出塵想　　담박한 마음으로 속세의 상념에서 벗어나

逍遙階上行　　바람을 쐬면서 섬돌 위를 거닐어본다.

吟成閒箇意　　시 읊을 땐 한가한 생각뿐이요

吟了亦忘情　　읊고 나서도 온갖 속정(俗情) 잊혀지네.

* 澹蕩: 마음이 담박하고 편안한 모양.

---

39 이 시는 白居易의 「池上二絶 其一」에서 영향을 받은 듯하다. "山僧對棋坐(산승이 마주 앉아 바둑을 두는데) / 局上竹陰淸(바둑판 위에 대숲 그늘이 시원하다) / 映竹無人見(대나무 그림자는 비치는데 사람은 보이지 않고) / 時聞下子聲(때때로 바둑알 두는 소리만 들리네)" * 子 : 알. (예) 魚子·蠶子 등.

40 최한선은 이 대목을 "죽림에서 지냄이 대부분이라네"라고 해석하였으나(『시와 그림으로 수놓은 소쇄원 사십팔경』, 98쪽), 이는 오역이다.

41 바둑알을 비유한 말.

\* 簡: 어조사. '~한' 상태를 나타낼 때 쓰인다.


### 제24영 倚睡槐石 느티나무 가의 납작돌에 기대어 졸면서

| 自掃槐邊石 | 몸소 느티나무 가의 바위를 쓸고 |
| 無人獨坐時 | 아무도 없이 홀로 앉았네. |
| 睡來驚起立 | 졸다가 깜짝 놀라 일어섬은 |
| 恐被蟻王知 | 개미왕[42]에게 알려질까 두려워서라.[43] |


### 제25영 槽潭放浴 조담[44]에서 멱감으며

| 潭淸深見底 | 못이 맑아 깊숙이 바닥까지 보이는데 |
| 浴罷碧粼粼 | 멱감고 나도 맑고 푸르기만 하다. |
| 不信人間世 | 못 믿을 건 인간 세상이라 |
| 炎程脚沒塵 | 염정[45]에서 발에 묻은 홍진(紅塵)을 씻어내네.[46] |

---

[42] 당나라 때 사람 李公佐가 지은 『南柯記』의 '槐安國' 故事에서 나왔다. 淳于棼은 廣陵에 살았는데, 집 남쪽에 오래된 홰나무(느티나무)가 있었다. 순우분이 자기 생일날 술에 취해 홰나무 아래서 잠이 들었는데, 꿈에 사신을 따라 구멍 속으로 들어가 大槐安國의 임금을 친견하였다. 이어 공주를 아내로 삼고 南柯太守로 20년을 봉직하였으며 5남 2녀를 두는 등 온갖 부귀영화를 누리다가 후에 적과 싸워 패하고, 또 공주도 세상을 떠나고 자신도 견책을 받게 되었다. 이윽고 잠에서 깨고 보니, 家僮이 비를 들고 뜰을 쓸고 있었으며, 해는 아직 떨어지지 않고 술동이도 그대로 있었다. 이에 홰나무 아래 있는 구멍을 찾으니, 남가군은 곧 나무 남쪽 가지 아래에 있는 개미굴이었으며, 임금은 곧 왕개미였다.
[43] 개미왕에게 ~: 왕개미에게 물릴까 두렵다는 말.
[44] 구유처럼 생긴 못.
[45] 염천의 도정. 험란한 인생 道程을 비유한 것이기도 하다.
[46] 이 대목에 대해 다음의 번역도 아울러 참고하라.
　　이종건: "못믿을 손 인간 세상 / 열기가 속세의 때를 벗겨 주다니."(「소

* 潾潾(린린): 물이 매우 맑은 모양.

## 제26영 斷橋雙松 끊어질 듯한 다릿가의 두 소나무

| 漷漷循除水 | 갈래진 물은 섬돌을 안고 도는데 |
| 橋邊樹二松 | 다릿가엔 두 그루 솔이 서 있네. |
| 藍田猶有事 | 남전(藍田)에서도 일이 있었다 하니[47] |
| 爭及此從容 | 어찌 여기처럼 조용할까.[48] |

* 漷漷(괵괵): 물이 갈라져 나가는 모양.
* 循除: 섬돌을 안고 빙빙돌다. 除는 '섬돌'
* 爭: 어찌.

---

쇄원 사십팔영고」, 17쪽)

신호열: "믿어지지 않는구려 인간 세상에 / 한길의 더운 먼지 다리 묻는 것."(『국역 하서전집』 상권, 660쪽)

최한선: "미덥지 않은 건 인간 세상이라 / 염정을 걷던 발 때도 씻어버리네."(『시와 그림으로 수놓은 소쇄원 사십팔경』, 110쪽)

[47] 남전에서도 ~: '哦松藍田'의 고사를 가리킴. 韓愈의 「藍田縣丞廳壁記」(『古文眞寶』, 권4)에 의하면 "縣丞 崔斯立이 현청을 보수하였다. 뜰에는 늙은 홰나무가 네줄로 늘어서 있고 남쪽 담장에는 큰 대나무 천 그루가 우뚝히 서서 서로 버티고 있는 듯하다. 물은 두 갈래로 섬돌을 안고 콸콸 흘러 갔다(水漷漷循除鳴). 최사립은 깨끗이 청소하고 물을 대주며 두 그루의 소나무를 마주 심어 놓고(對樹二松) 날마다 그 사이에서 시를 읊으며, 묻는 자가 있으면 곧 '나에게 지금 公務가 있으니 그대는 잠시 가 있으라'(余方有公事, 子姑去) 하였다" 한다.

【참고】남전현은 중국 陝西省(섬서성)에 있는 한 고을.

[48] 이 대목을 다음과 같이 번역한 것은 시의 원뜻에 어긋난다.

이종건: "남전엔 오히려 일이 있어서 / 다툼이 이 조용한 곳에도 이르겠네."(「소쇄원 사십팔영고」, 17쪽)

최한선: "옥이 나는 남전은 오히려 일이 분주해 / 그 다툼은 조용한 여기에도 미치리라."(『시와 그림으로 수놓은 소쇄원 사십팔경』, 114쪽)

## 제27영 散崖松菊 벼랑에 흩어져 있는 송국

| 北嶺層層碧 | 북쪽 재엔 층층이 청송(靑松)이요 |
| 東籬點點黃 | 동쪽 울엔 점점이 황국(黃菊)일세.[49] |
| 緣崖雜亂植 | 벼랑 타고 어지럽게 뒤섞여 있는데 |
| 歲晚倚風霜 | 늦가을 바람 서리에 잘도 버티네. |

## 제28영 石跌孤梅 돌받침 위에 외롭게 선 매화

| 直欲論奇絕 | 곧장 '기절(奇絕)'을 논하려거든 |
| 須看揷石根 | 돌틈에 뿌리 박은 매화를 보게나. |
| 兼將淸淺水 | 맑고 얕은 물마저 곁에 따랐는데 |
| 疎影入黃昏 | 성긴 그림자에 황혼이 드는구나. |

　＊ 將: 따르다.

## 제29영 夾路脩篁 좁은 길가의 쭉쭉 뻗은 대숲

| 雪幹摐摐直 | 눈 맞은 줄기 찌를 듯이 곧게 솟고 |
| 雲梢嫋嫋輕 | 구름 끝 가지는 가볍게 산들거린다. |
| 扶藜落晚籜 | 청려장 짚고 늦대 껍질 벗기고 |
| 解帶繞新莖 | 띠 풀어 새 줄기 동여 주었네. |

　＊ 摐摐(창창): 찌르는 모양.
　＊ 嫋嫋(뇨뇨): 바람에 산들거리는 모양.

---

49 동쪽 울타리엔 ~: 陶淵明의 「雜詩」에 나오는 "採菊東籬下, 悠然見南山"
風味가 엿보인다.

* 扶藜(부려): 명아주 지팡이[靑藜杖]를 짚다. '杖藜'와 같은 말. 杜甫,
　　　　　　『杜甫詩全集』 권3, 「昔游詩」 "扶藜望淸秋, 有興入廬藿."
* 晩籜(만탁): 벗겨지고 남은 竹節 위의 껍질. 白居易, 「題盧秘書夏日新
　　　　　　栽竹二十韻」 "晩籜晴雲展, 陰芽蟄虺蟠."
* 解帶: 띠를 풀다. 또는 옷을 벗다.


## 제30영 迸石竹根 돌틈에 솟은 대뿌리

霜根恥染塵　　하얀 뿌리 먼지 묻는 게 부끄러워
石上時時露　　돌 위로 이따금 드러내는구나.
幾歲長兒孫　　몇 해나 자랐더냐, 손자 아이 놈처럼
貞心老更苦　　곧은 속은 늙을수록 더욱 쇤다네.

* 迸石(병석): 돌 틈에서 솟아나옴.
* 苦: 모질다. 쇠다.


## 제31영 絕崖巢禽 벼랑에 둥지튼 새

翩翩崖際鳥　　벼랑가를 훨훨 나는 새
時下水中遊　　때때로 내려와 물 속에서 논다.
飮啄隨心性　　쪼고 마시는 것은 제 천성 그대로요
相忘抵白鷗　　세상사를 잊는 것은 백구[50]와 같구나.

---

50 『열자』에 나오는 고사. 옛날에 바닷가에 사는 어떤 사람이 갈매기를 매
우 좋아하여, 매일 아침 바닷가에 나가 갈매기와 놀았는데, 하루는 그
의 아버지가 갈매기를 길러 보겠다면서 몇 마리 잡아오라고 하므로, 그
이튿날 바닷가에 나갔더니, 갈매기들이 공중에서 맴돌 뿐 내려오지 않
았다고 한다. 無心의 경지를 비유한 말이다. 『列子』, 「黃帝」 "海上之人,
有好漚(鷗)鳥者, 每旦之海上, 從漚鳥游, 漚鳥之至者, 百住而下止. 其父曰
: 「吾聞漚鳥, 皆從汝游, 汝取來! 吾玩之」 明日之海上, 漚鳥舞而不下也."

물에서 조는 오리

* 抵: 겨루다. 轉하여 '비등하다', '해당되다'의 뜻으로 쓰임.


## 제32영 叢筠暮鳥 대 숲의 저녁새


石上數叢竹   돌 위 몇 무더기 대나무엔

湘妃餘淚斑   상비[51]의 눈물자국 아롱졌네.

山禽不識恨   산새는 그 한을 아는지 모르는지

薄暮自知還   땅거미 지면 스스로 돌아올 줄 아는구나.


---

51 舜임금의 두 왕비인 娥皇과 女英. 순임금이 지방을 순찰하는 도중 蒼梧
   에서 客死하자 二妃가 몹시 슬퍼한 나머지 湘水에 빠져 죽었는데, 그들
   이 흘린 눈물이 대나무에 얼룩을 지게 하였다고 한다. 그 대나무를 '斑
   竹' 또는 '湘妃竹'이라고 한다.

## 제33영 壑渚眠鴨 골짜기 물가에서 졸고 있는 오리

| | |
|---|---|
| 天付幽人計 | 하늘이 유인(幽人)[52]에게 주려는 것은 |
| 淸泠一澗泉 | 맑고 시원한 산골 샘물이라네. |
| 下流渾不管 | 하류의 물은 아예 관리하지도 않고[53] |
| 分與鴨閒眠 | 오리에게 나눠주어 한가히 졸게 하였네. |

* 澗泉: 산골짜기의 샘물.

## 제34영 激湍菖蒲 여울가에 핀 창포

| | |
|---|---|
| 聞說溪傍草 | 듣자니 물가에 자라는 풀인데도 |
| 能含九節香 | 아홉 마디[54]마다 향기를 머금었다지. |
| 飛湍日噴薄 | 나는 듯한 여울물 날로 거세게 물결치는데 |
| 一色貫炎凉 | 이 한 가지로 염량(炎凉)을 꿰뚫는구려.[55] |

* 激湍(격단): 세차게 흐르는 여울물.
* 噴薄(분박): 거세게 물결침. 噴은 '濆'과 통용되며 薄은 '야박하다'
  는 뜻.

---

52 어지러운 세상을 피해 숨어 사는 사람.
53 이 대목에 대한 다음의 번역도 참고하기 바람.
  신호열: "하류는 내 몰라라 주관을 않고."(『국역 하서전집』 상권, 664쪽)
  최한선: "아래로 흐르는 물 모두 자연 그대로라."(『시와 그림으로 수놓
    은 소쇄원 사십팔경』, 144쪽)
54 아홉 마디: 창포는 아무리 작아도 아홉 마디라고 한다. 『神仙傳』 권10,
  「王興」 "漢武帝登嵩山, 夜忽有仙人, 曰:「吾九疑之神也. 聞中岳石上菖蒲
  一寸九節, 可以服之長生, 故來採耳」
55 이 한 가지로 ~: 세상이야 어떻게 돌아가든 九節香은 변함 없다는 뜻.
  陸游의 「二友詩」에 "堅瘦九節石菖蒲"란 구절이 있다.

사계화

제35영 斜簷四季 처마에 비스듬히 핀 사계화[56]

| 定自花中聖 | 정녕 꽃 가운데 성인일 듯. |
| 清和備四時 | 청초함과 온화함을 사철 갖추었구나.[57] |
| 茅簷斜更好 | 초가집 처마에 비스듬히 피어 더욱 좋은데 |
| 梅竹是相知 | 매죽과는 서로 지기(知己)라네. |

---

[56] 사계화: 장미과에 속하는 낙엽 활엽 관목. 일명 四季·四季花·月季花·長春花·接骨花라고도 한다. 네 계절의 끝 달(3, 6, 9, 12월)마다 꽃이 피므로 '사계화'라고 한다.

[57] 청초함과 ~: 맹자가 여러 성인을 칭송하면서 伯夷를 '清'으로, 柳下惠를 '和'로, 공자를 '時'로써 일컬었던 데서 인용한 말. 사계화가 清과 和와 時를 아울러 갖추었다는 뜻이다. 『맹자』, 「萬章下」 "伯夷, 聖之清者也, 柳下惠, 聖之和者也, 孔子, 聖之時者也."

## 제36영　桃塢春曉　복사꽃 언덕의 봄 새벽

春入桃花塢　　복사꽃 핀 동산에 봄이 찾아들었는데
繁紅曉霧低　　만발한 꽃 송이 새벽 안개 속에 나직하다.
依迷巖洞裡　　암혈(巖穴) 속에 들어 있는 양 헷갈리니
如涉武陵溪　　마치 무릉[58]계곡을 걷고 있는 듯.

　　* 依迷: 헷갈릴 정도로 비슷한 모양.

## 제37영　桐臺夏陰　동대[59]에 드리운 여름 그늘

巖崖承老幹　　바위 벼랑에 늙은 줄기 기댄 채
雨露長淸陰　　비이슬 맞고 자라 시원한 그늘 드리웠네.
舜日明千古　　순일[60]은 천고에 밝아
南風吹至今　　남풍[61]이 지금까지 불어온다네.

---

[58]　武陵: 武陵桃源. 陶潛의 「桃花源記」에 나오는 仙境.

[59]　桐臺: 待鳳臺를 가리킴. 봉황은 오동나무에만 깃든다고 한다. ‘桐’은 ‘벽오동’을 가리키는 경우가 많다. 『莊子』, 「秋水」 참조.

[60]　舜日: 순임금 당시에 천하가 태평함을 이르는 말. ‘舜日堯年’의 준말로, 전하여 태평성대를 말한다.

[61]　순임금이 五絃琴을 타고 南風詩를 노래하였다고 하는데, 그 시에 "南風之薰兮, 可以解吾心之慍兮. 南風之時兮, 可以阜吾民之財兮"라 하였다(『孔子家語』, 「辯樂解」).
　　【참고】 거문고의 재료로는 오동이 제일이므로, 오동을 읊으면서 남풍시를 인용한 것이다.

## 제38영 梧陰瀉瀑 오음 아래로 쏟아지는 물살

| | |
|---|---|
| 扶疎綠葉陰 | 무성히 자라 푸른 잎 그늘을 드리우고 |
| 昨夜溪邊雨 | 어젯밤 시냇가에 비가 내렸다네. |
| 亂瀑瀉枝間 | 가지 사이로 어지러이 쏟아지니 |
| 還疑白鳳舞 | 아마도 흰 봉새가 춤을 추는 듯. |

    * 扶疎: 초목의 枝葉이 무성한 모양. 『爾雅』,「釋木, 注」"言亦扶疎茂盛."

## 제39영 柳汀迎客 버들 늘어진 물가에서의 손님맞이

| | |
|---|---|
| 有客來敲竹 | 손이 대지팡이로 툭툭 두드리니[62] |
| 數聲驚晝眠 | 몇 번의 소리에 놀라 낮잠에서 깨었네. |
| 扶冠謝不及 | 의관 갖추고 마중 못한 것 사과해야지 |
| 繫馬立汀邊 | 말을 매고 물가에 서 있게 했으니. |

    * 不及: 미처 마중하지 못함.

## 제40영 隔澗芙蕖 산골짜기 건너에 핀 연꽃

| | |
|---|---|
| 淨植非凡卉 | 깨끗하게 서 있는 저게 어디 보통 꽃이랴. |
| 閒姿可遠觀 | 한아(閒雅)한 자태는 멀리서나 바라봄직.[63] |
| 香風橫度壑 | 향기 실은 바람 골짜기 가로질러 |

---

[62] 손이 대지팡이로 ~ : 손님이 버드나무 아래서 대나무로 두드리면 건물 안에 있는 주인에게까지 들리도록 되어 있었던 듯함.

[63] 북송 때 성리학자 周濂溪는 「愛蓮說」에서 "予獨愛蓮之出於淤泥而不染, 濯淸漣而不妖, 中通外直, 不蔓不枝, 香遠益淸, 亭亭淨植, 可遠觀而不可褻翫焉"이라고 하였다.

유정영객 상상도

入室勝芝蘭      방에 스며드니 지란보다 낫구나.[64]

* 芙蕖(부거): 연꽃을 달리 이르는 말.
* 度: '渡'와 같음.

---

[64] 방에 스며드니 ~: 『孔子家語』, 「六本」에 "與善人居, 如入芝蘭之室"이라
   하였다.

순채

## 제41영 散池蓴芽 못에 널린 순채싹65

| | |
|---|---|
| 張翰江東後 | 장한66이 강동으로 떠나간 뒤 |
| 風流識者誰 | 풍류를 알 이 누구란 말인가? |
| 不須和玉膾 | 꼭 하얀 회67와 같이 할 건 없지만 |
| 要看長冰絲 | 저 기다란 빙사68만은 꼭 보게나. |

    * 不須 : 꼭 ~할 필요는 없음.

---

65 순채싹: 순채(수련과에 속하는 다년생 水草)의 어린 잎. 순채국·순채
   차·순채회가 유명하다. 순채회는 순채의 연한 잎을 살짝 데쳐서 찬 물
   에 담갔다가 건겨 내어 초장에 찍어 먹는다.

66 장한: 중국 晉나라 때 사람. 자는 季鷹, 吳郡 출신이다. 일찍이 齊王 冏
   에게 벼슬하여 大司馬 東曹掾이 되었는데, 때마침 가을 바람이 불자 吳
   中에서 유명한 순채 무침과 농어회 생각이 간절하여 이윽고 벼슬을 버
   리고 강동으로 돌아갔다고 한다. 李白의 시 「送張舍人之江東」에 "張翰
   江東去, 正値秋風時"라 한 구절이 있다. 『晉書』 권92, 「張翰傳」 "齊王冏
   爲大司馬東曹掾, 因秋風起, 思吳中菰菜蓴羹鱸魚膾, 曰:「人生貴得適意,
   何爲羈宦數千里, 以要名爵乎?」遂命駕歸" * 菰菜(고채): 죽순의 어린 싹
   을 무친 나물.

67 하얀 회: 농어회를 가리킴.

68 冰絲: 얼음같이 하얀 비단실. '冰紗'라고도 쓴다. 물고기의 하얀 비늘[純
   鱗]처럼 무늬가 있는 순채싹을 가리킨다.

## 제42영  襯澗紫薇  산골 물가에 있는 배롱나무

世上開花卉      세상에 하고 한 저 꽃들

都無十日香      도무지 열흘 가는 향기가 없건만

何如臨澗樹      어찌하여 산골짝의 저 나무는

百夕對紅芳      백일토록 붉은 꽃을 대하게 하는지.

* 襯澗(친간): 澗水 가까이에 있는

* 紫薇: 배롱나무. 목백일홍.

## 제43영  滴雨芭蕉  빗방울 떨어지는 파초

錯落投銀箭      빗방울이 은화살 던지듯 어지럽게 쏟아지는데

低昂舞翠綃      올라갔다 내려갔다 푸른 깁 입고 춤추는 듯.

不比思鄉聽      고향을 그리며[69] 듣는 것에 비할 순 없지만[70]

還憐破寂寥      적적함을 깨뜨려 줌이 되레 사랑스럽다.

* 錯落: 뒤섞여 떨어지다.

---

[69] 고향을 그리며: 파초는 고향을 떠나온 식물이다. 고향을 떠올리게 하는 心想을 담고 있다.
【참고】 金東鳴(1900~1968)의 시 '파초'를 소개한다. "조국을 언제 떠 났노/ 파초의 꿈은 가련하다/ 남국을 향한 불타는 향수/ 네의 넋은 修 女보다도 더욱 외롭구나/ 소낙비를 그리는 너는 정열의 여인/ 나는 샘 물을 길어 네 발 등에 붓는다."

[70] 이 대목에 대한 다음의 번역도 아울러 참조하라.
이종건: "향수어린 소리엔 비할 수 없어."(「소쇄원 사십팔영고」, 22쪽)
신호열: "고향에서 듣던 생각 비교할세라."(『국역 하서전집』 상권, 670쪽)
최한선: "같지는 않으나 사향의 소리인가."(『시와 그림으로 수놓은 소 쇄원 사십팔경』, 184쪽)

김홍도 그림-파초 잎에 떨어지는 빗소리를 들으며

## 제44영 暎壑丹楓 골짜기에 비친 단풍

| 秋來巖壑冷 | 가을 드니 바윗골 쓸쓸하기도 해라 |
|---|---|
| 楓葉早驚霜 | 단풍잎은 일찌감치 서리에 놀래 물들었네. |
| 寂歷搖霞彩 | 적막한 가운데 노을 빛처럼 흔들거리는데 |
| 婆娑照鏡光 | 너울너울 춤추는 모양 거울에 비친 듯하네. |

* 寂歷: '寂漠'과 같은 말.
* 婆娑: 너울너울 춤추는 모양.

눈 내린 소쇄원

### 제45영  平園鋪雪  넓은 동산에 내린 눈

| | |
|---|---|
| 不覺山雲暗 | 산 구름에 어두워지는 줄 모르겠네. |
| 開窓雪滿園 | 창문 여니 동산에 눈이 가득해. |
| 階平鋪遠白 | 어디가 섬돌인지 멀리까지 온통 눈이라 |
| 富貴到閑門 | 한적한 집안에도 부귀가 찾아 온 듯. |

  * 鋪: 깔리다. 베풀다.

### 제46영  帶雪紅梔  눈을 인 붉은 치자 열매

| | |
|---|---|
| 曾聞花六出 | 들자니 꽃이 여섯 잎[71]이라 하던데 |

---

[71] 꽃이 여섯 잎: 꽃은 대개 '五出'이 많고 '六出'로는 눈꽃과 치자꽃이 있
다. 눈꽃과 치자꽃은 둘 다 흰색이며 여섯 잎이라는 점에서 같다. 여기
서는 눈과 치자꽃을 가리키는 重意的 표현으로 쓰였다.

눈을 맞은 치자나무

| | |
|---|---|
| 人道滿林香 | 온 숲에 향기[72] 가득하다 야단들일세. |
| 絳實交靑葉 | 붉은 열매는 푸른 잎과 정다운데 |
| 淸姸在雪霜 | 눈 서리 속에서 청초하고도 아리땁구나. |

  * 六出: ① 여섯 잎의 꽃. 梔子花를 이름. 陸游, 「二友詩」 "淸芬六出水梔
         子, 堅瘦九節石菖蒲."

        ② 눈[雪]의 異稱. 눈이 여섯 모의 결정체이기 때문에 붙여진 이름.
  * 道: 말하다.

---

[72] 치자를 '담복(薝蔔)'이라고도 한다. 담복 숲 속에 들어가면 치자꽃 향기
    만 풍길 뿐 다른 향기는 나지 않는다고 한다. 『維摩經』, 「觀衆生品」 "如
    入薝蔔林中, 聞梔子花香, 不聞他香."

## 제47영 陽壇冬午 애양단73의 겨울 낮

| 壇前溪尙凍 | 단 앞 시냇가 아직도 얼어 있는데 |
| 壇上雪全消 | 단 위엔 눈이 죄다 녹았구나. |
| 枕臂迎陽景 | 팔 괴고 따뜻한 볕을 맞노라니 |
| 鷄聲到午橋 | 어디서 닭소리74가 오교75에 들려오네. |

---

73 겨울날의 햇볕을 사랑한다는 의미를 담은 단. '愛陽'은 '愛日'과 같은 말이다. 『춘추좌씨전』 文公 7년조 "趙衰, 冬日之日也, 趙盾, 夏日之日也" ; 同注 "冬日可愛, 夏日可畏."
【참고】이 '愛陽'을 『揚子法言』, 「孝至」편의 '君子愛日' 고사에 연결시켜, 자식이 어버이께 효성을 다하는 '愛日之誠'으로 풀이하는 것은 재고의 여지가 있다.

74 한낮의 적막을 깨뜨리는 상징적인 것.

75 중국 당나라 때 사람 裴度의 별장이 있었던 곳. 東都(洛陽)의 남쪽 10리쯤에 있었다. 花木이 우거진 가운데 綠野堂을 짓고 집무하는 여가를 틈타 白居易·劉禹錫 등과 종일토록 연회를 즐기며 詩酒琴書로 즐겼다고 한다. 여기서는 소쇄원에 비유되었다. 『唐書』 권170, 「裴度傳」 "東都立第於集賢里, 築山穿池, 竹木叢萃, 有風亭水榭, 梯橋架閣, 島嶼迴環, 極都城之勝槪. 又於午橋創別墅, 花木萬株, 中起涼臺暑館, 名曰綠野堂. 引甘水貫其中, 釃引脈分, 映帶左右. 度視事之隙, 與詩人白居易劉禹錫, 酣宴終日, 高歌放言, 以詩酒琴書自樂. 當時名士, 皆從之遊. 每有人士自都還京, 文宗必先問之曰: 「卿見裴度否?」"
【참고】최한선은 '午橋'를 '점심 먹으러 타고 가는 가마'라고 해석하였다. 즉, 어버이에게 따뜻한 햇볕을 쬐도록 하기 위해 아침 나절 산행용 가마로 애양단에 모셨다가 정오 무렵 점심을 드시도록 가마로 집에 모셔가는 것을 말한다고 하였다(『시와 그림으로 수놓은 소쇄원 사십팔경』, 202-203쪽). 그러나 '橋'가 '轎'(가마교)와 통하지도 않지만 '午橋'의 故事가 있는지 의심스럽다.

## 제48영 長垣題詠 긴 담에 둘러 있는 시들

| | |
|---|---|
| 長垣橫百尺 | 긴 담장 옆으로 백척을 둘렀는데 |
| 一一寫新詩 | 새 시를 하나 하나 써 붙였네. |
| 有似列屛障 | 영락없이 병풍을 쳐 놓은 듯 |
| 勿爲風雨欺 | 비 바람이 깔보지 말게 하라. |

\* 欺: 깔보다, 업신여기다.

# 제3장 인문정신의 종합적 공간
## -원림과 원림건축-

## 머리말

원림과 원림 건축은 단순한 휴식 공간 이상의 의미가 있다. 남이 알아주기를 바라지 않고(不求人知) 아무런 구속과 집착이 없이 천지 사이를 소요하며(逍遙偃仰) 학처럼 고고하게 살다간 선비들의 체취가 배어 있는 곳이 바로 원림이요 원림 건축이다. 이곳은 선비들의 은거의 무대요, 풍류와 소통의 공간이요, 소요(逍遙)의 공간이요, 존심양성(存心養性)하는 공간이다. 예술이 있고 철학이 있고 문학이 있는 인문정신의 종합적 공간인 것이다. 또 진세(塵世)와 멀리 떨어진 곳으로서 절승 아닌 곳이 없다.

옛 사람들이 당(堂)이나 정(亭) 등의 이름을 붙인 데는 표면적인 이유가 있고 내면적인 이유가 있다. 예컨대 지명이라든지 완상할 만한 사물을 표방하는 경우는 외적인 것이고 언어에 기탁하여 자기의 뜻을 드러내거나 이전 선현들의 가르침을 서술하여 자신이 부족한 것에 힘쓰겠노라 다짐하는 것은 내적인 것이다. 이밖에 특정인의 아호와 같은 명칭이 많다. 이러한 예는 후손들이 선조를 위하여 붙인 경우가 많고, 면앙정(俛仰亭)과 같이 건립자가 자신의 호를 따서 붙인 경우도 있다.

원림과 원림 건축의 명명(命名)에 나타난 상징 세계를 유추하는 것은 그다지 어렵지 않다. 한문으로 된 명칭과 기문, 시문 등에 담겨 있기 때문이다. 명칭이 같다고 해서 의미가 반드시 같은 것은 아니지만 미루어 짐작할 수는 있다.

기문이나 시문 등에 나타난 상징 세계를 고찰하는 것은 본 연구에서 매우 중요한 의미가 있다고 본다. 그러나 생각하는 것보다 기문이 많지 않고, 또 후인들의 기술이 대부분이어서 원림 조영 당사자들의 상징 세계를 살피는 데는 어려움이 있다.[1] 그보다 더 난제는 대개 기문이 함축적이고 추상적인 서술로 되어 있고, 이마저도 유형을 구분하기 어려울 정도로 뭉뚱그려 서술되어 있다는 점이다.

기문·시문 등을 보면, 원림 조영자들이 그리는 이상적인 경지는 대개 안빈낙도(安貧樂道), 서식축덕(棲息蓄德), 존심양성, 소요자적(逍遙自適), 초연진세(超然塵世), 양생자락(養生自樂) 등으로 나누어 볼 수 있다. 대체로 은둔, 강학, 이상세계 건설, 현실 도피 등이 구분이나 한계 없이 한데 어우러져 있어 그 유형을 뽑아내 구분하기가 어렵다.[2] 이 글에서 '표제어'로 삼아 유형을 달리한 것은 어디까지나 상징 세계의 여러 요소 가운데 특징적이거나 조영자의 의지가 강하게 담긴 점을 필자 나름대로 판단하여 제

---

[1] 원림과 원림 건축에서 상징 세계를 풍부하게 유추할 수 있는 자료로는 梁山甫와 관련된 「소쇄원 사십팔영」, 尹善道와 관련된 『甫吉島識(보길도지)』, 金壽增과 관련된 「華陰洞記」(谷雲記)를 꼽을 수 있다. 필자는 이를 '3대 자료'로 꼽는다.

[2] 그 대표적인 예가 仲長統의 「樂志論(낙지론)」과 韓愈의 「送李愿序」라 하겠다. 『古文眞寶』 참조.

시한 것에 지나지 않는다. 이점에 대해 이해 있기를 바란다.

주요 고찰 대상으로는 현재 남한 각지에 남아 있는 원림과 원림 건축으로 제한한다.[3] 지금은 없어진 원림이나 원림 건축물 가운데 의미가 있는 것이 많지만, 너무 범위가 넓어 부득이 대상에서 제외하였다. 단 필요에 따라 제한적으로 이용하는 일은 있을 것이다.

## 1. 자연을 통해 인간의 도리를 깨닫다

○ 경상남도 밀양시 용평동에 있는 쌍경당(雙鏡堂)[4] 월연정(月淵亭)은 본래 월영사(月影寺)가 있던 곳이다. 조정에서 요직을 지내다가 기묘사화(己卯士禍)를 예견하고 낙향한 월연(月淵) 이태(李迨: 1483~1536)가 중종 15년(1520)에 자신의 아호를 따서 세운 정자다. 처음에는 쌍경당이라 편액(扁額)하였다. 쌍경당은 월연정의 대청이다. '쌍경'이란 '강물과 달이 함께 맑은 것'(水月雙淸)이 마치 거울과 같다는 의미이니, 월연이란 말과 의미가 통한다. 대개 월연이란 맑은 강물에 밝은 달을 비춰본다는 말로, 마음을 물에 비친 달처럼 맑게 한다[澄心]는 의미를 담고 있다. 대개 물은 거울에, 거울은 마음에 비유할 수 있다. 거울을 닦지 않으면 티끌과 먼지가 쌓여 광채가 가려지며 마음을 수양하지 않으면 물욕이 가려져 천리(天理)가 단절된다. 하당(荷堂) 권두

---

[3] 그 가치를 인정받아 민속자료, 명승, 시도 기념물 등 중요 자료로 지정된 97개를 임의로 선정하였다.

[4] '月淵'은 臺의 이름이요, 쌍경은 堂의 이름이다. 대개 '월연정'이라고 부르는데 쌍경당으로 바로잡을 필요가 있다.

인(權斗寅: 1643~1719)은 「쌍경당 중건기」에서 "달이 못 가운데 비치니 물과 달이 함께 맑다"(月印潭心, 水月雙淸)고 하여, 이 건축물이 상징하는 의미를 압축적으로 표현하면서 군자의 '마경지공(磨鏡之工)'을 강조하였다.[5]

○경상북도 안동시 풍천면에 있는 옥연정사(玉淵精舍)는 서애(西厓) 류성룡(柳成龍: 1542~1607)이 강학하였던 곳이다. 여기서 『징비록(懲毖錄)』(국보 제132호)을 저술하였다. 류성룡 자신이 지은 「옥연정사기」에 의하면 "대개 강물이 흐르다가 이곳에 와서는 깊은 못을 이룬다. 그 물빛이 깨끗하고 맑아 옥과 같아서 '옥연'이라고 하였다. 사람이 진실로 그 뜻을 본받고자 하니 구슬의 깨끗함과 못의 맑음은 모두 군자가 귀하게 여길 도이다"고 하여, 단순한 풍류의 공간이 아닌 수양의 공간임을 분명히 하였다.

이곳에는 당(堂)과 재(齋) 등 여러 건물들이 있는데, 명칭에 담긴 의미에 대해 류성룡 자신이 잘 밝혀 놓았다. 또한 졸재(拙齋) 류원지(柳元之: 1598~1674)가 겸암정사, 옥연정사 주변의 십육경(十六景)을 읊었다. 그 빼어난 경관을 짐작하게 한다.

> 당(堂)이 2칸인데 '감록헌(瞰綠軒)'이라 한다. 왕희지(王羲之)의 "우러러 푸른 하늘가를 보며(仰眺碧天際) 아래로 푸른 물구비를 내려다본다(俯瞰綠水隈)"는 말에서 취하였다. 이 당의 동쪽에는 한가할 때에 거처하는 집이 2칸이 있다. 이름을 세심(洗心)이라고 하였다. 『주역』「계사(繫辭)」 가운데

5 『월연문집』 권2, 「쌍경당 중건기」(權斗寅). 참조.

서 말뜻을 취한 것으로, 혹 여기에 종사하여 만에 하나라도 이루고자 함이
다. 또 재실 북쪽에 3칸 집이 있는데 지키는 스님을 머물게 하고 불가의 학
설을 취하여 완적(玩寂)이라 하였다. 동쪽에 서재 2칸을 지어 찾아오는 친
구를 맞는다는 뜻으로 원락(遠樂)이라고 하였으니 (『논어』에서) "먼 곳에
서 찾아오면 즐겁지 않은가"라는 뜻을 취하였다. 원락재에서 서쪽으로 나
가 조그만 다락집 2칸을 만들어 세심재(洗心齋)와 나란히 앉고 '애오헌
(愛吾軒)'이라고 했다. 도연명의 시(「讀山海經」)에 "나 또한 내 집을 사랑한
다"(吾亦愛吾廬)는 말에서 취하였다.[6] 이를 통틀어 옥연서당이라는 편액을
내걸었다.

겸암·옥연 두 정사는 모두 하회마을을 굽어보고 있다. 밥 짓는 연기가
뽕나무 숲으로 스며들고, 어부와 나무꾼이 서로 화답하며, 닭 우는 소리
와 개 짖는 소리가 서로 들린다. 매우 한적하여 그윽한 정취를 만들어준
다. 산천의 맑고 아름다움은 기상에 따라 사시(四時)의 경치를 달리하
여 한결같지 않으니, 아침저녁으로 각각 달라 언어로 이름 짓고 묘사하
기가 어렵다. 마을의 승경은 모두 강 북쪽 일대에 있는데, 이를 거두어
정사가 가지고 있다.[7]

세심(洗心)의 공간, 풍류와 사교의 공간, 유교와 불교가 만나
는 공간 등 실로 다양한 목적과 의미를 담은 곳임을 알게 한다.

○ 경상북도 안동시 풍천면에 있는 원지정사(遠志精舍)는 서애
류성룡의 서재다. 산 뒤 원지봉(遠志峯)이 있고 봉우리에서 원지

---

[6] 도연명의 시 '讀山海經'에 "초여름에 풀과 나무 무성하게 자라나서(孟夏
草木長), 집을 에워싸고 나뭇가지 우거졌네(繞屋樹扶疎). 새들도 깃들 곳
이 있어서 좋겠지만(衆鳥欣有托), 나도 내 오두막을 사랑한다오(吾亦愛
吾廬)"라 하였다. 『陶淵明集』, 권4 참조.

[7] 『졸재문집』 권10, 「謙庵玉淵二精舍, 十六景記」 참조.

라는 약초가 자라기 때문에 붙여진 이름이다. 류성룡은 원지를
문자 그대로 "뜻을 원대하게 갖는다"로 풀이하고, 또 원지라는
약초가 사람의 심기를 다스린다는 점에 착안, 자연을 통해 인간
수양을 추구하는 선비의 길을 정사 이름에 담았다. 「원지정사기
(遠志精舍記)」 일부를 보기로 한다.

> 의가(醫家)에서는 원지를 가지고 오로지 심기를 다스려 정신의 혼탁과
> 번민을 헤쳐 풀어준다. 내가 여러 해 전부터 심기가 맑지 못하여 매양
> 원지를 약으로 복용하였다. 이것이 내가 감히 그 공을 잊고 돌아보지 않
> 을 수 없는 점이다. 다만 그 뜻을 넓혀서 해석하면 마음을 다스린다는
> 말은 우리 선비들도 늘 하는 말이다. 이 두 가지 뜻만 하더라도 서재 이
> 름으로 삼을 만하다. 또한 정사 뒤 서산에 마침 원지가 저절로 자라나
> 늘 산비에 푸른빛을 흠씬 머금어 빼어난 품이 정사의 그윽한 정취를 더
> 욱 돋우어준다. 드디어 원지정사라고 이름 하니, 모두 이런 사실에서 취
> 해온 것이다.
> 아! 먼 것은 가까운 것이 쌓여 나아간 것이요, 뜻은 마음이 가는 방향이
> 다. 상하 사방의 끝없는 공간으로 보나 아득한 옛날로부터 흘러온 지금
> 까지의 시간으로 보나 저 우주는 참으로 멀고도 먼 곳이다. 내 마음이 방
> 향을 얻었고 방향을 얻은 까닭에 완상하는 것이며, 완상함으로써 즐거워
> 하는 것이며, 즐거워함으로써 저절로 잊는 것이다. 잊는 것이란 무엇인
> 가? 그것은 내 집의 협소함을 잊어버린다는 의미이다. 도연명의 시에
> "마음이 세속에서 멀어지니 사는 곳이 절로 한가롭다"고 하였다. 이 사
> 람이 아니었다면 내 누구와 취향을 같이 할까.[8]

정사 서쪽에 '연좌루(燕坐樓)'가 있다. '연좌'는 편안하게 앉는
다는 뜻으로, 연(燕)은 '한(閑)'·'안(安)'·'희(喜)'와 통한다. 편안

---

[8] 『서애집』 권17, 「遠志精舍記」

하게 앉아 고요히 마음을 간직한다는 뜻이다.[9] 『예기』 등에 보인다. 연좌루에 올라앉으면 정좌존심(正坐存心)이 저절로 되고 시심이 발동하게 된다. 류성룡이 지은 '원지정(遠志亭)' 시 한 수를 감상하기로 한다.

門掩蒼苔竹映堂　문에는 푸른 이끼 마루에는 대나무 그림자
栗花香動午風凉　밤꽃 향기 대낮 서늘한 바람에 움직이네.
人間至樂無他事　인간의 지극한 즐거움 별 것 없으니.
靜坐看書一味長　고요히 앉아 책 읽는 재미 가장 유장하네.

○ 전라남도 담양군 고서면에 있는 명옥헌(鳴玉軒) 원림은 명곡(明谷) 오희도(吳希道: 1584~1624)가 조영을 시작한 것이라 한다. '명옥'이란 졸졸 흐르는 물소리가 마치 구슬을 울리는 것 같다는 의미이다. 우암 송시열이 명명한 것이라고 한다. 인간이 타고난 맑은 본성을 지키고 가꾸어가자는 의미에서 붙인 말이다. 티 없이 맑은 옥과 아주 깨끗한 물을 인간의 본성에 비유하여 붙인 이름이다. 기암(畸巖) 정홍명(鄭弘溟: 1592~1650)이 쓴 「명옥헌(鳴玉軒記)」를 보면 다음과 같다.

집 뒤 한천(寒泉)에 가득찬 물이 울타리를 따라서 흘러든다. 그 소리는 마치 옥이 부서지는 소리 같아서, 듣는 사람 자신도 모르게 더러움이 깨끗이 가시고 청명한 기운이 스며들게 한다. 매양 고요한 밤 한가할 때는 간혹 상쾌한 기운이 옷깃에 스며들고, 서늘한 안개가 방자리를 젖게 할 때 마음은 황홀해서 이 몸이 요궁(瑤宮: 하늘에 있는 궁전)의 계수나무

---

[9] 팔작지붕과 추녀 끝의 곡선이 제비가 앉은 것 같다고 풀이하는 사람도 있으나 견강부회라 하겠다.

명옥헌의 백일홍

아래에 있는 듯하고, 구슬 같은 이슬을 삼키는 것만 같다. 물의 본성은
깨끗하다. 깨끗하니 티끌이 없고 티끌이 없으니 스스로 찌꺼기나 흐림
이 없다. 그러나 가끔 휘몰아치는 물살 때문에 그 깨끗하고 고요한 본질
을 잃어버리게 된다. 사람이 하늘에서 받은 본성 또한 처음에는 청탁
(淸濁)과 수박(粹駁)이 없었는데, 날로 환경의 지배를 받아서 마침내
하늘에서 받았던 깨끗한 본질을 지키지 못하게 되는 것이다.

오명중(吳明仲) 군은 일찍부터 문장과 예술을 사랑하여 많은 작가들의
글을 읽었다. 결국 벼슬에는 뜻을 두지 않고 승지(勝地)를 얻어 쾌적함
을 느끼며 장차 늙어갈 계획을 세웠다. 혼탁한 세상에서 영화를 위해 골
몰한 자들과 비교한다면 서로의 거리가 얼마나 될까. 나 역시 이 사람으
로 말미암아 느낀 바가 많다.

옛 사람이 인간의 미덕을 옥에 비유한 것들이 많다. 오명중이 가진 마음
은 옥과 같아서 티끌이 없고 물처럼 깨끗하여 조금도 오염되지 않았다.
깨끗한 그의 성품을 어찌 혼탁한 물과 혼동하여 민멸(泯滅)시킬 수 있
을 것인가.[10]

하환정과 무기연당

배롱나무 숲 속의 선계에서 타고난 본성을 지키며 살아가겠다는 오희도의 인품이 잘 드러났다고 본다.

## 2. 자신의 행복을 추구하다: 은거구지(隱居求志)

○경상남도 함안군 칠원면 무기리에 있는 풍욕루(風浴樓)와 하환정(何換亭)은 무기연당(舞沂蓮塘)의 누각이다. 연못 북동쪽에 자리 잡고 있다. 조선 영조 때 사람인 국담(菊潭) 주재성(周宰成: 1681~1743)이 조영한 것이다. '풍욕'이란 『논어』에서, 공자가 문하 제자들에게 자신들의 미래 꿈을 말해보라고 했을 때 증점(曾點)이 "늦은 봄에 봄옷을 지어 입고 관을 쓴 사람 대여섯

---

10  鄭弘溟, 『畸庵集』 續錄 권11, 「鳴玉軒記」 참조.

명과 어린아이 예닐곱 명을 데리고 기수(沂水)에서 목욕하고 무우(舞雩)에서 바람 쐰 뒤 시나 읊으며 돌아오겠습니다."[11]라고 한 데서 따다 쓴 말이다. 풍욕루의 중앙을 가로지르는 도리 위에 '경(敬)' 자 현판이 있어, 이 풍욕루가 단순한 풍류의 공간이 아니고, 성리학에서의 존심양성을 위한 공간임을 알게 한다.

'하환'은 "무엇과 바꾸겠는가"라는 뜻이다. 하루라도 뜻을 얻으면 그 즐거움은 삼공과도 바꾸지 않을 정도로 크다는 것이다. 중국 후한 광무제(光武帝)의 친한 벗이었던 엄자릉(嚴子陵)의 은거자정(隱居自靖)의 절개를 기려 그가 숨었던 부춘산(富春山) 앞에 '삼공불환정(三公不換亭)'이란 정자를 세웠던 고사를 연상하게 한다. 하환정의 주인공 주재성은 조정의 부름을 거절하고, 자연에 묻혀 살아가는 삶에 만족하며 현재의 생활을 부귀영화와 바꾸지 않겠다는 심정을 '하환정'이란 정자 이름에 담았다. 권력·재리(財利)와 바꿀 수 없는 선비의 고고한 기개와 고답의 경지를 엿볼 수 있다.

○경상북도 경주시 손곡동에 있는 종오정(從吾亭)은 최치원의 후손 종오정 최치덕(崔致德: 1690~1770)의 문인들이 스승의 학덕을 기리기 위해 영조 23년(1747)에 건립한 것이다. '종오'는 자기가 좋아하는 것을 좇는다는 말이다. 공자는 『논어』에서 "부(富)를 구할 수 있다면 말채찍을 잡는 천한 마부라도 내가 하겠지만, 구할 수 없기에 내가 좋아하는 것을 좇을 뿐이다"[12]고 하

11 『논어』, 「先進」 "曰, 莫春者, 春服旣成, 冠者五六人, 童子六七人, 浴乎沂, 風乎舞雩, 詠而歸."

였다. 자기가 좋아하는 것을 하면서 인생을 즐겁게 살겠다는 말
이다. 우리 인생의 궁극적인 목표는 과연 무엇일까. 『장자』「대
종사(大宗師)」에서는 '뜻에 맞게 사는 것(適志)'을 말하였다. "남
의 일을 하고 남을 즐겁게 하면서 자신을 위한 즐거움을 즐기지
못한 사람들"(役人之役, 適人之適, 而不自適其適者也)의 행동을 비
웃었다. 중국 서진(西晉) 때 사람인 장한(張翰)은 "인생은 자기의
뜻에 맞게 사는 것이 중요하다. 어찌 수천리 밖에서 벼슬에 얽
매여 명예와 작록(爵祿)만 추구해서야 되겠는가"라 하고, 자기의
고향 음식인 부추무침과 농어회가 그리워 벼슬을 버리고 귀향
했다고 한다.[13] 우리 인생은 결국 행복하기 위해서 사는 것이다.
재물이라든가 권력·명예는 행복을 얻기 위한 수단이 될 수 있
을지언정, 그 자체가 인생의 목표가 될 수 없는 것이다.

## 3. 인(仁)을 체인(體認)하고 천지생물지심(天地生物之心)을 실천하다

○ 경북 예천군 용문면에 있는 초간정사(草澗精舍)[14]는 조선 선

---

12 『논어』,「述而」"子曰, 富而可求也, 雖執鞭之士, 吾亦爲之. 如不可求, 從
  吾所好."

13 『晉書』권92,「張翰傳」"張翰字季鷹, 吳郡吳人也. 翰有淸才, 善屬文, 而縱
  任不拘, 時人號爲江東步兵. 齊王冏辟爲大司馬東曹掾. 冏時執權, 翰謂同
  郡顧榮曰:「天下紛紛, 禍難未已. 夫有四海之名者, 求退良難. 吾本山林間
  人, 無望於時. 子善以明防前, 以智慮後!」榮執其手, 愴然曰:「吾亦與子採
  南山蕨, 飮三江水耳」翰因見秋風起, 乃思吳中菰菜·蓴羹·鱸魚膾, 曰:「
  人生貴得適志, 何能羈宦數千里, 以要名爵乎?」遂命駕而歸. 俄而冏敗, 人
  皆謂之見機."

14 뒤에는 草澗亭이라 부르기도 한다.

조 때의 학자로『대동운부군옥(大東韻府群玉)』을 엮은 초간 권문
해(權文海: 1534~1591)가 만년의 수양처, 소요처(逍遙處)로 만든
초당이다. 49세 때인 선조 15년(1582)에 공주목사를 사임하고
귀향하여 조영한 것이라고 한다. 그는 당나라 때 시인 위응물(韋
應物: 737~795)의 시 '저주서간(滁州西澗)' 가운데 '홀로 물가에
자리는 그윽한 풀 사랑히노라(獨憐幽草澗邊生)'라는 구절을 무척
사랑하여[15] 이를 자신의 아호로 삼았고 이를 정사 이름으로도
삼았다. 또 초간정사가 세워진 문수(汶水) 주변을 초간이라 부르
기도 하였다. 위 시에서 말한 '유초'란 곧 난초와 지초 같은 것
들을 가리킨다. 예사 풀이 아니다. 군자에 비유되는 훈향(薰香)
진진한 풀이다. 위 시구를 해설하는 사람들은 군자가 뜻을 얻지
못해 깊이 숨어 살면서 홀로 자신의 지조를 지키는 것으로 풀이
하기도 한다. 남야(南野) 박손경(朴孫慶: 1713~1782)의 '중수기
문'이 있다.[16] 사적(事蹟)과 기문에 의하면 "송나라 주돈이(1017~
1073)가 창 앞에 자라는 풀들을 뽑지 않고 그대로 두고 보며 천
지의 기운이 생동하는 모습을 관찰한 뜻[17]과 같다"고 했다.[18] 이
를 보면 초간정은 실로 생명사상 실천의 공간이라 할 것이다.

---

15 "어여쁘다 시냇가의 그윽한 풀(獨憐幽草澗邊生)/ 머리 위엔 꾀꼬리 나
무에 숨어 운다(上有黃鸝深樹鳴)/ 봄 조수 비를 띠고 저녁 되자 더 빠른
데(春潮帶雨晚來急)/ 나루터엔 사람은 없고 배만 홀로 대어 있다(野渡
無人舟自橫)."

16 『草澗集』, 부록, 「草澗精舍重修記」 참조.

17 『二程全書』권3, 「謝顯道平日記憶語」 "周茂叔, 窓前草不除去. 問之, 云,
與自家一般意思."

18 『초간집』, 부록, 「草澗精舍事蹟」 "獨其造化精神潔淨之趣, 藹然呈露於兩
箇物色, 則如唐詩中獨憐幽草澗邊生之句, 足以會昔人獨得之眞意. 而周濂
溪所謂一般意思者, 亦一般也."

◦대전광역시 대덕구 송촌동(宋村洞)에 있는 동춘당(同春堂)은 조선 효종 때 이조판서를 지낸 동춘당 송준길(宋浚吉: 1606~1672)의 별당(別堂)이다. 동춘은 '만물과 봄을 함께 한다(與物同春)'는 의미이다. 송준길의 인사상(仁思想)을 고스란히 담았다. 역대로 시문과 기문이 많지만 포저(浦渚) 조익(趙翼: 1579~1655)이 찬한 「동춘당기(同春堂記)」가 요령을 얻었기에 다소 길지만 소개한다.

　그 집에 담긴 의미를 살펴보면 그 뜻이 원대하다는 것을 알 수 있다. 대저 하늘의 덕에 네 가지가 있다. 그 가운데 원(元)이 으뜸이 되고, 그 기운이 유행함에 따라 또 사계절이 전개되는데 그중에서 춘(春)이 으뜸이 된다. 춘이라는 것은 원의 덕이 계절에 적용되어 행해진 것이라고 하겠다. 그런데 사람의 인(仁)이라는 것도 바로 여기에서 나오는 것이고 보면, 원(元)과 춘(春)과 인(仁)은 하나라고 할 것이다. 그래서 정자(程子)가 말하기를 "마음이 조용해진 뒤에 만물을 보면 모두 봄의 뜻을 지니고 있다"(靜後觀萬物, 皆有春意)라고 한 것이고, 또 말하기를 "만물을 내는 하늘의 그 뜻이 가장 볼 만하다. 이 원이라는 것은 뭇 선(善)의 으뜸이 되니, 이것이 이른바 '인'이다"(萬物之生意最可觀, 此元者, 善之長也, 斯所謂仁也)라고 한 것이다.
　대저 천지는 만물을 생(生)하는 것으로 마음을 삼는다. 원이라는 것은 천지가 만물을 생하는 그 마음을 가리켜서 말한 것이요, 춘이라는 것은 천지가 만물을 생하는 그 기운을 가리켜서 말한 것이다. 만물은 모두 천지의 기운을 받아서 나오기 때문에 만물 모두에 생의(生意)가 있게 되는 것이니, 이른바 춘의(春意)가 바로 생의이다. 인이라는 것은 바로 만물을 생(生)하는 사람의 마음인데, 송군이 '동춘'으로 자기 집의 이름을 지은 뜻이 인을 추구하는 데에 있음을 알겠다.
　대저 인은 천지의 공평무사한 마음이요, 모든 선(善)의 근본이 된다. 그런데 송군의 뜻이 바로 여기에 있고 보면, 그 뜻을 크다고 해야 하지 않겠는가. 성인의 문하에서 배운 사람들이 인을 얻기 위해 노력하였지만, 유독 안자(顔子)만이 석 달 동안 인을 어기지 않을 수 있었으니, 이것이 바로 안자가 성인의 경지에 가깝게 된 까닭이다. 그런데 정자(程子)가 또 그를 춘생(春生)이라고 하였으니, 이를 통해서도 인이 춘과 같다는 것을 알 수가 있다.

이러한 이치는 사람마다 균등하게 품부 받은 것이다. 그런데 군자는 다른 사람과 자기 사이에 간격을 두지 않기 때문에, 자기가 일단 그러한 경지를 얻고 난 뒤에는 또 반드시 다른 사람들과 공유하려고 한다. 이러한 이치를 균등하게 품부 받은 사람들로 하여금 빠짐없이 그러한 경지를 얻게 하려고 하니, 이것이 바로 군자가 낙으로 삼는 것이다. 송군이 자기의 집을 이렇게 이름 지은 그 뜻도 여기에 있다고 생각한다.[19]

『주역』건괘 문언전(文言傳)을 보면, "군자진인(君子疢仁), 족이장인(足以長人)"이라 하였다. 즉, 군자는 인을 몸소 다하여 남보다 더 길게, 더 오래 할 수 있도록 한다는 것이다. 이러한 일(生生之意)은 모름지기 군자라야 가능하다. 또 군자는 몸소 인을 실천하는 사람이다. 이 때문에 다른 사람들의 어른이 되는 것이다.

## 4. 스스로 산수를 즐거워하다: 자오산수(自娛山水)

○경상북도 경주시 남산동에 있는 이요당(二樂堂)은 신라 때의 유서 깊은 고적 서출지(書出池) 가에 있다. 조선 현종 5년(1664)에 임적(任勣)이란 사람이 금오산 동쪽 기슭 서출지 연못 가에 석축을 쌓고 이 당을 건립하였다고 한다. '이요'는 요산요

---

수(樂山樂水), 즉 산을 좋아하고 물을 좋아한다는 말에서 따온 것이다. 공자는 『논어』에서 "지혜로운 사람은 물을 좋아하고 어진 사람은 산을 좋아한다. 지혜로운 사람은 동적(動的)이고 어진 사람은 정적(靜的)이다. 지혜로운 사람은 즐거워하고, 어진 사람은 오래 산다"[20]고 하였다.

○경상북도 영천시 임고면 매산고택(梅山故宅) 및 산수정(山水亭)은 영일정씨 매산 정중기(鄭重器: 1685~1757)가 짓기 시작하였고, 그 뒤 그의 둘째 아들 일찬(一鑽)이 완성하였다고 한다. 산수정이란 이름은 특색이 없어 보이지만, 매산이 글 읽고 산수를 즐기던 곳이다. 산과 물을 통해 동정(動靜)과 인지(仁智)의 낙(樂)을 추구하겠다는 조영자의 뜻이 잘 담겨 있는 공간이다. 대산(大山) 이상정(李象靖)은 「매산행장」에서 "깊은 산에 자취를 감춘 뒤로부터 구업(舊業)을 잘 다스리고, 오록서당(梧麓書堂)을 지어 찾아오는 사람들을 접대하였다. 또 산수정을 지어 만년에 서식할 장소로 삼았다. 둘 다 모두 시와 기문을 지어 이신양성(怡神養性)의 즐거움을 기록하였다"고 하였다.[21]

## 5. 소요자적(逍遙自適)하며 풍류를 즐기다

○경상남도 함안군 함안면에 있는 무진정(無盡亭)은 조선 명

---

[20] 『논어』, 「雍也」 "子曰 知者樂水, 仁者樂山. 知者動, 仁者靜, 知者樂, 仁者壽."
[21] 『大山集』 권51, 「通政大夫刑曹參議梅山鄭公行狀」 "自是斂跡竆山, 溫理舊業. 作梧麓書堂, 以待來學. 又築山水亭, 爲晩年棲息之所, 皆著詩記, 以識怡神養性之樂焉."

종 22년(1567)에 무진정 조삼(趙參: 1473~?)의 덕을 추모하기 위해 후손들이 세운 것이다. 조삼의 호를 따서 무진정이라고 하였다. 홍진(紅塵)에서 초탈하여 풍류를 즐기기 위해 지은 것이다. 「기문」에서는 다음과 같이 읊었다.

> 그 즐거움이 끝이 없으니, 비록 만종(萬鐘)의 경상(卿相)이라도 이것과 바꿀 수 없다. 대저 벼슬살이가 비록 영화롭다 하더라도 욕됨이 있으니 군자는 용감히 물러나는 것을 귀하게 여긴다. …… 정자의 경치가 다함이 없고 즐김도 다함이 없으니 무진한 경치로 무진한 즐거움을 만났도다.
> 其樂也無盡, 雖萬鐘之卿相, 不足以易此. 夫宦海雖榮而有辱, 故君子以勇退爲貴. …… 亭之景無盡也, 而先生之樂, 亦無盡也, 以無盡會無盡, ……

풍치 좋은 곳에 고반(考槃)의 터를 정하고 산수지락(山水之樂)을 즐기려는 뜻이 강하게 담겨 있다.

◦경상북도 안동시 하회마을에 있는 빈연정사(賓淵精舍)는 겸암 류운룡이 45세 때인 선조 16년(1583)에 진보현감으로 있다가 사퇴한 뒤 서재로 사용하고자 세운 것이다. '빈연'이란 정사 정면에 있는 부용대(芙蓉臺) 밑을 흐르는 깊고 맑은 소(沼) 이름에서 연유한다. 세속에서 벗어나 못을 손님 삼아 자연의 경치를 즐기겠다는 소망이 담겨 있는 이름이다. 『겸암문집』, 「연보」 권1, 45세 4월조를 보면 "빈연정사가 이루어졌는데, 북림 곁에 있다. 작은 못을 파고 연을 심었는데 늘 연꽃봉우리에서 향기가 피어올라 종일토록 집에 돌아가는 것을 잊었다"(賓淵精舍成. 在

北林傍, 鑿小池種蓮, 每菡萏香發, 竟日忘歸)고 하였다.

o 전라남도 완도군 보길면에 있는 '보길도 윤선도 원림'은 고산(孤山) 윤선도(尹善道: 1587~1671)가 병자호란 이후 보길도에 들어가 은거하면서 조영한 것이다. 인조 14년(1636) 12월 병자호란이 일어나자 근왕(勤王)하고자 해남에서 뱃길을 통해 강화도에 들어갔으나 강화도가 이미 함락된 뒤였다. 제주도에 들어가 다시는 육지에 나오지 않겠노라고 다짐하고 뱃길을 돌려 남으로 가다가 보길도의 풍광에 도취되어 이곳이야말로 삶을 마칠 때까지 살 만한 곳이라고 여기고 마침내 영주(永住)할 터로 잡게 되었다.

보길도의 조원 유역은 크게 세연정(洗然亭), 동천석실(洞天石室), 낙서재(樂書齋), 곡수당(曲水堂)의 네 지역으로 나눌 수 있다. 그 밖의 것은 모두 자연물에다 이름을 붙인 것이다.[22] 세연정은 주변 경관이 물에 씻은 듯 깨끗하다는 의미다. 그 이름 자체만으로도 상쾌한 기분이 드는 곳이다. 이곳은 주로 연회장 구실을 하는 곳이었으니, 실로 '자연 속의 연회장'이라 할 만한 곳이다.

낙서재는 윤서도의 서재이다. 남쪽에 별도로 외침(外寢)을 짓고 늘 이곳에 거처하면서 『중용』에 이른바 "세상을 피해 살아 근심이 없다"(遯世無悶)는 뜻을 취하여 무민당(無悶堂)이라고 하였다. 곡수당(曲水堂)은 휴식 공간으로 마련된 건물이다. 낙서재

---

[22] 정재훈, 『한국 전통의 원(苑)』, 도서출판 조경사, 1996, 275-276쪽 참조.

세연정과 칠암

오른쪽 골짜기로부터 흐르는 곡수를 끼고 있기 때문에 붙여진 이름이다. 방지(方池)를 만들고 당의 남쪽 난간을 취적헌(取適軒), 서쪽 난간을 익청헌(益淸軒)이라 하였다. '취적'은 자기 뜻에 맞는 것(適志)을 취한다는 뜻이요, '익청'은 주염계의 「애련설」에서 "연꽃의 향기는 멀리 있을수록 더욱 청아하다"(香遠益淸)고 한 데서 따온 말이다.

　일찍이 윤선도는 보길도의 경관에 대해 "석실은 비유하자면 신선 가운데 있는 사람이니 제일이 되어야 하고, 세연정은 번화하면서도 청정(淸整)함을 겸하여 낭묘(廊廟: 재상)의 그릇이고, 곡수당은 아결(雅潔)하여 스스로를 지키는 자(自守者)라 할 수 있다"(윤위, 『보길도지』)고 품평한 바 있다.

　보길도 원림은 명실공히 풍류의 공간이었다. 윤선도가 즐겼던 풍류의 일모를 소개하기로 한다.

공은 아침 식사 뒤에는 사륜거(四輪車)에 풍악을 대동하고, 혹은 곡수당에서 놀고 혹은 석실에 오르기도 하였는데 일기가 맑고 화창하면 반드시 세연정으로 향하였다. 학관(學官: 妾子)의 어미가 오찬(午餐)을 갖추어 작은 수레를 타고 그 뒤를 따랐다.

세연정에 당도하게 되면 자제들이 시립(侍立)하고 기희(妓姬)들이 모시는 가운데 못 중앙에 작은 배를 띄우고 남자 아이로 하여금 채색 옷을 입고 배를 일렁이며 돌게 한다. 공이 지은 '어부사시사' 등의 가사를 완만한 음절에 따라 부르게 하면, 당 위에서는 관현악을 연주하게 된다. 여러 명에게 동대와 서대에서 춤을 추게 하고, 더러는 긴 소매로 옥소암(玉簫巖)에서 춤을 추게 하기도 하는데, 그림자는 못 속에 떨어지고 너울너울 춤추는 것이 음절에 맞았다. 혹은 칠암(七巖)에서 낚시를 드리우기도 하고, 혹은 동도(東島)와 서도(西島)에서 연밥을 따다가 해가 저물어서야 무민당에 돌아와 촛불을 밝히고 밤놀이를 한다. 공이 질병이나 걱정할 일이 없으면 하루도 거른 적이 없었다고 한다. 이는 "하루라도 음악이 없으면 성정(性情)을 수양하며 세간의 걱정을 잊을 수 없다"는 것이다. (윤위, 『보길도지』)

이쯤되면 보길도는 윤선도의 풍류를 위한 '나만의 공간', '독락(獨樂)'의 공간이라고 할 만하다.

## 6. 시와 그림을 겸한 관상(觀賞)의 공간

○강원도 강릉시에 있는 해운정(海雲亭)과 임경당(臨鏡堂)은 시인 묵객들이 꿈꾸던 '경포해운(鏡浦海雲)'의 선경(仙境)을 이름에 담은 것이다. 해운정은 조선 중종 때 이조판서를 지낸 어촌(漁村) 심언광(沈彦光: 1487~1540)의 별업으로, 고기잡고 시읊는 것을 즐거움으로 삼았던(漁釣觴詠以自娛) 옛 사람의 풍치가 잘

살아 있는 곳이다.

　임경당은 강릉 십이향현(十二鄕賢)의 한 사람인 임경당 김열(金說: 1506~? 자는 說之, 본관은 강릉)이 세운 누정이다. '임경'은 거울 같이 맑은 물(鏡浦湖) 가에 있다는 뜻인데, 「강릉향현사기(江陵鄕賢祠記)」에 의하면, 김열은 경포호 인근에 살면서 자호(自號)를 임경당이라고 하였다 한다. 상·하 두 공간으로 분류되어 있는데, 상임경당의 현판은 추사 김정희의 아버지인 유당(酉堂) 김노경(金魯敬)이 썼다. 평소 김열과 가깝게 지냈던 율곡 이이가 김열에게 지어준 「호송설(護松說)」 판각이 걸려 있다.

　○경상북도 봉화군 봉화읍 유곡리에 있는 청암정(靑巖亭)은 충재(冲齋) 권벌(權橃: 1478~1548)이 세운 것이다. 종택 사랑채 옆에 있다. 창고(蒼古)한 바위 위에 세웠기 때문에 붙여진 이름이지만, 기실 불변부동한 바위의 덕을 이름에 담은 것으로 보인다. 권벌의 후손인 권두인의 「청암정기」가 있다. 장문이기에 일부만 실어 그 승경을 완상하도록 한다.

　　나의 집에서 서쪽으로 십여 걸음쯤에 큰 바위가 있다. 그 위에 누정이 우뚝하게 서 있으니 바로 청암정이다. 작은 연못을 둘러놓아 마치 벽옥(碧玉)처럼 맑은데 가운데로 돌다리를 가로질러 섬처럼 되었다. 사면이 모두 하나의 큰 너럭바위로 누정이 그 위에 자리 잡아 삼분의 일 가량을 차지하였다. ……
　　정원 안에는 큰 녹나무[楠樹]가 있어 무성한 가지가 그늘을 드리웠다. 거기에 단풍나무 숲을 끼고 있어 아무리 무더운 여름날이라도 더위라곤 느낄 수 없다. 연못에는 수천 마리 물고기가 논다. 푸른 연잎이 아름답고 연꽃 천 송이가 물 위로 솟아 있어 마치 붉고 푸른 구름이 굼실거리는 듯하다. 맑은 바람이 천천히 불어오면 향기가 사람의 콧가에 가득히 스며든다. 정자 앞으로는 무논에 벼가 들판에 가득하여 농부들의 노랫소리가 들려오니 우리 정자의 또 다른 승경이다. 가장 좋기로는 달이 훤한 밤에 온갖 소리가 고요한데, 맑은 연못이 빈 거울과 같아 물빛이 일렁이며, 돌다리의 기둥에 거꾸로 비치면 그 흔들리는 모습이 마치 금물결이 사방에서 쏟아지는 것 같다. 작은 비늘의 물고기가 튀어 오르고 물새가 간간이 울적에 소나무 그림자가 누대에 가득하여 먼지 한 티끌도 보이지 않아, 정신이 상쾌하여 잠을 이루지 못하게 한다. 청암정의 사계절 경치는 같지 않지만, 내가 즐기기로는 봄·여름·가을의 세 철이니 겨울은 너무 추워서 지낼 수 없기 때문이다. 다만 큰 눈이 내려 바위를 덮으면 창연한 소나무와 푸른 잣나무가 우뚝하여 굽히지 않기에 공경할 만하고 완상할 만하였다.[23]

미수(眉叟) 허목(許穆)이 '청암수석(靑巖水石)'이라고 쓴 편액은 이 정자의 상징 세계를 잘 드러낸다고 하겠다.

○경상북도 봉화군 봉화읍에 있는 도암정(陶巖亭)은 조선 인조, 효종 때의 학자 황파(黃坡) 김종걸(金宗傑: 1628~1708)이 효종 1년(1650) 무렵에 강학과 풍류를 위해 세운 정자다. 당대 유림들의 교유, 토론, 풍류를 위해 지었다고 한다. '도암'이란 바위를 포함한 주변이 큰 항아리 같이 생겼다고 하여 붙여진 이름이다. 후손 김구한(金九翰)이 쓴 「도암정기」 일부를 보기로 한다.

도암이라는 한 구역은 우리 김씨가 대대로 거처한 곳이다. 6대조 황파부군(黃坡府君)께서는 종제 담암공(潭巖公)과 함께 산수 사이에서 도를 찾으시고, 연하(煙霞) 바깥에 마음을 깃들게 하시어 기거음식(起居

飮食)함에 오직 이 바위를 사랑하였다. 그래서 비로소 바위 아래에 정
자를 짓고 '도암정'이라 하였다. 대개 바위를 '도(陶)'라고 이름 지은 것
은 바위 모양이 둥글고 두루 두루 갖추어져 마치 큰 항아리 같았기 때문
이다.

이재(頤齋) 권연하(權璉夏: 1813~1896)는 「황파선생 행장」에서
"만년에는 바위 근처에 집을 짓고 도암정이라고 이름 붙였다.
연꽃이 핀 저수지와 버드나무 제방이 서로를 북돋아주며 아름
다운 광경을 연출했는데 층층이 둘러서 있는 바위에 모두 품평
을 붙였다"고 하였다.

○ 전라남도 해남군 해남읍에 있는 녹우당(綠雨堂)은 고산 윤
선도의 고택이며 해남윤씨 종가 사랑채. 녹우당이란 이름은
공재(恭齋) 윤두서(尹斗緖: 1668~1715, 윤선도의 증손)와 절친한
벗으로, 동국진체(東國眞體)를 창안한 옥동(玉洞) 이서(李漵:
1662~1732)가 지었다고 한다. 집 뒤 산자락에 우거진 비자 숲이
바람에 쏴하고 흔들릴 때 마치 푸른 비가 내리는 듯하다고 하여
명명하였다고 한다. '녹우당' 현판 글씨도 이서의 솜씨다. 이서
는 실학자 성호(星湖) 이익(李瀷)의 이복형이다.

## 7. 삼라만상에 숨은 참된 이치를 홀로 깨치며 즐기다

○ 경상북도 경주시 안강읍에 있는 독락당(獨樂堂)과 계정(溪
亭)은 회재(晦齋) 이언적(李彦迪: 1491~1553)이 자연을 즐기며
학문을 연찬하였던 '독락'의 공간이다. 이언적은 일찍이 권신 김

독락당의 계정

안로(金安老)를 논박하다가 파직된 뒤 고향 경주에 돌아와 자옥
산(紫玉山) 안에 학문의 터전을 잡았다. 바위와 구렁이 기이하게
둘러있고 시내와 못이 청결한 것을 사랑하여 그곳에 집을 짓고
이름을 '독락당'이라 하였다. 소나무와 대나무, 화초를 심고, 좌
우에 책을 쌓고 세상일을 사절한 채 모두 7년을 고요한 가운데
서 학문에 전념하였다.[24]

한편, 혼탁한 세상에서 숨어지내며 혼자 즐기는 독락의 공간
에 잘 어울리는 누각이 있다. 대월루(對月樓)가 바로 그 것이다.
조정권(趙鼎權) 시인은 독락당 대월루를 다음과 같이 읊었다.

---

[24] 『회재전집』 부록, 「행장」 "先生論金安老, 罷歸于鄕, 卜地於紫玉山中, 愛
其巖壑瑰奇, 溪潭潔淸, 築室而居之, 名其堂曰獨樂. 樹以松竹花卉, 左右
圖書, 謝絶世故, 凡七年, 靜中下功夫 尤甚且專."

독락당 대월루는
벼랑 끝에 있지만
예부터 그리로 오르는 길이 없다.
누굴까
저 까마득한 벼랑 끝에
은거하며
내려오는 길을 부숴버린 이

이 짧은 시에 등장하는 것은 달을 대하고 있는 누각과 그 주
인, 까마득한 벼랑뿐이다. "벼랑꼭대기에 오르는 길이 없다"는
것, 그리고 "그 길을 오르고 나서 길을 없애버린 것"은 독락당의
주인이 스스로 '은둔자'의 삶을 자원한 것이라 할 수 있다. 벼랑
위에서 세상을 굽어보는 것이 아니라 하늘에 뜬 달을 바라본다
는 의미에서 독락당의 주인은 인위적으로 세속과의 단절을 염
원하고 있음을 알 수 있다. 그것도 저와 같은 '수직적 초월'이라
는 점에서 세상에 대한 실의의 정도를 짐작하게 한다. 이를 본
다면 '혼자 즐긴다'함은 짐짓 혼란한 세상사에서 벗어나려고 애
쓰는 몸부림의 다른 표현일 것이다. 사마광(司馬光)의 「독락당기
(獨樂堂記)」에 보이는 정취와는 다르다.

## 8. 존심양성(存心養性)을 추구하다: 성리학적 수양의 공간

○경상남도 함양군 지곡면 일두고택(一蠹故宅) 안에 있는 탁
청재(濯淸齋)는 세속에 찌든 혼탁한 마음을 깨끗이 씻어낸다는
의미를 가진 누정이다. 겉모양은 누정인데 '재(齋)'라 이름한

서석지의 경정(敬亭)

것이 선비의 강학 공간임을 시사한다. '탁청'이란 주염계의 「애련설」에서 연꽃의 일곱 가지 미덕을 말한 가운데 "깨끗한 물결에 씻지만 요염함을 자랑하지 않는다"(濯淸漣而不夭)고 한 대목에서 따온 듯하다. 굴원(屈原)의 「어부사(漁父辭)」에서 "온 세상이 온통 흐린데 나홀로 맑다"(擧世皆濁, 我獨淸)이라 했던 바와 같이, 혼탁한 세상에서 맑음을 추구했던 강개한 선비정신이 살아 있다.

　o경상북도 영양군 입암면에 있는 서석지(瑞石池)는 조선시대 사대부가 3대 정원 가운데 하나로 꼽힌다. 서석지란 이름은 못 가운데 박힌 '서석(瑞石)'에서 유래한다. 못속에는 물에 잠기거나 드러나 있는 60여 개의 서석이 암석군을 이루었다. 동북쪽에서 물이 들어와 서남쪽으로 빠져나가도록 설계되어 있는데, 물이 흘

러 들어오는 곳을 '맑음에 대해 공경을 표시하는 도랑'이라는 의
미에서 '읍청거(揖淸渠)'라 하였고, 물이 빠져나가는 곳을 '더러움
을 뱉어 내는 도랑'이라는 의미로 '토예거(吐穢渠)'라고 불렀다.

　서석지는 자연 속의 소요를 통해 자연과 하나가 되려 한 석문
(石門) 정영방(鄭榮邦: 1577~1650)의 정신 세계가 오롯이 투영된
곳이다. 정영방은 병자호란이 끝난 뒤에 어려서부터 살고 싶어
했던 연당동(蓮塘洞) 자양산 기슭에 터를 잡고, 솔가(率家)하여
옮겨 살았다. 집 서쪽 시냇가에 작은 연못을 파서 '서석지'라 이
름하고, 이 연못을 마주하여 집을 짓고 각각 주일재(主一齋), 운
서헌(雲棲軒)이라 이름 붙였다. 여기에서 유유자적하게 맑은 연
못의 이끼 낀 바위 사이를 거닐다가 흥이 다하면 돌아오곤 했으
며 학문을 닦고 제자를 양성하는 일에 몰두하였다. 정영방의 손
자가 1650년에 저술한 「임천산수기(林泉山水記)」의 내용을 보면
그가 얼마나 자연을 아끼고 사랑하였는가를 짐작할 수 있다. 그
는 평생토록 자연 속에서 자연과 더불어 살다가 자연으로 돌아
갔다.

　조선의 정원은 또 다른 '수양의 장소'였다. 연못 조성을 보면,
대개 고려시대에는 불교 이념을 원형(圓形)에 담아 정원을 조영
했다. 조선시대에는 유교 이념을 담아 방형(方形)으로 연못을 구
성하곤 했는데, 이것은 방형의 연못이 '마음'을 상징하기 때문이
다. 조선의 학자들은 항상 방형의 연못을 바라보면서 자신의 마
음이 연못처럼 깨끗할 수 있도록 노력하였다. 한 마디로 조선시
대 선비들의 삶과 정신이 응축된 곳이라 하겠다.

　서석지 가에 있는 경정(敬亭)과 주일재는 정영방이 조영한 것

으로, 성리학에 대한 정영방의 관심과 조예를 엿보게 한다. 성
리학에서의 대표적인 수양 방법인 '경'과 또 그것을 풀이한 '주
일무적(主一無適)'을 정(亭)과 재(齋) 이름으로 삼은 것이 예사롭
지 않다. '경'이란 마음을 지극히 경건한 상태로 만드는 것이요,
이 '경'의 상태에 도달하기 위한 방법이 바로 주일무적이다. 이
것은 마음을 한 곳에 집중하여 이리저리 옮겨가지 않도록 하는
것이다. 정이천(程伊川)은 "주일을 '경'이라 하고 무적을 '일'이라
한다"고 하였으며, 주자(朱子)는 "정자가 말한 주일무적의 주일
은 단지 전일하게 하는 것을 의미한다"고 하였다.[25] 그 마음을
거두어들여서 한 사물도 마음에 용납하지 않는 마음의 집중상
태, 그리고 항상 깨어 있음의 방법 및 엄숙한 마음과 가지런한
모습의 실천 형식을 뜻한다. 조선 성리학의 태두인 퇴계(退溪)
이황(李滉)은 '경' 한 글자를 성학(聖學)에서 시종(始終)이 되는
것으로 보았다.[26] 자신의 주저(主著) 『성학십도(聖學十圖)』 전체
를 모두 경(敬)으로 주(主)로 삼아 "경은 한 마음의 주재(主宰)이
고 만사의 근본이다"고 하였다.

　안동 하회마을에도 류만하(柳萬河)가 조영한 '주일재'가 있어,
'경'의 실천과 관련된 곳임을 알 수 있다.

　○경상북도 안동 하회마을에 있는 양진당(養眞堂)은 겸암(謙

---

25  『二程全書』, 「粹言」 상권 "主一之謂敬, 無適之謂一." ; 『朱子語類』, 권120
　　"程子所謂主一無適, 主一只是專一."

26  『퇴계문집』 권7, 「進聖學十圖箚」 "吾聞敬之一字, 聖學之所以成始而成終
　　者也."

菴) 류운룡(柳雲龍: 1539~1601)의 집으로 풍산 류씨 종택이다.
류운룡의 아버지 입암 류중영(柳仲郢: 1515~1573)의 아호를 딴
'입암고택(立巖古宅)' 편액이 걸려 있기도 하다. 양진당이란 당호
는 풍산 류씨 종택을 크게 중수하고 족보를 최초로 완성한 류운
룡의 6대손 류영(柳泳: 1687~1761)의 아호를 딴 것이다. 여기서
'양진'이란 천성을 잘 기르는 것을 의미한다. '본레의 나', '진짜
나'를 기르는 것이 바로 '양진'의 의미일 것이다. 자연이 자연의
의미를 찾듯이, 사람이 사람의 의미를 찾는 공간이자 도량이 양
진이라고 할 것이다.

ㅇ경상북도 안동의 겸암정사(謙菴精舍)는 하회마을 부용대(芙
蓉臺) 서쪽 입암(立巖) 위에 있다. 겸암 류운룡이 세웠다. 겸암정
사, 옥연정사 부근에는 '십육경(謙巖十六景)'으로 불리는 승경(勝
景)이 있다.[27] 겸암은 류운룡의 아호로 퇴계 이황이 지어준 것이
다. 그 동쪽에 류성룡의 옥연정사가 있다. '겸암정사'라고 쓴 편
액은 이황의 친필이다. 부속 건물로 암수재(闇修齋), 강습재(講習
齋) 등이 있다. 대산 이상정이 지은 「겸암정사기」의 한 대목을
소개하기로 한다.

[27] ① 立巖晴漲: 비 갠 뒤 불어난 물속의 선바위, ② 馬巖怒濤: 마암의 성난
물결, ③ 花峀湧月: 화수에 솟아오르는 달, ④ 蒜峯宿雲: 산봉에 머무는
구름, ⑤ 松林霽雪: 눈 개인 후의 솔숲, ⑥ 栗園炊煙: 밤나무 동산의 밥
짓는 연기, ⑦ 秀峯霜楓: 수봉의 서리 맞은 단풍, ⑧ 道棧行人: 잔도를
지나는 사람, ⑨ 南浦虹橋: 남포의 무지개다리, ⑩ 遠峯靈雨: 원지봉의
신령스러운 비, ⑪ 盤磯垂釣: 너럭바위에서 낚시 드리우기, ⑫ 赤壁浩歌:
적벽에서 큰소리로 노래하기, ⑬ 江村漁火: 강 마을의 고기잡이 불, ⑭
渡頭橫舟: 나루터에 가로 놓인 배, ⑮ 水林落霞: 수림산의 지는 노을, ⑯
平沙下鴈: 넓은 모래펄에 내려앉는 기러기. 柳元之, 『拙齋文集』 권10, 「
謙庵玉淵二精舍, 十六景記」 참조.

정자는 두 암반 사이에 자리잡고 있다. 골짜기가 넓고 깊으나 집은 그윽한 곳에 있고 지세는 높다. 강기슭을 따라 지나가며 옆으로 흘겨보면 벼루의 암벽과 칡덩굴 사이로 가리어 보일 듯 말 듯 하니 이 정자가 있는 줄도 모를 지경이다. 무릇 있어도 없는 것 같고 안으로는 부유하면서도 밖으로는 검소해 보이는 것은 모두 겸손에 가까운 뜻이라. ……『주역』의 겸괘(謙卦)에 이른바 "겸손하고 겸손한 군자는 스스로 자기 몸을 낮춘다"는 말을 참으로 선생께서 실천에 옮김이 있다. 그러니 이 정자는 진실로 선생을 만나서 그 절승(絶勝)을 드러냈고, 선생 또한 이 정자에 인연하여 산책하며 음영(吟詠)하는 운치를 길렀다. 그러나 선생의 즐거움은 초연히 산수밖에 있었다. 처음부터 이 정자가 있고 없는 것에 무슨 가손(加損)이 있었겠는가.[28]

ㅇ경상북도 경주시 양동 마을에 있는 심수정(心水亭)과 영천시 임고면에 있는 일심당(一心堂)은 심학과 관련이 있는 공간이다. 심수정은 회재 이언적의 아우인 농재(聾齋) 이언괄(李彦适: 1493~1553)을 추모하여 지은 정자다. 조선 명종 15년(1560) 무렵에 건립된 것으로 추정된다. 근접한 건물로 이양재(二養齋), 삼관헌(三觀軒), 함허루(涵虛樓)가 있다. 농재의 저술은 오늘에 전하지 않지만 그가 평소 말한 바에 따르면, "정(靜)이라는 한 글자는 곧 마음 속의 수정(水亭)이다"(所雅言曰, 靜之一字, 心中之水亭)고 한 것이 있는데, 이것이 정자의 이름을 '심수정'이라 한 유래라고 한다.[29] 정(靜)은 경(敬)을 이루기 위한 수양 방법이니, 맑은 물을 바라보며 심성을 수양코자 한 조선 도학자의 면모가 엿보인다. 기문의 한 대목을 보기로 한다.

28  이상정, 『大山集』 권44, 「겸암정사기」
29  張錫英, 『晦堂集』 권28, 「心水亭記」

공이 말한 심(心)은 곧 회재가 전한 심이다. 회재가 전한 심은 곧 주자 (周子)와 정자(程子)가 정을 주로 했던[主靜] 심이다. 이 정자에 있으면서 '심수정'이란 편액을 우러러보면 마음을 다스리는 요법(要法)을 얻을 수 있다. 어찌 후예들에게만 책임지울 일이겠는가. 오당(吾黨)의 선비들이 모두 힘써야 될 것이다.

조선 영조 원년(1725)에 세워진 일심당은 '영천 정용준가옥(永川鄭容俊家屋)'으로 지정된 건물의 안채이다. 일심당이란 당호의 내력을 자세히 알 수는 없지만, 성정(性情)을 다스리는 도학자의 수양 공간으로서의 의미를 엿볼 수 있다.

'정양사(靜養舍)'라는 이름을 가진 임실군 삼계면의 노동환 가옥(盧東煥家屋)[30]도 조용히 몸과 마음을 수양한다는 의미를 지닌 것으로 이 범위 안에 넣어서 이해할 수 있다.

## 9. 천지에 가득찬 호연지기를 기르다.

o전라남도 곡성군 입면에 있는 함허정(涵虛亭)은 조선 중종 때의 문사(文士) 제호정(霽湖亭) 심광형(沈光亨)이 호연지기를 기르고 지역 유림들과 풍류를 즐기기 위해 중종 38년(1543)에 지은 정자다. 일명 호연정(浩然亭)이라고도 한다. 증손자 구암(龜巖) 심민각(沈敏覺)이 옛 터 아래쪽으로 옮겨 다시 지었으며 5대손 심세익이 중수하였다. 소우주인 인간이 대우주의 모든 것을 마음 속에 포용한다는 의미가 담겨 있다. 천지간에 충만한 호연

---

30 효종 1년(1650년)에 五柳處士 盧燁이 지었다. 노엽은 현 건물주인 노동환 씨의 8대조다.

함허정 앞의 복사꽃

지기를 선양(善養)하고자 하는 조영자의 뜻이 담겨 있다.

## 10. 효도와 추모, 화목을 위하다: 모선목친(慕先睦親)

○경상남도 밀양시 무안면에 있는 어변당(魚變堂)은 조선 세종 때의 무장 어변당 박곤(朴坤: 1370~1454)의 사랑채이다. 박곤은 무관으로 국가에 공헌하였으며 특히 축성(築城) 전문가로 활약하였다. 일찍이 집안이 가난하여 어버이에게 좋은 반찬을 해드리려고 연못(赤龍池)을 파서 물고기를 길렀는데, 그 효심에 감동한 물고기 한 마리가 붉은 비늘을 남기고 용이 되어 승천하였다. 이후 나라에 전쟁이 일어났을 때 물고기 비늘을 가지고

출전한 박곤의 말이 용마(龍馬)처럼 날다시피 활약하여 크게 공을 세웠다고 하며, 이에 '어변성룡(魚變成龍) 신변불측(神變不測)'의 뜻을 따서 자신의 사랑채 당호로 삼았다고 한다. 만구 이종기(李種杞: 1837~1902)는 「어변당문집 발」에서 다음과 같이 말하였다.

> 하늘이 만물을 낳음에 태극이오(太極二五)의 리기(理氣)를 고르게 부여하였다. 사람 또한 만물 가운데 하나이다. 몸뚱이, 비늘, 껍질, 깃을 가진 모든 것들은 그 무리에서 뛰어난 것이 있는데, 사람 가운데 현인(賢人)은 비늘을 가진 것 중에서 용에 비유할 수 있다. 끼리끼리 서로 감응하는 것은 인수(人獸)의 구별에 제한 받지 않는다. 그런데 깃, 털, 발굽, 뿔을 가진 동물들 가운데 어떤 것은 사람과 감응하기도 하고 어떤 것은 서로 믿고 서로 순종하기도 한다. 그러나 용이 그랬다는 말은 아직 들어보지 못했다. 대개 용은 신묘한 변화를 헤아릴 수 없기 때문에 범수(凡獸) 가운데 가장 특이하여 사람들이 가볍게 여기지 못한다. 스스로 효우충순(孝友忠順)이 천지를 움직이고 신명(神明)을 통하게 한 것이 아니라면 용이 기꺼이 돌보아주었겠는가. 나는 이로써 박공이 현자라는 사실을 알게 되었다.[31]

○ 경상북도 경주시 양동(良洞) 마을에 있는 무첨당(無忝堂)은 동국십팔현(東國十八賢)의 한 사람인 회재 이언적의 맏손자인 이의윤(李宜潤)이 세운 것이다. 그의 당호(堂號)이기도 하다. '무

---

31 『晩求集』권11,「魚變堂朴公文集跋」"天之生物, 均賦以太極二五之理氣. 人亦物也, 倮也鱗也介也羽也, 皆有拔乎其萃. 賢之於人, 龍之於鱗, 是也. 而以類相感, 不限於人獸之別. 然羽毛蹄角之屬, 或有感應於人, 而相孚相馴者, 而龍則未之聞焉. 蓋以其神變不測, 最異於凡獸, 而人不得以狎之也. 自非孝友忠順動天地而通神明者, 龍其肯顧之乎? 余以是知朴公之賢也."

첨'이란 "조상에게 욕됨이 없게 한다"는 뜻이다. 『시경』 소아(小雅), 「소완(小宛)」 편을 보면, 주(周)나라 대부가 난(亂)을 만나 형제간에 서로 경계한 시가 있는데, 이에 이르기를 "일찍 일어나고 밤늦게 잠자면서 너를 낳아주신 부모에게 욕됨이 없도록 하라"(夙興夜寐, 無忝爾所生)고 하였다. '첨(忝)'이란 욕됨이며, '소생(所生)'이란 부모를 말한다. 곧 선하지 못한 일을 행하여 부모—조상에게 욕을 끼치는 일이 없도록 하라는 말이다.

○경상북도 안동시 하회마을에 있는 충효당(忠孝堂)은 임진왜란 때 국난 극복에 큰 공을 세운 서애 류성룡의 종택이다. 류성룡의 증손 류의하(柳宜河)가 선조의 유훈인 '충효' 사상을 후대에 길이 전하기 위해 당호를 '충효'라 한 뒤 오늘에 이르고 있다. 식산(息山) 이만부(李萬敷: 1664~1732)의 「충효당기」가 있다.

> 영가(永嘉)는 동남에서 경치가 빼어난 곳인데 하회는 더욱 알려졌다. 대체로 그 산수가 밝고 수려하여 조화를 쏟아 부은 듯하다. 그 인물을 논하면 서애 문충공 선생이 이곳에서 세거(世居)하더니 선생의 증손 익찬공(翊贊公)에 이르러 집을 일으켜 세워 그 당을 '충효'라 이름하고, 한가할 때 독서하거나 친우를 맞이하거나 자제들 교육을 이곳에서 하였다. …… 충효와 같은 것은 타고난 본성에 근본하고 덕을 행하는 것으로 드러내니 성인이라 하여 더 보탤 것이 없고 어리석은 사람이라고 하여 내려깎을 것도 없이 본시 지니고 있다. 어찌 당(堂)의 이름을 삼은 뒤에야만 그렇게 되는 것이겠는가? 선생께서 자손에게 내린 시 한 편을 상고해 보면, 후손에게 곡진하게 훈계를 내린 것이 '충효' 두 자를 벗어나지 않았으니, 익찬공이 특별히 이 당호를 게시함이 또한 마땅하지 않겠는가? 선생의 가륵한 효성은 어버이를 섬기고 형에게 공경할 때

나타나고 밝고 밝은 의리는 등용 되면 나아가고 버려지면 물러나는 사이에 드러난다. 이러한 까닭에 공은 사직을 보존하고 혜택은 백성에게 두루 미쳤던 것이다.

전(傳)에서 "군자는 가정에서 나가지 않아도 나라에 교화를 이루어 나아간다"고 하였으니 선생께서 이와 같았다. 이로부터 주손(胄孫)들이 대대로 청백(淸白)을 전수하고 시서(詩書)를 업으로 하였으니, 그 힘쓸 바는 조상의 유훈을 어기지 말고 신종추원(愼終追遠)하라는 당부에 있었는데, …… [32]

。경상북도 안동시 법흥동에 있는 영모당(永慕堂)은 고성이씨 탑동파 종택에 딸린 별당이다. 영모당 이원미(李元美: 1690~1765)가 자신의 아호를 따서 지은 것이다. '길이 조상을 사모한다'는 의미를 담았다.

。경상북도 김천시 구성면에 있는 방초정(芳草亭)은 조선 인조 3년(1625)에 방초정 이정복(李廷馥: 1575~1637)[33]이 선조들을 추모하고 후학들을 가르치기 위해 지은 2층 누정이다. 많은 시판(詩板)들이 걸려 있는데, 오봉 이호민(李好閔: 1553~1634)의 시 '방초정에서 종손 정복에게 써서 주다'가 유명하다.[34]

雨露丘原倍愴情   구천에 비 이슬 내리니 슬픈 마음 곱절이나 더하다.
行人纔得祭淸明   길 가는 사람 겨우 청명제를 지낼 수 있었네.

---

[32] 『息山集』 권17, 「忠孝堂記」
[33] 자는 德老, 호는 방초정, 본관은 延安이다. 副護軍 宗緖의 아들이며 오봉 이호민의 종손이다. 벼슬은 부호군에 이르렀다.
[34] 『오봉집』 권2, 「芳草亭, 書示宗孫廷馥」

白頭未判南歸計  머리 희도록 남귀(南歸)할지를 판단하지 못했으니
慚愧春山杜宇聲  봄산 두견새 소리에도 부끄러워 하네.

앞에는 커다란 연못이 있으며 못 안에 두 개의 섬이 있다. 건물·연못·나무의 배치 등은 조선시대 정원의 양식을 연구하는 데 귀중한 자료가 된다.

○전라북도 남원시 수지면에 있는 몽심재(夢心齋)는 연당(蓮堂) 박동식(朴東式: 1753~1830)의 고택 사랑채이다. '몽심'이란 죽산박씨(竹山朴氏)의 선조이자 두문동 칠십이현(杜門洞七十二賢)의 영수인 충현공(忠顯公) 박문수(朴門壽: 松菴)[35]가 포은 정몽주(1337~1392)의 충절을 기리며 보낸 시 "골 너머 있는 버들은 졸면서 도연명을 꿈꾸고 산에 있는 고사리는 백이(伯夷)의 마음을 토해내네"(隔洞柳眠元良夢 登山薇吐伯夷心)라고 한 데서 따온 말이다. 현조(顯祖)의 일생을 '원량몽(元良夢)'과 '백이심(伯夷心)'으로 요약, 부각시키면서, 선조의 위국충절을 길이 계승해 나가겠다는 의미를 담았다. 조상의 충절을 기리는 숭앙심이 빚어낸 공간으로, 조상의 위업을 잘 계승하여 후세에 오래 전하려는 '계지술사(繼志述事)'의 정신이 넘친다.

○경상북도 안동시 풍산읍에 있는 체화정(棣華亭)은 조선 효종 때 학자인 만포(晩圃) 이민적(李敏迪: 1663~1744)이 세우고 학문을 닦았던 곳이다. 그의 백씨인 옥봉(玉峯) 이민정(李敏政)

---

[35] 정몽주·이색과 함께 高麗三老로 받들어졌다고 한다.

과 함께 기거하며 형제간의 우의를 돈독히 한 장소로 유명하다.
후일 이상신(李象辰)은 「체화정기」에서 다음과 같이 말하였다.

> 백형 진사공과 함께 남쪽으로 내려와 여기에 살면서 함께 글을 강론하
> 고 농사에 힘쓰면서 담백한 생활로 늙었다. 날마다 형제가 모여 사는 즐
> 거움을 삼공의 영광과도 바꾸지 않았으며 형제간의 화락함을 우리 집
> 안의 규범으로 삼았다.[36]

　이민적이 '체화정'이라 한 것은 단순히 꽃이름을 취한 것이 아
니요, 형제간의 우의를 빗댄 것이었다. 체화란 아가위 꽃으로,
형제의 정의(情誼)가 남달리 두터움을 비유할 때 인용되곤 한다.
『시경』소아(小雅), 「상체(常棣)」편을 보면, "아가위 꽃송이 활짝
피어 울긋불긋, 지금 어떤 사람들도 형제만한 이는 없지"(常棣之
華, 鄂不韡韡. 凡今之人, 莫如兄弟)라고 하여, 형제간의 우애를 읊
었다. 상체꽃처럼 아름다운 우애가 깃들인 공간이다.

　ㅇ경상북도 청도군 금천면 운문산(雲門山) 아래 만화평(萬和
坪)[37]에 있는 운강고택(雲岡故宅) 및 만화정(萬和亭)은 순조 9년
(1809)에 소요당(逍遙堂) 박하담(朴河淡: 1479~1560)의 후손 박
정주(朴廷周)가 분가하면서 살림집으로 건립한 가옥이다. 박하
담이 벼슬을 사퇴하고 이곳에 서당을 지어 후학을 양성했던 옛

---

36　이상신, 『下枝集』권4, 「棣華亭記」
37　본래 '萬花坪'이었으나, '花'가 '和'와 통하므로 '萬和'로 고쳤다 한다. 柳
　　疇睦, 『溪堂集』권9, 「萬和亭記」 "輝道以花與和聲同, 改花爲和. …… 吾聞
　　輝道, 事親愉, 處家湛, 親族睦, 接人厚, 其果有所本矣, 推此而類之, 其萬
　　可知已."

터에 지은 것인데, 순조 24년(1824) 운강 박시묵(朴時默: 자는 輝道)이 중건하였다. 어버이를 잘 모시고〔事親〕, 집안 일을 잘 처리하며〔處家〕, 친족과 화목하며〔親族〕, 남을 대접함〔接人〕에서 '화'를 주로 하였기 때문에 정자 이름을 '만화'라 하였다 한다.[38] 『주역』 건괘(乾卦)에 '대화(大和)'가 나오고, 『중용』에 '중화(中和)'가 나오고, 공자가 '태화(太和)'를 말하고, 정자(程子)가 '일단화(一團和)'를 말한 것을 보면, 만화정이라 한 근본 내력이 어디에 있는가를 짐작할 수 있겠다. 그리고 심화(心和), 기화(氣和), 형화(形和), 성화(聲和) 등의 말이 있는 것을 보면 천지의 화(天地之和)를 짐작할 만하다.

## 11. 주자학 연구의 산실로 꾸미다

○대전광역시 동구 가양동에 있는 남간정사(南澗精舍)는 우암 송시열이 만년에 주로 거처하였던 서재이다. '남간'이란 양지에 흐르는 개울이란 뜻으로, 주자(朱子)의 시 운곡이십육영(雲谷二十六詠) 가운데 '남간(南澗)'이란 시에서 인용한 것이다. 또 이 정사가 고을의 남쪽에 있기 때문에 특별히 '남' 자를 취하였다고도 한다.

남간정사는 송시열이 남쪽으로 귀양갈 때 들렀다 간 곳이며 또 후명(後命)을 받고 세상을 떠난 뒤 반장(返葬)할 적에 상사(喪事)를 마친 곳이기도 하다.[39] 주자를 절절히 사모하는 송시열의

---

[38] 朴時默, 『性齋集』 권14에 「만화정기」가 있다.
[39] 李喜朝의 「남간정사기」와 宋達洙의 「남간정사 중수기」 참조.

남간정사

뜻이 배어 있으니, 이곳에서 풍영(諷詠)하는 바는 『주자대전』과
『주자어류』였다고 한다. 송시열은 주자의 '남간' 시를 좋아하여
이를 주련으로 써서 걸기도 하였다. 그 일절은 다음과 같다.

危石下崢嶸 위태한 돌 가파르고 험하게 아래로 향하고
高林上蒼翠 높은 숲 푸르고 푸르게 위로 솟았구나
中有橫飛泉 가운데를 가로질러 나를듯이 흐르는 물의 근원 있으니
崩奔雜奇麗 무너지듯 쏟아져 섞이는 모습이 기려(奇麗)하구나.[40]

○경상북도 성주군 월항면 한개마을 한주종택(寒洲宗宅)과 한
주정사(寒洲精舍)는 조선 성리학의 육대가 가운데 한 사람인 한
주 이진상(李震相: 1818~1886)이 성리학의 대미(大尾)를 장식한

---

40 『朱子大全』, 권6.

곳이다. 한주정사는 조운헌도재(祖雲憲陶齋), 완락실(玩樂室), 한수헌(寒水軒)으로 이루어져 있다. 조운헌도재는 "운곡(雲谷: 주자)을 조술(祖述)하고 퇴도(退陶: 퇴계)를 헌장(憲章)하겠노라"는 의미를 담은 것이고 완락실은 주자의 '명당실기(名堂室記)'에서 "완상하여 즐기니 여기서 평생토록 지내도 싫지 않을 만하다"라고 한 말에서 따온 것이다.[41] 한수헌은 주자의 '감흥시(感興詩)'에 "천년토록 변치 않을 심(心)을 생각하노라니 가을달이 찬물에 비친 듯하네"(恭惟千載心, 秋月照寒水)라고 한 글귀의 뜻을 취하여 심법상전(心法相傳)의 의미를 보인 것이다. 당실(堂室)의 이름이 다 주자, 퇴계와 관련이 있는 점으로 미루어 그가 주자와 퇴계의 적통임을 넌지시 자부했음을 알 수 있고, 철저한 주자학자가 되기를 소망했음도 짐작할 수 있겠다.

## 12. 소박함과 검소함을 지키다: 수졸귀전(守拙歸田)

○경상북도 경주시 양동마을에 있는 수졸당(守拙堂)은 회재 이언적의 4대손인 수졸당 이의잠(李宜潛: 1576~1635)이 광해군 8년(1616)에 자신의 아호를 따서 지은 것이다. '수졸'이란 도연명의 '귀전원거(歸田園去)' 시에 "'졸(拙)'을 지키러 전원으로 돌아왔네"(守拙歸田園)라고 한 데서 따온 말이다. 여기서 '졸'이란 인위적인 기교없이 소박하고 자연스러운 상태를 말한다. 옛사람은 이것을 '졸박(拙朴)'이라고 하였다. 졸박함을 지킨다는 것은 화려하고 인위적인 문명생활을 거부하고 소박하고 자연스러

---

[41] 퇴계 이황이 세운 도산서당의 玩樂齋 이름도 여기서 따온 것이다.

운 전원생활로 돌아가는 것을 말한다.

○경상북도 의성군 금성면 산운리 영천이씨(永川李氏) 세거지에 있는 소우당(素宇堂)은 1800년대 초에 소우(素宇) 이가발(李家發)이 지었다고 한다. 안채는 1880년대에 고쳐 지은 것으로 알려지고 있다. 이가발의 자는 영숙(英叔), 호는 소우이며, 의명(宜明)의 아들이다. 운곡당(雲谷堂)과 용문정(龍門亭)의 주인인 운곡(雲谷) 이희발(李羲發: 1768~1850)의 아우이다. 순조 1년(1801)에 증광시(增廣試) 생원(生員)에 급제하였다.[42] '소우'라는 호의 정확한 의미는 알 수 없으나, 세상의 부귀영화를 멀리하고 고향에 은거하며 '검소하게 사는 집'이란 의미로 붙인 듯하다.

## 13. 별유천지(別有天地)를 기대하다: 호중선경(壺中仙境)

○종로구 부암동에 있었던 무계정사(武溪精舍)는 세종의 삼남 안평대군(安平大君)의 옛 별업이다. '무계'는 무릉계곡(武陵溪谷)의 준말인데, 본디 이곳이 창의문(彰義門) 밖 무계동(武溪洞)이었기 때문에 붙여진 이름이다. 안견(安堅)의 '몽유도원도(夢遊桃源

---

[42] 이가발의 생애를 알 수 있는 자료가 드물다. 定齋 柳致明이 찬한 「輓詞」두 수가 있어 도움이 된다. 『정재집』권1, 「輓李英叔 家發」"懷哉素宇老, 淳朴古人姿. 孝友因天著, 詩書篤祖貽. 慶徵看玉樹, 仁壽驗銀緋. 忽報修文去, 吾衰誰與歸. 回首專場日, 詞華爛錦城. 小成酬拙志, 高步讓難兄. 處物存謙抱, 憂時戒墊傾. 商量尙書狀, 無路報仙京."

圖)'에 나오는 그림과 같은 풍경이라 하니, 한양땅 무릉도원이
바로 인왕산 아래 무계정사 주변이라고 하겠다.

일찍이 안평대군이 꿈에 도원(桃源)에서 놀았는데, 꿈에서 깬
뒤 이 집을 지을 계획을 세워 마침내 완성하기에 이르렀다고 한
다. 안평대군이 손수 짓고 글씨를 쓴 「몽유도원도기(夢遊桃源圖
記)」를 보기로 한다.

> 정묘년(1447) 4월 20일 밤에 바야흐로 자리에 누웠다. 정신이 아른하여
> 잠이 깊이 들어 꿈도 꾸게 되었다. 박팽년(朴彭年)과 더불어 한곳 산 아
> 래에 당도하니, 층층의 멧부리가 우뚝 솟아나고, 깊은 골짜기가 그윽한
> 채 아름다우며, 복숭아나무 수십 그루가 있었다. 숲 밖에 다다르자 오솔
> 길이 여러 갈래로 갈라져 서성대면서 갈 곳을 몰라 하였다.
> 한 사람을 만났는데 산관야복(山冠野服) 차림으로 길게 읍하며 나에게
> "이 길을 따라 북쪽으로 휘어져 골짜기에 들어가면 그곳이 도원이외다"
> 라 하였다. 이에 나는 박팽년과 함께 말을 채찍질하여 찾아갔다. 산벼랑
> 이 울퉁불퉁하고 나무숲이 빽빽하며, 시냇길은 돌고 돌아서 거의 백 굽
> 이로 휘어져 사람을 홀리게 한다.
> 그 골짜기를 돌아가니 마을이 넓고 티어서 2, 3리쯤 될 듯하였다. 사방
> 의 벽이 바람벽처럼 치솟고 구름과 안개가 자욱한데, 멀고 가까운 도화
> 숲이 어리비치고 붉은 놀이 떠오른다. 또 대나무 숲과 초가집이 있는데,
> 싸리문은 반쯤 닫히고 토담은 이미 무너졌으며, 닭과 개와 소와 말은 없
> 고, 앞 시내에 오직 조각배가 있어 물결을 따라 오락가락한다. 정경이
> 소슬하여 신선의 마을과 같았다.
> 이에 오랫동안 둘러보고는 박팽년에게 이르기를 "바위에다 가래를 걸
> 치고 골짜기를 뚫어 집을 지었다더니 이를 두고 말한 것이 아니겠는가,
> 정말로 도원동이다"라고 하였다.
> 곁에 두어 사람이 있으니 바로 최항(崔恒)·신숙주(申叔舟) 등이다. 함
> 께 시운을 지은 자들이다. 서로 짚신감발을 하고 오르내리며 실컷 구경

하다가 문득 깨었다. …… 가도(可度: 안견)에게 명하여 내가 꾼 꿈의 내
용을 그림으로 그리게 하였다. 다만 옛날부터 일러오는 도원이라는 곳
은 내가 알지 못하니, 이 그림과 같을지는 모르겠다. 나중에 보는 사람
들이 옛 그림을 구해서 내 꿈과 비교해 본다면 필시 무어라 할 말이 있
을 것이다. 꿈꾼 지 사흘째 되는 날, 그림이 다 이루어졌기에 비해당(匪
懈堂)이 매죽헌(梅竹軒)에서 쓰다.

안평대군이 꿈 꾸었던 이상향이 약여(躍如)하게 잘 드러나 있다.


○경상북도 예천군 호명면 백송리에 있는 선몽대(仙夢臺)는
예부터 승경(勝景)으로 이름이 있었다. 전하는 바에 의하면, 퇴
계의 종손(從孫)이자 제자인 우암(遇巖) 이열도(李閱道: 1538∼
1591)가 명종 18년(1563)에 세웠다고 한다. 신선이 나오는 꿈을
꾼 뒤에 지었다는 전설이 있다. 정약용의 「선몽대기」[43]가 있는
데, 일찍이 자신의 조부가 이곳에 들러 벽상(壁上)에 시를 새겨
걸었던 인연을 주로 서술하였다.


○경상북도 봉화군 봉화읍 유곡리에 있는 석천정(石泉亭)은
충재 권벌의 맏아들 청암 권동보(權東輔)가 부친의 뜻을 기리기
위해 지은 정자이다. 소나무 등이 울창하고 풍광이 수려한 석천
계곡에 자리잡고 있다. 실로 별천지라 하겠다. 현주(玄洲) 조찬
한(趙纘韓: 1572∼1631)이 특유의 변려문으로 「석천정기(石泉亭
記)를 지었다.[44] 그 내용을 보면 신선이 사는 요지현포(瑤池玄圃)

---

43 정약용, 『여유당전서』 시문집 권13, 「仙夢臺記」가 있다.
44 『현주집』 권10, 「석천정기」

가 이곳이 아닐 수 없다.

구름 낀 들창이 책상을 대하니 여러 진인(眞人)의 당(堂)을 열어 놓은 것 같고 비단 같은 집에 높이 솟은 문미(門楣)는 신령한 신기루 집을 엮어 놓은 것 같다. 비단 이끼가 도끼 구멍에 떨어지는데 여와(女媧)가 놀던 곳 같으며, 옥룡이 쟁쟁(琤琤)한 물소리를 뿜어내니 영인(伶人: 才人) 무리가 오음(五音)과 육률(六律)을 연주하는 듯하다. 자주빛 골짜기에 노을이 일어나니 경치는 삼도(三島: 신선이 사는 곳)의 봄을 빼앗은 것 같고, 경루(瓊樓)에 물이 맑으니, 빛은 십연(十淵)의 달빛을 가리운 것 같다. 임천(林泉)에도 부귀가 있다고 하거늘 평지에 어찌 신선이 없을까.

雲窓對榥 如開列眞之堂 綺閣浮楣 怳結靈蜃之宇 錦蘚落於斧鑿 女媧餘天 玉龍吼其琤琮 伶倫遺律 霞蒸紫洞 景奪三島之春 水明瓊樓 光掩十淵之月 林泉亦有富貴 平地豈無神仙.

## 참고로 하당 권두인의 「중건기」 일부도 수록해둔다.

청암정으로부터 서쪽으로 곡구(谷口)를 따라 아래로 내려가면 산은 더욱 기이하고 물은 더욱 밝게 흘러가며 골짜기는 더욱 그윽하다. 별천지가 펼쳐진 듯하다. 이곳이 석천(石泉)이다. 처음 선조 충정공(忠定公: 권벌)께서 시냇가에다 돌을 쌓아 대(臺)를 만들고 날마다 그곳에 나가 소요하셨다. 고조 청암공(권동보)서 정사 8, 9칸을 짓고 석천정사(石泉精舍)라고 이름하였다.

지극히 맑고 시원한 모습은 마치 요대(瑤臺) 선각(仙閣) 같이 티끌 세상에 빛을 발하는 듯했다. 대 앞에는 깎은 듯 백여 길 절벽이 있고 그 아래에는 푸른 물이 굽이쳐 흐르는데 그 위로 사람이 지나가면 마치 그림 같았다.

대(臺) 뒤 편 넓은 바위가 있는 곳에 집을 지었다. 참대나무가 많이 돋아 있고 돌 틈에서 샘물이 흘러내렸다. 그 아래에 오래된 우물이 있으니 물맛이 매우 시원했다. 곡구로부터 구렁에 이르기까지 흰 자갈과 험준한 바위가 펼쳐졌는데 곳곳에는 물이 날카로운 소리를 내며 흘러갔다. 정사 앞에는 별도로 크고 넓은 바위가 시내에까지 비스듬히 놓여 있다. 그 바위는 희고도 윤기가 돌아 마치 다듬어서 만들어 놓은 것 같았다. 시냇물은 이곳에 이르러 더욱 세차게 아래로 흘러내려 옥 같은 물보라를 뿜어댔다. 대나무 베개를 베고 있으면 마치 금석(金石) 소리가 들려오는 듯 했다.

남쪽으로 수 십 걸음을 가면 또 온돌방 몇 칸이 있고 좌우는 모두 복벽(複壁)으로 되어 있다. 바로 우리 증조부께서 금강산에 있는 작은 절집을 본떠서 만든 것이다. 조금 아래로 또 쌓인 바위벼랑이 우뚝 솟아 대를 이루었다. 그 아래 텅 빈 굴이 있고 굴 안의 돌에다 '청하굴(靑霞窟)'이라고 새겨 두었다.……

대개 이 터는 위 아래로 마을과 1리도 떨어져 있지 않다. 그러나 이곳에 오기만 하면 정신이 상쾌해져서 진세(塵世)와 멀리 떨어져 있는 것 같다. 사람들이 경치에 취해 도끼자루가 썩는지도 모를 절경인 것 같다는 생각이 들게 한다.[45]

◦ 서울 인왕산에 있는 옥호정은 조선 순조 때의 세도가였던 풍고(楓皐) 김조순(金祖淳: 1765~1832)의 별장으로, 김조순이 문예와 풍류를 즐기던 곳이었다. 본디 이곳에 '옥호동천(玉壺洞天)'이라는 절승(絶勝)이 있었으므로 붙여진 이름이다. 옥호는 '호중별유천지(壺中別有天地)'에서 따온 말로 선경(仙境), 선계(仙界), 선향(仙鄕), 선환(仙寰), 이상향(理想鄕) 등을 이를 때 사용되는 말이다. 김조순이 읊은 시 '옥호정'은 다음과 같다.

自愛靑山宅  스스로 청산 집 사랑함이어라.

---

45 『하당집』 권4, 「石泉精舍重建記」

何煩綠野堂  어찌 녹야당에 비길 일 있으랴.
烟巒千古色  안개 가득 산봉우리 천고 색이고
雲峽四時涼  구름 골짜기 계절마다 청량하구나.
石徑林楓合  단풍나무 숲 돌길이 어울리고
松門澗水長  솔문 앞 시냇물 길게 흐르네.
衰疴無外事  늙고 병들어 하는 일 없으니.
終日淨書香  온종일 책속 향기에 깨끗하구나.[46]

산반루(山半樓)란 이름은 풍광이 너무도 아름다워 그 가치가 인왕산의 반을 차지한다는 말이다. 김조순은 '산반루가 이루어지다'라는 시에서 "나무 꼭대기 앉은 듯하나 그래도 안온한 곳(坐似樹顚猶穩處), 산반이라 한 것은 과언(夸言)이라네(名之山半蓋夸言)"라고 읊었다.[47] 죽정(竹亭)은 문자 그대로 대나무 기둥에다 대나무를 쪼개 지붕을 덮음으로써 시원함을 극대화시켜 청한(淸閑)의 즐거움을 한껏 누리려했던 공간이다. 지당 한쪽에 있는 첩운정(疊雲亭)은 연못을 통해 하늘에 뜬 구름의 영상을 보고자 했던 정자다. 이러한 옥호동천의 풍광은 실로 자연을 즐길 줄 아는 이에게만 내어 준 절경이라 할 것이다.

ㅇ서울특별시 성북구 성북동에 있는 성락원(城樂園)은 조선 철종때 이조판서를 지낸 심상응(沈相應)의 별장이었으나 의친왕(義親王) 이강(李堈: 1877~1955)이 35년간 살아 별궁(別宮)으로 사용되기도 하였던 곳이다. '성북 쪽의 낙원'이라는 뜻을 지니고

---

[46] 『풍고집』, 권2 참조.
[47] 『풍고집』 권2, 「山半樓成」

있다. 송석정(松石亭)은 건물군 뒤에 있는 후원과 같은 곳으로 송석(松石)과 연못, 정자가 있어 자연의 풍치를 음미할 수 있다.

## 14. 노후 안식처를 가리다: 종로지계(終老之計)

◦전남 구례군 토지면에 있는 운조루(雲鳥樓)와 귀래정(歸來亭)은 조선 영조 때 무관이었던 류이주(柳爾冑: 1726~1797)가 관직에서 은퇴한 뒤 지은 건물이다. 특히 운조루는 조선 3대 명당 자리로 널리 알려져 있다. 운조루와 귀래정은 둘 다 도연명(陶淵明)의 「귀거래사(歸去來辭)」와 관련이 있다. '운조'란 「귀거래사」 가운데 "무심한 구름은 산굴에서 나오고(雲無心以出岫), 날다가 지친 새들은 저녁에 제 집으로 돌아올 줄 아네"(鳥倦飛而知還)라고 한 구절[48]에서 각각 한 자씩을 따온 것이다. 귀래정은 '귀거래'를 줄여서 붙인 이름이다. 바람 따라 넘나드는 구름처럼, 자유로이 제 집 찾는 새처럼 말년을 의탁하고자 했던 안식의 땅이요, 서식축덕(棲息蓄德)의 공간인 것이다.

◦울산광역시 울주군 상북면에 있는 만정헌(晚定軒)은 16세기 초 현감 벼슬을 지냈던 김자간(金自幹)이란 사람이 경주에서 이곳 명촌리로 들어와 자리를 잡은 뒤, 계림 김씨의 정각으로 건립하였다고 한다. '만정헌'이라는 헌명(軒名)을 통해 김자립이

---

[48] 이 구절은 너무나 유명하다. 李鼎輔의 시조에서도 "淵明이 歸去來辭 짓고 柴桑(시상)으로 돌아갈 제 雲無心以出岫하고 鳥倦飛而知還이로다 아마도 五柳淸風을 못 미칠까 하노라"고 하였다.

이곳을 '군자가 편히 쉴 만한 곳'(君子攸寧)으로 여겨 이곳에서 노년을 보낼 계획을 세웠음을 엿볼 수 있다. 명헌(鳴軒)이라는 현판은 선대 조상의 아호이고 만년각(萬年閣)은 만정헌의 별칭이다.

○광주광역시 서구 세하동에 있는 만귀정(晩歸亭)은 흥성장씨(興城張氏)의 선조인 효우당(孝友堂) 장창우(張昌雨: 1704~1774)가 만년에 세운 것으로, 인재 양성, 도학사상의 요람이었다. 장창우는 본래 전라도 남원 출신이었으나 만년에 이곳으로 낙남(落南)하였다. 만귀정은 중간에 무너졌다가 1934년 후손들이 그의 유덕을 기리기 위해 중건하였다. 정자의 명칭은 장창우가 만년에 소요상양(逍遙徜徉)하면서 자연과 더불어 인생을 보내겠다는 의미를 담은 것으로 보인다. 만귀정에 관계된 시는 아니지만 만귀정의 주인공 장창우의 의취(意趣)를 미루어 짐작할 수 있는 싯귀 하나를 덧붙여둔다.

種菊爲採英  국화 심어 꽃잎 따고
種秫爲忘憂  수수 심어 근심 잊으리니
早晚歸去來  조만간 「귀거래사」 읊을 양이면
駕言何所求  행선지 물어볼 게 뭐 있겠나.[49]

○전라남도 화순군 남면에 있는 임대정(臨對亭)은 조선 철종

---

49 『谿谷集』 권25, 「題李子陵斜川帖次韻」 참조.

때 형조좌랑과 사헌부집의(司憲府執義)를 지낸 사애(沙厓) 민주
현(閔冑顯: 1808~1882)이 철종 13년(1862) 무렵에 세운 것이다.
이곳은 본디 조선 선조 때 사람 고반(考槃) 남언기(南彦紀: 1534
~?))가 조영한 고반원(考槃院)의 옛터이다. 고반원의 옛터에 초
정을 세운 뒤 중국 북송 때 학자 염계 정개현의 '종조임수대여
산(終朝臨水對廬山)'[50]이라는 시구를 따서 임대정이라고 이름지
었다 한다. 일설에 의하면 동쪽에 있는 봉정산에서 흘러내린 물
이 사평천(沙坪川)과 만나는 곳에 자리하였다고 하여 붙인 이름
이라고도 한다. 붉은 글씨로 '사애선생장구지소(沙厓先生杖屨之
所)'라고 바위에 새긴 것이 있다. 또 방지(方池) 한가운데는 돌에
'세심(洗心)'이란 두 글자를 새겨 넣은 것이 있다. 물욕을 버리고
청렴하게 살아온 옛 선비들의 발자취를 느끼게 한다. 송태회(宋
泰會), 김문옥(金文鈺) 등 20여 명의 시판(詩板)이 걸려 있다. 민
주현의 시 '임대정원운(臨對亭原韻)'을 소개한다.

> 새로 지은 작은 정자 은행나무 그늘져서
> 그 가운데 깊은 정취 더욱 흥을 돋는구나.
> 시 읊는 친구들은 술병 들고 찾아오고
> 농사 짓는 늙은이 때때로 자리를 다툰다.
> 여름에는 나무 끝에 맑은 바람이 일고
> 가을 되니 밝은 달이 연못 속에 잠겼구나.
> 청산을 마주하고 물가에 머문 정취
> 정자에 높이 앉아 무릎 껴안고 시 한 수 읊조린다.

---

[50] 북송 때의 철학자 주돈이의 시 '落照臨水對廬山'에서 따온 것이라고도
한다. 『주염계집』에는 이 싯귀가 실려 있지 않다.

## 15. 연꽃을 노래하며 군자의 덕에 취하다.

◦경상북도 달성군 하빈면에 있는 하엽정(荷葉亭)은 삼가헌(三可軒) 서쪽 별당이다. 못에 연꽃을 심은 뒤 '하엽정'이라 하였다. '하엽'은 문자 그대로 연꽃이라는 뜻이다. 중국 북송 때의 도학자 주염계(周濂溪)의 「애련설(愛蓮說)」에 "연은 꽃 가운데 군자이다"(蓮, 花之君子)라고 한 말에서 취한 듯하다. 수많은 학자 문인들이 연향(蓮香)을 기린 데 비해 연잎을 칭송한 것은, 연잎을 통해 '허(虛)' 철학을 체득하려 함일 것이다. 연잎은 제 몸에 맑은 크리스탈 같은 물방울을 흠뻑 받아들이지만 고개가 무거우면 연못 바닥에 비우고 다시 받아들인다. 그야말로 '비우기'의 미덕을 몸으로 보여주는 것이라 하겠다.

◦경상남도 함안군 칠원면에 있는 무기연당(舞沂蓮塘) 역시 연꽃을 노래하며 군자의 덕을 구하겠다는 의미를 담았다. '무기'는 『논어』「선진(先進)」편에 이른바 "기수(沂水)에 목욕하고 무(舞雩)에서 바람쐰다"(浴乎沂 風乎舞雩)고 한 대목에서 따온 것이다. 공자가 제자들에게 장래의 희망을 물었을 때 증점(曾點)이라는 제자가 대답한 말이다. 곧 풍류를 즐기면서 유유자적하는 생활을 원한다는 말이다. 자로(子路)와 염유(冉有), 공서화(公西華)가 벼슬길에 나아가 정치를 하겠다는 것과는 사뭇 다른 소망이었다. 이 때 공자는 "나는 증점을 인정한다"(吾與點也)고 하여 증점의 탈속한 경지를 높이 평가하였다. 이 건물의 주인 국담 주재성은 이인좌(李麟佐) 난의 평정에 공이 있었지만, 난이 평정된 뒤 출사의 유혹

을 뿌리치고 이곳에서 학문에 정진하면서 풍류를 즐기고 유유자
적한 삶을 살았다. 탈속한 삶을 살면서 군자의 풍모와 덕을 지키
고자 했던 주인공의 인생관, 가치관을 엿볼 수 있게 한다.

○경상북도 안동에 있는 고성이씨 탑동파(塔洞派) 종택에 딸
린 별당 마루방에는 '정우재(淨友齋)'라는 편액이 걸려 있다. '정
우'는 연꽃의 별칭이다. 『산당사고(山堂肆考)』에 의하면 "증단백
(曾端伯)이 연(蓮)을 '정우'라 하였다"(曾端伯以蓮爲淨友)는 기록
이 있다. 주염계의 「애련설」에서도 "나는 홀로 연꽃이 진흙에서
나왔으면서도 그에 물들지 않고 맑은 물결에 몸을 씻고서도 요
염을 자랑하지 않으며, 속이 비어 있고 겉이 곧으며, 덩굴 뻗지
않고 가지 치지 않으며, 향기가 멀수록 더욱 맑고, 우뚝이 깨끗
하게 서 있어, 멀리서 바라볼 수는 있으나 함부로 가지고 놀 수
없음을 사랑한다"(予獨愛蓮之出於淤泥而不染, 濯淸漣而不夭, 中通
外直, 不蔓不枝, 香遠益淸, 亭亭淨植, 可遠觀而不可褻翫焉)라고 하
였다.

○경상북도 경주시 양동마을에 있는 이향정(二香亭)은 여강이씨
(驪江李氏)로 온양군수를 지낸 이범중(李範中)의 아호를 딴 정자이
다. 청련과 홍련이 서로 번갈아가면서 은은한 향기를 끊임 없이 풍
긴다는 의미를 지니고 있다. 하루도 쉼이 없이 덕을 쌓아 가는 군

식영정의 백일홍

자의 모습을 짐작하게 한다. 「애련설」의 아취가 담겨 있다.

## 16. 자릉(子陵)의 은거와 연명(淵明)의 풍류를 즐기다: 물외지락(物外之樂)

○ 전라남도 담양군 남면에 있는 식영정(息影亭)은 석천(石川) 임억령(林億齡: 1496~1568)의 사위 김성원(金成遠: 1525~1598) 이 장인을 위해 지은 정자라고 한다. 임억령이 평소『장자』의 '외영오적(畏影惡迹)'의 고사를 좋아한 것에 착안하여 붙인 이름 이라 한다. 『장자』 「어부(漁父)」 편에 보면 "그늘에 처하여 그림 자를 없애고(處陰以休影) 고요하게 살면서 행적을 숨긴다(處靜以 息迹)"고 하였다. 자신의 발자취를 숨기고 고요히 살면서 세속의 번거로움을 벗어던지겠다는 의미이다. 은거와 풍류를 동시에

볼 수 있는 공간이다. 식영정과 관련한 고봉 기대승의 시 한 수
를 소개한다.

息影初無作　식영정은 본래 없었던 것인데
憑高更製亭　높은 곳 의지해서 정자 만들었구나.
衆山擎落日　뭇 산은 떨어지는 해를 받들고
一水帶飛星　한 줄기 물은 별빛을 띠었네.
雨罷苔連竹　비 갠 뒤 이끼는 대밭으로 이어지고
春深鳥下庭　봄 깊으니 새가 뜨락에 내려오네.
逍遙自得意　소요하며 스스로 뜻을 얻는 양
空復掩柴扃　부질없이 사립문을 다시 닫는다네.[51]

　연하(煙霞) 속에 집 한 채 마련하고, 천지 사이에 한 점의 부
끄러움이 없이 살면서, 출처행장(出處行藏)을 일성(日星)에게 묻
던 처사(處士)의 맑고 곧은 기개를 엿보게 한다. "적막한 곳에
올 사람 없다며(寂寞何人到) 소나무 사립문 스스로 닫던(松關只
自扃) 은자이지만, 때로 마을에서 술 익었다는 말 듣고(時聞社酒
熟) 지팡이 집고 구름 속 문을 나온다(扶杖出雲扃)"는 기대승의
싯귀를 통해 '고요 속의 움직임'(靜中動)이 느껴진다.

　○ 전라남도 담양군 식영정 아래에 있는 서하당(棲霞堂)은 서
하당 김성원이 자신의 아호를 따서 지은 것이다. 김성원의 인생
철학이 담겨 있는 곳이다. 자신의 스승이자 장인인 석천 임억령
을 위하여 식영정을 지었으며, 또 그 아래에 자기만의 공간인

---

[51] 奇大升, 『高峯續集』 권1, 「次息影亭韻」

서하당을 다시 지은 것이다. 신선이 노닌다는 자하(紫霞)의 선경 (仙境) 속에 살면서 풍류를 즐기겠다는 의미이다. 김성원은 송강 정철보다 11년 연상이지만 환벽당(環碧堂)에서 동문수학한 도우 (道友)이자 문우(文友)이다.

후일 문곡(文谷) 김수항(金壽恒: 1629~1680)은 이런 기록을 남 겼다.

> 담양 성산동[52]에 서하당, 식영정이 있는데 석천 임공이 일찍이 이곳에 거처하였다. 수석(水石)과 지대(池臺)의 빼어남은 석천의 여러 시와 송 강 정상공(鄭相公)의 「성산별곡(星山別曲)」에 갖추어 실려 있다. 한 때 의 제현치고 이곳에 왕래하여 음조(吟眺)하지 않음이 없었으니, 그 풍 류성사(風流盛事)를 지금에도 상상할 수 있겠다.

○ 경상북도 상주시 외서면에 있는 계정(溪亭)은 임진왜란 이 후 벼슬을 버리고 고향에 내려와 우복산장을 경영하던 우복(愚 伏) 정경세(鄭經世)가 선조 36년(1603) 무렵에 지은 것이다. 초가 에다 규모도 작지만 우산의 상징적인 건물이다. 계정은 청간정 (淸澗亭)이라고도 하는데, 계류의 본성을 통해 삶의 이치를 깨달 으려는 의미가 담겨 있다.

대산루(對山樓)는 정경세의 6대손 정종로(鄭宗魯: 1738~1816)가 우산(愚山)에 남아 있던 정경세의 가옥들을 수리하면서 중창한 것이다. 개울 건너 종가로 가는 중간에 자리 잡았고 앞으로는 큰

---

52 『문곡집』 권4, 「詩一百四十六首」 "鳴陽星山洞, 有棲霞堂息影亭, 石川林 公嘗居之. 水石池臺之勝, 具見石川諸詩與松江鄭相公星山別曲. 一時諸 賢, 無不往來吟眺. 其風流盛事, 今猶可想."

시내가 흐르고 옆으로는 실개천이 흐르는 사이에 있다. 앞으로
멀리 높은 산들이 바라보이고 옆으로는 낮은 구릉에 접하고 있
다. '대산'이라는 이름은 '산을 마주 보고 있다'는 뜻이다.

이곳은 경치가 빼어나 스무 곳의 승경(勝景)이 있었다. 열 두
곳이란 서실(書室), 계정(溪亭), 회원대(懷遠臺), 오봉당(五峯塘),
오로대(五老臺), 상봉대(翔鳳臺), 오주석(鰲柱石), 우화암(羽化巖),
어풍대(御風臺), 만송주(萬松洲), 산영담(山影潭), 수륜석(垂綸石),
선암(船巖), 화서(花潊), 운금석(雲錦石), 쌍벽단(雙壁壇), 청산촌
(靑山村), 화도암(畫圖巖), 공선봉(拱仙峯), 수회동(水回洞)이다.
정경세의 「우곡잡영이절(愚谷雜詠二十絕)」[53]은 대산루와 계정
주변 경치가 빼어난 곳 열 두 군데를 읊은 것이다. 정경세는 「잡
영 병서」에서 다음과 같이 말하였다.

> 내가 아름다운 경치를 몹시 좋아하였다. 이곳에 터를 잡아 살면서부터
> 날마다 관동(冠童) 서너 명과 함께 기이한 곳을 찾고 승지를 더듬어 상
> 하 십 여리 사이에 높은 언덕과 굽은 물굽이, 끊어진 구렁과 깊은 숲에
> 발자취가 미치지 않은 곳이 없었다. 마침내 흔연히 뜻을 얻어 스스로
> "세상에 어떤 것으로도 나의 이 즐거움과 바꿀 수 없다"라 하고는 장차
> 이곳을 늙어 죽을 때까지 살 곳으로 여겼다.
> 한 두 해 사이에 질병으로 근력이 빠져서 오르고 건너고 찾아가는 흥이
> 점차 쇠약해짐을 느낄 수 있었다. 또 이같이 힘들면 또한 뜻을 잃을 수
> 도 있으므로 문을 닫고 조용히 살면서 마음과 정신을 편하고 즐겁게 하
> 여, 때로는 다시금 경전을 찾아 열람하였다. 날은 저문데 갈 길이 먼 근
> 심이 있는지라, 전일의 즐김이라고 하는 것을 할 수도 없고 할 겨를도
> 없다. 병중에 눈을 감고 가만히 생각하며 지난 날 유람하면서 지나다니

---

[53] 『우복집』, 권1 참조.

던 곳을 시로 읊어 이십 절구를 얻었기에 써서 벽 위에 붙이고 한가할 때 누워 놀면서 보는 흥[閑中臥遊之興]을 거기에 부쳤다.[54]

잡영 20수 가운데 '계정'을 읊은 시 한 수를 소개한다.

萬壑風泉獨掩扃  만학에 둘러싸인 경치, 혼자 문 닫고 있다가
日長無客到溪亭  해는 길고 손님은 없어 계정에 이르렀네.
晚來意倦抛書出  늘그막에 정신마저 게을러 책을 덮고 나오니
潑眼新陰綠滿庭  눈에 가득한 녹음, 뜰엔 푸른 빛 가득하네. <溪亭>

◦전라남도 순천시 송광면에 있는 초연정(超然亭) 원림은 청류헌(聽流軒) 조진충(趙鎭忠)이 순조 9년(1809) 옥천 조씨 선조인 조제형(趙濟亨)의 고반지지(考槃之地)에 초정(草亭)을 짓고 은거 행의(隱居行義)한 곳이다. 이후 조진충의 아들 조재호(趙在浩)가 1880년대에 중수하면서 기와를 덮었고 초연정이라고 명명하였다. 초연물외(超然物外)의 뜻을 취하였다. 연재(淵齋) 송병선(宋秉璿: 1836~1906)의 「초연정기(超然亭記)」에서는 "숨어 살면서 의를 행하였는데 남들이 알아주기를 구하지 않았다. 때로는 갈건야복(葛巾野服)으로 자유롭게 노닐며 한가로이 지냈는데(逍遙偃仰), 유연히 속세에서 벗어나려는 생각이 있었다"[55]고 하였다.

---

54 『우복집』권1, 「愚谷雜詠二十絶」 "余酷好泉石, 自卜居于此, 日與冠童三數輩搜奇討勝. 上下十餘里間, 懸崖曲澈絶壑深林, 足跡靡所不及, 方其欣然得趣, 自謂世間無他物事可以易吾之樂, 蓋將以是爲終老之計. 一二年來, 疾病侵尋, 筋力乏少, 登陟搜尋之興, 漸覺衰歇. 且念如此勞攘, 亦足喪志, 杜門靜居, 怡悅心神, 時復尋閱經傳 玩索文義, 有日暮途遠之憂, 則於前日之所謂樂者, 非惟有所不能, 又有所不暇矣. 病中合眼, 默念向來遊歷之地, 吟得二十絶, 書之壁上, 以寓閑中臥遊之興云."

## 17. '숨어서 쌓음'을 노래하다: 은서축장(隱棲蓄藏)

○ 전라남도 강진군 만덕면에 있는 정다산(丁茶山) 유적은 신유사옥(1801)으로 강진에 유배된 다산 정약용(1762~1836)이 1808년 이곳에 들어가 1818년 귀양에서 풀릴 때까지 약 10년 동안 조영한 원림이다. 주된 건물은 다산초당으로 동암(東庵)과 서암(西庵)으로 나누어진다. 비록 멋진 이름은 갖지 못했지만 다산학의 산실이라 할 수 있을 정도로 중요한 공간이다. 동암은 정약용이 2천 여권의 장서를 갖추어놓고 집중적으로 저술을 했던 곳이고, 서암은 그의 제자들이 머물면서 가르침을 받던 곳이다. 동암은 '솔바람'이란 의미의 송풍루(松風樓)라는 별칭을 가지고 있다. 정약용이 흑산도로 유배간 둘째형 정약전이 생각날 때 마다 올라 멀리 남해를 바라보며 시름을 달래던 곳에 천일각(天一閣)이란 정자가 있다. "하늘 끝 한 모퉁이"(天涯一閣)라는 의미로 붙인 이름이다. 본디 없었다가 1970년대에 건립되었다.

그럴듯한 이름 없는 초당에서 이름난 저술들이 속출되었으니, 결국 『노자』가 말한 '명가명(名可名) 비상명(非常名)', 즉 "이름이 없는 것의 이름은 이름이 없는 것이 아니다"고 한 이치를 잘 간파한 것이 아닐까. 정말 아름다운 것은 이름 밖에 있는지도 모른다. 그렇다면 진정 중요한 것은 이름 속에 가둘 수 없다. 결국 무명지명(無名之名)은 이름 밖의 이름을 이르는 것이다. 어떤 하나의 이름 속에 아름다운 참모습을 가두어 두지는 않았는지 생

---

55 송병선, 『연재집』 권26, 「超然亭記」 "公隱居行義, 不求人知. 時以野服葛巾, 逍遙俛仰, 悠然有出塵之想矣."(문집총간 330, 461쪽)

각해 볼 일이다.


  ㅇ안동 고성이씨 탑동파 종택에 있는 북정(北亭)은 조선후기의
학자 북정 이종주(李宗周: 1753~1818)가 지은 정사(精舍)이다. 그
는 대산(大山) 이상정(李象靖: 1710~1781)의 문인으로 정조 4년
(1780) 사마시(司馬試)에 급제했으나, 벼슬에 뜻을 버리고 집 가
까운 낙동강 언덕에 두어 칸 정사(北亭)를 얽고 학문에 전심하였
다. 정사 주위에 승경(勝景)이 있고 이름 짓기에 마땅한 소재가
있음에도 '북정'이라고만 한 것은 소박하고 검소함을 드러내 보
이려 한 것이라 한다. 그는 스스로 「북정기」를 지어 '북'이 지닌
철학적 의미를 강조하였다. 북은 겨울의 방위이고 '감춤〔藏〕'을
의미한다. 봄·여름·가을의 생장성수(生長成遂)가 모두 북방(겨
울)의 축장(蓄藏)에 바탕하지 않음이 없다. 실로 '드러남'의 미덕
보다 '감춤'의 미덕을 담은 것이라 하겠다.[56] 진주를 감추는 것〔藏
珠〕과 자랑하는 것〔衒珍〕을 혼동하지 말라는 옛 사람의 교훈을 되
새겨 보게 하는 곳이라 하겠다.


---

[56] 『北亭集』 권3, 「北亭記」 "余生於有道之世, 而不能歌南風而贊西京之化,
以新我東方之國, 只處於坎險之中, 而惟艮其背是事. 坎者, 北方之卦, 而
背亦一身之北也. 且是亭也, 東西皆山也, 寓目於玆亭者, 如牆之在於面,
無爽朗快闊之氣像, 而只能窈而深, 隩而僻, 人與地, 最與之相稱, 則固可名
之以北也, 亭亦何怨於我哉. 雖然, 北者, 冬之位也. 萬物宿於北, 而貞固於
北焉. 蓋宿則必有興; 貞固則必有渙發者, 彼東南西之生長遂成者, 孰不資
於北方之蓄而藏也. 此吾亭之所以名北, 而其取義也."

## 18. 군자를 기다리고 때를 기다리다: '회양사시(晦養俟時)'[57]

○경상북도 안동시 법흥동에 있는 임청각(臨淸閣)과 군자정(君子亭)은 조선 중기의 학자로 형조좌랑을 지낸 이명(李洺)이 중종 10년(1515)에 지은 것이다.[58] 임청각(臨淸閣)이란 당호는 도연명의 「귀거래사」 가운데 '동쪽 언덕에 올라 길게 휘파람 불고(登東皐以舒嘯), 맑은 시냇가에서 시를 짓는다(臨淸流而賦詩)'고 한 데서 따온 것이다. 영남산 양지 바른 곳에 터전을 잡은 임청각과 그 앞을 흐르는 낙동강의 맑은 물은 절묘한 대비를 이룬다.

군자정은 별당형 정자로 조선 중기 이후 귀래정(歸來亭), 반구정(伴鷗亭), 옥연정(玉淵亭)과 함께 안동을 대표하는 정자로 이름이 높았다. 군자를 기다리는 곳, 군자를 맞이하는 곳이란 의미를 담았다.

○전라남도 담양군 남면에 있는 소쇄원(瀟灑園)은 조선 명종 때의 학자 소쇄원 양산보(梁山甫: 1503~1557)가 조영한 원림이다. '소쇄'란 시원하고 깨끗하다는 말로 공치규(孔稚珪)의 「북산이문(北山移文)」에서 따다 쓴 것이다. 제월당(霽月堂)은 주인이 기거하는 공간이요 그 아래쪽에 있는 광풍각(光風閣)은 사랑채이다. '제월'과 '광풍'은 중국 북송 때의 시인이자 명필인 산곡(山

---

[57] 숨어서 수양하며 때를 기다린다는 말.
[58] 세종 때 좌의정을 역임한 容軒 李原의 아들 영산현감 李增이 안동 산수의 아름다움을 좋아하여 이거, 정착하였고, 또 이증의 아들 이명이 중종 때 임청각을 건립하였다.

谷) 황정견(黃庭堅: 1045~1105)이 성리학의 비조 염계 주돈이의 사람됨을 평하여 '흉회쇄락(胸懷灑落) 여광풍제월(如光風霽月)'이라 한 데서 유래한다. 군자가 가슴에 품은 뜻이 빛난 뒤에 부는 청량한 바람처럼 신선하고 비개인 하늘의 달빛과 같이 깨끗하다는 의미이다. 이러한 경지는 양산보의 스승 조광조(趙光祖)의 인물됨을 비유한 것이라거나, 양산보의 인격과 삶을 의미하는 것이라고 해석하기도 한다. 또 그런 인물(君子)이 나오기를 기다린다는 의미도 담겨 있다. 이것은 광풍각 건너 편에 있는 대봉대(待鳳臺)의 의미와도 통한다. 대봉대는 태평성대를 그리워하는 염원을 담은 것이다. 봉황은 태평성대에만 나타난다는 영물이기 때문이다.

이민서(李敏敍)가 찬한 「소쇄공 행장」에서는 다음과 같이 말하였다.

> 그 해 겨울에 사화(士禍)가 일어났다. 조광조를 비롯하여 많은 관리와 선비들이 화를 당하였다. 이 때 선생의 나이 겨우 열일곱에 불과한 때인데, 이러한 일을 당하고 보니 그 원통함과 울분을 참을 수가 없었다. 드디어 벼슬에 대한 뜻을 끊고 서석산(瑞石山) 아래에 자그마한 집을 지어 '소쇄원'이라 이름하고 두문불출하며 한가로이 살아갈 것을 결심하였다. 이로부터 십수년간 여러 간사한 무리들이 계속해서 학정(虐政)을 펼쳐 세상에 더욱 일이 많았고 재앙이 더욱 매서웠다. 선생의 염장(斂藏)이 더욱 깊어졌고 뜻은 더욱 견고해졌다. 조정에서 누차 유일(遺逸)로 불러도 끝내 나가지 않았다. 대개 임학(林壑) 사이에서 실컷 놀면서 심성을 수양하고 도를 강론하여 청한(淸閑)의 즐거움을 누렸다. '유정(幽貞)한 사람이 길하다'는 사실을 몸에 지닌 지가 삼십여 년이 되었다.[59]

304 사상으로 읽는 전통문화

이를 보면, 소쇄원은 양성강도(養性講道)의 공간이면서 아울러 청한지락(淸閑之樂)을 누리며 숨어 사는 사람은 곧아서 길하다고 하는 『주역』의 가르침을 실천하는 유정지길(幽貞之吉)의 공간이었던 것이다.

"원림 경치 아름답긴 평천장에 비기었고(園林已擬平泉勝), 빈객들이 자주 찾긴 녹야당도 못 미쳤네(賓客還將綠野傾)"[60]라는 청음(淸陰) 김상헌(金尙憲: 1570~1652)의 싯귀가 있지만, 평천장(平泉莊)의 경치에 녹야당(綠野堂)의 빈객을 겸한 것이 소쇄원이라 할 수 있다. 많은 시인 묵객들이 이 곳을 찾아 시문을 남겼는데, 그 가운데 양산보의 도우이자 사돈인 하서 김인후는 「소쇄원 사십팔영(四十八詠)」을 남긴 바 있다. 이는 단순히 소쇄원의 빼어난 경치를 읊은 것이 아니다. 도의가 실추된 세상에서는 맹세코 날개를 펴지 않겠다는 조선 선비의 정신세계를 오롯이 드러내고 있다.

◦충청남도 논산시 노성면에 있는 이은시사(離隱時舍)는 조선 숙종 때 산림(山林) 학자인 명재(明齋) 윤증(尹拯: 1629~1714)의 후손으로 조선 말기 개화기 때 사람인 윤하중(尹昰重)이 사랑채의 택호로 붙인 것이다. 『주역』 건괘(乾卦) 구이(九二)의 "현룡재

---

59 『서하집』 권16, 「瀟洒園梁公行狀」 "其年冬, 士禍作. 靜菴爲禍首, 群賢皆就戮. 是時, 先生年甚少, 遂絶意仕宦, 築室於瑞石山下. 有園林水石之勝, 杜門閑居, 名其居曰瀟洒園, 自號爲瀟洒翁. 自是, 數十年間, 群奸嗣虐, 世益多故而禍益烈. 先生斂藏益深而志益堅, 朝廷累以遺逸徵而終不起. 蓋優游林壑, 養性講道, 享淸閑之樂, 保幽貞之吉者三十有餘年."

60 『淸陰集』 권5, 「石室書懷, 奉呈白沙李相公」 참조.

전(見龍在田)이니 이견대인(利見大人)이니라"고 한 구절에 대해 공자가 "구이는 강건중정을 의미하는 효위이니, 깊이 숨은 곳에서 나와 만물에 그 덕을 미치게 한다"(九二, 剛健中正爻位, 出潛離隱, 澤及於物)고 해설한 것이 있고, 또 구이 문언전(文言傳)에 "나타난 용이 밭에 있는 것은 때에 따라 멈추는 것이다"(見龍在田, 時舍也)고 한 대목이 있다. 앞의 '이은(離隱)'이 세상에 나오는 것이라면, 뒤의 '시사(時舍)'는 때에 따라 멈추는 것이다, 한 마디로 선비는 모름지기 출처진퇴(出處進退)를 때에 맞게 해야 한다는 말이 아닐 수 없다.[61] 때가 아닐 때는 숨어서 수양하면서 때가 오기를 기다려야 한다는 '기다림'의 철학을 실천한 곳이기도 하다.

이곳은 출세와 은거 사이에서 마음을 안온하게 가다듬는 공간이다. '도원인가(桃源人家: 무릉도원에 사는 사람의 집)'라는 또다른 현판이 붙어 있어, 무릉도원의 이상향을 그리워했음을 짐작케 한다.

## 19. 강학(講學)은 선비의 본분이다

○경상북도 경주시 양동마을에 있는 낙선당(樂善堂)은 우재(愚齋) 손중돈(孫仲暾: 1463~1529)의 아우 숙돈(叔暾: 忘齋)[62]이 중종 35년(1540)에 새 살림을 날 때 지은 것이라 한다. 오늘날은

---

[61] 일부 풀이에 의하면 "이리저리 떠돌아 다니다 때때로 숨어 쉬는 곳(또는 天時를 연구하는 곳)이라"는 의미로 보기도 하나 명백한 잘못이다. 『주역』에서 따온 말이 분명하다.

[62] 入鄕祖 孫昭의 셋째 아들로, 이언적의 외숙부가 된다.

가옥 전체를 낙선당이라 부르고 있지만, 기실 사랑채의 당호가 낙선당이다. 낙선은 '선을 즐기라'는 의미로 대개 낙선호의(樂善好義)의 준말로 쓰인다. 이곳은 강학의 공간이요 수양의 공간이기도 하다.

같은 마을에 있는 강학당(講學堂)은 문자 그대로 강학의 공간이다. 여강이씨(驪江李氏) 문중 서당으로 대사간을 지낸 지족당(知足堂) 이연상(李淵祥)이 학도를 가르치던 곳이라 한다. 조선 고종 때 지었다. 또 같은 마을에 있는 안락정(安樂亭)은 월성손씨(月城孫氏) 문중 서당으로 고종 4년(1867) 무렵에 지었다고 한다. 강학당과 쌍벽을 이룬다.

ㅇ경상북도 경주시 양동마을에 있는 설천정사(雪川精舍)는 회재 이언적의 손자로 흥해군수(興海郡守)를 지낸 설천(雪川) 이의활(李宜活: 1573~1627)이 선조 35년(1602)에 건립하여 강학하던 곳에 후학들이 그를 추모하여 다시 세운 것이다.[63] 설천정사 바로 위에 영귀정(詠歸亭)이 있는데 이는 이언적이 젊은 시절 모옥(茅屋)을 지어놓고 학문을 수학하던 곳이다. '영귀'란 『논어』에서 증점(曾點)이 "늦은 봄에 봄옷을 지어 입고 관을 쓴 사람 대여섯 명과 어린아이 예닐곱 명을 데리고 기수에서 목욕하고 무우에서 바람 쐰 뒤 시나 읊으며 돌아오려 한다."[64]라고 한 데서 유래한 말이다.

---

[63] 李玄逸, 『葛庵集』 권23, 「興海郡守李公墓表」 "嘗築室於良佐洞居第之西, 扁曰雪川精舍, 因以自號."

[64] 『논어』, 「先進」 "曰, 莫春者, 春服旣成, 冠者五六人, 童子六七人, 浴乎沂, 風乎舞雩, 詠而歸."

## 20. 경륜과 도약을 준비하다

◦대구광역시 달성군 하빈면에 있는 삼가헌(三可軒)은 충정공
(忠正公) 박팽년(朴彭年: 1417~1456)의 11대손 삼가헌 박성수(朴
聖洙)가 자신의 호를 따서 지은 것이다. 영조 45년(1769)에 사랑
채를 짓고 이듬해 삼가헌 서쪽에 별당을 세운 뒤 못에 연꽃을
심고는 '하엽정'이라 하였다. '삼가'란 『중용』 제9장에서 인용한
것으로, 곧 "천하 국가를 균평(均平)하게 다스릴 수 있고, 벼슬과
녹봉을 사양할 수 있고, 날카로운 칼날을 밟을 수 있지만 중용
은 할 수 없다"고 한 데서 인용하였다.[65] 중용의 경지야 쉽게 도
달할 수 없지만, 앞의 세 가지는 자신의 자품(資稟)이나 공력(功
力)으로 보아 할 수 있다는 자신감의 발로라 하겠다.
　김경집(金景集)의 「삼가헌기」가 있다.

◦충청북도 괴산군 칠성면에 있는 비학루(飛鶴樓)는 '김기응
(金璣應) 가옥'이란 이름으로 지정되었다. 조선 고종 때 공조참판
을 지낸 김항연(金恒然)이 1910년 경술국치(庚戌國恥)를 당하던
해 망국의 슬픔을 달래며 이곳에 낙향하여 지은 것이라 한다.
사랑채에는 '비학루(飛鶴樓)', '어약해중천(魚躍海中天)'이라는 편
액이 걸려 있다. '비학'은 학이 하늘 높이 비상(飛翔)하는 것을 말
하며, '어약해중천'은 물고기가 바다 속에서 뛰어 하늘로 올라간
다는 뜻이다. 훌륭한 인재가 세상에서 자신의 뜻을 펴라는 의미
를 담았다.

---

[65] 『中庸』, 제9장 "天下國家可均也, 爵祿可辭也, 白刃可蹈也."

## 21. 농사를 권하고 백성을 사랑하다: 권농애민(勸農愛民)

○경상북도 경주시 양동마을에 있는 관가정(觀稼亭)은 조선 중종 때 청백리로 널리 알려진 우재(愚齋) 손중돈(孫仲暾: 1463~ 1529)의 고택이다.[66] 사랑채 누마루에 '관가정'이란 편액이 걸려 있다. '관가'란 "곡식 심는 것을 바라본다"는 말이다. 선비가 세상에 쓰이지 못하면 산림에 은거하고, 산림의 즐거움으로는 농사만한 것이 없는데, 자식을 기르듯이 농사를 지으면 그 즐거움이야 비할 바 없다는 의미를 담은 것이라 하겠다. 늘 백성을 사랑하는 마음, 농사를 권면(勸勉)하는 마음을 잊지 않겠노라는 다짐을 엿볼 수 있다.

## 22. 아호나 지명, 사물의 이름 등을 담다

평소 존경하는 이의 아호를 따서 붙이거나 지명 또는 특정 사물의 이름을 따서 소박하고 검소하게 붙인 것들로 다음과 같은 예를 들 수 있다.

○경상북도 안동시 일직면에 있는 소호헌(蘇湖軒)은 본디 고성이씨(固城李氏)인 이고(李股)의 집이었다.[67] 이고의 무남독녀가

---

[66] 『우재집』 말미에도 '觀稼亭藏板乙亥'라는 刊記가 있어, 관가정이 손중돈의 종택임을 알리고 있다.

[67] 이고는 臨淸閣의 주인인 李洺의 아들이다.

경주 양동 관가정

청풍군수를 역임한 서해(徐嶰)에게 출가하였고,[68] 서해의 아들 약봉(藥峯) 서성(徐渻: 1558~1631)이 이 집을 상속하게 됨으로써 대구서씨(大邱徐氏) 일문의 종택이 된 것이다. 소호는 안동에서 남쪽으로 40리 쯤에 있는 호수인데, 고려 왕조에 소시랑(蘇侍郎)이라는 이가 여기에 살았으므로 그렇게 불려왔다고 한다.

  o 전라남도 진도군 의신면에 있는 운림산방(雲林山房)은 조선 말기 남종화의 대가이던 소치(小癡) 허유(許維: 1807~1890)가 말년에 머물면서 그림을 그리던 화실이다. 운림각(雲林閣) 또는 소허암(小許庵)으로도 불린다. '운림'이란 문자 그대로 구름 걸친

---

[68] 「중수기」에 "명종 8년(1553)에 우리 6대조 함재공께서 이 고장으로 장가를 왔다"고 하였다.

숲이지만, 은서(隱棲)하는 곳을 일컫기도 한다. 그러나 허련의 아호 소치가 중국 원나라 말기 사대가(四大家)의 한 사람인 대치 (大癡) 황공망(黃公望: 1269~1358)에 견주어 지은 것이듯이, 운림산방의 운림 또한 예찬(倪瓚: 1303~1374)의 호 운림산인(雲林山人)과 연관이 있을 것으로 추정한다.

○강원도 강릉시 죽헌동에 있는 오죽헌(烏竹軒)은 조선 세종 32년(1450) 무렵에 세워진 것이다. 율곡 이이가 태어난 곳으로 유명하다. 오죽헌이란 이름은 이 집을 상속 받은 신사임당(申師任堂)의 이질(姨姪: 여동생의 아들) 권처균(權處均)이 집 주위에 오죽이 많다 하여 자신의 호를 오죽헌이라 한 데서 비롯되었다. 동방의 대현이 탄생하신 곳치고는 너무나 평범한 이름이라 하겠다.

○강원도 강릉시 운정동에 있는 선교장(船橋莊)은 18세기 초에 조영된 것으로 추정된다. 풍수지리상으로 집 터가 배 모양이고, 또 건립 당시에 집 앞 벌판까지 경포 호수여서 주교(舟橋)를 만들어 건넜기 때문에 '배다리집'이라 했다고 한다. 고상하고 정갈한 명가의 사랑채는 열화당(悅話堂)이다. 이는 순조 15년(1815)에 오은거사(鰲隱居士) 이후(李后)가 건립한 것이다. '기쁘게 이야기하는 집'이란 이름은 시인 도연명의 「귀거래사」 가운데

世與我而相違 속세와 나는 서로 어긋나고 맞지 않거늘
復駕言兮焉求 내 다시 수레를 타고 무엇을 찾아다닐까 보냐.

悅親戚之情話  친척들의 정다운 이야기를 기쁜 마음으로 주고 받으며
樂琴書以消憂  거문고와 책을 즐기며 우울함을 해소하리라.

고 한 데서 전구(轉句)를 따온 것이다.[69] 가까운 친척과 정담을
나누고 인생의 쓴맛과 단맛을 서로 나누며, 전국에서 모여든 기
인(奇人)·달사(達士)와 몇 달씩 이야기 꽃을 피웠던 광경이 눈
에 어리는 이름이다. 이렇게 본다면 사람답게 산다는 것이 무엇
인지를 체득한 선교장 주인의 인생관이 투영된 이름이라고 할
것이다.

한편, 바깥마당 남쪽으로는 넓은 연당(蓮塘)에 활래정(活來亭)
이란 정자가 있다. 이 정자는 순조 16년(1816) 무렵에 세워졌다.
그 뒤 이후의 증손(曾孫)인 이근우(李根宇)가 중건(重建)하였다고
한다. '활래'란 이름은 남송(南宋)의 유학자 주희의 시 '관서유감
(觀書有感)':

半畝方塘一鑑開  작은 연못이 거울처럼 펼쳐져
天光雲影共徘徊  하늘과 구름이 함께 어리네.
問渠那得淸如許  묻노니 어쩌면 이리도 맑을까.
爲有源頭活水來  근원으로부터 콸콸 흐르는 물이 내려오기 때문이지.[70]

가운데 결구에서 따온 것이라 한다.
운석(雲石) 조인영(趙寅永)의 「활래정기」 한 대목을 소개하기

---

[69] 전라남도 보성군 득량면에 있는 열화당도 도연명의 이 시에서 의미를
취한 것이다.
[70] 『주자대전』, 권2.

로 한다.

대개 주자는 마음을 물에 비유하였으니 물은 진정 허경(虛境)인 것이
다. 지금 선교장 주인은 참으로 이 청철윤련(淸澈淪漣)한 것을 활수(活
水)로 여긴 것인가. 또 물로 이름을 붙인 것은 다 활물(活物)이다. 샘물
이 쉼이 없이 흐르고, 우물물이 써도 마르지 않으며, 강해(江海)는 크고
커서 파랑(波浪)이 만상(萬狀)이니 살아 있지 않으면 물이 될 수 없다.
…… 사람의 마음은 본래 살아 있지 않은 것이 없지만 살아 있도록 하지
못하는 것을 걱정하는 것은 외물(外物)이 누를 끼치기 때문이다. ……
이것이 이 정자가 자취를 감추고 기심(機心)을 가시게 하며 마음에 활
발발(活潑潑)함을 깃들게 하려는 까닭이다. 그러니 회심처(會心處)는
바로 멀리 있지 않다. 방당(方塘)의 척수(尺水)가 호숫물이요 바닷물인
것이다.[71]

◦ 전라남도 곡성군 입면에 있는 군지촌정사(涒池村精舍)는 동
네 이름을 집의 이름으로 삼은 경우이다. '군지(涒池)'는 큰 못이
란 의미이다. 사랑채인 군지촌정사는 조선 후기의 건물로 18세
기 중엽에 건축되었다고 한다. 안채는 19세기 초에 지어진 것으
로 추정된다. 당호 제월당은 '광풍제월(光風霽月)'에서 따온 말
로, 양산보의 소쇄원 제월당을 소개할 때 이미 서술하였다.

---

71 『雲石遺稿』 권10, 「活來亭記」 "余曰: 盖晦翁以心而喩諸水, 水固虛境也.
今子眞以是淸澈淪漣者, 爲活水乎! 且以水名者, 皆活物也. 泉流而不息,
井用而不竭, 江海之大, 波浪萬狀, 不活不足爲水. 況鏡湖東溟, 君家戶庭
之所有耳. …… 然人之心, 本無有不活, 而患不能活者, 由其有外物累之也.
仕宦者, 憂寵辱, 庶民徇利, 士無以爲衣食之奉, 舟車之資. 伯兼則不然. 屢
上春官, 雖不中, 輒夷然不以爲意, 處樂土據名區, 已自脫灑而無拘攣矣.
故東地諸勝, 能恣其遊, 崇嶺巨浸, 反爲之厭飫. 此斯亭所以斂迹息機, 欲
寓其活於心者. 然則會心處, 正不在遠, 而方塘尺水, 亦湖與海也."

　○경상북도 예천군 용문면에 있는 병암정(屛巖亭)은 구한말 법
부대신을 지낸 이유인(李裕寅: 1843~1907)이 건립한 것이다. 처음
에는 '옥서정(玉墅亭)'이라 하였다가 이후 예천권씨 문중에서 매
입하여 1960년에 중수하고 이름을 바꿨다. 병풍처럼 생긴 큰 바
위 위에 정자가 자리 잡고 있어 붙인 이름이다. 별묘는 권맹손
(權孟孫)·권오기(權五紀)·권오복(權五福)·권용(權墉)을 봉사하기
위해 건립한 것이다. 본디 인산서원(仁山書院)에 있었던 것인데,
고종 때 서원이 훼철되자 별묘를 이곳으로 옮겨 왔다고 한다.

# 제4장 기다림의 철학이 배어 있는
# 윤증고택(尹拯古宅)

## I. 호서유학의 못자리 - 논산

　도농복합도시인 충남 논산시 북부에 연산면(連山面), 상월면(上月面), 노성면(魯城面)이 있고, 중간 지점인 시청 아래에는 은진면(恩津面)이 자리 잡고 있다. 연산면은 동방 예학의 태두인 사계(沙溪) 김장생(金長生: 1548~1631)이 살았던 곳이다. 또 상월면, 노성면 지역은 노서(魯西) 윤선거(尹宣擧: 1610~1669)를 비롯한 파평윤씨 가문의 활동 근거지이다. 조선 숙종 때 산림(山林) 학자로 백의정승(白衣政丞)으로 불렸던 명재(明齋) 윤증(尹拯: 1629~1714)의 고택이 있다. 은진면은 '양송(兩宋)'으로 불리며 17세기 학계와 정계를 주도하였던 우암(尤庵) 송시열(宋時烈), 동춘당(同春堂) 송준길(宋浚吉) 등 이른바 회덕송씨(懷德宋氏)의 출자(出自)로 유명하다. 이를 볼 때 논산이야말로 호서유학의 못자리인 셈이다. 성균관 공자묘(孔子廟)에 모셔진 동국십팔현(東國十八賢) 가운데 김장생-김집(金集) 부자, 송시열·송준길, 이 네 분이 논산과 연을 맺고 있는 것, 그리고 노론(老論)과 소론이 각각 근거지로 삼고 있다는 점은 특기할 바다.

## II. 노성(魯城)과 이구산(尼丘山)

필자는 '노성'이라는 지명에 특별한 관심이 있다. 노성면 일대
는 본디 조선시대 이산현(尼山縣: 尼城縣)이었다. 정조 때 노성현
으로 개편되었다. 공자의 자(字) 중니(仲尼)를 뜻하는 '尼'와 공
자가 탄생한 노나라를 가리키는 '魯' 자에서 유교적 색채가 매우
두드러진다. 유교와 관련 있는 지명이 전국에 허다하지만 이처
럼 간절한 염원(?)을 표 나게 담은 고을 이름은 드문 것 같다.
조선시대 노성현은 파평윤문(坡平尹門)의 독무대였다. 지방 국
립대학인 향교 바로 옆에 윤증 고택이 나란히 자리 잡고 있고,
또 중국에서 공자의 영정을 모셔와 봉안한 궐리사(闕里祠)가 윤
증 고택 가까운 곳에 있는 것만 보아도 윤씨 집안의 권위를 짐
작할 만하다.

윤증 고택은 이구산(尼丘山) 또는 이산(尼山)이라고도 불리는
노성산에서 남쪽으로 흘러내리는 산줄기의 남사면을 배경으로
남향으로 자리를 잡았다. 복지(卜地) 안목이 탁월하다. 아무리
풍수지리에 문외한이라 하더라도 '명당 가운데 명당'이라는 느
낌이 들 정도다. 공자의 어머니가 아들을 얻게 해달라고 기도하
였다는 이구산과 동명의 그 산줄기 아래 터를 잡은 것은 윤씨
집안과 '유교'가 떼려야 뗄 수 없는 관계로 맺어져 있음을 시사
한다. 지세(地勢)가 저렇거늘 후손 가운데 제제다사(濟濟多士)가
나오지 않을 수 있겠는가?

고택이 언제 지어졌는지는 정확히 알기 어렵다. 대대로 '명재
고택'이라고 전해져왔던 만큼, 윤증이 은거하면서 지은 것으로

추정할 수는 있겠다. 그런데, 윤증 가문에서는 무슨 이유로 이와 관련한 정확한 자료를 남기지 않았을까? 필자는 후세에 인멸된 것이 아니라고 본다. 일부러 남기지 않았을 것이다. 윤증의 가문은 노소분당(老少分黨) 이후 당쟁의 소용돌이 한 가운데 놓였다. 후대로 내려오면서 노론의 집권이 장기화하면서 당쟁과 관련한 위구심과 피해의식이 상당하였다. 문제가 될 만한 문서는 없애거나 아예 만들지 않았던 것 같다. 윤증의 아버지 윤선거의 문집을 간행할 때 서문과 발문조차 붙이지 않았던 것은 단적인 예라 하겠다. 이렇듯 저간의 사정을 짐작하고 보면 씁쓸한 생각이 가슴을 스친다.

윤증 고택 집 전체의 평면 구성 형태는 크게 보아 'ㅁ'자형이다. 'ㄷ'자의 안채와 'ㅡ'자의 사랑채가 조합을 이룬다. 안채와 행랑채, 행랑채와 사랑채가 통하도록 설계되어 있다. 사당은 가옥의 뒤편 동쪽의 경사지에 담장을 둘러 별도 공간으로 배치하였다. 1983년에 복원한 것이라고 한다. 사랑채 앞면에는 넓은 마당을 두었고 마당에는 우물이 있다. 마당 왼쪽에는 꽤 넓은 연못이 조성되어 있다. 방지(方池)에 원형의 섬을 조영하여 천원지방(天圓地方) 사상을 형상화하였다.

대문채가 따로 없고 행랑채에 난 중문을 대문으로 활용하였다. 중문의 동쪽에는 2칸의 광, 서쪽에는 1칸의 행랑방이 있다. 광으로 사용되는 공간은 방으로 만들어져 사랑채와 'ㄱ'자로 연결된다. 대문간에는 판자로 된 벽을 설치하였다. 외부 시선을 일단 차단함으로써 안채가 바로 보이지 않도록 한 마음 씀이 돋보인다.

윤증 고택은 현재 후손이 거주하고 있다. 엄연히 살아 있는 공간이다. 사랑채 오른쪽에 장독대 6백여 개가 즐비하게 늘어서 있다. 윤증 집안에 전해 내려오는 전통 장류(醬類)를 상품화하여 지역 특산물로 양산하기 위함이란다. 조상이 남긴 고택에 후손이 발을 붙이고 사는 것은 기쁜 일이다. 그곳에 살려면 경제적 기반이 있어야 할 것이다. 다만 이구산 아래 이곳 궐리에 현송성(絃誦聲)이 그친 채 장류 전통만 전한다면 아쉬운 일이 아닐 수 없다.

## Ⅲ. 기다림의 철학 이은시사(離隱時舍)

선비 집안의 풍모를 잘 보여주는 것은 뭐니 해도 사랑채일 것이다. 사랑채는 정면 4칸, 측면 2칸의 홑처마 팔작지붕이다. 규모가 크거나 사치스럽지 않다. 동쪽으로는 앞뒤 2칸의 대청, 서쪽으로는 앞뒤 2칸의 누마루를 두었고, 중앙에는 2×2칸 규모의 온돌방이 있다. 온돌방 앞면으로 반 간을 안으로 들여 만든 툇마루가 정겹다. 사랑채 이름은 '이은시사(離隱時舍)'다. 윤증의 후손으로 조선 말기 개화기 때 사람인 윤하중(尹昰重: 1874~1944)이 붙인 것이라고 한다. 이곳 사랑채는 출세와 은거 사이에서 마음을 안온하게 가다듬는 공간이다. 아울러 '도원인가(桃源人家: 무릉도원에 사는 사람의 집)'라는 또 다른 편액과 '허한고와(虛閒高臥)'라고 쓴 유리 액자가 붙어 있어, 무릉도원의 이상향을 그리워했음을 짐작케 한다. 마음을 텅 비우고 한가함을

윤증 고택 사랑채

이은시사

즐기며 고상하게 누워 하늘을 바라보는 이곳이 바로 무릉도원
이 아닐까? 무릉도원은 내 마음 속에 있는 이상향이리라.

　‘이은시사’란 말이 무슨 뜻일까? 그 흔한 기문(記文) 하나가 없
다보니, 이은시사에 대한 풀이가 제각각이다. 어떤 사람은 “이
리저리 떠돌아다니다 때때로 숨어 쉬는 곳”이라 하고, 또 어떤
사람은 “세속을 떠나 은둔하며 천시(天時)를 연구하는 집”이라
풀이하기도 한다. 전자는 명칭에 담긴 내력을 잘 모른 데서 비
롯된 것이니 그렇다 치더라도 ‘천시’와 연결시킨 것은 무슨 이유
에서일까? 아마도 윤하중이 천문학 관련 저술인 『성력정수(星曆
正數)』를 저술한 것을 염두에 둔 견강부회이리라. 다소 장황하
더라도 그 본래 의미를 제대로 알릴 필요가 있다.

　『주역』 건괘(乾卦) 구이(九二)를 보면 “현룡재전(見龍在田)이니
이견대인(利見大人)이니라”고 한 구절이 있다. 이에 대해 공자는
“구이는 강건중정을 의미하는 효의 위치이니, 깊이 숨은 곳에서
나와 만물에 그 덕을 미치게 한다”(九二, 剛健中正爻位, 出潛離隱,
澤及於物)고 해설하였다. 또 구이 문언전(文言傳)에 “나타난 용이
밭에 있는 것은 때에 따라 멈추는 것이다”(見龍在田, 時舍也)고
한 대목이 있다. 앞의 ‘이은(離隱)’이 세상에 나오는 것이라면,
뒤의 ‘시사(時舍)’는 때에 따라 멈추는 것이다. 한 마디로 선비는
모름지기 출처진퇴(出處進退)를 때에 맞게 해야 한다는 말이 아
닐 수 없다. 때가 아닐 때는 숨어서 수양하면서 때가 오기를 기
다려야 한다는 ‘기다림’의 철학을 담은 말이다. 이렇듯 『주역』에
서 따온 말이 분명하므로, 이 기회에 바로잡혀지기를 기대한다.

　윤증 집안의 가규(家規)와 학문 전통은 사랑채의 편액뿐만 아

니라 안채 북쪽 대청 중앙에 있는 '귀은허청(歸隱虛淸)'이라는 유
리 액자라든지 대청 동쪽에 딸린 방의 문미(門楣) 위에 달린 '청
백전가(淸白傳家)'라는 액자 내용을 통해 엿볼 수 있다. 이곳에
서 명재 가문의 실심실학(實心實學)의 정신이 피어났다는 것을
생각할 때, 한 가문의 전통이 일조일석에 이루어진 것이 아님을
짐작하게 한다.


## Ⅳ. 실심실학(實心實學)과 소론의 학문 전통

　필자는 이 역사의 현장에서 윤증을 영수로 한 소론 계통의 학
문 전통에 대해 곰곰 생각해 보았다. 역사 돌이켜 보자. 인조반
정(1623)으로 율곡과 우계의 후학들은 집권세력이 되었다. 양파
는 학문적 정치적으로 견해를 같이하다가 나중에는 노·소론으
로 분당하였다. 기호학파의 분화는 두 갈래로 진행되었다. 하나
는 퇴계학파와 병칭되는 율곡학파의 우산 속에서 우계 성혼을
학조(學祖)로 하는 일계(一系)가 독립하여 나중에 소론의 주도
세력이 된 것이요, 다른 하나는 율곡학파 내부의 분화라 할 수
있다. 우계학파가 자기 색채와 학문적 정체성을 분명히 드러내
며 사실상 독립한 것은 노론·소론 간의 분당이 결정적이었다.
우계 계열이 독립함으로써 기호학파는 양립하게 되었고, 결과적
으로 조선 후기 사상계의 단조로움을 극복하고 여러 사유들이
공존할 수 있는 장(場)을 구축하게 되었다. 우계학파는 태생적
으로 일정 부분 퇴계학을 자양분으로 하였다. 따라서 퇴계학을

윤증 초상

공통분모로 한 것이 특징 가운데 하나다.

우계의 학문하는 태도는 후학들에게 큰 영향을 끼쳤다. 우계의 학맥을 계승한 학자들은 말할 것도 없고, 율곡학파 김창협(金昌協) 계열에도 끼친 영향이 적지 않았다. 본디 우계학파는 성리학의 이론적 탐구에 소극적이었으며 실천을 보다 중시하는 경향을 보였다. 우계의 직전(直傳) 문인들을 보면 성리학에 관한 이론적 탐구가 거의 없다. 그 다음 세대인 윤선거·윤증까지도 성리학에 대한 이론적 측면의 관심은 그다지 크지 않았다. 이것은 성리학의 이론적 탐구에 적극적이었던 율곡 직계 학인들과 비교가 되는 대목이다.

율곡과 우계의 성격이라든지 학문 성향을 살펴보면, 우계가 보수적인 데 비해 율곡은 진보적 색채가 강한 편이다. 율곡은 일정한 스승이 없었지만 우계는 동국 도학의 적통을 이어받았고 주자와 퇴계를 사법(師法)으로 하였다. 율곡의 학문은 개방적이고 자율적인 편이다. 주자의 학설을 존중하고 따르면서도 주체적이고 합리적인 관점에서 이해하려 하였다. 그런데 송시열을 영수로 한 노론이 집권하면서부터는 주자의 학설이 곧 정치와 연결되어, 주자의 학설과 어긋날 때에는 세상을 어지럽히는 '근본악'으로 여겨졌다.

순수하게 학문 성향으로만 본다면 율곡과 우계의 후예들은 그들의 학조(學祖)와 달리 서로 반대되는 경향을 보였다고 할 것이다. 율곡의 경우 자신의 후예들이 집권하여 학파의 영향력을 정치적으로 확대시켜 나갈 수 있었지만 정작 율곡의 철학과 사상으로부터는 멀어져만 갔다. 이와 반면에 우계의 경우 율곡

의 그늘에 가리고 율곡학파의 기세에 눌려 제대로 평가받지 못
하였지만 학문상으로는 그 후예들에 의해 그 사상적·학파적 전
통이 비교적 잘 계승되었다. 율곡의 후예들은 율곡 학문의 약점
으로 지적되었던 수약공부(守約工夫)에 힘썼으며, 퇴계의 '경' 중
심의 심학 체계를 따랐다. 수양론에서도 우계 쪽에 더 가까웠
다. 율곡이 체계화했던 무실(務實) 학풍 역시 그 직계로 이어지
지 못하고 우계 계열의 윤선거·윤증 부자에 이르러 절정에 달
한 감이 있다. 이후 무실학풍은 사실상 우계학파에 의해 주도되
었고, 이들의 학문의 특징 가운데 하나로 자리 잡았다.

　인조반정 이후 양대 호란을 전후한 시기에 난국을 헤쳐 나가
는 데서도 우계학파는 저력을 발휘하였다. 당시 조정에는 율곡
과 우계의 문인·후학들이 포진하였으나 율곡 직계보다는 우계
의 문인들이 권병(權柄)을 쥔 형편이었다. 이정구(李廷龜)·이귀
(李貴)·오윤겸(吳允謙)·조익(趙翼)·이시백(李時白)·최명길(崔
鳴吉) 등은 모두 우계의 문인이거나 우계에 학문 연원을 둔 사
람들이다. 이들은 율곡 직계가 명분론을 중시한 데 비해 실질론
을 내세워 난제를 풀어나갔다. 최명길 등의 주화론(主和論)은 일
찍이 우계가 조정에 주청했던 대왜강화론(對倭講和論)에서 큰
영향을 받은 것이다. 임란 당시 우계는 강화론으로 말미암아 큰
곤경에 빠졌고, 사후에도 비판 세력으로부터 줄곧 공격을 받았
다. 그럼에도 최명길은 우계의 강화론에서 영향을 받았음을 공
개적으로 밝혔다. 이에 대해 김장생 같은 이는 우계가 강화론을
주청한 것을 춘추대의에 흠을 남긴 실수라고 하면서 "당시 율곡
이 생존하였다면 이러한 일은 없었을 것이다"고 단언하였다.

　율곡의 후예들은 집권한 뒤 보수화 — 수구화하였다. 이에 비해 우계의 후학들은 집권하는 동안에 현실 감각 있고 융통성 있는 정치적 수완을 보여 주었다. 나중에 비집권세력이 된 뒤에는 집권세력에 대항하는 과정에서 퇴계학파 후예들과 마찬가지로, 종래의 보수적 성격에서 벗어나 비판세력, 대안세력으로서의 변모를 꾀하였다. 그들은 당시 사상계 · 학계 · 정계에 날카로운 비판의 화살을 던졌다. 비판세력이었기에 상대적으로 우환의식과 개혁정신 시들지 않을 수 있었다. '실심(實心)'과 '실학'은 그들의 비판정신의 근원이었다. 그들은 원리 · 원칙으로의 복귀를 통한 개혁을 외치기도 하고, 정주학에 편향된 학문 풍토에서 탈피하여 정주학 이외의 학문에서 경세의 대안을 찾기도 하였다. 이와 같은 사상적 경향은 우계사상 자체에서 비롯된 것도 있지만, 우계사상과 관계없이 정치적 부산물로 생겨난 것도 있다. 그러나 정치적 요인이 개입하였다 하더라도, 율곡과 우계의 학문적 · 사상적 전승 관계가 후일 정반대로 된 것은 역사의 아이러니라 하겠다.

# 제5장 백사실 별서와 추사 김정희

## Ⅰ. 머리말

국가 지정 명승 제36호 백사실은 서울에 남아 있는 유수(有數)한 경관 자원으로, 많은 시민들의 사랑을 받아왔다. 그러나 명성에 비해 관련 자료는 매우 적어 관심 있는 이들의 안타까움을 자아내고 있다. 현재 우리는 백사실에 대해 정확하게 알고 있지 못하다. '백사실'이란 명칭이 본래의 것인지, 아니면 중간에 변한 것인지 자세하지 않다. 또 언제부터 백사실 또는 백사실 계곡으로 불렸는지도 알기 어렵다. 그동안 조선 중기의 명신 백사(白沙) 이항복(李恒福: 1556~1618)의 별서(別墅)가 이곳에 있었기 때문에, 그의 아호를 따서 '백사실(白沙室)'이라 했다는 민간의 전설이 곁들여지면서 설왕설래하였다. 말은 무성하지만 정확한 증거는 찾기 어려웠다. 많은 사람들이 백사실에 대해 주목하였고 또 발굴 조사 등이 진행되었지만 주목할 만한 내용은 밝혀지지 못했다.[1] 사정이 이렇다보니 명승으로 지정된 것은 선후

---

[1] 2004년 상명대학교 최규성(사학과) 교수팀에 의해 학술 용역이 이루어졌지만, 기초적인 문헌 자료의 확보에서 성공하지 못한 것으로 보인다. 이후에도 발굴 조사, 실측 조사 등이 이어지고 있지만, 이것은 어찌 보면 부차적인 문제일 수 있다.

가 뒤바뀐 듯한 감이 없지 않다. 이런 과정에서 백사실 별서 복원 문제가 심도 있게 검토되면서 사안이 시급성을 띠게 되었다.

필자는 근자에 선유(先儒)의 문집을 고열하면서 백사실과 관련된 약간의 자료를 수집할 수 있었다. 그동안 부정확하게 알려져 왔던 사실들을 일부 바로잡을 수 있다고 판단, 이 글을 초하게 되었다. 본고는 철저하게 문헌 고증에 국한되었음을 밝혀둔다.

## II. 백사실의 원이름은 '백석실(白石室)'이다

오늘날 우리가 접할 수 있는 백사실 관련 자료 가운데 서울시 『동명연혁고(洞名沿革攷)』(초판 1967)의 내용이 비교적 객관성을 띤 것으로 판단된다. 이에 따르면, 백사실 별서는 1830년대 지어졌으며 넓이는 600여 평에 달한다. 안채는 사량(四樑)이었으며, 사랑채는 'ㄱ'자 5량으로 기둥이 굵고 누마루가 높았다 한다. 안채와 사랑채는 관리가 거의 안 된 상태로 내려오다가 1970년 무렵에 무너지고 지금은 그 터만 남게 되었다. 또 못가에 있었던 육모정은 1950년 한국전쟁 때 불에 타 없어졌다고 한다. 백사실이란 명칭은 본디 백석동천(白石洞天)의 '백석'에서 왔고, 백석은 북악산의 옛 이름 '백악'에서 유래되었다고 한다. 백악산이 품고 있는 곳이라는 의미이다.[2]

여기서, 백사실이라는 명칭에 대하여 먼저 살피기로 한다. 위

---

[2] 『洞名沿革攷』(1992) 제1권(鍾路區篇), 서울特別市史編纂委員會. 초판은 1967년에 나왔고, 이후 지속적으로 보완되었다.

백석동천 각석

『동명연혁고』에서는 "백악 → 백석→ 백사"로 변천해 왔을 것이라고 보았다. 즉, 백사실 가까이에 백악산(북악산)이 있기 때문에 '백석'이라 하였고, 백사에서 '사'는 '석(石)'의 발음이 변한 것으로 추정하였다. '실'이란 별서를 가리키는 것으로 '室'이라 쓰며, 또 계곡을 뜻하는 순수 우리말 '실〔谷〕'에서 유래한 것으로 보기도 한다. 일제 시기 이 지역의 동명(洞名)이었던 백석동의 '동(洞)'은 우리말로 '골'이니 '실'과도 통한다는 것이다.

다음, 조선조 중엽 이래 과거에 급제하지 못한 사인(士人)들이 이곳에 집단으로 거주하면서 자신들을 '백비(白碑)에 남을 사람들'이라는 의미로 '백석'이란 명칭을 붙였다는 설도 있다. 그런데 세간에 널리 알려져 있는 것으로는 역시 백사 이항복과 관련이 있다는 설이다. 이 설은 민간에서 거의 상식에 속할 정도로 자리를 잡았다.

필자는 이 세 가지 설 모두 설득력이 없는 것으로 판단한다. 산의 정상이 흰 바위로 되어 있다는 백악산과 계곡에 흰 돌이 많다는 백사실을 연결시키기에는 설득력 약하다. 또 '백비에 남을 사람들' 운운한 해설은 민담(民譚) 가운데서도 수준이 낮은 것이니 더 말할 것이 없다. 이항복 관련설 역시 전설에 가까운 것으로, 높은 이의 명성에 가탁한 전설에 불과하다고 본다. 백사실이 이항복과 관련이 있다는 것은 아마도 그가 백사실에서 멀지 않은 필운대(弼雲臺)에 살았기 때문일 것이다.[3] 인왕산은 필운산이라고도 한다.[4] 이항복이 살았던 필운대는 인왕산 자락 맨 남쪽 지점에 있다. 이항복의 자호는 '필운'이다. 백사라는 호는 만년에 붙여진 것이다.[5] 『백사집』 전권(全卷)을 살펴보아도 백사실 또는 백석동천과 관련된 글은 없다.[6]

이제 백사실 명칭에 대한 의혹을 풀어줄 단서를 소개하려 한다. 조선 말, 심암(心庵) 조두순(趙斗淳: 1796~1870), 미산(眉山) 한장석(韓章錫: 1832~1894) 같은 명경석학(名卿碩學)들은 백사실을 '백석실(白石室)'이라고 표기하였다. 관련 자료 검색 결과로는 연대가 가장 빠른 사례다. 그동안 세간에서 막연하게 '백석

---

3  이항복이 한 때 필운대 아래 權慄의 집에서 처가살이를 하였으므로 아호를 필운이라 불렀다 한다. 『신증동국여지승람』 제3권, 여지비고 〈한성부〉편 참조.

4  南鶴鳴, 『晦隱集』 권5, 雜說, 〈風土〉"仁王山, 或稱弼雲山, 未知其出處矣. 今見蘇陽谷集, 天使改仁王山爲弼雲云. 白沙李相少贅權相轍家, 家卽新門外慕華舘東, 故自號弼雲."

5  張維, 「鰲城府院君行狀」, 『白沙集』 부록 참조.

6  근자에 박상표 씨는 백사골 별서의 주인을 탐색하는 글을 발표하였다. 연구 결과 백사 이항복, 오음 윤두수와 그의 아들 尹暄, 자하 신위 등과 무관함이 밝혀졌다.

동천에 있는 별서'라는 의미로 '백석실'이라 했다는 설이 이들 문집에 실린 자료를 통해 증명된 것이다.[7] 조두순은 백석실과 관련한 시를 남겼다. "백석정의 주인을 찾아서"(尋白石主人)[8]이라는 시도 눈에 띈다.

한장석은 고종 19년(1882) 4월, 질병을 다스리고 책도 읽을 겸 백석실에 가서 사흘 동안 머물다 온 적이 있다.[9] 이 때 그는 "홀로 백석실에 놀면서 사흘 밤을 자고 왔다"(獨遊白石室, 三宿而還)는 시를 남겼다.[10]

조두순·한장석 등의 시편은 백사실의 명칭과 관련한 의혹을 해소하는데 크게 도움이 된다. 백석실이란 명칭은 구한국 시기를 거쳐 일제강점기에도 여전히 사용되었다.[11] 1914년 일제의 행정구역 통폐합 조치에 따라 이 지역은 '백석동'이 되었다. 일제강점기 때 지도를 보면 현재의 백사실 권역은 '백석동'이라 표기되어 있다. 『윤치호일기』에서도 '백석실 별서'라고 분명히 표기한 바 있다.[12] 그 뿐만이 아니다. 근세 우국지사이며 시인인

---

7　이후 '백사실' 대신 '백석실'로 표기한다. 일제시기에는 '白石谷'이라 하기도 하였다.

8　『心庵遺稿』 권7, 「由白石室, 歷俟卿(金應根)品泉亭子」; 『心庵遺稿』 권7, 「七月二十二日, 尋白石主人」 참조.

9　『미산문집』 권14, 「연보」 "壬午, 先生五十一歲. 四月出北門外白石室, 調病讀書."

10　『미산문집』 권2, 「獨遊白石室, 三宿而還」 참조.

11　구한국 시기 관리들이나 돈 있는 부자들이 백석실 정자에서 '跌宕盛遊' 했다는 기록이 ≪황성신문≫ 등에 보인다. ≪황성신문≫ 1909년 5월 2일자; 1909년 5월 4일자; 1909년 5월 28일자 참조.

12　백석실 별서는 『윤치호일기』에도 나온다. "점심을 먹은 뒤, 백석실 별서를 보기 위해 창의문 밖에 나갔다. 이 별서는 좋은 곳에 자리잡고 있기는 하지만, 창의문으로부터 멀리 떨어져 있고, 차가 다니는 길이 없

소우(小愚) 조우식(趙宇植: 1853~1935) 같은 이는 한양에서도 풍
광 좋은 이 백석실 계곡을 무대 삼아 '백석실'이라는 시우회(詩
友會)를 만들어 활발한 시작 활동을 하기도 하였다. 이렇게 보
면, 백석실이란 원래 명칭은 비교적 근래까지 사용되었던 것 같
다. 다만 식자층이 '백석실'이란 본래 명칭을 사용하였던 데 비
해 세간에서는 '백사실'이라고 불렀던 것 같다.

 '백석실'은 '백석정'과 함께 이른바 '백사실 별서'를 가리키는
말로 사용되어 왔음에 주목해야 할 것이다.


## III. 백석동천은 허진인(許眞人)이 개척하였다

 서울시 『동명연혁고』에서는 백석실 별서가 1830년대에 건립
된 것이라 하였다. 『연혁고』를 집필할 당시 나름의 근거를 가지
고 서술했을 것이다. 다만, 그 근거를 밝혀놓지 않아서 신뢰성
에 의문의 여지는 있다. 여타의 자료가 없는 오늘날 그 책에 전
적으로 의지할 수밖에 없어 아쉬움이 크다. 과연 1830년대 이전
에는 이곳에 별서가 없었을까? 1830년대에 지어진 별서의 주인
공을 찾는 것도 중요하지만, 그 이전에 별서가 있었는지 여부,
그리고 누구의 별서였는지를 밝히는 것이 중요하다고 본다.

 이와 관련하여 월암(月巖) 이광려(李匡呂: 1720~1783)의 다음
과 같은 시는 매우 중요한 근거를 제공한다. 시 제목이 매우 길
다. 「雨後自北漢沿溪看瀑, 將出洗劍亭. 見溪上又有一源高澗細瀑, 其

 다."(『윤치호일기』 제9권, 1926년 11월 23일조)

上有許氏茅亭, 扁曰看鼎寮. 不可以無詠」[13]이다. "비온 뒤 북한산으로부터 시내를 따라 내려오면서 폭포수를 보았다. 세검정으로 빠지려고 하다가 시냇가에서 근원이 같은 고간세폭(高澗細瀑)[14]을 보았다. 그 위에 허씨모정(許氏茅亭)이 있다. 편액을 '간정료(看鼎寮)'라 하였다. 시 한 수 안 지을 수 없었다"는 내용이다. 이 제목만 보더라도 내용이 백석동천과 관련 있는 것임을 짐작케 한다. 3수 가운데 중요하다고 생각되는 제2, 제3의 시를 보기로 한다.

> 春臺水石自年年　탕춘대 물과 바위는 해마다 제절로 있었건만
> 始見溪山有別天　계산(溪山)에 별천지 있음을 처음으로 알았네.
> 探到東源高瀑處　물어물어 동쪽의 높은 폭포수 찾아 갔더니
> 山丹花發許亭前　허씨의 정자 앞에 산단화가 피었구려.(其二)

> 許家燒竈問何年　허씨집 차 끓이는 석조(石竈)는 어느 해 만들어졌을까
> 便卽春臺作洞天　곧장 탕춘대까지 나아가 동천을 만들었구나.
> 不爲沿流分道去　물길 따라 갈 수 없어 길을 나누어 갔는데도
> 何緣看到此亭前　무슨 인연으로 이 정자 앞을 지날 수 있었을까.(其三)

　여기서 '별천(別天)'이니 '동천(洞天)'이니 하는 말로 미루어 이광려 당시에 이미 백석동천으로 불렸음을 짐작할 수 있다.

　위 시 제목의 문맥상 간정료는 모정의 이름으로 보는 것이 합리적이다. 그런데 문제는 있다. 명칭은 건물의 용도나 구조와도 합치되어야 하는데, 모정의 이름을 '요(寮)'[15]라고 한 예를 찾기

---

13 『李參奉集』 권1 所收(문집총간 제237권, 242쪽).
14 높은 계곡에서 내려오는 가느다란 폭포수.

백석실 별서터

어렵다. 또 많은 자료에서 정자의 이름을 '백석정'이라 하고 있
다. 따라서 간정료라는 모정 이름은 의문의 여지가 많다. '寮'는
불가의 요사(寮舍)처럼 공부하는 학인들이 머무는 숙사(宿舍)이
다. 주자(朱子)가 무이산(武夷山)에 서원을 세우고 지은 숙사 이
름이 '지숙료(止宿寮)'다. 간정료는 모정이 아닌 별서의 사랑채
이름으로 보는 것이 이치에 맞다. '寮'자는 이광려 당시에 이미
별서가 있었음을 짐작하게 한다. 1830년대에 지어진 별서는 여
러 차례 중건된 것 가운데 하나이니, 별서의 유래가 오래되었다
고 할 것이다.

백석정은 정자 이름이면서 별서 전체를 대표하는 이름이다.

---

15 대개 '寄宿舍' 등에 붙이는 이름이다.

함벽지와 육모정터

이것은 옥호정(玉壺亭)의 경우와 같다. 백석정 별서에 관한 이모
저모를 살펴보기로 한다. 앞에서 소개한 한장석의 시는 한 제목
에 여러 수가 달렸다. 백석실에 관한 연구 자료가 될 만한 두 수
를 소개한다.

息影巖棲事事淸　산속에 한거하니 일마다 청신하고
日長山靜道心生　해 길고 산이 조용하니 도심이 생긴다.
烹茶石竈丹霞落　**차 달이는 석조**에 붉은 노을 떨어지고
讀畫松欄黃鳥鳴　그림책 보는 소나무 난간에선 꾀꼬리가 운다.
野老林泉那識趣　시골 늙은이 임천(林泉)에 묻혔으니 흥취를 어찌 알랴
　　　　　　　　마는
主人簪組未忘情　**주인은 벼슬아치**인데도 그 정을 못 잊는구나.
許吾來坐方壺境　나 오는 걸 허락하여 호중(壺中) 별천지에 앉게 하니

涵碧池臺月正明 **함벽지** 대 위의 달이 정히 밝기도 하구나.
飛湍白石鎖山門 백석실 흐르는 여울 산문을 막았으니
不識仙扉在上源 상류에 선가(仙家) 있는 줄 모르겠네.
壓水起樓仍細徑 물을 누르고 누정 세우니 가르다란 길이 나고
緣崖種樹自深村 벼랑 타고 나무 심으니 마을이 절로 깊네.
漫成孤迂溪翁見 되는대로 고왕(孤往)[16] 읊어 **계옹(溪翁)**을 뵙고
復感前遊壁字存 옛 유람 아득한데 **절벽 각자** 남았구나
三宿頓忘金馬想 세 밤 자며 갑자기 궁중 생각 잊었는데
潭靈嶽祇共聞言 담악(潭嶽)의 신령에게 함께 말을 들었다네.[17]

이 시를 통해 한장석이 이전에도 백석실에 다녀갔음을 알 수
있다. '차 달이는 석조'니 '절벽의 각자'니 하는 것들은 백석실
별서와 관련 있는 것들이다. 연못 이름이 함벽지임을 밝힌 것도
주목된다. '함벽'을 고유명사가 아니라 '푸른빛을 적신다'는 의
미로 풀 수도 있다. 그렇지만, 우리나라 선인들이 '함벽'이란 두
글자를 무척 좋아하여 전국 각지에 '함벽'으로 이름을 삼은 누정
(樓亭)과 연못 등이 부지기수인 점을 감안한다면, 고유명사일 가
능성이 높다. '계옹'은 당시 백석실 별서의 주인일 가능성이 높
다. 단순히 '시냇가에 사는 늙은이'가 아니라 '계(溪)' 자 아호를
가진 사람일 수 있다. 이는 위의 '주인잠조(主人簪組)'란 구절과
도 연결된다. 당대의 세도가였을 가능성이 높다. 이것이 풀리면,
백석실 별서의 주인공을 밝히는 문제가 어느 정도 정리될 것으
로 본다. 여기서 분명히 밝힐 수 없음을 아쉽게 생각한다.
이광려의 시에 나오는 간정료는 백석동천이라는 명명에 걸맞

---

16 孤往之旅의 준말. 홀로 떠난 여행.
17 『미산문집』 권2, 「獨遊白石室, 三宿而還」 참조.

게 도교적인 내용을 담고 있다. 간정소선(看鼎少仙)이란 별호를 가진 사람이 있듯이,[18] 신선사상의 색채가 진하게 묻어나는 이름이다. '간정'이란 말은 차를 달이거나 단약을 달이는 솥을 지켜본다는 의미다. '요간정기(要看鼎器)'의 준말이다. 이는 위 시에 나오는 '차 끓이는 석조'(烹茶石竈)가 분명하게 뒷받침한다. 다만, 선가적 상상력을 감안한다면 간정료에서의 '정(鼎)'이란 별서 사랑채에서 내려다보이는 연못일 수도 있다. 연못을 다조(茶竈)로 생각한다는 것은 매우 문학적이고 로맨틱한 발상이 아닐 수 없다.

다음, 백석정 최초 건립자에 대해서 알아보기로 한다. 이광려가 말한 '허씨정'이란 누구의 정자를 말하는 것일까? '허정'이란 명칭으로 유명한 정자에는 황해도 해주의 '허정(許亭)'이 있다. 이것은 충정공(忠貞公) 허종(許琮: 1434~1494)의 후손인 허희(許曦)가 세운 정자로 본래 이름은 읍청정(挹淸亭)이다.[19] 백석실의 허씨 정자와는 다르다. 조선 말기 학자 환재(瓛齋) 박규수(朴珪壽: 1807~1876)는 한 시[20]에서 다음과 같이 밝힌 바 있다.

惆悵白石亭  슬프다 백석정이여
眞人讀書處  진인께서 독서하던 곳인데.
唯有一道溪  오직 하나의 도계(道溪)[21]가 있어

---

18  金孝元, 『省菴遺稿』 권2, 遊山錄, 「頭陀山日記」 참조.
19  許傳, 「性齋文集」 권14, 「挹淸亭重修記」 "西安府(今海州)之西十里, 有挹淸亭, 許氏之世有也(許氏忠貞公琮之後), 人遂名其地爲許亭."
20  『瓛齋集』 권1, 「石瓊樓雜絶 二十首 並序」
21  길이 되어주는 시내.

長向人間去  길이 인간 세계로 흘러가는구나.

위 시는 "庚辰四月末, 外從祖芝山公以小司寇告暇出城北, 送驢招余, 尋石瓊張園諸勝, 命賦小詩, 輒倣王右丞輞川絶句作二十首"라는 주석에서 '경진년'이라 한 것으로 보아, 순조 20년(1820) 박규수 14세 때 지은 것임을 알 수 있다.[22]

그런데 위 '백석정'에 특별히 주를 달아 다음과 같이 말하였다.

> 석경루(石瓊樓) 북쪽은 경치가 매우 기이하다. 그 위에 백석정의 옛 터가 있다. 세상에서 말하기를 허진인(許眞人)이 살았던 곳이라고 한다. 진인은 어느 시대 사람인지는 알 수 없다. 대개 도연명·환공의 무리일 것이다.
> 石瓊樓北泉石甚奇. 上有白石亭舊址, 世傳許眞人所居. 眞人不知何代人, 蓋陶桓流也.

이 주석은 중요한 정보를 담았다. 앞서 이광려가 말한 허씨 정자가 바로 허진인이라는 도사가 살았던 곳이고, 별서 이름이 백석정이라는 사실, 1820년 당시엔 터만 남았고, 위치는 서원(犀園) 김선(金鐥)이 지은 석경루[23] 위에 있다는 점이 밝혀져 있는 것이다.

박규수는 다른 시에서도 백석정을 언급하면서 주석을 통해 "세상에 전하기를 허도사가 단약(丹藥)을 제련하던 곳이라 한다"(白石亭, 相傳爲許道士煉丹處)고 하였다.[24]

---

[22] 이후 경진년은 1880년이므로 박규수 사후가 된다. 위 시 제목에서 밝힌, 박규수의 외종조부 芝山公은 柳訴(1779~1821)이다.

[23] 彰義門 밖에 있었으며(지금의 종로구 신영동 149번지), 나중에 흥선대원군의 별장이 되었다. 현재 터만 남았다.

西風吹雨過　서풍이 비를 몰아 스치더니
森肅衆峯秋　삼연(森然)한 뭇봉우리가 가을빛일세.
濕翠連山郭　촉촉한 푸른 이내는 산곽을 이었고
飛泉響石樓　쏟아져 내리는 폭포수가 석루를 울리네.
丹砂杳消息　단사는 소식이 아득하지만
叢桂可淹留　계수나무 숲은 사람을 오래 머물게 하네.


　여기서는 "쏟아져 내리는 폭포수가 석루(석정)를 울린다"고
하여, 백석정이 재건되었음을 시사하고 있어 주목된다.

　『동명연혁고』에서 백석실 별서의 최후 건물이 1830년대에 지
어졌다고 한 것에 비추어 볼 때, 위 시의 창작 연대는 1830년대
이후로 추정된다. 백석정이 재건되었음을 알리는 단서들은 이
밖에도 더 있다. 심암 조두순은 '백석정을 거쳐 옥호정에서 자
며'라는 시에서 "백석정이 지어진 지 몇 년이나 되었나"(白石亭
成問幾年)고 하여, 터만 남았던 백석정이 재건되었음을 시사한
바 있다.[25]

　위의 시 말미를 보면 '단사(丹砂)'와 '총계(叢桂)'가 대비적으로
나온다. 백석정과 그 주변의 별서가 종래의 도교적 색채에서 탈
피하여 문인들이 모이는 계원(桂苑)으로 변모하였음을 엿보게
하는 대목이다. 백석동천은 도교나 신선사상을 떼어놓고는 이
해하기 어렵다. 출발부터 도교와 밀접한 관련이 있다. 백사실

24 『환재집』 권3, 「秋晚同淵齋、邵亭、經臺, 城北賞楓, 宿金偓庵, 歷僧伽禪
房, 往返得古近體凡七首」
25 『心庵遺稿』 권7, 「題仲弼學士同士協一元士彬士綏由白石亭, 迤宿玉壺作
卷後」, 〈其三〉 "白石亭成問幾年, 壺中日月更茫然. 風騷翰墨猶餘地, 鍾鼎
山林別有天. 斂笑歌終雲共住, 撚髭詩就月孤懸. 賞心樂事知多少, 病我慫
慂只做眠."

계곡 상류의 바위에 새겨진 '백석동천'이란 각석(刻石)은 누가
명명했는지, 누구의 글씨인지 현재 알 길이 없다. 다만 이 백석
동천을 처음으로 개척한 사람, 즉 허진인의 의중이 강하게 반영
된 것임에는 틀림이 없다고 하겠다.

'동천'이란 도교에서 말하는 '동천복지(洞天福地)'의 준말이다.
신선이 사는 명산승경(名山勝景)을 말한다. 중국에서는 일찍부터
'십대동천(十大洞天)', '삼십륙소동천(三十六小洞天)', '칠십이복지
(七十二福地)'로 불렸던 명승지가 있었다. '백석동천'은 중국 남송
때의 문인으로 사(詞)에 뛰어난 백석도인(白石道人) 강기(姜夔:
1155~1221)를 연상하게 한다. 그는 본디 강서성(江西省) 파양(鄱
陽) 사람이다. 절강성 무강현(武康縣)의 초계(苕溪) 가에 우거(寓
居)하면서 이웃에 있는 백석동천의 이름을 따서 호를 백석도인이
라 하였다 한다.[26] 절강성의 백석동천의 이름이 조선 사인들 사이
에 많이 알려졌고 또, 백석도인 강기의 시집 역시 널리 읽혀졌으
므로, 이를 본떴을 것이라는 설도 설득력 있어 보인다.

그러나 신선 백석생(白石生)의 고사를 빼놓아서는 안 될 것이
다. 중국 고대의 신선 백석생은 "항상 흰 돌을 삶아서 그것을 양
식으로 삼았다"(煮白石爲糧)는 전설상의 인물이다.[27] 백사실 계
곡에 흰 돌이 유난히 많았기 때문에, 백석생의 고사에다 백석도
인의 고사까지 곁들여 중의적(重意的) 표현을 한 것으로 생각한
다. 백석을 삶는 것은 단약을 달이는 것[練丹]과 연결시켜 볼 수
있다.

---

26 『浙江通志』 권273, 藝文, 〈詩〉 참조.
27 『神仙傳』 권1, 「白石生」 참조.

　이른바 '허진인'(허도사)은 과연 누구일까? 선유들도 그에 대해서는 '자세히 알지 못한다'(不知其詳)고 하였다. 필자의 단견으로는 중국 도교사에 유명한 도인 가운데 허씨 성을 가진 사람이 특별히 많았으므로 '허진인'에 가탁하였을 가능성이 다분하다고 본다.[28] 다시 말해서 허씨 성인 아닌 사람을 허씨라 일컬었을 가능성이 높다는 것이다. 그러나 허진인이 실제 인물이었을 가능성도 배제하기 어렵다. 그럴 경우, 허씨 성을 가진 사람 가운데 '진인'의 칭호를 들을 만한 분으로는 미수(眉叟) 허목(許穆: 1595~1682)을 첫손가락에 꼽아야 할 듯하다. 허목은 유학자 가운데 도교적 경지가 높은 분으로 정평이 있어 왔다. 그는 자신의 취향과 경지를 대변이라도 하듯 『청사열전(淸士列傳)』을 저술하기도 하였다. 이 점에 대해서는 금후 자료가 발굴되기를 기대한다.

---

[28] 중국 西晉 시대 魏夫人(이름은 華存)은 여성 선인으로 유명하다. 그는 上淸派의 開山祖로 받들어진다. 그가 인도하여 진인이 된 사람이 많았는데, 남성 제자로는 楊羲 · 許穆 · 許玉斧 등이 있다. 여성 제자 가운데 黃靈徽는 나이 팔십에도 용모가 어린 처녀와 같았으므로 사람들이 '花姑'라 불렀다 한다. 『海錄碎事』 제13권, '허옥부' 조를 보면, "雲林 王夫人이 말하기를 '交梨와 火棗를 산중의 許道士에게 줄 것이요 인간의 許長史에게 주지 않을 것이다'고 하였다" 한다. 이 때문에 '산중허도사', '인간허장사'라는 말이 생겨났다. 교리와 화조는 仙藥이다. 한편, 중국 晉 나라 때 선인 許遜은 〈許眞人煉丹圖〉의 주인공으로 '허진인'의 대명사이기도 하다.

## IV. 추사 김정희가 백석실 별서의 주인이었다

백석실 별서는 허도사가 창건한 뒤 내려오다가 중간에 추사 김정희가 매입함으로써 명성을 높였다. 김정희가 이 별서의 주인이 되었음은 그의 시 가운데

區區文字有精靈  하찮은 문자에도 정령이 배었으니
舊買仙人白石亭  선인 살던 백석정을 예전에 사들였네.

라고 한 대목과 '백석정' 주석에서 "나의 북서(北墅)를 말한다. 백석정 옛터가 있다"(謂余北墅, 有古白石亭舊址)고 한 대목이 증명한다.[29] 김정희는 친구 김유근(金逌根)에게 보낸 서한에서도 "노친께서는 엊그제 잠깐 북서로 나가셔서 며칠 동안 서늘한 바람을 쐬실 생각이었습니다. 일기가 이와 같으니 산루(山樓)는 도리어 너무 서늘할 염려가 있어 마음이 놓이지 않습니다"[30]고 하여, 부친 김노경(金魯敬)이 이 별서를 사용하였음을 밝혔다. '북서'라 한 것으로 보아 여러 개 별서 가운데 하나임을 알 수 있다. 또 '백석정 옛터' 운운한 것을 보면 김정희가 터만 남은 백석정 부지를 사들여 새로 건립하였음을 알 수 있겠다.[31]

백석실 별서가 유명한 곳인 만큼, 김정희의 문집 및 그와 교

---

29 『완당전집』 권9, 「與今軒共拈鍾竟陵韻 十首」

30 『완당전집』 권4, 「與金黃山 其三」 "老親日昨暫出北墅, 爲數日追涼計, 而日候如是, 山樓反有過涼之慮, 是悶是悶."

31 위의 시 주석에서 '白石亭舊址' 앞에 '古'자를 붙여 새로 지은 백석정과 구별하려 한 것에 주목해야 한다.

유했던 문인들의 문집에서 관련 자료, 특히 창수시(唱酬詩) 같은 것이 다수 나올 법도 하련만 사정은 그렇지 못하다.[32] 김정희가 백석정에서 금헌(今軒)이란 호를 가진 친구와 만나 명나라 만력(萬曆) 연간의 경릉파(竟陵派) 시인 종성(鍾惺: 1574~1625)의 시에서 운을 뽑아 지은 10수의 시 가운데

> 久聞松筠**存道力** 송죽 스치는 소리 오래 들으며 도력을 간직했고
> 饒看山水**鍊眞形** 산수를 실컷 보며 참 모습 단련했네.

라고 하는 대목이 있다. 백석실 별서가 지난 날 도교의 단학(丹學)과 관련이 있는 곳임을 다시금 확인할 수 있다. 아울러 김정희가 유마거사(維摩居士)라는 별칭에 걸맞게 많은 선가어(禪家語)를 이끌어 이곳이 선정(禪定)에 들기에 좋은 곳임을 넌지시 피력한 것도 간취할 수 있다.[33] 세속의 일이란 언제든지 인연 따라 변할 수 있는 것임을 느끼게 한다.

김정희는 백석도인 강기의 시를 좋아하였다. 그는 "강백석의 '암향(暗香)' 한 곡조는 석호(石湖)의 출처(出處)에 대하여 면려한 것이니, 또한 어찌 감발(感發)하여 반성하지 않을 수 있겠는가"라고 하여, 강백석이 시를 통해 대인 군자의 절조를 읊은 것을 기렸다.[34] 또 강백석이 저술한 『난정편방고(蘭亭扁旁攷)』를 왕희지 글씨의 진위(眞僞)를 가리는 지침으로 높이 평가하였다.[35] 평

---

32 『완당전집』 권9에 보이는 「北園初夏」·「春日約赴北隣」 등의 시는 백석정 별서와 관련이 있는 것으로 추정된다.
33 『완당전집』 권9, 「與今軒共拈鍾竟陵韻 十首」 참조.
34 『완당전집』 권3, 「與權彝齋十七」 참조.

소 강백석의 시문과 서예의 경지를 높이 평가했던 김정희가 백석정 별서의 주인이 되었다는 사실은 우연이라고 보기 어려울 정도다. 백석정에서 강백석의 시문을 논하고 서예 연구를 논하는 김정희의 심정이 어떠하였을까?

운명적인 것은 이 뿐만이 아니다. 백석정 별서 부근에는 '입사천(卄四泉)'이라는 물의 근원이 있었다. 입사천 물줄기는 흘러 석경루(石瓊樓) 앞을 지난다. 김정희는 백석정 별서를 읊은 시에서, 청나라의 문인 왕평(王苹)의 호가 추사(秋史)이고 또 다른 호가 입사천초당(卄四泉草堂)인데, 김정희 자신의 호가 추사이고, 자신의 별서 주변에 입사천이 있음은 우연이 아님을 시사하기도 하였다.[36] 이러한 것들로 미루어 김정희는 백석정 별서를 매우 아꼈을 법하다.

한편, 위에서 말한 "하찮은 문자에도 정령이 배어 있다"는 것은 정확한 의미를 파악하기 어렵다. 백석실 주변에 있는 석각을 가리키는 것은 아닐까? 만약 그렇다면 '백석동천'이니 '월암'이니 하는 각석들은 김정희가 매입하기 이전부터 내려온 것이라고 하지 않을 수 없다. 현재 학계 일각에서는 백석실 주변의 각자, 즉 '백석동천', '월암'이 그리 오래된 것이 아니라고 보는 이들이 있다. 앞서 한장석은 1880년에 지은 시에서 "절벽에 글자

35 『완당전집』 권6, 「書蘭亭後」 참조.

36 『완당전집』 권9, 「與今軒共拈鍾竟陵韻」 "區區文字有精靈, 舊買仙人白石亭[謂余北墅, 有古白石亭舊址] 卄四泉聲心印合[王秋史一號卄四泉草堂, 余又號秋史故云], 三千偈子墨輪停.
『완당전집』 권9, 「瓊樓詠懷」에서도 "混涵元氣處, 返照一樓邊. 研笈三千偈, 茆堂卄四泉. ……"이라 하였다.

가 존재한다"(壁字存)고 한 바 있다. 김정희의 '구구문자유정령 (區區文字有精靈)' 구가 벽자(각석)와 관련된 것이라면 그 연대는 훨씬 위로 올라갈 수 있다.


## V. '월암'이란 각자는 이광려와 관련이 없다

앞서 백석실과 관련한 시 가운데 이광려의 것을 소개한 바 있다. 이는 백석실에 대해 연구하는 데 중요한 단서를 제공한다. 그런데 이광려가 백석실에 관한 시를 남기다보니 백석실 권역 서쪽 언덕 위에 있는 '월암'이란 각석의 주인공을 이광려로 보기도 한다. 이광려의 호가 월암이고 보면 그런 추정이 무리는 아니라고 본다. 이광려 연구의 선구자인 심경호(沈慶昊) 교수 역시 '월암' 각석의 글씨를 이광려가 쓴 것으로 추정하였다.[37] 그러나 현재 이를 뒷받침할 만한 구체적 증거는 없다.

조선 후기의 문신 박윤묵(朴允黙: 1771~1849)은 인왕산 일대의 명승, 유적지를 50수의 시로 읊은 바 있다. 이 가운데 '월암'과 관련된 내용이 나온다.

> 斗起一巨巖　한 거암이 우뚝 솟았는데
> 月形印在此　달 모양이 여기에 찍혀 있다.

---

[37] 심교수는 "현재 종로구 부암동 115번지 백석실에 약 500평 크기의 둥근 연못이 있고, 연못 좌측 산 중턱에 있는 큰 바위에는 '月巖'이라고 쓴 글자가 음각 되어 있는데 그 글씨는 이광려의 것으로 추정된다"고 하였다(심경호, 2010: 48-49).

백석실 '월암' 각석

鬼斧所不及　귀신의 도끼로도 흉내 낼 수 없으니
奇恠不可揣　기괴함을 헤아릴 길 없다.[38]


승구에 "시속에서 월암이라고 부른다"(俗號月巖)는 주를 달아
'월암'임을 분명히 하였다.

또 조선 후기 학자로 월암 남종현(南鍾玄: 1783~1840)은 「월
암서(月巖序)」란 글에서, 자신이 월암이란 호를 짓게 된 유래를
밝힌 바 있다.


도성의 서쪽 문을 돈의문(敦義門)이라 한다. 돈의문 밖으로 나가서 성

─────────────────

38　朴允默, 『存齋集』 권4, 「仁旺山詩五十韻」 참조.

인왕산 자락 '월암동' 각자

곽을 따라 돌아가면 왼편 1리쯤 되는 곳에 성곽을 등지고 불쑥 솟은 둥글고 검은 바위가 있다. 월암이라고 한다. …… 어떤 호사가(好事家)가 바위에 '월암동(月巖洞)' 세 글자를 크게 새기고 주사(朱砂)를 채워 넣었다. 의령 남종현이 그 바위 아래 살았는데 스스로 호를 월암이라 하였다.[39]

남종현은 평생 벼슬하지 못하고 백두(白頭)로 삶을 마쳤다. 그를 알아주는 사람이라고 해야 『송남잡지(松南雜識)』의 저자 조재삼(趙在三: 1808~1866)을 꼽을 정도다.[40] 그는 자신의 처지를

---

[39] 『月巖文稿』 1면, 「月巖序」 "國西門曰敦義門. 由敦義門出□城, 轉而左里許, □□□□□, 起穹然而黑者曰月巖. 高可丈許, 上平可坐數十人. …… 其南人家, 皆茅茨繩□□數十戶. 好事者就□□, 刻月巖洞三字, 朱壇之以識焉. 宜寧南鍾玄玄汝, □居其下, 自號曰月巖." *『월암문고』는 모두 54장으로 국립중앙도서관 소장본이다. 한국고전번역원에서 펴내는 한국문집총간에 들어 있지 않다. 필사본인데다가 책에 좀이 슬어 읽을 수 없는 부분이 많다.

스스로 부끄러워한 끝에 호를 버리겠다는 내용의 「거호서(去號序)」도 지은 바 있다. 그런데 여기에 등장하는 월암은 서대문 밖에 있는 인왕산 자락의 월암동을 가리킨다. 북악산 자락 백석실에 있는 '월암'과는 관계가 없다. 또한 '월암동'이란 3자로 된 각자[41]는 '월암'이란 각자와는 글자 수가 다르고 글씨체도 다르다.

이광려가 아호로 삼은 월암은 남종현이 말한 월암동과 관계있다. 『이참봉집』에 나오는 "월암에서 잤다"(宿月巖)[42]는 말은 곧 자신의 집이 월암동 부근에 있었음을 말한다. 신대우(申大羽)는 「월암집서」에서 이광려가 60세에 서대문 밖 평동리(平洞里) 사제(私第)에서 세상을 떠났다고 하여, 월암동 부근 평동리에서 이광려가 살았음을 밝혔다.[43] 여기서 말하는 평동리는 지금의 종로구 평동이고, 월암동은 종로구 송월동(松月洞)이다. 송월동은 1914년 행정구역 통폐합 당시 송정동(松亭洞)과 월암동이 합쳐져서 생긴 지명이다. 월암동은 조선 말기까지 "서부(西部) 반송방(盤松坊) 지하계(池下契) 월암동"으로 불렸다.

'월암' 각석의 서자(書者)에 대해서는 앞으로도 고증을 더 필요로 한다. 근거 없는 추정이나 단정은 금물이라고 본다.

---

[40] 『송남잡지』에는 남종현의 시가 다수 인용되어 있다.

[41] 현재 서대문구 평동 164, 서울적십자병원 인근 한 카페의 뒷마당에 보존되어 있다.

[42] 『李參奉集』 권1, 「揆伯明日將行, 諸人會宿月巖」 참조.

[43] 申大羽, 「李參奉集序」 "春秋六十年, 沒于國西門外平洞里第."

## VI. 맺음말

백석정 별서와 관련하여 밝혀내야 할 것이 실로 많다. 그 가운데 하나는, 김정희 이후로 백석정 별서의 소유권이 어떻게 바뀌었는지의 문제다. 자료난으로 더 이상 고증하기 어려워, 앞에서 논한 내용만 간추려 요약하고자 한다.

1. 백사실의 본래 명칭이 '백석실'이었고, 백사실이 백사 이항복과는 관련이 없음을 밝혔다. 이로써 백석실 명칭에 대한 구구한 설은 앞으로 가닥이 잡힐 것으로 생각한다.

2. 백석실 별서는 허진인(許眞人: 許道人)이라는 사람이 도교적 수련을 위해 지은 것이다. 창건 시기는 정확히 알 수 없으나 대개 임·병 양란 이후로 추정된다. 허진인이 가공의 인물이 아닌 실제 인물이라고 할 때, 미수 허목일 가능성을 조심스럽게 제기하였다.

3. 별서는 허진인 이후 추사 김정희가 매입하여 재건하였다. 『추사집』에서는 백석실 별서를 '북서'(北墅)라고 하였다.

4. 허진인의 별서 이름은 백석정이다. 육모정 이름이 별서 전체를 대표한다. 김조순의 별서 이름이 옥호정인 경우와 같다. 누마루가 있는 사랑채의 이름은 간정료(看鼎寮), 연못 이름은 함벽지(涵碧池)이다. 조선 말 문인들의 시를 통해 고증하였다.

5. '백석동천', '월암' 각자의 주인공은 현재로선 알 수 없다. 한장석의 시에서는 '벽자존'(壁字存)이라 하여, 1880년대에 이미 각자가 있음을 밝혔다. '월암' 각석의 글씨를 쓴 사람을 이광려로 비정하는 학자들이 있고, 이광려의 호가 이 월암에서 비롯되었을

것이라고 추정하는 이들이 있다. 그러나 백석실의 '월암'과 이광려가 살았던 '월암동' 각자는 서로 다르다. 이광려가 살았던 월암동은 인왕산 자락에 있고 백석실의 월암은 북악산 자락에 있다.

6. 1830년대 별서 중건이 이루어졌고, 중간에 없어졌던 육모정이 다시 세워졌을 것으로 추정하였다. 『동명연혁고』에서 별서가 1830년대 지어졌다고 하는 것은, 근세까지 남아 있던 최후 건축물의 건립 연대를 말한 것이다.

이제 남은 것은 발굴 조사를 통하여 이와 같은 사실을 확인하는 작업이다. '백석동천', '월암' 각자에 대해서도 문헌 자료의 발굴 및 서예 감식을 통해 서자(書者)를 밝혀내야 할 것이다. 각자의 연대는 석질 분석과 같은 과학적 방법에 의해 정확히 밝혀낼 수 있다고 본다.

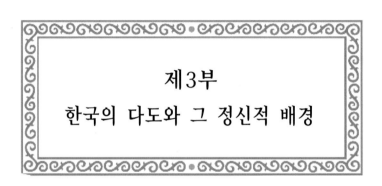

# 제3부
## 한국의 다도와 그 정신적 배경

# 제1장 한재 이목의 다도정신과 그 배경

## Ⅰ. 머리말

한재(寒齋) 이목(李穆: 1471~1498)은 점필재(佔畢齋) 김종직(金宗直)의 문인으로, 연산군 4년 무오사화 때 '조의제문(弔義帝文)' 사건에 연루되어 죽음을 당한 학자요 문인이다. 천수(天壽)를 누리지 못하여 학문이 원숙한 경지에 이르지 못했던 것은 안타까운 일이다. 1980년대 중반부터 이목의 「다부(茶賦)」가 차동호인(茶同好人)들에게 주목을 받으면서 이목에 대한 관심이 있게 되었다. 차문화(茶文化)의 선구자로서 이목을 조명하고자 하는 노력이 있음은 다행한 일이다.

이목에게 '차[茶]'의 위상은 상당하다. 이는 그가 「다부」라는 글을 지어 차의 효용성과 위상을 크게 드러냈기 때문이다. 그러나 '차'는 그의 본령일 수 없다. 그의 본령은 도학에 있고 차는 여사(餘事)인 것이다. 이목의 차의식, 차정신을 논하더라도 이점은 먼저 알아야 할 것이다.

이목의 「다부」는 1천 3백여 자에 달하며, 초의선사(艸衣禪師: 1786~1866)의 「동다송(東茶頌)」과 함께 우리나라에서 대표적인 '차 노래글'로 병칭된다. 시기적으로는 「동다송」보다 3백 년 정

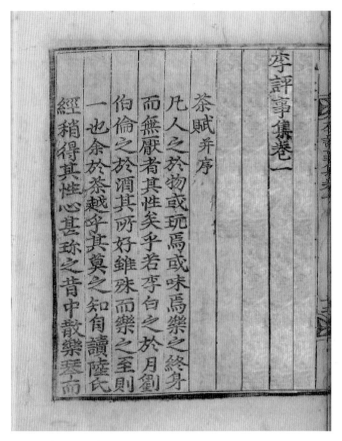

『한재집』, 「다부」

도 앞서고, 분량 면으로 약 2배가량 된다. 이목은 우리나라에서 '차〔茶〕'를 대표하는 몇 안 되는 사람으로 받들어지고 있으며, 차 동호인들은 이목을 '다부(茶父)'라 일컫는다.

　우리나라에서 이목 이전까지 차와 관련된 글로 「다부」와 같이 짜임새 있고 분량 있는 것은 한 편도 없다. 초의선사 이전까지 이목의 「다부」가 사실상 유일무이하다. 「다부」는 내용의 독창성 면에서도 중국 진(晉)나라 두육(杜毓)의 「천부(荈賦)」라든지 당

(唐)나라 고황(顧況)의 「다부」, 송(宋)나라 오숙(吳淑)의 「다부」와
비교할 때 그 오른편에 선다고 할 수 있다. 육우(陸羽)의 『다경
(茶經)』과 노동(盧仝)의 '칠완다가(七碗茶歌)'를 비롯한 중국의 여
러 문헌을 빠짐없이 섭렵, 참고한 듯하지만 표현상으로는 환골
탈태(換骨奪胎)에 가깝다고 할 수 있다. 이 점은 『초사(楚辭)』의
「귤송(橘頌)」한 대목을 이끌어 첫머리를 장식하는 등 여러 참고
문헌에서 많은 문구들을 직접, 간접으로 인용한 『동다송』과는
구별된다.

이목과 「다부」의 위상이 이와 같은 만큼, 다도·다사(茶史)의
측면에서 그에 대한 조명과 평가가 이루어지는 것은 당연한 일
이다. 필자는 다도에 대해서는 논할 처지가 못된다. 이목의 다
도정신과 「다부」에 대한 전반적인 고찰은 선행 논고들이 있으므
로 이에 미루고, 「다부」에 담겨 있는 기본 사상과 정신에 대해서
만 말하려고 한다. 「다부」에 담겨 있는 심학사상(心學思想)은 이
목의 또 다른 글 「허실생백부(虛室生白賦)」와 함께 검토해야 할
것이나, 이는 후일의 별고(別稿)로 미룬다.

## Ⅱ. 이신순도(以身殉道)의 삶

이목의 자는 중옹(仲雍)이요 호는 한재이며 본관은 전주다.
성종 2년(1471, 辛卯)에 지금의 경기도 김포시 하성면(霞城面) 가
금리(佳金里)에서 충좌위 부사과(忠佐衛副司果)를 지낸 윤생(閏
生)과 모부인 남양홍씨(南陽洪氏: 洪孟阜의 女) 사이에서 둘째 아

들로 태어났다. 어려서부터 어버이에게 효도하고 형제간에 우애가 돈독하였으며 성품이 강직하였다. 14세 때(1484)에는 당대의 유종(儒宗)인 점필재(佔畢齋) 김종직(金宗直: 1431~1492)의 문인이 되었다. 어떠한 경로로 김종직의 문하에 나아가게 되었는지는 자세하지 않지만, 김종직의 문인이 됨으로써 어엿이 동국도통(道統)을 계승한 것이다. 김종직의 문인 가운데 막역(莫逆)했던 이들로는 탁영(濯纓) 김일손(金馹孫: 1464~1498)과 수헌(睡軒) 권오복(權五福: 1467~1498)을 꼽을 수 있다.

이목은 어려서부터 부귀와 공명에는 뜻이 없었고 위기지학(爲己之學)에만 힘썼던 것 같다. '고상기사(高尙其事)'하고 항지(抗志)에 힘썼던 것은 그의 고결, 강직한 성품과 관련이 있다. 17세 무렵에는 이미 학문이 상당한 경지에 오르고 문사(文詞)를 잘하였다. 19세에는 소과에 응시, 생원·진사시에 차석으로 급제하였으며 이어 성균관에 들어가 수학하였다. 태학생으로 있을 당시 이목은 일의 시비를 논하고 장부(臧否)를 가림에 강개, 정직하여 회피하는 바가 없었다. 항상 '부오도(扶吾道) 벽이단(闢異端)'으로써 자신의 책임을 삼았다. 동료들이 그의 기절과 풍모를 사모하였는데, 간사한 무리들은 곁눈질하면서 틈새를 엿보기에 바빴다고 한다. 그의 명성이 높아지자 성균관 대사성(大司成)을 지낸 김수손(金首孫: 1430~?)[1]이 이목의 사람됨을 달리 여겨 사

---

[1] 조선 성종 때의 문신(1430~?). 자는 子允, 본관은 禮安이다. 세조 2년(1456) 문과에 급제하여 벼슬이 형조참판에 이르렀다. 성종 24년(1493) 10월 正朝使로 명나라에 들어갔다가 이듬해 3월 귀국하였으며, 연산군 5년(1499)에 나이 70세로 致仕하기를 청했다는 기사가 『연산군일기』에 보인다.

위로 삼았다.

태학생 시절인 성종 21년(1490)에 임금에게 환후가 있자 대비(大妃)가 은밀히 무녀에게 명하여 성균관 벽송정(碧松亭)에서 굿을 하도록 한 일이 있었다. 이에 이목은 태학생들을 이끌고 가서 무녀를 매질하여 내쫓았다. 무녀가 대비전에 하소연하자 대비가 크게 노여워하면서, 성종이 낫기를 기다렸다가 고하였다. 이 사실을 들은 성종은 거짓으로 화를 내면서 관련된 태학생들의 명단을 적어 내도록 하였다. 많은 태학생들이 크게 꾸지람을 들을까봐 놀라서 숨기도 했다. 그러나 이목은 의연하게 피하지 않았다. 이 소식에 접한 성종은 전교를 내려 "네가 유생들을 이끌고 사습(士習)이 바른 데로 돌아가도록 하였으니, 내 병이 낳은 듯하구나?"라고 하면서 특별히 상을 내려 주었다. 이로부터 '곧다는 명성'을 크게 떨쳤다. 이목의 강의불굴(剛毅不屈)한 성격의 일단을 보여주는 일화라 할 것이다.

같은 해(20세) 5월에는 정승 윤필상(尹弼商)이 정사를 제멋대로 처리하니, 이목은 가뭄을 구실로 "윤필상을 팽형(烹刑)에 처해야만 하늘이 비를 내리실 것이다"고 상소하였다. 그 뒤 길에서 윤필상을 만났는데, 필상이 "그대는 꼭 이 늙은이의 고기를 먹어야만 하겠는가"고 위협하였으나, 이목은 거들떠보지도 않았다고 한다. 윤필상과의 악연(惡緣)의 시작이었다. 그 해 9월에는 왕자들의 제택(第宅)이 몹시 사치스러워 폐단이 큼을 상소하였다. 11월에는 윤필상이 성종에게 대비의 뜻을 따라 숭불(崇佛)하기를 청하자, 성균관 제생(諸生)을 이끌고 상소하여 윤필상의 간사함을 극론하고 '간귀(奸鬼)'로 지목, 목을 베도록 요구하였다.

성종은 이목을 하옥시켜 죄를 다스리려고 하였으나, 여러 대신들이 힘써 신구(伸救)하여 공주(公州)로 귀양을 갔다가 이듬해(21세) 풀려났다.

이후 학업에 전념하였다. 23세(1493) 되던 해 10월에는 장인 김수손이 하정사(賀正使)로 명나라 연경(燕京)에 들어감에 이를 수행하여 중화(中華)의 문물을 관광(觀光)하고 돌아왔다. 25세 되던 연산군 원년(1495) 11월에는 별시(別試) 문과에 장원급제하여 정6품직인 성균관 전적(典籍) 겸 종학(宗學)의 사회(司誨)에 제수되었다. 26세 때에는 무관직으로 진용교위(進勇校尉) 영안남도 병마평사(永安南道兵馬評事)에 전임되었다가, 이듬해 돌아와 호당(湖堂: 讀書堂)에 녹선(錄選)되어 사가독서(賜暇讀書)의 영예를 입었다. '사가독서'는 당시 선비들에게 몹시 영광스런 일로 인식되었다.

연산군 4년(1498), 김종직의 조의제문을 사초(史草)에 실은 일이 발단이 되어 무오사화가 일어났다. 많은 동문들이 김종직의 문도라는 죄목으로 죽음을 당하거나 귀양을 갔다. 당시 사관으로 있으면서 조의제문을 실록에 싣는 일에 깊이 관여하였던 이목은 그 해 7월 초, 김일손·허반(許磐) 등과 함께 의금부에 잡혀 들어가 국문(鞫問)을 받았고, 그 달 26일 참형을 당하기에 이르렀다. 피화(被禍)의 순간까지 신기(神氣)가 평상시와 같았으며, 동요하는 빛이 없었다고 한다. 이 때 이목의 나이 28세였다. 불행은 여기서 그치지 않았다. 연산군 10년(1504), 갑자사화 당시 부관참시(剖棺斬屍)라는 전대미문의 추형(追刑)을 받았다. 참화의 씨앗이 윤필상과의 악연에서 비롯되었다는 지적이 있다.

이목은 1506년 중종반정(中宗反正) 직후 원통함이 씻겨지고 관작이 복구되었다. 억울하게 세상을 떠난 지 8년만의 일이다. 명종 7년(1552)에는 종2품 가선대부(嘉善大夫) 이조참판에 추증되었으며, 동 14년(1559)에는 공주의 충현서원(忠賢書院)에 배향되었다. 또한 숙종 43년(1717)에는 정2품 자헌대부(資憲大夫) 이조판서에 가증(加贈)되었고, 경종 2년(1722)에는 역명지전(易名之典)에 따라 '정간(貞簡)'이라는 시호가 내려졌다. 순조 30년(1830)에는 사학(四學) 유생 윤정수(尹正洙) 등이 이목의 문묘종사를 청했다. 비록 윤허를 받지는 못했지만 이목의 위상을 한껏 드높인 의미 있는 일이었다. 그 뒤 헌종 15년(1849)에는 영조 2년(1726)에 내린 부조지전(不祧之典)에 따라 김포에 사우(祠宇: 貞簡祠)를 짓고 위패를 봉안하였다. 이목의 저술로는 문집 1책이 전한다.

## III. 학문 경향과 정신적 배경

이목은 김종직의 문인들 가운데 문장으로 저명하였던 것 같다. 이목의 학문 경향과 관련하여 동문인 김일손은 다음과 같이 말한 바 있다.

내 성질이 본디 남을 인정하는 일이 적었다. 17세 때 처음으로 점필재 문하에 유학하여, 열 세 사람과 신교(神交)를 나누었으니, 도덕에는 김굉필(金宏弼)·정여창(鄭汝昌)·이심원(李深源)이요, 문장에는 강혼(姜渾)·이주(李胄)·이원(李黿)·이목이요, 유일(遺逸)에는 남효온(南孝溫)·신영희(辛永僖)·안응세(安應世)·홍유손(洪裕孫)이요,

음률에는 이총(李摠)·이정은(李貞恩)이라.[2]

김종직의 문인들 중에는 문장으로 발신(發身)한 이들이 많다. 김종직이 문장으로 일세를 울렸던 만큼 스승으로부터 받은 영향이 지대하였을 것이다. 그렇다면 이목을 사장유(詞章儒)라 지목할 수 있을까? 위의 평은 동문들의 특장을 들어 설명한 성격이 짙다. 필자는 이목을 사장유로 지목할 수는 없다고 본다.

김종직은 '도문일치(道文一致)'의 경향을 보였다. 그는 쇠퇴한 문운을 일으켜 도학의 문이 활짝 열리도록 한 공이 있다. 김종직의 문하에서는 도학·문장·청담·음률 등 여러 방면으로 제제다사(濟濟多士)들이 배출되었다. 김종직의 학문이 '사장학'에 머물렀다면 저와 같은 성황은 불가능한 일이다. 그는 도학과 문장이 분기(分岐)하기 이전의 인물이다. 그의 다음 세대에 가서 도학과 문장이 분기되었음을 생각할 때, 김종직은 우리나라 유학사에서 한퇴지(韓退之)와 같은 위치에 있었다고 하겠다.

이목의 학문 성향과 정신적 배경을 살핌에 계곡(谿谷) 장유(張維: 1587~1638)가 찬한 「묘지명」과 백각(白閣) 강현(姜鋧: 1650~1733)[3]이 찬한 「시장(諡狀)」의 일부는 상당한 시사를 던진다.

---

2  『濯纓年譜』상권, 6a~6b, 〈先生十七歲, 庚子〉조 "予性本小許可. 十七歲, 始遊佔翁之門, 得神交十有二(三?)人焉. 道學金大猷宏弼鄭伯勗汝昌李伯淵深源, 文章姜士浩渾李胄之胄李浪翁䵷李仲雍穆, 遺逸南伯恭孝溫辛德優永僖安子挺應世洪餘慶裕孫, 音律李伯源摠李正中貞恩." 『한재문집』(한재종중관리위원회, 1981. 이하 같음) 164쪽, 「연보」 〈先生十四歲, 甲辰〉條.

3  조선 숙종 때 영의정을 지내고 淸白吏에 錄選된 雪峯 姜栢年(1603~1681)의 아들이다.

(A) 공은 어려서 점필재 김공을  아 수학하면서 학문에 힘썼고 문사(文詞)를 잘 하였다. 책으로는 좌씨춘추(左氏春秋)를 즐겨 읽었고, 옛 사람으로는 범문정(范文正: 仲淹)의 사람됨을 사모하였다.[4]

(B) 아아! 일찍이 선배들이 서로 전해 오는 말을 듣건대, 공은 젊었을 때 『춘추좌씨전』 읽기를 좋아하였으며, 잠심완미(潛心玩味)하여 손에서 책을 놓지 않았다고 한다. 또 범중엄(范仲淹)의 인덕과 공업(功業)을 사모하여, 벽 위에 써 놓고 경앙(景仰)하는 마음을 부쳤다고 한다.[5]

이처럼 이목의 절의와 덕업은 사상적·정신적으로 그 소종래(所從來)가 있다. 그러기에 다음과 같은 강현의 지적은 개절(凱切)한 바 있다.

공의 평생을 살피건대, 그 살신성인(殺身成仁)하고 탁립불고(卓立不顧)한 절개는 아직까지도 밝게 빛나 사람의 이목을 비춰준다. 이는 진실로 『춘추』에서 얻은 바가 크다고 할 것이다. 한 가지 한스러운 것은 이른 나이에 일찍 꺾여서 끝내 희문(希文: 范仲淹의 자)이 온축(蘊蓄)한 것을 펴지 못했다는 점이다. 혹여 이른바 천도라는 것도 그르단 말인가?[6]

이목의 사상적 연원을 간결하면서도 적확하게 서술했다고 할 것이다.

이목은 「다부」에서 "공자는 부귀를 뜬구름처럼 보면서 뜻을 높이 세웠고, 맹자는 호연지기를 통해 정신을 수양했다"[7]고 하

---

4 『谿谷集』 권10, 10a, 「寒齋李公墓誌銘」 참조.
5 『한재문집』 532쪽, 「諡狀」 참조.
6 『한재문집』 533쪽, 「諡狀」 참조.

면서 항지(抗志)와 양기(養氣)를 강조하였다. 「허실생백부」에서
는, 『장자』에 이른바 '허실생백'이 맹자가 말한 '호연지기'와 상
통한다고 하였다. 여기서 호연지기를 중시하고 있음에 주목할
필요가 있다. 『맹자』에서는 호연지기에 대해 "그 기(氣)됨이 지
극히 크고 지극히 굳세니, 직(直)으로써 잘 기르고 해침이 없으
면 천지간에 꽉 차게 된다", "그 기됨이 의(義)와 도(道)에 배합
된다", "이는 의(義)를 많이 축적하여 생겨나는 것이요, 의가 하
루아침에 갑자기 엄습하여 취해지는 것이 아니다"[8]라고 하였다.
따라서 이 호연지기를 잘 기르면 도의에 배합되어서 천하의 일
에 두려운 바가 없으며 큰 책임을 맡아도 마음이 움직이지 않는
것이다.[9] 호연지기야말로 이목의 절의사상이 어디에서 유래하는
지를 짐작할 수 있게 한다.

　이목의 강직한 성품과 기개, 생사화복(生死禍福)을 돌보지 않
는 '이신순도(以身殉道)'의 선비정신은 고려 공민왕 때의 문신 석
탄(石灘) 이존오(李存吾: 1341~1371)와 흡사한 면이 있다. 이존
오는 25세 때(1365) 정언(正言)으로 있으면서, 국정을 천단(擅斷)
하고 온갖 세도를 부리던 신돈(辛旽)을 극력 탄핵하다가 공민왕
의 진노를 샀다. 그러나 그는 조금도 굴하지 않고 동석해 있던
신돈을 흘겨보면서 "늙은 중놈이 어찌 이다지도 무례한가"라고
꾸짖으니, 신돈이 크게 놀라 엉겁결에 의자에서 떨어졌다고 한

---

7 『한재문집』 368쪽, 「茶賦」 "魯叟抗志於浮雲, 鄒老養氣於浩然."

8 『孟子』, 「公孫丑 上」 "其爲氣也, 至大至剛, 以直養而無害, 則塞于天地之間.
　…… 其爲氣也, 配義與道, 無是, 餒也. 是集義所生者, 非義襲而取之也."

9 『맹자』, 「公孫丑 上」, 〈浩然章 朱註〉 "養氣, 則有以配夫道義, 而於天下之
　事無所懼. 此其所以當大任而不動心也."

다. 이에 왕이 더욱 노하여 이존오를 순군옥(巡軍獄)에 가두고 죽이려 하였으나 목은(牧隱) 이색(李穡)의 변호로 귀양가는 데 그쳤다. 후일 부여의 석탄(石灘)에 은거하였는데, 신돈의 세력이 더욱 성하다는 말을 듣고 그만 울화병이 나서 죽고 말았다. 이 때 그의 나이 31세였다.[10] 『조선왕조실록』을 보면 이존오의 기개와 절의가 대대로 후대의 귀감이 되었음을 거듭 확인할 수 있다.

이목은 선대의 이존오를 퍽 경모하였던 것 같다.

> 우리 동방에서는 기자(箕子) 이래로 인재가 성하였다. 그러나 1백여 년 가까운 사이에 언관(言官)으로 있으면서, 권신을 면전에서 공격하여 늠연(凜然)하기가 추상열일(秋霜烈日)과 같아 범할 수 없는 이는 오직 정언 이존오가 있을 뿐이다.[11]

이로써 이목이 정론(正論)을 펴다가 죽을 수 있었던 데에 이존오의 영향이 컸음을 짐작할 수 있겠다. 이존오와 이목의 평생 행적은 거의 같다. 비슷한 나이에 직도(直道)를 행하다가 죽은 것은 한 사람의 일이라고 하기에 족하다. 양현(兩賢)은 절의로써 병칭되는 경우가 허다하였다. 뒷날 중봉(重峯) 조헌(趙憲: 1544~1592)은 상소한 글에서 "충군애국으로 말하자면, 이색이 위태로운 조정에서 힘을 다해 종사(從事)한 것, 이존오가 신돈을 물러나도록 꾸짖은 것, 이목이 윤필상을 주살(誅殺)하도록 청한 것 등은 백대 이후로도 늠연히 여광(餘光)이 있을 것입니다"[12]라고

---

10 『고려사』 권112, 「李存吾傳」 참조.
11 『한재문집』 403쪽, 「送大司憲崔寶臣應賢歸江陵詞」 참조.

한 바 있다. 이존오와 이목의 절의사상의 서여(緒餘)가 조헌에게
계승되었음을 느끼게 한다. 특히 이목과 조헌이 같은 김포 출신
이고 보면 조헌의 「지부복궐소(持斧伏闕疏)」와 임진왜란 당시의
거의(擧義)는 그 정신적 배경과 연원이 있다고 할 것이다. 이러
한 맥락에서, 절의로 이름 있는 이존오·이목·조헌을 공주의
충현서원(忠賢書院)에 함께 배향한 것은 의미가 깊다고 하겠다.


## Ⅳ. 이목의 부작품(賦作品) 및 '다부'의 위상

이목은 문장에 발군(拔群)의 실력을 보였지만 사화(詞華)만을
일삼았던 학자는 아니었다. 그 역시 도학과 문장의 일치를 추구
하였다. 그는 특히 '부(賦)'에서 뛰어난 재능을 보였으며, 상당히
높은 경지에 올랐던 것 같다. '부'는 그의 위치를 한껏 드러낸
것이라고 할 수 있다. 그와 관련하여 동문인 권오복의 평이 눈
길을 끈다.

부는 '삼도부'에서 끝장 나니 뭇 사람이 전하고
재주와 명성은 '좌사보다 앞섰다'는 데 합치되네.[13]
賦罷三都萬口傳  才名端合左思先

지나친 듯한 감이 있지만, 이목에게 '부'의 위치가 어떠한지를

---

12 『한재문집』 209-210쪽, 「年譜」〈宣祖大王十八年 乙酉〉條 참조.
13 『한재문집』 465쪽, 「贈李進士穆」

짐작케 한다. 권오복이 이목의 부를 좌사보다 앞섰다고 한 것은 그의 부가 기려(綺麗)하거나 부박(浮薄)한 데 흐르지 않고, 조사(措辭)와 사상적 깊이를 함께 갖추었다는 의미로 이해할 수 있다. 이것은 이목의 자술(自述)로도 짐작할 수 있다.

(A) 옛날 양웅(揚雄)과 사마상여(司馬相如)가 부를 잘 지었다. 그러나 그들이 천록·석거(天祿石渠)[14]에 관한 작품을 지어 사문(斯文)을 찬양했단 말은 듣지 못했다. 「장양부(長楊賦)」나 「상림부(上林賦)」[15] 같은 황란(荒亂)한 글을 짓는 데 힘써 그 임금을 현혹시킬 뿐이었다. …… 나 이목은 해외(海外)의 고루한 사람이다. 어찌 감히 양웅·사마상여와 같은 여러 군자들에 비유하겠는가마는, '말이 순(順)하고 뜻이 간절함'이라든지 '사특함을 피하고 덕을 사모함' 같은 것이라면 양보하지 않겠다.[16]

(B) 반고(班固)의 「양도부(兩都賦)」, 장형(張衡)의 「양경부(兩京賦)」, 좌사(左思)의 「삼도부(三都賦)」 등은 기국(氣局)이 툭 트여 넓게 펼쳐졌으며 체세(體勢)가 웅장하고 뛰어나서, 한·위(漢魏) 이래로 드물게 보는 천하의 걸작이라고 할 만하다. 그러나 저 후세 사람들이 '허망한 속임'이라고 하는 평을 면치 못하였다. 아아! 이 서너 사람은 세상에 다시없는 재주를 가지고 문장을 꾸미는 버릇에 이끌려서, 황류(黃榴)와 백아(白鴉)[17]의 부질없는 속임이 있었으니, ……[18]

---

14 중국 漢나라 때 經籍과 文翰을 맡았던 관서.
15 「長楊賦」나 「上林賦」 모두 天子의 遊獵을 읊은 것이다. 『文選』 권8, 「畋獵(中)」; 권9, 「畋獵(下)」 참조.
16 『한재문집』 343-344쪽, 「弘文館賦」 참조.
17 겉은 누렇고 속은 빨간 석류, 겉은 하얗지만 속은 검은 갈가마귀를 말한다.

전한 때 '부' 잘 짓기로 유명하여 '양·마(揚馬)'로 일컬어졌던 양웅과 사마상여에 대해, '황류와 백아'의 비유를 이끌어 평가를 내렸다. '부'에 대한 이목의 관점뿐만 아니라, 그의 학문적 성격의 일단마저 엿볼 수 있다. 이목의 부를 평가할 때 인용할 만한 글귀로는 위에 나온 '어순이의절(語順而意切)'에다 '다화이불부(多華而不浮)'를 들 수 있을 것 같다.

『한재문집』에는 9편의 부가 실려 있다. 이 중에서 「홍문관부(弘文館賦)」와 「삼도부(三都賦)」는 과거를 치를 때 답안으로 제출된 것이기는 하나 실로 일품(逸品)이요, 「다부」와 「허실생백부」는 이목이 남긴 부작품의 진면목을 보여주는 것이라 할 수 있다. 문학성이 높은 것으로는 「삼도부」를 들 수 있겠고, 학문적 조예와 사상적 경지를 엿보는 데는 「허실생백부」가 좋은 작품이라고 생각한다. 이처럼 이목은 장구(章句)나 조탁(彫琢)하는 단순한 문장가는 아니었다. 반면에 문장의 효용성을 무시했던 학자도 아니었다.

이목은 문장을 연마하면서 한 때 노장(老莊)의 현허지도(玄虛之道)에도 심취했던 것 같다. 흔히 학자들이 젊었을 때, 또는 문장하는 이들이 노장사상에 심취하는 경향이 많다. 사람의 흉회(胸懷)를 툭 트이게 하는 거대한 정신세계와 초탈불기(超脫不羈)한 초월적 경지는 젊은 학자라든지 문인들의 마음을 사로잡기에 족하다. 이러한 경향은 이목에게도 예외는 아니었다. 그가 노장사상을 좋아하였던 것은 문장, 특히 '부'에 뛰어났던 것과

---

무관하지 않다. 부의 주요한 문학적 기능의 하나는 풍자다. 현실에서의 시비를 드러내 놓고 말하기 어려우므로 사부(辭賦)를 통해 우회적으로 흉중을 드러내는 것이다. 이것이 '흥(興)'의 수법으로서, 주로 지배 계층의 사회적 사명감을 표현하는 방법으로 사용되었다. 이목의 부는 직설적 표현이 없지 않지만, 우의적(寓意的) 수법을 구사하는 것이 많다. 이것은『장자』의 우언(寓言)에서 받은 영향이 적지 않다고 본다.

이목은「허실생백부」에서처럼 노장(老莊)의 개념이나 용어를 빌어서 유학사상을 설명하기도 하고,「속당명황유월궁기(續唐明皇遊月宮記)」등에서와 같이 때로는 선경(仙境: 이상경)을 그리워하기도 한다. '현(玄)' 또는 '현묘(玄妙)'라는 단어가 거듭 등장하는 것도 예사롭지는 않다. 전한(前漢) 때 장형(張衡: 78~139)이 지은「사현부(思玄賦)」를 떠올리게 한다.『문선』에 실린, '부'의 표본이 되는 작품들이 대부분 현풍(玄風)을 띠는 것도 이와 무관하지 않다고 본다.

이목의 동문들 중에는 청담(淸談)을 즐겨 했던 이들이 적지 않다. 앞서 김일손이 소개했던 그의 동문 열 두명 가운데 '유일'로 분류되었던 이들이 곧 유학사에서 청담파(淸談派)로 지목되는 학자들이다. 남효온·홍유손·허반이 그들이다. 김굉필 같은 이는 자신의 동문 가운데 상당수가 청담풍에 깊숙이 젖어 있는 것에 대하여 큰 우려를 나타내기도 했다.[19]

이목이 노장에 심취하였던 데에는 이러한 것들이 복합적으로

---

[19] 辛永禧,『師友言行錄』"伯恭·百源·正中·文炳, 皆有晋風. 晋以淸談累, 不出十年, 禍在此輩."

작용하였던 듯하다. 그러나, 그의 학문 본령은 유학사상으로서, 노장의 한계인 '광탕현막(曠蕩玄邈)'에 빠지지 않았다. 유학사상을 근본으로 하면서, 노장 가운데 유학사상과 합치되는 부분을 선별적으로 수용하였음은 더 말할 나위 없다.

근년에 이기윤(李起潤) 씨는 「다부」에 대해 "이목의 글에는 낯선 것이 많다. 문체 또한 나이에 어울리지 않게 노숙한 흠이 있다. 그의 상식은 독서에 바탕한 것이요 「다부」는 글재주의 발휘일 뿐이다. 얼마간 차생활을 했겠지만 노래로 표현된 그의 다론(茶論)은 크게 깊이를 갖는 것이라고 볼 수는 없을 것 같다"[20]고 하였다. 구체적인 논증 없이 심증만으로 선유(先儒)의 글을 그처럼 깎아 내릴 수 있을지 의아하다.

이목이 남긴 글들을 보면 확실히 학문적으로 조숙하였던 것 같다. 실로 천재라 이를 만하다. 일찍 익은 열매의 꼭지가 빨리 떨어지듯 천재는 대개 요절하는 경우가 많다. 천재는 짧은 생애 동안에 숙명적으로 자기 천분(天分)의 절정에 빨리 도달하기 때문에, 오래 산다고 해서 학문적으로 더 나올 게 없다고 말하기도 한다. 이목의 경우가 이에 해당된다고나 할까. 그러나 문체에 노숙한 흠이 있다고 하면서, 이것을 경륜이 뒷받침되지 않은 문자치레요 글재주에 불과한 것이라고 평가한 이씨의 처사는 현대인의 성급함을 그대로 드러낸 것이라고 본다. 남을 비평하려면 먼저 자신의 공부가 일천(日淺)하지나 않은지를 헤아려 보는 것이 마땅하다. 선대 학자가 고심을 거듭하여 애써 지은 득

20 이기윤, 『한국의 차문화』, 도서출판 개미, 1998, 101-102쪽.

의작(得意作)에 대해 '글재주의 발휘일 뿐이라'고 한 것은 후학으로서 취할 행동은 아닐 것이다. 이목의 '부' 작품에 대한 몰이해에다 「다부」가 갖는 가치와 역사적 위치에 대한 폄하가 도를 넘어섰다는 생각이다.

필자는 묻는다. 이목이 차에 대해 문외한이었다면 과연 오공육덕(五功六德)을 논하고, 더욱이 '내 마음의 차'로까지 승화시키는 것이 가능할까. 또 글재주가 있다 해서 「다부」처럼 사상성과 짜임새를 갖춘 글을 지을 수 있을까. 「다부」 병서에서 '考其名, 驗其産, 上下其品'이라 한 대목을 음미하라! 여기서 '험(驗)'이란 실지로 조사했다는 뜻이다. 「다부」가 그저 책상물림의 머릿속에서 소설 엮듯 나온 것이 아님을 알아야 할 것이다.

## V. '다부'의 저술 배경과 구성

1,312자에 달하는 대서사시(大敍事詩)로 '오심지차(吾心之茶)', '다심일여(茶心一如)'의 사상을 전개한 「다부」는 이목이 20대에 지은 작품이다. 언제 지었는지 확실하지는 않지만, 「다부」에 보이는 수준과 경지, 그리고 이목의 학문적·정치적 역정을 고려할 때, 정조사(正朝使)였던 장인 김수손(金首孫)의 수행원으로 명나라에 들어갔다가 귀국한 1494년(24세) 3월 이후[21]에 지었다고 보는 것이 타당할 듯하다. 사행(使行) 길에 그는 명나라에서 유명한 다서(茶書)와 차를 접했을 것으로 짐작된다. 병서(幷序)에서 '험기산(驗其産)'이라 한 것을 보면, 명나라에 갔을 당시 차의 명산지 일부를 답사했고, 차의 명산품을 직접 조사했을 가능성이 있다.

그렇다면, 이목은 언제부터, 또 무슨 연유로 차를 좋아하고 즐기게 되었을까. 이에 대해 자세히 알 수는 없다. 다만, 「다부」의 병서를 보면 짐작되는 점이 있기는 하다.

> 대개 사람이 어느 물건을 완상하거나 음미하기도 하는데, 종신토록 즐겨 하여 싫어함이 없는 것은 그 성품 때문인가 한다. 이백(李白)과 달, 유령(劉伶)과 술 같은 것은 그 좋아하는 바는 비록 다르지만 즐김은 매한가지다. 내가 차에 대해서 아주 모르지는 않았는데, 육씨(陸氏: 陸羽)의 『다경(茶經)』을 읽은 뒤부터 차츰 차의 성품을 터득하여 마음속으로 몹시 진중하게 여겼다. 옛적 중산대부(中散大夫: 嵇康)는 거문고를 좋아해 「금부(琴賦)」를 지었고, 팽택령(彭澤令: 陶潛)은 국화를 사랑

---

하여 노래하였다. 그 미미한 것들에 대해서도 드러냈거늘 하물며 차의
공이 가장 높은데도 아직 칭송하는 이가 없음에랴. 현인(賢人)을 내버
려두는 것과 같으니 또한 잘못된 일이 아니겠는가.

이를 보면 이목이 차를 좋아하게 된 것은 무엇보다 '차의 성품'
과 관련이 있음직하다. 개결(介潔)한 이목의 성품은 직근성(直根
性)인 차나무의 성품과 흡사한 측면이 있다. 여기에 김종직의 문
인들이 대부분 차를 즐겼던 것도 하나의 배경이 되었을 듯하다.
　당시로 말하자면 '차'가 조정에 바치는 공물(貢物: 進上)의 하
나로 여러 가지 민폐를 지어냈던 것이 사실이다. 이목은 이점을
의식한 듯 다음과 같이 말하였다.

> 어떤 이는 말하기를 "차가 스스로 세금을 불러들여 사람들에게 병폐가
> 되거늘, 그대는 (차에 대해) 운운하려 하는가?"라고 한다. 그렇다! 그러
> 나 이것이 어찌 하늘이 만물을 낳은 본뜻이겠는가. 사람 탓이요 차 탓이
> 아니다. 또 나는 차를 몹시 좋아하는 고질이 있어서 이를 언급할 겨를이
> 없었노라.

차 때문에 민폐가 적지 않았음에도 이를 사람 탓으로 돌리고,
또 차를 좋아하는 고질이 있어서 민폐에 대해서는 말할 겨를이
없었다고 솔직히 고백한 것이다. 차에 대한 이런 '병적(病的)인
사랑' 앞에서 그 기호(嗜好)의 정도를 짐작할 수 있겠다. 차의 공
덕을 최고로 치는 이목에게는 주덕(酒德)을 노래하는 것 따위는
안중에도 없었을 것이다.
　이목이 어찌 차로 인한 백성들의 고통을 외면하였으랴? 이에

대해서는 스승 김종직이 함양군수(咸陽郡守)로 재직할 당시 민
폐를 해결하였던 사례에 주목할 필요가 있다.[22] 차로 인한 작폐
(作弊)를 시정하기 위해 줄곧 마음을 쓰면서도, 단순한 면세 조
치가 아닌 차의 생산 기반을 조성함으로써 문제를 해결코자 했
던 김종직! 그에게는 차가 하나의 기호품에 불과한 것이 아니었
다. 특히 선비들의 심성수양에 없어서는 안 될 중요한 물품이었
다. 이를 본다면 차에 대한 이목의 생각도 스승 김종직과 다르
지 않았을 것이라고 짐작된다.

　이목의 차생활은 그의 아호(雅號)가 시사하는 것 같다. 육우
는 「다경」에서 "차의 효능을 보면 성질이 매우 차갑다. 음료로
함에 정행(精行)과 검덕(儉德)을 지닌 사람이 가장 알맞다"[23]고
하였다. '한재(寒齋)'라는 아호는 이와 무관하지 않을 것이다. 한
편, 이목의 집안에서는 지금까지 대대로 유교식 제사를 지내면
서 제사 순서 가운데 '철갱진수(撤羹進水)'를 '철갱봉다(撤羹奉
茶)'로 바꾸어 행해 왔다고 한다. 이를 미루어 보면, 이목의 집안
역시 '차'와 불가분의 관계에 있었음을 짐작하게 된다. 차와의
인연이 이러하였다면 이목이 「다부」를 지은 것은 우연이 아니었
을 듯하다.

　「다부」는 문체상으로 보면 문학작품임에 분명하다. 그러나 내
용상으로 보면, 단순한 문학작품이 아니다. 사상적·철학적 깊
이가 있다. 또한 크게 머리말과 몸말·맺음말로 짜여져 논문의

---

22 『佔畢齋詩集』 권10, 2a-2b, 「茶園二首并叙」;『佔畢齋年譜』〈先生四十四
　　歲, 甲午〉條.

23 『茶經』,〈一之源〉"茶之爲用, 味至寒. 爲飮, 最宜精行儉德之人."

구성과 비슷한 면을 보였다. '범인지어물(凡人之於物)'로 시작되는 병서(幷序)에서는 「다부」를 짓게 된 동기와 배경을 함축적으로 서술하였는데 이 대목은 머리말에 해당한다. 이어 '기사왈(其辭曰)'로 시작되는 몸말에서는 ① 차의 종류와 명차(名茶) 이름, ② 차의 명산지, ③ 차의 생육환경 ④ 다산(茶山)의 정경(情景), ⑤ 차 달이기, ⑥ 일곱 주발의 차노래, ⑦ 차의 다섯 가지 공(五功), ⑧ 차의 여섯 가지 덕(六德)을 읊었다. 이는 차에 대한 종합적 고찰에 해당된다. 마지막으로 '희이가왈(喜而歌曰)'로 시작되는 106자의 차노래가 있다. 이는 기실 「다부」의 맺음말로서 '눈동자'에 해당한다. 이렇게 본다면, 「다부」는 머리말과 맺음말을 합쳐 모두 열 단락으로 나누어져 있는 셈이다. 퍽 짜임새 있고 알찬 내용을 갖추었다고 보겠다.


## Ⅵ. '다부'의 분단평석(分段評釋)

### 1. '稍得其性, 心甚珍之'의 의미

이목은 병서에서 「다부」의 저술 동기와 배경을 짧으면서도 함축성 있게 서술하였다. "내가 차에 대해 아주 모르지 않았는데, 육우의 『다경』을 읽은 뒤부터 차츰 차의 성품을 터득하여 마음속으로 몹시 진중하게 여겼다"고 술회하면서, 차의 공이 가장 높은데도 이를 칭송하는 이가 없음은 현인(賢人)을 버려두는 것과 같다고 하였다. 유가(儒家)의 상덕(尙德)·존현사상(尊賢思想)

과 '야무유일(野無遺逸)'의 이상을 넌지시 일깨운 것이다.

이목은 자신의 차생활을 돌아보면서 처음에는 '월호막지지(越乎莫之知)'했다고 하였다. 즉 '모르는 상태로부터 벗어났다'는 말이니 아예 모르지는 않았다는 뜻이다. 아마도 겸사일 것이다. '초득기성(稍得其性), 심심진지(心甚珍之)'라고 한 여덟 글자는 「다부」의 사상적 핵심이 된다고 해도 과언이 아니다. 다시 말해서 「다부」가 단순히 차를 예찬한 글이 아니고, 이목의 개결(介潔)하고 정행검덕(精行儉德)한 삶과 투철한 인생관, 그리고 학문세계가 반영된, 그야말로 철학적 성격이 짙은 글로 평가받을 수 있는 기반인 셈이다.

「다부」에서 차의 성질과 공덕에 대해 칭송하고 있는데, 차의 성질은 유가의 선비기질과 통하는 바 적지 않다. 『다경』에서 옮겨심기가 무척 어려운 것이 차나무라고 한 것은, 유자(儒者)의 관점에서 선비의 지조와 절개를 의미하는 것으로 이해할 수 있다. 「다부」에서 차의 '맛'이라든지 차생활을 통한 '즐거움'과 '멋'보다도 차의 성질에 주목한 것은 이목의 실천적 절의사상과 직결된다고 할 것이다.

## 2. 이름난 차와 생육환경

이목은 차의 종류와 명차 이름을 말하면서, 찻잎을 기준으로 명(茗)·천(荈)·한(蔓)·파(菠)[24] 네 가지를 들었다. 그리고, 선장

[24] 차의 또 다른 이름인 '蔎'의 오자로 볼 수 있다. '蔎'을 초서체로 쓰면 '菠'와 비슷하다. 「다부」 초고를 正書할 때 잘못 옮긴 듯하다. 다만, 아직 뚜렷

(仙掌)·뇌명(雷鳴)으로부터 녹영(綠英)·생황(生黃)에 이르기까지 중국의 유명한 차 35가지의 이름을 소개하였다. 또 '혹산혹편(或散或片)'이라 하여 만드는 방법에 따라 잎차[散茶]와 덩이차〔片茶〕로 구분되며, '혹양혹음(或陽或陰)'이라 하여 차가 생육하는 장소에 따라 양지와 음지가 있음을 밝혔다.

차의 명산지를 말하면서 중국의 명산지만 소개하였다. 이들 지명은 여러 서적을 통해 확인할 수 있지만 '산동(山同)'과 같이 정확하게 알 수 없는 곳도 있다. 우리나라 명산지를 소개하지 않은 것은 자못 유감이다. 그 이유를 정확히 알 수 없으나, 당시만 하더라도 '차'하면 곧바로 중국이 연상될 정도였고, 또 우리나라에서는 보편화되지 못하였기 때문에, 고국의 산지까지 돌아볼 여유는 없었을 것이다.

우리의 눈길을 끄는 것은 차의 종류 가운데 잘 알려진 명(茗)·천(荈) 이외에도 '한'과 '파'를 들었다는 점이다. 한·파에 대해 여러 주해자들은 해설을 피하거나, 아니면 '꽈리'와 '시금치'라고 하는 데 그치고 말았다. 이 '한'과 '파'의 의미를 파악하기가 간단하지 않았기 때문일 것이다. 필자가 과문(寡聞)한 탓인지는 모르겠으나, '한'과 '파'는 지금까지의 어떤 문헌에도 보이지 않는 것이라고 생각한다. 그야말로 이목 자신의 삶과 철학을 담아 스스로 명명한 것이라고 본다. 일찍이 육우는 『다경』〈일지원(一之源)〉에서, 찻잎을 가리키는 글자의 구성을 보면 풀초(艸)변, 나무목(木)변을 쓰거나 풀초변과 나무목변을 아울러 쓰는 경우가

한 증거가 없으므로 문제를 제기하는 데 그친다(2016. 8.15 追記).

있다고 하였다. 차의 종류를 말하면서 풀초변이 붙은 '한'과 '파'
를 등장시킨 이유는 여기에 있는 것 같다. 그렇다면 풀초변을
뺀 '한(寒)'과 '파(波)'자에 명명하게 된 의미가 담긴 것은 아닐
까? 과연 무슨 의미를 담은 것일까? 분명히 말하기는 어렵지만,
역시 이목의 고결한 삶에 비추어 보아야 될 것 같다. 즉, 모진
한파(寒波) 속에서도 능설(凌雪)의 기개로 자리는 차, 또는 '백물
(百物)'에 앞서서 이른봄을 독차지'하는 차를 가리키는 것이라고
할 수 있다. 「다부」 말미에서 "내가 세상에 태어남이여! 풍파가
모질구나"(我生世兮風波惡)라고 한 것과 연결시켜 볼 수 있다고
생각한다. 또한 이 '한'과 '파'는 차의 명품 35가지 가운데 특히
'선춘(先春)'과 '조춘(早春)'이 이에 해당되는 것이 아닐까 한다.
'한재'라는 호 또한 이와 무관하지 않을 듯하다.[25]

그러나, 이 '한'과 '파'에 대한 해석은 무엇보다도 명증(明證)이
없는 것이 문제다. 조심스럽게 접근해야 함은 물론이다. 위에서
필자가 추론한 것들도 기실 성급하다는 지적을 면키 어렵다. 자
의적인 해석이라는 비판이 있으리라고 본다. 다만 이목이 굳이
차의 종류를 크게 네 가지로 나누었다는 점, 이미 있는 글자에
다 자기 나름의 의미를 붙이고 이를 고유한 이름으로 명명했다
는 점은 분명히 알아둘 필요가 있다.

'한'과 '파'는 뭉뚱그려 보아서는 안 된다. '왈명왈천(日茗日荈)'
이라 하여 '명'과 '천'을 구분하였듯이 한과 파도 구분하여 보아
야 한다. 한 가지 덧붙일 것은 '한'과 '파'가 각각 꽈리[酸漿]와 시

---

25 『논어』 「子罕」편의 "子曰, 歲寒然後, 知松柏之後彫也"라는 말에서 의미
   를 취한 것일 수 있다.

금치[菠菜]를 뜻하는 글자임을 감안, 이목이 새롭게 명명한 '한'과 '파'가 꽈리나 시금치의 성격·모양 등과 어떻게 통하는지 살펴볼 필요가 있다. 여러 학자들의 다양한 의견을 기다린다. 참고로 『동의보감(東醫寶鑑)』에 의하면 "꽈리의 성격은 평(平)하고 한(寒)하다"고 하였다. 이것은 육우가 『다경』에서 차의 성격을 논하면서 "茶之爲用, 味至寒"이라 한 것과 서로 통하는 바 있다. 시금치 역시 내한성(耐寒性)이 강한 식물로 차의 성품과 통하는 바 없지 않다.

이목이 소개한 35개의 명차(名茶) 이름은 당시 우리나라 식자들이 애용하였을 중국판 '다총서(茶叢書)'와 백과전서류(百科全書類) 서적에 대부분 실려 있다. 특히 원나라 때 마단림(馬端臨)이 편찬한 『문헌통고(文獻通考)』라든지 『송사(宋史)』「식화지(食貨志)」 같은 것이 주요자료였으리라고 생각된다.[26] 그런데, 이목은 이들 명차를 소개하는 가운데 단순한 글자의 출입으로만 볼 수 없는 실수를 범하였다. 소적(召的)·산제(山提)·난예(嬾蘂)·청구(清口)·쌍계(雙溪)라고 한 것이 그것이다. 이들은 각각 석적(石的)·산정(山挺)·눈예(嫩蘂)·청구(靑口)·쌍승(雙勝)으로   바로잡아야 한다.[27] 물론 이목의 후손들이 문집을 펴내면서 교정상의 오류를 범한 것이라고 볼 수 있을 것이다. 그러나 역시 「다부」에서 '독행영초(獨行靈草)'라는 명차를 '독행'과 '영초' 두 가

---

[26] 『문헌통고』 권18, 「征榷考(五)」 〈榷茶〉 ; 『송사』 권183, 「食貨志 下五」 〈茶上〉 참조. 근자에 『문헌통고』에 근거하여 「다부」에 나오는 차의 명품과 차의 산지를 증명한 崔鎭英의 연구가 나왔다. 「다부」 연구에서 한 단계 진전된 업적이다. 다만, 『문헌통고』 이외에 참고해야 할 자료로 『송사』「식화전」, 『淵鑑類函』 등에 대한 검토가 없는 것이 아쉽다.

[27] 자세한 것은 필자의 '다부 역주'를 참조할 것.

지로 나누어 잘못 소개한 것을 보면, 단순한 교정상의 실수는 아닌 듯하다.[28] 이목의 성명(盛名)에 누(累)가 되지 않을까 한다.

차의 생육환경을 논하는 대목에서는, 차가 매우 험준한 산지에서 구름과 안개 속에 싸여 생장한다는 점을 부각하였다. 차의 생육환경을 자신의 험난한 인생역정과 고고(孤高)한 절개로 연결시키려 한 이목의 내면 의도를 엿볼 수 있다. 차가 자라는 산지의 험준함을 묘사한 부분은 장형(張衡)의 「남도부(南都賦)」에서 옮겨 싣다시피 하였다. 남의 글을 인용한 흔적이 별로 드러나지 않는 다른 대목과 비교할 때 이채롭다. 사실 이목은 부(賦)로써 이름을 날렸고, 그의 '부' 작품은 중국의 저명한 작가들로부터 많은 영향을 받았다. 그 가운데 장형의 영향이 컸던 것 같다. 특히 장형의 「사현부(思玄賦)」는 이목의 '부' 작품에 많은 영향을 끼쳤고, 「다부」의 경우 '여러 가지 측면에서 지대한 영향을 받았다'고 하는 표현이 적당할 정도다.

「사현부」와 「다부」는 무엇보다도 글의 기조 면에서 궤를 같이한다. 장형은 「사현부」에서 난세에 태어난 자신의 불우한 처지를 한탄하면서, 심적으로나마 그를 위로하려는 생각에서 현허(玄虛)의 세계에 몰입, 유력(遊歷)하다가 종국에는 다시 성현의 가르침으로 돌아와 안심입명(安心立命)하는 자세를 취하였다. 이것은 「다부」에서 노장(老莊)의 현허지도(玄虛之道)를 말하고 신선의 세계에 노닐면서도, 마침내 유가(儒家)의 가르침으로 돌아와 심학(心學)을 강조하고, '오심지차(吾心之茶)', '다심일여(茶

---

28 「다부」에서 '都盧'를 '徒盧'라 하고, '月蹄靑陸'을 '日蹄靑陸'이라 한 것도 오류에 속한다.

心一如)'의 철학을 펼친 것과 같은 논조다. 이목의 글에는 내면적으로 『장자』의 영향이 상당하다. 그러나 그는 「허실생백부」에서, 자신이 『장자』의 말을 이끌어 유가의 심설(心說)에 비유한 것은 우언(寓言)하려는 의도 때문이라고 애써 변명하였다.

「다부」가 「사현부」에서 큰 영향을 받았음은 단적으로 두 글의 기조만 보더라도 분명하다. 여기서 참고로 「사현부」의 말미에 있는 '계왈(戒曰)' 이하의 글을 인용, 「다부」의 '희이가왈(喜而歌曰)' 이하의 맺음말과 대비해 보기로 한다.

> 천지는 유구(悠久)한데 세월은 멈추지 않는다.
> 나는 황하(黃河)가 맑아지기를 기다리며 근심에 잠겨 있었다.
> 그래서 멀리 우주여행을 떠나 마음을 즐겨보려고
> 제멋대로 위아래를 오르내리면서 천지 사방을 들여다보았다.
> 하늘로 날아올라 쏘다니면서 세속을 떠나
> 신(神)처럼 가볍게 춤추면서 하고 싶은 대로 떠돌아 다녔다.
> 그러나 하늘에 오르는 길은 없었고, 선인이 된 사람은 적었다.
> 『시경』「백주(柏舟)」편에서도 하늘로 날아갈 수 없음을 한탄하였고
> 적송자(赤松子)나 왕자교(王子喬)도 너무 높은 곳에 있어 손닿지 않는다.
> 정신을 하나로 모아 원유(遠遊)하게 하면 마음이 겉돌고 만다.
> 뜻을 제자리로 끌어당겨 되돌아와서 깊은 가르침에 따르도록 하자.
> 내가 바라는 것만 얻을 수 있다면 무엇을 생각하랴?[29]

## 3. 다산(茶山)의 정경, 그리고 차 달이기

이목은 몸말(本論) 네 번째 단락에서 이른 봄 노란 싹을 틔운

---

[29] 『文選』, 권15 所收.

뒤 자라서 푸른 숲을 이루기까지의 다산(茶山)의 정경을 사생적
(寫生的)으로 읊었다.

　　　이에 동풍(東風)이 일어나고
　　　두수(斗宿)가 벽성(壁星)을 회전하니
　　　얼음이 황하(黃河)에서 풀리고 달이 청륙(靑陸)을 운행한다.
　　　풀은 마음은 들어 있으나[有心] 아직 움트지 않았고
　　　나뭇잎은 뿌리로 돌아갔다가 다시 가지로 옮기려 한다.
　　　오직 저 좋은 나무만이 백물(百物)에 앞서서
　　　이른봄을 독장(獨場) 치고 그 하늘을 독차지하는구나.
　　　자색(紫色)・녹색・청색・황색이며
　　　이른 것, 늦은 것, 짧은 것, 긴 것이
　　　뿌리를 맺고 줄기를 뻗더니
　　　잎을 펼쳐 그늘을 드리웠다.
　　　황금빛 떡잎 토해 내는가 싶더니
　　　벽옥(碧玉)처럼 드리워 숲을 이루었구나.
　　　햇빛이 침침할 정도로 무성하디 무성하여
　　　부드럽고 여린 나뭇가지가 서로 잇닿아 있는데
　　　그 무성하고 무성한 것은
　　　구름이 일고 안개가 피어나는 듯
　　　참으로 천하의 장관(壯觀)일세.

　생동감이 넘쳐흐른다. 이 중에서 몇 군데는 고사(故事)를 이
끌어 쓴 탓에 풀이가 생각보다 쉽지 않다. '곡풍'이란 봄바람, 또
는 동풍(東風)을 말한다. 『예기』 「월령(月令)」편에 나오는 '동풍
해빙(東風解氷)'의 의미다. 노동(盧仝)은 '인풍(仁風)'이라고도 했
다. 이것을 '골짜기 바람'으로 풀이하면 뒤의 말과 제대로 연결
되겠는가. '두수가 벽성으로 회전하니'(北斗轉壁)라고 한 것도

차연구가들의 풀이가 잘못되었다. 이 말은 봄이 다시 시작되었다는 뜻이다. '두수'는 이십팔수(二十八宿)의 하나로, 북쪽 하늘에 있는 현무칠성(玄武七星)의 첫째 별자리다. 북두(北斗) 또는 남두(南斗)라고도 한다. '벽성'은 이십팔수의 열 넷째별이다. 이십팔수의 별은 각각 일곱 개씩 나누어져 동·서·남·북의 사륙(四陸)에 배치되는데, 일곱 개씩 나누어진 별을 '칠성수(七星宿)'라 한다. 두(斗)·우(牛)·여(女)·허(虛)·위(危)·실(室)·벽(壁)의 칠성수는 북륙(北陸)에 해당되며 시기로는 추운 계절이다. 북두성이 앞의 칠성수 가운데 '벽'을 회전하게 되면 봄이 온다. 『춘추좌씨전』소공(昭公) 4년조에서 "古者, 日在北陸, 而藏冰"이라 한 대목을 참고할 필요가 있다. "북두성이 북쪽으로 옮겨 갔네" 또는 "북두성이 달을 돌아간다" 등으로 풀이해서는 그 의미를 제대로 알 수 없다.

이어 '해가 청륙을 운행한다'(日躔靑陸)고 한 대목의 풀이는 어떠한가. "해는 푸른 땅으로 운행을 하네"(釋龍雲), "해는 봄의 땅으로 운행하여"(金明培), "태양은 봄날 대지 위를 비추네"(金吉子) 등 제각각이다. '일전청륙(日躔靑陸)'의 원전 근거는 『문선(文選)』에 있다. 이 책 권46에 실린 안연지(顔延之)의 「삼월삼일 곡수시서(三月三日曲水詩序)」를 보면 "일전위유(日躔胃維), 월궤청륙(月軌靑陸)"이라 하고, 그 주(注)에 "向日, 胃, 星名. 維, 畔也"라 하였다. 청륙은 '청도(靑道)'라고도 한다. 달이 운행하는 길을 말한다. 안연지는 '월궤청륙'이라 하였다. 이목이 '일전청륙'이라 함은 착오인 듯하다. '청륙'의 '육(陸)'자가 운자(韻字)임을 감안할 때 '일전위유'의 착오는 아님이 분명하다. 마땅히 '월궤청륙'

이 되어야 할 것이다. 『한서(漢書)』에서는 "입춘에서 춘분까지는 달이 동으로 청도를 따른다"[30]고 하였다. 해[日]에 중도(中道), 곧 황도(黃道)가 있고, 달[月]에 구행(九行)이 있는데, 달이 황도의 동쪽으로 움직이는 것을 일러 '청도'라고 한다. 이처럼 뚜렷한 전거(典據)와 사상적 깊이를 갖춘 말이므로, 고증에 힘써 정확히 풀이해야 될 것이다.

　다섯 번째 단락에서는 다구(茶甌)를 꺼내 차를 달이는 광경을 읊었다. 먼저 우리의 눈길을 끄는 것은 끓고 있는 찻물에 대한 묘사다.

　　　하얀 김이 부리에 넘쳐나는데
　　　하운(夏雲)이 시냇가 산봉우리에 피어오르는 듯하고
　　　흰 파도에 비늘이 생기니
　　　춘강(春江)에서 물결이 세차게 이는 것 같구나.
　　　끓는 소리 수수(颼颼)하니
　　　상풍(霜風)이 대나무와 잣나무 숲에 휘파람을 치는 듯
　　　향기가 둥둥 뜨니
　　　전함(戰艦)이 적벽강(赤壁江)을 나는 듯하다.

　여기서 '흰 파도의 비늘'이란 찻물이 끓는 모양을 물고기 비늘에 비유한 것이다. '전함이 적벽강을' 운운한 것은 찻물이 끓어 향기가 빨리 퍼지는 모습을 형용한 말이다. 중국 명나라 때 사람 장원(張源)은 『다록(茶錄)』에서 탕을 식별하는 방법으로 삼대변(三大辨)과 이를 다시 열 다섯 가지로 세분한 십오소변(十五小

---

[30] 『漢書』 권25(하), 「天文志」 "立春春分, 月東從靑道."

辨)을 들었다. 이에 의하면, 첫째가 형변(形辨)이요, 둘째가 성변
(聲辨)이며, 셋째가 기변(氣辨)이다. 위에서 하얀 김이 부리에서
넘쳐나 구름이 피어나는 듯하다고 묘사함은 '기변'이요, 대나무
와 잣나무 숲에 상풍이 휘파람을 치는 것 같다 함은 '성변'이며,
흰 물결이 일고 향기가 둥둥 뜬다 함은 '형변'이라 할 수 있다.
『다록』이 「다부」보다 약 1세기 가량 늦은 16세기 말(1595년 전
후)에 나온 다서라는 점에 비추어볼 때, 「다부」의 존재감이 한층
더 드러난다.

　이목은 이어서 차의 효능을 삼품(三品)으로 논하였다. 몸을
가볍게 하는 것이 상품이요, 오랜 병을 낫게 해주는 것이 중품
이며, 시름을 달래줄 수 있는 것이 그 다음 품이라고 하였다. 역
대 다서를 종합하여 자기 나름대로 내린 결론인 셈이다. 마치
유협(劉勰: 466?~520?)이 「멸혹론(滅惑論)」에서 '도가삼품(道家三
品)'을 논한 것[31]과 같은 의취(意趣)다. 특히 '경신(輕身)'을 으뜸
으로 꼽은 것은 육우의 『다경』〈칠지사(七之事)〉에서, 중국 남북
조시대 양(梁)나라 때의 도사 도홍경(陶弘景: 452~536)의 『잡록
(雜錄)』을 인용하여 "차는 사람의 몸을 가볍게 하고 속골(俗骨)을
선골(仙骨)로 바꾼 뜻한 느낌을 준다"(苦茶輕身換骨)고 한 것과
같은 맥락이다. 차가 신선사상과 불가분의 관계에 있고, 특히
정신적 효능이 지대함을 다시금 확인할 수 있다.

　그러나 말미에서

---

31 『弘明集』 권8, 「滅惑論」 "案道家立法, 厥品有三. 上標老子, 次述神仙, 下
　襲張陵."(大正新修大藏經, 史傳部 四)

이에 표주박 하나 손에 들고 두 다리를 걸어부친 채
백석(白石) 삶는 것을 비루하게 여기고
금단(金丹) 익히는 것에 견주어 보네.

라고 한 것은, 이목의 차생활이 양생(養生)만을 추구하는 데 있지 않음을 시사한다. '백석을 삶는 것'이란 본래 중국 상고시대의 신선 백석생(白石生)이 백석을 달여 이것을 양식으로 삼았다는 『신선전(神仙傳)』의 기록에서 유래한다. 그 뒤 명나라 때 전당(錢塘) 사람 전예형(田藝蘅)이 지은 『자천소품(煮泉小品)』에도 '청천백석탕(淸泉白石湯)' 이야기가 나온다. 이 책에 실린 저자의 이끄는 말[引]에 의하면, 자신이 산수를 지나치게 좋아하는 천석고황(泉石膏肓)이 있었는데, 어느 날 우연히 산중에서 전은옹(田隱翁)과 이야기를 나누다가 그 노인이 "이 병은 몸에 아무 탈이 없다. 그러나 병을 고치려거든 맑은 샘물에다가 흰 돌을 삶고 거기에 고명(苦茗)을 넣어 복용하기를 오래하면 비록 벽곡(辟穀)이라도 할 수 있을 것이다. 어찌 고황(膏肓)의 병을 근심할 것이랴"고 한 말을 듣고 그대로 실행하였더니 효험이 날로 현저하였다는 것이다.[32]

이목이 백석 삶는 것을 사실상 미신으로 치부하여 비루하게 여긴 것은 유자(儒者)로서의 자신의 본령을 잘 보여준 것이다. 또 그가 차 달이는 것을 도교에서의 금단 제련하는 것에 비유한 것 역시 금단의 존재를 중시한 것으로만 이해해서는 안 될 것이다. 잘 알려진 바와 같이 '구전금단(九轉金

---

32 姜育發(편), 『中國古代茶書精華』(도서출판 남탑산방, 2000), 376쪽 참조.

丹)'이란 오랫동안 순환 반복하며 단(丹)을 소련(燒煉)하는 것
을 말한다. 이것은 갈홍(葛洪)의『포박자(抱朴子)』「금단」편에
서 "무릇 단이란 태울수록 더 오래 가며, 변화시킬수록 더
묘해진다. 황금이란 불에 넣어 백번 제련해도 없어지지 않
는다"고 한 데 근거한다. 이목이 차 달이는 것을 금단 익히
는 것에 비유한 것은 양생의 수단으로서의 금단을 중시했기
때문이 아니다. 그보다는 도교에서 중시하는 금단만큼이나
차의 존재를 중시했고, 또 차 달이는 것을 하나의 정신 수양
으로 인식했던 그의 확고한 태도를 엿볼 수 있는 것이다.

## 4. 칠완다가(七椀茶歌)와 오공육덕(五功六德)

「다부」의 일곱 번째 단락은 옥천자(玉川子) 노동(盧仝: 775~
835)의 「칠완다가(七碗茶歌)」[33]와 노래 형식이 비슷하다. '제2의
칠완다가'라고 할 만하다. 이 대목에서는 낮은 단계로부터 가장
높은 단계에 이르기까지 잔을 더해감에 따라 점점 성숙, 고조되
는 차생활의 높고 깊은 경지를 읊었다. 구도(求道)의 역정을 은
유적으로 표현한 것이라 해도 좋을 듯하다. 옥천자의 「다가」는
이목의 「다부」에 비해 사실적이다. 옥천자는 이 시에서 일곱 주
발의 차를 심신수양과 연결시켜 읊었다. 첫째 주발은 목과 입술
을 적서주고, 둘째 주발은 외로운 고민을 씻어주고, 셋째 주발은
마른 창자를 적셔 무딘 붓끝이 풀리게 하고, 넷째 주발은 가벼

---

[33] 실린 책에 따라 제목이 다르다. '走筆謝孟諫議新茶'詩라고도 한다.

운 땀이 솟아 평생의 불평스러운 일이 모두 땀구멍을 향해 흩어
지게 히고, 다섯째 주발은 기골(肌骨)을 맑게 하고, 여섯째 주발
은 선령(仙靈: 신선)과 통하게 하고, 일곱째 잔은 마실 것도 없이
우화등선(羽化登仙)의 경지에 이른다는 내용이다.[34] 이에 비해
이목의 「다부」는 호방(豪放)한 필치에다 드높은 정신세계가 한
결 돋보인다.

첫째 주발에 마른 창자가 깨끗이 씻겨지고
둘째 주발에 정신이 상쾌하여 신선이 되려 하고
셋째 주발에 병골(病骨)에서 깨어나고 두통이 말끔히 나은 듯하며
넷째 주발에 웅장하고 호방한 기개가 피어나고 근심과 울분이 사라
　　진다.
다섯째 주발에 색마(色魔)가 놀라서 달아나고
게걸스런 시동(尸童)도 눈멀고 귀먹으며
여섯째 주발에 해와 달이 방촌(方寸: 心)에 들어오고
만물이 대자리만하게 보인다.
어쩐 일인가, 일곱째 잔은 아직 반도 마시지 않았는데
울연히 맑은 바람이 흉금(胸襟)에서 일어난다.
하늘문[天門] 바라보니 무척 가까운데
울창한 봉래산(蓬萊山)을 사이에 두었구나.

유교사상과 신선사상이 번갈아 구사되었다. 특히 노장의 청
허지도(淸虛之道)와 신선사상이 밑바탕에 깊숙이 깔려 있다. 이

---

34 『古文眞寶』 前集 권8, 「茶歌」 "一碗喉吻潤, 二碗破孤悶, 三碗搜枯腸, 唯
　有文字五千卷, 四碗發輕汗, 平生不平事, 盡向毛孔散, 五碗肌骨淸, 六碗通
　仙靈, 七碗喫不得, 也唯覺兩腋習習淸風生, 蓬萊山在何處, 玉川子乘此淸
　風欲歸去."

것은 「다부」에서 뿐만 아니라 차에 관한 대부분의 글에서 나타나는 공통적인 특색이기도 하다. 도선가적(道仙家的) 의식이나 신선사상이 아닌, 유가사상만으로는 이러한 의경(意境)에 나아갈 수 없다고 본다. 위에서 여섯째와 일곱째 주발을 읊은 대목은 신선의 경지 바로 그것이다. 차의 공효(功效) 가운데 색마(色魔)와 식탐(食貪)을 없애준다고 한 것 또한 주목된다.

이목은 일곱 주발의 차를 마시는 사이에 한껏 고조되어 내달리는 정신세계를 간주곡(間奏曲) 삼아 다음과 같이 읊기도 하였다.

(A) 이내 마음, 공자가 부귀를 뜬구름 같이 보았던 것처럼 뜻을 높이 세우고 맹자가 호연(浩然)하게 기(氣)를 길렀던 것과 같도다.

(B) 내 기운, 태산에 올라 천하를 작게 여겼던 것과 같으니
아마도 이러한 경지는 하늘과 땅으로도 형용할 수 없으리라.

(C) 이내 몸, 구름 치마에 깃털 저고리 입고
흰 난새를 월궁(月宮)으로 채찍질하여 가는 것 같도다.

(D) 내 영혼은 소보(巢父)와 허유(許由)를 전구(前驅) 삼고
백이와 숙제를 종복(從僕) 삼아
현허(玄虛)에서 상제(上帝)에게 읍(揖)하는 것과 같구나.

위에 나오는 '심(心)', '기(氣)', '신(身)', '신(神)'은 한 단계씩 차례로 밟아 올라가는 수양의 계제(階梯)를 말한 것은 아니다. 다만, 이를 통해 그의 차생활이 궁극적으로 '구도(求道)'를 지향하고

있음을 짐작하겠다.

이목은 이어서 차의 '오공육덕'을 읊었다. 「다부」 병서에서 '차의 공이 가장 높다'고 강조했던 것에 비추어 보면 당연한 순서라 하겠다. 이목은 차의 오공육덕을 한껏 드높임으로써 차생활과 관련한 자신의 실천의지를 드러내려 했다. 차의 공과 덕을 기린 이 대목은 사실상 「다부」를 짓게 된 중요한 동기이기도 하다.

차의 공과 덕에 대해서는 역대로 차인(茶人)들이 수다하게 논하였다. 매거(枚擧)하기 어려울 정도다. 이목의 오공육덕은 이들을 종합하면서도 그 나름의 관점에서 찾아낸 독특한 것이 있다. 먼저 '오공'을 들어보자. 첫째 밤이 이슥하도록 독서에 열중할 때 목마름을 풀어주고, 둘째 답답한 가슴속의 울분을 풀어주고, 셋째 빈례시(賓禮時) 빈주(賓主) 사이에 예를 지키고 정을 돈독하게 하며, 넷째 뱃속의 기생충을 구제하고, 다섯째는 숙취(宿醉)에서 깨어나게 하는 것이라 하였다. '육덕'은 첫째 사람의 수명을 닦게 하니 제요(帝堯)나 대순(大舜)의 덕이 있는 것이요, 둘째 사람의 질병을 낫게 하니 유부(俞附)나 편작(扁鵲)의 덕이 있는 것이요, 셋째 사람의 기를 맑게 하니 백이(伯夷)나 양진(楊震)의 덕이 있는 것이요, 넷째 사람의 마음을 편안하게 하니 이로(二老)나 상산사호(商山四皓)의 덕이 있는 것이요, 다섯째 사람을 신선이 되게 하니 황제(黃帝)와 노자(老子)의 덕이 있는 것이요, 여섯째 사람을 예의 바르게 하니 주공(周公)과 공자의 덕이 있다는 것이다. 이 육덕을 요약하면 인수지덕(仁壽之德), 제중지덕(濟衆之德), 청담지덕(淸澹之德), 일락지덕(逸樂之德), 선령지덕(仙靈之德), 예양지덕(禮讓之德)이라 할 수 있겠다.

차의 공과 덕이 이러하기 때문에, 노동이 일찍이 시로써 읊었고, 육우가 일생토록 즐겨하여 『다경』을 찬술하였으며, 당나라 때 시인 매성유(梅聖兪)는 차를 통해 인생이 무엇인지를 깨달았고, 조업(曹鄴) 역시 차를 통해 무아지경(無我之境)에 몰입하였다고 이목은 말했다. 여기에 덧붙여 역대 문인·예인(藝人)들 가운데 차를 특별히 좋아했던 사람으로 백낙천(白樂天)과 소동파(蘇東坡)의 차생활을 '정심기(靜心機)' '각수신(却睡神)'으로 함축하여 읊으면서 마무리 지었다.

이와 같이 차의 공과 덕이 뚜렷하고 보면, 다음으로는 차의 중요성을 강하게 외칠 법도 하다. 그러기에 이목은 다음과 같이 말한다.

오해(五害)를 쓸어 없애고 팔진(八眞)으로 힘차게 나아가니
이것은 조물자(造物者)가 대개 은총 내림이 있어 나와 옛사람이 함께 즐기는 것이라네.
어찌 의적(儀狄)의 광약(狂藥: 술)이 오장육부를 찢고 창자를 문드러지게 하여 천하의 사람들이 덕을 잃고 생명을 재촉하도록 하는 것과 함께 말할 수 있겠는가.

후대 사람이 옛 사람과 차를 통해 정신적으로 교감할 수 있는 것을 조물주가 내린 은총이라고까지 말한 이목은 차와 술을 같은 반열에 놓고 운위(云謂)하는 것을 정면으로 비판하였다. 역대 선인들 가운데 당나라 때 왕부(王敷)가 「주다론(酒茶論)」을 지어 차와 술의 화해를 논하고, 송나라 때 사람 오숙이 「다부」와 함께 「주부(酒賦)」를 지어 주덕(酒德)까지도 칭송했는데 아마도 이를

겨냥한 말일 것이다. 이목에게 술이란 '덕손명촉(德損命促)'하는
것일 뿐이었다.


## 5. '오심지다(吾心之茶)'의 다의식(茶意識)


「다부」에서 사상적으로 가장 중요한 대목은 말미의 '희이가왈
(喜而歌曰)'로 시작되는 부분이다. 총 106자에 달하는 이 대목은
사실상 「다부」의 결론이다. 그는 첫머리에서 "양생(養生)에 뜻을
둘진대 너(茶)를 버리고 무엇을 구하랴. 나는 너를 지니고 다니
면서 마시고 너는 나를 좇아 놀아, 화조월석(花朝月夕)에 즐겨서
싫어함이 없도다"라고 하였다. 언뜻 보면 이목이 '양생'을 강조
하는 것처럼 이해할 수 있다. 그러나 정작 중요한 것은 바로 그
다음 대목이다.

> 곁에 천군(天君: 心)이 있어 두려워하면서 다음과 같이 경계하였다.
> "삶은 죽음의 근본이요 죽음은 삶의 뿌리라네. 안(心)만 다스리면 밖
> (身)이 시든다고 혜강(嵇康)이 「양생론(養生論)」을 저술하여 어려운
> 경지를 실천하였다지만(蹈艱), 어찌 빈배를 지자(智者)의 물에 띄우고
> 좋은 곡식을 인자(仁者)의 산에 심는 것만 하겠는가. 정신이 기운(氣)
> 을 움직여 묘경(妙境)에 들어가면, 즐거움은 꾀하지 않아도 저절로 이
> 르게 된다. 이 역시 내 마음의 차이니 어찌 꼭 저것(茶)에서만 구하리
> 요"라고.


차연구가(茶研究家)들은 대부분 이 대목을 잘못 이해하거나,
아니면 아전인수(我田引水)로 해석한다. 이목은 도선가(道仙家)
들이 말하는 '양생론'을 우회적으로 비판하고, 유교사상에 입각

한 치심(治心)을 강조하였다. '빈배를 지자의 물에' '좋은 곡식을 인자의 산에' 운운한 대목이 바로 그것이다. '인자의 산'에서 자라고 '지자의 물'로써 끓이는 것이 '차'라는 은유적 표현에서 차생활과 유교적 구도정신(求道精神)이 하나로 연결되고 있음을 보겠다. 위에서 말한 '천군'이란 심(心)의 별칭이다. 天君은 '마음〔心〕'의 별칭이다.[35] 천군을 내세워 '심'의 중요성을 은근히 부각시킨 것이 돋보인다. 어디 그 뿐인가. 이목은 실제의 차로부터 내 마음속의 차로 승화시켰다. 이것은 경험과 초월이 묘합(妙合)한 경지로서, 한국적 사고양상을 잘 드러내는 대목이라 하겠다.[36]


## VII. 맺음말

한재 이목의 「다부」는 우리나라에서 '차'에 관한 문헌으로 선구적 위치에 있다. 기실, 중국의 경우 진(晉)나라 때 두육(杜毓)의 「천부(荈賦)」가 나온 이래 당나라 때 고황(顧況)의 「다부」, 송나라 때 휘종(徽宗)의 「대관다론(大觀茶論)」과 오숙(吳淑)의 「다부」 등이 있었지만, 우리나라에는 이목 당시까지 단 한 편도 없었다. 「다부」의 선구적 위치는 이로써 저절로 드러난다고 하겠다.

[35] 『荀子』, 「天論」 "心居中, 虛以治五官. 夫是之謂天君."
「허실생백부」에서도 "天君(心)이 나를 이끌어 본초의 상태를 회복[復其初]함이여. 내 장차 이로부터 經綸을 지어내리라"고 하였다(『한재문집』 361쪽).
[36] 류승국, 『한국사상의 연원과 역사적 전망』, 성균관대학교출판부, 2008, 491-492쪽 참조.

이목은 「다부」에서 '내 마음의 차'와 '다심일여(茶心一如)'의 사상을 전개하였다. 실제로 차를 완미하는 것보다 차를 통한 '정신수양'과 '정신적 즐거움'이 한 단계 위에 있음을 강조하였다. 이것은 그의 본령이 도학(道學)에 있고, 또 학문 경지가 어떠하였는지를 보여주는 것이라 하겠다. 특히 '신동기이입묘(神動氣而入妙)'[37]라 한 것은 그야말로 정신 수양의 높은 경지를 나타낸 것이라 해도 좋을 듯하다.

이목의 「다부」는 그의 문학작품 중에서도 진수를 보여주는 것이다. 유학사상과 도선사상(道仙思想)이 혼융무애(混融無碍) 잘 어우러져 있으면서도 끝내 유학의 도학사상에 입각하여 끝을 맺었다. 불교사상과 관련된 대목을 찾아보기 어려운 것이 특징이다. 그가 차의 오공육덕(五功六德)을 노래한 것은 차의 공덕만 읊은 것은 아니다. "차의 공이 가장 높은데 아직 칭송하는 자가 없으니 마치 현자(賢者)를 내버려두는 것과 같다"고 한 표현이 시사하듯, 그 이면에서 유가의 상덕(尙德), 존현(尊賢) 사상을 엿볼 수 있다.

전반적으로 차에 대한 예찬론을 펴고 있지만, 궁극적으로 다도가 심성수양, 더 나아가 구도(求道)에 깊이 연결된다는 점을 강조하였다. 한 마디로 차생활을 통해서 도의 경지에 이를 수 있다는 점을 부각하였다. 그에게 차는 결코 '맛'이나 '멋', 그리고 '즐거움'만 추구하는 대상이 아니었다. '높은 정신적 경지'를

---

[37] 『寒齋文集』 363쪽, 「虛室生白賦」에서도 "마음이 신령한 데 통하면 사물을 감화시킬 수 있고, 정신이 기를 움직이게 하면 묘경에 들 수 있다" (精通靈而感物兮, 神動氣而入妙)고 하였다.

추구하는 수양방법의 하나로서 더 의미가 있는 것이다.

# 제2장 한재 이목의 '다부(茶賦)' 譯註

현재까지 '다부'를 번역, 해설한 글이 여러 편 된다. 그러나 난해한 글이다 보니 아직은 표준이 될 만한 번역을 찾아보기 어렵다. 역자는 한재사상에 대한 연구를 계기로 우리나라 차연구가나 차동호인들이 마음 놓고 인용할 수 있는 '다부' 번역을 위해, 틈나는 대로 손질을 하고 고증을 더해왔다. 주묵(朱墨)을 더 대야 할 곳이 적지 않겠지만, 묵은 원고를 마냥 컴퓨터에 묵혀둘수 없어 세상에 내놓는다. 그간 역자의 개인적 친분 관계 등으로 인해 번역 초고가 방간(坊間)에서 참고되기도 하였으나, 본고와 적지 않게 차이가 있음을 밝혀둔다. 그러한 대목은 이 번역에서 취정(取正)하기를 바란다.

〔원문〕

凡人之於物, 或玩焉, 或味焉, 樂之終身, 而無厭者, 其性矣乎。若李白之於月, 劉伯倫之於酒, 其所好雖殊, 而樂之至則一也。余於茶, 越乎其莫之知¹, 自讀陸氏經, 稍

---

1 越乎其莫之知: 모르는 상태에서 초월함. 아예 모르지는 않았다는 말.

得其性, 心甚珍之。昔中散[2]樂琴而賦, 彭澤[3]愛菊而歌。
其於微尙加顯矣, 況茶之功最高, 而未有頌之者。若廢賢
焉, 不亦謬乎? 於是, 考其名, 驗其産, 上下其品, 爲之
賦。或曰, 茶自入稅, 反爲人病, 子欲云云乎? 對曰, 然。
然是豈天生物之本意乎? 人也, 非茶也。且余有疾[4], 不暇
及此云。

其辭曰: 有物於此, 厥類孔多。曰茗, 曰荈, 曰蘤[5], 曰
菠[6]。仙掌, 雷鳴, 鳥嘴, 雀舌, 頭金, 蠟面, 龍鳳, 召的, 山
提, 勝金, 靈草, 薄側, 仙芝, 嬾藥, 運慶, 福祿, 華英, 來
泉, 翎毛, 指合, 淸口, 獨行, 金茗, 玉津, 雨前, 雨後, 先
春, 早春, 進寶, 雙溪, 綠英, 生黃。或散或片, 或陰或
陽。含天地之粹氣, 吸日月之休光[7]。

其壤則石橋, 洗馬, 太湖, 黃梅, 羅原, 麻步, 婺處, 溫台,
龍溪, 荊峽, 杭蘇, 明越, 商城, 王同, 興廣, 江福, 開順,
劍南, 信撫, 饒洪, 筠哀, 昌康, 岳鄂, 山同, 潭鼎, 宣歙,
鴉[8]鍾, 蒙霍。蟠柢丘陵之厚, 揚柯雨露之澤。

造其處則崆岍嶈嵑[9], 嶮巇岄崒, 峇崒[11]嵒嵶[12], 嵣嵷[13]

---

2 中散: 중국 삼국시대 曹魏 때 中散大夫를 지낸 嵇康(혜강)을 가리킴.

3 彭澤: 彭澤令을 지낸 陶潛(淵明)을 가리킴.

4 疾: 천성적으로 차를 좋아하는 병.

5 蘤(한): 꽈리.

6 菠: '葰'의 오자로 추정된다. '葰'자를 초서체로 쓰면 '菠'와 비슷하다.

7 含天地之粹氣, 吸日月之休光: 『문선』권18, 嵇康의 「琴賦」에서 문투를 인
   용하였다. "含天地之醇和兮, 吸日月之休光."

8 鴉: '鴉'와 같은 글자.

9 山峨嶈嵑(산앙갈갈): 山石이 높고 험한 모양.『文選』권4, 張衡, 「南都賦」

屴屴[14], 呀然[15]或放, 谺然或絶[16]。崦然[17]或隱, 鞠然或窄。
其上何所見, 星斗咫尺。其下何所聞, 江海吼滵[18]。靈禽
兮翎颬[19], 異獸兮挐攫[20]。奇花瑞草, 金碧珠璞, 蓴蓴[21]蓑
蓑[22], 磊磊落落[23]。徒盧[24]之所赵趄[25], 魖魖[26]之所逼側。於

---

"山岊嶃嶱."; 주(注) "善曰, 山岊兇嶃嶱, 山石高峻之貌."

10 嶮巇(험희): 가파르고 험함. 嶮은 '險'과 같은 자.

11 客崒(액쥐): 산이 높고 험준하여 울퉁불퉁한 모양.『문선』권4, 장형, 「
   남도부」"崕客崒嵬.";주(注) "善曰, 崕客, 山不齊貌也. 崒嵬, 山石崔嵬,
   高而不平也."

12 嵓嵲(암얼): 바위가 우뚝함.

13 嵣嵤(당망): 산의 암석이 광대한 모양.『문선』권4, 장형, 「남도부」"嵣嵤
   嵺刺."

14 屴屴(즉리): 산줄기가 길게 잇닿아 있는 모양.

15 呀然(하연): 텅 빈 모양. 여기서는 골짜기가 깊숙함을 말한다. 韓愈, 「燕
   喜亭記」"出者突然成邱, 陷者呀然成谷."

16 谺然或絶: 앞이 툭 트여 시원스럽다가 끊어지기도 함.『문선』권4, 장형,
   「남도부」"或崐崙而纚連, 或谺爾而中絶."

17 崦然(엄연): 엄자산(崦嵫山)인 듯함. '崦'은 엄자산으로 해가 지는 산이
   라 한다.

18 吼滵(후돌): 물이 으르렁거리며 흘러 가는 모양. '滵(돌)'은 흐른다는 뜻
   으로,『이평사집』과『한재문집』에는 각각 그와 비슷한 글자로 되어 있
   으나 바로잡는다.

19 翎颬(함아): '함'은 작은 새가 나는 모양. '아'는 기운을 토해 내는 모양.

20 挐攫(나확): 붙잡다.

21 蓴蓴(준준): 초목이 무성한 모양.『문선』권4, 장형, 「남도부」"杳藹蓊鬱
   於谷底, 森蓴蓴而刺天."

22 蓑蓑(사사): 꽃술이 늘어진 모양.『문선』권4, 장형, 「남도부」"布綠葉之
   萎萎, 敷華藥之蓑蓑."

23 磊磊落落(뇌뢰낙락): 뜻이 커서 작은 일에 구애받지 않는 모양.

24 徒盧: '都盧'의 잘못이다. '도로' 나라 사람들은 몸이 가벼워 높은 장대
   [竿]를 잘 탔다고 한다. '都盧戲', '都盧伎', '都盧緣' 등으로도 쓰인다.

25 赵趄(자저): 머뭇거리는 모양. 가기 힘든 모양.

是谷風乍起<sup>27</sup>, 北斗轉璧<sup>28</sup>, 氷解黃河, 日躔<sup>29</sup>靑陸。草有心而未萌, 木歸根<sup>30</sup>而欲遷。惟彼佳樹, 百物之先, 獨步早春, 自專<sup>31</sup>其天。紫者綠者, 靑者黃者, 早者晚者, 短者長者。結根竦幹<sup>32</sup>, 布葉垂陰。黃金芽兮已吐, 碧玉鬌兮成林。晻曖<sup>33</sup>蓊蔚<sup>34</sup>, 阿那<sup>35</sup>嬋媛<sup>36</sup>。翼翼<sup>37</sup>焉, 與與<sup>38</sup>焉。若雲之作霧之興, 而信天下之壯觀也。洞嘯歸來, 薄言采采<sup>39</sup>, 擷之捋之<sup>40</sup>, 負且載之。

---

26 魑魅(리소): 도깨비〔魑魅〕.

27 乍起(작기): 일어남. '乍'은 '作'과 통용된다.

28 璧(벽): '壁'(이십팔수의 하나)의 잘못인 듯.

29 日躔: 해가 운행함. 『揚子方言』 "日運爲躔."

30 歸根: 근본으로 돌아감. 『老子』, 제16장 "夫物芸芸, 各復歸其根."

31 專(전): 독차지함.

32 竦幹(송간): 가지를 치켜 올림. 『문선』 권4, 장형, 「남도부」 "結根竦本, 垂條嬋媛."

33 晻曖(엄애): 햇빛이 침침한 모양. 『문선』 권4, 장형, 「남도부」 "晻曖蓊蔚, 含芬吐芳."

34 蓊蔚(옹위): 초목이 무성한 모양.

35 阿那(아나): 부드럽고 여린 모양. 『문선』 권4, 장형, 「남도부」 "阿那蓊茸"; 주(注) "善曰, 阿那, 柔弱之貌."

36 嬋媛(선원): 나무 가지가 서로 잇닿아 있는 모양. 『문선』 권4, 장형, 「남도부」 "垂條嬋媛."; 주(注) "善曰, 嬋媛, 枝相連引也."

37 翼翼: 무성한 모양. 『시경』, 小雅, 「楚茨」 "我黍與與, 我稷翼翼.";「集傳」 "與與, 翼翼, 皆蕃盛貌."

38 與與: 무성한 모양. 『문선』 권4, 장형, 「남도부」 "百穀蕃廡, 翼翼與與."

39 薄言采采(박언채채): 잠깐 뜯고 뜯는다는 의미. 薄은 '잠깐', 言은 조사로 '焉'과 통한다. 采는 '採'의 뜻이다. 『시경』, 周南, 「芣苢(부이)」 "采采芣苢, 薄言采之."

40 擷之捋之(힐지랄지): 擷은 '襭(힐)'과 통하니 '옷자락을 걷어 올려 띠에 끼운다'는 뜻이며, 捋은 '집어 따다'의 뜻이다. 『시경』, 周南, 「芣苢」 "采

搴[41]玉甌而自濯, 煎石泉而旁觀。白氣漲口, 夏雲之生溪
巒也。素濤鱗生, 春江之壯波瀾也。煎聲颼颼[42], 霜風之
嘯篁柏也。香子泛泛[43],    戰艦之飛赤壁也。俄自笑而自
酌[44], 亂雙眸之明減。於[45]以能輕身者, 非上品耶? 能掃痾
者, 非中品耶? 能慰悶者, 非次品耶? 乃把一瓢, 露雙脚,
陋白石之煮, 擬金丹之熟。

啜盡一椀, 枯腸沃雪[46]。啜盡二椀, 爽魂欲仙。其三椀也,
病骨醒, 頭風痊[47]。心兮! 若魯叟[48]抗志[49]於浮雲, 鄒老養
氣於浩然。 其四椀也, 雄豪發, 憂忿空。氣兮! 若登太山
而小天下,    疑此俯仰[50]之不能容。其五椀也,    色魔驚遁,
餐尸[51]盲聾。身兮! 若雲裳而羽衣, 鞭白鸞於蟾宮[52]。其六
椀也,    方寸日月,    萬類籧篨[53]。神兮!    若驅巢許[54]而僕夷

---

采茉莒, 薄言掇之, 采采茉莒, 薄言捋之. 采采茉莒, 薄言袺之, 采采茉莒,
薄言襭之."

[41] 搴(건): 빼다. 빼냄〔搴出〕.

[42] 颼颼(수수): 바람이 솔솔 부는 소리. 蘇軾,「煮茶歌」"蟹眼已過魚眼生, 颼
颼欲作松風鳴."

[43] 泛泛(범범): 물 위에 뜬 모양.

[44] 自酌: 스스로 술을 따라 마심.

[45] 於(오): 감탄하는 소리. 아아.

[46] 沃雪: 물을 대어 깨끗이 씻음.

[47] 痊(전): 병이 나음.

[48] 魯叟(노수): 노나라의 늙은이. 공자를 달리 이르는 말.

[49] 抗志: 뜻을 높이 가짐.

[50] 俯仰(부앙): '天地'를 말함.

[51] 餐尸: 음식을 탐하는 尸童을 말함.

[52] 蟾宮: 月宮을 말함.

[53] 籧篨(거저): 발이 거친 대자리.

[54] 巢許: 중국 요임금 때의 高士인 巢父(소보)와 許由를 말함.

齊[55], 揖上帝於玄虛[56]。何七椀之未半, 鬱淸風之生襟[57]。望閶闔[58]兮孔邇[59], 隔[60]蓬萊之蕭森[61]。

若斯之味, 極長且妙。而論功之, 不可闕也。當其凉生玉堂, 夜闌書榻, 欲破萬卷, 頃刻不輟, 董生脣腐, 韓子齒豁[62], 靡爾也, 誰解其渴? 其功一也。次則讀賦漢宮, 上書梁獄, 枯槁其形, 憔悴其色, 腸一日而九回, 若火燎乎腷臆[63], 靡爾也, 誰敍其鬱? 其功二也。次則一札天頒, 萬國同心, 星使[64]傳命, 列侯承臨, 揖讓之禮旣陳, 寒暄之慰將訖, 靡爾也, 賓主之情誰協? 其功三也。次則天台幽人, 靑城羽客, 石角噓氣, 松根鍊精, 囊中之法欲試, 腹內之雷乍鳴[65], 靡爾也, 三彭之蠱[66]誰征? 其功四也。次則金谷

---

55 夷齊: 伯夷와 叔齊.

56 玄虛: 하늘. 허공.

57 生襟(생금): 가슴 속에서 생겨남.

58 閶闔(창합): 天上界의 문.

59 孔邇: 매우 가까움.

60 隔: 사이. 또는 간격을 둠.

61 蕭森(소삼): 수목이 많은 모양.

62 齒豁(치할): 이가 빠짐. 韓愈, 「進學解」 "冬暖而兒呼寒, 年登而妻啼飢, 頭童齒豁, 竟死何裨."

63 腷臆(픽억): 가슴이 답답한 모양.

64 星使: 임금의 사자를 달리 이르는 말. 여기서는 황제의 勅使를 가리킨다. 『후한서』 권82(상), 「李郃傳」 "和帝卽位, 分遣使者, 觀採風謠. 使者二人當到益部, 投郃候舍. 時夏夕露坐, 郃因仰觀, 問曰: 「二君發京師時, 寧知朝廷遣二使邪?」 二人默然, 驚相視曰: 「不聞也」 問何以知之, 郃指星示云: 「有二使星向益州分野, 故知之耳」"

65 囊中之法 ~: 陳與義, 『簡齋集』 권1, 「玉延賦」 "老生囊中之法未試, 腹內之雷久鳴."

66 『東坡全集』 권102, 「志林五十七條」, 〈異事〉 "唐僧契虛, 遇人導, 游稚川仙

罷宴, 兎園回轍, 宿醉未醒, 肝肺若裂, 靡爾也, 五夜之
醒誰輟(自註: 唐人以茶爲輟醒使君)? 其功五也。
吾然後知茶之又有六德也。使人壽修, 有帝堯大舜之德
焉。使人病已, 有兪附扁鵲之德焉。使人氣清, 有伯夷楊
震之德焉。使人心逸, 有二老四皓之德焉。使人仙, 有黃
帝老子之德焉。使人禮, 有姬公仲尼之德焉。斯乃玉川
之所嘗贊, 陸子之所嘗樂。聖兪以之了生, 曹鄴以之忘
歸。一村春光, 靜樂天之心機。十年秋月, 却東坡之睡
神[67]。掃除五害, 凌厲[68]八眞。此造物者之蓋有幸[69], 而吾
與古人之所共適[70]者也。豈可與儀狄之狂藥, 裂腑爛腸,
使天下之人, 德損而命促者, 同日語哉?
喜而歌曰: 我生世兮風波惡。如志乎養生, 捨汝而何求?
我携爾飲, 爾從我遊。花朝月暮, 樂且無斁。傍有天君[71],
懼然戒曰, 生者死之本, 死者生之根。單治內而外凋[72],

---

府. 眞人問曰:「汝絶三彭之仇乎?」虛不能答."

[67] 睡神: 졸음이 오게 하는 귀신. '睡魔'와 같은 말. 蘇軾,「贈包安靜先生茶
詩」"建茶三十斤, 不審味如何, 奉贈包居士, 僧房戰睡魔."

[68] 凌厲: 힘차게 앞으로 달려감.『문선』권18, 嵇康,「琴賦」"牢落凌厲, 布護
牟散."; 주(注) "凌, 馳也; 厲, 上也."

[69] 幸: 은총 또는 총애.

[70] 適: '마음에 맞음' 또는 '즐김'의 뜻. 蘇軾,「前赤壁賦」의 '吾與子之所共
適'에서 따온 말.

[71] 天君: '마음(心)'의 별칭.『荀子』,「天論」"心居中, 虛以治五官. 夫是之謂
天君."

[72] 『문선』권14, 班固,「幽通賦」"單治裏而外凋."; 注 "治裏謂導氣也."; '선
(單)'은『장자』,「達生」편에 나오는 신선 單豹(선표)를 가리킨다. "魯有
單豹者, 巖居而水飲, 不與民共利, 行年七十, 而猶有嬰兒之色. 不幸遇餓

秕著論[73]而蹈艱[74]。曷若泛虛舟於智水,　樹嘉穀於仁山?
神動氣而入妙[75], 樂不圖而自至。是亦吾心之茶, 又何必
求乎彼也?


〔번역 및 주해〕


1. 병서(幷序)
2. 차의 종류와 명칭
3. 차의 생육환경
4. 다산(茶山)의 정경(情景)
5. 차 잎이 성장하는 모양
6. 차달이기
7. 일곱 주발의 차노래
8. 차의 다섯 가지 공
9. 차의 여섯 가지 덕
10. 맺음말


(1) 대개 사람이 어떤 물건을 완상하거나 음미하기도 하는데,
종신토록 즐겨하여 싫어함이 없는 것은 그 성품 때문인가 한다.

---

虎, 餓虎殺而食之. 有張毅者, 高門縣薄, 无不趨也, 行年四十, 而有內熱之
病以死. 豹養其內, 而虎食其外, 毅養其外, 而病攻其內."
[73] 論: '養生論'을 말함.
[74] 蹈艱(도간): 몸소 어려운 경지를 밟음. 어려운 것을 실천함.
[75] 『문선』 권14, 반고, 「유통부」"精通靈而感物兮, 神動氣而入微."

이백(李白)과 달, 유령(劉伶)과 술[76] 같은 것은 그 좋아하는 바는
비록 다르지만 즐김은 매한가지다. 내가 차에 대해서 막지(莫知)
의 단계에서 초월하였는데, 육씨(陸氏: 陸羽)의 『다경(茶經)』을
읽은 뒤부터 차츰 차의 성품을 터득하여 마음속으로 몹시 진중
하게 여겼다. 옛날 중산대부(中散大夫: 嵇康)는 거문고를 좋아해
「금부(琴賦)」[77]를 지었으며, 팽택령(彭澤令: 陶潛)은 국화를 사랑
하여 노래하였다. 그 미미한 것들에 대해서도 현양(顯揚)하였거
늘 하물며 차의 공이 가장 높은데도 아직 (차의 공을) 칭송하는
이가 없음[78]에랴. 현인(賢人)을 내버려두는 것과 같으니 또한 잘
못된 일이 아니겠는가. 이에 그 이름을 살피고 그 산물(産物)을
조사하며 그 품질의 상하를 가려 이를 부(賦)로 짓는다.

　어떤 이가 말하기를, "차가 스스로 세금을 불러들여 도리어 사
람들에게 병폐가 되거늘, 그대는 (차에 대해) 이렇다 저렇다 말
하려는가?"라고 한다. 그렇다! 그러나 이것이 어찌 하늘이 만물
을 낳은 본뜻이겠는가. 사람 탓이요 차 탓이 아니다. 또 나는 차
를 몹시 좋아하는 고질이 있어서 이를 언급할 겨를이 없었노라.

　(2) 여기에 '차'라는 물건이 있으니 그 종류가 매우 많다. (크
게 나누어) 명(茗), 천(荈), 한(蔈), 파(菠)라 한다. 선장(仙掌),[79] 뇌

---

[76] 『고문진보』 후집, 권1에 「酒德頌」이 있다.

[77] 『문선』, 권18에 실림.

[78] 중국의 경우 晉나라 때 杜育의 「荈賦(천부)」, 당나라 때 顧況의 「茶賦」,
송나라 때 徽宗의 「大觀茶論」, 吳淑의 「다부」가 있으나, 우리나라에서
는 단 한 편도 없었다는 말.

[79] 갖춘 이름은 '仙人掌茶'다. 荊州 玉泉寺 부근에서 난다고 한다. 黃一正,
『事物紺珠』 참조(『中國茶葉歷史資料選輯』, 379쪽).

명(雷鳴),[80] 조취(鳥嘴), 작설(雀舌),[81] 두금(頭金),[82] 납면(蠟面),[83] 용(龍), 봉(鳳),[84] 소적(김的),[85] 산제(山提),[86] 승금(勝金),[87] 영초(靈草),[88] 박측(薄側),[89] 선지(仙芝),[90] 난예(嬾蘂),[91] 운경(運慶),[92] 복록(福祿),[93] 화영(華英),[94] 내천(來泉),[95] 영모(翎毛),[96] 지합(指合),[97] 청

---

[80] 雅州 中頂山에서 난다고 한다. 황일정,『사물감주』참조(『中國茶葉歷史資料選輯』, 379쪽).

[81] '조취'와 '작설'은 毛文錫의『茶譜』에 보인다. 蜀州 橫源에서 난다고 한다. 둘 다 잎차이다.

[82] 북송 때 劉弇(유엄)의『龍雲集』에서는 빛깔이 특수한 차로 的乳·白乳·두금·납면·京挺을 들었다(『中國茶葉歷史資料選輯』, 321쪽).

[83] 建州의 명산품으로 '蠟面茶(납면차)'라고도 한다(『中國茶葉歷史資料選輯』, 314쪽).

[84] 용·봉은 龍團과 鳳團의 약칭이다.『潛確類書』에 보인다.『淵鑑類函』권390, 식물부(三),「茶一」참조.

[85] '石的'의 잘못이다. 石乳와 的乳를 가리키는데. 宋製茶의 일종이다. 황일정,『사물감주』(『中國茶葉歷史資料選輯』, 380쪽) 참조. 丁謂,『北苑茶錄』"石乳, 出壑嶺斷崖缺石之間, 蓋草木之仙骨. 石乳, 太宗皇帝至道二年詔造也."

[86] '山挺(산정)'을 잘못 표기한 것. '산에서 가장 빼어났다'는 뜻이다.『잠확유서』에 보인다.『연감유함』재인용.

[87] 歙州(흡주)의 명산품이다.

[88] 덩이차로 潭州의 명산품인 '獨行靈草'를 말함. 한재가 '독행'과 '영초'로 나누어 본 것은 잘못이다.『연감유함』권390, 9a, 〈靑鳳髓 玉蟬膏〉;『中國茶葉歷史資料選輯』220쪽 참조. ;『續茶經』卷下之四와『文獻通考』권18에서는 "獨行靈草·綠芽·片金·金茗出潭州"라고 하였다. '獨行靈箅(독행영비)'로 된 판본도 있다.

[89] 덩이차로 光州의 명산품이다.

[90] 덩이차. 운합·경합·복합·녹합과 함께 饒州의 명산품이다. 황일정,『사물감주』(『中國茶葉歷史資料選輯』, 381쪽 재인용) ;『연감유함』권390, 9a, 〈靑鳳髓 玉蟬膏〉 참조.

[91] '嫩蘂(눈예)'를 잘못 표기한 것. '새로 나온 꽃술'이라는 뜻이다. 덩이차로 '嫩葉(눈엽)'이라고도 한다. 饒州·池州의 명산품이다. 황일정,『사물감주』참조(『中國茶葉歷史資料選輯』, 380쪽).

[92] 運合과 慶合으로 둘 다 덩이차이다. 요주·지주의 명산품이다.

구(淸口),[98] 독행(獨行),[99] 금명(金茗),[100] 옥진(玉津),[101] 우전(雨前),[102] 이후(雨後), 선춘(先春),[103] 조춘(早春), 진보(進寶),[104] 쌍계(雙溪),[105] 녹영(綠英),[106] 생황(生黃)[107] 등이 혹은 산차(散茶),[108] 혹은 편차(片茶)[109]로, 어떤 것은 음지에서, 어떤 것은 양지에서, 하늘과 땅의 정수(精粹)한 기운을 머금고 해와 달의 좋은 빛을

---

[93] 福合과 祿合으로 둘 다 덩이차이다. 요주·지주의 명산품이다.

[94] 덩이차로 歙州의 명산품이다.

[95] 덩이차로 흡주의 명산품이다.

[96] 덩이차이며 갖춘 이름은 '黃翎毛'이다. 岳州의 명산품이다. 『연감유함』 권390, 9a, 〈靑鳳髓 玉蟬膏〉

[97] 덩이차이며 饒州·池州의 명산품이다.

[98] '靑口'를 잘못 표기한 듯. 잎차로 歸州의 명산품이다.

[99] '독행영초'를 말함. '영초'에 대한 註 참조.

[100] 덩이차이며 潭州의 명산품이다.

[101] 덩이차이며 臨江軍의 명산품이다. 『연감유함』 권390, 9a, 〈靑鳳髓 玉蟬膏〉

[102] 穀雨 이전에 만드는 차. 잎차이다.

[103] 建州 北苑의 명산품이다. 황일정, 『사물감주』 참조(『中國茶葉歷史資料選輯』, 381쪽).

[104] 덩이차이며 興國軍의 명산품이다.

[105] '雙勝'의 잘못이다. 덩이차이며 흥국군의 명산품이다.

[106] 덩이차이며 袁州의 명산품이다. 『연감유함』 권390, 9a, 〈靑鳳髓 玉蟬膏〉

[107] 덩이차이며 岳州의 명산품이다.

[108] 잎을 말함. 『宋史』 권183, 「食貨志 下五」, 〈茶上〉에 의하면 淮南·歸州·江南·荊湖 등지에서 생산되며, 龍溪·雨前·雨後 등 11등이 있었다고 한다.
『문헌통고』 권183, 「征榷考(정각고)」에서는 회남에서 생산되는 것으로 太湖·龍溪·次號·末號, 형호에서 생산되는 것으로 岳麓·草子·揚樹·우전·우후, 귀주에서 나는 것으로 靑口, 강남에서 나는 것으로 茗子가 있다고 하였다.

[109] 덩이차를 말함. 『송사』 권183, 「식화지 下五」, 〈茶上〉에 의하면 龍·鳳·石乳·白乳 등 12등이 있다고 한다. "茶有二類, 曰片茶, 曰散茶. …… 有龍鳳石乳白乳之類十二等, 以充歲貢, 及邦國之用."
『문헌통고』 권183, 「정각고」에서는 용·봉·석유·적유·백유·頭金·蠟面·頭骨·次骨·末骨·粗骨(麤骨)·山挺 등 12가지라고 하였다.

들여마신다네.


(3) 차가 잘 자라는 땅으로 말하자면, 석교(石橋),[110] 세마(洗馬), 태호(太湖),[111] 황매(黃梅),[112] 나원(羅原),[113] 마보(麻步),[114] 무처(婺處),[115] 온태(溫台),[116] 용계(龍溪), 형협(荊峽),[117] 항소(杭蘇),[118] 명월(明越),[119] 상성(商城),[120] 왕동(王同),[121] 흥광(興廣),[122] 강복(江福),[123] 개순(開順),[124] 검남(劍南),[125] 신무(信撫),[126] 요홍(饒洪),[127] 균애(筠哀),[128] 창강(昌康),[129] 악악(岳顎),[130] 산동(山

---

110 榷多十三場의 하나. 王祺·洗馬와 함께 蘄州(기주)에 속하였다.

111 舒州의 태호현. '각다십삼장'의 하나. 『다경』, 〈八之出〉 참조.

112 蘄州(기주)의 황매현. '각다심삽장'의 하나로 송나라 眞宗 景德 2년 (1005)에 폐하였다. 『다경』, 〈팔지출〉 참조.

113 舒州의 羅源縣. '각다심삽장'의 하나.

114 壽州의 마보현. '각다심삽장'의 하나.

115 婺州(무주)와 處州. 兩浙에 속함.

116 溫州와 台州. 양절에 속함.

117 荊門軍과 峽州(협주). 湖南에 속함.

118 杭州와 蘇州. 양절에 속함.

119 明州와 越州. 양절에 속함.

120 '각다심삽장'의 하나. 光州에 속함.

121 '각다심삽장'의 하나. 廬州(여주)에 속함.

122 興國軍과 廣德軍. 강남에 속함.

123 江南의 江州와 福建의 福州.

124 '각다심삽장'의 하나. 壽州에 속하였다.

125 『문헌통고』에서 福建省에 있는 차의 명산지로 검남과 福州를 들고 있다. 이로써 보면, 지금의 四川省 成都市의 옛이름인 '검남'과는 다른 듯하다.

126 信州와 撫州. 강남에 속함.

127 饒州와 洪州. 강남에 속함.

128 筠州와 哀州. 강남에 속함.

同),[131] 담정(潭鼎),[132] 선흡(宣歙),[133] 아종(鴉鍾),[134] 몽곽(蒙霍)[135] 등인데, 두터운 언덕에 뿌리를 서리고, 비 이슬의 은택으로 가지를 뻗어가는구나.

  (4) 차나무가 자라는 곳을 보자면, 산석(山石)이 높고 험준하며 산이 높이 솟아 위태롭다. 산봉우리는 쭝긋쭝긋 바위는 우뚝한데 죽 잇닿아 있다. 텅 빈 양 골이 깊어졌다가 혹 놓이기도 하고, 앞이 툭 트여 시원스럽다가 혹 끊어지기도 하며, 엄연(崦然)[136]하여 혹 태양이 숨기도 하고, 구부정하여 혹 공간이 좁아 보이기도 한다.

  그 위로 무엇이 보이는가? 지척에 있는 별들이라. 그 아래로 무엇이 들리는가? 으르렁거리며 흐르는 강해(江海)라. 신령스러운 새들이여! 하늘을 날면서 기운을 토해 내고, 신이(神異)한 짐승들이여! 손에 붙잡힐 듯하구나. 기이한 꽃과 상서로운 풀들은 금벽(金碧)[137]으로 주박(珠璞)과도 같은데, 우북한 풀과 늘어진

---

129 建昌軍과 南康軍. 강남에 속함.

130 岳州와 鄂州. 호남에 속함.

131 윤경혁은 『차문화고전』(179쪽)에서 '山南'과 '同州'라 하였고, 김길자 또한 『이목의 차노래』(36쪽)에서 윤경혁의 설을 수용하였다. 그러나 분명하지는 않은 것 같다.

132 潭州와 鼎州. 호남에 속함.

133 宣州와 歙州. 강남에 속함.

134 鴉山과 鍾山. 아산은 宣州 寧國縣에 있는 차의 명산지이고(『中國茶葉歷史資料選輯』, 302쪽), '종산'은 義陽縣에 있다(『다경』, 〈팔지출〉).

135 雅州의 蒙山과 壽州의 霍山(곽산). 몽산은 모문석의 『茶譜』에도 보이며 '蒙頂茶'로 유명하다. 石蘚茶로 유명한 山東의 몽산과 구별된다. 곽산은 '각다십삼장'의 하나이며 '黃芽茶'로 유명하다.

136 '崦'은 崦嵫山을 가리킨 듯. 엄자산은 해가 지는 산이라 한다.

꽃술은 제흥에 겨워 무엇에도 구애받지 않는 모양이네. 산을 잘 타는 사람도 오르기 힘들어 하는데, 산도깨비는 곁에서 가까이 다가오는 것만 같구나.

(5) 이에 곡풍(谷風)[138]이 일어나고, 두수(斗宿)[139]가 벽성(壁星)[140]을 회전하니,[141] 얼음이 황하(黃河)[142]에서 풀리고 해가(달이) 청륙(青陸)[143]을 운행한다.[144] 풀은 마음은 들었으나[有心][145] 아직 움트지 않았고, 나뭇잎은 뿌리로 돌아갔다가[146] 다시 가지

---

137 금빛과 푸른 빛. 고운 빛깔을 말한다.

138 東風 또는 春風을 이른다. '穀風'이라고도 한다. 『爾雅』, 「釋天」"東風謂之谷風."; 『시경』 國風, 「谷風」"習習谷風, 以陰以雨."

139 이십팔수의 하나. 북쪽 하늘에 있는 玄武七星의 첫째 별자리. 北斗 또는 남두라고도 한다.

140 이십팔수의 열넷째 별. 이십팔수의 별은 다시 각각 일곱 개씩 나누어져 동·서·남·북 四陸에 배치되는데, 일곱 개씩 나누어진 별을 '七星宿'라 한다. 斗·牛·女·虛·危·室·壁의 칠성수는 北陸에 해당하며 시기로는 추운 계절이다. 앞의 칠성수 가운데 '벽'을 회전하게 되면 봄이 온다. 『춘추좌씨전』, 소공(昭公) 4년조 "古者, 日在北陸, 而藏冰."

141 다시 봄이 시작되었다는 말.

142 큰 하천을 통칭하는 말.

143 달이 운행하는 길. 青道. 『문선』 권46, 顔延之, 「三月三日曲水詩序」"日躔胃維, 月軌青陸."; 주(注) "向日, 胃, 星名. 維, 畔也."

144 해가 '청륙'을 운행한다는 것은 착오인 듯하다. '陸'이 韻字임을 감안할 때 '달이 청륙을 운행한다'(月軌青陸)로 되어야 할 것이다. 『한서』 권25(하), 「天文志」에서는 "입춘에서 춘분까지는 달이 동으로 청도를 따른다"(立春春分, 月東從青道)고 하였다. 해[日]에 中道, 곧 黃道가 있고, 달[月]에 九行이 있는데, 달이 황도의 동쪽으로 움직이는 것을 일러 '청도'라고 한다.

145 새로 싹을 틔우려는 생명력에 대한 의지를 '마음이 들었다'고 한다.

146 가을철에 나뭇잎이 지는 것을 말함.

로 옮기려 한다.[147] 오직 저 좋은 나무만이 백물(百物)에 앞서서, 이른 봄을 독장(獨場) 치고 그 하늘을 독차지하는구나.

자색(紫色)·녹색·청색·황색이며, 이른 것, 늦은 것, 짧은 것, 긴 것이 뿌리를 맺고 줄기를 뻗더니, 잎을 펼쳐 그늘을 드리운다. 황금빛 떡잎을 토해 내는가 싶더니 벽옥(碧玉)처럼 드리워 숲을 이루었구나. 햇빛이 침침할 정도로 무성하디 무성하여 부드럽고 여린 나뭇가지가 서로 잇닿아 있는데, 그 무성하고 무성한 것은 구름이 일고 안개가 피어나는 듯, 참으로 천하의 장관(壯觀)일세. 퉁소 불고 돌아오면서 잠깐 찻잎 따는데 옷자락 걸어 올려 딴 뒤에 짊어지고 수레에 실어 나르네.

(6) 옥 다구(茶甌)를 꺼내 몸소 씻어내고 석천(石泉)의 물로 달이며 곁에서 지켜본다. 하얀 김이 부리[148]에 넘쳐나는데 하운(夏雲)이 시냇가 산봉우리에 피어오르는 듯하고, 흰 파도에 비늘[149]이 생기니 춘강(春江)에서 물결이 세차게 이는 것 같구나. '쏴쏴' 하는 끓는 소리는 서릿바람이 황백(篁柏: 松柏) 숲에 휘파람을 치는 듯, 둥둥 뜬 향기는 전함(戰艦)이 적벽강(赤壁江)[150]을 나는 듯하다.[151] 조금 있다가 절로 웃음 띠며 손수 따라 마시니 어지러운 두 눈동자가 명멸(明滅)[152]하네.

---

147 『예기』「월령」편에 나오는 '草木萌動'의 의미이다.
148 차를 끓이는 그릇의 부리.
149 물이 끓는 모양을 물고기의 비늘에 비유한 것.
150 중국 삼국시대 赤壁大戰이 있었던 곳. 孫權과 劉備의 소수 연합군이 曹操의 대군을 격파하였다.
151 차의 향기가 빨리 퍼지는 모습을 형용한 말.
152 빛이 밝았다 어두웠다 함. 먼 데 있는 것이 보였다 안 보였다 함.

아아! 몸을 가볍게 할 수 있는 것은 상품이 아니겠는가? 오랜
병을 말끔히 낫게 할 수 있는 것은 중품이 아니겠는가? 시름을
달래줄 수 있는 것은 그 다음 품이 아니겠는가? 이에 표주박 하
나를 손에 들고 두 다리를 걷어붙인 채 백석(白石) 삶는 것[153]을
비루하게 여기고, 금단(金丹) 익히는 것에 견주어 보네.

(7) 첫째 주발의 차를 다 마시니 마른 창자가 깨끗이 씻기고,
둘째 주발의 차를 다 마시니 상쾌한 정신이 신선이 되려 한다.
그 셋째 주발에 병골(病骨)에서 깨어나고 두풍(頭風: 두통)이 말
끔히 나은 듯하다. 이내 마음, 공자가 부귀를 뜬구름 같이 보았
던 것[154]처럼 뜻을 높이 세우고 맹자가 호연(浩然)[155]하게 기(氣)
를 길렀던 것과 같도다.

그 넷째 주발에 웅건, 호방한 기개가 피어나고 근심과 울분이
사라진다. 내 기운, 태산에 올라 천하를 작게 여겼던 것[156]과 같으
니, 아마도 이러한 경지는 하늘과 땅으로도 형용할 수 없으리라.

그 다섯째 주발에 색마(色魔)가 놀라서 달아나고,[157] 게걸스런
시동(尸童)[158]도 눈멀고 귀먹었다.[159] 이내 몸, 구름 치마에 깃털

---

[153] 중국 상고시대의 신선 白石生이 백석을 달여 양식으로 삼았다는 고사
에서 나왔다. 『神仙傳』 권1, 〈백석생〉 "白石先生者, 中黃丈人弟子也. 至
彭祖之時, 已二千餘歲矣. …… 常煮白石爲糧, 因就白石山居, 時人號曰,
白石先生."

[154] 『논어』, 「述而」에 "子曰, 飯疏食飮水, 曲肱而枕之, 樂亦在其中, 不義而富
且貴, 於我如浮雲"이라 하였다.

[155] 크고도 왕성한 모양, 넓고도 성대한 모양.

[156] 『맹자』, 「盡心 上」에 "孔子, 登東山而小魯, 登太山而小天下"라 하였다.

[157] 色情이 사라지는 것을 말함.

저고리 입고 흰 난새를 월궁(月宮)으로 채찍질하여 가는 것 같
도다.

그 여섯째 주발에 해와 달이 방촌(方寸: 心)에 들어오고 만물
이 대자리만하게 보인다. 내 영혼은 소보(巢父)와 허유(許由)를
전구(前驅)[160] 삼고, 백이와 숙제를 종복(從僕) 삼아, 현허(玄虛)
에서 상제(上帝)에게 읍(揖)하는 것과 같도다.

어쩐 일인가, 일곱째 잔은 아직 반도 마시지 않았는데, 울연
히 맑은 바람이 흉금(胸襟)에서 일어나네. 하늘문(天門)을 바라
보니 무척이나 가까운데 울창한 봉래산(蓬萊山)[161]을 사이에 두
었구나.


(8) 이런 맛은 매우 뛰어나고 묘하니 그 공을 논함에 빠뜨릴
수 없노라. 서늘함이 일어나는 옥당(玉堂)에서 밤이 이슥하도록
서탑(書榻)에 앉아 만권 서적을 독파하려고 경각(頃刻)도 쉬지 않
아, 동생(董生)[162] 같이 입술이 문드러지고[163] 한자(韓子)의 말처럼
이가 빠질 정도일 때,[164] 네가 아니면 뉘라서 그 목마름을 풀어

<hr>

[158] 옛날에 제사를 지낼 때 신위 대신 그 자리에 앉히던 어린 아이.
[159] 食貪이 사라진다는 말.
[160] 행렬의 앞잡이. 先驅.
[161] 중국 발해만 바다 동쪽에 있다는 三神山의 하나.
[162] 중국 당나라 때 사람 董邵南을 가리킴. 壽州 安豊縣 출신이다. 일찍이
    進士가 되었으나 뜻을 얻지 못하여 河北 지방의 여러 鎭을 돌아다니면
    서 등용되기를 구하였으나 여의치 못하였다. 韓愈가 '董生行'을 지어
    그를 전송하였다. 책을 많이 읽다가 입술이 터져 썩었다고 한다. 『尚友
    錄』, 권14 참조.
[163] 好學勤讀함을 이름. 『문선』 권45, 東方朔, 「答客難」 "今子大夫, 脩先王
    之術, 慕聖人之義, 諷誦詩書百家之言, 不可勝記. 著於竹帛, 脣腐齒落,
    服膺而不可釋."

주었으랴. 그 공이 첫째이다.

다음은 한궁(漢宮)에서 부(賦)를 읽고 양옥(梁獄)에서 상서자명(上
書自明)¹⁶⁵ 함에 그 모습은 깡마르고 그 안색은 초췌한데, 창자가
하루에도 아홉 번이나 뒤틀려 답답한 가슴[膈臆]이 불타오를 때,
네가 아니면 뉘라서 그 울분을 풀어주었으랴. 그 공이 둘째이다.

다음은 한통의 서찰을 천자(天子)가 반포하면 만국의 제후가
한 마음이 되는데, 칙사(勅使)가 명을 전해옴에 여러 제후들이
받들고자 임석하여, 읍양(揖讓)하는 예를 이미 베풀고, 한훤(寒
暄)¹⁶⁶의 위문을 장차 마치려 할 때, 네가 아니면 빈주(賓主) 사이
의 정을 누가 잘 들어맞도록 하랴. 그 공이 셋째이다.

다음은 천태산(天台山)¹⁶⁷의 유인(幽人)¹⁶⁸과 청성산(靑城山)¹⁶⁹의
우객(羽客)¹⁷⁰이 바위 끝 모서리에서 기식(氣息)을 토해 내고,¹⁷¹ 솔

---

164 韓愈의 「進學解」에 "冬暖而兒呼寒, 年登而妻啼飢, 頭童齒豁, 竟死何裨"
라 하였다.
165 중국 전한 때 사람 鄒陽(추양: B.C 206~B.C 129)의 고사. 추양은 臨淄
(임치) 사람이며 文辨으로 유명하였다. 일찍이 吳王 濞(비)를 섬겼는
데 오왕이 반란을 획책함에 글을 올려 간하였으나 오왕이 듣지 않자
梁나라로 가서 孝王을 從遊했다. 그 뒤 羊勝·公孫詭(공손궤) 등의 모
함을 받아 梁獄에 갇혔다가 옥중에서 글을 올려 억울함을 호소함으
로써 마침내 풀려날 수 있었다. 뒤에 上客이 되었다. 그의 「獄中上書
自明」이란 글이 『문선』, 권39에 실려 있다.
166 節候와 日氣를 가지고 서로 문안하는 것.
167 중국 명산의 하나. 절강성 天台縣 성 북쪽에 있다. 그 赤城山洞은 도교
의 第六大洞天으로, '上淸玉平洞天'이라 불린다. 이곳은 불교 천태종의
근본 도량으로도 유명하다.
168 세상을 피해 깊숙한 곳에 숨어 사는 사람.
169 중국 四川省 灌縣(관현) 서남쪽에 있는 명산. 도교의 16동천 가운데 하
나로, '寶仙九室洞天'이라 불린다. 張道陵·范長生·孫思邈·杜光庭 등
이 이 산에서 수도하였다 한다.
170 羽化登仙하는 선인.
171 이를 吐納法이라고 한다. 도교에서의 內功修練術 가운데 하나로, 옛것

뿌리를 가지고 정련(精鍊)하여, 낭중지법(囊中之法)[172]을 시험하려 하니 뱃속의 우레가 갑자기 울어댄다.[173] 네가 아니면 삼팽(三彭)[174]의 고(蠱)[175]를 누가 정복하랴. 그 공이 넷째이다.

다음은 금곡원(金谷園)[176]에서 잔치가 파했고 토원(兎園)[177]에서는 수레를 되돌렸는데, 숙취(宿醉)가 아직 깨지 않아서 간폐(肝肺)가 찢어질 듯 아플 적에 네가 아니면 오야(五夜)[178]의 숙취를 누가 가시게 하랴(自註: 당나라 사람들은 차를 '숙취를 그치게 하는 使臣'이라 했다). 그 공이 다섯째이다.

(9) 나는 그런 뒤에 알았네. 차에 또 여섯 가지 덕이 있음을. 사람을 장수하게 하니 제요(帝堯)나 대순(大舜)의 덕이 있는 것이요, 사람의 병을 낫게 하니 유부(俞附)[179]나 편작(扁鵲)의 덕이 있

---

은 토해 내고 새로운 것은 들이쉬는 吐故納新의 호흡법이다.

[172] '內功 수련'을 말함. '낭중'은 뱃속[腹中]이란 말이다.

[173] 뱃속에서 약 효험의 징후가 나타나는 것을 말함.

[174] 도교에서 이른바 三尸를 가리킨다. 삼시의 성이 彭(팽)이므로 '삼팽'이라고도 한다.

[175] 蠱(고)는 뱃속벌레. 여기서는 곧 사람의 몸에 있으면서 사람을 병들게 하는 三尸蟲을 가리킨다.

[176] 중국 晋나라 때 石崇이 만든 園 이름. 河南省 洛陽縣 서북쪽에 있었다. 석숭이 이 금곡원에서 빈객들에게 잔치를 베풀며 각각 시를 지어 심중의 회포를 읊도록 했는데, 시를 짓지 못할 경우 술 3말을 벌주로 내렸다고 한다. 석숭, 「金谷園詩序」 참조.

[177] 중국 전한 때 梁孝王(劉武)이 만든 園 이름. 후세 사람들이 '梁苑(梁園)'이라고도 일컬었다. 文帝와 竇太后(두태후)의 총애를 받아 천자에 버금가는 궁전을 지었으며, 천하의 호걸과 遊說客(유세객)들을 초치하여 잔치를 베풀었다. '토원'에 대한 자세한 기록은 劉歆, 『西京雜記』, 「梁孝王宮囿」조 참조.

[178] 五更을 말함. 오전 3시에서 5시까지에 해당한다.

[179] 중국 상고대 黃帝 때의 名醫.

는 것이요, 사람의 기(氣)를 맑게 하니 백이(伯夷)나 양진(楊震)[180]
의 덕이 있는 것이요, 사람의 마음을 편안하게 하니 이로(二老)[181]
나 사호(四皓)[182]의 덕이 있는 것이요, 사람에게 신선이 되게 하
니 황제(黃帝)나 노자(老子)의 덕이 있는 것이요, 사람을 예의롭게
하니 희공(姬公)[183]과 중니(仲尼: 공자)의 덕이 있는 것이다.

　이것은 옥천자(玉川子)[184]가 일찍이 찬(贊)한 바요, 육자(陸子: 陸

---

180 중국 후한 安帝 때의 학자(?~124) 자는 伯起. 청렴결백한 관리의 표상
으로 유명하다. 어린 시절부터 학문을 좋아하여 학자로 이름을 날렸으
며 '關西의 夫子'라는 일컬음이 있었다. 50세 무렵에야 비로소 벼슬길
에 올라 나중에는 三公에까지 이르렀다. 일찍이 東來의 태수가 되어
임지로 부임하는 길에 王密이라는 사람이 뇌물을 바치려 하자, "하늘
이 알고, 땅이 알고, 당신이 알고, 내가 알고 있다. 아무도 모른다고 할
수 없다"고 하며, 엄히 꾸짖었다 한다. 이것을 '양진의 四知'라고 한다.
그 뒤 양진은 삼공의 한 사람으로 국가의 기강을 바로잡고 부정을 엄
단하는 일에 매진했으나, 환관들의 모함으로 파직을 당한 뒤 힘 없는
신세를 한탄하면서 자결하였다고 한다.

181 老子와 老萊子. 두 사람 모두 도가 계통의 사람으로, 세상을 피해 은둔
하였으며 장수하였다. 『문선』권11, 孫綽, 「遊天台山賦」"追羲農之絶軌,
蹈二老之玄蹤."; 同注 "二老, 老子老萊子也. 史記曰: 老子者, 楚苦縣人,
名耳, 字聃, 姓李氏. 見周之衰, 乃遂去, 西至關. 關令曰: 「子將隱矣, 强爲
我著書」, 乃著上下二篇, 言道德之意. 又曰: 老萊子, 亦楚人也. 著書十五
篇, 言道家之用修道而養壽也. 劉向別錄曰: 老萊子, 古之壽者."
【참고】종래에는 『맹자』, 「離婁 하」에서 伯夷와 太公望(呂尙)을 '이로'
라 한 것에 근거, 백이와 태공망으로 단정하였고, 이에 대해 의심하지
않았다. 그러나 백이는 세상 일을 근심한 나머지 天壽를 누리지 못하
였다. 그런 백이를 한재가 '心逸'의 대명사로 꼽았을 리 없다. 『문선』에
나오는 '이로'를 인용하였을 것이다.

182 商山四皓의 준말. 중국 전한의 高祖 때 상산에 은거했던 네 노인으로,
東園公·綺里季·夏黃公·甪里先生을 말한다.

183 周公(周公旦)을 가리킴. '姬'는 주나라의 國姓이다.

184 중국 당나라 때의 시인 盧소(775~835)의 호. 세칭 '七椀茶歌'로 불리는
「走筆謝孟諫議寄新茶」시는 유명하다. 『고문진보』前集 제8권에도 '茶
詩'라는 제목으로 실려 전한다.

羽)가 일찍이 즐긴 바이다. 매성유(梅聖兪)[185]는 이로써 인생을 깨
달았고, 조업(曹鄴)[186]은 이로써 망귀(忘歸)의 경지에 들었다네. 한
시골 마을에 봄빛이 찾아들듯 백낙천(白樂天)[187]의 심기(心機)를
고요하게 했고, 십년을 두고 가을달이 밝듯이 소동파(蘇東坡)가
말한 '잠귀신'[188]을 물리쳤다네.

오해(五害)[189]를 쓸어 없애고 팔진(八眞)[190]으로 힘차게 나아가

---

[185] 중국 북송 때의 시인(1002~1060). 이름은 堯臣이다. 歐陽修와 함께 西崑體
를 반대하고 詩歌의 혁신운동을 벌였다.

[186] 중국 당나라 때의 시인. 자는 鄴之. 大中(847~860) 연간에 進士에 급제
한 뒤 祠部郎中 등을 거쳐 洋州刺史에 이르렀다. '持論不阿'로 유명하
였다. 저술로 『曹祠部集』이 있다.

[187] 중국 당나라 때의 시인(772~846). 이름은 居易, 자는 낙천. 별호는 香山
居士이다. '別茶人'이라는 별명이 있을 정도로 차를 좋아했다.

[188] 曹鄴의 「故人寄茶」를 보면 "六腑睡神去, 數朝詩思淸"(『曹祠部集』, 권1)이라
하여, 차가 잠을 물리치고 詩想을 맑게 한다고 하였다. 『박물지』, 「食忌」
에서는 "飮羹茶, 令人少眠"이라 하여, 차로 죽을 끓여 먹으면 잠이 줄어
든다고 하였다.

[189] 불교에서 말하는 수행을 방해하는 다섯 가지 덮개(장애물). 五蓋(오개)
와 같은 말. '개'는 '害'와 같은 뜻이다. ① 貪慾蓋(탐욕의 덮개), ② 瞋恚
蓋(진에개: 성냄의 덮개), ③ 睡眠蓋(수면의 덮개), ④ 掉悔蓋(심적 동요
의 덮개), ⑤ 疑蓋(의심의 덮개). 『문선』 권11, 孫綽, 「遊天台山賦」 "蕩遣
塵於旋流, 發五蓋之遊蒙."
【참고】 이목이 말하는 '오해'는 『문선』에 나오는 '오개'를 인용했을 가
능성이 높다. 종래 『管子』 「度地」 편에 이른바 "농사를 해치는 다섯 가
지 자연재해"로 본 경우가 많았다. '오해'란 곧 장마나 홍수 피해, 가뭄
피해, 바람과 이슬 피해, 우박과 서리 피해, 병해를 가리킨다. 그러나
다섯 가지 자연재해를 '차'와 관련시키는 것은 맥락이 통하지 않는다.
김길자는 視・聽・嗅・味・觸 다섯 가지의 감각기관이 인간의 본성을
해치는 것, 즉 불교에서의 '五欲'으로 보았으나, 근거는 밝히지 않았다.
☞ 『다시 불러보는 이목의 차노래』 (두레미디어, 2001), 99쪽 참조.

[190] 八眞道의 줄임말. 팔진도는 八正道와 같은 말로, 正見・正語・正業・正
命・正念・正定・正思惟・正精進을 가리킨다. 『아함경』, 〈盤泥洹經〉 23
에서는 "내가 본디 밟아온 길은 팔진도에 있다. 이 여덟 가지 참된 도
를 보지 못하면 그 사람은 사문의 네 가지 도(四聖諦)를 얻지 못하리

니, 이것은 조물자(造物者)가 대개 은총(恩寵) 내림이 있어 나와
옛사람이 함께 즐기는 것이라네. 어찌 의적(儀狄)[191]의 광약(狂藥:
술)이 장부(臟腑)를 찢고 창자를 문드러지게 하여 천하 사람들이
덕을 잃고 생명을 재촉하도록 하는 것과 같은 날에 말할 수 있
겠는가.[192]

  (10) 기뻐하면서 다음과 같이 노래한다. 내가 세상에 태어남
이여, 풍파가 모질도다. 양생(養生)에 뜻을 둘진대, 너(茶)를 버
리고 무엇을 구하랴. 나는 너를 지니고 다니면서 마시고 너는
나를 좇아 놀아, 화조월석(花朝月夕)에 즐겨서 싫어함이 없도다.
곁에 천군(天君: 心)[193]이 있어 두려워하면서 다음과 같이 경계하
였다. "삶은 죽음의 근본이요 죽음은 삶의 뿌리라네.[194] 선표(單
豹)가 안[精神, 氣]만 다스리다가 밖[身]이 시들었다고 혜강(嵇康)

---

  라"고 하였다. 陳與義, 「옥연부」에 있는 '凌厲八仙'의 문투를 따왔으면
  서도 팔선이라 하지 않고 '팔진'이라 한 점에 유의할 필요가 있다.
  【참고】팔진을 '八眞味'의 줄임말로 보는 학자도 있으나 전후 문맥에
  비추어 자연스럽지 않다고 판단한다.
191 중국 夏나라 때 사람. 일찍이 술을 만들어 禹임금에게 올렸는데, 우임금
  이 그 맛을 보고는 "반드시 후세에 술 때문에 나라를 망칠 사람이 있을
  것이다"고 하면서, 의적에게 旨酒를 만들지 못하도록 하였다 한다.
192 중국 당나라 때 사람 王敷(왕부)가 「酒茶論」을 지어 차와 술의 화해를
  논하고, 송나라 때 사람 오숙이 「다부」와 함께 「酒賦」를 지어 酒德까지
  도 칭송한 것을 가리킨 것이다. 오숙의 두 글은 『欽定四庫全書』子部
  제198권, 事類部, 권17에 실려 있다.
193 이목의 「허실생백부」에도 "천군(心)이 나를 이끌어 본초의 상태를 회복(復
  其初)함이여! 내 장차 이로부터 經綸을 지어내리라"고 한 대목이 있다.
194 『黃帝陰符經』, 하편에 "生者, 死之根, 死者, 生之根. 恩生於害, 害生於
  恩."이라 하였다.

이 「양생론」<sup>195</sup>을 저술하여 어려운 것을 실천하였다지만, 어찌 빈배를 지자(智者)의 물에 띄우고 좋은 곡식을 인자(仁者)의 산에 심는 것만 하겠는가. 정신이 기운{氣}을 움직여 묘경(妙境)에 들어가면,<sup>196</sup> 즐거움은 꾀하지 않아도 저절로 이르게 된다. 이역시 내 마음의 차이니 어찌 꼭 저것<sup>197</sup>에서만 구하리요"라고.

---

<sup>195</sup> 『문선』, 권53에 실려 있음. 攝生長壽하는 도리를 적었다. 혜강은 이 「양생론」에서 "精神之於形骸, 猶國之有君也. 神躁於中, 而形喪於外, 猶君昏於上, 國亂於下. …… 是以, 君子知形恃身以立, 身須形以存"라 하였다. 양생의 목적은 장수하는데 있지 오래 살아 신선이 되는데 있는 것이 아니며, 양생의 방법은 마음을 고요하고 편안하게 하는 것과 良藥을 복용하는 것이 결합되어야 한다고 하였다.

<sup>196</sup> '神動氣而入妙'는 이목의 「허실생백부」에서도 "精通靈而感物兮, 神動氣而入妙"(『한재문집』, 권상)라 하여 인용되고 있다.

<sup>197</sup> 원문의 '求乎彼'에서 '彼'를 '차 밖의 것'이라고 풀이하는 경우가 있다. 잘못이다. '彼'는 '心'과 대비되는 것으로 '마음 밖', 즉 차를 가리킨다. 여기서 '吾心卽茶' 사상을 엿볼 수 있다.

# 제3장 초의선사의 다도철학과 한국사상

## Ⅰ. 머리말

다서(茶書)[1]가 매우 적은 우리나라에서 『동다송』의 위상은 대단하다. 한재 이목(1471~1498)의 「다부(茶賦)」가 학계에 알려지기 시작한 1980년대 초만 하더라도 '동다송'이 독일무이(獨一無二)의 다서였다. 그러다가 1992년에 이덕리(李德履: 1728~?)의 『기다(記茶)』가 발굴됨[2]으로써 셋으로 늘어났다.

세 다서는 성격이 각기 다르다. 이목의 「다부」는 유가사상에 바탕을 두고 '오심지차(吾心之茶)'를 강조함으로써 철학적 색채를 강하게 드러냈다. 이덕리의 『기다』는 실학사상에서 영향을 받은 듯 차생활과 차생산을 통해 '비국유민(裨國裕民)'으로 나가야 함을 강조하였다. 『동다송』에서는 '체신상화(體神相和), 건령상병(健靈相倂)' 여덟 글자로 다도철학을 정립하였다. 이들 다서는 모두 육우(陸羽)의 『다경(茶經)』을 바탕으로 한다. 이들 다서

---

[1] '茶'의 발음은 '다'와 '차'가 혼용된다. 대개 정신적 측면에서 논할 때는 '다'라 하고(예: 다도茶道), 물질적 측면에서 다룰 때는 '차'라 하는(예: 음차飮茶) 경우가 많다.

[2] 2006년 鄭珉에 의해 그 존재가 확인되었다.

의 성격과 위치를 논한다면, 『다경』을 기(起), 「다부」를 승(承),
『기다』를 전(轉), 『동다송』을 결(結)에 비할 수 있다고 본다.[3]

　본고에서 논하고자 하는 『동다송』에 대해서는 선행 연구가
다수 집적된 편이다. 차계(茶界)의 연구가 대다수다. 차계에서
는 『동다송』을 '한국 다도의 성전(聖典)'이라 하고, 초의를 '조선
의 육우'라 하는 등 실제 이상으로 과대평가하는 경우가 많다.
한편으로 『동다송』의 한계를 지적하면서 그 실상을 제대로 볼
것을 요구하는 논문도 없지는 않다. 필자는 『동다송』을 과대평
가하는 것을 부정적으로 본다. '있는 그대로' 보는 것이 후학의
올바른 태도다. 이제는 그럴 때가 되었다고 본다.

　필자는 철학 전공자다. '동다의식(東茶意識)'에 관심이 많다.
『동다송』에서는 '동'을 표방하였다. 『동다송』은 다도는 물론 한
국사상을 연구하는 학자에게도 좋은 연구 대상이라고 생각한다.
『동다송』에 담긴 철학적 골자를 보면 한국사상의 전통이 잘 이
어져 있다. 혹자는 초의가 『동다송』과 『다신전』에서 육우의 『다
경』에 보이는 관념적인 내용을 걷어냈다고 평가하기도 한다. 그
러나 다도를 말하면서 형이하(形而下)의 세계에 머무는 것은 차
원 높은 경지가 아니다. 초의가 말한 다도의 진경(眞境)은 관념
의 세계에까지 승화되어 있다. 특히 『다신전』은 다도의 철학적
측면을 잘 보여주는 것으로 평가한다. 이제 이런 점들에 대해서
본론에서 논하기로 한다.

---

[3] 이점은 필자가 박사학위논문을 지도했던 崔鎭英 씨의 논문에 잘 반영되
　어 있다.

## Ⅱ. 『다신전』 편술과 『동다송』 저술의 배경

『동다송』과 『다신전』은 초의의 다도철학 연구에서 양대 기둥 같은 중요 자료다. 엮은 시기는 『다신전』이 먼저다. 『다신전』이 나온 7년 뒤(1837)에 『동다송』이 찬술되었다. 초의는 43세 때인 순조 28년(1828)에 지리산 칠불암(七佛庵)에 갔다. 마침 그곳에는 중국에서 출판된 『만보전서(萬寶全書)』가 소장되어 있었다. 초의는 그 책 권14에 실린 장원(張源)의 『다록(茶錄)』을 처음 접하고 '다도'의 새 경지를 엿보았던 것 같다. 그는 이 책을 베껴 썼다. 이름을 '다신전'이라고 하였다. 그로부터 2년 뒤인 1830년에 책을 완성한 뒤 발문을 붙였다. 발문에 의하면 "우리 총림(叢林)에 간혹 조주선사(趙州禪師)의 끽다거(喫茶去) 풍속이 남아 있기는 하지만, 다도를 제대로 알지는 못한다. 그러므로 후생들[可畏]에게 베껴서 보이는 것이다"[4]고 하였다.

『다신전』은 1595년 전후로 나온 장원의 『다록』을 거의 그대로 옮겨 쓴 것이다.[5] 초의의 저술이 아니다. 『다신전』을 가지고 초의의 다도철학을 연구하는 데는 한계가 없을 수 없다. 그러나 허다한 다서 가운데 『다록』의 내용을 중시하여 필사한 것은 자

---

[4] 『다신전』, 「발문」 "叢林或有趙州風, 而盡不知茶道, 故抄示可畏."
[5] 초의가 底本으로 사용한 『만보전서』는 1615년에 毛文煥이 엮은 백과전서다. 『다록』과 『만보전서』 사이에는 약간의 차이가 있다. 『다록』 마지막 부분에 나오는 '分茶盒'이 『만보전서』에는 빠져 있고, 본디 항목 이름이 '다도'였던 것이 '茶衛'로 바뀌었다. '分茶盒'은 빠질 이유가 없다. 아마도 옮겨 싣는 과정에서 실수로 빠진 것 같다. '茶衛'로 고친 것은 내용이 '차위생'에 관한 것이기 때문에 名實을 바로잡은 것으로 짐작된다. 이밖에도 일부 글자의 출입이 있다. 이 역시 『만보전서』에 옮겨 싣는 과정에서 생긴 것이라고 본다.

초의선사 의순

신의 다도관과 부합하였기 때문일 것이다. 게다가 책이름을 '다록' 그대로 두지 않고 '다신전'으로 고쳤다. 여기서 초의 다도철학의 일단을 엿볼 수 있다. 사정이 이렇다면 『다신전』을 그저 '필사한 책' 또는 '편집된 책' 정도로만 보아 그 가치를 평가하는 데 인색한 것은 재고의 여지가 없지 않다.

'다신전'이란 무슨 의미일까? '차의 신에 대한 전기'란 뜻일까? 정민(鄭珉) 교수는 "차를 의인화, 신격화하여 그 일대기를 정리한 것이다"[6]고 하였다. 제목만 보면 그럴 듯하다. 그러나 『다신전』에서의 '신'은 '정신'이란 말과 같다. 종교적 차원에서의 '신'이 아니다. 초의는 장원의 『다록』을 읽고 그 책에 나오는 '다신'을 다도에서의 핵심 개념으로 받아들였다. 다신이란 '차의 신령함'이다. 그는 『다신전』「저수(貯水)」조에서 "물 담은 항아리는 모름지기 그늘진 뜰 가운데 놓고 얇은 비단으로 덮어서 성로(星露)의 기를 받게 하면, 영령(英靈: 빼어난 영기)이 흩어지지 않아서 신기(神氣)를 항상 간직할 수 있다"[7]고 하였다. 여기 나오는 '영령불산(英靈不散), 신기상존(神氣常存)'은 '저수'에만 해당되는 것이 아니다. 『다신전』 전반에 걸치는 핵심 키워드라 할 수 있다. 이를 볼 때 '다신전'이란 '차의 신령함을 유지하는 전통적 방법'이란 의미일 것이다.

이제 '다신'이란 용어의 출전을 살펴보자. 『다록』(『다신전』), 「品泉」에 "茶者, 水之神; 水者, 茶之體. 非眞水, 莫顯其神; 非精茶, 莫

---

6 정민, 『새로 쓰는 조선의 차문화』, 김영사, 2011, 319쪽.
7 『다록』, 「貯水」 "貯水甕, 須置陰庭中, 覆以紗帛, 使承星露之氣, 則英靈不散, 神氣常存."

窺其體"란 말이 있다. 풀이하면, "차는 물에게는 신(神)이요 물은
차에게 본체가 된다. 좋은 물이 아니면 신령한 기운이 나타나지
않고, 좋은 차가 아니면 본체를 엿볼 수 없다"는 것이다. 좀더
편하게 해석하면 차는 정신에, 물은 육체에 비유할 수 있겠다.
육체 안에 정신이 있고 정신 안에 육체가 있듯이 차와 물은 상
호 불가분의 관계라는 것이다.

　『동다송』은 차에 관심이 많았던 홍현주(洪顯周: 1793~1865)의
부탁을 받고 그에 답하는 형식으로 저술되었다. 『동다송』을 저
술하기 9년 전에 초의는 『만보전서』에 실린 장원의 『다록』을 접
하고 후세에 전하려는 의도에서 그것을 베껴서 책으로 만들었
다. 접한 뒤 책으로 만들어지기까지 2년이 걸렸다. 모두 1,400여
자에 불과한 내용을 베끼는데 2년이 소요되었다는 것은 말이 안
된다. 베껴쓴 뒤 초의 자신이 공부하고 실제 증험하느라 시간이
흘렀을 것이다. 초의는 발문을 써서 필사에 마침표를 찍은 뒤
책이름을 '다신전'이라 하였다. 책이름을 고친 것은 『다록』에 대
한 초의의 이해의 정도를 대변한다고 하겠다.

　『다록』의 핵심사상은 '신체불이(神體不二)' 또는 '체신묘합'으
로 요약할 수 있다. 이것이 『다신전』을 거쳐 『동다송』에 그대로
이어졌다. '체신묘합'은 엄밀히 말해서 초의의 독창적 사상은 아
니다. 그렇지만 동방에서 초의에 의해 처음으로 그 의의가 새롭
게 부각되었기 때문에 초의의 사상이라 해도 잘못된 말은 아닐
것이다. 필자는 초의가 장원의 『다록』을 통해 다도관, 나아가 다
도철학을 정립하는 과정을 거쳤기 때문에 7년 뒤 보다 완정된
모습의 『동다송』으로 발전할 수 있었다고 본다. 여기서 초의의

학문 역정이 단순하지 않음을 엿볼 수 있다.


## III. 『동다송』에서 해결해야 할 몇 가지 문제

### 1) '동다송'의 의미

이제 '동다송'이란 서명에 담긴 초의의 의식의 저변을 살피기로 한다. 성급한 사람들은 『동다송』의 서명만 보고 "우리나라 차에 대한 찬송을 담은 글"이라 단언하거나, 더 나아가 "한국의 다도사상을 집성한 책"이라 하기도 한다. 그러나 실제로 『동다송』에는 '동다'에 대한 언급이 적고 내용도 빈약하다 초의는 우리나라 토산차가 중국 것에 못지않음을 찬양하였다. 육안차(陸安茶)의 맛과 몽산차(蒙山茶)의 약효를 함께 겸하고 있다고 하였다. 또 우리의 토산차는 따는 시기가 중국과 달라 『다경』에서 말한 곡우(穀雨) 뒤가 아닌 입하(立夏) 뒤가 적당하다고 하였다. 이런 언급들은 이전에 보기 어려운 것들이다. 주체의식의 발로라 하지 않을 수 없다. 그러나 이 정도의 내용으로는 책이름에 걸맞다고 보기는 어렵다. 게다가 지은이인 초의 자신이 '동다'라는 개념에 대해 명확하게 언급한 바도 없다.

『동다송』 창작 동기에 대해 먼저 살펴보자. 순조 37년(1837)에 초의가 홍현주에게 보낸 서한[8]을 보면 그에 대한 답을 얻을 수 있다. 그 요점을 추리면 다음과 같다. 첫째, 해거도위(海居都尉)

---

[8] 변지화에게 『동다행』을 보낼 때 同封하였을 가능성이 높다.

동다송. 필사본

홍현주(洪顯周)가 진도목관(珍島牧官)[9] 변지화(卞持和: 北山道人)를 통해 '다도'에 대해 묻자 그 대답 형식으로 지은 것이다. 둘째, 홍현주에게 보낼 때의 본래 이름은 '동다행(東茶行)'이었다. 셋째, 칠언의 찬송시만으로는 설명이 부족할까봐 시 뒤에 참고한 원전의 본문을 함께 제시하였다.[10]

근자에 변지화가 초의에게 보낸 간찰(簡札)이 발굴, 공개되었

---

[9] 현재까지 나온 대부분의 연구서에는 변지화의 직함이 '진도부사'로 되어 있으나 '진도목관'이 옳다. 목관은 조선시대에 변방에서 屯田을 主管하던 벼슬아치다.

[10] 『一枝庵文集』 권2, 45a, 「上海居道人書 丁亥下」 "近有北山道人承敎, 垂問茶道. 遂依古人所傳之意, 謹述東茶行一篇以進獻. 語之未暢處, 抄列本文而現之, 以對下問之意."

다. 여기서도 위 서한의 내용이 확인된다.

> 『동다행』을 서울로 보낼 때 사람을 시켜 급히 베끼게 하였습니다. 지금
> 보니 잘못된 곳이 많아서 표를 달아 질의합니다. 이 밖에도 착오가 있는
> 듯하여 부쳐 드립니다. 바라건대 지적하는 곳을 따라 개정(改定)하여
> 회답하는 인편에 돌려보내주십시오. 이것을 바랄 따름입니다.[11]

 이 간찰은 중요한 내용을 담고 있다. 무엇보다도 변지화가 초
의 못지않게 차에 대한 전문 지식이 있었다는 점이다.[12] 초의가
보내온 『동다행』을 꼼꼼히 읽고 그 잘못된 곳을 지적하면서 사
실상 개정을 요구했다는 점은 그냥 보아넘길 일이 아니다. 간찰
원문에 나오는 '금람다오(今覽多誤)'는 자칫 앞 문구인 '사인급등
(使人急謄)'에 가려지거나 잘못 읽혀질 소지가 많다.[13] 즉, 급하
게 베껴쓰도록 하다보니 오자가 많이 났다고 해석하는 것이다.
그러나 여기서의 '다오'는 『동다행』에 오류가 많다는 뜻이다.
 초의가 변지화의 요구대로 개정본을 냈는지는 현재로선 분명
하게 알 수가 없다. 다만 본래 이름이 '동다행'이었다가 뒤에 '동
다송'으로 바뀐 점을 생각할 때, 변지화의 청을 받아들여 초고를
수정했을 가능성이 높다. 필자는 책이름을 '동다송'으로 개제(改

---

11 변지화,「與草衣」"東茶行送京時, 使人急謄, 今覽多誤. 懸標質疑, 而此外
   似又錯誤, 故爲付呈. 幸望逐處改定, 回便還投, 是望耳."(박동춘,『초의선
   사의 차문화 연구』, 일지사, 2010, 78쪽 재인용)
12 '북산도인'이라는 號도 이를 시사한다. 茶人에게는 '道人'의 별호를 붙
   이는 경우가 많다. 海居道人, 山泉道人 등.
13 필사에 따른 오류 정도로 이해하다보니, 변지화가 요구한 것을 '개정'이
   아닌 '校正' 정도로 치부하는 연구자가 대다수다. 박동춘,『초의선사의
   차문화 연구』, 일지사, 2010, 77~80쪽 참조.

題)한 사람은 후인들이 아닌, 초의 자신이었을 것으로 본다. 오늘날 전하는 『동다송』 전본(傳本)의 종류가 여러 가지이고, 그에 따라 글자의 출입이 상당한 것은, 단순히 필사(筆寫)하는 과정에서 파생된 문제만은 아닌 성 싶다. 초본과 개정본에 따른 문제점이 개입되었을 것이다.

홍현주는 변지화를 통해 초의에게 '다도에 대하여 물었다'(垂問茶道)고 한다. 『동다송』 모두(冒頭)의 제하(題下)에서는 '해거도인의 명을 받아 짓다'(承海道人命作)라고 하였다. 왜 직접 묻지 않고 중간에 사람을 넣어 간접적으로 묻고 대답했을까? 『동다송』 저술 이전인 1830년 겨울, 초의는 홍현주에게 자신의 스승 완호 윤우(玩虎倫祐: 1758~1826)의 탑비문을 지어줄 것을 부탁한 적이 있고, 이후 답례로 자신이 만든 수제차(手製茶)를 올린 바 있다. 초의가 남긴 문집과 시집을 보면 홍현주와 초의의 만남은 한 두 번이 아니다. 피차 서로 모르는 처지가 아니다. 그럼에도 왜 다도에 대해 간접적으로 묻는 방식을 택했을까? 홍현주와 초의가 유석(儒釋)으로 가는 길을 달리 했다 하더라도 직접 부탁하거나 대답하는 것이 큰 흠은 아닐 것이다.

그런데, 초의가 『동다행』을 부칠 때 동봉했을 것으로 추정되는 「상해거도인서(上海居道人書)」[14]를 보면 '상격(相隔)'(서로 막혀 있다)이라는 말이 여러 번 나온다. 또 "천 그루 소나무 아래서 밝은 달을 마주보며 수벽탕(秀碧湯)을 달이고, 탕이 백수(百壽)가 되면 그것을 가져다가 도인께 드리려 생각하지 않은 적이

[14] 『일지암문고』, 권2 참조.

없습니다"고 하면서, 그렇게 할 수 없음을 몹시 아쉬워하였다.
초의는 이 아쉬움을 『동다송』에도 실었다. 제43, 44구에서 '수벽
백수탕(秀碧百壽湯)' 운운한 것이 그것이다. 서한에 '상격(相隔)',
'방애(防礙)', '격애(隔礙)' 등의 말이 나오게 된 이면을 시원하게
밝힐 자료가 더 없음이 아쉽다.

　홍현주는 변지화를 통해 '다도'에 대해 물었다. '동다'에 대해
물었다는 기록은 없다. 그럼에도 대다수 연구자들은 '동다'를 물
은 것으로 이해한다. 또 그 결과물로 나온 것이 『동다송』이라고
생각한다. 당시 지식인 사회에서는 중국차를 선호하던 분위기가
차츰 바뀌면서 우리차에 대한 관심을 가진 사람들이 나타났다.
그 가운데 한 사람이 홍현주다. 초의와 오랜 사귐을 가졌던 산천
(山泉) 김명희(金命喜: 1788~1857)도 우리차에 관심이 많았다.

　　요사이 연경의 저자에서 사왔다는 것들은 수놓은 비단 주머니에 싸서
　　그저 겉모양만 잘 꾸며 놓았을 뿐이다. 썩은 줄기에 딱딱한 찻잎이 입에
　　넣을 수 없을 정도였다. 이 때 초의가 응조맥과차(鷹爪麥顆茶)를 보내
　　왔다. 모두 곡우 전에 딴 것으로 아주 훌륭한 품질이었다. …… 찻잎을
　　따서 덖는 과정에서 묘입삼매(妙入三昧)한 것은 초의로부터 시작되었
　　으니, …….[15]

　이런 저간의 사정에 비추어볼 때 홍현주가 다도 전반에 걸쳐
물으면서 특별히 '우리차'에 대해 알고 싶은 속내를 내비쳤을 가

---

15 『초의시고』 권4, 17b, 「奉化山泉道人謝茶之作」에 부록으로 실린 原韻의
　　附記 "近日燕肆購來者, 錦囊繡包, 徒尙外飾, 矗柯梗葉, 不堪入口. 此時得
　　艸衣寄茶鷹爪麥顆, 儘雨前佳品也. …… 採之焙之, 妙入三昧, 始於艸衣,
　　……"

능성은 있다. 정민 교수는 홍현주가 중국차를 즐겨 마시다가 초
의가 보내온 차의 맛을 본 것을 계기로 우리차의 역사와 효능
등에 대해 궁금증을 품게 되었고, 마침내 초의에게 다도를 묻게
되었다고 하였다.[16]

　　그러나 홍현주의 물음은 다도 전반에 걸친 것이다. 초의의
『동다송』은 이 취지를 비교적 충실하게 따랐다. 우리차와 관련
된 내용의 서술은 일종의 '구색맞추기'인 셈이다. 다만 이 구색
맞추기에는 초의의 우리차에 대한 '의욕'이 깔려 있다고 본다.
이런 의미에서 필자는 '동다송'이라는 책이름은 '동다에 대한 송'
이 아니라 '동방에서 나온 다송'이라고 생각한다. 그동안 학계에
서는 '동다에 대한 송'이라는 의미로만 보아 왔다. 그리고는 서
명과 내용의 불일치 또는 동다와 관련된 내용의 빈약함을 지적
하곤 하였다. 그러나 초의의 평생 발자취나 언행으로 보아 명실
이 상부하지 않은 책을 저술할 리 없다고 생각한다. 더구나 지
체 높은 홍현주의 물음에 답하는 것임에랴.

　　'동다에 대한 송'으로 내용을 꾸미려 했다면, 신라 흥덕왕 때
대렴(大廉)에 의해 차가 우리나라에 처음 들어온 것이라든지, 우
리나라에서 유명했던 차인들의 차의식(茶意識), 다도관(茶道觀)
등에 대하여 아예 언급하지 않을 수 있겠는가. 그동안 우리나라
에서 차에 대한 전문적인 글이 나온 일이 없었던 것에 비추어
'동방의 다송'이라는 의미로 책이름을 붙였을 가능성이 높다고
본다.[17] '동문선(東文選)'이 '동방의 문선'이란 의미이듯이 '동다

---

16　정민, 위의 책, 299쪽.
17　法眞이 발문을 붙인 차문화고전 『茶經(合)』(1891)에 『동다송』이 '다송'이란

송'이란 명칭 역시 전후 사정에 맞게 그 의미를 이해해야 할 것이다. 합리적으로 이해하면, 동다에 대한 내용이 빈약함을 탓할 것까지는 없다고 본다.

## 2) 분단(分段)의 문제점

『동다송』을 내용상, 또는 형식상으로 분류하여 번역을 하는 경우가 많다. 역주자에 따라 다른데, 31송 또는 17송으로 나누기도 한다. 그것은 어디까지나 편의상의 구분이다. 그것이 학계에서 이의 없이 통용되기는 어렵다. 그 이유는 다음과 같다.

첫째, 『동다송』은 68구에 달하는 장편시다. 초의 자신이 분단을 한 적이 없다.

둘째, 운자(韻字)를 중심으로 형식에 따라 분단을 할 때, 내용상으로 전후 맥락이 이어지지 않은 경우가 적지 않다. 또 2구, 3구, 4구는 물론 6구까지 다양한 분류가 될 수밖에 없어 한시의 기본 구성인 기·승·전·결과는 거리가 멀어진다. 게다가 운자의 어김도 있어, 운자를 중심으로 나누는 것 자체가 문제가 된다.

셋째, 전후의 내용을 살펴 나누는 것은 이치상으로 그럴 듯하기는 하다. 그러나 내용으로 분류하다보면 운자가 맞지 않는 경우가 상당하다. 『동다송』이 운문으로 된 글이라는 점을 생각한다면, 이 또한 받아들이기 어렵다.

결국 68구를 있는 그대로 보는 것이 초의의 뜻에 맞다고 본다.

이름으로 合編되어 있는 점도 같은 맥락에서 이해할 수 있다고 본다.

## 3) 해석상의 문제점

『동다송』 본문은 5백자가 조금 못 된다. 주석은 원전 근거로 제시된 것이 대다수다. 5백자가 안 되는 글에 차와 관련한 내용을 제대로 갖추어 싣기란 어려운 일이다. 더욱이 산문이 아닌 운문에 담는 것은 어려움이 배가(倍加)된다. 그럼에도 운문을 택한 것은 일단 초의가 산문보다 운문에 자신이 있었기 때문이라고 본다. 설명은 주석을 통해 원전 근거를 제시하는 것으로써 해결하면 되기 때문이다. 그리고 차의 위상을 높이기 위해서는 여러 다서(茶書)에서 중요한 내용을 가려 뽑고 거기에 자신이 공부한 내용을 일부 보태 엮는 것보다는, '송'이라는 문체를 구사하는 것이 효과적이라고 판단하였음직하다.

『동다송』 원본이 전하지 않음에 따라 초고본과 개정본의 차이점을 알 수는 없다. 또 필사본에 따라 원전 근거로 제시된 내용의 글자 출입이 상당하기 때문에 해석상의 어려움이 없지 않다. 그러나 원전 근거로 제시된 것은 원래의 출전을 찾아 대조하면 끝난다. 성삭 문제는 해석에 있다. 분량이 얼마 되지 않은 『동다송』 한 책에 해석상의 이견이 많은 것은 다름이 아니다. 잘못된 해석을 과감히 내치지 못하는 우리나라 차계의 '폐쇄적 습성' 때문이라고 생각한다.

우리 차계에는 차문헌을 전문적으로 다루는 사람의 수가 많지 않다. 수가 적은데도 전공이 다른 학자의 연구 성과는 쉽게 받아들이려고 하지 않는다. 연구자 수가 적다보니 다들 아는 처지다. 또 아는 처지이다보니 선행 연구의 오류를 용감하게 지적하지

못한다. 이런 사정은 2009년에 나온 류건집의 『동다송 주해』에도
잘 드러나 있다. 류건집은 이 책에서 『동다송』 본문과 이를 뒷받
침하는 원전 근거를 마디마디 분절(分節)하여 해석, 설명하는 방
식을 취했다. 상세함으로 정평이 있다. 해석상 문제가 되는 부분
은 여러 주해자의 견해를 나열하는 방식으로 소개하였다. 그러
나 억지 해석을 어엿하게 하나의 설인양 소개한 것은 이해하기
어렵다. 물론 독자가 알아서 판단하라는 의미가 있겠지만, 결과
적으로 독자의 혼란을 야기한 것이 사실이다. 주해자가 지녀야
할 책임감의 측면에서는 지적 받을 소지가 없지 않다.[18]

　이제 차계에서 공통적으로 범하고 있는 대표적인 오류 몇
가지를 지적하기로 한다. 오류가 답습되는 것이 제49구의 주
석에 이른바 '입조우심군(入朝于心君)'이다. 이것은 '취도녹향
재입조(翠濤綠香纔入朝)' 구절에 나오는 '입조'에 대한 주석이
다. 이 대목을 바르게 해석하려면 앞 뒤 네 구절을 연결시켜
서 보아야 한다.

　　九難不犯四香全　구난을 범하지 않고 사향 또한 보전하니
　　至味可獻九重供　지극한 맛 '구중(九重)'에 공물로 이바지할 만하네.
　　翠濤綠香纔入朝　비취 물결, 초록 향기 '입조(入朝)'하자마자
　　聰明四達無滯壅　귀 밝고 눈 밝음이 사방에 달해 막힘이 없네.

　위에서 '입조'는 차가 구중궁궐에 공물로 들어간 것을 비유한
말이다. 초의는 '입조' 아래 '심군[19]에게 조회한다'(入朝于心君)는

───────────

[18] 류건집 교수 같이 漢學에 대한 소양을 갖춘 분이 제대로 판단을 내려주
는 것이 학문 발전을 위해 도움이 된다고 생각한다.

주석을 달았다. 이를 연결시켜 해석하면, 다탕의 물(翠濤綠香)이 제왕(帝王)의 뱃속(마음속)에 들어가자마자 신(神)이 기(氣)를 움직여, 제왕의 눈 밝고 귀 밝음이 사방에 달하여 막힘이 없다는 의미가 된다. 차가 제왕의 치세(治世)에도 크게 도움이 된다는 뜻이다. '入朝于心君'을 아무리 자의적으로 해석한다 하더라도 책이름으로 본 것[20]이라든지, 또 "우심군이 궁궐에 입조했다"고 하여 우심군을 사람 이름으로 본 것[21]은 정도가 심하다.

제63구부터 제68구까지는 찻자리의 경지를 읊은 것이다.

| | |
|---|---|
| 明月爲燭兼爲友 | 밝은 달 촛불 되고 아울러 벗도 되며 |
| 白雲鋪席因作屛 | 흰 구름 깔자리는 때에 따라 병풍도 되네. |
| 竹籟松濤俱蕭凉 | 대바람 소리 솔바람 소리 다함께 쓸쓸하고 서늘한데 |
| 淸寒瑩骨心肝惺 | 청한(淸寒)이 뼛골을 맑게 하고 심간마저 환깨게 하네. |
| 惟許白雲明月爲二客 | 백운과 명월만을 두 벗으로 인정하나니 |
| 道人座上此爲勝 | 도인의 좌상(座上)은 이것으로 '승(勝)'을 삼는다네. |

여기서 가장 문제가 되는 것은 '죽뢰송도(竹籟松濤)'다. 이것을 '차 끓는 소리'로 해석하는 예가 있다.[22] 그 문구만 잘라서 보면 그런 해석이 가능할지 모르지만, 뒤의 '소량(蕭凉)'과는 의미

---

[19] 마음은 몸의 주재이므로 '心君'이라 한 것이다.

[20] 정영선, 『동다송』, 너럭바위, 2007, 67쪽.

[21] 古月龍雲 외, 『동다송·다신전』, 동국역경원, 2010, 67쪽.

[22] 류건집, 앞의 책, 343쪽; 정영선, 앞의 책, 85쪽 참조.

가 통하지 않는다. 마지막 구절에 나오는 '승(勝)'은 그냥 '좋다'
는 의미가 아니다. "손님이 둘이 있는 경우를 '승'이라 한다"(二
客曰勝)는 주석을 따라야 한다. 초의는 혼자서 마시는 '신(神)'의
경지를 가장 높은 단계에 놓았다. 그리고 자신은 그 다음 단계
인 '승'의 경지 정도는 된다는 점을 넌지시 드러냈다.

　이밖에도 지적할 것이 많다. 다만 한 가지 분명한 것은, 원본
상의 잘못보다는 후인들의 해석에 더 문제가 많다는 점이다. 이
점은 후일 따로 재검토할 날이 있을 것이다.

## IV. 초의의 다도철학과 '묘합(妙合)'의 논리

　'다도'란 용어를 일본 사람들이 많이 사용한다고 해서 거부감
을 느끼는 이들이 적지 않은 것으로 안다. 그러나 '다도'란 용어
는 당나라 때부터 이미 사용되었다.[23] 16세기 말 장원의 『다록』
에 이르면 그 정의가 내려지기 시작한다. 초의는 『다록』을 탐독
하였고 '다도'란 용어를 사용하였다. 앞서 말한 바와 같이, 초의
는 홍현주로부터 '다도'에 대한 물음을 받고, '옛 사람이 전하는
뜻'(古人所傳之意)에 따라 『동다송』을 지었다고 밝혔다. 여기서
말하는 '고인'이란 어떤 사람들일까? 『동다송』에 인용된 출전을
보면, 『다경』과 『만보전서』 등 11개 다서에서 37회에 걸쳐 인용
하였다. 이 가운데 조선 사람의 것으로는 정약용(丁若鏞: 1762~

---

[23] 8세기 당나라 현종 때의 승려인 釋皎然이 지은 시 「飮茶歌誚崔石使君」
　　의 마지막 구 "孰知茶道全爾眞, 唯有丹丘得如此"에 보인다. 비슷한 시기
　　의 사람 封演의 『封氏聞見記』 권6, '飮茶' 조에도 보인다.

1836)의 「걸명소(乞茗疏)」와 이덕리의 『기다(記茶)』에서 각 1회씩
인용되었다. '구난(九難)' 이후로는 초의의 자주(自註)도 몇 군데
보인다.[24]

한편, 1850년 산천 김명희가 초의로부터 차를 선물 받고 감사
하며 지은 시에 초의가 화답을 하였다.[25] 그 시를 보면

關伽眞體窮妙源    차의 진체(眞體)는 묘원(妙源)을 다하였나니
妙源無着波羅蜜    '묘원'이란 무착바라밀이라네.
妙源欲問無所得    묘원을 물으려 해도 물을 곳 없어
長恨不生泥洹前    부처님 열반 전에 태어나지 못함을 길이 한탄하네.

라는 구절이 있다. 초의가 자신의 다도철학을 불교와 연관시키
려는 의도를 내비친 것이다. '무착바라밀'이란 '모든 집착을 끊
어야겠다는 그 집착마저 끊어주는 것'이다. 이는 궁극적으로 다
선일여(茶禪一如)[26]의 경지를 겨냥한 말이다. 사문(沙門)에 몸담
은 도인으로서 응당 할 수 있는 말이라 하겠다.

그런데, 이 시에서는 찻물로 황하 상류의 것을 들면서 '팔덕
(八德)'을 갖추었다고 예찬하였다. 이어서

眞精適和體神開    진수(眞水)와 정차(精茶)가 알맞게 어울리니 체와 신
                  이 열리는구나.

---

[24] 류건집, 『동다송 주해』, 도서출판 이른아침, 2009, 84쪽.
[25] 『艸衣詩藁』 권4, 「奉和山泉道人謝茶之作」 참조.
[26] '다선일여'라 할 때의 '禪'은 禪定三昧를 가리킨다.

라 하고는, 『다록』으로부터 『다신전』을 거쳐 『동다송』에까지 이
어진 "茶者, 水之神; 水者, 茶之體. 非眞水, 莫顯其神; 非精茶, 莫窺
其體"란 핵심 문구를 주석에 인용하였다. 이를 볼 때 초의의 다
도관 이나 다도철학을 불교적 측면에 고정시켜 고찰했던 저간
의 연구들에 대한 재검토가 필요함을 느끼게 된다.

장원의 『다록』은 초의의 다도관 형성에 가장 큰 영향을 끼친
다서다. 이 『다록』이 초의에 의해 '다신전'으로 다시 태어난 것
은, 『다록』이 초의에게 끼친 영향이 지대함을 증명한다. 필자는
초의의 다도관을 제대로 연구하기 위해서는 장원이란 인물과
그가 지은 『다록』에 대한 연구가 심도 있게 이루어져야 한다고
생각한다.

초의의 다도관 나아가 다도철학은 『동다송』 제58구부터 60구
까지에 담겨 있다. '진정막교체신분(眞精莫敎體神分)', '체신수전
유공과중정(體神雖全猶恐過中正)', '중정불과건령병(中正不過健靈
倂)'이 그것이다. 체신론(體神論)은 장원의 다도관의 골자다. 건
령론(健靈論)은 초의가 더 뽑아내 발전시킨 것이다. 결국 '체신
상화(體神相和), 건령상병(健靈相倂)'[27]이 초의 다도철학의 핵심
이요, 그 사상적 근거는 장원의 『다록』이다.

앞서 말한 바와 같이 어떤 사람은 초의가 『다경』에서 관념론
적인 것을 걷어냈다고 하면서, 거기에서 의미를 찾아야 하는 것
처럼 말하기도 한다. 그러나 필자의 생각은 그와 정반대다. 초
의가 다도를 철학적으로 승화시켜 논하는 대목이 적다고 해서

---

27 『동다송』, 제60구 "評曰: 采盡其妙, 造盡其精, 水得其眞, 泡得其中, 體與
神相和, 健與靈相倂, 至此而茶道盡矣."

'관념론을 걷어낸 것'으로 이해하거나 평가하는 것은 이해하기 어렵다. 백 구절의 긴 말보다 한 구절 짧은 말이 더 가치 있는 경우가 많다. 결론에 이르기 위해 설명을 길게 하는 것이지 결론은 짧은 법이다. 제58구부터 60구까지의 글은 『동다송』의 눈동자다. 이 구절이 없다면 『동다송』은 큰 가치를 인정받기 어렵다. 초의 역시 허다한 차인 가운데 한 사람으로 남고 말았을 것이다.

이제 체신론으로 들어가 보자. 장원은 "차는 물의 입장에서 보면 정신에 해당하고, 물은 차의 입장에서 보면 육체에 해당한다. 진수(眞水)가 아니면 그 정신적 측면을 제대로 나타내지 못하고, 정차(精茶)가 아니면 그 육체적 측면을 제대로 나타낼 수 없다"고 하였다. 차와 물을 정신과 육체의 관계에 비하면서 양자를 불가분의 관계로 인식한 것은 보기에 따라, 또 여러 각도에서 논할 수 있을 것이다.

필자는 초의가 말한 '막분체신(莫分體神)'[28]이 묘합론(妙合論)에 뿌리를 두었다고 생각한다. '신'과 '체'는 기본적으로 다른 것임에도 그것을 나누어서 생각하지 말라는 것은 불가에서 자주 말하는 '불이론(不二論)'의 차원일 수 있다. 동시에 한국사상의 전통 가운데 하나인 '묘합론(妙合論)'을 겨냥한 것일 수도 있다. 『동다송』에 '묘(妙)' 자가 많이 등장하는 것은 이를 뒷받침한다. '묘'의 논리는 노장사상과 불교사상, 그리고 성리학에서도 찾아볼 수 있지만, 한국사상에서 유난히 두드러진다.

---

28 『동다송』, 제60구 "眞精莫敎體神分."

체신론의 근원은 유구하다. 장원의 『다록』 이전인 9세기 신라 시대에도 체신론이 유행했었다. 한 예로 최치원이 찬한 「대숭복 사비명(大崇福寺碑銘)」을 보면 "헌강대왕께서는 묘령(妙齡)의 나이에 덕이 높으셨고, 건강한 신체에 정신이 맑았다"[29]고 하여, '신청원체(神淸遠體)'를 말하였다. 또 「대낭혜화상비명(大朗慧和 尙碑銘)」에서는 무염국사(無染國師)가 헌강왕을 만나본 뒤 "옛날 에 임금 중에는 원체(遠體)는 있지만 원신(遠神) 없는 사람이 있 었는데, 우리 임금께서는 둘 다 갖추시었다"[30]고 하여 '원신'과 '원체'를 말하였다. 당시 신라에는 체와 신이 둘이 아니라는 사 상의 흐름이 있었다. 이는 바로 건강한 육체와 건전한 정신이 같이 가야한다는 것과 다름이 없다. 최치원이 찬한 비명들을 통 해 신라인들의 이른바 '영육쌍전(靈肉雙全)' 사상을 직접 확인할 수 있음은 중요한 수확의 하나다.

영육쌍전과 통하는 이 '원신원체' 사상은 더 멀리 거슬러올라 간다. 4세기 무렵 중국 동진(東晉) 때의 문헌에서도 찾아볼 수 있다.[31] 그 당시 동진에서는 '체'와 '신'의 논리를 가지고 남을 평 가하는 경우가 많았다. '체신기합(體合機神)'이란 평이 그 한 예 다.[32] 이런 사상이 신라에 들어와 뿌리를 내렸다. 앞서 말한 9세 기 무렵에는 아예 신라사상이 되어 있었다. 이것이 초의에 와서

29  최영성, 『교주 사산비명』, 240쪽 "獻康大王, 德峻妙齡, 神淸遠體."
30  최영성, 『교주 사산비명』, 104~105쪽 ""大師旣退, 且往應王孫蘇判鎰. 共 言數返, 卽歎曰: 「昔人主有有遠體而無遠神者, 而吾君備」"
31  『梁高僧傳』 권4, 「支道林傳」 "支道林目會稽王, 有遠體而無遠神."
32  『晉二俊集』, 「大司馬陸公誄」 "昭德伊何, 克俊克仁. 德周能事, 體合機 神."(『永樂大全』, 권29 수록)

체신묘합론으로 정리되어 다시 점화하였음은 사상사의 관점에서 놓칠 수 없는 대목이다. 이것을 '차'의 문제로 한정시켜 좁은 틀 안에 가두어버리는 것은 옳지 않다.

상반된 두 세계를 하나로 아우르는 묘합의 원리는 한국사상사에 드러난 두드러진 특징이다. 이 묘합의 경지는 단군신화 등에 보이는 '신인상화(神人相和)' 사상에서 '상화'의 단계를 넘어서 한 단계 더 진입한 것이다. 신라의 고승 원효는 '입파묘합(立破妙合)', 즉 어떤 주장을 세움과 무너뜨림의 무애자재(無碍自在)를 통해 화쟁사상(和諍思想)을 부르짖었고, 조선의 대유 율곡 이이는 리기지묘(理氣之妙)를 통해 '리'와 '기' 두 세계의 묘합을 외쳤다. 율곡은 성리학을 하면서 한국사상의 특징인 묘합의 논리를 잘 구현하였다. 이 점은 율곡을 '한국적 성리학의 선구'라 평가할 수 있는 근거가 된다. 근세 실학의 집대성자인 다산 정약용은 인간을 설명하면서 무형의 '신(神)'과 유형의 '형(形)'이 묘합한 통일체라고 주장하였다.[33] 이렇듯 한국의 대표적 사상가들의 사상 핵심이 묘합론에 바탕을 두고 있음은 우연이라 보기 어렵다. 그 맥락이 장구하고 연면한 것이다. 초의의 이른바 '체신막분'은 이 묘합론의 연장선에 있다.[34]

'체신상화(體神相和)'를 주장한 초의는 체신론에 이어 '건령상

---

[33] 정약용이 말한 '神形妙合'은 그가 처음으로 한 말이다. 『맹자요의』에 세 곳, 『논어고금주』에 한 곳, 『중용강의보』에 한 곳, 『心經密驗』에 한 곳 등 모두 6건이 보인다. 관련 논문으로 方浩范, 「丁若鏞神形妙合人間觀」 (전남대학교 대학원 철학과 박사학위논문, 2004)이 있다.

[34] 정약용과 초의의 관계를 고려할 때 정약용의 '神形妙合論'은 초의에게 큰 영향을 끼쳤을 것으로 본다.

병(健靈相併)'을 주장하였다. "체와 신이 비록 온전하더라도 오히려 중정(中正)에서 지나칠까 두렵다"고 하였다. 진수(眞水)와 정차(精茶)가 온전하게 갖추어졌다 하더라도 중정하게 끓이지 않으면 다도를 다하지 못한 것이라고 하였다. 초의는 차 끓이기에서의 '중정지묘(中正之妙)'를 강조했다. 초의의 다도철학에서 그 절반은 포법(泡法)에 기초하고 있다 해도 과언이 아니다. '중'은 어느쪽으로도 치우치지 않는 것이요, '정'은 비뚤지 않고 바른 것이다. 치우치지 않았다고 해서 다 바른 것은 아니요, 바르다고 해서 치우치지 않은 것은 아니다. 이렇게 볼 때 '중'과 '정'은 상호 보완적 관계인 것이다.

이 중정의 논리는 『다록』의 포법에서 '과중실정(過中失正)'을 경계하는 데서 나왔다.[35] 초의는 이어 제60구에서 건령(健靈)을 가지고 체신과 중정의 효과를 설명하였다.

中正不過健靈併

이 구절은 해석이 두 가지로 나뉜다. '불과(不過)'란 두 글자 때문이다. 그런데, 여기서의 '과'는 앞서 말한 '과중실정'이란 말에서 나온 것이기 때문에 "중정이란 건과 영이 나란함에 불과하네"라고 해석하기는 어렵다. "중정에서 지나치지 않으면 건과 영이 나란히 갈 수 있네"라고 해석하는 것이 옳다. 문맥상으로도 그렇다. '중정불과'의 효과가 '건령병'으로 나타난다는 말이기 때문이다. 이렇게 볼 때, 초의의 다도철학에서 '체신상화'가

---

35 『다록』과 『다신전』에서는 '文武火候', '中和' 등의 개념이 보인다.

체(體)라면, '건령상병'은 용(用)이라 할 수 있음직하다.

'체'와 '신', '중'과 '정'은 초의에 앞서 수백년 전부터 보편적 개념으로 내려온 것들이다. 이에 비해 '건'과 '영'은 『다록』에 와서야 등장하는 개념이다.[36] 『다록』에서는 '건'을 다신(茶神)에, '영'은 수성(水性)에 결부시켰다. 그러나 초의가 말하는 건령이 『다록』에서 말하는 것처럼 다신과 수성으로 나누어 말한 것인지는 분명하지 않다. 좀 다른 관점에서 보자면, '건'이란 『동다송』 제38구에서 말하는 빛깔과 향, 기운과 맛이 '알맞고 고르게' 드러난 상태를 말하는 것이요, '영'이란 다섯가지 감각 기관을 통해 색·향·기·미(色香氣味)를 느낌으로써 얻어지는 '정신적 경지'일 수도 있다.

'건'은 건강·건실함이요, '영'은 신령함이다. 건강한 차와 영험 있는 물이 함께 가야 한다는 것이 초의가 말하는 다도의 골자다. 『다록』과 그것을 이은 『다신전』에서는 차가 지닌 신령한 기운을 잘 살려내는 문제에 초점이 맞추어져 일관성 있게 논의되었다. 그것이 『동다송』에 가서는 영험 있는 물의 비중을 끌어올려 차와 함께 대등한 위치에 놓음으로써, '체신상화', '건령상병'을 다도의 핵심으로 삼기에 이르렀다. 이것은 주의 깊게 보아야 할 대목이다.

초의는 제60구 뒤에 특별히 '평왈(評曰)'이라는 주석을 달아 '다도'에 대한 자신의 생각을 적극 피력하였다.

---

36 『다록』, 「泡法」 "盖罐熱 則茶神不健, 壺淸則水性當靈."

찻잎을 따서 정차를 만들고 진수를 얻어 알맞게 끓이면 체와 신이 서로
조화를 이루고 건강함과 신령스러움이 서로 나란하게 된다. 이 경지에
이르러야 다도가 극진하게 될 것이다.

評曰: 採盡其妙, 造盡其精, 水得其眞, 泡得其中. 體與神相和, 健與靈相倂,
至此而茶道盡矣.

장원의 『다록』에서 "造時精, 藏時燥, 泡時潔, 精燥潔, 茶道盡矣"이
라 한 것을 초의가 자신의 다도관에 맞추어 고친 것이다. 『다록』
에서 제조, 보관, 끓임에서의 정(精)·조(燥)·결(潔)을 중시한 데
비해, 초의는 보관과 위생의 중요성보다 '차를 딸 때의 현묘함'
과 '좋은 물'의 중요성을 먼저 꼽았다. 장원이 건조·청결과 같
은 상대적으로 낮은 차원의 조건들을 중시했다면 초의는 '묘
(妙)'와 '중(中)'과 '진(眞)' 등 철학적 개념들을 이끌어 보다 높은
차원에서 다도를 논했다. 여기서 그 차이점을 찾을 수 있다. 장
원과 초의가 다같이 '다도'라는 말을 사용하였지만 그 의미는 같
지 않다. 초의가 말한 다도에서는 물질적 차원의 차를 넘어선
정신적 경지를 엿볼 수 있다. 정신과 물질의 조화를 화두로 던
졌다는 점에서 한국사상의 전통을 잘 계승하였다고 평가할 수
있겠다.

초의는 소동파의 시에 나오는 '삼매수(三昧手)'란 말을 즐겨
썼다. 삼매수란 마음 속에 잡념이 전혀 없는 오묘한 경지에 든
솜씨다. 제56구에서는 "삼매경 솜씨 속에 기이한 향내 피어오르
네"(三昧手中上奇芬)라 하고, 이어서 "중(中)에 현미(玄微)함이 있
는데 그 묘경은 말로 표현하기 어렵네"(中有玄微妙難顯)라 하였
다.[37] 초의는 유달리 '묘(妙)' 자를 의미심장하게 말하였다. 제45

구에서는 "구난사향의 현묘한 작용이 있네"(又有九難思香玄妙用)라고도 하였다. '삼매경'이나 '현묘'는 남은 모르고 나만 느끼는 경지다. 양자는 서로 통하는 개념이다. 마치 최치원이 민족 고유의 사상인 풍류(風流)를 설명하면서 말과 글로는 제대로 설명할 수 없어 '현묘한 도'(玄妙之道)라 명명한 것과 비슷하다.

끝으로 초의의 다도철학에서 중요 개념인 '신기(神氣)'에 대해 논할 차례다. 다도를 '신기'와 관련시켜 논의를 펼친 사례는 『다록』에서 볼 수 있다. 『다록』에는 '신(神)' 자가 유독 많이 등장한다. 또 중요시하는 정도가 크다. 찻잎을 가리키는 것으로서의 '다신(茶神)'이란 말이 나오는가 하면, 차가 지닌 신령한 기운으로서의 '다신'이란 말도 나온다. 또 '신기'를 줄여서 '신'이라 하기도 한다.[38] 초의가 『다록』을 베껴 쓴 뒤 '다신전'으로 이름을 고친 이유를 짐작할 만하다.

초의가 말하는 '다신'은 차의 신령한 기운을 가리키는 경우가 가장 많다. 제60구 다음에 나오는 주석 가운데 '다신불건(茶神不健)', '다신불발(茶神不發)' 운운한 것이 그런 예다. '신기'는 대개 '정신기력(精神氣力)'의 준말로 쓰이지만, 초의가 말하는 것은 신비롭고 불가사의한 기운, 즉 신령한 기운을 가리킨다. 기운을 의미하는 '기'는 에너지다. 에너지는 물질 아닌 물질이다. 인간의 사고 영역을 벗어난 초월적 존재가 아니다. 감각적 경험의 세계에 있는 것이 '기'다. 이 기를 느끼게 하는 것은 정신이다. 마음에 깃들여 있는 정신이 기를 움직이게 되면, 감각적 경험

---

37 이것은 『다록』, 「造茶」의 "中有玄微, 難以言顯"에서 따온 것이다.
38 『다록』에는 '神味'라는 말도 보인다.

이상의 묘경(妙境)에까지 나갈 수 있다. 차의 아버지라 불리는 한재 이목이 「다부」와 「허실생백부」에서 힘주어 말한 '신동기이입묘(神動氣而入妙)'의 경지가 그것이다. 이 경지는 말과 글로 설명할 수 없다. 그저 '신(神)'이나 '묘(妙)'로 형용할 수밖에 없다. '신' 자가 정신이란 의미에다 신령스럽다는 의미까지 아울러 지닌 이유를 짐작할 수 있게 한다. 신기는 단순한 기가 아니다. 초월성과 신비성이 곁들여진 것이다. 이목이 '내 마음의 차'(吾心之茶)를 가장 높은 경지에 둠으로써 관념(정신)의 경지에 기울었다면, 초의는 '신기'의 세계를 강조함으로써 물질과 정신을 아우르려 했다. 신기론에서도 초의가 한국사상의 전통을 잘 계승하였음을 엿볼 수 있다.


## V. 맺음말

초의의 『동다송』은 우리나라 다서(茶書) 가운데 최후를 장식하며, 한국 다도의 전통에 자존심을 세워준 것이다. 『동다송』에 대한 평가는 다양하다. '한국의 다경'이라 함은 지나친 평가라 하겠지만, 그렇다고 해서 '다도철학 없는 단순한 예찬서'로 볼 수는 없다.

『동다송』은 『다신전』과 떼려야 뗄 수 없는 관계에 있다. 『다신전』은 사실상 장원의 『다록』을 베껴 이름만 바꾼 것이다. 초의의 다도철학에서 개념적으로 중요한 '체신', '중정', '건령' 모두가 『다록』에서 나왔다. '다신' 역시 『다록』의 핵심 주제어다. 사

실이 이렇다면 초의의 다도철학을 따로 논할 게 있느냐는 의문
이 제기될 수도 있을 법하다. 그러나 철학적 개념을 빌어왔다
하더라도, 자기의 것으로 만들어 체계를 다시 짰다면 문제는 달
라진다. 『다록』을 읽고 '다신'을 주제어로 뽑아낸 사람은 초의
다. '체신', '중정', '건령' 등의 개념을 빌어와 자기 다도철학의
핵심 개념으로 삼은 사람도 초의다.

　『다록』이 세상에 처음 나온 것은 1595년을 전후한 시기다. 그
로부터 250년이 다 되도록 『다록』의 가치를 재발견한 사람은 없
었다. 한국과 중국을 통틀어 초의가 사실상 유일하다. 더욱이
초의는 『다록』의 핵심 개념을 자기 관점으로 뽑아 자기 것으로
만들었다. 또 자기의 철학으로 만드는 과정에서 한국사상의 전
통 가운데 하나인 '묘합'의 논리를 이끌어 체계를 다시 짰다.

　한국사상은 정신과 물질을 분리시켜 보지 않는 데 특징이 있
다. 정신과 물질은 엄연히 다른 것이다. 그럼에도 이것을 갈라
서 보지 않은 것이 이른바 '묘합'이다. 그냥 '합'이라고 하면 물
리적 · 화학적 통합을 연상하게 되지만 '묘' 자가 붙으면 문제가
다르다. 둘이면서 하나인 관계가 묘합이다. 필자는 초의의 다도
철학이 한국사상의 전통을 잘 계승한 것으로 평가한다. 우연의
일치냐, 아니면 의식적인 것이냐 하는 점은 부차적인 문제라고
본다. 초의의 다도철학에서 한국철학의 원형과 특질을 읽어낼
수 있다는 점이 본고의 주지(主旨)다.

　초의의 『동다송』을 보면, 다도의 정신적 경지가 겉으로 잘 드
러나지는 않는다. 이 때문인지 '관념을 걷어냈다'고 평가하는 이
도 있다. 그러나 물질 차원의 차를 논하는 데서 그칠 뿐이라면

차는 하나의 음료에 불과하다. 거기에 무슨 철학이 필요할 것인가. 정신의 차원까지 승화되어야 다도를 말할 수 있고 다도철학을 논할 수 있는 것이다.

초의의 다도철학을 '차'라는 틀에 가두어서는 안 될 것이다. 그것은 다도철학이면서 정치철학, 사회철학으로서의 기능까지 할 수도 있다. 초의가 부르짖었던 묘합의 정신으로 온갖 대립과 갈등을 해소하며, 정신에는 관심이 없고 온통 물질에만 마음이 쏠려 있는 현대의 난맥상을 바로잡아야 할 것이다. 이것이 '현대의 실학'이라고 본다. 초의가 『동다송』을 통해 나타내려 한 '말 밖의 생각'(言外之意)을 잘 읽어내야 할 것이다. 편협한 해석을 떨쳐내야 한다. 이것은 후학들의 몫이다.

# 제4장 풍암 문위세의 '다부(茶賦)' 역주

## 1. 문위세의 「다부」 발견기

한국철학을 전공하는 필자는 차문헌을 수집하는 취미가 있다. 2003년에 한재 이목의 「다부(茶賦)」를 정밀하게 역주한 이래 '다부'란 이름을 가진 차문헌을 수집, 정리해 보아야겠다는 생각을 한 적이 있다. 그러나 한국고전번역원에서 영인, 간행하는 '한국문집총간' 등을 검색해 보아도 '다부'란 이름을 가진 작품들은 찾아보기 어려웠다. 국내의 여러 문중에 보관되어 있는 자료들이 공개되어야 몇 편이나마 수집할 수 있지 않을까 한다.

2007년에 필자에게 학위논문 지도를 받았던 성균관대학교 출신 송경섭 씨가 문위세의 「다부」를 구해서 나에게 전해왔다. 나는 이것을 번역 주해(註解)하여 차계에 공개했으면 좋겠다는 의견을 피력했고 그의 동의를 받았다. 귀한 자료를 전해 받은 뒤 시일이 꽤 흘렀다. 오늘에라도 공개할 수 있어 다행으로 생각하며 자료를 구해준 송경섭 씨에게 감사의 염을 적어둔다. 우리나라 차연구에 일조가 되었으면 한다.

문위세의 「다부」는 314자에 불과하다. 그다지 풍부한 내용이라고는 하기 어렵지만 차문헌으로는 가치가 있다고 생각한다.

특히 '부'라는 작품을 통해 차를 노래했다는 데서 이목의 「다부」
와 같은 대열에 서는 것이라 할 수 있다. 자세한 설명은 후일로
미루고 역주한 것을 먼저 선보이기로 한다(2009. 6).

## 2. 문위세(文緯世)의 생애

문위세(1534~1600)는 조선 선조 때의 학자로, 자는 숙장(淑
章), 호는 풍암(楓巖), 본관은 남평(南平)이다. 삼우당(三憂堂) 문
익점(1329~1398)의 9대손이다. 전라도 장흥에 살았다. 일찍이
미암(眉巖) 류희춘(柳希春)의 문하에 나아가 글을 배우다가 외숙
부 귤정(橘亭) 윤구(尹衢)의 인도로 13세부터 퇴계 이황에게 나
아가 그의 문인이 되었으며, 주자서(朱子書)를 깊이 강론하였다.
당시 퇴계 이황은 문위세에게 제갈량(諸葛亮)의 '팔진도(八陣圖)'
를 선물로 주었다고 한다.

명종 22년(1567) 사마시(司馬試)에 급제하여 진사(進士)가 되
었으나 장흥의 백운암(白雲庵) 등에서 제자를 양성하면서 학문
연구에 전심하였으며 틈나는 대로 활쏘기, 말타기에도 힘썼다.
그러다가 선조 22년(1589) 기축옥사(己丑獄事)가 일어나자 벼슬
을 단념하고 학문에만 열중하였다.

선조 25년(1592) 임진왜란이 일어나자 그해 7월, 박광전(朴光
前: 1526~1597), 임계영(任啓英: 1528~1597) 등과 상의한 뒤, 다
섯 아들과 조카, 집안의 노복(奴僕) 등 수백 명을 거느리고 창의
(倡義)하여 '백의의병장(白衣義兵將)'으로 명성을 떨쳤다. 군무를

강성서원 전경

계획하고 처리하는 지략이 뛰어나 제갈량에 비유되었다. 권율 (權慄)이 호남의병의 활약상을 조정에 보고할 때 문위세를 첫머리에 올림으로써 용담현령(龍潭縣令)에 제수되었다.

정유재란 때에도 5백여 명으로 의병을 조직, 적을 방어하였다. 그 공으로 파주목사(坡州牧使)에 제수되었으나 부임하지 않고, 지금의 전라남도 장흥군 유치면 늑룡리 사군대(思君臺)에서 가야금과 글을 벗삼아 지내다가 세상을 떠났다. 저술로 『풍암선생유고(楓菴先生遺稿)』 2권 1책(규장각도서 15620)이 전한다. 「다부」는 『풍암선생유고』, 권1에 실려 있다.

인조 22년(1644) 지방 유림들의 공의(公議)로 월천사(月川祠)에 배향되었다.[1] 정조 22년(1798) 호남유생 임오원(任五源) 등의 상소로 병조참판에 추증되었고, 순조 33년(1833)에 나주 충장사

---

[1] 나중에 江城書院으로 격이 높아졌다.

(忠壯祠)에도 배향되었다. 현재 장흥군 유치면 늑용리 마을 입구에 세워진 신도비는 본디 영남학파 학인 갈암(葛庵) 이현일(李玄逸: 1627~1704)이 찬(撰)한 것이었으나 뒷날 정치적 이유로 땅에 묻혔으며, 순조 12년(1812)에 강한(江漢) 황경원(黃景源: 1709~1787)이 찬한 것으로 교체되었다.

## 3. 「다부」 역주

| | |
|---|---|
| 山堂寥闃[2] | 산당이 쓸쓸하고 고요한데 |
| 秋天漸涼 | 가을 날씨는 점차 서늘해지네. |
| 日耕千軸 | 날마다 1천 두루마리의 서책을 경작하느라 |
| 不覺枯腸 | 창자가 마르는 것을 알지 못했네. |
| 爰取烏甌 | 이에 검은 주발을 가져다가 |
| 一啜雲脚 | 운각(雲脚)[3]을 한 잔 마셨네. |
| 滌盡昏濁 | 어둡고 흐린 것을 말끔히 씻어내니 |
| 淸冷徹骨 | 뼛속까지 맑고 시원하구나. |
| 嘉此茗荈 | 아름답도다, 이 명천(茗荈)[4]이여 |
| 拔乎羣萃 | 여러 무리들 중에서 빼어났네. |
| 春晴巫峽 | 화창한 봄날의 무협(巫峽)[5] |

---

2 闃(격): 고요하다.

3 차의 별칭. 구름 끝에서 자란다는 의미로 차를 달리 이르는 말이다. 徐居正, 『四佳詩集』 권50, 第二十三, 詩類, 「煎茶」 "龍團名第一, 雲脚雪芽新."

4 일찍 딴 차를 '茶', 늦게 딴 차를 '茗' 또는 '荈'이라 한다.

5 '長江三峽'의 하나. 무협은 삼협 가운데 길이가 가장 길고 깊으며 경치가

| 花白葉綠 | 꽃은 희고 잎은 푸른데 |
| 烟雨添潤 | 안개비가 윤기를 더해주고 |
| 馨香郁然 | 풍기는 향기 대단도 하네. |
| 山人携籠 | 산사람이 종다래끼 끼고 |
| 遵被巖泉 | 저[彼][6] 암천[7]의 물을 따라가 |
| 掘取雲根 | 땅을 파고 산석(山石)[8]을 채취하는데[9] |
| 白蛟蜿蜒 | 흰 교룡(蛟龍)이 구불구불거리듯 한다.[10] |
| 爰濯石鼎 | 이에 (차다릴) 돌솥을 세척하니 |
| 颯颯松聲 | '쏴쏴' 솔바람 소리가 나는구나. |
| 蟹眼初熟 | 게눈 같은 기포 일며 처음 끓을 적에 |
| 蕩然烟生 | 탕연하게 김이 피어오르네. |
| 味香勝絕 | 맛과 향기 다시 없이 좋은데 |
| 和氣氤氳 | 화평한 기운 자욱하구나. |
| 釋滯消壅 | 체증을 풀어 사라지게 하니[11] |

아름답다. 서쪽 무산현 大寧河 어구에서 동쪽으로 호북성 巴東縣의 관도 어구까지 40㎞에 이르는 협곡이다.

[6] 원문에는 '被'로 되어 있으나 '彼'의 오자다.

[7] 바위틈에서 솟아나는 샘.

[8] 雲根은 바위 또는 山石을 달리 이른다. 「동다송」에서도 '綠芽紫筍穿雲根'이라 하였다.

[9] 梅堯臣의 시 「次韻答吳長文內翰遺石器八十八件」에 "掘地取雲根, 剖堅如剖玉"(땅을 파고 운근을 채취하는데, 단단한 돌 쪼개는 게 옥을 쪼개는 것 같아라)이라는 싯귀가 있다.

[10] 茶器의 무늬를 말하는 듯.

[11] 일찍이 당나라 때 사람 기무민(綦母旻)은 차를 비판하는 글에서, 차의 공덕으로 꼽는 釋滯消壅은 一日之利에 불과하지만, 瘠氣耗精은 終身之累인데도 세상 사람들은 이익을 얻으면 그 공을 차의 힘으로 돌리고 차가 해를 끼치는 것은 말하지 않는다고 하였다. 劉肅撰, 『大唐新語』"唐右補闕綦母旻, 性不飮茶, 著伐茶飮序, 其略曰:「釋滯消壅, 一日之利暫佳,

| 霧霽秋旻 | 안개 걷힌 가을 하늘 같네. |
| 神效若此 | 신통한 효험 이와 같으니 |
| 固人所嗜 | 진실로 사람들이 즐기는 것이요 |
| 採者彌夥 | 따는 사람이 더욱 많아짐에 |
| 名播天地 | 이름이 천지에 퍼지게 되었네. |
| 異馨魁於瑞草 | 특이한 향기 서초(瑞草) 가운데 으뜸[12]인데 |
| 少陵稱其郁馥 | 두소릉(杜少陵: 杜甫)이 그 향기를 칭송하였네. |
| 美功見於破睡 | 훌륭한 공은 수마(睡魔)를 물리친 데서 드러났는데[13] |
| 謫仙誇其爽潔 | 이백(李謫仙)은 그 청상정결(淸爽淨潔)함을 자랑하였네. |
| 菊英換其六班 | 국화꽃잎을 육반차(六班茶)와 바꾸고는[14] |
| 潮舌甘於鳳餠 | 혀를 적심[潮]에 봉병(鳳餠)[15]보다 달다고 하였네.[16] |

---

瘠氣耗精, 終身之累斯大. 獲益則歸功茶力, 貽患則不謂茶災, 豈非福近易知, 禍遠難見乎"

12  杜牧의 시「茶山」에 '山實東南秀, 茶稱瑞草魁'라는 구절이 있다.

13  白居易,「贈東鄰王十三」"驅愁知酒力, 破睡見茶功."

14  중국 당나라 때 백거이가 즐겨 마셨다는 차이름. '換茶醒酒'(以菊易茶)의 고사에서 나왔다. 일찍이 술병이 난 劉禹錫이 백거이에게 국화싹 버무린 것과 무우젓을 선물로 보내 그의 육반차와 바꾸어 마셔 술이 깨도록 했다는 고사. 『蠻甌志』"白樂天入關, 劉禹錫正病酒, 禹錫乃饋菊苗虀, 蘆菔(蘿蔔)鮓, 換取樂天六班茶二囊, 以醒酒."(『淵鑑類函』 권390, 食物部, 〈茶二〉)

15  떡차의 하나. 대표적인 것으로 龍團과 鳳餠이 있는데, 이를 龍鳳餠이라고도 한다.

16  『續茶經』, 卷下之二 "徐渭煎茶七類, 茶入口先須灌漱, 次復徐啜, 俟甘津潮舌, 乃得眞味. 若雜以花果, 則香味俱奪矣."; 劉彦冲,「寄茶與二劉」"花瓷

| | |
|---|---|
| 豈啻騷人之成癖 | 이 어찌 시인의 말버릇[17]일 뿐겠는가. |
| 著神勤於吟詠 | 신기한 공이 음영(吟詠)을 통해 드러나네. |
| 瓷偶作於鞏縣 | 차단지를 우연히 공현[18]에서 만들었는데 |
| 建人矜其清白 | 복건(福建) 사람들이 그것의 맑고 깨끗함을 자랑했네. |
| 代明月而寄友 | 밝은 달을 대신하여 (차 마시는 즐거움을) 벗에게 부치고 |
| 替醇酎而遇客 | 진한 술을 (차로) 바꾸어 손님을 대접했네. |
| 石花發於劍南 | 석화(石花)는 검남(劍南)[19]에서 활짝 피었고[20] |
| 紫筍生乎顧渚 | 자순(紫筍)[21]은 고저(顧渚)[22]에서 생산되었네. |
| 甘滑勝其冰蓴 | 달고 매끄럽기는[23] 빙사(冰絲) 같은 순채(蓴菜)보다 낫고 |
| 醒醒聞乎鱸魚 | 숙취를 깨게 하는 것은 농어회보다 알려졌네.[24] |

---

啜罷甘潮舌"구절이 있다.

[17] 시인들이 거의 예외 없이 차를 예찬하는 것을 가리킨 듯함.

[18] 鞏固하다는 의미를 지닌 고을 이름. '瓷'과 '鞏'을 대비시켰다.

[19] 중국 四川省에 있는 차의 명산지.

[20] 차 가운데 유명한 것으로 劍南産인 蒙頂·石花, 湖州産인 顧渚·紫筍이 꼽힌다. 이 두 차를 병칭하여 '石花紫筍'이라 하기도 한다.

[21] 차 이름. 당나라 때 湖州에서 생산되었던 최상품의 차. 白居易의 「題周皓大夫新亭子二十二韻」 시에 "茶香飄紫筍, 膾縷落紅鱗"이라는 구절이 있다.

[22] 『避暑錄』에 "차의 極品은 오직 雙井·顧渚인데, 그 첫 움이 雀舌과 같은 것을 槍이라 하고 조금 벌어져 잎이 벌어진 것을 旂라 한다"고 하였다. 창·기는 갓 움튼 차싹[茶芽]을 이름. 歐陽脩의 「蝦蟆碚」 시에 "共約試春芽 槍旂幾時綠"의 구절이 있다.

[23] 상품의 차는 달고 매끄러우며 하품은 쓰고 떫다고 한다.

| 豈香味之久秘 | 어찌 맛과 향을 오래도록 숨길 수 있으랴. |
| 宜有人之獻王 | 임금에게 바치는 사람이 있음은 당연하다. |
| 稅初起於唐時 | 차세(茶稅)는 당나라 때부터 생겨났는데 |
| 致輸貢之多方 | 수송된 공물이 많은 지방에 이르렀네. |
| 小籠進於宋后 | 작은 바구니를 송후(宋帝)에게 진상한 채군모[25] |
| 蔡極榮於恩光 | 황제의 은광[26]에 최고의 영화를 누렸다네. |
| 詎香色之獨愛 | 어찌 향과 빛깔만을 아낀 것이겠는가. |
| 喜吾神之淸涼 | 내 정신이 청량함도 좋아하노라. |
| 美玆茶之品奇 | 이 차의 품격이 기이함을 찬미하나니 |
| 實卉中之異物 | 실로 화훼 가운데 특이한 것이로다. |
| 然消陽而助陰 | 그러나 양기를 쇠하게 하고 음기를 돕나니 |
| 損反勝於有益 | 덜어내는 것이 보태는 것보다 낫네.[27] |

---

[24] 순채와 농어회를 좋아했다는 '張翰風流' 故事 참조. 장한은 중국 晉 나라 吳郡 사람이다. 자는 季鷹, 호는 江東步兵이다. 齊王 冏(경)이 그를 불러 大司馬(국방장관)의 東曹掾(보좌관)을 삼았다. 하루는 가을바람이 일어나는 것을 보고 문득 吳中의 蓴菜(순채)와 농어회[鱸魚]가 생각나서 말하기를 "인생이란 제 마음에 맞게 살아야지 무엇 때문에 고향을 떠나 천리 밖에서 명예와 벼슬에 얽매이겠느냐?" 하고서 바로 고향에 돌아갔다고 한다. 『晉書』권92,「張翰傳」참조.

[25] 중국 북송 때의 정치가 蔡襄(1012~1067). 君謨는 字. 직언을 잘하고 吏事에 밝았으며, 知諫院・直史館 등 여러 벼슬을 역임하였다. 서예에 능하여 당시 제일가는 명필로 꼽혔다. 저술에 『茶錄』・『忠惠集』등이 있다(『宋史』, 권320 참조). 丁公言은 차잎을 가루로 만들어서 大龍團과 小龍團이란 茶餠을 처음 만든 사람이며, 채군모는 임금에게 진상하는 차〔茶〕를 용의 형상으로 뭉쳐서 만들었다고 한다. 『歸田錄』, "茶之品 莫貴於龍鳳團 凡餅重一斤 慶曆 蔡君謨始造小品龍茶以進 謂之小團 二十餅重一斤 宮人往往鏤金花於其上."

[26] 임금이나 웃어른으로부터 받는 혜택.

[27] 차의 성질은 '冷'하여 많이 마시면 양기가 쇠하는 대신 음기는 보강된

誠一服之有式　진실로 한 번 복용함에 절도가 있나니

笑斛飲之損躬　곡음[28] 하여 제 몸 손상시킴은 비웃음 살 일이라.

爲世俗之喜嗜　세속에서의 (차를) 좋아하거나 즐기는 분을 위해

乃作戒於庸愚　이에 못나고 어리석은 것에 대해 경계하노라.

---

다고 한다. 소동파는 차를 마시면 損益이 相半이지만 양기를 쇠하게 하
고 음기를 보충하니 이익을 손해로 갚지는 않는다고 하였다. 蘇軾, 『東
坡雜記』, 「漱茶說」 "除煩去膩, 世固不可以無茶. 然暗中損人, 殆爲不少.
昔人云: 「自茗飲盛後, 人多患氣, 不復患黃. 雖損益相半, 而消陽助陰, 益
不償損也."

28 주량이 열 말인 것. 竹林七賢의 한 사람인 劉伶의 고사에서 나왔다. 그
는 평소 열 말의 술을 마셨고, 다섯 말로 속풀이[解酲]를 하였다고 한
다. 유령은 「酒德頌」을 짓기도 하였다.

槐翁先生□遺稿卷一

山堂寥闃秋天漸涼日耕千軸不覺枯腸爰取烏甌

一啜雲脚滌盡昏濁淸冷徹骨嘉此茗荈拔乎蓁莽

春晴巫峽花白葉綠烟雨添潤馨香郁然山人攜籠

遵被巖泉掘取雲根白蛟蜿蜒发濯石鼎颯颯松聲

蟹眼初熟蕩然烟生味香勝絕和氣氤氳釋滯消壅

霧霮秋旻神效若此固人所嗜採者彌麇名播天地

異馨魁於瑞草少陵稱其郁馥美功見於破睡譋仙

誇其爽潔菊英搜其六班潮舌甘於鳳餠荳蔻驕人

之成癖著神勳於吟詠瓷偶作於羣縣建入矜其淸

白代明月而寄友替醇酎而遇客石花發於劒南紫

荀生平顧渚甘滑勝其冰尊醒醒聞乎鱸魚羓香味

乞火秘宜有人之獻王親初起於唐時致輸貢之多

方小籠進於宋后蔡極榮於恩光詎香色之獨愛喜

吾神之清涼美菽茶之品奇實卉中之異物厭消陽

而助陰損反勝於有益誠一服之有式笑斜飲之損

躬爲世俗之喜嗜乃作戒於庸愚

哀失鶴

家有病鶴棲養日久性愛心馴道之無懼撫
之不驚朝咏野夕歸室警露秋宵頻驚螢楊
之夢倒羽烟朝屢做瑤臺之趣余晦身
擬作遺世之朋也一日被野童咏狗爭蟇晤
衣玄裳委地離坡余甚痛惜途賦

界庵先生文　書卷一　賦　二十六

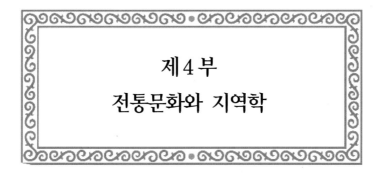

# 제4부
# 전통문화와 지역학

# 제1장 풍류정신으로 읽는 전주권의 문화전통

## -전주와 정읍을 중심으로-

## Ⅰ. 머리말

필자는 고운 최치원을 연구하는 그 분야 전문가다. 최치원의 철학사상을 30년 넘게 연구하여 왔다. 이 과정에서 가장 많이 질문을 받았던 것은, 최치원이 그 실재를 증언했던 '풍류'(풍류도)였다. 이제 풍류의 실재를 부정하는 사람은 없는 듯하다. 다만 그 내용과 성격 등에 대해서는 아직도 설왕설래 말이 많은 것이 사실이다. 그도 그럴 것이다. 최치원이 「난랑비서(鸞郞碑序)」에서 매우 추상적이고 함축적으로 그 정의를 내려놓았기 때문에 그 함의를 해석하는 과정에서 많은 말이 나올 수밖에 없다고 생각한다.

필자는 '풍류' 사상의 실체와 그 근원에 대해 탐구를 하여 왔다. 풍류는 현대인이 생각하는 것처럼, 정감적 측면만의 축소된 의미로 볼 수 없다. 정감적·이성적 차원에다 초월적 신비경(神秘境)까지 나아간 영성적(靈性的) 차원까지 결합시켜 보아야 정당한 이해에 도달할 수 있다. 이성·감성·영성이 하나로 융합된 경지가 바로 한국사상의 특징 가운데 특징이기 때문이다.

전주권의 문화 전통을 우리나라 전통사상인 풍류도와 연결시켜 글을 쓰는 것은 참 어려운 문제다. 필자 나름의 주관적 판단은 있지만 객관적 증거가 턱없이 부족하기 때문이다. 그러나 전주권의 전통문화는 풍류도의 정신과 관련시켜 논할 수 있는 여지가 많다고 본다. 그것은 요즘 전주에서 '가장 한국적인 도시 전주'라는 표어가 널리 사용되고 있는 것으로도 감을 잡을 수 있다. 이 표어에는 한국 전통문화의 중심지라는 강한 자부심이 투영되어 있다. 실제로 전주는 소리문화, 음식문화, 예술문화 등 전통문화가 살아 숨 쉬는 곳이다. 그 명성은 다른 도시의 추종을 불허할 정도다. 판소리·비빔밥·부채·한지 등으로 대표되는 전주의 전통문화는 이제 세계적 브랜드로 발돋움하려는 움직임을 보이고 있다.

한편, 정읍은 동학농민전쟁의 본고장이고, 동학이 우리 고유의 풍류도에 사상적 근거를 두고 있다는 점은 분명한 사실이다. 또 풍류의 실재를 증언했고, 일생을 풍류도인으로 살았던 최치원이 일찍이 이곳 태산(정읍의 옛이름)에서 태수를 역임했다는 점도 간과할 수 없다. 이쯤 되면 정읍과 풍류도는 직, 간접으로 연관이 있다고 말할 수 있지 않을까?

사람들은 가시적인 것만 중요하게 생각하고 비가시적인 것은 대수롭지 않은 것으로 생각하는 경우가 많다. 그러나 보이는 것의 이면에 숨은 비가시적인 원리와 사상·정신 등이 더 중요함을 알아야 한다. 한 예로 나무 뿌리는 땅 속에 숨어 있지만 줄기와 가지, 잎을 무성하게 한다. 음식에서 색깔·향·냄새 등도 중요하지만 정작 내면에 담긴 깊은 속맛이 없다면 외면을 당할 수밖에 없다. 이 이치를 새길 필요가 있다.

　전주권의 오랜 문화 전통에는 정신적·사상적으로 고(古)와 금(今)을 꿰뚫는 맥락이 있다. 그러나 전주권이 생명력 긴 전통문화를 유지, 발전시켜왔음에도, 그 이면에 담긴 사상적·정신적 기반에 대해서는 관심을 가진 이가 별로 없었던 것 같다. 그 사상적 배경을 탐색하여 전통문화의 가치 창출을 구상한 경우는 더욱 찾기 어려웠다. 문화의 정신적 기반에 대한 무관심과 몰이해 속에서는 전주 사람들이 자랑하는 비빔밥이나 부채·한지 등은 한갓 상품에 지나지 않는다. 판소리 또한 그 예외가 아니다. 그저 맛과 멋, 즐거움을 추구하는 대상에 불과하다면 그 생명력을 유지하기 어려울 것이다.

　필자는 이 글에서 전주권의 전통문화 이면에 숨어 있는 사상적·정신적 맥락을 탐색하려 한다. 전통문화의 체계적 이해에 목적이 있다. 앞서 말한 '가장 한국적인 도시'라는 표어에서 '한국적'이라는 말의 의미는 한 마디로 규정 짓기 어렵다. 이해하는 사람마다 다를 수 있다. 그러나 필자는 이를 '전통이 살아 숨쉬는 고장'이라는 의미로 이해하여 논하고자 한다. 다만 주어진 논제가 특정한 문화 양상의 이면에 담긴 형이상학적 문제를 탐색하는 것이기 때문에, 논의의 객관적 검증에서 자유롭지 못하다. 객관적 증명보다도 추론이나 직관적 해석에 의지할 수밖에 없음을 미리 밝혀둔다. '추론'이란 표현을 사용한 것은, 그 만큼 직접적인 관련 자료가 적다는 점을 의미하기도 한다. 독자는 이런 고충을 이해하여 주실 것으로 믿는다.

전주권의 전통문화는 특정 원리나 사상에 따라 생겨나고 체계화한 것이 아니다. 자연발생적으로 생겨나 오랜 세월 동안 정련(精鍊)을 거치면서 나름의 체계가 갖추어진 것이다. 또 그 나름의 체계에는 사상적·이념적 지향이 깃들어 있다. 다만, 민중의 삶 속에 구전심수(口傳心授)로 내려온 까닭에 문헌적 뒷받침은 거의 없다. 전주권의 전통문화 또는 문화전통에 대한 해석과 의미 부여는 논자나 관점에 따라 다를 수 있다. 다만 어느 경우든 주관적이라는 비판은 피할 수 없다고 본다. 얼마나 설득력 있는 해석인가 하는 점이 글의 성패를 좌우할 것이다.

필자의 해석은 전주권 전통문화에서 풍류도의 전통을 찾으려는 것으로, 귀납적 성격을 띤다. 입체적 구성이 어려워 먼저 풍류도의 실체에 대해 고찰한 뒤, 이 풍류도와 전주권의 문화 전통을 비교 고찰하려 한다. 특히 전주·정읍을 중심한 문화권의 특성과 그것이 후대에 어떤 영향을 끼쳤으며, 현대에 어떤 의미를 지니는지에 대해 논술하고자 한다.

## II. 풍류도의 '포함삼교(包含三敎) 접화군생(接化群生)'의 전통

### 1. 풍류도와 최치원

우리 고유사상을 '풍류'라 하고, 또 그 실체를 '포함삼교(包含三敎), 접화군생(接化群生)' 여덟 글자로 해석한 사람은 신라 말의 사상가 고운 최치원이다. 우리 고유사상에 대한 역사상 초유의 관심과 정의인 만큼, 고유사상을 말할 때는 최치원을 거론하지 않을 수 없다. 필자는 1987년 『주해 사산비명』을 펴낸 이래 최치원의 철학사상을 전문적으로 연구하여 왔다.[1] 고운철학 전공자가 드물어 사실상 혼자 하는 공부가 되다보니 진척이 더디다. 앞서 내놓은 성과를 훌쩍 뛰어넘지 못하는 것에서 오는 아쉬움이 적지 않다.

고운철학 가운데 세인의 관심을 끄는 것은 역시 '현묘지도(玄妙之道)로서의 풍류'라고 할 것이다. 풍류에 대해서는 제가(諸家)의 논고가 그 수를 헤아리기 어렵다. 풍류의 해석은 '십인십색'이라 할 만하다. 76자밖에 전하지 않는 '난랑비서'의 내용을 가지고 해석하다보니 자연 자가류(自家流)의 해석이 될 수밖에 없다. 또 거기에 무한한 상상력과 추리력, 신비성이 개입되다보니 논의가 실로 백화난만(百花爛漫)에 이른 것이다.

풍류의 실체를 한계 있는 말과 글로 나타낼 수 없다는 의미로 붙인 '현묘지도'란 말이 지금에 와서는 어엿이 객관적 실재가 되어버렸다. 현묘지도라는 이름을 붙인 각종 수련법이 성행하고 있는 것이다. 이 뿐만이 아니다. 그 의미가 넓고도 큰 '풍류'는 어느새 예술적 · 정감적 측면으로 축소 해석되어 초라한 모습을 보이고 있다. 민족 종교를 표방하는 단체나 그에 종사하는 사람들은 풍류의 실체를 포장하고 과장하며 신비화시킨 나머지 새 세상을 열어줄 사상적 · 종교적 모태(母胎)로 여기기도 한다. 연

---

[1] 연구 성과를 결집한 것이 拙著, 『최치원의 철학사상』(아세아문화사, 2001)이다.

구자들 역시 이와 크게 다르지 않은 것 같다. 고운철학에 대한
예비적 고찰 없이 단장취사(斷章取捨)를 예사로 한다.

우리 민족 고유의 도에 대해 역사상 초유로 관심을 보였고 또
정의까지 내린 사람이 최치원이라면, 풍류는 사실상 최치원에
의해 다시 태어난 셈이다. 풍류는 역사적 실재이지만, '포함삼
교, 접화군생'이라 한 정의에는 최치원의 주관과 철학이 반영되
어 있다. 현묘지도인 풍류는 최치원의 철학사상에 대한 이해가
선행되어야 그 진면목을 제대로 알 수 있다.

최치원의 철학은 민족주체의식인 동인의식(東人意識), 그리고
선진문화의 지향과 관련한 동문의식(同文意識) 이 두 축으로 전
개된다. 필자는 최치원의 주체의식을 '동인의식'으로, 문명지향
의식을 '동문의식'으로 명명한 바 있다. 민족적 특수성을 의미하
는 '인(人)', 문화적 보편성을 의미하는 '문(文)', 그리고 각각 그
것을 수식하는 '동(東)'과 '동(同)'이 좋은 대조를 이룬다.

동인의식은 우리 민족의 정신적·사상적 밑뿌리를 캐려는 데
서 나온 것이었다. 우리 것에 대한 자부심과 긍지는 고유사상의
원형을 탐구하려 한 데서 잘 나타난다. 고유사상에 대한 탐구의
결정은 '난랑비서' 첫머리에 집약되었다고 본다.

> 우리나라에 현묘한 도가 있다. 이를 '풍류(風流)'라고 한다. 교(敎)를
> 설(設)한 근원은 선사(仙史)에 자세히 실려 있거니와, 내용은 곧 (A) 삼
> 교를 포함(包含)하는 것으로 (B) 군생(群生)을 접촉하여 변화시킨다.
> 이를테면, 들어와 부모에게 효도하고 나아가 나라에 충성하는 것은 노
> 사구(魯司寇: 孔子)의 주지(主旨)와 같고, 무위(無爲)로써 세상일을 처
> 리하고 말 없는 가르침을 행하는 것은 주주사(周柱史: 老子)의 종지와

같으며, 모든 악한 일을 하지 않고 모든 착한 일을 받들어 행하는 것은
축건태자(竺乾太子: 釋迦)의 교화와 같다.[2]

짧게 인용된 글이기는 하지만, 최치원이 자신의 사고의 틀-나
아가 해석학적 주형(鑄型)에 따라 고유사상을 이해하고 정의를
내렸음을 알 수 있다. 이를 볼 때, 풍류도에 대한 이해를 최치원
의 사상이라 해도 잘못된 말은 아닐 것이다.

## 2. 선도(神道)의 전통과 풍류도

최치원은 「난랑비서」에서 '설교지원(設敎之源), 비상선사(備詳
仙史)'라 하였다. '설교(設敎)'란 말은 『주역』 관괘(觀卦)에서 "성
인이 신도(神道: 하늘의 신묘한 道)로써 교를 베풂에 천하가 열
복(悅服: 感化)하였다"[3]고 한 데서 나왔다. '신도설교(神道設敎)'의
경지에 대해서는 정이천(程伊川)의 해설이 요령을 얻은 것 같다.

대저 천도는 지극히 신묘하다. …… 오직 성인이라야 묵계(黙契)하여
그 묘용(妙用)을 체달(體達)함으로써 정교(政敎)에 설시(設施)한다.
그러므로 천하 사람들이 모두 다 그 덕(德)에 함영(涵泳)하면서도 그
공을 알지 못하고, 그 화(化)에 고무(鼓舞)되면서도 그 용(用)을 헤아
리지 못하지만, 저절로 우러러보며 추대(推戴)해 복종한다.[4]

---

2  『삼국사기』권4, 진흥왕 37년(576)조, "國有玄妙之道, 曰風流. 設敎之源,
備詳仙史. 實乃包含三敎, 接化群生. 且如入則孝於家, 出則忠於國, 魯司寇
之旨也. 處無爲之事, 行不言之敎, 周柱史之宗也, 諸惡莫作, 諸善奉行, 竺
乾太子之化也."

3  『周易』, 「觀卦」"彖曰, 聖人以神道設敎, 而天下服矣."

최치원은 풍류도에 대해 '성인신도설교(聖人神道設敎)'라고 하지는 않았다. 풍류도는 '성인'이라는 특정 주체가 있어 베풀은 교가 아니라 자생한 것이었기 때문이다. 우리 한민족은 고대로 올라갈수록 '성인'에 비견되는 인물로 '신인(神人)'이란 말을 더 친근하게 사용하였다. 그러나 최치원이 풍류도를 '신도'라고 하지는 않았지만, 그가 생각했던 '현묘지도'로서의 풍류도는 '신도' 그 이외의 다른 어떤 말로도 설명될 수 없었으리라고 본다.[5] 풍류도의 '신도적(神道的) 설교(設敎)'가 수많은 '인도적 설교'와는 그 성격이나 차원이 다르다는 점을 은근히 풍긴다는 점에서 더욱 그런 느낌을 갖게 한다. 우리의 선학들 가운데 우리 고유의 사상과 종교를 범칭(汎稱)하여 '고신도(古神道)'로 일컫는 이들이 적지 않았던 것[6]도 이런 점을 의식한 것이라고 하겠다.

풍류에 대해서는 그동안 제가(諸家)의 수많은 해석이 나왔다. 나름대로 논리가 있고 설득력이 있다. 그런데 이런 논의를 보면서 필자는 한 가지 아쉬움이 있다. 이 풍류를 대부분 '포함삼교'의 관점에서 해석할 뿐 '접화군생'의 한 축에 대해서는 적극적으로 의미 부여한 사람이 드물었기 때문이다. 풍류라는 말은 가깝게는 '유풍여류(遺風餘流)'의 의미일 수 있지만, 그 '풍'과 '유' 각

---

4 『易傳』 "夫天道至神, …… 唯聖人默契, 體其妙用, 設爲政敎. 故天下之人, 涵泳其德, 而不知其功, 鼓舞其化, 而莫測其用, 自然仰觀而戴服."

5 『周易注疏』 권3, 「觀卦」에서는 '神道'에 대해 "神道者, 微妙无方, 理不可知, 目不可見, 不知所以然而然, 謂之神道"라고 하였다.

6 『육당 최남선 전집』 제3권, 현암사, 1974, 253-255쪽 「조선상식」 참조. 여기서는 '신도'란 말의 의미, 出典, 用例, 風流道와의 관계 등을 폭넓게 다루고 있다.

각에 담긴 의미를 새겨보면, 한국인 특유의 정감적 성격이 잘 살아난다. '풍'은 바람이요 '유'는 물이다. 물과 바람은 모든 생명체가 살아가는(변화하는) 데 없어서는 안 되는 것이다. 바람은 사계절 각각 다르다. 같은 바람이 아니다. 계절에 따라 온풍ㆍ열풍ㆍ양풍(凉風)ㆍ한풍으로 달리 불면서 식물의 생ㆍ장ㆍ성ㆍ수(生長成遂)를 돕는다. 바람은 노래이다. 『시경』 등에서는 노래를 '풍(風)'이라 하였다. 신바람 나게 하는 것이 노래이기 때문이리라. 한편, 유가에서는 바람을 군자(지도자)의 교화에 비유하기도 한다. 즉 『논어』 「안연(顔淵)」 편에서 "지도자의 덕성은 바람 같은 것이고, 백성들의 성질은 풀과 같은 것이다. 풀 위로 바람이 불면, 반드시 눕는다"[7]고 하였듯이 지도자의 구실이 중요함을 일깨우는 것이 바람이기도 하다. 물은 천리유행(天理流行)을 상징적으로 드러낸다. 물은 위에서 아래로 흐른다. 이것이 천리(天理)이다. 바람과 물이 흐르면 소리가 난다. 그 소리는 인간의 정감을 드러내는 것이기도 하다. 이처럼 풍류란 정감으로 통하는 것이다.

위에서 최치원이 말한 풍류사상의 실체는 '포함삼교 접화군생' 여덟 글자에서 찾을 수밖에 없다. 뒷날 동학(東學)에서 이 점에 주목하고 포(包)와 접(接)이라는 교단의 기본 조직을 만들었듯이, 전자를 풍류도의 체(體)라고 한다면 후자는 용(用)이라 할 수 있다.[8] 최치원이 '포함삼교'라 하고 세 가지 예를 든 것은, 삼

---

[7] 『논어』, 「顔淵」 "君子之德風, 小人之德草. 草上之風, 必偃."

[8] 이것은 『주역』, 「계사 상」 제10장에서 "易无思也, 无爲也, 寂然不動, 感而遂通天下之故. 非天下之至神, 其孰能與於此?"라고 한 것을 연상하게 한

교사상의 핵심 요소를 가지고 풍류사상의 실체를 해석한 것이
아니다. 풍류도의 핵심 강령이 삼교 사상의 중요 요소와 부합한
다고 본 것이다. 최치원이 본 풍류사상은 유·불·도 삼교 사상
과 이질적이지 않으면서도 그 자체가 독특한 성격을 지니는 것
이다. 이런 까닭에 최치원이 '현묘한 도'라고 규정하였음을 알
수 있다.

'현묘'란 말은 『노자』 제1장의 '현지우현(玄之又玄), 중묘지문
(衆妙之門)'에서 인용한 것이다. 이 대목에 앞서 "無名天地之始,
有名萬物之母, 此兩者同出而異名, 同謂之玄"이라는 말이 있다. 왕
필(王弼)의 주(注)에 의하면, "유와 무가 같은 데서 나와 이름을
달리할 뿐이니, 그 '같은 데'를 일러 '현(玄)'이라 한다. 이 유현
하고 유현한 것은 온갖 미묘함이 나오는 근본이다"고 하였다.[9]
여기서 풍류도를 '동(同)으로서의 현(玄)'에 대치시키면, 풍류도
야말로 중묘(衆妙)가 나오는 근본이다. 또 풍류도의 핵심 요소로
주어진 세 가지는 모두 풍류도에서 나왔으면서도 각기 그 성격
을 달리하니, 위에서 이른바 '동출이이명(同出而異名)'이란 말의
뜻에 부합한다. 이런 까닭에 풍류도의 성격은 노자가 말한 '동
위지현(同謂之玄)'이요, '중묘지문' 그 자체라고 하지 않을 수 없
다. 그러기에 최치원은 「대숭복사비문」 서두에서 동방과 동인의
성격을 논하면서 "중묘지묘(衆妙之妙)를 무슨 말로써 표현할 수

---

다. 풍류사상을 易이라 할 때, '包含三教'는 '寂然不動'에, '接化群生'은
'感而遂通天下之故'에 비할 수 있다고 본다.

[9] 『老子翼』, "同出者, 同出於玄也. 同名曰玄, …… 衆妙皆從同而出, 故曰衆
妙之門也."

있단 말인가"[10]라고 새삼 탄성을 발하였던 것이다.

일본의 학자 후쿠나가 미쓰지(福永光司: 1918~2001)에 의하면, 노자의 '현'은 많은 변화와 다양성을 안에 간직한 근원적인 하나[一]이며 그 하나에서 세계의 만물이 나타나고 현상화된다고 한다.[11] 이 '현'은 현묘지도인 풍류도에 비할 수 있다. 즉, 현묘지도는 '포함삼교'로 구체화되는데, 여기서의 '포함'은 삼교의 핵심적 내용이 본래부터 포함되어 있다는 것이다. 또한 '많은 변화와 다양성'을 간직한 풍류도에서 삼교사상과 부합되는 내용이 피어날 수 있음을 말하는 것이기도 하다.[12] 따라서 '포함'이란 두 글자에 '생'의 의미가 내함(內含)되어 있는 것으로 볼 수도 있다. 『노자』제42장에서는 "道生一, 一生二, 二生三, 三生萬物"이라 하여 우주 만물의 생성 과정을 밝힌 바 있다. 이 때의 '생'을 '포함'이란 말과 연결시켜 볼 수 있을 듯하다.

## 3. 접화(接化)의 의미와 풍류

풍류도는 「난랑비서」의 서술기법상 '현묘지도'와 '접화군생' 두 가지의 관점에서 볼 수 있다. 먼저 이 '현묘'란 말은 풍류도의 자연관화적(自然觀化的)이고 과화존신적(過化存神的)[13]인 신비성

---

[10] 「大崇福寺碑銘」, "衆妙之妙, 何名可名."; 최영성, 『역주 최치원전집(1)』, 아세아문화사, 1998, 195쪽.

[11] 福永光司, 『老子』, 東京: 朝日新聞社, 1968, 13쪽 참조.

[12] 최치원이 '포함삼교'라 한 것은 당시의 보편적 사상 체계인 삼교를 빌어 풍류도를 설명한 것에 불과하다. '포함삼교'의 의미는 '包含百敎'와 다를 것이 없다.

과 연관된다. 여기서 '접화군생'의 '화(化)'가 문제된다. 이는『주
역』에서 말한 '감이수통(感而遂通)'이라든지 최치원 자신이 자주
말하는 '유감필통(有感必通)'의 경지라 할 수 있다. 즉, 매우 신비
적이고 추상적인 경지다. 한국사상에는 합리성의 측면이 있지만
그보다 정감성·신비성(영명성)이 더 특징적이다. 특히 정감성
·신비성은 '풍류'라는 말 자체의 함의에서 엿볼 수 있다. 김형
효(金炯孝)는 풍류도의 정감적 성격을 지적하고, 접화군생을 '정
감적 실천 세계'라고 하였다.[14] 뒷날 이 땅에서 유교적 합리주의
가 성행함에 따라 우리 고유사상의 신비적 성격이 차츰 희박해
져 간 것이 사실이지만, 한국사상을 논할 때 신비적 성격이야말
로 빼놓을 수 없는 중요한 요소다. 이러한 신비적 성격을 가진
풍류도였기에 최치원이 '현묘지도'라고 했는지도 모를 일이다.

　최치원은 '화(化)'를 자주 말하였다. 그러나 '접화(接化)'라는
말은 정확한 전고를 찾기 어렵다.[15] 최치원의「지증대사비문」서
두에 나오는 '은은상고지화(隱隱上古之化)'는 그 앞 구절인 '풍속
교양위주(風俗交讓爲主)'와 대구를 이루는 것으로, 호양부쟁(互讓
不爭)하는 우리 민족의 품성을 상고시대의 교화에 견준 것이다.
여기서의 '화'는 일단 '교화'라 할 수 있다. 그러나 '화'에는 '교

---

13 『孟子』,「盡心　上」"夫君子, 所過者化, 所存者神."; 趙氏注 "君子通於聖
　人, 聖人如天, 過此世能化之, 存在此國, 其化如神."
14 김형효는 이에 대해 "현묘지도를 현대적 개념으로 로고스라고 한다면,
　접화군생은 프락시스(praxis)와 파토스(pathos)라고 할 수 있을 것이다"
　고 하였다. 그는 또 풍류도의 정감성을 '신바람', '신명'과 관련시켜 보
　기도 하였다.『韓國思想散考』, 一志社, 1976, 137쪽 참조.
15 『釋文紀』권7,「大小品對比要抄序」, "夫至人也, 覽通羣妙, 凝神玄冥, 靈虛
　響應, 感通無方, 建同德以接化, 設玄敎以悟神 ……."

화', '감화', '덕화', '변화', '동화', 전화(轉化) 등 여러 가지 뜻이 있다.[16] 단군신화에 나오는 '재세이화(在世理化)'는 '세상에서 변화를 섭리(攝理)한다'는 말이다. 이때의 '화'는 '변화'라는 뜻일 것이다. 『중용』에서 말하는 '찬화(贊化)'[17]는 천지 자연이 만물을 만들어 자라게 한다는 '천지지화육(天地之化育)'을 가리킨다.

접화군생은 단군신화에 나오는 '화'의 전통을 잘 계승한 것이라 할 수 있다. 단군신화에서는 '이화(理化)', '원화위인(願化爲人)', '웅내가화(熊乃假化)'라고 하여 '화'라는 단어가 두드러지게 나타난다. 이것을 '변화의 원리'로 규정한 학자도 있다.[18] 그에 따르면 '화'의 뜻은 두 가지 측면에서 이해될 수 있다.

> 하나는 신(神)과 물(物)이 각각 변화하여 신물통일체(神物統一體)로서의 인간 존재가 생성되는 원리를 뜻함이니, 이는 바로 자연의 생성 변화 원리를 말함이요, 다른 하나는 만물과 군생(群生)을 다스려 세계를 변화시키는 이른바 이화(理化)를 뜻한다. 여기서 '홍익인간(弘益人間)'의 도덕적 교화 원리가 전개되는 것이다. 그런데 이러한 두 가지 내용을 가진 변화 원리는 어떠한 관계를 가지는 것인가. 대체로 객관적인 천지자연의 생성 변화 원리를 내면화시켜 인간 주체적으로 자각했을 때 신명(神明)의 덕이 체득되어지는 동시에 비로소 신이 인간에게 준

---

[16] 이들은 서로 엄밀하게 구분되지는 않는다. 변화는 자연계의 변화 질서뿐 아니라 인간의 변화를 포함하는 넓은 개념이다. 교화나 감화 역시 가르치고 일깨워서 올바른 행동으로 변하도록 하는 것이기 때문에 실상 변화의 하나라 할 수 있다. 편의상 갈라놓은 것뿐이다.

[17] 『中庸』, 제22장, "惟天下至誠, 爲能盡其性, 能盡其性, 則能盡人之性, 能盡人之性, 則能盡物之性, 能盡物之性, 則可以贊天地之化育, 可以贊天地之化育, 則可以與天地參矣."

[18] 柳南相·李平來, 「한국전통윤리사상의 연구」, 『인문과학연구소 논문집』 11-2, 충남대학교, 1984 참조.

천명(天命), 즉 신의 명령으로서의 도덕적 교화 원리가 밝혀지는 것이
다.[19]

위의 글은 '접화군생'의 의미에 대해 시사하는 바가 크다. 이
를 보면 변화가 곧 교화요 덕화요 감화다. '접화군생'의 '화'는
위에서 말한 '화'의 여러 의미를 모두 포괄하는 광범위한 것이라
할 수 있다. 이런 점에서 다음과 같은 언급을 음미할 필요가 있
다고 본다.

> '접화군생'은 '홍익인간'보다 그 뜻이 더욱 넓은 한국 고유의 '어짊'의
> 표현이요, 풍류도의 범생물적인 생생(生生)의 자혜(慈惠)를 의미하는
> 말이다. 초목군생이나 동물에까지도 덕화를 베풀어 생을 동락동열(同
> 樂同悅)하도록 하는 것을 '접화군생'이라고 표현한 것이다.[20]

위와 같은 경지는 『주역』「중부괘(中孚卦)」에서 말한 '신급돈
어(信及豚魚)'와 같은 것이라 하겠다. '신급돈어'란 곧 지극한 믿
음이 저 무지한 동물인 돼지와 물고기까지도 감동시킨다는 말
이다.

접화군생은 일반적으로, 모든 생명체를 사랑하고 가까이 하
여 진화시킨다는 의미로 해석된다. 그러나 여기서 '접'은 단순한
'교접'이나 '만남'을 의미하지 않는다. 어느 면에서는 종교적 용
어요 행위인 접신(接神)의 경지와도 같은 것이다. 접신이란 사람

---

19 유남상·이평래, 앞의 논문, 290-291쪽.
20 都珖淳, 「한국의 전통적 교육가치관」, 『철학과 종교』, 현대종교문제연구
   소, 1981, 101쪽.

에게 신이 내려서 영혼이 서로 통하는 것이지만, 사람이 하늘의 신령한 기운과 접한다는 의미로 풀어낼 수도 있다. 접신의 경지에 이르고, 그 경지가 고조되면 영가(詠歌)를 하고 무도(舞蹈)를 하게 된다. 이런 영기(靈氣)가 주어지고 통할 때 완전 다른 사람이 되고, 다른 사물이 된다. 한국사상의 특성 가운데 하나인 신비성·정감성이 여기서 나오는 것이다. 이렇게 볼 때 이 '접' 자야말로 한국사상의 특성을 함축적으로 잘 표현한 것이라 하겠다. 후일 민족종교의 하나인 남학(南學)[21]에서 영가와 무도를 수련의 한 축으로 하면서, 궁리진성(窮理盡性)과 상대적인 고무진신(鼓舞盡神)의 측면을 중시했던 것은 한국사상에 담긴 신비성·정감성을 종교적·예술적으로 승화시키려 한 것이라고 본다.

## III. 모악산(母岳山) 권역의 풍류도 전통

모악산은 우리나라에서 계룡산과 함께 대표적인 신산(神山)으로 꼽힌다. 신기(神氣)가 넘치기로는 이 두 산을 당할 산이 없다는 평을 받는다. 이 때문인지 조선 후기부터 유사종교(類似宗敎)나 신흥종교(新興宗敎)의 온상이 되어 왔다. 계룡산과 모악산은 떨어져 있는 거리가 그리 멀지 않다. 술사(術士)들 사이에서는

---

21 1862년 무렵 李雲圭가 창설한 신종교의 하나. 先後天交易運度에 의해 地上仙界가 열릴 것이라는 예언적 가르침을 담고 있다. 뒤에 두 계열로 분화하였다. 하나는 詠歌舞蹈敎를 창교한 金恒의 一夫系요, 다른 하나는 五方佛敎를 창교한 金致寅의 光華系이다. 김항은 유교를 중심으로 불교와 선교를 통합하였고, 김치인은 불교를 중심으로 유교와 선교를 통합하였다.

한 산은 아버지산, 다른 한 산은 어머니산으로 불려왔다. 모악
산은 어머니산이라는 이름에 걸맞게, 서로 다른 종교와 사상을
한 몸에 품고 새로운 사상으로 거듭나도록 하였다. 전주·정읍
·김제 등 권역 일대의 문화와 사상·예술 등 각 방면에서 모태
적(母胎的) 구실을 하였다. 특히 조선 말기, 양(陽)의 기운이 다
하고 음(陰)의 기운이 새롭게 일어난다는 지리도참설의 영향으
로 모악산은 후천세계를 꿈꾸는 새로운 신앙과 종교의 못자리
요 소쿠리 구실을 하였다.

　'인걸지령(人傑地靈)'이라는 말이 있다. 모악산을 주산으로 한
전주권에서는 역사의 흐름을 주도하였던 많은 인물들이 출현하
였다. 완산주(完山州)로 불렸던 전주는 신라 통일 후 진표율사
(眞表律師)가 금산사를 세우고 미륵하생신앙(彌勒下生信仰)을 전
파한 곳이며, 고구려 말기 보덕화상(普德和尙)이 나라의 멸망을
예견하고 새로운 시대를 열기 위해 방장(方丈)을 날려 왔던 곳
이다. 또 후백제를 세운 견훤(甄萱)이 왕도(王都)로 정한 곳이요,
조선을 건국한 이씨(李氏)의 발상지이기도 하다. 조선 중기 교조
화(敎條化)해가던 주자 학풍을 비판하고 원시유학의 이념에 입
각, 대동 세계를 추구했던 미완의 혁명가 정여립(鄭汝立)이 꿈을
키웠던 곳이다.[22] 전주 출신 간재(艮齋) 전우(田愚: 1841~1922)는
누백년 내려오던 조선유학의 도미(掉尾)를 장식한 인물이다. 한
양과 경기 지역에 기라성 같은 학자들이 많았음에도, 기호학파
율곡 이이, 우암 송시열의 학통이 호남 출신 간재 전우에게 전

---

[22] 최영성, 「정여립의 생애와 사상」, 『되짚어 본 한국사상사』, 예문서원,
　　2015 참조.

금산사 미륵전

해져 결국(結局)을 지은 것은 우연한 일이 아니라고 본다.

　조선 말기 모악산을 배경으로 동학이 자못 활기를 띠었다. 또 신흥종교들이 생겨나 후천개벽을 외쳤다. 이들 종교는 유·불·선 삼교의 통합을 기치로 내걸었다. 각자 후천개벽의 이상세계를 제시하였다는 점에서 공통적 특징이 있다. 동학은 본디 최치원의 후손인 최제우(崔濟愚)가 창도하여 경주 지역을 중심으로 포교하였다. 그러나 영남에서 큰 세력을 얻지 못하고 호남으로 옮겨와 꽃을 활짝 피웠다. 영남은 유학, 특히 합리적 성격이 강한 성리학의 기풍이 풍미(風靡)하였고, 호남은 상대적으로 덜하여 재래의 사상적 전통을 유지하였기 때문이다. 우리의 전통사상인 풍류도를 재현하려 한 동학의 가르침은 큰 동력(動力)을 이끌어냈고 마침내 정읍에서 동학농민운동으로 승화되었다. 전주에는 동학군의 집강소(執綱所)[23]가 설치될 정도였다. 이렇듯

풍류도의 '접화군생'의 이념은 폭발적인 에너지를 분출하여 역
사의 물줄기를 돌려놓으려 하였다. 사상적 역동성의 면에서는
모악산 권역에 비교될 만한 곳이 드물다고 생각한다.

그러나 정치적으로 실패하였다. 다른 방법으로 사상적·종교
적 맥락을 유지해야만 하였다. 이후 동학의 여맥은 모악산 권역
에 널리 퍼져 있는 미륵하생신앙과 결합하여 새로운 종교, 사상
을 창출하게 되었다. 증산교·원불교·남학[24] 등 근대 신흥종교
가 모두 모악산을 배경으로 생겨났다. 논산에서 활동하면서 정
역사상(正易思想)을 전파하였던 일부(一夫) 김항(金恒: 1826~
1898)의 사상적 근거지가 계룡산과 모악산 사이였다는 것도 간
과할 수 없는 사실이다. 이들 신흥종교와 사상이 지닌 의미는
여러 각도에서 논의될 수 있겠지만, 무엇보다도 유·불·선 삼
교의 통합이라는 재래 풍류도 정신을 이 땅에 구현하려 했다는
점을 꼽지 않을 수 없다. 이와 관련하여 일부 김항의 「무위시(无
位詩)」가 주목된다.

道乃三分理自然  도가 곧 셋으로 나뉘니 이치상 자연스러운 것
斯儒斯佛又斯仙  유교가 있고 불교가 있고 선도가 있는 것을.
誰識一夫眞踏此  내가 진정으로 이 경지에 있는 것을 뉘라서 알리
无人則守有人傳  없거든 내가 지킬 것이요 있거든 전해주리라.[25]

23 동학군 봉기 후 全州和約을 계기로 弊政을 개혁하기 위해 설치했던 일
   종의 민정기관.
24 남학에 관계된 논고로는 박순철·이형성, 「전북 진안 南學系 金致寅의
   삶과 儒佛仙相合論 一攷」(『한국철학논집』 제32집, 한국철학사연구회,
   2011)가 자세하다.
25 金恒, 『正易』 20면 「无位詩」.

　이것은 근세 신흥종교의 사상적·정신적 맥락을 대변해주는 것이라 해도 과언이 아니다. 김항 자신의 종교적 경지가 삼교를 아우른다고 밝힌 것으로 보아, 원효·최치원·이규보·김시습·휴정(休淨)·유일(有一: 蓮潭)·이서구(李書九)·최제우 등으로 이어지는 '삼교회통'의 사상적 맥락에 포함시킬 수 있을 듯하다. 그리고 삼교회통의 궁극적 목적이 풍류도의 재현에 있음을 짐작할 수 있겠다.

　이렇게 본다면, 모악산 권역은 유·불·선 삼교가 하나로 만나는 곳이고, 유교의 대동세계(大同世界), 불교의 용화세계(龍華世界), 선가(仙家)의 지상선경(地上仙境)에 대한 이상이 살아서 꿈틀거리는 곳이라 할 수 있다. 비록, 유가는 선·후천 변화의 원리로, 불가는 미륵하생 신앙으로 후천개벽을 꿈꾸지만, 이상세계에 대한 동경은 실로 동귀일체(同歸一體)라 할 것이다. 필자는 모악의 '母' 자에 담긴 의미에 주목한다. 이는 어머니 품속같이 무엇이든 말없이 받아 준다는 의미일 수 있지만, 많은 형제자매가 한 어머니의 한 몸에서 갈라져 나오듯이 모든 사상과 종교가 모태로 귀환하는 것을 의미한다고 할 수 있다. 여기서 어머니의 태반이란 바로 우리의 고유사상인 '풍류도'에 대입시켜 볼 수 있다.

## Ⅳ. 풍류의 고장 전주의 문화전통

최치원은 「난랑비서」에서, '포함삼교'를 풍류도의 체(體)로, '접화군생'을 그 용(用)으로 이해하였다. 전주권의 전통문화는 특히 이 접화군생의 정감적 측면을 잘 구현하였다고 할 수 있다.

이성과 함께 정서·정감을 통한 인격 수양을 강조한 풍류도의 전통은 전주권을 예술의 고장으로 만들었다. 전주는 명실공히 풍류의 고장이요 '예향(藝鄕)'이다. 그 예술적 성취는 여타의 고장과는 비교하기 어렵다. 판소리·부채·비빔밥·한지 등으로 상징되는 전주의 풍류 문화는 멋·맛·즐거움을 추구하며 그 가운데 인격 완성을 추구하는 풍류도 정신을 잘 구현하였다. 이성과 감성이 적절하게 조화된 것이 '전인적(全人的) 인간상'이다. 이것은 한국사상에서 강조하는 바다. 고을 이름을 전주(全州)라 한 것도 이와 관련이 있음직하다.

한국사상의 특징에는 합리적 정신이 있다. 그러면서도 신비주의와 상상력을 빠뜨리지 않고 있다. 논리성을 중시하면서도 감수성 역시 중시하였다. 이런 특성은 현대에 와서 더욱 그 빛을 발하고 있다. 최치원이 '접화군생'이라 한 것은 모든 생명체가 신바람 나도록 하여 제 삶을 잘 영위하도록 하는 것이라 할 수 있다.[26] 오늘날 세계적으로 잇슈가 된 한류(韓流)는 풍류도에서 연유하는 '신바람', '신명'을 현대적으로 승화시킨 것이다. 이

---

[26] 조선 후기 호남 성리학자들이 약속이나 한 것처럼 人物性同論의 대열에 섰던 것은, 정치적 학문적으로 洛論 계열이 많았기 때문이지만, 그 이면을 보면 '접화군생'의 사상을 잘 구현했던 호남, 특히 전주의 사상적 풍토와 무관하지는 않은 것 같다.

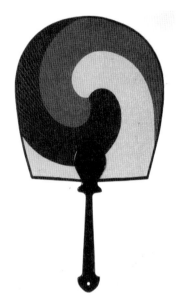

태극선

것을 잘 살려 민족적 에너지로 결집시킬 필요가 있고, 전주가 그 중심에 서야 한다고 본다.

전주 전통문화의 상징 가운데 한지는 흰 색을 존중하는 우리 민족의 동질성과 순결성을 담은 것이고, 태극선은 우주만물과 인간생명의 근원인 태극의 원리를 구체화한 것으로 해석할 수 있다. 일원상은 우주만물의 진리를 담은 것이다. 음양은 본시 성질을 달리 하면서도 상호 의존한다. 상대성(相待性)의 원만한 조화를 상징하는 것이 양의(兩儀)이다. 태극선은 음양상화(陰陽相和)의 이치를 나타내는데, 신인상화(神人相和), 음양상화는 한국 전통사상의 두드러진 특성 가운데 하나다.[27]

---

[27] 류승국, 「태극기의 원리와 이상」, 『한국사상의 연원과 역사적 전망』, 성

쥘부채

　부채는 풍류의 상징이다. 풍류를 상징하는 물건 가운데 부채
는 실로 으뜸이다. 풍류가들은 계절에 관계없이 늘 부채를 쥐었
다.[28] 특히 소리할 때 사용하는 쥘부채는 소리하는 사람의 신명
을 돋울 뿐만 아니라, 그것을 접었다 폈다 하면서 세상 사람들
에게 천변만화하는 우주의 이치를 가르쳐 준다. 접는 부채라 하
여 '접선(接扇)'이라 하기도 하는데, 풍류도의 접화군생의 이치
를 담은 부채라는 해석이 가능할 정도로 미묘한 명명(命名)이다.
또한 하나의 부채고리〔扇軸〕에서 수많은 부챗살이 피어나고 또
이것이 하나의 고리에 수렴되는 것은 우주만물이 하나의 태극
에서 나와 태극으로 수렴되는, '통체일태극(統體一太極)', '각구일
태극(各具一太極)', '일본만수(一本萬殊)'의 이치를 담은 것이라

───────────────

　균관대 출판부, 2008, 513-524쪽 참조.
[28] 한 겨울에 선물로 보낸 부채 이야기가 많다. 소통과 풍류의 운치를 담
　은 부채는 더위를 피하기 위한 도구만은 아니었다.

할 수 있다. 개개인의 특성이 최대한 존중되면서도 궁극의 진리 앞에서 하나로 모일 수 있는, "일즉다(一卽多) 다즉일(多卽一)"의 정신이 담긴 것으로도 해석할 수 있겠다.

부채는 맑은 바람을 선사한다. 부챗살에 한지가 궁합을 이루어 바람을 일으킨다. 바람은 기(氣)요 기는 '끼'다. 부채는 한국인의 '신바람'을 만들어내는 상징적인 물건이다. 민족의 이상을 담은 태극기의 원리가 전주에서 태극선이라는 명품으로 탄생한 것은 심상하게 보아 넘길 것은 아니다.

판소리는 서민 대중의 애환을 소리에 담아낸 것이다. 그 연원은 풍류도의 신명으로 올라간다. 『삼국지』「위지(魏志)」〈동이전(東夷傳)〉을 보면 우리 민족에 대해 북치고 춤추며 신명을 다하는 "고무진신(鼓舞盡神)"의 민족이라 하였다.[29] 우리 민족의 힘의 원천은 신명이요 신바람이다. 모악산과 계룡산 권역 사이에서 이론화된 『정역』 사상은 궁리진성(窮理盡性)의 합리론을 한 축으로 하면서도 '고무진신'의 신비경(神秘境)을 다른 한 축으로 하였다. 이것은 우리 민족이 본디 신기(神氣)·영기(靈氣)가 강하였다는 데 근거한다. 그러기에 이들은 궁리진성의 합리성만 가지고는 바람직한 사회를 이룰 수 없다고 보았던 것이다.

오음주송(五音呪頌)과 영가무도(靈歌舞蹈)는 남학의 특징 가운데 하나다. 이것은 우연하게 생겨난 것이 아니라, 가깝게는 모악산·계룡산 일대의 정신적·사상적 맥락을 계승하여 그것을

---

29 『三國志』「魏志」,〈東夷傳〉, 馬韓條 "常以五月, 下種訖. 祭鬼神, 群聚歌舞, 飮酒晝夜無休. 其舞數十人, 俱起相隨, 踏地低昂, 手足相應, 節奏有似鐸舞. 十月農功畢, 亦復如之."

특정한 종교의 체계 안에 수렴한 것이다. 멀게는 신명·신끼(神氣)를 중시하는 풍류도의 정신을 고스란히 계승한 것이라 할 수 있다. 이런 사상적 배경을 갖춘 전주권이 판소리의 성지(聖地)가 된 것 또한 우연이라고 하기 어렵다.

다음 비빔밥에 대해 말할 차례다. 오늘의 관점에서 해석하는 비빔밥은 한 마디로 오행사상이 구현된 음식문화의 정수라 할 수 있다. 비빔밥은 본디 고품격의 갖추어진 음식으로 출발한 것은 아니다. 따라서 여러 가지 측면에서 해석될 수 있다. 그러나 후일 전통음식으로 개발되면서 사상성이 담겨진 것으로 발전할 수 있었다고 본다. 비빔밥과 사상적으로 통할 수 있는 것에 오곡밥·탕평채 같은 것들이 있지만 비빔밥의 전통에 비하기는 어렵다. 비빔밥에는 음양상화로부터 이어진 우리 민족 고유의 '어울림'의 정신이 그 밑바탕에 깔려 있다. '어울림'의 철학이 비빔밥의 기본 정신이다. 서로 다른 재료의 고유한 맛이 한 데 섞여 발효가 되고, 또 화학작용을 일으키며 한 차원 높은 단계로 올라선다. 이런 의미에서 비빔밥은 소통과 새로운 창조의 의미를 일깨우기도 한다. 비빔밥에는 우주의 구성 요소인 수·화·목·금·토 오행이 모두 들어 있다. 오행의 서로 다른 요소가 절묘하게 융합하여 균형을 이루는 것이 비빔밥이다. 이것은 '원재료의 맛'을 최고로 여기는 다른 나라 음식문화와는 다르다. 비빔밥에 담긴 소통과 융합의 정신을 제대로 읽을 필요가 있다.

전주권의 전통문화를 상징하는 판소리·부채·비빔밥·한지는 각기 별개의 것이 아니다. 한국사상을 고리로 하여 연결된 것으로 볼 수 있다. 이들이 한민족 고유의 사상적 전통에서 나온 것이라는 점을 주목해야 한다. 태극·음양·오행 사상은 우리 고유사상의 정수다. '전주'라는 특정 지역에서 전통문화의 상징으로 '세트화'(종합화)한 것을 지나쳐 보아서는 안 된다고 하겠다.

## V. 후천개벽의 시작을 알린 정읍의 문화전통

풍류사상의 전도사로 일컬어지는 최치원은 18년간의 당나라 생활을 접고 885년 3월에 신라에 귀국하였다. 이후 헌강왕의 지극한 예우를 받으며 문한직(文翰職)에 종사하였다. 그러나 886년 헌강왕이 죽고 이어서 즉위한 정강왕도 1년도 못되어 세상을 떠났다. 헌강왕의 아우인 진성여왕이 즉위한 뒤에도 임금의 지우(知遇)를 받았으나, 조정에 시기하고 질투하는 이들이 많아 제대로 뜻을 펴기가 어려웠다. 이에 최치원은 외직을 자청하여 나갔다. 천령군(天嶺郡: 경상남도 함양) 태수를 지내다가 태산군(전라북도 정읍) 태수로 전임하였고, 나중에는 부성군(富城郡: 충청남도 서산) 태수로 다시 옮겨 갔다. 태산으로 옮겨 간 시점은 893년 무렵으로 추정된다.

최치원이 태산군 태수에 부임하였음은 『삼국사기』와 『동국여지승람』 등에 분명히 기록되어 있다.[30] 또 최치원의 유적지로 태인 유상대(流觴臺)[31]가 있음은 우리가 잘 아는 사실이다. 최치원

---

30 『삼국사기』 권46, 「최치원전」 ; 『신증동국여지승람』 권34, 전라도 泰仁縣, 〈名宦〉조.

을 주벽(主壁)으로 모신 무성서원(武城書院)은 정읍 지역에 끼친 최치원의 사상적 영향을 상징적으로 보여준다. 최치원이 태산군태수로 재임한 기간은 893년에서 역추산하여 3년은 넘지 않았을 것이다. 최치원이 본 태산군은 땅이 넓고 비옥하며 정감 넘치는 사람들이 사는 고장이었다. 백제 때 나온 '정읍사(井邑詞)'의 본고장에서 최치원은 풍류도를 가지고 고을을 다스렸을 것이다. 특히 풍류가 지닌 정감성을 잘 발휘할 수 있도록 백성들을 이끌었을 것이다. 정읍 지역에서는 우리나라 가사문학(歌辭文學)의 효시인 정극인(丁克仁)의 '상춘곡(賞春曲)'이 나온 이래 그 전통이 이어져 왔으며, '정읍풍류'라고 일컬어질 정도로 전통 풍류악의 중심지 구실을 해왔다. 이것은 거슬러 올라가 최치원과 무관하지 않을 것이다.

정읍의 진산(鎭山)은 내장산이다. 숨겨진 것이 얼마나 무궁무진하기에 '내장(內藏)'이라 하였을까? 이 내장이란 말은 혹 풍류도의 '포함삼교, 접화군생'의 묘리를 더욱 의미심장하게 압축시켜 한 말은 아닐까? 생각할수록 간단하지 않다. 정읍에서 풍류도 사상이 두드러지게 구현된 부면은 '접화군생'의 측면이다. '접화군생'은 군생을 살리는 생명사상이면서 군생을 변화시키는 변화의 원리이기도 하다. 풍류도의 접화군생의 이념은 19세기에 모악산 일대에서 크게 일어난 후천개벽사상과 연결되어 사회변혁의 원리로 승화되었다.

정읍은 동학농민전쟁의 발원지다. 동학이 정읍에서 봉기한

---

것은 우연한 일이 아니라고 필자는 생각한다. 왜냐하면 정읍은 풍류도의 전통이 살아서 움직이는 곳이고, 또 그 정기가 한 곳에 뭉쳐 있는 곳이라고 보기 때문이다. '정읍'이란 고을 이름은 『주역』 정괘(井卦)와 관련이 깊은 것 같다. 정괘는 물을 나타내는 감괘(坎卦)와 바람을 나타내는 손괘(巽卦)가 위아래로 이어진 것이다. 물과 바람이 곧 풍류 아니던가?

정괘에서는 '정(井)'을 설명하면서 '井, 改邑, 不改井'(사람이 사는 마을은 고칠 수 있지만 우물은 고칠 수 없다)이라 하였다. 물은 아무데서나 나지 않는다. 사람은 물이나 우물이 될 수 있는 곳을 찾아낼 수는 있지만 우물을 만들어 낼 수는 없다. '정읍'이란 말이 '정괘'와 긴밀한 관련이 있을 뿐만 아니라, 늘 같은 자리를 지키면서 쉽사리 그 모양을 바꾸지 않는다는 정괘의 메시지를 통해, 정읍이란 고을 이름에 담긴 의미가 예사롭지 않음을 느낄 수 있다.

우물은 만물의 생명을 길러주는 물, 즉 생명수의 무한한 원천이다. 단사(彖辭)에서 '양이불궁(養而不窮)'이라 한 것은 이런 이유에서다. 이 생명수는 인간의 영혼을 위로하고 길러주는 진리를 상징하기도 한다. 최제우가 동도(東都) 경주에서 창시한 동학이 서쪽 정읍에서 거대한 에너지로 분출된 것은 무슨 이유일까?

우물의 물은 순환하지 않으면 고여서 썩는다. '차고 맑고 끊임없이 솟아나야 한다'(洌寒泉食: 九五)고 한 것이 바로 그것이다. 사회변천의 원리로서의 우물의 상징성이 잘 드러나는 대목이다. 그러나 우물을 잘 관리하는 것은 좋지만 덮개까지 씌우는 것은 자칫 물 마시는 사람을 위축시킬 수도 있다. 누구나 마실

수 있도록 개방해야 한다. 상륙(上六)에 나오는 '정수물막(井水勿
幕)'이란 이를 두고 말한 것이다. 풍류도의 개방성을 상징적으로
드러내는 것이라 할 수 있다. 이렇게 볼 때, 정읍과 풍류사상의
관계성은 정괘(井卦)와 연결시켜 이해하기에 좋다고 본다.

정읍은 증산도(甑山道)의 창시자 증산(甑山) 강일순(姜日淳)의
탄생지로 유명하다. 일제시기 민족종교의 하나로 증산도의 한
갈래였던 보천교(普天敎)도 정읍에 근거지를 두었다. 돌이켜보
면, 19세기부터 20세기에 들어 여러 민족종교가 생겨났다. 그
가운데 하나가 증산도다. 증산사상은 여러 각도에서 조명할 수
있지만, 크게 우주의 실체를 밝힌 '천하대순(天下大巡)' 사상, 우
주의 개조를 밝힌 '천지공사(天地公事)' 사상, 우주의 진화를 밝
힌 '후천개벽' 사상 등으로 나눌 수 있다. 증산사상의 기원을 고
찰해 보면, 멀리 풍류도에까지 거슬러 올라가며, 가깝게는 동학
과 미륵사상에서 지대한 영향을 받은 것으로 평가되기도 한다.
동방 신교(神敎)의 도맥(道脈), 무위법(無爲法)의 전통을 계승하
였다는 점에서, 증산도와 그에 연원하는 여러 종교들은 민족사
상과 민족종교의 범위 안에서 논할 수 있다.

일찍이 최제우는 동학을 창도하면서, 최치원이 말한 풍류도
의 전통을 이어 유·불·선 삼교를 통합한 것이라 표방하였다.
이러한 동학의 전통을 발전적으로 계승한 것이 증산도다. 증산
사상에는 여러 사상적 요소들이 자리 잡고 있지만 기본적으로
는 동학사상을 뿌리로 하였다. 증산도에서는 유·불·선 삼교를
기반으로 한 동학은 물론 서학까지 포함한 종교적 통합 체계를
제시하였다. 또 각 종교의 정수를 뽑아 완전한 종교통합을 추구

했다. 증산사상에는 유교·불교·선교·서교뿐만 아니라, 무속전통, 민간신앙, 정역사상(正易思想) 등이 하나로 집약, 회통되어 있다. 증산도에서 큰 틀을 이루는 후천개벽사상은 최치원이 말한 접화군생의 이념을 근간으로 하면서, 김제 금산사를 기본 도량으로 하는 불교의 미륵사상과 우주의 변화 이치를 밝히는 김일부의 정역사상에서 힘입은 바 크다. 증산도의 창시자 강증산(姜甑山)과 조정산(趙鼎山)의 도호(道號)에 '시루'와 '솥'이라는 의미가 들어 있는 것은 의미가 심장하다. 시루와 솥은 모든 물건을 받아들이면서도 그 안의 것을 익혀 새로운 것으로, 또 사람에게 유용한 것으로 만들어내는 것이다.

최치원이 말한 '접화군생'에서 접(接)은 '만나다', '관계하다'는 뜻이다. 접인(接人)·접물(接物)·접신(接神) 등을 말할 때 사용된다. 이 '접'은 함께 '더불어 가는 사회', '함께 사는 사회'를 추구하는 이념이 담겨 있다. '화'는 변화, 조화, 교화, 감화, 덕화, 전화(轉化) 등 여러 가지로 풀이된다. 군생(群生)은 모든 생명체를 가리킨다. 접화군생을 문자 그대로 풀이하면 모든 생명체와 관계하면서 그들을 변화시킨다는 말이다. 꽃 한 송이가 피어나려면 우선 햇볕과 바람이 있어야 한다. 비도 있고 벌레도 있고, 땅속의 수많은 미생물도 도와야 한다. 그렇게 수많은 관계 속에서 꽃은 마침내 아름답게 피어난다. 이처럼 접화군생은 인간사회의 '관계의 윤리'를 압축적으로 표현하고 있다. 『도전(道典)』이나 『대순전경(大巡典經)』 등에 나오는 강증산의 크고 작은 행적은 모두가 '접화군생'의 이념을 실현하기 위한 것이며, 또 강증산이 때에 따라, 일에 따라 베푼 수많은 공사 역시 '접화군생'의 이념을 펼친 것이라고 하겠다. 강증산이 평생토록 '살릴 생'〔生〕 자를 가지고 살았던 것 역시 군생을 접화하는 것과 통한다고 할 것이다. 생명존중은 한국사상의 전통이다.

　한편, 증산도에서는 후천개벽을 강조하면서 미래시대는 인존시대(人尊時代)가 될 것이라고 강조하여 마지않았다.

> 천존(天尊)과 지존(地尊)보다 인존이 크니 이제는 인존시대라. 마음을 부지런히 하라.[32]

　천존보다도, 지존보다도 인존을 중시하는 것은 인간을 존중하는 우리 전통사상을 잘 계승한 것이다. 강증산은 김일부가 『정역』에서, "천지가 일월이 없으면 빈껍데기요, 일월은 지인(至人: 眞人)이 없으면 빈 그림자다"[33]고 한 말을 자주 인용하였다. 이 말은 주체의 문제를 설파한 것으로 이해할 수 있다. 세상만사가 주체가 없으면 공각(空殼)이나 허영(虛影)에 불과하다는 말이다. 주체는 정치·경제·사회·문화 등 인간사회의 제반 영역에서 여러 가지 의미로 논의되지만, 그 가운데서도 가장 중심에 있는 것이 다름 아닌 '인간주체'다.

---

[32] 『道典』 제2장, 제22편.
[33] 『正易』, 18b "天地匪日月空殼, 日月匪至人虛影."

## VI. 맺음말

모악산은 신산(神山) 가운데 신산이다. 같은 태반에서 여러 생명이 잉태되어 세상에 나오듯이 모악산에서 많은 종교와 사상이 생겨나거나 성숙하였다. 앞에서 말한 '동출이명(同出異名)'이라 할 만하다. 여기서 '同'은 '母'로 바꾸어 볼 수 있다. 한 군데서 나왔으면서도 서로 내용과 체계를 달리하고, 내용을 달리하면서도 상호 대립과 갈등을 일으키지 않는다. 이것은 '현묘지도로서의 풍류도의 전통' 그것 이외에는 설명하기 어렵다.

풍류도의 본체는 '포함삼교'로, 작용적 측면은 '접화군생'으로 설명할 수 있다. 모악산 권역의 사상적·종교적 전통은 '포함삼교', 나아가 삼교합일의 전통을 기반으로 한다. 그리고 유·불·선 각 사상에서 변혁(變革) 이론을 뽑아 후천개벽의 이상세계에 대한 미래 전망을 내놓았다. 위로부터의 개벽이 아닌, 아래로부터의 개벽은 특징 가운데 특징이라 할 만하다. 이를 본다면, 모악산 권역은 통일신라 이후 변화의 중심지에 있었으며, 우리나라의 변화를 주도하면서 사상적 종교적 온상 구실을 하여 왔다. 정치적으로 패배한 경우가 있었지만 정신적으로까지 패배한 것은 아니다. 이곳은 결코 '패배자의 고장'일 수 없다. '개혁'과 관련하여 끊임없이 화두를 던져 왔다는 점에서 주목할 필요가 있다.

전주·정읍·김제 등 모악산 권역은 풍류도의 정신이 잘 온존되어 있는 전통문화의 온실이다. 종교와 사상, 예술적 측면에서 후대에 끼친 영향이 적지 않았다. 이곳에서 피어난 예술은 현실

속에서 삶의 질을 높이는 방향으로 기능하였고, 종교와 사상은
이상세계를 향해 보다 나은 세상을 끊임없이 추구해 왔다. 이쯤
되면 한민족의 미래 전망은 전주권의 정신에서 찾아야 한다는
말이 나올 법도 하다.

　정서와 정감을 중시한 풍류도의 전통은 전주권을 예술의 고
장으로 이끌었다. 전주는 명실 공히 풍류의 고장이요 예향이다.
판소리·부채·비빔밥·한지 등으로 상징되는 전주의 풍류 문화
는 멋·맛·즐거움을 추구하는 가운데 인격 완성을 추구하는 풍
류도 정신을 구현한 것이다. 판소리·부채·비빔밥·한지는 전
주 아닌 다른 곳에서도 생산되고 활발하게 전승된다. 그러나 전
통문화를 상징하는 이것들이 전주라는 특정 지역에서 총생(叢
生)하는 것은, 총생할 수 있는 토양이 잘 갖추어져 있음을 의미
한다. 어머니 품속, 또는 어머니의 태반을 상징하는 모악산은 전
주에서 전통문화가 살아 숨 쉴 수 있는 토양이자 자양분이라 할
만하다.

　가사와 풍류악으로 상징되는 정읍의 풍류 문화 역시 멋·맛·
즐거움을 추구하는 가운데 인격 완성을 추구하는 풍류도 정신
을 잘 구현한 것이라고 본다. 정읍은 정치적·사상적으로는 매
우 적극적이고 치열한 모습을 보이면서도 예술 문화적으로는
여유와 낭만을 가지고 멋과 즐거움을 한껏 추구해 왔다. 때에
따라 '내장(內藏)'과 '분출(噴出)'의 모습을 번갈아 가면서 정읍의
정신을 제시하여 왔다.

　체(體)와 용(用), 아(雅)와 속(俗), 보수와 혁신 등 양면을 갖추
어 중용을 구현한 것이 전주권 문화 전통의 정신이다. '중(中)'

자가 아니고는 그 정신적 핵심을 제대로 설명하기 어렵다. '전통'이란 수많은 변화 속에서 불변의 가치를 계승 발전시키는 것이다. 정신적 요소는 지켜나가면서[因] 시대의 변화에 따라 모습은 고치거나 바꾸어 나가는[革] 것이다. 현실 속에서 끊임없이 이상을 추구하면서 늘 온전함을 추구해온 전주권의 정신적 유산은 활발발(活潑潑)하게 살아 있다. 그러나 전주권의 정신적 유산은 스스로 말하지 않는다. 그것을 읽어내는 것은 오늘을 사는 우리의 몫이다. 이제 형이하적인 것을 통해 형이상적 의미를 탐색하며, 수준 높은 가치를 추구하고, 현대에 맞게 재창조해야 할 것이다.

# 제2장 경주 최부자 가문의 책임의식과 실천윤리
## - 그 정신적 원류를 중심으로 -

## Ⅰ. 머리말

근자에 들어 사회 지도층의 도덕적 책임의식과 실천윤리가 부쩍 강조되고 있는 듯하다. 그 배경을 보면 역설적인 분석이 가능하다. 즉 지도층의 도덕적 책임의식이 느슨해진 오늘의 현실이 이런 현상을 초래하였다고 볼 수 있다. 이런 즈음에 경주 최부자 가문의 책임의식과 실천윤리를 조명하는 것은 의미 있는 일이 되리라고 본다.

이 글은 경주최부자 가문의 책임의식과 실천윤리에 정신적·사상적 배경이 있음을 전제로 작성된 것이다. 주어진 전제 아래 결론을 끌어낸다는 점에서 추론적 성격을 띨 수밖에 없다. 또 실제 문헌의 뒷받침이라는 측면에서도 '추론'에 의지하지 않을 수 없는 한계가 있다. 본고는 자료를 고증하여 사실을 확정 짓는 것이 아닌, 정신적·사상적 연결 가능성을 타진하는 데 목적이 있음을 미리 밝혀둔다.

경주최부자 가문이 3백여 년 동안 '덕 있는 부'[德富]를 일구

어 왔던 비결은 가훈에서 찾을 수 있다. 즉, 수신이나 처세와 관
련한 여섯 가지 가르침, 그리고 제가접인(齊家接人)과 관련한 여
섯가지 가르침에 있었다고 본다.

　　處世六然[1]

　　첫째: 스스로 세속적 가지에서 초연하고(自處超然)

　　둘째: 남에게는 성실하고 부드럽게(處人藹然)

　　셋째: 일을 당해서는 단호하고 결단성 있게(有事斬然)

　　넷째: 평소에는 맑고 잔잔하게(無事澄然)

　　다섯째: 득의양양할 상황에서도 들뜨지 말고 담담하며(得意澹然)

　　여섯째: 실의에 빠질 상황에서도 좌절없이 태연하게(失意泰然)


　전자가 사회 지도층의 도덕적 책임의식에 기초한 대강령이라
면 후자는 실천윤리와 관련한 구체적인 시행 규칙이라고 할 수
있다. 유가에서 중시하는 체용본말(體用本末)의 구조를 갖춘 것
이다. 이밖에 『송정유사(松亭遺事)』에 '가거십훈(家居十訓)'이라는
것이 있다.[2] '체'와 '본'에 해당하는 것을 성문화(成文化)한 반면
'용'과 '말'에 해당하는 것은 구전심수(口傳心授)의 불문율로 하였
다. 변할 수 없는 대원칙과 시대에 따라 응용을 달리할 수 있는
사항을 구분해 놓은 것으로 본다. 아울러 가훈이 포괄적이고 추

---

[1] '處世六然'은 명나라 때 주자학자로, 세종 嘉靖帝 때 예부시랑을 지낸 崔
銑(1478~1541)이 지은 것으로 전한다. 최선의 자는 子鍾, 호는 後渠, 시호
는 文敏. 중국 河南省 安養 사람이다(黃宗羲, 『明儒學案』 권48, 「文敏崔後
渠先生銑」; 李裕元, 『林下筆記』 권7, 「近悅篇」 참조). 중국 명나라 말기
양명학 계열의 학자 陸湘客이 지은 것이라고도 한다.

[2] 崔東亮, 『松亭遺事』(국립중앙도서관 소장본) 참조.

상적일 때 생길 폐단을 미리 방지하겠다는 의미를 담은 것으로
도 이해할 수 있다. 이 가훈을 통해 경주최부자 가문의 책임의식
과 실천윤리의 배경에 유가적 사고가 자리잡고 있음을 알겠다

한편, 경주최부자 가문의 생활 기반이 신라의 천년 고도(古都)
경주라는 점에서 '신라정신'과 무관할 수 없다고 본다. 또 신라
말의 명유 최치원의 후예라는 점에서 고운사상(孤雲思想)의 영
향을 무시할 수 없을 것이다. 문제는 자료난이다. 위에서 말한
여러 가지 가르침 이외에는 사상적·정신적으로 접근할 수 있는
자료가 사실상 없다. 경주최부자 가문의 중시조라 할 수 있는
정무공(貞武公) 최진립(崔震立: 1568~1636)과 그의 아들 최동량
(崔東亮: 1598~1664)은 벼슬을 하여 공조참판·용궁현감(龍宮縣
監)을 각각 지냈으나 그의 후손들은 대개 '진사'나 '생원'에 만족
하여 소성(小成)에서 그쳤다. 또 문집을 남긴 이가 드물고, 남겼
다 하더라도 최부자 가문의 사상적 연원을 살필 만한 자료를 찾
기 어렵다. 『정무공실기(貞武公實記)』가 전하지만 최진립 자신의
글이 아닌 후대인의 상론(尙論)을 모은 것이라는 점, 게다가 실
린 글들 역시 최진립의 청백리정신과 충의정신에 초점을 맞춘
것이라는 점에서 한계가 있다. 최동량 역시 문집이 전하지 않는
다. 후인이 엮은 『송정유사』가 전할 뿐이다.

사정이 이렇다면, 문집 등 확실한 고증 자료를 바탕으로 글을
작성하는 것은 어렵다고 본다. 이른바 처세육연(處世六然)과 제
가육훈(齊家六訓),[3] 가거십훈을 근거로 상식선에서 합리적인 추

---

[3] ① 과거를 보되 진사 이상의 벼슬은 하지 말라, ② 1년에 1만 섬 이상 재
산은 모으지 말라, ③ 흉년에는 남의 논밭을 사지 말라, ④ 집에 온 손님

론을 전개할 수밖에 없을 듯하다.


## II. 책임의식과 실천윤리의 유가적(儒家的) 기초


　경주 최부자 가문의 도덕적 책임의식과 실천윤리는 근자에
들어 세상에 많이 알려졌다. 그를 조명한 글들이 다수 발표되었
고 단행본까지 나왔다. 몇 년 전에는 텔레비전에서 역사극으로
방영되기도 하였다. 다만 저들의 정신적·사상적 연원을 다룬
글은 아직 없는 것 같다. 이 글에서는 경주최부자 가문이 부를
축적하는 과정이라든지 베풂과 나눔의 철학을 실천한 것 등에
대해서는 재론하지 않겠다. 본제에 충실하려 한다.

　부자가 2~3대 몇 십 년이 아닌, 3백년 이상 '부'를 유지해왔을
경우, 틀림없이 비결이 있을 것이다. 사상적·정신적 배경도 없
을 수 없다. '부'란 이루기도 어렵지만 지키기는 더 어렵다. 더욱
이 비난 받는 부자가 아니라 존경 받는 부자로 내려왔다는 점에
서 남다른 노력이 있었을 것으로 짐작한다.

　경주최부자 가문의 정신적 지주는 정무공 최진립이다. 그는
최치원의 17세손으로 경주최부자 가문을 일으켰다. 당대에 청
백리로 손꼽혔다.[4] 병자호란 때는 69세의 노구를 이끌고 전장(戰

---

　은 융숭하게 대접하라, ⑤ 사방 1백리 안에 굶어 죽는 사람이 없도록 하
　라, ⑥ 시집 온 며느리들은 3년 동안 무명옷을 입도록 하라.
[4]　龍洲 趙絅이 찬한 「정무공묘갈명」(『龍洲遺稿』, 권15)을 보면 "억지청백,
　가짜청백으로 세상을 기롱하는 일이 많은데 최진립 공이야말로 진짜청
　백(眞淸)이다"라고 했다는 말이 있다.

場)에 나가 목숨을 바친 충의지인(忠義之人)이다. 그의 아들 최
동량은 개간 사업을 통해 부의 터전을 일구었고, 손자 최국선(崔
國璿: 1631~1682)은 부의 규모를 크게 늘렸다. 최부자 가문의
부는 정당하고 떳떳한 노력, 그리고 근검절약으로 이룩한 것이
다. 『대학』에서 이른바 "재물이 도리에 어긋나게 들어온 것은 또
한 도리에 어긋나게 나간다"[5]고 한 것을 금과옥조 삼아 일구어
낸 '부'라 하겠다. 근자에 와서는 이들의 부를 '청부(淸富)'라고
하여, 바르지 않은 부와 구별하기도 하지만, 필자는 이런 표현에
부족함이 있다고 본다. '청부'란 기독교적 표현이다. 경주최부자
가문은 기독교에서 말하는 '깨끗한 부자'의 선례를 17세기 조선
에서 이미 구현한 것임에 분명하다. 다만 깨끗한 부자로 끝난
것이 아니다. 대대로 부를 사회에 환원시켰다는 점에서, 자타불
이(自他不二: 너와 내가 둘이 아니다)의 정신을 몸소 실천한 '덕
있는 부'라고 해야 옳을 것이다.[6]

최부자 가문의 덕부(德富)에는 최진립의 청백리 정신이 녹아
있다. 최진립은 부를 성취하지 못했지만 그의 정신은 후손들이
부를 이루고 지켜나가는 데 지침이 되었다. 이것은 최진립으로
부터 그의 12세손 최준(崔浚)에 이르기까지, 경주최부자 가문의
가통(家統)을 이었던 역대 주인들의 행장을 통해 확인할 수 있
다. '덕 있는 부'가 '깨끗한 부'에 바탕을 두었음을 알게 한다.

최부자 가문의 재리관(財利觀)을 엿볼 수 있는 자료는 찾기
어렵다. 다만 그들은 처음부터 '부'를 목적으로 '부'를 성취한 것

---

5 『대학』, 傳10章 "言悖而出者, 亦悖而入, 貨悖而入者, 亦悖而出."
6 許傳, 『惺齋集』 권24, 「崔都事碣銘」 "眞所謂君子富好行其德者也."

문파 최준

이 아님은 분명하다. 부단히 노력하여 가산을 늘렸고 마침내 남들에게 '부자'라는 말을 들었다. 여기에 근검절약을 더하여 이것을 대대로 지켜냈다. 이런 점에서 그들은 '부'에 대한 부정적 인식이 강했던 성리학의 의리관(義利觀) 앞에서 떳떳할 수 있었고, '부'를 통해 '덕'을 이룰 수 있었던 것이다.

최부자 가문이 '덕 있는 가문'〔德門〕이 될 수 있었던 사상적 원천은 일차적으로 유가사상에서 찾아야 할 듯하다. 최부자 가문의 가훈에 담긴 바람직한 인간상은 유가적 군자요 선비 바로 그것이었다. 군자와 선비는 '부'와 무관하다는 사회적 통념이 잘못되었음을 잘 보여준 사례라 하겠다.

최부자 덕문의 비갈문자(碑碣文字) 등을 모아 엮은 『월성세헌(月城世獻)』을 보면, 「16세 만희공(晚喜公) 묘갈명」에 다음과 같은 대목이 있다.

공은 언제나 『대학』 한 권을 책상 위에 놓아두고 때로 펼쳐보며 "이 글을 읽고 두 가지 효과가 있었다. 물욕으로 뒤얽히고 온갖 망상이 침범하여 털어버릴 수 없을 적에, 이 책을 보면 그런 잡념이 없어져 마음이 안정되는 것이 그 효과의 하나다. 아이들이 나의 이와 같음을 보고 『대학』이 읽을 만한 책이라는 것을 알고, 사람으로서 마음을 수양하는 것이 무엇보다

중요하다는 것을 깨닫게 된 것이 또 하나의 효과다"라 하였다.[7]

『대학』은 수양서의 기본이다. 선유(先儒)들은 『대학』의 내용을 '경(敬)' 한 글자로 요약하였다. '경'은 성리학의 수양론에서 핵심이 되는 개념이다. 최문에서는 이 『대학』과 함께 『소학』을 중시하여 후손들에게 자기 수양에 철저할 것을 유훈(遺訓)으로 남겼다. 『소학』은 자기를 단속하는 것[律己]을 내용으로 한다. 이 실천적 자기 수련 과정을 거친 뒤에 『대학』을 통해 더욱 성숙한 자기 수양의 과정을 밟는 것이다. 이런 내면적 수양 과정은 '부'를 유지하는데 가장 큰 적이라 할 수 있는 교만과 사치·방탕을 방지하는 데 크게 도움이 되었다. 자기 수양을 바탕으로 재물을 늘리고 지키며, 이를 통해 덕을 베풀 수 있었으니, 최문의 '부'는 축재(蓄財)만 알고 산재(散財: 재물을 나누는 것)를 몰랐던 대다수 부자들의 부와는 달랐다. 이룬 재산을 오래 지킨 이유가 있었다.

「13세 언경공(彦璥公) 묘갈명」을 보면 "공은 재물을 모았지만 덕으로써 나누었다"[8]고 하였다. 이 말은 『대학』의 가르침과 연관이 있다. 『대학』을 보면 최부자 가문에서 지침으로 삼았음직한 금언(金言)들이 나온다. 전10장에서는 은나라가 민심을 잃어 결국 망하고 말았음을 사례로 들면서 "민중을 얻으면 나라를 얻고 민중을 잃으면 나라를 잃는다"(得衆則得國,

---

[7] 許傳, 『惺齋集』 권24, 「崔都事碣銘」 "常置大學一部於几案, 時時玩索曰, 讀此有立效二焉. 利慾紛拏, 妄想交侵, 驅去不得時, 開卷則此念退伏, 胸中貼定, 其效一也. 兒輩見我如此, 知此書之爲可讀, 而不敢有夫子未出正之心, 其效二也. 修己治人, 莫有大於此者."(『경주최씨교동종친회 편, 『校洞의 얼』, 1998, 66쪽)

[8] 『경주최씨교동종친회 편, 『校洞의 얼』, 1998, 54쪽.

失衆則失國)고 하였다. 이어 "이런 까닭에 군자는 먼저 그 덕
을 삼가는 것이다. 덕이 있으면 인민이 있게 되고, 인민이 있
으면 국토가 있게 되며, 국토가 있으면 재물이 따르게 마련
이요, 재물이 있으면 쓸모가 있는 법이다"[9]고 하였다. 이 말의
진정한 의미는 "인심이 노적(露積)이라"는 속담 안에 들어 있
다. 인심을 얻지 못하면 부를 성취할 수도, 지킬 수도 없다.
이는 『대학』에서 "재물을 모을 줄만 알면 사람들이 떠나가고
재물을 나누면 사람들이 모인다"[10]고 한 말을 입증해 보인 것
이라 하겠다. 최부자 가문은 부를 성취하고 유지하면서 대인
관계의 중요성을 인식하고 이를 실천에 옮겼다.

　『대학』에서는 또 "인자(仁者)는 재물을 베풀어 자신을 일으키
고 불인자는 제 몸을 망쳐가면서 재물을 늘린다"[11]고 하였다. 이
것이 바로 최씨 가문이 3백 년 동안 부와 명예를 지켜왔던 전가
비결(傳家秘訣)이라고 생각한다. 최부자 가문에 내려오는 가르
침 가운데 "재물은 분뇨(똥거름)와 같아서 한 곳에 모아 두면 악
취가 나 견딜 수 없지만, 골고루 사방에 흩뿌리면 거름이 된다"
고 한 것이 있다. 저들의 물질관과 나눔의 철학을 엿볼 수 있다.
이런 가치관과 철학을 지녔기에 부자이기에 앞서 인자요 덕인
이었던 것이다. 15세 세구(世龜)·세린(世麟) 공의 묘갈명에 "고
금 인물의 성패와 득실에 대해 담론하기를 좋아했다"고 한 대목

---

9　『대학』, 傳10章 "是故, 君子先愼乎德, 有德此有人, 有人此有土, 有土此有
　　財, 有財此有用."
10　『대학』, 傳10章 "財聚則民散, 財散則民聚."
11　『대학』, 傳10章 "仁者, 以財發身, 不仁者, 以身發財."

이 있다. 가도(家道)를 지켜나가는 과정에서 역사적 인물을 통해
그 성패와 득실을 귀감으로 삼고자 노력했음을 엿볼 수 있다.
저들의 성덕(成德) 과정이 단순하지 않음을 짐작하게 한다.

　이제, 최부자 가문의 재리관(財利觀)을 추론할 차례다. 이를
밝힐 수 있는 확실한 자료는 없지만 당시 사상사의 동향, 특히
실학사상의 대두와 관련하여 보면 짐작되는 바 없는 것은 아니
다. 『논어』를 보면 "군자는 의리에 밝고 소인은 잇속에 밝다"[12]는
공자의 말이 있다. 이 말이 뒷날 유가에서 의(義)와 이(利)를 준
별(峻別)하는 전통이 수립되는 데 큰 영향을 끼쳤다. 그런데 유
가에서 처음부터 '이'를 배척했던 것은 아니다. 『주역』 건괘에서
는 건괘의 사덕(四德)으로 원(元)·형(亨)·이(利)·정(貞)을 들었
고, 또 같은 괘 「문언전(文言傳)」에서는 "이(利)란 의가 조화를
이룬 것이다"(利者, 義之和也)고 하였다. 즉, '의'와 조화를 이루
는 것으로서의 '공리(公利)'를 말한 것이다. 『서경』 「대우모(大禹
謨)」에서는 나라를 다스리는 데 중요한 일 세 가지[三事]로 정덕
(正德)·이용(利用)·후생(厚生)을 들었다. 공자 역시 "의롭지 않
게 얻은 부귀야말로 내게는 뜬구름과 같다"[13]고 하여, 의롭고 떳
떳한 것을 조건으로 부와 귀를 인정하였다.

　그러나 『맹자』에서 '의'와 '이'를 상대적인 것으로 본 이래 '이'
는 대개 부정적으로 인식되었다. 『맹자』 개권제일의(開卷第一義)
라 하는 의리지변(義利之辨)은 후대에 지대한 영향을 끼쳤다. 이

---

12 『논어』, 「子路」 "子曰: 君子喻於義, 小人喻於利."
13 『논어』, 「述而」 "子曰: 飯疏食飲水, 曲肱而枕之, 樂亦在其中矣. 不義而富
　且貴, 於我如浮雲."

와 함께 한대(漢代)의 영향력 있었던 유학자 동중서(董仲舒)는 "그 '의'를 바르게 하고 그 '이'를 꾀하지 않으며, 그 도를 밝히고 그 공(功)을 따지지 않는다"[14]고 하여, 공리(功利)의 추구를 배척하였다. 이후 '이'는 부정적인 것으로 고착화되다시피 하였다.

송대 도학(道學)이 성립된 뒤부터는 '이'를 천리(天理)의 상대적 개념인 인욕(人欲)으로 보아 대립 구도가 설정되었다. 『논어』에 이른바 "공자는 이(利)와 명(命)과 인(仁)을 드물게 말했다"(子罕言利與命與仁)고 한 대목에 대해 정자(程子)는 "공자가 '이'를 드물게 말한 것은 '이'를 따지면 '의'를 해치기 때문이다"[15]라고 하였다. 또 『맹자』 「양혜왕(상)」 제1장에 나오는 "王亦曰仁義而已矣, 何必曰利" 대목과 관련하여 주자는 『집주』에서 '인의(仁義)'를 '천리지공(天理之公)'으로 '이(利)'를 '인욕지사(人欲之私)'로 풀이하였다.

이러한 관념은 후대로 내려오면서 중국을 비롯한 유교문화권에서 이욕의 추구를 죄악시하는 배경이 되었다. 사회가 의욕과 활력을 잃고 침체하는 역기능을 초래하기도 했다. '이'에 대한 부정적 인식은 분명 중세의 사상적 질곡의 하나였다. 조선 후기에 이르면 주로 실학자들에게서 이욕을 긍정하는 분위기가 대두되는데, 여기서 중세 사상적 관념의 극복을 위한 모색의 단초를 엿볼 수 있다.

실학자들은 '이'에 대한 종래의 부정 일변도의 시각에서 벗어나기 시작하였다. 다만 '사리(私利)'가 아닌 '공리(公利)'의 개념

---

14 『漢書』 권56, 「董仲舒傳」 "夫仁人者, 正其誼而不謀其利, 明其道而不計其功."
15 『論語集註』, 「子罕」 제1장 "計利則害義."

으로 인식하였다. '의'의 내포(內包) 개념으로 본 것이다. 조선 후기 학자 만회(晩悔) 권득기(權得己: 1570~1622) 같은 사람은 "군자의 '이'는 '공천하(公天下)'로 '이'를 삼는 까닭에 의(義)라고 한 것이다. 소인의 '이'는 자기의 사사로운 것을 '이'로 삼는 까닭에 단지 '이'라고 하는 것이다. …… 오직 자기의 욕리지심(慾利之心)을 미루어 남에게도 공평하게 하면, 남 역시 이와 같이 하여 그 '이'가 클 것이다"[16]고 하였다. 그는 또 공리와 사리를 구별하여야 함은 물론, 의를 가장한 '사이비한 의'를 가려내야 한다고 역설하기도 하였다.

'이'를 공리(公利)와 연결시켜 추구하는 예로는 실학자 성호 이익의 경우가 유명하다. 또 이익에 앞서 졸수재(拙修齋) 조성기(趙聖期: 1638~1689) 같은 이는 관자(管子)와 안자(晏子)의 공리설(功利說)을 인정해야 한다고 한 바 있으며, 조선 말기 소론계 낙척(落拓) 학인 백운(白雲) 심대윤(沈大允: 1806~1872)은 '성즉리(性卽利)'를 주장, 이(利)에 대한 인식을 한층 고조시켰다. 성호 이익은 '이'의 중요성을 다음과 같이 역설하였다.

> 자기의 이익만 꾀하면서 타인의 이익을 도외시하는 것은 사(私)이지 공리(公利)가 아니다. 따라서 행할 수 없다. 만약 나 자신, 내 가정에 이로우면서 이것을 천하에까지 미치면 역시 해롭지 않은 것이니 공리가 되는 데 방해되지 않는다.[17]

---

16 『讀書僭疑』 권4, 1b-2a, 「孟子 梁惠王上」 "君子之利, 公天下以爲利, 故謂之義. 小人之利, 自私其身以爲利, 故只得謂之利. …… 唯其推自家慾利之心, 以公於人, 則人亦如是, 而其利大矣."

17 『論語疾書』, 「里仁」 제12장 "利者, 義之和也. …… 主一身, 則利吾身而未

이익은 공리와 사리를 엄격히 구별하면서, '의'와 조화를 이루는 '이'는 공리요, 이것을 추구하는 것은 선(善)이 된다고 하였다. 즉, '의'의 실현 방법으로서의 공리의 추구를 말하였다.[18] 그런 의미에서 공자의 이른바 '한언리(罕言利)'는 '불언리(不言利)'를 의미하는 것이 아니요, '후의이선리(後義而先利)'를 반대한 것이라고 하였다.[19]

조선 후기 성리학사에서 이른바 '절충파'의 선구자 가운데 한 사람인 조성기는 인의(仁義)를 부르짖으면서 속다르고 겉다른 속유(俗儒)들을 비판하는 가운데 관·안(管晏)의 공리설에 대하여 긍정적으로 평가하였다.

> 관중과 안영을 공리를 추구하는 사람이라고 하지만, 그 규모를 보면 말마다 실답고 일마다 실용이 있다. 공리가 천하에 미친[及] 것으로 말하자면 참으로 인자(仁者)의 공이 있다. 단지 제 한 몸만의 편의를 도모한 것은 아니다. …… 저 관중과 안영의 공리가 비록 천하의 생민들에게 혜택을 주어 종신토록 변천할 수 없는 것이 있더라도, 우리 유자들은 …… 맹자 이래로 모두 '도의'라는 가치 기준으로 재단하여 조금도 사정을 보아주지 않는다.[20]

이처럼 관자·안자 같은 제자백가를 중시한 것은 종래의 교조

---

必利他身. 此利己而不利人, 私也, 非公利也, 所以不可行也. 若利吾身吾家, 而達之天下, 亦無害者, 亦不害爲公利"(『성호전서』 제4권, 여강출판사 1984, 447쪽)

18 宋甲準, 「성호 이익의 경학사상(Ⅱ)」, 『철학논집』 제5집, 경남대학교, 1989, 62-63쪽.

19 『孟子疾書』, 「梁惠王章句(上)」, 제1장 ; 『성호전서』 제4권, 494쪽 참조.

20 『拙修齋集』 권7, 20a-21b, 「與林德涵書」(한국문집총간 제147권, 277-278쪽) 참조.

적인 학풍에서 벗어나려는 의지의 소산이라 하겠다. 조성기가
보는 관자·안자의 공리설은 그가 정의한대로 "천하 생민과 그
공리를 함께 하는 것"(與天下生民, 共其功利者)에 지나지 않는다.
　경주최부자 가문의 재부관도 이러한 인식에서 크게 벗어나지
않았을 것이다. 저들이 재산을 늘려가던 시기가 18세기 이후,
즉 실학사상이 대두하던 시기이고 보면 저들의 재리관(財利觀)
에 실학적 사고가 영향을 끼쳤으리라고 짐작할 수 있겠다. '시
덕(施德)'의 방법으로서 재리의 중요성을 인식한 것은, 실학자들
의 사고와 일정 부분 궤를 같이 한다. 그러나 그보다도 최부자
가문이 정통 성리학파와는 거리가 있었던 점[21]이 '재리(財利)' 또
는 '재부(財富)'에 대해 개방된 사고를 가질 수 있었던 근본 원인
의 하나라고 하겠다.
　최부자 가문의 도덕적 책임의식과 실천윤리는, 궁극적으로
유가의 '인(仁)' 사상을 실천하는 것에서 그 사상적 기반을 찾아
야 할 것이다. 이와 관련하여 「만선공약전(晩善公略傳)」 한 대목
을 보기로 한다.

　　매년 흉년이 들면 …… 굶주려 얼굴빛이 누렇게 뜬 기아민(饑餓民)이
　　3～4백 명씩 대문을 메우고 먹여줄 것을 청하였는데 비록 곳간을 다
　　털어 비울지라도 근심하지 않았다. 그러나 자신을 위해서는 몹시 소박
　　하였다. 밥상에는 고기 반찬이 없었으며, 젊을 때부터 늘그막에까지
　　명주옷을 입지 않았다. 처자(妻子)에게는 화려하고 사치스러운 가구

---

[21] 송정 최동량이 旅軒 張顯光에게 학문적으로 영향을 받은 흔적이 있지
　　만(『교동의 얼』, 45쪽), 이후 자손들은 정통 성리학파와는 거리를 두고
　　살았다.

와 의복을 엄히 금하였으며, 두 아들에게는 짚신으로 서리와 얼음을 밟게 하였다. 거처하는 방에는 등잔 하나, 화로 하나 책상 한 개와 책들 뿐이었다.[22]

최씨 가문 사람들은 어느 면에서 재산 불리기보다 가진 자의 사회적 책임을 강조하였던 것 같다. 보통의 적선(積善)과는 차원을 달리하여 보아야 할 듯하다.

율곡(栗谷) 이이(李珥)의 『격몽요결』「접인장」을 보면 다음과 같은 내용이 있다.

> 항상 온화하고 공손하고 자애로우며 남에게 은혜를 베풀고 일을 이루는 것을 마음으로 삼아야 할 것이다. 남을 침노하고 사물을 해치는 일이라면 털끝만큼이라도 마음 한 구석에 두어서는 안 된다. 대개 사람들이 자기에게 이롭게 하려 들면 반드시 남을 침해하기 마련이다. 이 때문에 배우는 자는 먼저 자기를 이롭게 하려는 마음을 끊어버린 뒤에야 인을 배울 수 있을 것이다.
> 常以溫恭慈愛, 惠人濟物爲心, 若其侵人害物之事, 則一毫不可留於心曲. 凡人欲利於己, 必至侵害人物. 故學者先絶利心, 然後可以學仁矣..

'혜인제물(惠人濟物)'의 반대는 '침인해물(侵人害物)'이다. 침인해물은 이기심에서 비롯된다. 이 먼저 이기심을 단절해야만 인을 배운다고 말할 수 있다는 것이다. 이것은 중요한 시사를 던진다. 『논어』를 보면 인의 실천 방법이 나온다. "내가 싫은 것은 남에게 강요하지 말라"(己所不欲, 勿施於人)고 하는 소극적인 것이 있는가 하면, "내가 하고 싶으면 남도 그렇게 되도록 도와주

---

22 『교동의 얼』, 70쪽.

라"(己欲立而立人, 己欲達而達人)고 하는 적극적인 것도 있다. 『중용』에서도 '성(誠)'이란 자신의 완성만 추구하는 것이 아니라 타인까지도 이루어 주는 것이라고 하여 성기성물(成己成物)을 말하였다. 나의 마음을 통해 남의 마음을 헤아리는 것이 배려다. 이것이 다름 아닌 '서(恕)'요, 인의 적극적 실천 방법이다.

인의 적극적인 실천 방법은 애물제인(愛物濟人)으로 나타난다. 한 사례를 보자. 일찍이 조선 효종 때의 학자 김육(金堉: 1580~1658)은 열 두 살 때 『소학』을 읽다가 정명도(程明道)가 "말단 벼슬의 한 선비라 할지라도 진실로 만물을 사랑하는 데 마음을 두면, 반드시 백성을 구제하는 바가 있을 것이다"[23]고 한 대목을 보고는 홀연히 깨달은 바 있어, 그로부터 군적(群籍)에서 '애물제인'에 관한 설화를 초집(抄集)하여 마침내 『종덕신편(種德新編)』을 이룩하였다고 한다.[24] 민생을 위해 국가적 대사인 대동법(大同法) 시행을 관철시킨 그의 정신과 사상이 어디에서 유래한 것인지를 짐작하게 한다.


## Ⅲ. 고운사상과 신라정신의 계승

최부자 가문의 청백하고 담박(淡泊)한 삶은 선조인 고운 최치원의 삶이라든지 사상과도 무관하지 않을 듯하다. 경주최씨 후예들이 최치원을 존중하는 정도는 실로 남달랐다. 3백년을 지켜

---

23 『二程全書』 부록, 「明道先生行狀」 "一命之士, 苟存心於愛物, 於人必有所濟."
24 『潛谷集』 부록, 「文貞公年譜」 참조.

온 가문의 주인들 역시 선조 최치원을 흠모하고 그의 사상을 실
천하려고 노력하였던 것 같다. 최부자 가문의 청렴하고 고결한
삶의 뿌리는 파조(派祖)인 정무공 최진립을 넘어서 시조 최치원
에게 닿는다고 할 수 있다.

우리나라 역대 선유(先儒)들은 여러 각도에서 최치원을 기렸
다. 그러는 가운데 담박하고 탈속(脫俗)한 삶을 빼놓지 않고 칭
송하였다. 조선 연산군 때의 학자 매계(梅溪) 조위(曺偉: 1454~
1503)는 다음과 같이 말한 바 있다.

> 내가 소싯적에 언젠가 "인간의 요로와 통진에는 눈 아니 뜨고, 세상 밖
> 청산과 녹수는 가끔 꿈속에 돌아간다"(人間之要路通津, 眼無開處; 物外
> 之靑山綠水, 夢有歸時)고 한 고운의 글귀를 접하고는, 공의 회포가 표표
> (飄飄)하여 속진(俗塵) 사람이 아니라고 생각하였다. 그 뒤 공의 평생
> 발자취를 살피다가 국내에 있는 명승지마다 공의 발길이 두루 미친 것
> 을 확인하였다. '청산 녹수'라는 글귀가 본래 우연히 나온 말이 아니었
> 다. 공의 아의(雅意)의 소재를 알고는 더욱 탄복하였다.[25]

조위가 소개한 싯귀를 보면, 이욕에서 벗어나 한가하게 사는
물외한인(物外閒人)으로서의 최치원의 모습이 그려져 있다.

최치원의 고답적이고 탈속한 삶은 그의 시편(詩篇)이 잘 보여
준다. 후손들이 최치원을 기리는 정도에 비추어 볼 때, 최치원
이 남긴 시편들은 대대로 암송되어 후손들에게 삶의 좌우명이

---

[25] 曺偉, 『梅溪集』 권4, 「題崔文昌傳後」 "余少時, 嘗讀公'人間之要路通津眼
無開處, 物外之靑山綠水夢有歸時'之句, 想公之襟袍飄飄然非塵寰中人.
及觀公之平生, 名區勝地之在國內者, 足迹殆將遍焉, 則靑山綠水之句, 本
非寓言, 而益歎公雅意之所存."

최치원 초상

되었을 법하다. 이제 최치원의 시 가운데 유명한 것 두 수를 보기로 한다. 먼저 '강남녀(江南女)'라는 풍자적이고 함축적인 시를 보자.

> 江南蕩風俗   강남의 풍속은 방탕하기만 한데
> 養女嬌且憐   키운 딸이 교태 있고 가냘펐네.
> 性冶恥針線   천성은 바느질하는 것을 부끄러워하니
> 粧成調管絃   분단장 마치고는 악기를 조율하네.
> 所學非雅音   배운 것은 고상한 곡조가 아니오
> 多被春心牽   춘정(春情)에 이끌린 것들이라네.
> 自謂芳華色   제 스스로 꽃다운 얼굴이요
> 長占艶陽年   청춘 시절 오래 가리라 떠드네.
> 却笑隣舍女   도리어 이웃 여자 비웃나니
> 終朝弄機杼   하루 종일 북을 놀리며
> 機杼縱勞身   베짜느라 몸을 힘들게 하지만
> 羅衣不到汝   비단옷은 네 차지 안된다면서.[26]

이 '강남녀'는 시를 짓게 된 배경이 분명하지 않기 때문에 해설하는 사람에 따라 설명이 달라질 수 있다. 다만, 필자는 일찍이 이를 진골귀족과 육두품을 대비시켜 진위(眞僞)·정사(正邪)·시비(是非)를 가리려는 것이 아닐까 추측해 본 적이 있다.[27] 즉 '강남녀'는 임금과 진골 귀족에, '인사녀(隣舍女)'는 육두품을 가리키는 것으로 볼 수 있기 때문이다. 시 전체의 분위기로 보면, 사치스럽고, 나태하고, 방자하고, 퇴영적인 강남녀의 모습과 근

26 최영성, 『역주 최치원전집(2)』, 아세아문화사, 1999, 54-55쪽 所收.
27 최영성, 『최치원의 철학사상』, 아세아문화사, 2000, 353쪽.

면 검소한 인사녀의 자태가 대비적으로 잘 드러나 있다. 사회적
으로 지체 높고 가진 것이 많으면서도 남의 어려움이나 고통 따
위엔 관심도 없는 상류층의 오만과 횡포를 고발하면서, 압박 받
는 하층민의 고단한 삶을 무한히 동정한 것이다.

　최부자 가문의 가훈 가운데 "최씨 가문에 시집온 사람은 3년
동안 무명옷을 입어야 한다"는 것이 있다. 내 스스로 어려움을
겪어야 다른 사람의 고통을 헤아릴 수 있다. '처지를 바꾸어 남
을 헤아린다'는 사고가 있었기에 만석군 부자이면서도 늘 자신
을 낮추고 근검 절약하며 사회적으로 약하고 소외된 서민 대중
의 고충을 헤아릴 줄 알았던 것이다. 최부자집의 가훈은 최치원
의 시 '강남녀'와 의취 면에서 상통하는 바 크다.

　'우흥(寓興)'이라는 시 한 수를 더 보기로 한다.


　　願言局利門　원컨대 이욕의 문을 막아
　　不使損遺體　부모께 받은 몸 상하게 말라.
　　爭奈探珠者　어찌하여 진주를 캐는 사람들
　　輕生入海底　목숨 가벼이 여겨 바다 밑에 들어가나.
　　身榮塵易染　몸이 영화로우면 티끌에 물들기 쉽고
　　心□垢難洗　마음의 때는 씻어내기 어렵네.
　　澹泊與誰論　담박한 맛을 누구와 의논하리
　　世路嗜甘醴　세상 사람들 단 술을 즐기거니


　재물과 명예와 권력을 얻기 위해 그 어떤 것에도 개의치 않고
날뛰는 파렴치한 지배층의 모습과 사회상을 적나라하게 보여준
다. 세상 사람들의 탐욕스런 행동을 깊은 바다 속 용의 턱 밑에
있는 구슬을 찾는 행동에 빗대어 말하였다.[28] 그러면서 출세를

위한 욕심으로 한 번 더러워진 마음은 씻어내기 어렵다고 경계
하였다. 위 시에서 단연 돋보이는 단어가 '담박'과 '단술'이다.
최치원이 담백한 삶의 즐거움을 말했을 뿐만 아니라 그런 삶을
권유했다는 점에서 이 시 역시 후손들에게 끼친 영향이 적지 않
았을 것으로 본다.

"이욕의 문을 닫아 부모님께 빈은 몸 상하게 하지 말라", "몸
이 영화로우면 티끌에 물들기 쉽다'고 한 것은 최부자 가문의
가훈 바로 그것이다. 가훈 가운데 하나인 "과거를 보되 진사(進
士) 이상은 하지 말라'라든지 "만석 이상의 재산은 모으지 말라"
고 한 것은 지나친 욕심이 부르는 화를 미리 방지하겠다는 선견
지명의 발로라 하겠다. 최부자 가문에서 늘 '차고 넘치는 것'을
경계했던 이유를 짐작할 만하다. 그런 확고한 삶의 철학이 있었
기에 3백년 이상 부를 유지할 수 있었던 것이다.

『월성세헌』에는 최부자집 역대 주인들의 삶이 기록되어 있다.
최부자집을 일군 송정공 최동량 같은 이는 스스로를 청백하게
가다듬어 담담하기가 스님과 같았다고 한다.[29] 만년에 집 동쪽
정원에 소나무 수백주를 심고 날마다 소요(逍遙)했다고 하는데,
이것은 세한지지(歲寒之志)를 달래기 위함이었으리라. 기영공(祈
永公) 같은 이는 벼슬에 뜻을 두지 않고, 산수 유람하는 것을 낙

---

[28] 『莊子』「列御寇」 "人有見宋王者, 錫車十乘, 以其十乘, 驕穉莊子. 莊子曰:
「河上有家貧恃緯蕭而食者, 其子沒於淵, 得千金之珠. 其父謂其子曰:「取
石來鍛之! 夫千金之珠, 必在九重之淵而驪龍頷下. 子能得珠者, 必遭其睡
也. 使驪龍而寤, 子尙奚微之有哉?」今宋國之深, 非直九重之淵也, 使宋王
而寤, 子爲韲紛矣」……"

[29] 『교동의 얼』, 46쪽.

으로 삼았으며, 주자의 무이구곡시(武夷九曲詩)를 즐겨 읽은 나머지 병풍을 만들어 진열하였다고 한다.[30] 시끄러운 세상에서 '본래의 자기'를 지키기 위한 노력의 일환으로 보인다. 이후 최씨 가문에서는 세상의 명리(名利)를 가볍게 여기는 것이 가헌(家憲)으로 내려왔다. 후손들은 청백한 가풍을 더럽히는 것을 가장 큰 불효요 수치로 생각하였다.

잘 알려져 있듯이 정무공 최진립의 후손 가운데 고운사상의 정통 계승자를 자임한 사람으로 수운(水雲) 최제우(崔濟愚: 1824~1864)가 있다. 최치원과 최제우의 사상적 맥락은 그들의 호를 통해서도 짐작할 수 있다. 하늘에 떠다니는 '고운(孤雲)'과 물에 비친 '수운(水雲)'이 상하, 전후로 잘 조응(照應)한다. 『월성세헌』 등에 고운사상과의 연관성을 탐색할 수 있는 직접적인 자료는 없지만, 후손들이 선조 최치원의 인생관·가치관에서 큰 영향을 받았을 뿐만 아니라, 사상적으로 고운사상을 구현하려 애썼음을 간취할 수 있을 듯하다.

최진립과 그 후손들은 천년 고도 경주에서 태어난 것을, 그것도 최치원의 후손으로 태어난 것을 퍽 자랑스럽게 생각하였던 것 같다.[31] 사성공파(司成公派)로 따져서 7세가 되는 진흥(震興)·진립(震立) 형제의 항렬자인 '진(震)'은 동쪽을 가리킨다. 8세는 아예 '동(東)' 자로 항렬자를 삼았다. 9세의 항렬자는 '국(國)' 자이다. 이런 것들은 우연인 듯하지만 우연이 아니다. 필자는 최

---

30 『교동의 얼』, 57쪽.
31 최씨 가문이 뒷날 汶川橋邊, 경주향교 옆에 집을 짓고 정착한 것도, 문묘에 모셔진 최치원을 보다 가까이서 기리기 위함이었다고 한다. 鄭求福 교수 교시 참조.

치원의 동인의식(東人意識)과 동방사상(東方思想)에서 영향을 받았을 것으로 생각한다.

최치원은 명실공히 국제인이면서도 가장 신라인다운 사상가였다. 민족주제의 문제와 세계화의 문제는 최치원의 뇌리에서 늘 떠나지 않았던 것 같다. 필자는 일찍이 최치원의 민족주체성에 관련된 의식 세계를 '동인의식(東人意識)'이라 하고, 중국 중심의 보편문화'를 추구하는 문명지향 의식을 '동문의식(同文意識)'[32]이라 명명한 바 있다. 민족적 특수성을 의미하는 '인(人)'과 문화적 보편성을 의미하는 '문(文)', 그리고 각각 그것들을 수식하는 '동(東)'과 '동(同)'은 서로 좋은 대조를 이룬다.

최치원의 자아의식·주체의식이 결정적(結晶的)으로 집약되어 있는 것은 「해인사 선안주원 벽기」라 할 것이다. 최치원은 첫머리에서 다음과 같이 말하였다.

> 『예기』 「왕제(王制)」 편에서 "동방을 이(夷)라 한다" 하였다. 범엽(范曄)은 "이(夷)는 뿌리라는 뜻이다. 어질고 살리기를 좋아하는데 만물이 땅에 뿌리를 박고 나오기 때문이다. 따라서 천성이 유순하여 도리로써 사람들을 인도하기가 쉽다"고 하였다(『後漢書』 「東夷傳序」). 나는 이에 대해, "이(夷)는 훈제(訓齊)하기가 까다롭지 않고 쉽다는 것이니, 교화(敎化)·제화(濟化)하는 방법을 말한 것이다"고 한다. 또 『이아(爾雅)』를 보면, "동쪽으로 해뜨는 곳에 가면 그곳이 태평(太平)이다. 태평국 사람들은 어질다"고 하였다. 『상서(尚書)』에서는 "희중(羲仲)에게 명하여 우이(嵎夷)에 살게 하였으니 여기가 양곡(暘谷)이다. 동녘에서

---

32  同文意識에 대한 용어상·개념상의 자세한 설명은 최영성, 『최치원의 철학사상』, 455-459쪽 참조.

시작하는 일(東作)을 고르게 차례로 할지니라!"고 하였다. 그러므로 우리 대왕의 나라(新羅)는 날로 상승하고 달로 왕성하며 물은 순조롭고 바람은 온화하니, 어찌 다만 깊숙이 겨울잠을 자던 것이 다시 떨치고 소생(蘇生)하는 것뿐이겠는가. 아마도 싹을 잡아당겨 무성히 자라도록 하니, <u>생기고 변화하며 생기고 변화하는 것이 동방(震)을 터전으로 하는 것이다.</u>[33]

이밖에 여러 고승들의 비문에서도 만물을 살리는 방위로서의 동방과 동방 사람의 어진 성품을 예찬한 바 있다.

동방의 제후가 외방(外方)을 다스리는 것으로 우리처럼 위대한 민족이 없다. 산천이 영수(靈秀)하여 이미 '호생(好生)'으로 근본을 삼고 '호양(互讓)'으로 주를 삼았음에랴. 화락한 태평국의 봄이요, 은은한 상고(上古)의 교화라.[34]

우리 태평국 승지(勝地)로 말하자면, 사람의 성품이 매우 유순하고 지기(地氣)가 만물을 생기게 하는 데 모아졌다. 산과 숲에는 말없이 고요하게 도를 닦는 무리가 많아 인(仁)으로써 벗을 모으고, 강과 바다의 물은 더 큰 곳으로 흐르려는 형세(朝宗之勢)를 좇으니, 선(善)을 따르는 것이 물 흐르는 것 같았다.[35]

---

[33] 최영성, 『역주 최치원전집(2)』 277쪽, 「海印寺善安住院壁記」 "王制, 東方日夷. 范曄云:「夷者柢也, 言仁而好生, 萬物柢地而出. 故天性柔順, 易以道御」 愚也謂夷訓齊平易, 言敎濟化之方. 按爾雅云:「東至日所出, 爲太平, 太平之人仁」 尙書曰:「命羲仲宅嵎夷, 曰暘谷, 平秩東作」 故我大王之國也. 日昇月盛, 水順風和, 豈惟幽蟄振蘇? 抑亦句萌彎懋, 生化生化, 出震爲基."

[34] 최영성, 『역주 최치원전집(1)』, 아세아문화사, 1998, 258쪽 "東諸侯之外守者, 莫我大, 而地靈旣好生爲本, 風俗亦交讓爲主, □□太平之春, 隱隱上古之化."

[35] 『역주 최치원전집(1)』, 195쪽 "我太平勝地也, 性滋柔順, 氣合發生, 山林多

새벽해가 우니(嵎尼)에서 떠오름에 광명이 만상(萬像)에 다 통하고, 봄
바람이 동방(震位)에서 남에 기운이 팔방의 끝까지 흡족하여, 마침내
능히 천하의 어두움을 깨뜨리고 지상(地上)의 열매를 맺게 하나이다.
그런 뒤에 금오(金烏)가 나는 빠른 그림자(햇살―筆者註)는 매곡(昧
谷)[36] 깊숙한 곳까지 끝없이 돌고 돌며, 범이 휘파람 부는 웅장한 위엄
(바람-筆者註)은 상교(商郊)[37]의 먼 곳까지 부채질을 하고서야 그만둡
니다. 이로써 의(義)가 인(仁)에 말미암아 피어나고 서쪽이 동쪽으로부
터 밝아짐을 알 수 있겠나이다. 시험 삼아 인재(人材)에 비유해 보더라
도 어찌 물성(物性)[38]과 다르겠나이까.[39]

빛이 왕성하고 충실(充實)하여 온 누리(八紘)를 비출 바탕이 있는 것으
로는 새벽해보다 고른 것이 없고, 기(氣)가 온화하고 무르녹아 만물을
기르는 데 공효가 있는 것으로는 봄바람보다 넓은 것이 없다. 생각컨대
큰바람과 아침해는 모두 동방으로부터 나온 것이다.[40]

  위에 나온 '인이호생(仁而好生)'(『風俗通』), '천성유순(天性柔
順)', '호양부쟁(好讓不爭)'(『山海經』) 등은 동방 사람의 천부적인
성질을 특징적으로 말한 것이다. 특히 '지기(地氣)가 만물을 생

---

靜默之徒, 以仁會友, 江海協朝宗之欲, 從善如流."
36  해가 지는 서쪽 골짜기. 咸池. 『書經』, 虞書, 〈堯典〉 "分命和仲, 宅西, 曰
    昧谷."; 同註 "昧冥也. 日入於谷而天下冥, 故曰昧谷."
37  중국 殷나라의 郊外. 『書經』, 周書, 〈牧誓〉 "王朝至于商郊牧野, 乃誓."
38  앞에서 말한 새벽해와 봄바람 등을 가리킴.
39  『역주 최치원전집(2)』, 245쪽, 「圓測和尙諱日文」 "觀夫, 曉日出乎嵎尼, 光
    融萬像, 春風生乎震位, 氣浹八埏. 逐能破天下之冥, 成地上之實, 然後鳥飛
    迅影, 廻輪昧谷之深, 虎嘯雄威, 輟扇商郊之遠. 是知義因仁發, 西自東明,
    嘗譬人材, 何殊物性."
40  『역주 최치원전집(1)』, 63쪽, 「大朗慧和尙碑銘」 "光盛且實, 而有暉八紘之
    質者, 莫均乎曉日. 氣和且融, 而孚萬物之功者, 莫溥乎春風, 惟俊風與旭
    日, 俱東方自出也."

기게 하는 데 모아졌다〔地合發生〕'고 함은 동방의 위대함을 시사
하는 것이다. 동방은 오상(五常)으로 '인'에 해당한다. 이는 우리
동방 사람들의 '천성이 어질다'는 것과 부합한다. 동방은 자연
현상이 시작되고 만물이 비로소 피어나는 생명의 방위다. '동방
(動方)'이라고 한 것은 이런 이유에서다.[41]

　위에서 말한 새벽해와 봄바람은 모두 동방에서 나온다. 새벽
해는 온누리에 광명을 비춰 주고, 봄바람은 만물이 생장하도록
최촉(催促)한다. '새벽해'의 비유는 동방 군자국이 천하 문물, 세
계 문화의 중심이 된다는 문명의식을 밑바탕에 깔고 있다. 이를
볼 때 최치원은 우리나라 사람 가운데 '동(東)'으로 상징되고 함
축된 것을 가장 먼저 인식하고, 이것을 동인의식과 동방사상으
로 체계화한 역사상 초유의 인물이라 할 수 있겠다.[42]

　『서경』에 보면 "하늘은 생명을 사랑하는 덕이 있어 민심에 부
합한다"[43]고 한 말이 있다. 최치원이 생각하는 동방의 위대함의
하나는 '호생지덕(好生之德)'이 있다는 점이다. 그는 "어질어서
살리기를 좋아한다"는 『후한서』의 평을 이끌어 동방 사람들의
인성을 칭송하여 마지않았다. 호생지덕은 홍익인간(弘益人間)의
이념으로 연결되어 우리 민족의 이념적 지표가 되었다. 최씨 가
문의 '인이호생(仁而好生)'의 정신은 끊임없이 일상에서 늘 실천
되었지만 특히 흉년이 들었을 때 굶주린 백성을 구제한 데서 더

---

[41] 『說文解字』 "東, 動也."

[42] 金容九, 「崔致遠에 관하여」, 『莊峯金知見華甲紀念師友錄: 東과 西의 思
　惟世界』, 민족사, 1991, 965쪽.

[43] 『서경』, 「大禹謨」 "好生之德, 洽于民心."

욱 빛을 발하였다. 그들의 구빈(救貧) 활동이 대를 이어 지속될
수 있었던 것은 어질어 살리기를 좋아하는 활인정신(活人精神)
으로 무장되었기 때문이라 하겠다.

호생지덕을 중시하는 정신은 풍류도의 '접화군생(接化群生)'의
측면과도 연결된다. 접화군생은 학자에 따라 그 해석이 천차만
별이다. 문자 그대로 해석한 사람도 있고, 현묘지도의 신령한
기운을 연상하게 하는 추상적이고 신비적인 해석을 내놓은 사
람도 있다. 다만 '접'이 대인접물(待人接物)의 관계성을 의미한다
는 점에서는 이론이 없는 것 같다. '화'는 '접'(만남)의 지향점이
자 목표이다. 작게는 '감화', '변화', '조화'에서 더 나아가 '교화',
'제화(濟化)', '치화(治化)', '동화(同化)', '신화(神化)'까지 그 의미가
매우 넓다. 이런 점에서 '접화군생'을 다음과 같이 해석한 것은
음미할 필요가 있다.

> '접화군생'은 '홍익인간'보다 그 뜻이 더욱 넓은 한국 고유의 '어짊'의
> 표현이요, 풍류도의 범생물적인 생생(生生)의 자혜(慈惠)를 의미하는
> 말이다. 초목군생이나 동물에까지도 덕화를 베풀어 생을 동락동열(同
> 樂同悅)하도록 하는 것을 '접화군생'이라고 표현한 까닭이다.[44]

모든 생명체와의 관계성을 중시하고, 나아가 더불어 살면서
제자리를 잡을 수 있도록 도와주는 것이 접화군생이라고 할 때,
최씨 가문의 책임의식과 실천윤리에 끼친 접화군생의 이념을
미루어 짐작할 수 있을 듯하다.

---

[44] 都珖淳, 「한국의 전통적 교육가치관」, 『철학과 종교』, 현대종교문제연구
소, 1981, 101쪽.

최씨 가문은 호생지덕을 실천하는 데서 남달랐을 뿐만 아니
라, 의리정신의 실천적 측면에서도 특별한 면이 있었다. 그들은
처세육연(處世六然) 가운데 하나인 '유사감연(有事敢然)', 즉 일이
있을 때는 과단성 있게 실천하라는 가훈을 높이 받들었다. 여기
에는 병자호란 당시 순국한 정무공의 충의정신이 큰 영향을 끼
쳤을 것으로 생각한다. 부를 이룬 처지에서 자신보다 남을 먼저
생각한 사람도 드물지만, 인과 의를 겸비한 경우 역시 고금의
역사에 그 사례가 많지 않다. '인'만 있고 '의'가 없으면 무절제
에 빠지기 쉽고, '의'만 있고 '인'이 없으면 무정하고 잔인한 데
로 흐르기 쉽다.

김육(金堉)의 『종덕신편(種德新編)』을 보면 "애물(愛物)은 인에
뿌리를 두고 제인(濟人)은 의에 근거한다"고 하였다. 애물은 자
량(慈良: 子諒)과 관계 있지만 제인은 자량만으로는 어렵고 의리
적 관점에서의 판단이 필요하다. 자량과 단제(斷制)를 함께 갖추
기란 쉽지 않다.[45] 인과 의를 겸전한 최부자집은 가문의 자손들
은 말할 것 없고, 최씨 가문과 인척 관계를 맺은 사람들도 충의
사상, 의리정신에 투철한 사람이 많았다. 3백년 최씨 가문의 도
미(掉尾)를 장식한 문파(汶波) 최준(崔浚: 1884~1970)은 가산을
들어 독립운동 자금을 댔고, 나중에는 전 재산을 교육구국(敎育
救國)의 사업에 출연하였다. 이뿐만 아니라 사성공파 17세손 현
교(鉉敎: 雲篆)의 서랑(婿郎)인 박상진(朴尙鎭: 1884~1921)은 만
주에서 대한광복회 총사령으로 독립운동을 하다가 체포, 교수형

---

45 「世龜公墓碣銘」 "子諒惟仁, 斷制以義, 是爲貞武之孫, ……"(『교동의 얼』, 64쪽)

을 당하였다. 고가(古家)의 법도가 실로 유장(悠長)하다.

이러한 의리사상을 대개 유가적 차원에서 해석하는 것으로
그치는 경우가 많다. 그러나 최씨 가문의 경우 고운사상, 나아
가 최치원이 해석하고 정의한 신라정신과도 통하는 바 크다고
본다. 조선 후기의 학자 노주(老洲) 오희상(吳熙常: 1763~1833)
은 신라·고려·조선의 지배적 정신과 특징을 말하면서, 신라시
대는 '충의(忠意)', 고려시대는 '질의(質意)', 조선시대는 '문의(文
意)'라고 하였다.[46] 여기서 말하는 '충의'란 신라 고유의 풍류도
에 내포되어 있는 사상적 전통을 염두에 둔 것으로 보인다. 임
신서기석(壬申誓記石)에 '충도(忠道)'란 말이 나올 정도로 충을
중시했던 신라의 풍토에서 화랑도가 조직되어 삼국통일의 원동
력 구실을 하였음은 주지의 사실이다. 최부자 가문이 신라의 고
도 경주를 기반으로 하였다는 점에서 천 년 신라의 사상적 전통
과 무관하지 않을 것이라는 것이 필자의 판단이다.

최부자 가문의 정신적·사상적 배경 가운데 또 하나 빼놓을
수 없는 것이 담박무위(淡泊無爲)하고 소요자방(逍遙自放)한 삶
의 태도다. 이것은 선조 최치원의 삶을 닮은 것이면서 풍류도에
녹아 있는 신라적 정신이기도 하다. '처세육연' 가운데 자처초연
(自處超然)·무사징연(無事澄然)·득의담연(得意淡然)·실의태연
(失意泰然) 등은 유가적 사고 방식과는 거리가 있다. 도가적 사
고 방식에 가깝다고 할 수 있다.[47] 이런 사고방식은 중국적인 것

---

[46] 『노주집』 권23, 34a, 「雜識(一)」 "我東人文晚闢, 檀箕之際, 如邃古之世, 降
自羅麗, 始有文獻, 而亦甚茂裂, 猶可以徵焉. 余嘗歷觀東史而儀圖, 羅有忠
意, 麗有質意, 本朝則可以當周之文. 且以人物言之, 羅有漢人氣味, 麗有唐
人氣味, 本朝則恰似宋人. 故比羅麗雖彬彬, 而實用却不及矣."

일 수 있지만, 한편으로는 풍류도 전통 자체에 녹아 있는 것으로도 볼 수 있다.

최부자 가문의 사상적 전통은 겉으로 보면 유가에 입각한 듯하지만, 내면적으로는 명나라 말기에 나온 홍자성(洪自誠)의 『채근담(菜根譚)』류의 사고 방식과 행동 양식에 심취한 측면이 많다. 금과옥조 같은 처세술이 담긴 이들 처세서는 많은 사람들의 인생관·가치관을 바꿀 정도로 영향력이 컸다. 최부자 가문에서 '덕 있는 부'를 유지하는 데 지혜를 제공하고도 남음이 있었을 것이다. 『채근담』에는 "하늘이 한 사람의 부자를 낸 것은 여러 사람의 곤궁을 구제하려 함이다"[48]라고 한 말이 보인다. 이 말은 최부자 가문의 책임의식과 실천윤리에 지침이 되었음직하다. 『채근담』은 유교를 바탕으로 하면서 불교와 도교의 진리를 아우른 정신 수양서이자 처세 지침서이다. 풍류도의 사상적 전통을 계승한 최씨 가문으로서는 풍류도의 전통과 여러 처세서에서의 사상적 맥락이 서로 잘 어울린다고 생각했음직하다.

이밖에도 문(文)과 무(武)를 함께 중시하여 가문에서 무인이 배출된 것이라든지, 정신과 물질을 함께 중시했던 것에서 신라 정신의 영향이 적지 않음을 짐작하겠다.

---

[47] 최부자집 역대 주인 가운데 '大愚'(崔世麟), '鈍次'(崔鉉軾) 등의 호를 가지고 도가에서의 '어리석음'의 철학을 드러낸 분들이 있어 주목된다.

[48] 『菜根譚』, 제218장 "天富一人, 以濟衆人之困."

## Ⅳ. 맺음말

"세상 사람들은 있으면 더 가지려 하였으나 공(公)만은 이런 생각을 끊었다. 벼슬할 기회가 있어도 이에 마음을 두지 않았다. 만물을 구제하는데 진력하여 그 뜻을 빼앗을 수 없었다. 담보로 잡은 문서를 불태워 책임을 면제해 주었다. 그 마음 넓기도 하여라!"⁴⁹

이것은 최진립의 손자 최국선의 묘갈명 한 구절이다. 동서 고금에 이름난 부자가 많았다. 그러나 모은 재물을 바르게, 제대로 쓸 줄 알았던 부자는 매우 드물었다. 후인들은 최부자 가문을 '영혼이 있는 부자', '덕이 있는 부자'라고들 칭송한다. 이른바 '덕부'란 하늘이 최씨 가문에 내린 영원한 벼슬[天爵]이라고 할 것이다.

최부자 가문이 부와 명예를 함께 지킬 수 있었던 근본 원인은 인격 수양을 바탕으로 한 자기 관리와 끊임없는 노력에 있었다. 최씨 가문은 재산을 감당할 만한 인격이 뒷받침되지 않을 경우 천하갑부라도 하루아침에 무너진다고 보았다. 그들은 최치원·최진립 등 우뚝한 선조를 정점에 모시고 훌륭한 가문의 전통을 수립하였다. 또 그것을 지키고자 대를 이어 끊임없이 노력하였다. 그들은 '효' 사상을 중심으로 조상을 받들고 형제 및 친척 사이에 화목하게 지내는 것을 최우선으로 하였다. 게다가 진사 이상의 벼슬을 하지 말고 만석 이상의 재산을 모으지 말 것을

---

49 李光庭, 『訥隱集』 권12, 「通德郞司饔院參奉崔公墓碣銘」 "人有愈有, 公獨割也. 朱紱方來, 公不屑也. 專心濟物, 莫之奪也. 煬質棄責, 意谿谿也."(『교동의 얼』, 49쪽)

가규(家規)로 정함으로써, 정치의 희생양이 되거나 욕심 때문에
패가망신하는 일을 방지하게 하였다. 이렇게 볼 때, '효제(孝悌)'
와 '수분(守分)'의 정신이야말로 가문에 내려오는 전통과 재산을
지킬 수 있었던 비법이라고 말하지 않을 수 없다.

　이와 함께 결코 빼놓을 수 없는 것이 바로 철저한 자기 관리
와 대인 관계였다는 점이다. 자기 관리에는 서릿발 같이 엄격함
을 유지하면서 대인 관계에서는 봄바람처럼 따스하게 하라(持己
秋霜, 對人春風)는 『채근담』의 처세관을 대대로 실천하였다. 최
씨 가문은 세상에 잘 알려진 '처세육연'과 가문에 불문율로 내려
오는 '제가육훈', '가거십훈'을 철저하게 지켰다. '효' 관념과도
연결되는 이들 가르침은 한 마디로 자기 관리와 대인 관계에 해
당하는 것들이다. 사회적으로 지위가 있는 사람의 도덕적 책임
의식과, 내 것을 나누면서 더불어 살아 가는 실천윤리가 이 두
축에서 나왔다.

　최씨 가문의 대인 관계는 철저할 정도로 '역지사지(易地思之)'
의 정신에 기초한다. 『명심보감』에 나오는 '팔반가(八反家)' 8수
는 '반(反)'의 철학을 잘 보여주는 것이다. 자신의 처지를 돌이켜
남을 생각하라는 가르침이 담겨 있다. 최씨 가문에서는 이 팔반
가를 즐겨 외우고 실천하였던 것으로 보인다. 이런 역지사지의
정신은 남의 불행을 기회 삼아 재산을 증식하거나, 흉년에 헐값
으로 내놓은 땅을 사들이는 일을 악으로 여기게 하였고, 사방
백리 안에 굶어 죽는 사람이 없도록 하는데 이르렀다.

　최씨 가문은 재물을 나누어 인덕(仁德)을 쌓음으로써 인심을
얻을 수 있었다. 산재(散財)가 재물을 불리는 근원이 되어 최부

자 가문이 대대로 명예와 부를 지킬 수 있게 하는 결과를 가져
왔다. 『대학』에서 이른바 "어진 사람은 재물을 가지고 자신을 발
전시킨다"(仁者以財發身)고 하거나, "자애라는 것은 사람을 부리
는 방법이다"(慈者所以使衆也)고 한 금언을 되새겨보게 한다.

최씨 가문의 '시인종덕(施仁種德)'의 정신은 기본적으로 유가
의 '인' 사상을 적극적으로 실천하는 데 바탕을 두었다고 할 수
있다. "내가 싫은 것은 남에게도 베풀지 말라"는 소극적인 실천
방법과 함께 "내가 서고 싶으면 남도 서게 하라"는 적극적인 방
법을 묵묵히 실천에 옮겼다. 기독교에서의 황금률을 연상하게
하는 대목이다. 이런 적극적인 실천 방법은 저들이 대대로 유가
의 선비로서 인의(仁義)의 정신을 체득하였다는 점에서 예견할
수 있는 일이기도 하다.

한편, 이와 함께 최씨 가문의 선조 최치원의 가르침과 신라정
신의 영향 역시 적지 않았던 것 같다. 최부자 가문의 담박무위
(淡泊無爲)하고 소요자방(逍遙自放)한 삶의 태도는 최치원의 삶
을 닮은 것이면서도, 신라 고유의 사상인 풍류도에 담긴 신라적
정신의 구현이기도 하다. 최씨 가문에서는 최치원의 동인의식
과 동방사상에 심취하였다. 이를 후손들의 항렬자에 반영할 정
도였다. 일찍이 최치원은 생명의 방위인 동방을 예찬하였다. 동
방은 오상으로 따져 '인(仁)'에 해당하므로 호생지덕(好生之德)을
베푸는 것이 하늘의 뜻에 부합하는 것이라고 하였다. 이런 최치
원의 사상은 최씨 가문의 후손들에 의해 대대로 실천되었다. 대
인접물(待人接物)을 중시했던 최씨 가문의 가훈은 '한국 고유의
어짊'을 나타낸 접화군생(接化群生)의 풍류도 정신과 상통한 바

크다. 이와 함께 인과 의, 문과 무, 정신과 물질을 함께 갖추어 치우침 없이 균형 감각을 이루려 했던 것은 동방 재래의 음양오행사상이라든지 영육쌍전(靈肉雙全) 같은 신라정신에서 영향을 받은 바 적지 않다고 할 것이다.

한편으로 『채근담』이나 『명심보감』 등으로 대표되는 처세훈(處世訓)에 영향을 받은 바 적지 않다고 본다. 특히 최씨 가문의 가헌이 된 '처세육연'은 세상의 처세훈을 응축한 듯 거의 완벽에 가깝다고 할 수 있다. 『채근담』이나 『명심보감』 류의 서적들은 유교를 바탕으로 하면서도 도가적 색채를 강하게 띤다. 유·불·선 삼교의 만남이라는 측면에서 보면 신라 고유의 풍류도 정신과 상통하는 바가 많다. 최씨 가문에서 『채근담』 등의 처세서에 심취하였던 사상적 이면에 풍류도의 전통이 있었음을 간과해서는 안 될 것 같다.

본고는 고증의 글이 아니다. 경주최부자 가문의 도덕적 책임의식과 실천윤리를 필자의 관점에서 해석해 본 것이다. 추론에 따른 부담이 적지 않지만 추론을 거듭할 수밖에 없었다. 자료난 때문에 불가피하였음을 고백하면서 금후 시간적 여유를 갖고 더 사색하고 고민할 것을 다짐한다.

# 제3장 백제 음식문화의 문헌적 고찰

## I. 머리말

삼국시대 역사 자료 가운데 백제의 것이 가장 영성(零星)하다는 것은 잘 알려진 사실이다. 그러다보니 백제의 음식문화 관련 자료는 더욱 귀할 수밖에 없다. 백제사 연구의 기본 자료인『삼국사기』와『삼국유사』를 보더라도 음식 관련 기록은 찾아보기가 어려운 실정이다. 다만 중국 정사(正史) 가운데 동이열전(東夷列傳)의 「한전(韓傳)」, 「백제전」을 보면, 비록 조리법·가공법에 대한 기록은 아니더라도 당시의 음식문화와 관련된 약간의 정보를 찾아낼 수 있다. 일본 측 자료인『일본서기(日本書紀)』·『고사기(古事記)』 등에 백제시기에 술 빚는 법, 김치 담그는 법이 발달하였음을 시사하는 대목이 있어 당시의 음식문화를 짐작하게 한다. 이밖에 조선시대의 자료이긴 하지만『동국여지승람』 등에 나오는 부여지방의 특산물 역시 참고할 만하다.

한편, 부여 지방 향토사 연구 자료 가운데『강동일기(江東日記)』[1]

---

[1] 저자는 부여 출신 정언욱(鄭彦郁: 1713~1787)이다. 그의 자는 士文, 본관은 東萊이며, 영조 17년(1741, 辛酉) 식년문과에 급제하여 벼슬이 사헌부 持平에 이르렀다. 본래 전라도 珍山(지금의 충남 금산)에 살았으나 뒷날 부여에 定居하였다. 그의 저술로는 일기와 잡기 등이 전한다. 일기 마지막 권의 말

가 있다. 이는 향토사 연구에 많은 도움을 주고 있어 본 문헌 조사와 관련하여 많은 기대를 갖게 하였다. 그러나 여러 날을 두고 꼼꼼히 살펴보았지만 부여 지역의 음식문화와 관련한 자료는 찾아보기 어려웠다.

이 글은 백제 음식문화 연구를 위한 기초 작업의 일환으로 작성되었다. 이미 고고학적 발굴을 동하어 음식문화 연구와 관련한 몇 가지 의미 있는 유물들이 세상에 선을 보였지만, 여기서는 순수하게 문헌 자료만 살펴보도록 할 것이다. 배열 순서에 별 다른 의미는 없다. 총체적인 기록으로부터 구체적인 기록의 순으로 나열하였다.

---

미에 '自癸巳至丁未, 凡七十五年, 日記十七卷, 疏章雜記二卷, 合十九卷'이라 한 기록(후손이 追記한 듯)으로 보아, 저술 가운데 일기가 모두 17권이었음을 알 수 있다. 정언욱의 후손들은 이 일기를 '강동공 일기'라고 일컫고 있다. 이 일기는 조선 후기 한 문신·학자의 일기이지만, 동 시대의 정치·경제·사회·문화 등 여러 방면에서 사료로서의 가치가 높다고 판단된다. 저자가 조정에 있을 때에는 주로 정치적 동향 등에 대해서 자세히 적었으며, 벼슬에서 물러나 은거할 때에는 민중의 삶에 많은 애착을 가지고 여러 가지 것에 주목하였다는 점에서, 종합적인 자료로서의 가치가 높다. 부여 향토사 연구와 관련하여 중요한 것은 그가 은거할 당시 주로 부여지방의 일반 백성들의 생활에 큰 관심을 가지고 이를 일기에 옮겼다는 점이다. 우선 당시 지방에서 이름 있었던 인물들과의 교유 관계가 실려 있고, 당시의 민속과 세시풍속 등이 적지 않게 보인다. 날씨는 하루도 빠짐없이 적었으며, 특히 日食이라든지 기상이변에 대해서도 중요하게 다루었다. 이 방면의 연구에 적지 않게 도움을 줄 것으로 본다. 이밖에 민간에서 유행하는 질병과 그 치료법, 그리고 租·庸·調로 일컬어지는 세금과 부역 관계, 시장에서의 가격 동향까지 관심을 가지고 세밀하게 적고 있어 흥미를 끈다. 부여군청 문화관광계 소장.

## II. 음식문화의 발달과 그 정도

### 1. 음식백과 서적의 수용 가능성

『구당서』에 의하면 "백제는 세시(歲時)와 복랍(伏臘: 절기)이 중국과 같다"고 한다.[2] 당시 중국과 활발하게 교류했던 사실에 비추어 볼 때, 음식과 관련된 중국의 유명한 저술들이 백제에 전해졌을 가능성이 높다. 일반 음식은 물론 세시음식(歲時飮食) 역시 중국으로부터 영향을 받았으리라고 생각된다. 신농씨(神農氏)가 지었다고 전하는 『식경(食經)』을 비롯하여, 2세기 무렵에 나온 최식(崔寔)의 『사민월령(四民月令)』, 6세기 무렵에 나온 종름(宗懍)의 『형초세시기(荊楚歲時記)』, 역시 6세기에 나온 가사협(賈思勰)의 『제민요술(齊民要術)』 등은 음식과 관련한 중요한 저술들이다.

중국 북위(北魏) 때 고양태수(高陽太守)[3] 가사협이 지은 『제민요술』은 농업 기술과 농가생활 경영에 관한 각종 지식과 기술을 담은 백과사전격인 저술이다. 저술 연대는 대개 530년~550년으로 추정된다. 당대 최고의 농서였을 뿐만 아니라, 후대까지도 그 권위가 시들지 않았다.

이 책은 모두 10권으로 되어 있다. 권1에서는 경전(耕田), 수종(收種), 종곡(種穀)에 관하여, 권2에서는 각종 곡물 재배와 마

---

[2] 『舊唐書』 권199上, 東夷列傳, 〈百濟〉 "歲時伏臘, 同於中國."
[3] 高陽은 지금의 山東省에 있었던 지역으로 추정된다. '齊民'이란 옛 제나라 지역의 백성이란 뜻이다. 옛 제나라는 지금의 산동성 지역에 자리잡았다.

(麻) 및 과채류의 재배법에 관하여, 권3에서는 각종 채소류의 재배법과 생산 관리의 주요 사항을, 권4에서는 각종 과수 재배법을, 권5에서는 여러 가지 식수 재배법을, 권6에서는 가축 사육법과 양어법을 서술하였다. 권7~권9까지는 여러 가지 식품 가공법과 조리법을 서술하였다. 권7에서는 누룩 만들기와 각종 술빚기, 권8에서는 메주 만들기와 소금 및 장류 가공법, 젓갈 가공법, 고기 건조가공법, 고기 절임 가공법과 기본조리법 8종목을, 권9에서는 조리법 16종목과 채소절임법 및 생채저장법, 엿만들기 등에 대하여 서술하였다. 권10에서는 외국산 식품을 소개하였다.[4] 권7에서 권9까지의 내용은 당시의 음식문화, 요리기술과 관련하여 실로 보전(寶典)이라 할 만큼 중요하다. 오늘날 우리가 먹고 마시는 주된 음식에 비추어 보더라도 거의 빠짐 없이 망라된 음식백과사전인 셈이다. 이 책이 백제에도 전래되었을 것임에 틀림없다고 본다.

『제민요술』에서는 약 170여 종의 참고문헌을 인용하였다. 그 연대는 B.C 200년 무렵으로부터 A.D 500년 무렵에 걸친다. 5회 이상 인용된 참고 문헌 가운데 57회의 『이아(爾雅)』가 가장 많고, 최식의 『사민월령』이 42회, 『식경』이 25회의 인용 빈도를 보인다.[5] 위의 인용 빈도로 보아, 이 책들이 백제에서도 중요한 서적으로 취급되었을 것임에 분명하다고 하겠다.

최식의 『사민월령』은 2세기 무렵 중국 후한 말기에 나온 달거리 농서이다. 『예기(禮記)』 「월령」 편을 모방하여 사민이 준거해

---

[4] 『濟民要術』(식품조리·가공편 연구), 尹瑞石 외(역), 민음사, 1993, 22쪽.
[5] 위의 책, 24쪽.

야 할 연중행사를 기록한 책이다. 백성들에게 때를 알린다는 '수시(授時)' 의식에서 비롯되었다. 내용은 절기와 농사, 민속에 관한 내용이 많이 들어 있다. 이밖에 제사·종족·가계·교육·치병(治病)·도둑의 방어 등 퍽 광범위하다. 음식에 관한 내용이 적지 않게 들어 있어 이 분야의 연구에 중요한 자료로 꼽힌다. 오늘날 완본은 일실되어 전하지 않고, 일문(逸文)이 『한위유서초(漢魏遺書抄)』·『전상고삼대진한삼국육조문(全上古三代秦漢三國六朝文)』 등에 수집되어 있다. 당시에는 완본이 유행되었을 것이다.

중국 남조 양나라 때 종름(宗懍)이 찬한 『형초세시기』는 양자강 중류 지역인 형초 지방(지금의 湖北省·湖南省 일대)의 연중행사를 기록한 책이다. 세시기의 전범(典範)이라 할 만하다. 음식에 관한 기록이 그다지 많지는 않지만 중요성이 크다. 종름은 본래 양나라 사람이다. 557년 양나라가 멸망하자 북주(北周)에 들어가 벼슬하였고, 무제(武帝) 보정(保定) 연간(561~565)에 향년 64세로 세상을 떠났다.[6] 그의 생년은 498년~502년 사이로 추정된다. 저술 연대를 정확히 알 수 없고,[7] 또 저술한 뒤 어느 정도로 유포(流布)가 되었는지 알기는 어렵다. 다만 생몰 연대로 미루어 볼 때, 이 『형초세시기』가 백제에 들어와 사인들 사이에 읽혀졌을 가능성을 배제하기 어렵다. 『형초세시기』는 후일 수나라 양제(煬帝) 대업(大業) 연간(605~616)에 두공첨(杜公瞻)이 주석본을 내어 완정에 가까운 세시기로 자리잡았다.

---

[6] 『梁書』 권41, 列傳 35, 「宗懍傳」 ; 『北史』 권71, 「宗懍傳」 참조.
[7] 양나라가 멸망하기 이전으로 보인다.

## 2. 음양오행설과 음식문화

중국측 사서(史書)를 보면, 백제에 대한 기록 가운데 "백제 사
람들은 음양오행을 잘 이해하였다"는 말이 자주 보인다. 음양오
행에 대한 이해가 백제인만의 특성은 아니지만, 고구려나 신라
사람들에 비해 두드러진다. 백제는 음양오행 사상을 현실에 적
용시켰던 만큼, 정치·사회·문화 등 각 영역에 많은 영향을 끼
쳤던 것으로 보인다. 백제는 고대 국가의 성장에 따라 왕도(王
都: 京畿)와 지방에까지 행정 구역을 설정하였다. 왕도의 행정
구획은 한성시대(漢城時代)에 이미 이루어졌고 이후 웅진시대에
5부제로 재편되었다. 5부는 상부·전부·중부·하부·후부를 말
하며, 각 부는 다시 5항(巷)으로 나누어졌다.[8] 지방행정 제도는
웅진시대까지 담로제(擔魯制: 22담로)가 실시되었으나 사비시대
에 와서는 방(方)·군(郡)·성(城: 縣)의 체제로 개편되었다. '방'
은 동·서·중·남·북의 5방으로 구성되었으며, 방에는 방령(方
領)을 두어 다스리도록 했다.[9] 이와 같이 행정구역을 정하면서
오분법을 적용한 것은 오행사상의 충실한 반영이라고 하겠다.

음양오행 사상, 특히 오행사상은 백제의 음식문화에도 지대
한 영향을 끼쳤을 것으로 보인다. 오곡(五穀)·오축(五畜)·오과
(五果)를 선호하고 음식을 만듦에 오색(五色)·오미(五味)를 중시
하였던 것은 그 여풍(餘風)이라 할 것이다.

---

[8] 『周書』 권49, 「百濟傳」 참조.
[9] 『北史』 권94, 「百濟傳」 참조.

## Ⅲ. 음식문화와 관련한 구체적 기록

### 1. 차문화

백제의 차문화(茶文化)는 기록과 유적이 없어 자세하게 살필
수 없다. 다만 백제가 일찍부터 중국과 활발하게 문화 교류를
하였고, 또 4세기 후반 이래 불교가 융성함에 따라 왕실과 귀족
층에서 음다(飮茶) 풍속이 성행하였을 것으로 짐작된다. 당시 백
제가 긴밀한 관계를 맺었던 중국의 오(吳)·양(梁)·제(齊) 등 여
러 나라는 차를 마시는 풍습이 있었던 나라이기 때문에, 백제가
중국의 차문화를 수용하였을 가능성이 높다고 본다. 또 근자에
지난날 백제권 지역의 발굴 조사에서 다구(茶具)가 다수 출토된
것은 백제에 일찍부터 차문화가 형성되어 있었음을 실증하는
것이라 하겠다.

백제의 차문화와 관련하여 문헌상으로 연대가 가장 앞선 기
록은 화엄사를 창건(544)한 연기조사(緣起祖師)가 화엄사 장죽전
(長竹田) 뒤에 차나무를 심었다는 내용이다. 이것은 중관 해안
(中觀海眼)이 편찬한 『화엄사사적』에는 보이지 않고, 근세 화엄
사 주지를 지낸 만우(曼宇) 정병헌(鄭秉憲: 1891~1969)의 『해동
호남지리산화엄사사적(海東湖南智異山華嚴寺事蹟)』에 보인다.

> …… 연기조사가 진흥왕 대에 지리산 남쪽에 절을 짓고 이름을 화엄사
> 라 했다. 연기 조사는 차씨를 가지고 와서 창사(創寺)와 동시에 절 부근
> 뒤편의 장죽 밭에 차를 심었다. 그 뒤에 신라의 흥덕왕도 이곳에 차를
> 심도록 명하였다. 이로 말미암아 장죽 밭의 죽로차가 나라 안에 이름이

났으니, 호남 일대는 조선의 차향이다. 그 고적을 상고하건대 앞서는 화
엄종 전포지를 중심으로 시작이 되었다가 뒤에는 선종이 흥성하게 되
자 차 역시 따라서 많이 심어짐으로써 드디어 차 생산지의 본향이 되기
에 이르렀다.

…… 緣起祖師, 眞興王代, 創寺於智異山之陽, 額曰華嚴寺. 緣起以茶種持
來, 創寺同時, 幷植于附近此後之長竹田. 而興德王亦命植于此. 由是, 長
竹田竹露茶, 名于國中, 湖南一帶, 朝鮮之茶鄕也. 考其古蹟, 則先以華嚴
宗傳布地爲始, 而後爲禪宗之興, 故茶亦隨而植之, 遂爲茶産本鄕也.

이것은 근대의 기록이어서 신빙성에 의문을 제기하는 이들도
있을 것이다. 그러나 이를 부정할 만한 자료도 없는 상태인지라
일단 준신하기로 한다. 이 기록에 의하면 지리산 화엄사 부근이
차의 시배지(始培地)임에 분명하고, 시배 연대도 신라의 대렴(大
廉)이 지리산에 차씨를 심은 728년보다 훨씬 앞선다.

한편, 일본 흠명 천황 때 백제의 스님 담혜(曇慧)가 16명의 스
님과 함께 일본에 건너가 불구(佛具)와 차, 육법공양물 등을 전
하였다고 한다.[10] 이밖에도 왕인(王仁)의 후손으로 일본에 귀화
한 대승정(大僧正) 행기(行基: 668~749)가 중생을 위하여 차나무
를 심었다는 기록이 『동대사요록(東大寺要錄)』에 보인다.[11] 이것
은 백제에서 불가와 귀족층을 중심으로 음다가 행해졌음을 시
사하는 바라 하겠다. 또 백제의 차가 일본에 전래되었음을 알려
주는 중요한 기록이라 하겠다.

---

10 『일본서기』 권19, 欽明 15년(554) 조 참조.
11 金雲學, 『한국의 茶文化』, 현암사, 1981. 13쪽, 92쪽 참조.

## 2. 술과 김치

『후한서』를 보면 "마한 사람들은 해마다 오월에 농사일을 마치고 귀신에게 제사를 지내는데, 낮밤으로 술자리를 베풀고 떼지어 노래 부르며 춤춘다. 시월에도 그와 같이 하였다"[12]는 기록이 있다. 삼한시대에 이미 농삿일과 관련하여 추수감사제와 같은 축제가 있었다는 것이다. 이 기록에 이미 '술'이 등장한다. 축제를 위해 술뿐만 아니라 여러 음식문화가 발달하였으리라 짐작된다.

『삼국지』를 보면 "고구려 사람들은 술 담그기를 잘한다"[13]고 하였다. 술을 잘 빚는 것은 백제나 신라도 예외는 아니었던 것 같다. 일본의 옛 역사서『고사기』응신왕(應神王) 조를 보면, 스스코리라는 백제 사람이 일본에 건너와 누룩으로 술 빚는 방법을 전해주었다고 한다.

> …… 또 술을 빚을 줄 아는 사람으로, 이름은 니호[仁番], 또 다른 이름은 스스코리[須須許理]라고 하는 자가 도래(渡來)하였다. 이 스스코리는 어주(御酒)를 빚어서 바쳤다. 그 때 천황은 그 헌상된 어주를 마시고 기분이 유쾌해져서 다음과 같이 노래하였다. "스스코리가 빚어 만든 술에 나는 완전히 취해버렸다. 무사 편안해지는 술, 웃고 싶어지는 술에 나는 완전히 취해버렸다."[14]

---

12 『후한서』권85, 東夷列傳, 〈韓〉 "常以五月田竟, 祭鬼神, 晝夜酒會, 羣聚歌舞."

13 『삼국지』권30, 魏志, 東夷傳, 〈高句麗〉 "…… 善藏釀."

14 『古事記』卷中, 應神天皇條 "…… 百濟國主照古王, 以牡馬壹疋牝馬壹疋, 付阿知吉士以貢上. …… 及知釀酒人, 名仁番, 亦名須須許理等, 參渡來也. 故, 是須須許理, 釀大御酒以獻, 於是, 天皇, 宇羅宜是所獻之大御酒, 而御歌曰: 須須許理賀, 迦美斯美岐邇, 和禮惠比邇祁理, 許登那具志, 惠具志爾, 和禮惠比邇祁理." * 宇羅宜(うらげ)는 유쾌해지다, 마음이 두근거리

여기 나오는 스스코리(すすこり)는 문헌에 따라 다르게 표기
되기도 하지만,[15] 같은 인물임에 틀림없다. 백제의 왕인(王仁) 박
사가 『천자문』과 『논어』를 가지고 일본에 건너갈 때 함께 갔던
인물로 보인다. 이들의 도일 연대를 종래에는 일본측의 기년(紀
年)에 따라 서기 285년이라 하였다.

그러나 여기에는 문제점이 있다. 그것은 곧 유학사상을 비롯
한 백제의 문화가 일본에 전파되었다고 하는, 근초고왕으로부터
아신왕대(阿莘王代: 일본 神功皇后~應神天皇)에 걸친 약 60년간
의 기록에 심각한 문제가 있다. 일본측의 역사서 자체에도 불일
치가 있을 뿐 아니라, 한·일 양측의 사서간에 2주갑(周甲: 120
년) 정도의 일정한 연대 차이를 보인다. 1970년대 이래 한·일
학자들의 연구 결과, 일본 사서 가운데 표준으로 삼을 만한 『일
본서기』의 기년이 『삼국사기』의 기년보다 120년 정도 인상되어
있으므로, 문제가 되는 120년의 차는 이를 전부 깎아내려야 한
다는 데 의견 접근을 보았다.[16]

스스코리와 비슷한 시기에 일본에 건너갔던 아직기와 왕인에
대한 일본측 사서의 기록을 살펴보자.

---

다의 뜻.

[15] 『住吉神代紀』에는 "辛島의 에가[惠我]에 사는 스스코리"라 하였으며, 『
續日本紀』顯宗卽位前紀 註에는 "에가시[餌香市]에 사는 고려인이 良酒
를 만들다"라는 대목이 있다. 또 『新撰姓氏錄』에 '曾曾保利(そそほり)'라
는 이름이 보인다. 권오엽, 『역주 고사기』 중권, 충남대학교, 2001, 348
쪽 참조.

[16] 『일본서기』의 2주갑 인상설에 관해서는 이병도, 『한국 고대사회와 그
문화』, 서문당, 1973, 182-185쪽 ; 류승국, 『한국의 유교』, 세종대왕 기념
사업회, 1980, 105-106쪽 ; 金聖昊, 『沸流百濟와 일본의 국가기원』, 知文
社, 1987, 172-181쪽 참조.

① 응신천왕(應神天皇) 15년 8월 정묘일에 백제왕이 아직기를 파견하여 양마(良馬) 2필을 보내왔다. …… 아직기는 경전을 잘 읽었으므로 태자 토도치랑자(莵道稚郞子)의 스승으로 삼았다. 천황이 아직기에게 "혹 (백제에) 너보다 나은 박사가 있느냐?"고 물으니 "왕인이라는 분이 있는데 이 분이 우수하다"고 대답하였다. 그래서 상모야군(上毛野君)의 조(祖)인 황전별(荒田別)과 무별(巫別)을 백제에 보내 왕인을 모셔왔다. 그 아직기는 아직기사(阿直岐史)의 시조이다.[17]

16년 2월에 왕인이 왔다. 태자 토도치랑자가 그를 스승으로 삼아 여러 전적(典籍)을 학습하였다. 통달하지 않은 것이 없었다. 이른바 왕인은 서수(書首) 등의 시조이다. 이 해에 백제의 아화왕(阿花王: 阿莘王)이 죽었다. 천황은 직지왕(直支王)을 불러 "그대가 본국으로 돌아가서 왕위를 계승하라!"고 하였다.[18]

② 백제 임금 조고왕(照古王: 근초고왕)이 수말과 암말 각 1필을 아지길사(阿知吉師)에게 부쳐 보내고, 또한 횡도(橫刀) 및 대경(大鏡)을 보내왔다. 또 백제에 현인(賢人)이 있거든 보내달라고 하니, 명을 받고 화이길사(和邇吉師)라고 하는 이를 보내왔다. 이 사람이 『논어』 10권과 『천자문』 1권을 가지고 와서 바쳤다.[19]

---

17 『일본서기』 권10, 應神天皇條 "十五年秋八月壬戌朔丁卯, 百濟王遣阿直岐, 貢良馬二匹. …… 阿直岐亦能讀經典, 卽太子莵道稚郞子師焉. 於是, 天皇問阿直岐曰: 如勝汝博士亦有耶. 對曰: 有王仁者, 是秀也. 時遣上毛野君祖荒田別 · 巫別於百濟, 仍徵王仁也. 其阿直岐者, 阿直岐史之始祖也."

18 『일본서기』 권10, 應神天皇條 "十六年春三月, 王仁來之, 則太子莵道稚郞子師之, 習諸典籍於王仁, 莫不通達, 所謂王仁者, 是書首等之始祖也. 是歲, 百濟阿花王薨, 天皇召直支王謂之曰: 汝返於國以嗣位. 仍且賜東韓之地而遣之."

19 『古事記』 중권, 應神 20년조 "百濟國主照古王, 以牡馬一疋牝馬一疋, 付阿知吉師以貢上, 亦貢上橫刀及大鏡. 又科賜百濟國若有賢人者貢上, 故受命以貢上人, 名和邇吉師. 卽論語十卷, 千字文一卷, 幷十一卷, 付是人卽貢進."

두 역사서가 모두 응신조(應神朝)의 일이라고 기록하고 있지만, 이를 백제의 연대와 비추어 보면 차이가 있다. 전자는 아신왕(재위 392~405) 때에 해당하고 후자는 근초고왕(재위 346~375) 때에 해당한다. 이와 같은 일본측 고사서(古史書)의 불일치한 기록은 그들 역사서의 문제점을 드러낸 것이라 하지 않을 수 없다.[20] 어느 쪽의 연대를 믿고 따라야 할지 의문이나, 이 무렵의 『일본서기』의 기년이 한국의 그것과 120년의 일정한 차를 지니고 있는 것으로 보아 『일본서기』의 연대를 따르는 편이 옳다고 본다. 근자에 한국 학계에서는 아직기와 왕인이 일본에 건너간 연대를 백제의 아신왕 13년과 14년(404~405)으로 보고 있다.

5세기 초에 백제의 술 제조법이 일본에 전해진 것으로 보아, 백제에서는 일찍부터 술을 빚어 마셨음을 알 수 있고, 따라서 연회문화(宴會文化)가 발달하였을 것으로 짐작된다. 한편, 8세기 중엽에 나온 일본의 '정창원문서(正倉院文書)'나, 제호천황(醍醐天皇) 연희(延喜) 연간(901~922)에 나온 『연희식(延喜食)』에는 오늘날 단무지의 원형으로 추측되는 수수보리지(須須保利漬)란 김치가 등장한다. 이 '수수보리'는 수수보리지를 처음 만든 사람이라고 한다. 앞서 소개한 스스코리(すすこり)와 '수수보리'가 같은 인물인지 단정하기는 어렵지만, 발음상으로 보아 같은 인물일 가능성이 높다. 학계에서는 대개 같은 인물로 보고 있다. 같은 사람이라면, 스스코리(수수보리)는 당시 백제에서 손꼽히는 유명 요리사였을 가능성이 높다. 이를 본다면, 5세기 초에 백제

칠기

의 술 제조법과 김치 만드는 방법이 일본에 전해졌음을 알 수 있겠다.

### 3. 옻칠과 칠기문화

『당서』「백제전」을 보면 백제의 특산물에 황칠(黃漆)이 있었다고 한다. 이것은 당나라 때 두우(杜佑)가 찬한 『통전(通典)』에도 기록될 정도였다.

(A) 세 섬이 있다. 여기에서 황칠이 난다. 6월에 칼로 찔러서 즙을 채취한다. 그 빛깔이 황금과 같다.[21]

(B) 그 나라(백제) 서남쪽 바다에 세 개의 섬이 있다. 여기에서 황칠 나무가 난다. 나무는 소종수(小椶樹)와 비슷한데 더 크다. 6월에 즙을 채취해서 기물에다 칠을 하면, 마치 황금과 같아서 사람들의 눈을 부시게 한다.[22]

---

21 『당서』 권220, 열전 제145, 「백제전」 "有三島, 生黃漆, 六月刺取瀋, 色若金."

한치윤(韓致奫)은 위에서 말한 황칠의 특산지와 관련하여 전라도 강진의 가리포도(加里浦島)를 지목하기도 하였다.[23] 백제에서는 예부터 옻칠이 유명하였다. 서해의 도서 지방뿐만 아니라, 내륙에서도 성행하였다. 『동국여지승람』 권19, 홍산현 〈토산〉 조를 보면, 부여와 가까운 홍산(鴻山)이 예부터 옻칠로 유명하였음을 밝히고 있다. 이를 미루어 볼 때, 백제권에서는 반상(飯床)이나 각종 식기(食器)에 옻칠을 하는 칠기문화(漆器文化)가 성행하였을 것이다. 부여 지역의 음식문화에서 칠기가 차지하는 비중이 적지 않았을 것으로 짐작된다.

## 4. 닭과 인삼

백제는 닭과의 인연이 많았고 닭을 신성시하였던 것 같다. 백제의 주산격인 계룡산(雞龍山)은 닭을 중시하는 백제인의 정서가 담긴 것으로서, 닭과 용이 각각 음과 양을 상징한다고 하겠다. 닭을 신성시하였던 것은 백제뿐만 아니라 고구려도 마찬가지였던 것 같다. 혜림(慧琳)의 『일체경음의(一切經音義)』를 보면, "중국말로 계귀(鷄貴)는 곧 고려국(고구려)이다. 다함께 계신(鷄神)을 섬겨 머리에 닭의 깃을 꽂았다. 그러므로 '계귀'라고 하는 것이다"[24]고 하였다.

22 『通典』 권185, 邊防, 〈百濟〉 "國西南海中, 有三島, 出黃漆樹樹, 似小棕樹而大. 六月取汁漆器物, 若黃金, 其光奪目."(文淵閣四庫全書, 史部 363 ; 통권 605, 550쪽)

23 『海東繹史』 권26, 「物産志(一)」 〈黃漆〉 "謹按, 黃漆, 今産於康津加里浦島, 古所謂莞島也. 我邦一城, 惟此島産黃漆."

백제가 닭과 연관이 많았음은 현재 국보 제287호로 지정된 백제금동대향로(百濟金銅大香爐)에서도 엿볼 수 있다. 이 향로는 조형미라든지 회화적 구도, 예술성 등 여러 면에서 백제 최고의 걸작이라는 찬사를 받는다. 더욱이 그에 담긴 우주관·자연관·삼교사상 등 조형적 배경은 실로 백제 인문정신의 총화(叢花)라 할 수 있다. 박산향로(博山香爐)를 배워 그것을 넘어선 것으로, 동양 삼국에서 이에 필적할 만한 향로가 드물다고 본다.

지난 날 향로 뚜껑 위의 새를 봉황 또는 주작(朱雀)으로, 심산(深山)을 봉래산(蓬萊山)으로 보아 '금동용봉봉래산향로(金銅龍鳳蓬萊山香爐)'라 명명한 적이 있었다. 그러나, 봉황이 아니라 천계(天雞: 수탉)이고, 봉래산이 아니라 '박산'이라는 설이 제기되면서 명칭이 '백제금동대향로'로 바뀌었다. 봉황이냐 천계냐에 대해서는 더 논의가 있어야 되겠지만, 천계의 모습에다 봉황의 상징성을 겸했다고 보는 것이 설득력이 있을 듯하다.[25]

『후한서』를 보면 "마한에 꼬리가 긴 닭이 있으며, 꼬리의 길이는 다섯 자나 된다"고 하였다.[26] 백제의 특산물인 이 꼬리 긴 닭

---

24 『大正新修大藏經』, 제54권 所收 "唐言雞貴, 卽高麗國也. 共事雞神, 首戴雞翎. 故云雞貴也."
   당나라 때 義淨이 찬한 『南海寄歸內法傳』에 의하면, 고대 인도 사람들은 고구려를 '쿠쿠테스바라(Kukutesvara: 矩矩吒翳說羅)'라고 불렀다 한다. 산스크리트어로 '쿠쿠테'는 닭을, '에스바라'는 貴를 의미한다. 그들은 고구려 사람들이 鷄神을 숭상하여 닭의 깃을 머리에 꽂는 것으로 생각하고 고구려를 계귀국이라 불렀다 한다.

25 이 책에 실린 '백제금동대향로' 관련 논고 참조.

26 『후한서』 권85, 東夷列傳, 〈韓〉 "有長尾雞, 尾長五尺." * 『삼국지』, 東夷列傳, 〈韓〉에는 "又出細尾雞, 其尾皆長五尺餘"라 하여, '꼬리가 가는 닭'으로 되어 있다.

은 이시진(李時珍)의 『본초강목(本草綱目)』에서 "닭의 종류는 매
우 많다. 오방에서 생산되는데 크기와 형색(形色)에 왕왕 차이가
있다. 조선닭의 일종인 꼬리 긴 닭은 길이가 3, 4척이다"[27]라고
소개되어 있다. 『본초강목』에서 백제 특산 장미계를 말한 것은,
맛은 물론 약으로서의 효능이 좋았기 때문일 것이다.[28]

   이처럼 백제에서 닭이 신성시되었고, 장미계(長尾鷄)와 같은
특산품이 있었지만, 일부에서는 육계(肉鷄)를 재료로 한 음식도
있었을 것이다. 중국 후한 말기 훈고학자 유희(劉熙)는 『석명(釋
名)』이란 책에서 삼한의 닭요리에 대해 언급 하였다.

> 한양(韓羊)·한토(韓兎)·한계(韓鷄)라는 명칭은, 본래 조리법이 한
> 국(韓國: 三韓)에서 나와서 그렇게 된 것이다. 대표적인 술로 의성료
> (宜城醪)니 창오청(蒼梧淸)이니 하는 것과 같은 경우다.[29]

'한계'라는 명칭이 붙을 정도라면 그 명성이 대단하였던 것 같다.
한편, 닭과 함께 백제 특산 가운데 유명한 것으로 인삼이 있었
던 사실로 미루어 볼 때 오늘날 보양식의 대명사가 된 계삼탕
(鷄蔘湯: 삼계탕) 같은 것이 백제 시기에 이미 있었을 가능성을
배제할 수 없다.

---

27 『본초강목』 권48, 禽之二, 〈雞〉 "時珍曰, 鷄類甚多, 五方所産. 大小形色,
   往往亦異. 朝鮮一種長尾雞, 尾長三四尺."(문연각사고전서 子部 80 ; 통
   권 774, 360쪽)

28 『본초강목』 권48, 禽之二, 〈雞〉 "馬志曰, 入藥取朝鮮者良爾."(문연각사고
   전서 子部 80 ; 통권 774, 360쪽)

29 劉熙, 『釋名』 "韓羊韓兎韓鷄, 本法出韓國而爲也, 猶酒言宜城醪蒼梧淸之
   屬也."

한치윤의 『해동역사』에서는 『본초몽전(本草蒙筌)』과 『명의별록(名醫別錄)』의 주(注)를 인용하여, 백제에 인삼이 유명하였으며, 인삼은 백제의 것을 중하게 친다고 하였다.[30] 또 백제의 인삼은 중국의 상당삼(上黨蔘)만은 못하지만,[31] 가늘고 단단하며 흰〔形細而堅白〕 백조삼(白條蔘)이 유명하다고 하였다. 백제 인삼이 꼽혔던 것은 아마도 토질·기후의 영향이 크다고 본다. 인삼은 예부터 약제로 많이 쓰였지만, 음식에 쓰이는 경우도 없지 않았다. 인삼을 재료로 한 음식이 있었음직하다.

## 5. 불교사상과 소식(素食)·소선(素膳)

백제는 침류왕 1년(384)에 불교가 전래한 이후, 후기로 내려갈수록 불교가 꽃을 피웠다. 불교가 성행함에 따라 음식문화에도 상당한 변화가 있었을 것이다. 무엇보다도 절제와 검약을 중시하고 살생을 금하는 불교의 가르침에 따라 소식(素食)과 소선(素膳)이 행해졌을 것으로 보인다. 특히 백제가 6세기 이후 중국 남조(南朝)와 우호 관계를 가졌고, 양(梁)나라와의 외교 관계가 빈번해짐에 따라, 양나라의 영향을 적지 않게 받았으리라고 짐작된다.

양나라 때는 불교가 매우 성하였다. 시조 양무제(梁武帝: 재위

---

30 『海東繹史』 권26, 「物産志(一)」, 草類, 〈人蓬〉 참조.

31 陸羽, 『茶經』 卷上, 「茶之源」 "亦猶人蔘, 上者生上黨, 中者生百濟新羅, 下者生高麗."; 王士禛, 『居易錄』, 권4 "生上黨山谷者最良, 遼東次之, 高麗百濟又次之."

502~549)는 불교 발전의 토대를 마련한 군주로 평가된다. 그는 즉위한 이래 재위 48년 동안 국내외로 태평을 누렸다. 강동(江東)이 오랫동안 무사하여 군비(軍備)에 신경을 쓰지 않았고, 말년에는 불교를 독실하게 믿었다. 여러 번 동태사(同泰寺)에 사신(捨身: 출가)하여 부처님을 섬겼으므로 상하가 다 불교를 믿었다. 불사(佛寺)를 세우는데 힘을 써 수도 건강(建康)에 사원이 5백 여, 승니가 10여 만이 되고, 법회에 참석한 사람이 5만 명인 대법회가 행해졌다. 양무제는 불전(佛典)에 능통하여, 『열반경』·『화엄경』·『유마경』 등 여러 경에 수백 권에 달하는 의기(義記)를 냈다. 또한 하루에 한 끼밖에 먹지 않았다. 반찬에 기름진 음식이 없었고 오직 콩나물국에 거친 밥을 먹었을 뿐이었다.[32]

양무제 재위 연간은 백제의 무령왕·성왕 연간(501~554)에 해당한다. 당시 백제와 양나라 사이의 관계는 퍽 밀접, 원활하였다. 불교를 중시했던 양무제의 행적은 이후 백제의 임금들에게 적지 않은 영향을 끼쳤을 듯하다. 비록 양나라가 망한 뒤이지만, 백제 법왕 1년(599)에 전국에 영을 내려 살생을 금하고, 민가에서 기르는 매를 놓아주게 하며, 어렵기구(漁獵器具)를 모두 불태우게 했다는 기록[33]을 보면, 양나라 무제를 떠올리게 한다. 계율을 중시하는 백제 불교의 특성에 비추어 볼 때 소식과 소선은 민간에까지 어느 정도 뿌리를 내렸을 것으로 짐작된다.

---

[32] 『梁書』 권3, 「武帝 下」 "…… 兼篤信正法, 尤長釋典, 製涅槃·大品·淨名·三慧諸經義記, 復數百卷. …… 日止一食, 鮮無鮮腴, 惟豆羹糲食而已."
[33] 『삼국사기』 권5, 백제본기 법왕 원년조.

## 6. 밤의 특산지 백제

백제는 예부터 밤의 특산지로 유명하였다. 그 명성은 1천 수백년이 지난 오늘날까지도 이어지고 있다. 현재 공주는 전국적으로 밤의 특산지로 유명하며, 부여 역시 마찬가지다. 『후한서』동이열전 〈한전(韓傳)〉을 보면 "마한에서 큰 밤이 생산된다. 크기가 배만하다"(出大栗如梨)[34]고 하였다. 이후 중국측 여러 사료에서 특산품으로서 밤을 특필하였다. 이처럼 밤이 유명하였던만큼, 밤떡〔栗糕〕이라든지 밤밥〔栗飯〕 등 밤을 재료로 한 백제 특유의 음식이 일찍부터 나왔을 가능성이 높다. 밤 껍질을 벗기고 밤알을 넣어서 짓는 밤밥의 경우 『안자춘추(晏子春秋)』 등에 이미 보이고 있다.[35]

## 7. 해산물과 소금

부여는 금강(錦江) 유역에 위치하는 까닭에 일찍부터 해산물이라든지 민물고기를 재료로 한 음식들이 발달하였을 것이다. 백마강 주변에는 대왕포(大王浦)를 비롯하여 '포'와 '진(津)'이라는 명칭을 가진 것들이 많다. 『신증동국여지승람』 〈토산(土産)〉

---

34 『후한서』 권85, 東夷列傳, 〈韓〉조 참조. 이후 『삼국지』 권30, 魏書, 東夷列傳, 〈韓〉에서도 "마한에는 큰 밤이 생산된다. 크기가 배만하다"(出大栗, 大如梨)라 하였고, 『수서』 권81, 東夷列傳, 〈백제〉에서는 "밤이 크다", 『북사』, 東夷列傳, 〈백제〉에서는 "巨栗이 있다"고 하였다.

35 『事文類聚』 속집 권16, 食物部, 〈飯〉 "晏子相齊, 食脫栗飯."(晏子春秋), "公孫弘爲丞相, 食一肉脫栗之飯."

 * 여기서 '율(栗)' 자가 '속(粟)'으로 되어 있는 판본도 있다.

조를 보면, 부여현·석성현·임천군의 토산물로 가장 많이 등장하는 것이 어물이다. 이 지역은 바닷물과 강물이 합수(合水)되는 곳인 만큼, 예부터 바다에서 직접 올라오는 물고기와 바다에서 올라와 민물에서 성장하는 물고기들이 많이 있었다. 『신증동국여지승람』 권18, 부여현 〈토산〉 조 및 임천군·석성현의 〈토산〉 조를 보면 많이 잡히는 어종으로 위어(葦魚)[36]·농어(鱸魚)·조기(石首魚)·숭어(秀魚)·뱅어(白魚)·붕어(鯽魚) 등이 꼽힌다. 이것은 백제 때 민중들이 즐겨 먹었던 물고기 종류를 짐작할 수 있게 한다.

부여는 고려 때부터 염창(鹽倉)이 있었다. 고려 이전에도 소금과 관련하여 음식이 발달하였을 것으로 짐작된다. 『동국여지승람』에는, 부여현 동쪽 10리쯤에 의염창 옛터가 있는데, 옛날 연해(沿海)에 있는 각 고을의 소금을 수납하여 화적(和糴)[37]하게 하였다는 기록이 있고,[38] 『증보문헌비고』에도 "부여현에 염창을 두고 연해 각 고을의 소금을 거두어 화적하게 하고 의염(義鹽)이라고 일컬었다"[39]는 기록이 보인다.

해산물과 소금은 불가분의 관계에 있다. 이를 미루어 젓갈류

---

[36] 부여 지역에서는 '우어' 또는 '우여'라고도 한다. 오늘날 부여의 우어회는 유명하다.

[37] 팔고 사는 양쪽의 값을 협의 결정하여 손해가 없게 사들이는 것.

[38] 『동국여지승람』 권18, 扶餘縣 古跡條 〈義鹽倉古基〉 "在縣東十里, 舊收沿海各邑鹽和糴."

[39] 『증보문헌비고』 권158, 財用考(五), 〈魚鹽〉 ; 소금에 관한 기록을 보면, 고구려 대무신왕 13년에 옥저를 복속시키고, 그곳에서 魚鹽을 조세로 바치도록 한 것이 그 시초인 듯하다. "高句麗大武神王十三年, 沃沮臣屬高句麗. 麗人復置其中大人爲使者, 以相監領, 責其租稅魚鹽, 千里擔負致之." 『증보문헌비고』 권158, 財用考(五), 〈魚鹽〉 참조.

도 성행하였을 것으로 짐작된다. 부여는 물론 인근의 논산(論山) 및 강경(江景)의 경우도 마찬가지였을 것이다. 참고로 조선 후기의 학자 신독재(愼獨齋) 김집(金集: 1574~1656)의 문집에 보이는 한 대목을 인용하기로 한다.

> 아버지 사계(沙溪: 金長生)가 준치젓과 메밀국수를 좋아하였으므로 매양 밥상에 생선젓을 마련하여 올렸고 …… 집이 가난하여 몸소 그물을 들고 앞 시내에서 잡아다가 봉양하였다.[40]

중국 측 역사서에서는 백제를 소개하면서 '어염(魚鹽)'을 소개하고 있다. 이를 보아, 염장(鹽藏) 기술이 발전하였을 것임은 더 말할 나위 없다. 해산물 뿐만 아니라 겨울철에 먹는 김치도 염장의 하나다. 이렇게 볼 때, 백제의 음식문화는 상당한 수준에 도달했을 것으로 짐작된다.

## 8. 오곡과 과일 등

한반도에서 일찍부터 농경생활이 시작되었음은 잘 알려진 사실이다. 중국측 사료를 보면 백제에서 벼와 오곡을 중심으로 한 농업이 발달하였음을 알리고 있다. 『삼국지』 동이열전 〈한전(韓傳)〉에서는 "변진(弁辰)의 토지는 비옥하여 오곡과 벼[五穀及稻]

---

40 『愼獨齋遺稿』 권15, 附錄下 〈遺事·門人權克中錄〉 "先生嗜眞魚食醢·木麥麵. 每飯食醢滿盛于楪不絶 …… 是時, 先生家甚貧, 愼獨齋極意料理, 一切饌具, 豫備不乏. 或至乏絶, 親執魚網, 漁于前溪而用之." (문집총간 제82권, 483쪽)

를 심기에 적합하다"고 하였다. 쌀과 오곡을 따로 말한 것이 이
채롭다. 백제에서 쌀을 중시하였고 또 품질이 좋이 일본에 볍씨
가 수출되었음은 『일본서기』에 보인다. 즉 『일본서기』 권27, 천
지천황(天智天皇) 원년(662) 춘정월(春正月) 신묘조(辛卯條)에 "볍
씨 3천 곡(斛)을 백제에서 보내왔다"고 한 기록이 그것이다.[41]

　『주서』 이역전(異域傳) 〈백제〉 조에는 "토지는 낮고 습하며 기
후는 따듯하다. 오곡과 각종 과일, 채소 및 술과 단술(酒醴), 술
안주와 반찬(肴饌), 약품은 거의 중국과 같다. 낙타·나귀·노새
·양·거위·오리 따위는 없다"[42]고 하였다. 위에서 '거의 중국과
같다' 운운한 대목을 통해, 중국과의 교류를 통한 전래 및 수용
가능성을 엿볼 수 있다. 술 종류와 안주·반찬류가 많았다고 한
대목에 주목할 필요가 있다. 이 내용은 『북사』 동이전 〈백제〉 조
에도 그대로 기록되어 있다.[43] 백제에서 길렀던 가축으로는 소·
돼지·닭 등이 역사서에 많이 보인다. 『수서』 동이전 〈백제〉 조
에서는 "오곡이 있고, 소와 돼지와 닭이 있다. 그러나 그들은 화
식(火食)을 하지 않는다"고 하였다. 여기서 '화식을 하지 않는다'
고 한 것은 아마도 미개했던 백제 초기의 생활 양상을 가리킨
듯하다. 아니면, 서울로부터 멀리 떨어져 문화 수준이 형편 없
었던 지방의 사례를 말한 것일 수도 있다.

---

[41] 최근영(외), 『日本六國史 韓國關係記事 譯註』, 가락국사적개발연구원, 1994.
[42] 『周書』 권49, 異域傳, 〈百濟〉 "土田下濕, 氣候溫暖. 五穀雜果菜蔬及酒醴肴饌藥品之屬, 多同於內地. 唯無駝驢騾羊鵝鴨等."
[43] 『北史』 권94, 〈百濟〉 "有巨栗. 其五穀雜果菜蔬, 及酒醴肴饌之屬, 多同於內地. 唯無駝驢騾羊鵝鴨等."

한편, 『일본서기』 황극천황(皇極天皇) 2년(643)조를 보면 "이해 백제의 태자 여풍(餘豊)이 벌통[蜜蜂房] 4개를 삼륜산(三輪山)에 풀어놓고 꿀벌을 사육하였지만 끝내 번식하지 못했다"[44]고 하였다. 백제 왕실에서 꿀이 조미료 등으로 사용되었음과, 또 그것이 왜국에까지 전해져 꿀벌의 양식이 시도되었음을 짐작케 한다.

백제의 대표적인 과일로는 앞서 말한 큰 밤[巨栗]이 있다. 이와 함께 불로불사(不老不死)하는 신선의 과일인 대추가 유명하였다. 백제에는 이미 4세기 무렵에 도가사상이 지식인 계층에서 폭넓게 이해되고 있었다. 또한 무령왕릉(武寧王陵)에서 출토된 동경명(銅鏡銘)에

尙方作竟眞大好    상방[45]에서 거울을 만들었는데 참으로 매우 좋다.
上有仙人不知老    위에 선인이 계시어 늙음을 모르는데
渴飮玉泉飢食棗    목마르면 옥천의 물 마시고 배고프면 큰 대추[46]를 드시니
壽□金石兮    수명이 금석과도 같구나.[47]

---

44 『일본서기』권24, 皇極紀 2년조 "是歲, 百濟太子餘豊, 以蜜蜂房四枚, 放養於三輪山, 而終不蕃息."

  * 백제 태자 여풍은 일명 豊璋이라고도 하며 '扶餘豊'으로 널리 알려진 인물이다. 의자왕의 아들로 631년부터 인질로 일본에 있었으며, 백제가 멸망한 뒤 일본에서 원군을 거느리고 와서 백제부흥운동을 전개하였다.

45 天子(또는 임금)가 쓰는 器物을 만드는 곳.

46 『史記』권28, 「封禪書 第六」에 의하면, 신선 安期生이 오이만큼 큰 대추를 먹었다고 한다.

47 黃壽永(편), 『韓國金石遺文』, 一志社, 1976, 52쪽.

라고 하여 불로장생의 염원을 강하게 담고 있는 것과 같이,[48] 신
선사상이 이미 널리 퍼져 있었던 것 같다. 국경 관념이나 이념
적 차이가 그다지 크지 않았던 당시로서는 백제뿐만 아니라 신
라·고구려에서도 이러한 신선사상이 이미 자리잡았을 듯하다.

신선의 과일인 대추가 금석문에 등장한 것이 흥미롭다. 이 동
경명은 중국 후한 명제(明帝) 때의 '영평칠년상방수대경(永平七
年尙方獸帶鏡)'을 모방한 것이다.[49] 모방에 유의한다면 '갈음옥천
기식조(渴飮玉泉飢食棗)'란 문구를 하나의 투식(套式)으로 보아
별 의미 없는 것으로 보아 넘길 수 있지만, 임금과 왕비의 동경
명을 그처럼 성의 없이 지었을 것으로는 보지 않는다. '대추'가
신선의 과일이라는 점과 함께 백제의 특산인 대추를 부각시키
려는 의도가 개재된 것이라고 보아야 할 것이다.

## Ⅳ. 남는 말

"부여에는 왜 특색 있는 음식이 없을까", "부여에는 옛 백제의
음식문화가 살아 있을까"하는 막연한 물음에서 이 글을 초하게
되었다. 음식이나 음식문화의 특성상 그 전통이 오래간다는 믿
음 때문이다. 그러나 이것을 밝혀낼 길이 막연하였다.

---

[48] 여기서 거울은 예사의 치장용이 아니고 도교에서 매우 중시하는 것이
다. 대개 辟邪的 기능을 가진 것이다.

[49] 永平 7년(A.D 64)의 銘文은 다음과 같다. "尙方作竟大毋傷, 巧工刻之成
文章. 左龍右虎辟不祥, 朱鳥玄武順陰陽. 上有逸人不知老, 渴飮玉泉飢食
棗. 永平七年九月造."

　가장 확실한 것은 문헌을 통해 실증해 내는 것이다. 그러나 백제와 관련된 국내 문헌은 신라와 고구려에 비해 태부족하다. 그런 만큼, 음식문화와 관련된 기록이 풍성할 리 없을 것이다. 이에 필자는 국내 사료보다 중국 및 일본의 사료를 중점적으로 고찰하였다. 그 결과 만족스럽지는 않지만, 몇몇 자료를 뽑아낼 수 있었다.

　이 주제의 성공적인 연구는 자료의 적극적인 발굴에 달렸다고 본다. 옛 백제 도성인 부여에서 목간(木簡)을 비롯한 각종 고고학적 유물이 육속 발굴되고 있으므로, 전망이 나쁜 것만은 아니다. 음식을 담는 용기(容器)가 다수 발굴된다면 연구에 새로운 전기가 마련될 수도 있다. 학제간의 연구가 매우 필요하다고 본다. 인접 학문의 연구 성과가 적극적으로 수용, 반영되어야 할 것이다.

　현재까지 백제 음식문화에 관해 발표된 연구 업적은 그 수가 매우 적다. 그나마도 숱한 상상과 억측으로 점철되어 학술적 연구라 하기가 어려운 실정이다. 확실한 자료를 토대로 한 연구가 절실한 실정이다. 그런 즈음에, '문헌 자료'를 뽑아 분석하는 것은 상당한 의미가 있다고 생각한다. 본고에서는 정황 증거는 일절 배제하였다. 이 글에서 다루어지지 못한 것들은 후속 연구를 기다린다.

# 제4장 서산의 아버지
# 정인경전(鄭仁卿傳)

이 글은 2013년 충남문화산업진흥원에서 '충청남도 역사위인 만화' 시리즈의 하나로 펴낸 "서산의 아버지 정인경"의 대본이다. 필자가 스토리를 꾸몄고 만화콘티작가 이주한 씨가 어린 학생들의 취향에 맞게 다시 구성하였다.

## I. 정신보의 간월도행

1237년(고려 고종 24년), 중국 남송의 한 관리가 절강성(浙江省) 영파항(寧波港)을 통하여 고려국 서산의 간월도(看月島)로 추방되었다. 관리의 이름은 정표(鄭彪). 나중에 고려에 귀화한 뒤 '신보(臣保)'로 고쳤다. 정신보는 남송 조정에서 형부 원외랑(刑部員外郎)이라는 벼슬을 지냈다. 형부는 오늘의 법무부와 같은 정부 부서요, 원외랑은 각 부에 소속된 정6품직이다. 정부 관리인 그가 무슨 일로 한반도에 추방당했을까?

정신보의 고향은 중국 절강성 금화부(金華府) 포강현(浦江縣)

만화로 읽는 정인경의 삶

이다. 그의 가문은 '포강정씨'로 널리 알려졌다. 남송 이래 '의
(義)'를 중시하는 대표적인 가문이라 하여 '의문정씨(義門鄭氏)'
라 불리기도 한다. 포강정씨 집안에서는 유교의 경전 가운데 『
춘추(春秋)』를 중시하였다. 『춘추』에서는 의리, 명분 등을 중시
하고 이단과 야만을 배척한다. 이런 까닭에 중국 정통 문화의
계승자이면서도 북방의 오랑캐로부터 자주 침략을 당하여 자존
심이 크게 상한 남송 사대부들에게 크게 환영을 받았다. 그들은
『춘추』를 가지고 의리사상의 깃발을 세우고 오랑캐를 향한 복수
심을 키워나갔다.

　　정신보가 활동했던 때는 남송의 제5대 황제 이종(理宗: 재위
1224~1264) 연간이다. 1237년 무렵의 정황을 보자. 1115년 여진
족이 세운 금나라는 1125년 거란족이 세운 요(遼) 나라를 병합
한 뒤 북쪽의 몽골, 남쪽의 남송과 대치하면서 왕조를 유지하다
가 1234년 몽골과 남송의 협공에 무너지고 말았다. 이후 몽골과
남송 사이의 전선이 자연스럽게 형성되었다. 문치(文治)를 국가
정책의 기조로 삼은 남송은 세력이 강한 몽골의 적수가 되지 못
했다. 몽골의 침략을 자주 받아야만 했다. 남송은 때로는 평화
회담을, 때로는 결사항전을 통해 사직을 지켜냈다.

　　전후 50여 년에 걸친 남송의 항거는 끈질겼다. 역사가들은 대
개 남송을 약체(弱體)로 평가하지만, 남송보다 강성했던 금나라
도 30년을 버티지 못한 것에 비하면 약체로만 보기는 어렵다.

　　정신보가 한반도로 온 1237년은 남송의 멸망과는 거리가 있는
시점이다. 당시 중국의 통일을 넘보던 몽골의 젊은 실력자 쿠빌
라이(나중에 초대 황제 세조가 됨)는 남송의 학자 정신보의 높은

포강정씨의 강남제일가를 방문한 필자(2013. 3)

명성을 듣고 낙양 출신 요추(姚樞: 1202~1279)를 시켜 그를 갖가
지 방법으로 회유하였다. 정신보는 이를 번번이 거절하면서 원
나라의 신하가 되지 않을 것임을 공언하였다. 이에 쿠빌라이는
정신보의 절의와 기개를 높이 평가하고 더 이상 강요하지 않았
다. 그러나 그 휘하 사람들은 정신보를 위험 인물로 여기고 그를
제거하려 들었다. 은밀하게 정신보를 납치, 고려국에 딸린 섬으
로 강제 추방하기에 이르렀다. 후손들은 이를 '귀양'이라 하고,
서산 간월도를 '귀양지'라 적고 있으나 사실상 강제 추방이다.

정신보와 비슷한 시기의 인물인 조복(趙復)은 덕안(德安) 사람
으로 원나라의 남방 침략 당시 포로가 되어 북방으로 끌려갔다.
남송의 성리학을 북방에 전파한 최초의 학자. 고려로 쫓겨나
동방에 성리학을 처음으로 전한 정신보의 경우와 비슷한 측면
이 있다.

정신보가 고려로 강제 추방될 당시 30대 중반이었다. 정신보
는 이미 가정을 이루었지만, 추방되는 신세에 가족을 데리고 올

수는 없었다. 가족 없이 홀몸으로 간월도에서 고독, 그리움, 분노와 싸워야 했다. 간월도는 육지에서 멀리 떨어진 아주 작은 섬이다. 사람이 살지만 유배지나 다름 없는 곳이다. 하루에 두 번씩 밀물과 썰물 때 육지와 연결되기도 한다. 만리 밖, 바위섬에 발을 닿는 순간 만감이 교차하였다. "자칫하면 아무 의미 없이 죽게 될 수 있겠구나!" 하는 생각이 머릿속에 가득하였다. "살아야겠다", "살아야 한다" 그는 몇 번이고 되뇌었다.

섬에 던져지다시피 한 정신보는 지금의 원통대(圓通臺) 부근에 초막을 짓고 근근히 생활하였다. 고기 잡는 어부, 해초 따는 아낙네들에 의해 세상에 알려지기 시작했다. 희미하게나마 살길이 열렸다. 인정 많은 이웃들이 먹을 것, 입을 것을 가져다주기도 하였다. 이에 다소 여유를 얻은 정신보는 시름을 달래려고 물고기를 낚기도 하고, 썰물 때면 육지로 나와 나물을 캐고 과실을 줍기도 하였다. 말이 통하지 않는 고려 땅에서의 생활은 고난의 연속이었지만, 그러는 가운데 세월은 흘렀다.

성현의 글을 읽은 학자의 처지로 그리움과 슬픔에 젖어 있을 수만은 없었다. 정신보는 어부의 아이들을 불러다 가르치기 시작했다. 늘 무식을 한탄했던 어부들의 얼굴에 생기가 돌았다. 정신보를 외국인이라 하여 거리를 두던 서산 사람들이 마음의 문을 열었다. 소문을 들은 지역 유지들까지 자식을 보내 배우도록 하였다. 강학 활동이 자연스럽게 이루어졌다.

평소 성리학(性理學)의 전파를 자신의 임무로 생각했던 정신보는 서산류씨(瑞山柳氏), 청주한씨(淸州韓氏) 등 서산에서 지체 있는 집안의 자식들에게 성리학을 가르치기 시작했다. 당시만

하더라도 고려는 불교를 숭상하여 유교의 성리학에 대해서는 아는 사람이 거의 없었다. 남송 시기 성리학의 본고장이었던 절강성 출신 정신보에 의해 남송의 성리학이 고려에 전해진 것은 뒷날 안향(安珦)이 원나라 서울 연경(燕京)으로부터 성리학을 들여왔던 1290년에 비해 50년 이상 앞선다. 성리학 수용과 관련하여 가장 시기적으로 빠르다. 정신보가 전한 성리학은 주자(朱子)에 의해 집대성된 것이 아니다. 그 전 단계, 즉 정명도(程明道)·정이천(程伊川) 형제의 성리학을 말한다. 뒷날 정신보와 사돈 관계를 맺은 채모(蔡謨)가 「정신보 묘갈명」에서 "정신보에 의해 동방 사람들이 정씨 형제(二程)의 저술을 비로소 보게 되었다"고 한 것은 이런 연유에서다.

간월도는 의미 있는 곳이다. '간월(看月)'이란 달을 본다는 뜻이다. 불교 경전에 손가락과 달의 비유가 나온다. 달을 보아야지 손가락을 보아서는 안 된다고 가르친다. 여기서 달은 진리고 손가락은 진리를 가리키는 수단이요 방편이다. 그 이름에 걸맞게 간월도는 고려 후기에 선진 학문이었던 남송의 성리학이 이 땅에 처음 들어온 유교의 성지(聖地)가 되었다. 그로부터 약 1백년 뒤 고려의 마지막 왕사(王師)였던 무학대사(無學大師) 자초(自超: 1327~1405)가 이곳에서 도를 깨쳤다. '간월'이란 섬이름이 범상치 않다.

## Ⅱ. 정신보, 고려에 정착하다

강학 활동을 하는 과정에서 정신보의 명성은 서산이라는 지역적 테두리를 넘어 고려의 식자층과 벼슬아치들 사이에 알려졌다. 당시 충청도 덕산(德山)에 살던 오영로(吳永老)가 정신보를 눈여겨 보았고 마침내 그를 사위로 삼았다. 오영로는 고창오씨(高敞吳氏) 집안의 저명한 인사로 위위승동정(衛尉丞同正)이란 벼슬을 지냈다. 고려 의종·명종 때의 석학이자 문장가로 유명했던 현정(玄靜) 오세재(吳世才: 1133~1187)가 오영로의 할아버지다.

다시 가정을 이룬 정신보는 자연스럽게 고려에 정착하였다. 그는 조국 남송을 사랑하는 마음을 고려로 돌려 귀화인으로서의 새로운 삶을 살게 되었다. 정신보가 생각한 고려는 일찍이 공자가 오고 싶어 했던 군자의 나라였다. 몽골의 침략을 받아 수십 년 동안 끈질긴 항쟁을 하면서도 국맥(國脈)을 유지해온 자랑스런 나라였다. 정신보의 머리에 『논어』에 나오는 공자의 말이 새삼 떠올랐다.

> 뗏목을 타고 바다에 떠서 구이(九夷: 東夷) 땅에 살고 싶다.(乘桴浮海, 欲居九夷)

정신보는 공자가 동경했던 고려 땅에서 새 보금자리를 틀었다. 고려로 온 지 5년째 되던 1241년(고종 28년) 8월, 맏아들 인경(仁卿)이 태어났다. 얼마 있지 않아 둘째 아들 준경(俊卿)까지 보았다. 이에 간월도 생활을 청산하고 읍내 대사동(大寺洞)으로

거처를 옮겼다. 지금의 서산여고 자리다. 이때가 1251년(고종 38
년) 2월이다. 간월도에 추방된 지 14년만의 일이다. 감회가 새로
웠다. 정신보는 고려 사람이 되었지만, 조국 남송을 잊지 않고
신하로서의 절개를 마음속에 간직하겠다는 의미로 '표(彪)'라는
이름을 버리고 '신보(臣保)'라는 새 이름으로 바꾸었다.

　정신보는 남송의 성리학으로 아들 징인경과 제자들을 가르쳤
다. 대사동으로 옮겨 간 뒤에는 더욱 활발하게 강학 활동을 하
였다. 남송 성리학은 북방 오랑캐의 잦은 침략 속에 체계화되었
기 때문에 '의리사상'이 유난히 강렬하였다. 의리사상은 『춘추』
라는 경전을 기반으로 하였다. 특히 '민족의 원수는 꼭 갚아야
한다'는 복구사상(復仇思想)과 '제후들이 천자를 높이 받들어 오
랑캐를 물리쳐야 한다'는 존왕양이(尊王攘夷)의 정신이 그 줄기
가 되었다. 정신보의 집안이 본디 춘추학을 가학(家學)으로 하였
던 만큼, 춘추정신과 의리사상이 가르침의 주된 내용의 하나였
을 것이다.

　정신보는 정인경에게 아버지이자 스승이었다. 정인경이 10살
때 지었다고 하는 시를 보면 아버지 정신보의 가르침이 어떠하
였는지를 엿볼 수 있다.

　　　胡塵漲宇宙　오랑캐 먼지가 온 천지에 가득한데
　　　萬里落孤臣　만리 밖에 떨어져 있는 외로운 신하.
　　　何日乾坤整　어느 날 이 세상 말끔히 정돈되어
　　　重回趙氏春　우리 조씨(趙氏)의 봄이 다시 돌아올거나.

　고국 남송은 날로 쇠약해지고 북방 오랑캐인 몽골의 기세는

하늘을 찔렀다. 정신보는 심사가 착잡하였다. 고국의 운명을 걱정하느라 잠을 이루지 못하는 날이 많았다. 흰 구름이 뭉개뭉개 떠갈 적마다 고향이 그리워 사무칠 지경이었다. 당나라 때 양국공(梁國公) 적인걸(狄仁傑: 630~700)의 고사가 생각났다. 일찍이 일이 있어 태항산(太行山)에 올랐을 때 흰구름이 외롭게 떠가는 것을 보고 "내 어버이 집이 저 아래에 있다"며 슬프게 구름을 바라보았던 적인걸! 고향을 그리워한다는 의미의 '망운(望雲)' 고사는 이렇게 생겨났다. 정신보는 오늘의 서산세무서 맞은 편 야산에 대(臺)를 쌓기 시작하였다. 널찍한 돌을 주어다 하루하루 쌓다보니 제법 '대'의 모습이 갖추어졌다. 그는 조석으로 이곳을 오르내리며 먼 고향을 바라보았다. 뒷날 아들 정인경이 이 대를 고쳐 쌓고 망운대(望雲臺)라 불렀다. '그 아버지에 그 아들'이다.

정신보는 후학들을 가르쳐 학문의 씨를 뿌리는 것으로 자신의 임무를 삼았다. 아들 정인경과 제자들에게 성리학을 열심히 가르쳤다. 중국의 학술과 문화에 대해서도 폭넓게 가르쳤다. 또 국가적으로 중요한 시기에 중국과의 외교를 위해 한어(漢語: 중국어)를 익히도록 하였다. 아들 정인경이 벼슬에 나갈 당시 통역으로 이름을 날렸던 것은 그의 타고난 어학적 소질에다 아버지 정신보의 가르침이 어울어진 결과다.

정신보는 '문(文)'을 중시하면서도 '무(武)'를 함께 겸하도록 하였다. 북방 오랑캐의 침략에 대비를 소홀히 하다가 몰락의 길을 걸었던 남송의 역사를 귀감으로 삼은 것이다. 아들 인경이 어려서부터 무예를 익혀 무공으로 이름을 날린 것은 우연이 아니다. 한편 정신보 자신도 말년에 조정의 부름을 받아 노구(老

軀)를 이끌고 국가에 봉사하였다. 원종 10년(1269)에는 육십대의 나이에 지금의 의주(義州)인 인주(麟州)의 태수가 되어 국경 지방을 수호하는 방위 일선에 나가기도 하였다.

## III. 정인경의 수학과 출세

정인경은 집안에서 아버지의 가르침을 받으면서 다른 한편으로는 당시 대표적 '원나라통'인 한자희(韓自熹: 韓浚)를 사사(師事)하였다. 한자희의 문하에 왕래하면서 그의 가르침을 받는 한편 정신보의 학문을 한자희에게 전하는 역할을 하였다. 「양렬공실기」에서는 이에 대해 '왕래전학(往來傳學)'이라 하였다. 한자희는 청주한씨로 일찍이 둘째 형 영(永: 正惠公)을 따라 원나라에 들어갔다. 원나라 서울에 개인 저택이 있었으며 그곳에 오래 머물렀다. 원나라에 벼슬하여 문하평장사에 이르렀고, 뒤에 본국에 돌아와 문하시랑에 올랐다. 한자희의 학문은 북방 성리학으로 짐작된다.

정신보의 성리학을 이어받은 정인경은 불교가 성행하는 현실을 개탄하고 제자들을 성리학으로 가르쳤다. 그가 가르친 후학들의 책상에는 언제나 이정(二程)의 책이 놓여 있었다. 정인경은 의리를 중시하는 남방 성리학과 함께 소학(小學) 류의 도덕 실천을 중시하는 북방 성리학을 함께 전해 받은 선구적 학자다. 뒷날 1세기 정도가 지나 포은(圃隱) 정몽주(鄭夢周) 단계에 이르러 남방의 성리학이 적극 수용되어, 북방 성리학 중심의 고려

학계가 새롭게 사상적 전환을 하고, 이것이 외교적으로 배원향
명(排元向明: 원나라를 배척하고 명나라를 따름) 정책을 뒷받침
하였던 사실에 비추어 볼 때, 한국성리학사에서 정신보·정인경
의 선구적인 위상은 새롭게 평가되어야 할 것이다.

　정인경은 이른 시기에 산사(山寺)를 찾거나 초당을 짓고 독서
에 열중하였다. 9세 때(1249)에는 도비산(都飛山) 정원사(正院寺)
에 들어가 공부하였고, 11세 때(1251)에는 서산시 운산면에 있
는 문수사(文殊寺)에 들어가 공부하였다. 또 지금의 석남동 남원
마을에 은행나무를 심고 말달리며 무술을 익히기도 하였다. 심
은 지 7백년이 훨씬 넘는 이 은행나무는 정인경의 존재를 증명
이라도 하듯 오늘날까지 건재한다. 한편, 정인경은 24세 되던
1264년에는 자신이 태어난 간월도에 다시 초당을 짓고 다시 본
격적으로 학문을 하였다. 초당 자리가 지금의 원통대 언저리다.
정인경은 후일 54세 때(1294) 일시 벼슬을 버리고 간월도 초당
에 들어가 지친 몸과 마음을 달래며 요양을 한 바도 있다.

　정인경은 독서하는 가운데 무술을 연마, 문무를 겸비한 대장
부로 성장하였다. 중국어 뿐만 아니라 몽고어도 습득하였다. 서
산의 벽촌에서, 그것도 귀화인 2세로 태어나 지역적 기반이 거
의 없는 처지였지만, 실력을 갖추고 때를 기다리면 좋은 일이
있을 것이라고 믿었다. 전쟁 등으로 혼란한 시기에는 종래의 질
서는 무너지고 많은 변화가 있는 법이다. 13세기 후반의 전환기
를 그는 명철한 안목으로 내다보았다. 게다가 치열한 노력으로
불가능의 꿈에 도전하였다.

　때는 일찍 왔다. 고종 40년(1253)부터 시작된 몽골의 침략은

정인경이 출세할 계기를 만들어주었다. 고종 43년(1256) 7월, 원나라 장수 송길대왕(松吉大王) 휘하의 몽골군이 지금의 천안·아산 지역인 직산(稷山)·온수(溫水)·신창(新昌)에까지 내려와 주둔하였다. 집권자 최우(崔瑀)가 조직한 마별초(馬別抄)에서는 종군(從軍)할 사람을 모집하였다. 이때 열 여섯 살인 정인경은 종군에 응모하였다. 일찍부터 무술과 몽고어를 익힌 정인경이야말로 중요한 재목이었다. 밤을 타고 적의 진지를 공격할 때 정인경은 용감하게 싸워 적의 머리를 많이 베었고, 이 공으로 무반 후보자(借隊正)가 되었다. 그로부터 3년 뒤(1259) 열 아홉 살이 된 정인경은 종9품의 대정(隊正)에 임명됨으로써 무관으로 정식 임관하였다. 이로써 정인경이 역사의 전면에 등장하게 된 것이다.

이후, 정인경은 1268년까지 약 10년간 공백기가 있었다. 다만 원종 2년(1261)에 후일 충렬왕이 될 태자 심(諶)을 수행하여 세조 쿠빌라이의 황제 즉위를 축하하기 위해 사절로 원나라에 들어갔던 것은, 그가 큰 인물로 성장할 수 있는 발판이 되었다. 당시 그의 직책은 호위무관 겸 통역관이었다. 원나라에 다녀온 뒤에는 별로 주목받지 못한 채 상당 기간 낙향하여 있었다. 24세 때 간월도에 초당을 짓고 다시 공부하였던 것도 이와 무관하지 않다. 정인경은 이 기간을 대부분 간월도에서 지내면서 "어려운 것을 먼저 하고 얻는 것은 뒤에 생각하라"(先難後獲)는 말을 늘 되새기곤 하였다. 간월도에서의 십년 공부는 그를 더욱 큰 인물로 만들려는 하늘의 뜻이었다.

다시 기회는 왔다. 고려와 원나라의 관계가 새 국면에 접어들

면서 시대가 정인경을 불렀다. 1269년(원종 10년), 나중에 충렬
왕이 될 세자 심(諶)이 원나라에 들어갈 때 섭교위(攝校尉) 직책
을 띠고 다시 수행하였다. 세자에게 절대적 신임을 얻는 결정적
계기가 되었다. 당시 정인경이 맡았던 직책은 통역관 겸 호위무
관이었다. 그런데 역사는 그에게 통역의 임무를 맡기는 것으로
끝내지 않았다. 여·원 관계의 조성에서 정인경의 외교적 역량
을 요구하였다.

1269년 7월, 세자를 모시고 귀국하다가 현재 중국 단둥(丹東)
인 파사부(婆娑府)에 이르렀다. 압록강만 넘으면 고려 땅이다.
이 때 정주(靜州)의 관노(官奴) 정오부(丁伍孚)가 몰래 강을 넘어
와 긴급 정보를 알려주었다. 무신집정자 임연(林衍)이 반란을 일
으켜 원종을 폐하고 귀국길에 오른 세자까지 죽이려 한다는 것
이다. 세자는 그 말을 듣고 정신 없이 허둥지둥하였다. 수행하
던 견룡행수(牽龍行首) 나유(羅裕)가 세자에게 "아직은 알 수 없
습니다. 일이 되어가는 것을 보고 입국하여도 늦지 않습니다.
행여 적신(賊臣)에게 그르침을 당하지 마소서"라고 하였다. 정인
경은 반역의 실상을 제대로 알고 싶었다. 때마침 아버지가 인주
태수로 있었다. 인주는 지금의 의주다. 그는 강을 건너가 아버
지에게 반역에 관해 자세히 알아본 뒤 돌아가 세자에게 고하고
는 귀국을 적극 만류하였다. 또한 세자에게 원나라 서울로 돌아
가 황제에게 사실을 고하고 군대를 청하여 임연을 토벌토록 강
력하게 건의하였다.

당시 수행원 대다수는 '설마'하면서 귀국에만 정신이 쏠려 있
었다. 정인경은 죽음을 무릅쓰고 나섰다. 힘 있는 신하가 임금

을 마음대로 폐하는 일은 이제 끝장 내야만 한다는 생각이 머리
속에 가득하였다. 무신 세력에 협조하면 출세가 보장되고 승승
장구하던 시절이었지만 그는 끝내 양심의 명령을 따랐다. '의리'
두 글자는 아버지로부터 받은 가르침 가운데 가장 무겁고도 큰
것이었다. 정인경의 강력한 권고에 따라 세자가 부왕의 복위를
위해 발 벗고 나서고, 원종 역시 원나라에 공식으로 군사를 청
하는 등 사태는 임연이 바라는대로 흘러가지 않았다. 결국 반
년만에 임연의 반역 사건은 실패로 돌아가고 임연은 죽음을 맞
았다.

당시 정인경은 29세의 젊은 나이였다. 직급도 최하급 무반에
불과하였다. 그렇지만 그는 사태를 즉흥적으로 대응하거나 수
수방관하지 않았다. 사실을 명확하게 파악하고 치밀하게 분석
하였다. 이를 근거로 합리적인 대안을 제시하여 절체절명의 위
기를 면하게 하였다. "직책을 맡아 부지런하였고 오직 옳은 것
만을 받들었다"(묘지명)는 칭송은 지나친 말이 아니다.

## Ⅳ. '서산'의 복군(復郡)이 갖는 의미

충렬왕은 즉위한 뒤 8년이 지난 1281년 5월, 지난날 자신을
지성으로 받들었던 정인경의 공로를 인정하여 시종일등공신(侍
從一等功臣)에 봉하고 전답 100결, 노비 4구(口)를 하사하였다.
이후 1292년(충렬왕 18)에는 공로에 비해 상이 부족하다고 여겨
공신 본인을 비롯하여 그의 자손까지도 10번 이내까지 죄를 사

면해주는 은전을 베풀었다.

충렬왕은 정인경의 공을 기리기 위해 여러 방면으로 마음을
썼다. 가장 큰 포상은 지난 100년 동안 관호(官號)도 없이 내려
오던 정인경의 고향 부성현을 서주군으로 승격시킨 일이다. 충
렬왕 10년(1284), 공신의 고향인 부성(富城: 서산의 옛 이름)이
이웃 고을의 곁붙이기 속군(屬郡)으로 계속 남아 있을 수 없다
하여 복구시켰다. 이름도 '상서롭다'는 의미를 넣어 '서주군(瑞州
郡)'이라 명명하였다.

돌이켜보면, 무신의 난 이후 정치·경제·사회의 혼란이 심하
여 전국 각지에서 민란이 일어났다. 이 때 부성현에서는 현령(縣
令)과 현위(縣尉)가 뜻이 맞지 않아 서로 미워하며 싸웠는데, 그
여파로 무고한 사람들이 괴로움을 많이 당했다. 마침내 명종 12
년(1182), 고을 백성들이 들고 일어났다. 저들은 현위의 손발이
되어 민폐를 끼쳤던 아전과 노비들을 처단했다. 이어서 현령아
문과 현위아문을 폐쇄하고 현령과 현위를 감금했다. 이 일이 조
정에 알려지자 정부군이 와서 진압했다. 역사에서는 이것을 '부
성민란'이라고 한다. 이후 조정에서는 부성현을 불순한 곳이라
하여 관호(官號)를 취소하고 현령과 현위를 두지 않았다. 독립된
고을이 아닌, 충주·공주·운주(運州: 홍주) 등의 곁붙이기 고을
[屬郡]로 지낸 세월이 무려 102년이었다. 피해는 고스란히 고을
백성들에게 돌아갔다.

정인경에 대한 충렬왕의 배려는 지속되었다. 1305년 정인경
이 세상을 떠났지만 그 3년 뒤인 충렬왕 34년(1308)에는 다시 서
주목(瑞州牧)으로 승격시켰다. 군으로 복구된 지 24년만의 일이

었다. 이후 서산 백성들은 정인경의 은혜를 잊지 않고자 해마다 고을 차원에서 제사를 지냈다. 조선조에는 정인경을 성황신(城隍神)으로 모셨다. 서산의 향리(鄕吏)들은 매년 정인경의 제삿날이 되면 그가 입었던 관복을 관아 앞에 모시고 황소를 잡아 제사를 올렸다. 그 날은 군수도 하루 공무를 쉬면서 정인경을 추념하였다. 그 세월이 무려 3백년이었다.

수백년 이어졌던 성황제는 임진왜란 이후 단절되었다. 향화(香火)가 끊어진 지 4백년이 훨씬 넘어 2012년이 되어서야 향화가 다시 이어졌다. 2012년 10월 5일부터 3일간 개최된 해미읍성 역사체험축제 당시 양렬공 정인경에게 고유하는 절차를 마련함으로써 옛 전통이 다시 이어지게 된 것이다.

## V. 빛나는 외교 활동

1274년 8월, 충렬왕이 즉위하였다. 그러나 정인경은 1278년까지 4년 동안 이렇다 할 직책을 맡지 못하였다. 조정 대신들의 시기와 질투가 심하여 정치적으로 한가한 시기를 보냈다. 그러는 가운데서도 정세는 긴박하게 돌아가고 있었다. 1274년부터 원나라가 지속적으로 일본 정벌을 시도하였고, 그 여파로 고려 조정은 격랑에 휩싸였다. 정인경의 외교적 역량이 그 어느 때보다 필요한 시점이었다. 충렬왕은 자신이 직접 경험한 정인경의 충성과 외교적 능력을 높이 평가하였다. 그가 단기간에 정부 요직에 중용된 데에는 자신의 능력도 있지만 충렬왕의 뒷받침이 지대한 구실을 하였다.

충렬왕 즉위 이후 원나라는 일본 정벌을 계획하고 고려에 참여할 것을 요구하였다. 1274년 여몽연합군이 일본을 침략했으나 실패로 끝났고, 1277년 2차 일본 정벌에 나섰으나 태풍으로 실패하였다. 하늘이 돕지 않았다. 1279년에 원나라가 제3차 일본 정벌을 추진하면서 고려에 참전을 요구하였다. 마침 같은 해에 정인경은 원나라 황제의 생일을 축하하기 위한 사신으로 원나라에 들어가 고려 출신 홍다구(洪茶丘)가 일본 원정에 간섭하지 못하도록 중서성에 건의하였다. 홍다구(1244~1291)는 고려 사람으로, 원나라에 귀화하여 고려를 공격하는데 가담하였던 부원분자(附元分子)다. 원나라 조정을 움직여 고려가 일본 정벌에 참여할 것을 집요하게 요구했던 장본인이다. 결국 제3차 일본 정벌도 실패로 끝나고 말았다.

한편, 원나라의 고려 침입과 고려의 대몽전쟁 기간 중 수많은 고려 사람들이 인질이나 포로로 끌려갔다. 끌려간 고려인을 고국으로 송환시키는 일이 국가적인 문제로 떠올랐다. 이 일을 떠맡아 성공적으로 이끌 사람은 사실상 정인경 밖에 없었다. 정인경은 고려와 원나라 모두 인정했던 유능한 외교관이었다. 그는 1282년에는 친종장군(親從將軍)으로 요동(遼東)·심양(瀋陽)에 가서, 이듬해에는 대장군 직함을 가지고 요양(遼陽)·북경(北京)에 가서 원나라 당국자를 만나 포로와 인질 송환 문제를 협의했다. 두 번 다 성공을 거두어 수많은 포로, 인질, 유이민(流離民)들을 고려로 데리고 왔다. 그의 외교적 능력과 정치적 입지를 확인할 수 있는 대목이다.

이 공로로 정인경은 승진에 승진을 거듭하였다. 중요한 직책이 주어졌다. 1287년에는 상장군, 1290년에는 서북면 도지휘사(西北面都指揮使)가 되었다. 그 사이에도 사신의 임무는 계속되었다. 1286년에도 신년을 하례하기 위해 원나라 서울에 들어갔다. 그는 사신으로 원나라에 들어갈 때마다 늘 굵직한 사건들을 해결하고 돌아왔다. 오래 묵은 외교적 현안도 그가 맡으면 해결되었다.

정인경의 외교 활동 가운데 빼놓을 수 없는 것이 원나라 동녕부(東寧府)에 예속된 고려의 옛 땅을 우리의 것으로 되돌려 놓은 일이다. 충렬왕 16년(1290), 임금은 원나라 황제에게 사신을 보내 동녕부를 폐지하고 그 땅을 고려에 돌려줄 것을 요청하였다. 이 때 사신으로 간 정인경은 몽고어를 능숙하게 구사하면서 성실하고 간절하게 충렬왕의 뜻을 부연, 설명하였다. 이에 황제가 동녕부를 만주 지역으로 옮기게 하였다.

동녕부는 고려에 대한 원나라의 분할 지배 정책에 의해서 설치된 정치적 산물이었다. 설치된 과정을 보면 1269년 원종 폐위 사건으로 거슬러 올라간다. 오랜 항몽전쟁을 수행하면서 무인 집권 세력과 왕정복고 세력 간에 주도권 다툼이 치열하였다. 이 소용돌이 속에서 무신 임연(林衍)이 원종을 폐위하는 사건이 발생했다. 이 때 오늘날 평안도·황해도 지방인 서북면(西北面)에서 최탄(崔坦)을 중심으로 뭉쳐 임연 타도를 구실로 난을 일으켰다. 이후 최탄은 서경 부근의 여러 수령들을 죽이고 북계(北界: 평안도) 54성과 자비령(慈悲嶺) 이북 서해도(西海道: 황해도)의 6성을 가지고 원나라에 투항했다. 이 때 인주 수령으로 있던 정신보는 간신히 죽음을 면하였다.

다음해 원나라는 자비령을 경계로 그 이북의 60성을 동녕부에 편입하고, 서경에 행정기관을 두고 최탄을 총관(摠管)으로 삼았다. 그러다가 1290년 원나라의 반역자인 내안(乃顔)의 여당(餘黨)인 합단적(哈丹賊)이 1만 2천의 군사를 이끌고 고려를 침략하자 충렬왕은 원나라에 도움을 청하여 1년 반만에 진압하였다. 고려가 합단적을 막아내는 과정에서 동녕부에 사는 고려 사람 김철(金哲: ?~1291)이 적에 투항, 향도(嚮導)가 되어 적을 개성으로 끌어들이기도 하였다. 이에 위협을 느낀 고려는 서북면 방어의 중요성을 들어 그 땅을 고려에 돌려달라고 청하였고, 원나라는 동녕부를 만주로 이동하고 서북면을 고려에 돌려주었다. 고려 지배에 자신감을 얻은 원나라는 내심 영토보다 인민을 지배하는 것이 더 중요하다고 판단, 동녕부를 돌려주어 대국의 면모를 고려에 과시하였다. 원나라는 저들대로 속셈이 있었지만, 동녕부 이전 과정에서 정인경이 설득력 있는 논거를 적극적으로 제시하여 황제의 공감을 이끌어냈다는 점에서, 그의 외교적 수완이 한 몫 크게 하였음은 더 말할 나위 없다.

정인경은 외교적 성과를 인정 받아 서북면 도지휘사에 임명되고, 곧 이어 서경유수(西京留守)를 맡았다. 실지(失地) 회복 이후 그 지역 백성들을 끌어안고 달래는 일이 무엇보다 시급하였다. 그러나 합단적이 지금의 함경도 함흥과 안변 지역인 화주(和州)・등주(登州)를 공격, 함락시키고 여세를 몰아 교주도(강원도), 양광도(충청도) 일부까지 쳐들어 왔다. 전국이 전쟁의 소용돌이에 휩싸였다. 충렬왕은 강화도로 피난을 갔다. 원종 11년

(1270), 몽고와의 강화가 성립되어 강화도에서 개경으로 돌아온 뒤 다시 20여 년만에 강화도로 들어가게 된 것이다. 이 때 정인경은 충렬왕의 안위(安危)가 몹시 걱정이 되었다. 서경을 잠시 떠나 강화도로 들어갔다. 그러나 이 때문에 정인경은 호된 비판에 직면한다. 전란 중에 서경유수라는 막중한 직책에 있는 사람이 자리를 비우고 안전한 섬을 찾아 들었다는 것이다. "서경을 내버리고 도망쳐 왔다"(『고려사』)는 기록은 여기서 나온 것이다. 얼마 있지 않아 그는 세자원빈(世子元賓)을 거쳐 동지밀직사사(同知密直司事)에 승진된다. 싸움을 피해 줄행랑쳤다는 오해가 풀리기는 했지만 정인경에게는 실로 뼈 아픈 경험이었다.

## Ⅵ. 시련을 딛고 다시 나서다

합단적을 물리친 이듬해(1292), 혼인을 금하는 명령이 전국에 내려졌다. 임금이나 왕세자의 혼인을 위한 금혼령이 아니었다. 원나라에서 공녀(貢女)를 요구하여 양가(良家)의 자녀를 뽑기 위해 혼인을 금한 것이었다.

당시 정인경은 열 세 살 난 둘째 딸의 혼사를 앞두고 있었다. 당시 고려 사회에 조혼(早婚)이 성행하였다. 공녀 때문이었다. 사윗감은 김태현(金台鉉: 1261~1330)의 맏아들 광식(光軾)이었다. 김태현은 고려 말 광산김문(光山金門)을 대표하는 저명한 학자다. 우리나라 역대 문인들의 시문을 모아 『동국문감(東國文鑑)』을 엮은 바 있다. '사대모화(事大慕華)'의 시대적 분위기 속에서

'동국'의 위상, '동인(東人)'의 존재감을 부각시키려 한 점에서 주체의식을 엿볼 수 있다.

금혼령 앞에서 양가의 고민이 깊었다. 공녀를 위한 것이지만, 나라의 명령인 만큼 따라야 할 것인가, 아니면 따르지 않을 것인가 선택하지 않을 수 없었다. 정인경은 사돈이 될 김태현은 물론, 같은 처지에 놓인 찬성사 송분(宋玢)과 상의하였다. 송분은 나이가 비슷하고 평소 말이 잘 통하였다. 그는 권신 임연의 아들 임유무(林惟茂)가 병권을 잡고 횡포를 부리자 그를 몰래 붙잡아 저자거리에서 목을 친 송송례(宋松禮)의 아들이다. 기개 있고 의리 넘치는 사람이었다. 결국 정인경과 송분은 "그런 비인도적인 명령은 따를 수 없다"는 결론에 도달했다. 이에 나라의 명령을 따르지 않고 딸의 혼사를 조용히 치렀다.

그러나 이들의 기개 있는 행동은 오만한 것으로 비쳐졌다. 지위와 권세를 믿고 임금의 명령까지도 무시한다는 소문이 돌았다. 이 때 내시(內侍) 한 사람이 이 사실을 충렬왕에게 고하면서 유독 심하게 헐뜯었다. 그는 원나라 조정의 힘을 배경으로 임금을 가까이서 모시면서 갖은 횡포를 부렸다. 심한 경우 임금이 그의 눈치를 보아야 할 정도였다. 임금은 할 수 없이 이 해 11월, 동짓달 추운 겨울에 두 사람을 외딴 섬으로 귀양을 보냈다. 양식 있는 사람들이 탄식하며 안타까워하였다.

섬으로 떠나면서 정인경은 지난날을 되돌아보았다. 양심에 어긋나는 일, 의롭지 않은 일은 결코 하지 말라시던 아버지의 말씀이 귓전에 맴돌았다. 그리고 한 마디 내 뱉었다.

아무리 세상이 바뀌어도 정도가 있지? 내시가 감히 나에게 사돈이 되
자고 청하다니?

　권력을 누리기 위해 내시의 아들에게 딸을 시집 보낼 수는 없
었다. "그래 잘 한 일이다. 영혼을 팔 수야 없지 않은가?" 스스로
대답이 여기에 이르니 마음이 한결 가벼워졌다.
　정인경 집안은 고려에 정착한 뒤에도 중국에서 건너온 사람
을 골라 그들과 인척을 삼을 정도로 고국에 대한 사랑이 열렬하
였다. 정인경의 아버지 정신보는 아들 인경이 혼인할 때가 되자
며느리감을 고르고 골랐다. 마침 위위윤(衛尉尹)을 지낸 진수(陳
琇)에게 장성한 딸이 있어 그녀와 혼인하도록 하였다. 진수는
본디 중국 복건성(福建省) 복주(福州) 사람으로 남송 조정에 벼
슬하였는데, 원나라에 협조하지 않고 남송에 절개를 지키다가,
저들의 미움을 사서 천리 타향인 고려로 강제 추방을 당했다.
정신보와 똑 같은 처지였다. 당시 고려에는 남송의 이주민들이
적지 않았다. 이주민들은 혼인 등을 통해 하나의 집단을 이루었
으며 일정한 세력을 형성하기도 하였다. 정신보와 진수는 동병
상련(同病相憐)의 진한 감정을 느꼈다. 같은 남송 사람이요, 또
사대부로서 의리를 지키다 천만리 머나먼 고려로 떠나왔으니,
헤어진 형제가 타향에서 만난 기분이었다. 더 이상 따질 것이
없었다.
　정인경은 진수의 큰 딸에게 장가들었다. 그러나 첫 부인은 아
들 하나를 낳고 38세로 세상을 떠났다. 정인경은 재혼을 하지
않을 수 없었다. 그는 첫 부인의 동생을 두 번째 부인으로 맞았

다. 형부와 처제 관계로 있다가 부부 관계로 발전하여 두 사람 사이에 4남 2녀를 두었다. 당시에는 형부와 처제의 혼인은 전혀 문제가 되지 않았을 뿐만 아니라, 그렇게 맺어진 데에는 피할 수 없는 운명적 측면이 있었다. 진수가 정인경에게 한 자매를 차례로 시집 보내 전처와 후처로 삼도록 한 데에는 '의리사상'이라는 연결 고리가 있었다. 비록 이역에서 살고는 있지만 남송의 후예라는 점을 결코 잊을 수 없었다. '뿌리의식'이 작용했던 것이다. 이처럼 혼인에서도 '의'를 중시했던 정씨 가문이 내시에게 잘 보이려고 그 집안에 딸을 시집보내는 일은 결코 받아들이기 어려웠다.

내시는 정인경이 섬으로 귀양간 뒤에도 끊임없이 헐뜯었다. 통혼(通婚)을 거절한 원한을 풀기라도 하듯, 기회 있을 때마다 갖은 모략을 꾸며 정인경이 임금 곁으로 돌아오지 못하게 하였다. 충렬왕은 정인경과의 정의를 생각해서 얼마 뒤 다시 불러 올리려 하였지만, 정인경을 헐뜯는 이들이 많아 쉽게 처리할 수 없었다. 하는 수 없이 일단 귀양에서 풀어주고 때를 기다리기로 하였다. 귀양에서 풀린 뒤, 정인경은 개경 중부(中部) 앵계방(鶯溪坊)에 있는 별서(別墅: 별장)에 기거하면서 독서로 소일하였다. 찾아오는 사람들을 통해 시국이 어떻게 돌아가는지 주시하면서 나라 걱정으로 잠을 못이루기도 하였다. 공백 기간이 상당히 길어졌다. 52세 때 귀양간 뒤 59세 때 판삼사사(判三司事)로 복귀하기까지 8년이 걸렸다.

## Ⅶ. 마지막 불꽃을 피우다

충렬왕 25년(1299), 정인경의 나이 59세가 되었다. 충렬왕은 불현듯 정인경이 보고 싶었다.

"옛날의 공신을 이렇게 버려두어도 될까?"
"이제는 뒷말이 없겠지!"

임금은 정인경에게 삼사(三司)의 으뜸 벼슬인 판삼사사 벼슬을 내리고 다시 불렀다. 8년만에 해후한 두 사람은 서로 손을 잡고 그간의 쌓였던 이야기를 나누었다.

그런데, 이로부터 달포쯤 지난 1299년 4월, 정인경은 다시 원나라로 떠나야만 하였다. 반역 사건과 관련하여 원나라에 해명할 일이 있었기 때문이다. 1299년 1월, 정계의 실력자인 인후(印侯)·김흔(金忻) 등이 상부의 승인 없이 자의로 군대를 동원하여 만호 한희유(韓希愈)와 상장군 이영주(李英柱)를 체포한 뒤 이들이 반역을 꾀하였다고 무고(誣告)하였다. 조사 결과 오랜 원한 관계에 의한 '무고'임이 밝혀졌다. 그러나 인후는 원나라에 선을 대고 황제에게 한희유가 자복하지 않음을 호소하려고 시도하였다. 원나라 황제도 한희유 사건에 관심이 있었다. 반역이 사실인지 궁금해 하였다. 이에 정인경은 연경으로 가서 인후가 허황된 말로 한희유를 무고하였음을 자세하게 해명하였다. 곧이어 원나라에서 탑해(塔海) 등을 보내 한희유·이영주 등을 붙잡아 갔다. 다음달에는 조사 끝에, 반역을 무고한 인후 등을 모두 파

면하였다. 이에 고려에서는 원나라에 머물고 있는 정인경에게 표문을 보내, 사건을 바르게 처리해준 원나라 황제의 은혜에 감사하도록 하였다.

정인경은 이제 고려와 원나라 간의 관계 조성에서 빼놓을 수 없는 중요한 위치에 놓였다. 그의 외교 활동이 성공하면 할수록 더욱 무거운 직책이 주어졌다. 1299년 한 해만 하더라도, 판삼사사에서 지도첨의사사(知都僉議司事) 겸 전리판서(典理判書), 도첨의참리(都僉議參理), 도첨의찬성사(都僉議贊成事: 정2품) 등 몇 개월 안 되어 네 번이나 승진하였다. 1299년도 다 저물어가는 섣달, 정인경은 다시 원나라 길에 올랐다. 새해를 축하하기 위한 사신의 임무를 부여 받은 것이다. 참으로 숨가쁜 한 해였다.

새해가 밝았다. 정인경은 원나라 도당(都堂)에서 어떤 논의들이 이루어지고 있는지 자세히 파악하였다. 고려에 해가 되는 일이면 막아야 하고 이득이 되는 일은 무슨 수를 써서라도 성사될 수 있도록 이끌어야 한다고 생각하였다. 고려에 돌아온 정인경은 충렬왕에게 원나라 조정의 사정과 도당의 논의를 숨김 없이 자세히 고하고 대책을 강구토록 하였다. 그러나 정인경을 시기하는 무리들은 '반대'로써 견제하려 하였다. 정인경의 위상이 높아질수록 불편하기 짝이 없었다. 이러는 가운데 충렬왕 27년(1301) 정인경은 회갑을 맞았다. 살만큼 살았다고 생각한 정인경은 분수를 지키기로 결심하였다. 자기의 마음을 몰라주거나 시기하는 사람들에 대해서도 미운 감정을 삭이려 애썼다. 그해 9월, 마침내 도첨의시랑 찬성사를 마지막으로 벼슬에서 물러났다. 이후 앵계방 별서에서 죽을 때까지 마음을 편안히 갖고 조용히 지냈다.

충렬왕 31년(1305), 65세가 되었다. 그해 9월, 이전부터 계속되던 병세가 심해졌다. 정인경이 오래 살지 못할 것 같다는 소식을 전해 들은 충렬왕은 정인경에게 자신이 할 수 있는 최대한 예의를 표하고 이전의 공을 기렸다. 벽상삼한삼중대광추성정책안사공신(壁上三韓三重大匡推城定策安社功臣)이라는 공신호와 첨의중찬(僉議中贊) 벼슬을 내렸다. 첨의중찬은 지난날의 문하시중(門下侍中)에 해당하는 것으로 품계는 종1품, 수상(首相) 직이었다. 앞서 고려는 원나라의 간섭으로 중서문하성과 상서성을 합쳐 첨의부라 하고 그 장(長)을 '중찬'이라 하였다. 품계는 종1품으로 강등되었다. 속국인 고려에 정1품 재상을 둘 수 없다는 이유에서였다. 어찌되었든지 마별초에 참여하여 최하위 말단 무관으로 벼슬살이를 시작한 정인경이 마침내 고려 조정의 수반(首班)에 오른 것은 '인간 승리' 그 자체다.

그로부터 3개월 뒤, 그해도 다 저물어가는 12월 17일, 정인경은 자택에서 자녀들이 지켜보는 가운데 조용히 눈을 감았다. 향년 65세. 두 달 뒤인 1306년 2월 19일, 개경 근교의 박현(樸峴)에 안장되었다(서산에는 衣冠葬을 함). 충렬왕은 정인경의 장례를 기다렸다가 그에 맞추어 양렬공(襄烈公)이라는 시호를 내렸다. 세상을 떠난지 두 달 밖에 안 되는 고인에게 시호를 내린 예는 전고(前古)에 없는 일이다. 정인경에 대한 충렬왕의 끝없는 애정과 신임을 엿볼 수 있다. 그로부터 2년 뒤(1308)에는 서주군을 서주목으로 승격시킴으로써 죽은 정인경에 대한 최상의 예우를 표하였다.

## VIII. 역사의 평가

정인경은 13세기 후반, 몽골제국에 의해 조성된 전란과 동요의 시대를 살았다. 이런 전환기적 동요의 시기에 오로지 의(義)를 지키며 살기란 쉽지 않다. 정인경은 전란의 시기에 의를 지키면서도 타고난 지혜와 선견지명으로 난국을 타개하여 나갔다. 나라의 운명을 가르는 중요한 사건들을 그는 차례대로 해결하였다. 그는 외교로써 국가와 민족을 수렁에서 건져낸 뛰어난 뛰어난 외교가요 구국의 위인이었다.

정인경의 묘지명에 실린 찬(贊)을 보자.

지혜롭고 뛰어난 정공(鄭公)은
사람 가운데 용(龍)이시라.
성품은 너그럽고 담력은 크며
얼굴빛은 온화하고 태도는 공손하였네.
직책을 맡아 부지런히 수행하되
오직 옳은 것만을 받들었네.
명령 따라 사방으로 바삐 다니며
한결같은 절조로 자신을 돌보지 않았네.

그에 대한 평가를 보면 '근엄하고 정직한[謹直] 인물', '공정한 성품'이라는 것이 두드러져 보인다. 또 "스스로 공손하고 분수를 지키면서 구차하게 행동하려 하지 않았으며, 화내는 모습도 거의 보이지 않았다"고 한 것을 보면, 신중한 인품에다 근면과 성실함을 갖춘, 그리고 책임감이 남달랐던 것 같다. "이르는 곳마다 명성과 치적이 있었다"는 평가는 과장이 아니었다.

정인경의 업적 가운데 결코 빼놓을 수 없는 것은, 1백년 이상 고을 이름도 없이 살아온 서산 사람에게 고을의 위상을 되찾아 주고 오늘날까지 '서산'이라는 고을 명칭이 이어질 수 있도록 해준 점이다. 서산시가 있는 한 정인경의 공로는 잊혀지지 않을 것이다. 임진왜란 이전까지는 정인경을 성황신으로 모시고 해마다 그를 기리는 제사를 성대하게 지내다가 그 전통이 그만 단절되었다. 그것을 안타깝게 여긴 지역 유림들이 영조 29년(1753)에 송곡사(松谷祠)라는 자그마한 사당을 짓고 정신보·정인경 부자에 대한 제향을 올린 이래 그 전통이 이어지고 있다. 그렇지만 유림들의 제향으로는 한계가 있다. 해마다 펼쳐지는 지역 축제에서 정인경의 공을 기리는 품격 있는 행사가 반드시 있어야 한다. 은혜와 전통을 아는 서산인이라야 한다. 서산의 정체성은 정인경과 복군(復郡) 정신에서 찾아야 할 것이다.

# 제5장 고령(高靈)의 문학과 문예사상
## -조선시대 이전의 문학-

## Ⅰ. 머리말

'고령의 문예정신'을 고찰해달라는 주문을 받았다. 참 난감하
였다. 고령의 문예정신이라는 것이 있는지, 고령 출신 문인들이
어느 정도 되는지, 사전 정보가 전혀 없기 때문이다. 그러나 아
는 분의 부탁이니 '호기'를 좀 부려볼까 한다.

통사로서의 문학사는 작가별·시대별로 많은 연구가 축적되
어야 한다. 한국문학사, 한국한문학사에 관련된 수많은 논문과
저서들이 나왔지만, 아직 통사로서의 문학사가 손에 꼽을 정도
로 적은 것은 문학사 서술이 얼마나 방대한 작업이며 또 어려운
일인가를 대변한다. 고령 지방을 중심으로 한 문학사 연구는 연
구 자체도 거의 전무할 뿐만 아니라, 자료 역시 매우 빈약하다.
특히 조선시대 이전의 문학사 서술은 사실 엄두조차 내기 어려
운 것이 사실이다. 무엇보다 자료난이 가장 크다. 고령 지방을
대표할 만한 문인이나 학자가 드물고, 굳이 연결시킨다 하더라
도 그 인물들이 고령 지방의 문풍(文風) 진작에 얼마나 공헌을
했는지, 문학의 발전에 어느 정도 기여했는지는 의문시될 수밖

에 없다. 문학사는 어느 한 개인의 문학 활동을 고찰하는 것으로 그 사명을 다하는 것이 아니기 때문이다.

『신증동국여지승람』을 보면, 조선시대 이전의 유명한 인물로 고려 의종 때의 간신(諫臣) 신숙(申淑)과 글씨 잘 쓰기로 유명하였던 신덕린(申德隣)이 등재되어 있는 정도다. 조선시대에 들어 신숙수(申叔舟)와 그의 사손들, 그리고 읍취헌(挹翠軒) 박은(朴誾) 등 다수가 등재되어 있는 것에 비하면 초라하다고 하지 않을 수 없다.[1] 이밖에 고령과의 연고를 따져 고령의 인물로 볼 수 있는 이들로, 신라 진흥왕 때의 우륵(于勒)과 문무왕 때의 강수(强首),[2] 고려 후기의 이승휴(李承休) 등이 있다. 그러나 강수는 조상이 임나가야 출신일 뿐 그 자신은 신라 사람으로 국원(國原: 충주)에서 생장하였다. 또 이승휴는 경산부(京山府) 가리현(嘉利縣) 사람이라고 하는데, 이 가리현을 오늘날의 성주(星州)의 별칭으로 보기도 하고,[3] 또 고령군 가리면 지역이라고도 하여 논란이 있다. 이 뿐만 아니라 이승휴는 일찍이 고향을 떠나 경사(京師)에서 벼슬살이를 하였으며, 만년에는 오늘의 강원도 삼척에 있는 두타산(頭陀山)에 들어가 불교에 침잠하면서 민족대서사시 『제왕운기(帝王韻紀)』를 지었다. 그의 행적은 가리현에서 찾아보기 어렵다. 사정이 이렇다 보니, 강수나 이승휴가 고령의 문학 발전에 어느 정도 영향을 끼쳤는지는 말하기 어렵다. 이밖에도 이조년(李兆年)·이숭인(李崇仁)을 고령과 연관시켜 보기도

---

1 『신증동국여지승람』 권29, 고령현, 〈인물〉조.

2 『신증동국여지승람』 권14, 충주목, 〈인물〉조를 보면, 우륵은 충주에 寓居한 사람으로, 강수는 충추 사람으로 등재되어 있다.

3 『신증동국여지승람』 권28, 성주목, 〈인물〉조 참조.

하지만, 이들은 오래 전부터 성주 사람으로 인식되어 온 것이 사실이다.

옛말에 '인걸지령(人傑地靈)'이라는 것이 있다. 걸출한 사람은 영험 있는 땅에서 난다는 말이다. 땅이 좋아야 훌륭한 인재가 태어난다는 의미이기도 하다. 또 사람을 잘 만나야 그 땅의 명성과 존재 가치가 드러나게 된다. 이렇게 볼 때 땅과 사람은 불가분의 관계에 있다고 할 수 있다. 어떤 인물이 고향을 떠나 다른 곳에서 살면서 활동한다 하더라도 태어난 곳과 절연할 수는 없는 것이고, 또 어떠한 형태로든 영향을 받거나 영향을 끼치기도 한다. 이 글에서는 매우 영성한, 그것도 퍽 제한적인 자료를 가지고 고령 출신, 또는 고령에 연고가 있거나 고령에서 활동했던 고대 문인, 학자들의 문학적 발자취를 살펴보기로 한다.

## II. 우륵(于勒)의 예술과 문학

대가야 가실왕 때 사람 우륵은 성열현(省熱縣)[4] 출신의 천재적 음악가다. 나라가 어지러워지자 악기를 가지고 제자 이문(泥文)과 함께 신라 진흥왕에게 귀순하였다. 이에 진흥왕은 귀순을 받아들여 국원(國原: 충주)에서 편안히 거처하도록 하였다. 당시 국원은 남북의 요충지요 인후지지(咽喉之地)였으니, 진흥왕이 우륵을 맞아 국원 땅에 정착시킨 것은 정책상의 의미가 있다.

---

[4] 경북 고령설, 경남 거창 가조면이라는 설, 의령군 부림면이라는 설 등 위치 비정이 분분하지만, 고령군과 인접한 곳임에는 틀림없다.

이것은 임나가야 출신인 강수의 조상이 국원으로 옮겨와 그곳에서 터전을 일군 것을 연상하게 한다.

진흥왕 13년(552)에 대나마 주지(注知)와 계고(階古), 대사(大舍) 만덕(萬德)을 우륵에게 보내 그 업을 잇게 하였다. 우륵은 이 세 사람의 재능을 살펴서 계고에게는 가야금을, 법지에게는 노래를, 만덕에게는 춤을 가르쳤다고 한다.[5] 이로써 우륵이 가 (歌)·무(舞)·악(樂)을 겸전한 음악가였음을 알 수 있다. 대개 악기는 노래와 떼려야 뗄 수 없는 관계에 있다. 또 노래에는 가사가 붙게 마련이다. 따라서 좋은 악곡이나 연주가 있으면 그에 걸맞은 문학이 발달하기 마련이다. 음악과 밀접한 관련이 있는 가사문학(歌詞文學)이 그것이다.

악사 우륵은 당시 가야나 신라의 귀족 사회에서, 가야금의 예능과 기능을 보유한 예인이었을 뿐만 아니라 상당한 수준의 학식을 갖춘 지식인이었을 것으로 짐작된다. 일찍이 내해왕(재위 196~230) 때의 지사(志士)로 금(琴)을 잘 연주하였고 '물계자가'를 지은 물계자(勿稽子)라든지,[6] 충신 박제상(朴堤上)의 아들[7]로 거문고의 명인이며 방아타령[碓樂]을 작곡했다고 하는 백결선생(百結先生), 그리고 경덕왕 때 거문고의 대가로 육두품 출신이었던 옥보고(玉寶高)의 경우와 비슷한 측면이 있다. 무엇보다도 그가 평민이 아닌 대나마, 대사 출신의 제자들을 맞아 업을 전했다는 것 자체가 지식인, 학인으로서의 그의 위치를 대변한다고 할

---

5 『삼국사기』 권4, 신라본기, 진흥왕 13년조. 동 권32, 「雜志 第一」 참조.
6 『삼국유사』 제5권, 神呪, 〈避隱〉편.
7 寧海朴氏 족보에 따르면 백결선생은 박제상의 아들이며 만년에 梁山에 살았다고 한다.

것이다.

우륵은 가실왕의 명을 받아 열 두 곡을 작곡하였다. 모두가 향토색 짙은 제목의 지방 음악이었다. 이것은 가실왕이 작곡을 명하면서 "여러 나라의 방언이 각각 다르니 성음을 어찌 통일할 수 있을까"[8]라고 한 것과 궤를 같이 한다. 그러나 가야가 망국이 다 보니 향토색 짙은 곡조와 가사는 그대로 전해질 수 없었다. 주지·계고·만덕은 우륵에게 업을 받아 학(學)을 이룬 뒤에 전해 받은 열 한곡에 대해 "번거롭고도 음란하여〔繁且淫〕아정(雅正)하게 할 수가 없다"고 하면서 마침내 다섯 곡으로 만들었다 한다. 이것은 가야국의 예악(禮樂)이 신라에 미치지 못함을 말한 것으로 볼 수 있지만, 시각을 달리하면 '번거롭고 또 음란하다'고 한 것은 향토적 색깔과 정조(情調)가 흠뻑 담긴 곡조였기에 그런 폄하가 나올 수 있다고 본다. 제자들이 열 한 곡을 다섯 곡으로 만들었다는 소식을 듣고 우륵은 처음에 매우 노하였으나, 나중에 그 음악을 직접 듣고는 눈물을 흘리면서 감탄하고는 "즐거우면서도 절제가 있고〔樂而不流〕슬프면서도 비통하지 않으니 〔哀而不悲〕정악(正樂)이라 할 만하다"고 하였다 한다. 그런데, 처음에 '노했다'는 것과 '눈물을 흘렸다'는 것은 본국 가야를 회고하고, 향토색 짙은 악곡이 사라지는 것을 안타까워하는 마음을 드러낸 것이 아닐까? 우륵이 이른바 '정악적(正樂的) 전통', 유교에서 말하는 '예악적 전통'에 완전히 동화된 것은 아니라고 본다. 당시 신라 사회가 중국풍의 영향을 받아 그러한 기풍이

---

[8] 『삼국사기』권32,「雜志 第一」"嘉實王見唐之樂器而造之, 王以爲諸國方言各異, 聲音豈可一哉."

차츰 뿌리를 내리는 가운데 음악계에서도 향토색 짙은 악곡과
노랫말들이 점차 사라져 간 것은 아쉬운 일이라 하겠다.


## III. 강수(强首)와 문장보국(文章輔國)

    강수(?~692)는 중원경(中原京) 사량부(沙梁部) 사람이다.[9] 『삼
국사기』 「열전」을 보면 강수가 무열왕에게 "저는 본디 임나가량
(任那加良) 사람입니다"라고 한 대목이 있다. 이에 따르면 강수
의 조상이 임나가량에 살았는데, 후에 중원경에 옮겨가 그곳이
제2의 고향이 되었음을 알 수 있다.[10] 여기 나오는 '임나가량'은
광개토태왕비에 나오는 '임나가라(任那加羅)'[11]와 같은 지명이다.
오늘날의 어디인지에 대해서는 이설(異說)이 많지만, '대가야'로
비정해도 크게 잘못된 것은 아닐 듯하다.[12]

---

9 『삼국사기』 권46, 「강수열전」

10 충북대학교 양기석 교수는 「國原小京과 우륵」(『충북사학』 제16집, 2006)
이란 논문에서, 신라 진흥왕 11년(550) 무렵, 대가야가 멸망할 즈음에 가
야를 정복한 신라에 의해 수많은 가야인이 지금의 충주 일대로 강제 이
주되었다고 하면서 그 예로 우륵과 강수 집안의 경우를 들었다. 또 이
주정책의 이면에는 "북진의 전초 기지인 충주에 가야계 유민들을 배치
하여 선봉에 서도록 하는 일종의 방패막이 역할을 고려했을 것"이라고
추정했다. 국원소경은 五小京의 하나로, 고구려가 국원성을 설치한 뒤
신라가 공취하여 진흥왕 18년(557)에 국원소경을 설치했으며, 경덕왕 16
년(757)에는 '中原小京'으로 이름을 고쳤다. 진흥왕은 국원소경에 신라
의 왕경인들도 이주시킴으로써 사실상 副都로 육성하려 했다.

11 허홍식(편), 『조선금석전문』 상권, 「광개토태왕비」 "至新羅城, 倭滿其中,
官兵方至, 倭賊退. 官兵由新羅攝踵追來, 奮及追至任那加羅, ……."

12 여러 사료를 종합하여 보면 임나가 가라의 같은 표현으로 대개 대가야
를 말한 것으로 되어 있다. 『증보문헌비고』 권14, 「여지고 二」, 신라국,
〈任那國〉조에서는 임나가라는 곧 대가야라고 하였으며, 근대의 학자

강수의 본래 이름은 우두(牛頭)이다. 무열왕이 지어준 별명이
'강수'이다. 또 나중에는 무열왕이 강수의 고매한 인격과 학식,
뛰어난 문재를 보고는 이름이나 별명을 부르지 않고, 강수의 출
자(出自)인 '임나(任那)'를 따서 임생(任生)[13]이라고 했다 한다. 후
일 다수의 문헌에서 강수의 성을 임(任)으로 여겨 '임강수(任强
首)'라 표기한 것은 여기에 연유한다고 하겠다. 본래 이름보다도
무열왕이 '센머리'라는 뜻으로 지어준 별명이, 그리고 출신 고장
을 따서 '임생'이라 한 것이 그의 이름이나 성처럼 사전(史傳)에
실린 것은 특별한 사례라 할 것이다.

강수는 무열·문무·신문왕 3대에 걸쳐 문장으로 보국(輔國)
하고, 유학을 독실하게 받들어 신라 통일 초기에 유학의 시단(始
端)을 연 인물이다. 어려서부터 독서에 힘써 의리(義理)에 정통
하였다. 그의 부친이 장래의 포부를 살피고자 "불교를 배우겠느
냐, 유도(儒道)를 배우겠느냐?"라고 물으니, 대답하기를 "제가 듣
건대 불교는 세상 밖의 가르침이라고 합니다. 저는 이 세상 사
람이온데 어찌 불교를 배우겠습니까? 원컨대 유자(儒者)의 도를
배우고자 합니다"고 하여 불교의 출세간적(出世間的) 경향을 비
판하고 현세의 인간세계를 중시하는 유교적 삶을 선택하였다고
한다. 이로부터 스승에게 나아가 『효경』·『곡례』·『이아(爾雅)』·
『문선』 등 도의와 예법 그리고 문자학·문장학을 배웠는데, '들

정인보 역시 같은 견해를 보였다(『정인보전집』 제4권, 연세대학교출판
부, 1983, 290쪽 참조). 현재 위치 비정에서 김해로 보는 설, 고령으로 보
는 설로 양립되어 있다.
13 '生'이라 함은 訓인 '나(낳)'와 유생을 뜻하는 접미어로서의 '생'이 갖는
이중적 의미를 지니고 있다.

은 바는 비록 천근(淺近)했지만 얻은 바는 더욱 고원(高遠)하였
다'고 한 기록으로 보아 그의 학문은 국학(國學) 등 교육기관에
서 연마한 것이라기보다는 사실상 자득이라 할 만하다. 그는 얼
마 가지 않아서 당대의 대학자로 평가받기에 이르렀고, 드디어
벼슬길에 나아가 여러 관직을 역임하였다. 세상에서 온통 불교
를 숭상하던 시기에, 불교를 세외교(世外敎)라 하여 비판하고
'학공자(學孔子)'의 기치를 높이 들어 유학을 창도한 공은 설총
(薛聰)의 아래에 있지 않다고 하겠다.

강수는 문장에 뛰어나 삼국통일 시기 문장으로 큰 공을 세웠
다. 일찍이 무열왕이 그에게 당나라 황제의 조서에 회답하는 표
문(表文)을 짓도록 했는데, 문장이 잘 되고 의사가 충분히 표현
되었다고 하여 왕이 그를 더욱 기이하게 여겼다 한다. 당시 강
수는 당나라는 물론 고구려·백제 등에서 보내온 외교문서를 해
석하는 일과 또 저들 나라에 보내는 외교문서의 작성을 혼자서
담당하였다고 한다. 그의 문장 실력을 짐작할 수 있겠다.[14] 더욱
이 당시는 무열왕과 문무왕 같은 영주(英主)가 삼국을 통일하려
했던 시기이므로, 대당(對唐) 문장외교는 전공(戰功)에 못지않게
중요하였다. 신라가 삼국통일 전쟁을 벌일 즈음에 강수가 능란
한 글솜씨로 당나라 원병을 끌어들여 '통삼(統三)의 대업'을 이
룩하는 데 큰 공을 세웠으니, 그 공이 무공(武功)에 뒤질 수 없
다고 한 문무왕의 찬사가 지나친 것은 아니라고 하겠다.

---

14 『삼국사기』 권46, 「강수열전」에서는 『新羅古記』를 인용하여 "문장은 강
   수·帝文·守眞·良圖·風訓·骨番이다"고 하는데, 강수 이하는 그 전
   기가 자세하지 않다.

강수는 문장을 자기의 임무로 삼아, 서간으로써 중국과 고구려·백제 두 나라에 의사를 잘 전달한 까닭에 화호(和好)를 맺어 성공할 수 있었다. 우리 선왕(태종 무열왕)께서 당나라에 군사를 청하여 고구려와 백제를 평정한 것은 비록 무공이라 하지만, 또한 문장의 도움도 있었다. 어찌 강수의 공을 소홀히 할 수 있겠는가.

실제로 무열왕이 당나라 고종(高宗)에게 보낸 회신과 문무왕이 총관(摠管) 설인귀에게 보낸 「답설인귀서(答薛仁貴書)」는 강수가 찬한 것으로 보인다. 대우(對偶)와 전고(典故)를 중시하는 변려문에 능하였음을 볼 수 있다.

『삼국사기』에 의하면 문무왕 명의로 당나라에 보낸 글 가운데 「답설인귀서」와 「걸죄표(乞罪表)」가 있다. 전자는 신라 임금이 당나라 황제를 배반했다는 설인귀의 힐난에 대해 부드러우면서도 단호하게 배반하지 않은 사실을 기술한 것이다. 이에 비해 「걸죄표」는 문무왕 자신이 당나라 황제에게 죄를 지었으므로 어떤 모욕과 형벌을 받아도 원망하지 않겠다는 치욕적인 내용으로 되어 있다. 당대의 대문장가 강수의 인격과 성품으로 미루어 「답설인귀서」는 대찬(代撰)했을지언정 「걸죄표」는 그가 지었다고 보기 어렵다.

강수는 젊어서 신분이 낮은 대장간집 딸과 야합(野合)하여 정의가 자못 돈독하였다. 나이 이십세가 되자 부모가 지체 높은 집 규수와 혼인시키려 하였다. 그는 두 번 장가들 수 없다고 하여 다음과 같은 대답으로 사절하였다.

가난하고 천한 것은 수치가 아니요, 도를 배우고도 실행하지 못하는 것이 진실로 수치입니다. 일찍이 들으니 옛 사람의 말에 "가난을 같이 했던 아내는 내쫓을 수 없고, 빈천할 때 사귄 친구는 잊을 수 없다"(『후한서』, 「宋弘傳」)고 하였습니다. 천한 신분의 아내라고 해서 차마 버릴 수는 없습니다.

강수는 '학도역행(學道力行)'의 실천적 유자였음을 짐작케 한다. 그가 비록 문장으로 명성을 떨쳤다고 할지라도, 그 학문 바탕은 곧 의리를 중시하고 지행일치를 강조하는 유가의 기본정신에 입각한 것이라 하겠다. 강수는 한국유학사에서 처음으로 불교에 대한 유학의 우위를 강조하여, 유교가 학술로서 기능할 뿐만 아니라 학문적으로도 발전할 수 있는 가능성을 열어보인 학자이다. 도의와 문장을 겸전(兼全)한 통일신라 초기의 거유(巨儒)로서 손색이 없다. 이러한 위치와 명망으로 미루어 볼 때, 신문왕 2년(682)에 국학을 설립할 당시 그 추진자로서 상당한 구실을 하였고, 이후로 설총 등과 함께 국학의 교수로 재직하였을 가능성이 높다.

## Ⅳ. 이승휴(李承休)와 서사문학(敍史文學)

고려 후기의 문인 이승휴(1224~1300)는 정치인으로서 뿐만 아니라, 뛰어난 문장가로서 원나라에까지 문명(文名)을 떨쳤다. 또 역사가로 후세에 이름을 남겼다. 그의 자는 휴휴(休休)이며 자호는 동안거사(動安居士)이다. 경산부(京山府) 가리현(嘉利縣: 加利縣)[15] 사람이라고 한다. 어려서 아버지를 여의었지만 학문에

힘써 고종(高宗) 때 과거에 급제하였다. 그러나 성품이 정직하고
벼슬에 뜻이 없었던 그는 외가가 있는 강원도 삼척의 두타산(頭
陀山) 구동(龜洞)에 들어가 몸소 밭을 갈아서 어머니를 십여 년
간 봉양하였다. 그 뒤 안집사(安集使) 이심돈(李深敦)의 권유로
벼슬길에 나아가 간관(諫官)으로 일세에 이름을 떨쳤다.[16] 그는
도탄에 빠진 민생을 구하기 위해 그 해결책을 상소하였지만 대
부분 채택되지 않았다. 또 시폐(時弊)를 극론하다가 파직되기도
하였다. 간언(諫言)이 받아들여지지 않을 때는 미련 없이 관직을
버렸다. 만년에 두타산 구동에 다시 들어가 용안당(容安堂)이라
는 별서(別墅)를 짓고 일민적(逸民的) 생활을 하였다. '용안'이란
도연명(陶淵明)의 「귀거래사」에 이른바 '용슬이안(容膝易安)'에서
취한 것이다. 그는 용안당에서 불전(佛典)을 보는 것을 일과로
하면서 『내전록(內典錄)』[17]을 저술하였으며, 아울러 『제왕운기』
를 저술하였다.

　이승휴는 어려서부터 유학(儒學)을 공부하여 발신(發身)하였

---

[15] 이승휴는 지금까지 성주 또는 삼척과 관련이 있는 인물로 알려져 왔다.
그러나 최근에는 고령과 관련시켜 보는 이들도 있다. 『고령군지』(1996)
에 따르면 "金正浩의 「大東輿地志」에는 가리현이 성주의 남쪽 39리쯤에
있다고 한다. 또 「대동여지도」에서는 성주에서 茂溪로 가는 길을 그려
놓고, 무계에서 북쪽으로 약 10리쯤 떨어진 곳이라고 하였다. 이것으로
미루어 보면 가리현은 지금의 고령군 성산면 일대임을 알 수 있다"고
하여 고령과 관계 있음을 강조하였다(제2편, 「역사」, 194쪽). 돌이켜보
면, 고려 현종 9년(1018)에 군현제도의 개혁이 단행되었을 때 경산부에
소속된 屬縣은 모두 13현이었다. 이 13현 가운데 가리현이 들어 있다.
이 가리현은 오늘의 성주 지방과 고령 지방 일부에 해당되는 지역으로
학계에서는 보고 있다.

[16] 이하 『고려사』 권106, 「이승휴 열전」 참조.

[17] 불경 및 불교 관계 문헌을 섭렵하면서 저술한 것으로 보인다. 오늘에
전하지 않는다.

지만, 천성적으로 불교를 좋아하였다. 만년에는 독실히 신봉하여 몰입하다시피 하였다. 그는 두타산 삼화사(三和寺)에서 불교 경전을 빌려다가 날마다 열람하여 10년 만에 불경을 독파하였다. 나중에는 용안당을 간장암(看藏庵)으로 개칭하여 절에 희사하였고, 인근의 토지까지 희사하여 암자의 상주(常住) 밑천으로 삼도록 하였다.[18] 이승휴가 남긴 많은 시는 독실한 불교도로서의 면모를 보여주며 시상(詩想)은 불교적으로 탈속한 경지에 이른 듯하다.

이승휴의 저서로 『제왕운기』와 산일(散逸)된 글들을 모아 엮은 『동안거사집』(4권 1책)이 있다. 이승휴는 본디 많은 분량의 저술을 남겼으나 다수가 산일되었다. '동안거사잡저일부(動安居士雜著一部)'에는 「촌거자계문(村居自誡文)」 등 14편의 글이 실렸다. 대부분 불교와 관련된 글들이다. '동안거사 행록(行錄)' 4권은 모두 시집으로 자기의 서정(敍情)을 담은 것과 사대부들과의 창수시(唱酬詩), 기행시 등 다채로운 내용으로 되어 있다. 이 가운데 「행록」 제4권 '빈왕록병서(賓王錄並序)'는 이승휴가 원종 14년(1273) 3월 원나라 황후와 황태자의 책립을 축하하고자 북경에 사행(使行)하였을 때 서장관(書狀官)으로 들어가 지은 기행시집이다. 실린 각 시에 붙인 상세한 서(序)와 주(註)는 사절의 예식 절차와 당시의 정경 등을 묘사하고 있어 사료(史料)로서의 가치가 크다.

이 문집은 공민왕 9년(1360)에 『제왕운기』와 함께 출판된 것

---

18 崔瀣, 『拙藁千百』 제1권, 「頭陀山看藏庵重營記」

으로 보인다. 권두에는 한 해 전에 지은 목은(牧隱) 이색(李穡)의
서문이 있다. 이색은 서문에서 다음과 같이 말하였다.

> 동안거사는 어려서부터 스스로 독서할 줄을 알았고 각고면려(刻苦勉
> 勵)하며 자신의 뜻을 확립하였다. …… 충렬왕을 섬길 때에는 정언(正
> 言)과 사간(司諫)이 되어 더욱 더 바른말 하기를 좋아하였다. 자신의
> 말이 받아들여지지 않자 마침내 조정을 떠나 두타산에 자취를 숨기고
> 는 거기에서 몸을 마치려고 하였다. 그러다가 충선왕이 즉위한 뒤 맨 먼
> 저 동안거사를 조정에 불러들여 그지없이 융숭한 대우를 해 주었으나,
> 동안거사는 끝내 달가워하지 않았다. 떠나게 해 줄 것을 더욱 간절히 청
> 하여, 밀직부사(密直副使)와 사림학사(詞林學士)를 끝으로 벼슬을 그
> 만두었다. ……
> 동안거사가 행한 실상들이 이와 같고 보면, 비록 그의 전집(全集)을 보
> 지 않더라도 그 글들이 마음에 뿌리를 박고 문사(文辭)로 드러난 것임
> 을 충분히 알 수 있다. 아, "덕이 있는 이는 반드시 훌륭한 말을 하게 마
> 련이다"(有德者 必有言)라는 성훈(聖訓)을 내가 이를 통해서 더욱 믿게
> 되었다.[19]

『제왕운기』는 중국과 우리나라의 역사를 함께 서술한 장편 서
사시다. 칠언이 1,460언, 오언이 7백언이나 되는 거편(巨篇)이다.
이규보(李奎報)의 『동명왕편(東明王篇)』과 함께 대표적 민족대서
사시로 꼽힌다. 우리나라 한문학사에서 영사시(詠史詩)의 표본
으로 꼽을 만하다. 이들 영웅시, 역사시는 몽고의 지배로 위축
되어가던 역사의식, 민족의식을 고취하고 잠자고 있던 민족혼을
일깨우려는 데 저술의 목적이 있었다. 다시 말해서 이민족의 압

---

19 『牧隱文藁』 권8, 「動安居士李公文集序」

제에 시달리던 고려 사람들의 집단의식을 표출한 것이라고 할
수 있다. 이와 함께 이들 역사시는 고려시대 서사문학의 수준을
한껏 고조시켰다는 점에서 문학사적 의의를 찾을 수 있겠다.

『제왕운기』에서는 국조(國祖) 단군(檀君)과 단군조선을 특기
하여 부각시킨 데서 생동하는 민족의식을 엿볼 수 있다.

> 처음에 누가 개국하여 풍운(風雲)을 열었던고
> 석제(釋帝: 帝釋)의 손자이니 이름이 단군일세.
> 요제(堯帝)와 같은 해 무진년에 나라 세워
> 우순(虞舜)을 지나 하나라 때까지 왕위에 계셨네.
> 은나라 무정(武丁) 8년 을미년에
> 아사달(我斯達) 산에 들어가 산신이 되었으니
> 나라를 누리기를 1천 하고 28년
> 어찌 변화 없으랴, 환인(桓因)이 유전한 일.
> 그 뒤 1백 64년 만에
> 인인(仁人: 箕子)이 출현, 다시 군신(君臣) 관계를 열었네.
> 후조선을 여신 분은 기자인데
> 주나라 무왕 원년 기묘년의 일이라네.

> 初誰開國啓風雲　釋帝之孫名檀君
> 並與帝高興戊辰　經虞歷夏居中宸
> 於殷虎丁八乙未　入阿斯達山爲神
> 享國一千二十八　無奈變化傳桓因
> 却後一百六十四　仁人聊復開君臣
> 後朝鮮祖是箕子　周虎元年己卯春

'於殷虎丁八乙未' 운운한 대목[20]은 단군조선이 기자조선으로
대체되는 시기를 고증하는 데 중요한 단서가 된다. 중국의 갑골

학자 동작빈(董作賓)의 『은력보(殷曆譜)』에 따르면, 은나라 무정의 재위 연간은 B.C 1339년에서 1280년까지 59년으로 되어 있다. 또 기자가 후조선을 열었다고 하는 주나라 무왕 원년은 기묘년(B.C 1122)이다. 이 기묘년으로부터 위로 164년을 거슬러 올라가면 을미년(B.C 1283)이 된다. 갑골학적 연구 성과와 이 『제왕운기』의 기록은 정확히 맞아 떨어져 사료적 가치를 매우 높여준다.[21] 위의 결과를 분석하면 B.C 1283년에 단군조선이 밀려가고 그로부터 164년 동안은 무정부 상태로 있다가,[22] B.C 1122년에 기자가 후조선을 세웠다는 결론에 이르게 된다.

갑골 복사(卜辭)에 의하면 은나라 때 무정이 수차에 걸쳐 동이(東夷)를 정벌한 기록이 있는데, 동이를 정벌할 때 그 여파로 단군이 밀려나고 이후 164년만에 기자조선이 들어선 것이라 볼 수 있다. 갑골문은 20세기에 들어서야 연구되기 시작했다. 각종 과학적인 방법을 동원한 갑골학적 연구 성과와 『제왕운기』의 기록이 어떻게 일치할 수 있는지, 『제왕운기』의 사료는 어디서 얻었는지 의아하기만 하다. 『제왕운기』는 문학 작품이면서 동시에 역사적 사료로서 중요한 가치를 지닌다. 정당한 평가가 이루어져야 한다.

---

[20] 『삼국유사』에는 이 대목이 없다.

[21] 이상은 류승국, 『한국사상의 연원과 역사적 전망』, 성균관대학교 유교문화연구소, 2008, 66-67쪽.

[22] 이에 대해 이승휴는 "일설에는 이후 164년 동안은 비록 父子 관계는 있었으나 군신 관계는 없었다"고 주석을 달았다.

## V. 신숙(申淑)과 은거문학(隱居文學)

신숙(申淑: ?~1160)은 고려 의종 때 사람으로 본관이 고령이다. 고령에서 태어나 명경과(明經科)에 급제, 여러 번 벼슬이 올라 어사잡단(御史雜端), 우간의대부(右諫議大夫) 지추밀원사(知樞密院事), 지문하성사(知門下省事) 참지정사(參知政事) 등을 역임했다.[23] 그는 성품이 충직하고 청렴·근검하기로 이름이 났었다. 그가 만난 시기는 의종조이다. 임금이 향락적인 생활에 찌들고 환관이 정치를 좌우하였다. 위정자는 부화방탕(浮華放蕩)하고 민생고가 극에 달하였다. 그는 충간(忠諫)과 직언으로 이를 바로잡고자 노력하였지만 회생할 가망이 없었다. 임금과 대신에게 미움만 샀다. 이에 미련 없이 벼슬을 내던지고 고향으로 돌아갔다.

그의 은퇴는 어두운 정치 현실로부터 도피하려는 소극적인 것이 아니라, 자신의 소신에 대해 흑백을 물으려는 적극적인 행위로 볼 수 있다. 이것은 환관 정함(鄭諴)이 합문지후(閤門祗侯)로 임명되었을 때 그가 임금에게 상소하여 임명을 철회할 것을 요구하면서 한 말을 통해서도 엿볼 수 있다.

> 태조가 나라를 창건한 이래 환관이 조정의 관리로 임명된 전례가 없으며 처음 있는 일입니다. 잘못된 일이 아닙니까? 저는 이 소식을 듣고 집에 돌아가서도 분을 참을 수 없고 밥을 먹어도 맛을 모르겠습니다. 만일 저의 말에 잘못이 있거든 저를 죽이시고 옳거든 제가 청한 것을 허락하여 주시기 바랍니다.

[23] 『고려사』 권99, 「신숙열전」 참조.

그가 벼슬을 버리고 고향에 돌아가서 읊었다고 하는 '기관귀향(棄官歸鄕)'이라는 시는 짧기는 하지만 그의 정신세계를 엿볼 수 있게 한다.

耕田消白日　밭 갈다 대낮을 보내고
探藥過靑春　약 캐다가 청춘이 지났네.
有山有水處　산 있고 물 있는 곳
無榮無辱身　영예도 오욕도 없는 몸이라네.

세상의 모든 영화와 오욕들을 내던지고 항상 변함없는 산, 그침 없는 물과 함께 아무 욕심 없이 자연과 하나 되어 순박하게 살아가겠다는 진정한 자아의 모습이 서정적으로 묘사되어 있다. 세속적 경지를 초월한 작자의 의젓한 삶의 모습과 고향의 안온함을 아울러 느낄 수 있게 하는 시라 하겠다.

신숙은 명경과 출신이다. 그가 문학인으로서 어느 정도의 수준이었는지는 알 수 없지만, 고령에서 출생하고 성장한 그야말로 '고령인'이었고, 또 그의 위치가 상당하였기 때문에 고려 말기 고령 지역의 문풍 진작에 기여하였을 것으로 생각된다. 고령의 후예 가운데 신숙주와 같은 걸출한 인물이 나와 대대로 고령 신씨 집안의 명성을 이어갔을 뿐만 아니라 고령의 명예까지 드높였던 데에는 그가 끼친 영향이 컸을 것으로 짐작된다.

## Ⅵ. 문인들의 답사 현장 — 반룡사와 누정(樓亭)

고령에는 역대 문인들이 답사하면서 시문을 지어 읊었던 문학의 현장들이 있다. 대표적인 곳으로 반룡사(盤龍寺)[24]와 벽송정 등 여러 누정을 들 수 있다. 『동국여지승람』에는 반룡사와 관련한 시문들이 수록되어 있다. 패관문학(稗官文學)의 대가로 『파한집(破閑集)』의 저자인 이인로(李仁老)와 고려 말의 문인 박효수(朴孝修)의 시가 대표적이다.

『고려사』에 의하면, 이인로(1152~1220)의 초명은 득옥(得玉), 자는 미수(眉叟), 호는 쌍명재(雙明齋)이다. 평장사 오(頔)의 증손으로, 고려시대 갑족(甲族)인 인주이씨(仁州李氏) 가문 출신이다. 일찍이 부모를 여의고 집안의 대숙(大叔)인 화엄승통(華嚴僧統) 요일(寥一) 밑에서 자랐다. 19살 때 정중부의 난이 일어나자 머리를 깎고 승려가 되어 피란하였다가 난이 평정된 뒤에 환속하였다.[25] 승통 요일은 대각국사 의천(義天)의 직계 법손으로 흥왕사(興王寺)에 오래 거주하였다. 요일이 명종 27년(1197) 고령의 반룡사로 석장(錫杖)을 옮겨옴으로써 고령 지역에서도 화엄결사(華嚴結社)가 이루어졌다.

반룡사는 신라 애장왕 2년(802)에 창건된 절이다. 원나라가 일본을 정벌할 때 원제(元帝)가 반룡사를 다치게 하지 말라는

---

[24] 경상북도 고령군 쌍림면 美崇山에 있는 사찰. 한국의 3대 반룡사(경산·고령·평양)의 하나. 혹자는 경북 경산시 용성면 용전리 118번지 일대 九龍山 자락에 있는 반룡사라 한다. 그러나 『신증동국여지승람』 권29, 〈고령현〉조에 이 시가 실려 있는 것으로 보아, 고령의 반룡사일 가능성이 높다.

[25] 『고려사』 권102, 「李仁老列傳」 참조.

고령 반룡사

교지를 내릴 정도였다고 하니 해외에까지 알려진 절이었음에 분명하다. 같은 해에 건립된 명찰로 해인사가 있다.

자세한 기록은 없지만 이인로는 요일의 인도로 고령의 반룡사에 상당 기간 기거했던 것 같다. 그가 반룡사에 있으면서 남긴 '산거(山居)'라는 시가 『동국여지승람』에 전한다.

春去花猶在  봄은 가도 꽃은 아직 남아 있고
天晴谷自陰  하늘은 갰건만 골짜기는 절로 침침하네.
杜鵑啼白晝  두견새가 한낮에도 우짖으니
始覺卜居深  비로소 알겠네. 깊은 골에 사는 줄을.[26]

한편, 고려 충숙왕 때의 문신으로 전국의 누대승람(樓臺勝覽)을 돌면서 많은 제영(題詠)을 남겼던 석재(石齋) 박효수(朴孝修:

---

[26] 『동문선』 권19, 「山居」.

?~1377)[27]는 다음과 같은 시를 남겼다.[28] 절의 대숲을 소재로 한
것이다. 이 대숲 역시 시인 묵객들이 빠짐없이 들렀던 답사의
필수 코스로 짐작된다.

| | |
|---|---|
| 籬落多野菊 | 울타리 밑에는 들국화가 많고 |
| 畲田生苜蓿 | 밭에는 목숙(苜蓿: 거여목)이 나 있구나. |
| 因地物貴賤 | 만물은 땅을 따라 귀천이 있는 법인데 |
| 況此祇園竹 | 하물며 이 기원(祇園)의 대나무랴. |
| 苔蘚庭臺淸 | 이끼 긴 정대(庭臺)는 맑기도 한데 |
| 蒼雪映白足 | 푸른 대에 쌓인 눈이 흰 발(白足)을 비춘다. |
| 月浸影碎金 | 달빛이 스며드니 그림자 금빛으로 부서지고 |
| 風颺聲摵玉 | 바람이 흔드니 그 소리 옥이 부딪치는 듯하네. |
| 浮艶笑姚紅 | 부염(浮艶)함은 요홍(姚紅)을 비웃는 듯 |
| 貞姿媚淇綠 | 곧은 모습 기수(淇水) 가의 푸른 대인 양 아리땁구나. |
| 森如甲萬夫 | 일만 무부(武夫)가 갑옷을 입은 듯 삼엄하고 |
| 櫛櫛堅槍纛 | 창과 깃발을 세워 놓은 듯 즐비하다. |
| 無肉唯骨節 | 살은 없고 뼈마디뿐이지만 |
| 豈比十圍木 | 어디 열 아름의 나무에 비기랴. |
| 余生愛此君 | 내 평생에 대(此君)를 좋아하는데 |
| 數叢繞茅屋 | 두어 무더기가 초가집을 둘러 있네. |
| 曷日解朱紱 | 어느 시절 주불(朱紱: 붉은 띠 관복)을 풀고 |
| 卜居淸渭曲 | 위수(渭水)[29] 맑은 물가에 집 짓고 살 것인가. |
| 千畝翠陰間 | 천 이랑 푸른 그늘 사이에서 |
| 風生破帽幅 | 바람 불어 두건이 찢겨져도 |
| 高視傲塵寰 | 고개 쳐들고 진세에 거만을 부려보니 |

[27] 본관은 竹山. 과거에 급제하여 벼슬이 密直副使·代言에 이르렀다.
[28] 『신증동국여지승람』 권29, 고령현, 〈佛宇, 盤龍寺〉조.
[29] 중국 섬서성에 있는 큰 강. 곁에 당나라 때 서울인 장안이 있다.

此身等雲鵠  이 몸은 구름 속의 고니 같으니라.

　이밖에 고령군 쌍림면 신촌리에 있는 벽송정과 그 주위에 있는 읍선대(揖仙臺), 고운정(孤雲亭) 등은 신라 말의 석학 고운 최치원과 관련이 있는 유적이다. 일찍이 최치원은 벽송정에 올라 다음과 같은 시를 읊었다고 한다.

　　暮年歸臥松亭下  늘그막에 돌아와 송정(松亭) 아래 누웠는데
　　一抹伽倻望裏靑  칠이라도 한 듯 가야산의 푸름이 눈에 들어온다.[30]

　이 벽송정은 합천 가야산과 그리 멀지 않은 곳에 있다. 시에서 '모년귀와(暮年歸臥)' 운운한 것으로 보아, 최치원이 가야산에 들어간 뒤 전국을 편력하면서 지은 시로 짐작된다. 원래는 절구 아니면 율시였을 터인데 한 연밖에 전하지 않는다.
　최치원은 가야산 해인사에 은거하면서 여러 고승들의 전기를 찬술하였다. 여러 승전(僧傳) 가운데 「석이정전(釋利貞傳)」과 「석순응전(釋順應傳)」이 있다. 이정과 순응은 신라 애장왕 때의 고승으로 대가야국왕의 후손으로 해인사를 창건한 승려들이다. 최치원은 이 두 전기에서 고령 지역을 중심으로 한 대가야국의 건국신화를 서술하였다.[31] 이러한 건국신화는 고령 지역의 설화문학의 발전에 적지 않은 영향을 끼쳤을 것으로 짐작된다.

---

30 『최문창후전집』, 성균관대학교 대동문화연구원, 1972, 32쪽.
31 이 건국신화를 『동국여지승람』 권29, 고령현, 〈建置沿革〉조에 싣고 있는 것은 대가야의 중심이 고령 지역이었기 때문일 것이다.

# 제6장 순창 지역의 유학 전통,
# 그리고 문화적 특성

## I. 머리말

순창은 전라북도 최남단에 위치한다. 주민들이 농업을 생업으로 하는 전형적인 농촌 고을이다. 1960년대 중반 10만 명을 넘어섰던 인구는 현재 3만 명 정도라고 한다. 군세(郡勢)가 전에 비해 크게 약화된 모습이다. 최근에는 '장수마을', '장류(醬類) 산지'로 이름을 얻어 전국적으로 알려지고 있다.

어느 고을인들 인물이 없을까마는, 순창에서도 인물이 대대로 끊이지 않고 배출되었다. 우선 손에 꼽을 만한 정치인, 관료들이 다수 나왔다. 초대 대법원장을 지낸 가인(街人) 김병로(金炳魯: 1887~1964), 국회부의장을 지낸 홍영기(洪英基: 1918~1999), 제헌국회의원을 지낸 노일환(盧鎰煥: 1914~1982), 헌법재판소장을 지낸 윤영철(尹永哲: 1937~ ), 민주당 대통령후보 정동영(鄭東泳: 1952~ ) 등 거물급 인사들이 적지 않다. 다른 고을에서 쉽게 찾아보기 어렵다. 또 지난 시기 유교계와 불교계를 대표하는 학자, 종교인이 순창에서 다수 배출되었다는 사실도 특기할 만하다. 동국십팔현(東國十八賢)의 한 사람으로 성균관 공자묘(孔子廟)에

가인 김병로

배향된 하서(河西) 김인후(金麟厚: 1510~1560)가 강학 활동을 폈
던 곳이 쌍치면의 훈몽재(訓蒙齋)이다. 조선 성리학의 육대가 가
운데 한 사람인 노사(蘆沙) 기정진(奇正鎭: 1798~1879)은 본디
복흥면 사람이다. 김인후는 장성 사람이면서 순창과 인연을 맺
었고 기정진은 순창 사람이면서 장성으로 옮겨가 살았다. 오늘
날 두 분 다 장성 사람으로만 인식되는 것이 아쉽다.

순창 복흥면에 있는 영구산(靈龜山) 구암사(龜巖寺)는 근세 교
학 불교의 총본산이다. 18세기에 교선(敎禪)을 아울러 가장 저명
했던 백파(白坡) 선사가 이곳에서 오래 주석(駐錫)하면서 불교계
거물급 인사들을 길러냈다. 일제 시기 조선 불교를 대표했으며
오늘날 조계종 종정급(宗正級) 반열에 올랐던 석전(石顚) 박한영
(朴漢永: 1870~1948)은 구암사가 배출한 교학 불교의 거장이다.
이밖에도 순창은 유·불·선 삼교를 아우르면서 풍류도(風流道)

의 전통[1]을 계승한 갱정유도회(更定儒道會)가 생겨난 곳이기도 하다. 순창군 구림면 회문산은 갱정유도회의 발상지다. 오늘날은 지리산 일대로 옮겨갔지만 그 출발점이 순창이라는 점은 반드시 짚고 넘어가야 한다.

한편, 순창은 판소리의 성지(聖地)이기도 하다. 동편제의 시조 김세종(金世宗: 1835~1906)과 서편제의 시조 박유전(朴裕全: 1834~1906)이 순창 사람이다. 박유전은 나중에 남도의 끝자락 보성으로 옮겨 가서 '보성소리'의 원조가 되었다. 보성소리는 우리나라 판소리계에서 가장 유파가 넓고 배출된 명창도 많다.

순창에서 배출된 인물들을 통해 순창의 정신을 살펴보면, 순창은 양단(兩端)이 하나로 뭉치는 곳이라 할 수 있다. 학술·종교·예술 영역에서 드러난다. 어느 한 방향으로 나가는 외골수 형이 아니라 통합형·융합형의 인물을 만들어낸 고장임을 알 수 있다. 유교나 불교에서 첫손에 꼽히는 거물급 학자와 종교인이 배출되었다는 점과, 판소리 동편제·서편제의 시조가 이곳에서 생장하였다는 점은 우연이 아니라고 본다.

현재 순창의 학술과 문화 전통은 매우 희미하다. 김인후·기정진은 장성 사람으로만 인식되고 있으며, 순창을 대표하는 유학자 신경준(申景濬)·양응수(楊應秀) 등은 제대로 연구되지 못하고 있다. 한국불교사의 대미를 장식하는 영구산 구암사의 교학 불교 전통 역시 조명되지 못하고 있다. 판소리의 경우도 사정은 마찬가지다. 동편제와 서편제의 전통은 다른 곳으로 옮겨

---

[1] 최치원, 「鸞郎碑序」, "國有玄妙之道, 日風流."

가 꽃을 피웠다. 갱정유도회 역시 지리산 자락에서 전통을 유지
해오고 있다. 이렇게 볼 때 순창은 학문과 종교의 성지이면서도
전혀 제구실을 못하고 있는 실정이다. 순창의 전통은 '머무르지
않고 흘러가버리는 것'이 특징인가? 되묻지 않을 수 없다.

이제 순창의 '흘러가버린 전통'을 다시 되찾아야 한다. 되찾아
다시 제자리에 놓아야 한다. 학문과 종교와 예술의 성지라는 명
성을 되찾을 수 있도록 노력해야 한다. '장수촌', '장류산지'로서
의 명성만으로는 순창을 지켜낼 수 없다. 육체적 삶의 질을 높
이는 것만으로는 순창의 미래를 기약할 수 없다. 순창을 키우고
지켜온 정신과 사상이 무엇인가를 조명해야 한다. 형이하적인
것의 생명은 유한하지만 형이상의 세계는 무한하다. 이 점을 되
새길 필요가 있다.


## Ⅱ. 순창 지역 유학사상의 전통

순창 지역은 유학사상의 전통이 오래되거나 그 뿌리가 깊지
는 못하다. 유학사상의 전통을 평가하는 기준의 하나로 서원의
수를 들 수 있는데, 순창은 서원 수에서 다른 고을에 미치지 못
한다. 유명한 서원으로 유등면 괴정리에 있었던 화산서원(花山
書院)을 꼽을 수 있다. 이 서원은 선조 40년(1607)에 창건되었으
며, 신말주(申末舟)·김정(金淨)·김인후·고경명(高敬命)·김천
일(金千鎰)·박상(朴祥)·유옥(柳沃)·신공제(申公濟)·양사형(楊
士衡)·김시서(金時瑞)를 배향하였다. 이 가운데 순창과 직접 관

삼인대

련이 있는 인물로는 신말주와 그의 손자 신공제, 김인후와 그의 6대손 김시서, 그리고 양사형 등이다. 김정·박상·유옥은 중종비 단경왕후(端敬王后) 신씨(愼氏)의 복위를 주청할 때 순창 강천산(剛泉山) 삼인대(三印臺)에 인장을 걸어놓고 함께 맹세하였다는 장본인들이다. 기묘명현(己卯名賢)이자 당대의 명유들이지만 순창의 유학 전통에 얼마나 영향을 끼쳤는지는 알기 어렵다. 의병장으로 유명한 고경명·김천일 역시 마찬가지다. 신말주의 손자인 신공제(1469~1536)는 청백리로 유명하다. 그는 고향인 순창의 수석(水石)을 사랑했다. 귀래정(歸來亭) 근처에 온진정(蘊眞亭)을 세우고 이계주인(伊溪主人)이라 자호(自號)했다고 한다. 그러나 문집이 전하지 않아 학문과 사상을 연구하는 데 어려움이 있다. 양사형의 경우 그가 태어난 적성면 평남리에 유적 어은정(漁隱亭)이 지금도 남아 있다. 그는 류희춘(柳希春)의 문인으로 임진왜란 때 거의(擧義)하였다. 문집 『어은유집(漁隱遺集)』
(1권)을 남겼으나, 시 38수, 제문 3편, 서(書) 3편이 실려 있을 뿐
이어서 그의 유학사상을 살피는 데는 한계가 있다. 김인후의 5
대손 자연당(自然堂) 김시서(1651~1707)는 임진왜란 때 소실된
훈몽재를 '자연당'이란 이름으로 복원한 주인공이다. 『자연당유
고』(2권 1책)를 남겼다. 내용은 부(賦) 2편, 시 131수, 유상록(遊
賞錄) 2편, 서(書) 2편, 제문 4편에 불과하다. 그의 11세손이 초
대 대법원장을 지낸 김병로다.

　화산서원과 함께 꼽을 수 있는 서원이 쌍치면 둔전리 백방산
아래에 있는 어암서원(魚巖書院)이다. 순조 27년(1827)에 창건된
이 서원은 하서 김인후의 학덕을 기리기 위해 세워진 서원이다.
김인후를 주벽(主壁)으로 송강 정철, 율곡 이이, 자연당 김시서
를 모셨다. 고종 때 서원 철폐령에 따라 훼철되었다.

　이를 볼 때, 순창 유학의 전통은 순창읍을 중심으로 신말주의
후손과 문인 그룹을 중심으로 하여 형성된 일맥, 쌍치면·복흥
면을 중심으로 김인후의 문인, 후손들에 의해 형성된 일맥, 그리
고 동계면과 적성면을 중심으로 남원양씨 양사형 집안을 중심
으로 이어진 일맥으로 나눌 수 있다. 화산서원과 어암서원은 순
창의 유학이 동과 서로 나누어 양대 산맥을 이루었음을 보여주
는 상징물인 셈이다.[2] 당파로 보면 대개 서인→ 노론 계열로 이
어졌다. 이것은 순창 유학의 시조라 할 수 있는 하서 김인후의

---

[2] 동서 양대 산맥은 판소리 유파 발전에서도 그대로 이어졌다. 동계면에
　서 동편제의 거물 김세종이 나오고, 복흥면에서 서편제의 시조 박유전
　이 태어난 것은 이를 증명한다.

영향이 크다고 할 수 있다.

순창 유학의 씨를 뿌린 사람은 이웃 장성 고을 출신인 하서 김인후다. 김인후의 훈몽재는 순창 유학의 상징이다. 근자에 장성군과의 긴밀한 협조를 통해 훈몽재가 복원되어 한학(漢學)과 전통문화의 산실로 거듭났다. 노사 기정진은 조선 말기 성리학의 도미(掉尾)를 장식한 인물이다. 성리학 육대가의 반열에 들었다는 것은 한국유학사에서 그가 차지하는 위상이 어느 정도인지를 말해준다. 장성군에서는 기정진의 학문과 사상을 조명하는 일이 비교적 잘 이루어지고 있지만 그가 태어난 순창에서는 이렇다 할 움직임이 없다. 장성군과 협조하여 기념사업회를 공동으로 발족한다면 훈몽재 복원에서 나타난 바와 같이 시너지 효과가 상당할 것으로 생각한다.

이 글에서는 순창의 유학을 대표하는 인물로, 김인후·신경준·양응수·기정진을 꼽는다. 김인후와 기정진은 쌍치면·복흥면에, 신경준은 순창읍에, 양응수는 적성면·동계면에 기반을 두고 있다.

## 1. 호남 유학의 정초(定礎): 하서 김인후

하서(河西) 김인후(金麟厚: 1510~1560)의 본관은 울산이다. 전라도 장성에 살았다. 모재(慕齋) 김안국(金安國)의 수제자로 신재(新齋) 최산두(崔山斗)와 눌재(訥齋) 박상(朴祥)에게도 배웠다. 중종 35년(1540) 문과에 급제하여 벼슬이 교리에 이르렀다. 일찍부터 학문에 침잠하여 일가를 이루었고, 천문·지리·의약·

하서 김인후 초상

산수·복서(卜筮)·율력(律曆) 등에도 통달하였다. 고결한 인품으로 청명(淸名)이 있었으며 풍채가 빼어났다고 한다. 양응정(梁應鼎)은 그의 인품을 칭송하여 '오늘의 안자(顔子)'라고 하였다.[3] 처음 벼슬길에 나갔을 때는 경제(經濟)에 뜻을 두었으나, 인종이 즉위한 지 1년도 못되어 세상을 떠나고 머지 않아 사화(士禍)의 기미가 보이자 홀로 염퇴(斂退)를 작정하였다.

일찍이 퇴계 이황과 함께 성균관에서 강학하여 서로 깊이 계합(契合)하였다. 특히 만년에 가서 보는 바가 매우 정밀한 데다 의리(義理)를 논함이 평이하고도 명백하였기 때문에 이황이 몹시 칭찬하였다.[4] 김인후가 세자시강원 설서(說書)로 있을 때, 세자(후일 인종)가 그의 명망을 듣고 은우(恩遇)를 매우 중히 하였으며, 그 역시 세자를 지성으로 받들어 보도(輔導)의 임무를 다하였다. 인종이 승하하자 이내 벼슬을 버리고 낙향하여 세상 일에 뜻을 끊었다. 해마다 인종의 기일(忌日) 무렵이면 산에 들어가 밤새 통곡하다가 돌아오곤 하였으며, 종신토록 한결같았다고 한다.

김인후는 조예(造詣)가 초절(超絕)하고 기상이 호매(豪邁)하여, 조선 개국 이래 도학·절의·문장을 아우른 학자로 꼽혔다. 특히 정조(正祖)의 기림을 받아,[5] 정조 20년(1796) 문묘(文廟)에 종사(從祀)되기에 이르렀다. 다만 정조가 지적한 것과 같이 절의가

---

3 許筠, 『惺翁識小錄』, 중권, "梁松川曰: 厚之今之顔子也."

4 『退溪言行錄(五)』, 類編, 〈論人物〉, "金河西晚年所見甚精, 論說義理, 平易明白, 先生甚稱之."

5 『홍재전서』 권171, 3a, 「日得錄」, 〈人物〉, "金河西學問文章, 向出當世見幾於急流, 得爲元祐完人. 其節義之大, 出處之正, 罕與爲比."

도학을 가린 감이 없지 않다.[6]

우암(尤庵) 송시열(宋時烈)은 선대 유학자들을 기리는 문자를 많이 찬술하기로 유명한데, 김인후의 경우 '집성(集成)'이란 두 글자로써 그의 학문 세계를 기렸다. 정조 역시 김인후에 대해 남다른 경앙(景仰)과 추중(推重)을 하였다. 정조는 "대개 김하서가 송시열의 신도비문을 얻고 나서 이름이 더욱 드러났다"[7]고 하였다. 김인후의 학문과 출처대의(出處大義)를 잘 알고 인정해 주었던 세 사람은 퇴계 이황과 우암 송시열, 그리고 정조 임금이다. 김인후는 이 세 사람의 사상적 동지를 만났기 때문에 학자에게 최고의 영예인 문묘종사(文廟從祀)의 열(列)에 낄 수 있었다고 생각한다.

김인후는 젊은 나이에 염퇴하였고 문하에서 걸출한 제자가 배출되지 못하였다. 저술이 많이 전하는 것도 아니다. 그럼에도 그가 도학·절의·문장으로 널리 알려질 수 있었던 것은 일차적으로 그를 극구 추중하였던 퇴계 이황의 영향력이 크다고 할 것이다. 다만 이황의 추허(推許)가 남달랐을지라도 송시열의 현창이 없었다면 김인후의 학문과 사상이 제대로 알려지지 못했을 것이요, 송시열의 현창이 있었더라도 정조의 남다른 존모(尊慕)와 사숙(私淑)이 아니었더라면 문묘종사가 불가능했을 것이다. 이를 보면 이들 세 사람은 시간적 선후 관계를 떠나 김인후와는 지기(知己)라 할 것이다.

김인후는 이항(李恒)·기대승(奇大升)과 함께 호남의 거유(鉅

---

6 『홍재전서』 권173, 1b, 「일득록」, 〈인물〉, "如金河西趙重峯, 以節義掩道學."
7 『홍재전서』 권173, 18a-18b, 「일득록」, 〈인물〉 참조.

儒)로 받들어진다. 특히 기대승은 그와 의리를 토론함에 얻은
바가 많았으며, 또 그에게 계발된 바를 이황과의 사칠논변(四七
論辨)에서 많이 연술(演述)하였다고 한다.[8] 기대승은 김인후의
생질이다.

## 2. 실학사상의 정화(精華): 여암 신경준

여암(旅菴) 신경준(申景濬: 1712~1781)의 본관은 고령(高靈)으
로 귀래정 신말주의 후손이다. 전라도 순창에서 태어났다. 어려
서부터 총명하고 널리 배우기를 좋아하였으며 탐구벽이 있었다.
유가 경전은 물론 구류백가(九流百家: 특히 老莊)에 널리 통달하
였다. 또 천문·지리·성률(聲律)·의학·복서(卜筮) 등의 학술과
역대헌장(歷代憲章), 해외기벽(海外奇僻)의 서적에 이르기까지
섭렵하지 않은 것이 없었다고 한다.[9]

젊어서 집안이 가난하여 경기·충청 지방 여러 곳을 떠돌
았다. 25세 때에는 경기도 소사(素沙)로 옮겨갔고 30세 때에는
충청도 직산(稷山)으로 이사하여 학문을 계속하였다. 소사와
직산에 살 때 저술한 『소사문답(素沙問答)』·『직서(稷書)』는 관

---

[8] 『하서전집』 부록 권3, 「연보」, 50세조 "時高峯退處于鄕, 每詣先生, 討論義
理. 而深疑退溪四端七情理氣互發之說, 來質于先生, 先生爲之剖析, 論辨極
其通透精密, 高峯所得於先生者如此. 故及先生歿後, 高峯與退溪講論互發
之非, 多述先生之意以辨之.", 『홍재전서』 권173, 12b, 「일득록」, 〈인물〉,
"世謂奇高峯四七往復書, 多出於河西之手. 蓋奇是河西之甥."
[9] 『이계집』 권10, 27a, 「旅菴集序」, "惟旅菴申公, 以雄才博識, …… 旁羅百氏,
而折衷於吾道. 其發之言也, 汪汪乎不窮, 鑿鑿乎有徵. 其形於文也, 不襲前
人之口, 而自出吾肺腑, 不拘攣於繩尺, 而自中衆會, 卓然成一家之言, 可謂
絶類之宏才, 希世之通儒."

물오리(觀物悟理)의 정신에 기초한 것으로서 철학적 조예를 엿볼 수 있다. 영조 20년(1744) 다시 순창에 내려와 10년 동안 학문과 저술에 몰두하다가 동 30년(1754) 문과에 급제, 벼슬이 동부승지에 오르고 제주목사(濟州牧使)로 치사(致仕)하였다. 벼슬길에 나아간 이후로 이계(耳溪) 홍양호(洪良浩: 1724~1802)와 교유하였다. 서로 '지음지교(知音之交)'라 자부할 정도로 교의(交誼)가 두터웠으며,[10] 매양 청조(淸朝) 문물의 우수성에 대하여 담론하곤 하였다.

신경준은 언어·지리 분야에서 발군의 실력을 보였다. 그는 17세기 이래 발전했던 실학의 영향을 받아, 자연과학적 태도와 고증학적 방법으로 조선 후기 지리학을 발전시켰다. 영조 46년(1770) 왕명으로 『동국문헌비고(東國文獻備考)』를 편찬할 때 「여지고(輿地考)」를 담당하였고, 이어 『동국여지도』와 『팔도지도』를 감수(監修) 또는 제작함으로써 영조의 예우를 받았다. 이 밖에도 『도로고(道路考)』·『군현지제(郡縣之制)』·『강계지(疆界誌)』·『산수경(山水經)』·『사연고(四沿考)』 등 역사·지리에 관한 뛰어난 저술을 남겼다.

신경준은 문자학·성음학(聲音學)에도 조예가 있었다. 영조 26년(1750)에 저술한 『훈민정음운해(訓民正音韻解)』는 언어학자로서의 면모를 보여주는 역저다. 이 책은 송유 소강절(邵康節)의 『황극경세성음도(皇極經世聲音圖)』를 본받아 작성한 일종의 운도(韻圖)다. 비록 한자음을 연구하기 위한 목적에서 저술되었고,

---

10 위와 같음 "每與談古今, 析名理, 窮日夜不輟, 聚散升沈, 殆三十年, 而終始如一. 信乎古所稱知音之交也."

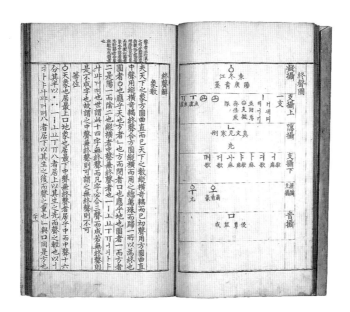

훈민정음운해

또 송학(宋學)을 바탕으로 이론을 전개한 것이기는 하나, 훈민정
음의 음운 원리를 과학적이고 독창적으로 연구한 업적으로 평
가된다. 정인보는 이 책에 대하여 "훈민정음 연구로서 가장 기
오(奇奧)할 뿐 아니라, 사학(斯學)에서 중흥조(中興祖)로 추향(推
向)하여도 지나칠 것이 없다"고 평하였다.[11]

저술 가운데 『의표도(儀表圖)』·『부앙도(頫仰圖)』는 『한서』「천
문지(天文志)」를, 『강계지』·『산수경』·『도로고』 등은 『주례(周禮)
』의 「직방도(職方圖)」를 본뜬 것이다. 이 밖에도 『일본증운(日本
證韻)』·『언서음해(諺書音解)』·『오성운해(五聲韻解)』·『거제책(車

11 『담원 정인보 전집』 제2권, 연세대학교출판부, 1983, 33쪽.

制策)』등이 있다. 「소사문답」은 '흰 모래'라는 의미의 지명을 통해 형체와 색상의 관계를 탐구한 것이다. 언뜻보면 명가(名家)의 영향을 많이 받은 듯하지만, 존재와 존재하는 것(存在者)에 대한 궁극적인 해명은 결국 성리철학으로 귀착된다고 할 수 있다.[12] 그의 「행장」에서는 "도(道)가 형기(形器)와 불리부잡(不離不雜)의 관계에 있음을 논한 것으로 정자(程子)가 말한 '기역도(氣亦道) 도역기(道亦氣)'의 의취(意趣)를 짐작할 수 있다"고 하였다.[13] 생활 주변에서 철학의 대상을 찾아 현실의 문제와 연결시킨 점에서 실학적 사고의 일단을 엿볼 수 있다.

## 3. 호남 성리학의 발전: 백수 양응수

백수(白水) 양응수(楊應秀: 1700~1767)의 자는 계달(季達), 본관은 남원이다. 순창군 적성면 서림리에서 태어났다. 21세 때 백씨(伯氏)의 명으로 향시(鄕試)에 응했을 뿐 일생토록 과업(科業)을 멀리하고 위기지학(爲己之學)에 힘썼다. 처음에 향리의 학자 화산(華山) 권숙(權璹: 1665~1716)[14]의 문하에 들어가 수학하다가 권숙이 세상을 떠난 뒤 38세 때 경기도 용인의 한천(寒泉)에 있던 도암(陶庵) 이재(李縡)에게 나아가 10년 동안 지성으로 모시면서 성리학과 예학을 강론하였다. 이재에게 나아가기에

---

12 오병무, 「여암 신경준의 '소사문답'에 관한 존재론적 조명」, 『乾止哲學』 제4집, 건지철학회, 1996 참조.

13 『여암유고』 권8, 8b, 「旅菴先生行狀」, "素沙問答, 所謂道者不離不雜乎形器, 而卽器亦道道亦氣."

14 李瀷, 『성호전집』, 권60, 「화산 권선생 묘갈명」 참조.

앞서 자신의 문인을 보내 이재 문하의 문로(門路)와 규범(規範)을 살피도록 한 뒤에 비로소 나아가 배알하였다고 한다. 학문하는 자세가 주도면밀함을 엿볼 수 있다. 그는 도암 문하에서 수학하는 동안 당대의 명유 김원행·송명흠(宋明欽)·박성원(朴聖源) 등 노론계 낙론계 학자들과 폭넓게 교유하였다.

『도암집』에는 이재가 양응수에게 보낸 서한이 5통밖에 실려 있지 않지만, 『백수집』을 보면 양응수는 이재의 의발(衣鉢)을 전해 받은, 몇 안 되는 수제자 가운데 한 사람임을 짐작할 수 있다. 스승 이재가 세상을 떠나자 1년간 시묘살이를 하였을 뿐만 아니라, 시묘살이 중에도 스승의 문집을 엮기 위해 기본 작업을 착실히 진행하기도 하였다.[15] 이상영(李商永)이 찬한 「묘갈명」에서 '연원단적(淵源端的) 직접한천(直接寒泉)'이라 함은 그가 이재의 학통을 이어 명실공히 기호학파의 학맥을 계승하였음을 밝힌 것이라 하겠다.

리기설(理氣說)은 스승 이재의 설을 계승하였다. 기(氣)에 본연(本然)의 기(氣)와 혈기(血氣)의 기가 있음을 밝히고 이 두 기가 합해져 지각(知覺)의 묘함이 나타난다고 하였다. 인물성동이론(人物性同異論)에서는 낙론을 지지하고 호론을 배척하였다. 「리기설변(理氣說辨)」·「지각설변(知覺說辨)」·「심기설변(心氣說辨)」 등은 그의 학문이 정심(精深)함을 보여주는 논문들이다. 당시 이재의 문하에서 수학한 이들이 많았지만 '설성설리(說性說理)'에서는 모두들 양응수를 추중하여 주문(朱門)의 북계진씨(北

15 『백수집』 권17, 「築場日記」 참조.

溪陳氏)에 비유하였다 한다.[16]

저술로『백수집』30권이 있다. 이 가운데 사서를 강론한『사서강설(四書講說)』5권, 학문하는 방법과 요령을 서술한『위학대요(爲學大要)』2권, 주자의 도학사상에서 중요한 부분을 발췌해서 해명한『종주편(宗朱篇)』2권 등은 그의 학문을 연구하는 데 중요한 자료들이다.


## 4. 척사위정(斥邪衛正)의 거두 노사 기정진

노사(蘆沙) 기정진(奇正鎭: 1798~1879)의 본관은 행주(幸州)이다. 전라도 순창군 복흥(福興)에서 태어났다. 18세 때 본토(本土)인 장성으로 옮겨가 도학에 전념, 일가를 이루었다. '이학육대가(理學六大家)'의 한 사람으로 꼽힌다. 그는 일정한 사승(師承)이 없었다. 주위 배경이 기호학파와 연결되어 있었지만, 매우 적극적인 주리론을 제창하였다. 독창적인 성격의 철학자였음을 엿볼 수 있다.

34세 때(1831) 진사가 된 뒤 헌종 때 경유(經儒)로 천거를 받아 강릉참봉(康陵參奉), 전설사(典設司) 별제(別提), 사헌부 장령(掌令)·집의(執義), 동부승지, 호조참의, 공조참판 등에 제수되었으나 모두 나아가지 않았고, 마지막에는 벼슬이 호조참판에 이르렀다. 철종 13년(1862) 임술민란 때에는 상소하여 삼정(三政)의 대책을 논하였고, 병인양요 때는 육조소(六條疏)를 올려

---

16 『백수집』, 「연보」, 〈跋〉 참조.

노사 기정진 글씨

내실을 다질 것과 양이(洋夷)를 물리칠 것을 건의하였다. 이는 그의 성리학 사상과 긴밀히 연결되어 있어서 주목을 끈다.

저술로 문집(40권 20책)이 있다. 이 가운데 「납량사의(納凉私議)」·「이통설(理通說)」·「외필(猥筆)」 3편의 글에 철학사상이 집약되어 있다. 그는 평소 성리설에 대한 글을 남기는 것을 탐탁하게 생각하지 않았으나, '주기(主氣)'의 세폐(世弊)를 물리치기 위해 부득이 남긴 것이라고 한다. 이 밖에 『답문유편(答問類編)』

15권은 지구문인(知舊門人)들과의 문답집이다. 『화서아언(華西雅言)』과 성격이 비슷하다.

강화학파 학인인 영재(寧齋) 이건창(李建昌: 1852~1898)은 만년에 성리학에 자못 마음을 두었다. 전라도 보성에서 귀양살이를 할 때 『노사집』을 얻어 보고는 "이는 천하의 참된 학문이다. 우리나라에 없을 뿐만 아니라, 중국에서 구한다 하더라도 원·명의 제유(諸儒) 또한 그에 짝할 사람이 드물다. 노사의 성리학 관련 저술에서 뽑아 수삼 책으로 편집하여 천하에 전해야 될 것이다"라고 탄복하면서, 매양 직접 배우지 못한 것을 한으로 여겼다 한다.[17]

『노사집』은 연재(淵齋) 송병선(宋秉璿: 1836~1906)과 그의 문인들의 저지에 부딪쳐 출판되기까지 상당한 어려움이 있었다. 기정진이 율곡 이이의 학설을 비판하였다는 이유에서였다. 당시 율곡학파 학인들은 기정진이 문인(文人)의 습기(習氣)를 가지고 함부로 율곡을 기척(譏斥)하였다고 하면서, 이를 동파(東坡)와 이천(伊川)의 경우에 비하기도 하였다.

문인으로는 정재규(鄭載圭)·기우만(奇宇萬)·이최선(李最善)·조성가(趙性家) 등 3백여 명에 달하였다고 한다. 주로 호남 사람들로 하나의 학단(學團)을 형성하였다.

기정진은 기호학파의 학맥을 계승하면서도 주리적 태도를 취하였다. 이것은 화서 이항로의 경우와 같다. 이항로의 문인 김평묵은 일찍이 기정진의 「외필(猥筆)」을 읽고 독후감을 지은 바

17 『梅泉野錄』 권1(상), 제135칙 참조.

있다. 그는 이 글에서 평소 기정진의 성명(盛名)을 듣고 그를 향
모(嚮慕)하여 왔으며, 또 병인년(1866)에 올린 어양소(禦洋疏)를
보고 깊은 감명을 받았음과 최익현·홍재구(洪在龜)를 통해 서
독(書牘) 수편과 「외필」을 접한 뒤 노사의 심조밀찰(深造密察)이
세유(世儒)가 미칠 수 있는 것이 아님을 알게 되었노라고 술회
하였다. 또 "리주기객(理主氣客)의 의론에서는 실로 수사염민(洙
泗濂閩)의 미언대의(微言大義)와 딱 들어맞았다. 우리 화서 선생
께서 '홀로 서서도 두려워하지 않으며, 남이 알아주지 않아도 근
심이 없다'고 하신 것과 약속을 하지 않고도 서로 부합된다. 선
생께서 선생이 된 까닭의 대강을 알겠다"라고 격찬하였다.[18]

또 이항로 문하의 삼걸(三傑) 가운데 한 사람인 면암 최익현
은 기정진에 대하여 "곁에서 모시며 가르침은 받지 못하였으나
사모하는 마음은 다른 사람에게 뒤지지 않는다"고 하였다. 또
'선생은 리(理) 한 글자만을 짊어지고 복고반정(復古返正)에 나
섰다'고 하면서 "선생의 도학이 높지만 '리'자를 주장한 것보다
높은 것이 없으며, 선생의 사공(事功)이 넓지만 양이(洋夷)를 배
척한 것보다 큰 것은 없다"[19]고 평하였다.

19세기 후반 조선의 성리학계에 한 가지 주목할 만한 현상이
있었다. 학파를 초월하여 주리론이 등장하였다는 사실이다. 그
대표적인 학자로는 조선 말기 삼대 주리론자로 일컬어지는, 근
기(近畿)의 화서 이항로, 호남의 노사 기정진, 영남의 한주 이진
상(1818~1886)을 들 수 있다.[20] 최익현은 이항로와 기정진에 대

---

18 『중암집』 별집 권8, 31b-32a, 「書蘆沙奇先生猥筆後」 참조.
19 『면암집』 권25, 44b, 「蘆沙先生奇公神道碑銘」 참조.

하여 다음과 같이 말하였다.

> 화서·노사 두 선생은 초야에서 우뚝 솟아나신 분들이다. 수백 리 떨어
> 져 살아 단 하루도 서로 만난 일이 없었다. …… 그러나 그 논하는 것이
> 왕왕 서로 부합된 것이 많았다. 또 단연코 '주리'의 종지는 약속하지 않
> 았어도 저절로 같았다.[21]

　이렇듯 학통과 지방색을 달리하는 여러 학자들이 마치 약속
이나 한 듯 서로 일치된 학문 경향을 보였던 것은 어떤 이유에
서였을까. 역사적으로 볼 때, 조선조 사림(士林)은 서로 각자의
의견을 주장하며 열띤 논쟁을 벌여 골[溝渠]이 깊어지는 듯하다
가도, 국내외적으로 큰 시련과 위기에 부딪쳤을 때에는 사론(士
論)을 수렴하여 주의·주장을 통일하였다. 서세동점의 추세에
따라 우리의 민족자존과 주체성에 대한 위기의식이 고조되기
시작했던 19세기 후반에, 같은 시각에서 시세의 흐름을 파악하
고, 또 위기의식의 공감대를 이룬 유림으로서는 서양 문물의 무
분별한 유입과 제국주의의 경제적·군사적 침략에 대처할 수 있
는 자체 이론을 재정립해야 했음은 필연의 일이었다. 즉, 통치
철학인 성리학을 고수하고 그 정통성을 계승하기 위해서는 근

---

[20] 이들 세 학자의 문인들은 서로 교분이 있었다. 특히 이항로와 기정진의
　문하에서는 학통과 학설상의 공통점 등으로 인해 내왕이 적지 않았다.
　김평묵은 이진상의 주리론이 이항로의 그것과 대동소이하며, 또 기정
　진의 학설과 척사론이 이항로와 다를 바 없다고 주장하는 등 三賢 사이
　의 사상적 공통성을 지적한 바 있다. 이진상의 高弟 郭鍾錫과 李承熙
　역시 이진상의 학설이 이항로와 부합한다는 취지의 말을 한 바 있다. 『
　중암집』 권16, 21a-22a, 「答尹箭村胄夏」;『俛宇集』 권30, 2a 「答柳聖存」;『
　大溪集』 권28, 10b, 「答李南彬筆話」 참조.

[21] 『면암집』 권7, 16b, 「答宋淵齋」.

본 원리로 돌아가 그것을 재확인해야 한다는 데 인식을 같이하
였다. 이를 볼 때 '기'보다 '리' 쪽에 관심이 쏠릴 것은 당연한 귀
결이라 하겠다.

이때 등장하는 주리론은 종래의 주리론을 답습한 것이 아니
고, 당시 현실에 적용시켜 새롭게 발전시킨 것이다. 리기를 가
치론적 측면에서 해석하여 사회 질서와 윤리강상의 수호, 부식
(扶植)에 초점을 맞춘 것이 그 특징이었다. 리기에 대한 가치론
적 이해는 이들의 성리학 전반에 일관되었다. 한 마디로 자기
중심적 의식이 그 바탕에 깔렸던 것이다.


## III. 근세 한국 불교학의 산실 구암사

영구산(靈龜山) 구암사(龜巖寺)는 복흥면 봉덕리 374번지에 있
다. 본디 구암면에 속하였으나 1935년에 구암면(龜巖面)과 무림
면(茂林面)이 구림면으로 통합하는 과정에서 복흥면에 편제되었
다.[22]

구암사에서는 근세 불교사에 우뚝한 이름을 남긴 대종사(大宗
師)와 대선사(大禪師)가 다수 배출되었다. 조선 후기까지는 대체
로 화엄종 계열의 법맥이 이어지다가, 이후 백파 긍선(白坡亘璇:
1767~1852)이 선문(禪門)을 중흥시켜 '선문중흥조'로 일컬어졌
다. 백파 긍선은 본디 고창 선운사에서 출가하였으나 이후 줄곧

---

[22] 앞으로 행정구역 개편이 이루어진다면 조선시대 이래의 편제를 중시하
여 구림면에 속하도록 하는 것이 바람직하다고 본다.

구암사에 머물면서 『정혜결사문(定慧結社文)』·『선문수경(禪門手
經)』을 저술하였다. 그의 법맥을 보면 설파(雪波) → ······ 백파 →
설유(雪乳) → 설두(雪竇) → 정호(鼎鎬: 박한영)로 이어진다. 그
법통은 구암사 뿐만 아니라 정읍 내장사, 고창 선운사, 장성 백
양사, 해남 대흥사에도 전해졌다. 이로써 구암사는 호남의 명찰
로 인정을 받았다. 순천의 선암사, 해남의 대흥사와 함께 삼각
편대를 이루며 교학불교, 선불교의 거점이 되었다.

선암사의 금봉 기림(錦峯基林: 1869~1916), 화엄사의 진응 혜
찬(震應慧燦: 1873~1941)과 함께 근세 한국불교의 삼대 강백(講
伯)으로 일컬어졌고, 일제시기 중앙불교전문학교 교장을 지낸
석전(石顚) 박한영(朴漢永)은 난국에서도 제자들을 양성하고 불
교 교육을 위해 힘썼다. 그 결과 수많은 제자들이 배출되어 이
후 불교계에서 중추적 역할을 하였다. 석전의 제자로는 만암(曼
庵)·운성(雲性)·운기(雲起)·청우(靑牛)·남곡(南谷)·청담(靑潭)
·일붕(一鵬) 등이 있으며 일일이 헤아리기 어렵다. 최남선·정
인보 등 당대의 국학자와 이광수·서정주·신석정·조지훈 등
문인(文人)들도 석전의 문인 그룹에 속한다.

백파선사의 구암사 문중과 초의 의순(艸衣意恂)이 주석했던
해남 대흥사 문중 사이의 논쟁은 근세 불교사에서 빼놓을 수 없
는 사건이었다. 백파가 『선문수경』을 저술한 것을 계기로 백파
·초의 간의 논쟁이 벌어져 1백년 간에 걸쳐 계속되었다. 이 과
정에서 추사(秋史) 김정희(金正喜)가 개입, '백파망증(白坡妄證)
15조'를 써서 백파의 논리가 잘못되었음을 논증하였다. 추사와
백파 사이의 선논쟁, 초의와의 선논쟁은 추사가 구암사 문중과

석전 박한영

대흥사 문중을 넘나들었기 때문에 가능하였다.

　구암사는 근세 조선불교 여명운동(黎明運動)의 산실이라는 점
에서 그 역사적 의의가 크다. 1950년 한국전쟁 때 소개작전(疏開
作戰)으로 이웃 장성의 운문암(雲門庵)과 함께 전소되었다. 최남
선은 「심춘순례(尋春巡禮)」에서 스승 석전 박한영이 주석하였던
구암사의 정경을 자세히 묘사하였다. 이 절에는 본래 국보급 편
액과 주련, 서적이 즐비하였으나 6.25 당시에 대다수가 소실되
고 이후 도난까지 겹쳐서, 현재는 국보급 유물로 『월인석보』 등
몇 점이 전할 뿐이다.

추사 김정희가 글을 짓고 글씨를 쓴 '백파율사 대기대용지비 (白坡律師大機大用之碑)'는 그가 죽기 1년 전에 쓴 신필(神筆)이다. 미술사학자 유홍준(俞弘濬)은 이 글씨에 대해 "송곳으로 강판을 뚫는 듯한 기분"이라고 평하였다. 본디 백파의 제자와 후학들에 의해 구암사에 전해지다가, 한국전쟁 뒤 선사가 처음 출가했던 고창 선운사로 보내 1958년 비가 새워지기에 이렇다고 한다.[23] 백파선사의 부도는 현재 구암사 가는 길 초입에 있다.

구암사의 복원은 근세 한국불교의 전통을 바로세운다는 점에서 중요한 의의가 있다. 순창군은 정부, 전라북도, 대한불교 조계종 등과 긴밀하게 협조하여 복원을 심도 있게 논의해야 할 줄로 안다.


## Ⅳ. 판소리의 고장 순창

순창은 동편제와 서편제가 만나는 판소리의 고장이다. 남성다운 성격의 동편제가 다수를 이루지만 서편제가 가미된 측면도 있다. 이것은 순창의 지리적 위치에 기인하는 것으로 순창소리가 갖는 특징이라 할 것이다.

서편제의 시조 박유전은 복흥면 서마리 마재에서 태어났다. 나중에는 보성군 강산리(岡山里)에 은거하면서 제자를 양성하였다. 고종 즉위 이후에는 흥선대원군의 총애를 받아 벼슬을 받기도 하였다. 그는 서편제 소리를 바탕으로 강산제(江山制: 岡山制)

---

23 현재 그 비문이 모각(摹刻)되어 구암사 경내에 세워져 있다.

김정희가 짓고 쓴 백파율사비문

를 창시한 뒤 이날치(李捺致: 1820~1892)에게 그 법통을 전하였
다. 박유전은 춘향가 가운데 '이별가'에 뛰어났으며, 창법이 독
특하였다고 한다.

　강산제는 보성 소리의 근원이다. 순창 소리가 남으로 가서 대
성한 케이스다. 보성 소리는 박유전 → 이날치→ 정재근(鄭在根)

순창군 동계면에 있는 김세종 명창 생가

→ 정응민(鄭應珉) → 정권진(鄭權鎭) → 조상현·성창순·성우향 등으로 이어지면서 기라성 같은 명창들이 배출되었다. 다른 유파에 비하여 체계가 정연하면서도 범위가 넓다.

본디 박유전은 판소리 서편제의 거장으로 궁중 및 귀족들의 사랑방을 드나들며 그들의 총애를 받았다. 그러다 만년에 보성 강산리에서 자신의 오랜 경험과 유생들의 조언을 토대로 강산제를 만들었다고 한다. 이 강산제의 특징은 서편제를 바탕으로 하되, 지나치게 애절한 면은 지양하고, 동편제의 웅건함과 중고제의 분명함을 적절하게 배합하였다고 한다. 사설 역시 대개 삼강오륜의 범위에서 벗어나지 않는다.

동편제의 시조 김세종은 순창군 동계면 출신이다. 중년에 순창읍 복실리, 팔덕면 월곡리에 살면서 후학들을 지도하였다. 묘소는 인계면 건지산에 있다 한다. 동편제 소리를 이어받은 명창으로 알려져 있으나, 자기 집안 소리를 계승했다는 설이 유력하다. 그는 신재효(申在孝)의 사랑방에 오래 머물면서 그의 지도를 받아 판소리 이론의 일인자가 되었다. 신재효에게 판소리 이론을 익히고 소리꾼들에게 선생 노릇을 했었다. 춘향가를 잘 불렀으며, '천자뒤풀이'가 장기였다고 한다. 김세종제 춘향가는 오늘날 가장 많이 불리는 바디다.

오늘날 동편제 창시자는 송흥록(宋興祿)으로 알려져 있다. 그러나 김세종을 송흥록과 계열이 다른 동편제 소리의 시조로 보기도 한다. 김세종의 제자로 장자백(張子伯: 1849~1906)이 있다. 순창군 적성면 운림리 매미터 출생으로 집 뒤에 묘소가 있다. 생활 능력이 없다고 무시하는 부인의 성화를 참다못해 소리판에 뛰어들어, 피나는 노력 끝에 대성하였다. 춘향가와 변강쇠타령을 잘 불렀으며, 특히 이도령이 광한루에서 사방의 경치에 감탄하는 대목에 뛰어났다고 한다.

이밖에 순창 출신 판소리 명인으로는 순창군 금과면 연화리 삿갓테 출신인 장판개(張判介: 1885~1937)가 있다. 나중에는 곡성군 옥과면에 옮겨가 살았다. 묘소는 금과면에 있다. 그는 송만갑(宋萬甲)에게 판소리를, 박판석(朴判錫)에게 고법(鼓法)을 배웠는데, 뛰어난 기량으로 청중을 휘어잡았다. 판소리 다섯바탕에 능하였으나 특히 적벽가를 잘 불렀다. 그 중에서도 '장판교대전', '군사설움타령'에 뛰어났다고 한다. 일제강점기 때 취입한 음반이 현재 전한다. 명창 장영찬(張泳瓚: 1930~1972)은 그가 46세 때 얻은 아들이다. 장영찬의 제자가 요절한 명창 안향련(安香蓮: 1944~1981)이다.

## V. 맺음말

순창은 동과 서가 만나고 유교와 불교가 만나 새로운 조화를 일구어낸 문화적 풍토를 지니고 있다. 유·불·선 삼교가 하나로 만나 새로운 종교 전통을 만들어냈다. 새로운 것이 시작되거나 큰 전기(轉機)를 이룬 곳이 순창이었다. 유교와 불교의 거장들이 배출되었고, 전통 풍류도 정신을 계승한 갱정유도회가 이곳에서 탄생하였다. 어느 한 쪽으로 편향되지 않고 힘의 균형을 이루면서 발전하여 왔다.

순창은 '머물음[止]의 땅'이 아니었다. 사상이건 문화건 이곳에서 싹을 틔운 뒤에는 다른 곳으로 옮겨가 그곳에서 뿌리를 내리고 꽃을 피웠다. 순창의 유학을 대표하는 기정진은 순창에서 태어나 자랐지만 이웃의 장성으로 옮겨가 그곳에서 학파를 일구었다. 순창 불교의 상징인 구암사는 근세 교학불교의 성지였음에도 6.25 한국전쟁 때 소실됨으로써, 그곳의 불교 전통은 이웃의 장성 백양사와 고창의 선운사 등으로 옮겨갔다. 구림 회문산에서 출발한 갱정유도회는 남원으로 옮겨가 오늘날 순창에서 그 전통을 찾아보기는 어렵게 되었다. 판소리의 경우도 다르지 않다. 동편제 소리는 남원이 대표하고 서편제 소리는 보성에서 꽃을 피웠다. 왜 이렇게 '흘러간 땅'으로 전락하고 말았을까? 우연일까, 필연일까? 순창인 모두가 곰곰 되새겨보아야 할 줄 안다.

이제라도 늦지는 않았다. 군세(郡勢)가 미약하다고는 하지만, 군수 이하 전 공무원, 그리고 전 군민이 합심하여 지혜를 짜낸다면, 지난날의 영광을 일부나마 되찾을 수 있다고 본다. 유교

유적의 경우, 훈몽재 복원의 예에서 보는 바와 같이 이웃 장성
군과의 협조가 필수적이다. 김인후·기정진의 학문과 사상을 지
속적으로 연구하기 위해서는 일차적으로 그들의 유적을 발굴,
정비하는 것이 급선무다. 장성군과 협조하여 '하서·노사 기념
사업회'를 공동으로 조직하고, 각종 학술발표대회를 번갈아가면
서 매년 개최하면 좋을 것이다.[24] 게다가 간간이 국제학술대회
를 개최하면 금상첨화라 하겠다. 신경준의 경우 유적지는 어느
정도 정비되었다고 본다. 역시 기념사업회를 조직하여, 체계적
으로 연구활동을 지원하며, 같은 시기에 비슷한 학문 경향을 지
닌 고창의 이재(頤齋) 황윤석(黃胤錫)과 같이 묶어서 공동으로
진행하는 것도 바람직한 방법이 될 것이다. 양응수의 경우 우선
그의 유적지 정비가 요청된다. 순창 출신으로 그만큼 저술 분량
(30권 17책)이 많은 유학자가 없다. 그 문집에 대한 번역 문제도
진지하게 검토해 보아야 할 것이다.

불교의 경우, 구암사의 재정비와 복원은 시급하면서도 간단
한 문제가 아니다. 구암사의 복원은 조선 후기 불교사의 전통을
바로세우는 문제이기도 하다. 근자에 백파선사기념관을 선운사
에 지어야 한다는 문제가 학계 및 문화재 계통에 종사하는 사람
들에게서 활발하게 논의되고 있다 한다. 그러나 기념관이 들어
서야 할 곳으로 말하자면 구암사가 더 정통성을 갖추었다고 생
각한다. 선운사는 백파선사가 처음 출가한 곳이고, 그가 반평생
을 머문 곳은 구암사이다. 구암사 문제는 순창군의 이름을 걸고

---

[24] 공주와 부여가 번갈아가면서 백제문화제를 주최하는 것은 좋은 선례가
될 것으로 보인다.

추진해야 할 당면과제라고 본다.[25] 역시 인근의 장성 백양사와
잘 협조해야 할 필요성이 있다. 요컨대, 유교·불교와 관련하여
'순창·장성권 벨트'를 조성하여 널리 알리고 관광객을 유치한
다면 상당한 성과가 있을 것으로 판단한다.

갱정유도회의 경우는 군차원에서 회문산에 새로운 성지를 마
련한 뒤 도인(道人)들을 유치한다면 20년이 안 가서 청학동과 같
은 위용을 자랑하게 될 것이다. 도인들에게는 일종의 종교적 성
지가 될 뿐 아니라, 일반인들에게는 전통문화 체험장으로서 각
광을 받을 수 있을 것이다.

판소리는 민족문화의 정수 가운데 정수다. 순창이 문화·예술
의 고장으로 발돋움하는 데 매우 유용하다. 판소리를 사랑하는
사람, 판소리를 배우려는 사람들이 순창을 찾아오도록 하기 위
해서는, 일차적으로 판소리 유적지를 정비하고, 판소리 유적지
에 전수관[26]이나 기념관을 지어 소리하는 사람들에게 제공하면
좋을 듯하다. 매년 전국 규모의 판소리 경창대회, 고법대회를
개최하고,[27] 때에 따라 김세종·박유전 기념 경창대회(競唱大會)
를 갖는다면, 남원과 보성에 못지않은 명성을 얻을 수 있을 것
으로 생각한다.

금과면에는 소설 설공찬전(薛公瓚傳)[28]과 관련한 유적지를 발

---

[25] 같은 구림면에 있는 구암사와 만일사, 팔덕면에 있는 강천산을 관광벨
트로 묶는다면 관광객 유치에도 큰 도움이 될 것이다.

[26] 공주의 '박동진 판소리 전수관' 사례 참조.

[27] 보성 소리 축제와 같은 대규모 축제를 기획하여 명실상부한 판소리의
고장임을 대내외에 알릴 필요가 있다. 또 전국 명창대회, 고법 대회의
유치를 위해 남원·보성 등 여타 지방 자치단체의 사례를 조사할 필요
가 있다.

굴하고 여기에 기념관을 세워 문학인들의 발길이 닿도록 한다면, '문화의 고장' 순창의 위상을 드높이게 될 것이다.

순창은 이제 '장수(長壽)의 고장', '장류(醬類)의 고장'이라는 명성만으로는 도약하기 어렵다. 형이상적 차원에서 순창의 문화적 특성을 잘 살려 나가야 할 것이다. '순창의 정신'이 있어야 미래가 있다는 말이다.

---

28 조선 중종 6년(1511) 무렵에 懶齋 蔡壽가 지은 고전소설. 순창 출신의 실재 인물인 설공찬 집안에 전해오는 실화라고 한다. 불교의 輪廻禍福 說로 구성되어 있다.

〔일러두기〕
이 책에 실린 글의 발표 여부와 게재지 등을 밝힌다.


제1부
제1장: 미발표(2009)
제2장: 신고(新稿: 2016)
제3장: 『동양고전연구』 22, 동양고전학회, 2014
제4장: 『신라사학보』 20, 신라사학회, 2010
제5장: 신고(2016)
제6장: 『한국철학논집』 20, 한국철학사연구회, 2007
제7장: 신고(2016)


제2부
제1장: 신고(2016)
제2장: 『온지논총』 11, 온지학회, 2004
제3장: 신고(2016)
제4장: 『예던길』 25, 한국국학진흥원, 2013
제5장: 『동양고전연구』 52, 2013


제3부
제1장: 『한국사상과 문화』 19, 한국사상문화학회, 2003
제2장: 『한국사상과 문화』 19, 2003
제3장: 『한국철학논집』 43, 2014.
제4장: 신고(2016)


제4부
제1장: 미발표(2011)
제2장: 『전통문화연구』 11, 한국전통문화대학교, 2013
제3장: 『부여학』 2, 부여고도육성포럼, 2012
제4장: 미발표(2013)
제5장: 『고령문화사대계』 3, 경북대학교, 2009
제6장: 미발표(2008)